Gregor Emmenegger

WIE DIE JUNGFRAU ZUM KIND KAM

Zum Einfluss antiker medizinischer
und naturphilosophischer Theorien
auf die Entwicklung des christlichen Dogmas

PARADOSIS
56

Beiträge zur Geschichte der altchristlichen Literatur und Theologie

BEGRÜNDET VON
OTHMAR PERLER

HERAUSGEGEBEN VON
FRANZ MALI / BEAT NÄF / GREGOR EMMENEGGER

Gregor Emmenegger

WIE DIE JUNGFRAU ZUM KIND KAM

Zum Einfluss antiker medizinischer
und naturphilosophischer Theorien
auf die Entwicklung des christlichen Dogmas

Academic Press Fribourg

Bibliografische Information der Deutschen Bibliothek

Die Deutsche Bibliothek verzeichnet diese Publikation in der Deutschen Nationalbibliografie; detaillierte bibliografische Daten sind im Internet über http://dnb.d-nb.de abrufbar.

Bei der Theologischen Fakultät der Universität Freiburg Schweiz eingereichte Habilitationsschrift

Veröffentlicht mit Unterstützung des Hochschulrates der Universität Freiburg Schweiz

Die Druckvorlagen der Textseiten wurden vom Autor als PDF-Datei zur Verfügung gestellt.

© 2014 by Academic Press Fribourg
ISBN 978-3-7278-1752-6
ISSN 1422-4402 (Paradosis Fribg.)

Für meine Mutter
Hanny Emmenegger-Staffelbach
26. Juli 1939 – 2. Juli 2012

Vorwort

Christliche Glaubensaussagen werden heute von vielen Gläubigen selbstverständlich losgelöst von einem naturwissenschaftlichen Hintergrund gedeutet. Allein schon der Versuch, eine Jungfrauengeburt als medizinisches Phänomen ernstzunehmen, wirkt für sie befremdlich. Doch religiöse Vorstellungen sind durch den Kontext geprägt, in welchem sie entstanden sind. Dazu gehören auch Naturphilosophie und die Heilkunde. Besonders deutlich zeigen sich diese Wechselwirkungen bei Themen um die Jungfrau Maria, so etwa bei der Frage nach der Stellung der Frauen, der Empfängnis durch den Heiligen Geist und der anschliessenden jungfräulichen Geburt Christi. Das vorliegende Werk geht der Frage nach, in welcher Weise ein solcher Einfluss feststellbar ist und welche Auswirkungen die Rezeption dieser Lehren auf die Entwicklung des Dogmas hatten. Es zeigt sich, dass die Jungfrauengeburt während Jahrhunderten auch als medizinische Gegebenheit wahrgenommen und gedeutet wurde, was konkrete Auswirkungen auf den Glaubensinhalt hatte.

Die Fragestellung dieses Buches betrifft somit Aspekte christlicher Dogmengeschichte. Spekulationen darüber, was tatsächlich in Mariens Schoss geschehen sein könnte, das später alljährlich am 25. März (Verkündigung des Herrn) und neun Monate darauf am 25. Dezember (Weihnachten) kommemoriert werden sollte, sind folglich nicht Gegenstand dieses Buches. Ich interessiere mich einzig dafür, was in den ersten Jahrhunderten darüber geschrieben und geglaubt wurde – und welche Rolle die Medizin dabei spielte.

Die Idee zu dieser Arbeit ist die Frucht eines günstigen Kairos: die Lektüre des Apokryphons des Johannes im Koptischkurs, Thomas Laqueurs Buch „Auf den Leib geschrieben" auf dem Nachttisch und ein zufälliges Galenzitat wenig später in der Bibliothek. Plötzlich traten ganz neue Aspekte in der gnostischen Schrift zum Vorschein. Von da an entdeckte ich immer neue Passagen in theologischen Werken, die sich auf dem Hintergrund der antiken Medizin neu deuten liessen. So reifte allmählich der Plan, mich mit diesem Thema systematisch auseinanderzusetzen und schliesslich meine Habilitation dazu zu schreiben.

Die vorliegende Arbeit wurde im Herbst 2012 von der Theologischen Fakultät der Universität Freiburg i.Üe. als Habilitationsschrift angenommen. Für die Publikation wurde sie geringfügig überarbeitet und mit einem Index versehen. Neuere Publikationen konnten nur vereinzelt berücksichtigt werden.

Eine wesentliche Phase der Auseinandersetzung mit diesem Thema waren Kolloquien, Vorlesungen und Seminare an den Universitäten Freiburg, Luzern und Bern sowie der Arbeitskreis Patristik. Von den Studierenden und den Kolleginnen und Kollegen kamen Anregungen, Impulse und viel Interesse – dafür sei ihnen allen hier gedankt.

Mein herzlichster Dank gilt ebenfalls den Gutachtern Prof. Franz Mali, Prof. Max Küchler und Prof. Enrico Norelli für ihre hilfreichen Kommentare. Prof. Otto Wermelinger, Prof. Matthias Schmidt, PD Dr. Simon Peng, Dr. Martin Brüske und Dr. David Neuhold verdanke ich zahlreiche bibliographische Hinweise und neue Einsichten durch stimulierende Diskussionen. Christina Sutter danke ich sehr für das Gegenlesen der Arbeit, Dr. Christoph Junck und Prof. Franz Mali für Anmerkungen und Korrekturen in den Übersetzungen.

Der letzte und grösste Dank gilt meiner Familie: Meiner Frau Yolanda, ohne deren vielfältige Unterstützung dieses Buch nie fertig geworden wäre, sowie meinen Kindern Max und Gianna, die mir unermüdlich gezeigt haben, wann es genug des Bücherschreibens ist.

Düdingen, Weihnachten 2013   Gregor Emmenegger

Inhaltsverzeichnis

I. **Einleitung** 1
   1. Medizingeschichte und Theologie 1
   2. Problemstellung und Anlage der Arbeit 3
      2.1 Zu den Begriffen „Christentum", „Medizin" und „Naturphilosophie" 3
      2.2 Anlage der Arbeit 4

II. **Antike Medizin** 7
   1. Hippokrates und seine Nachfolger 7
   2. Aristoteles 8
   3. Die medizinischen Schulen der Antike 9
   4. Galen von Pergamon 12
   5. Kult und Medizin 14

III. **Christentum und Medizin** 19
   1. Jesusbewegung und Heilkunde 19
      1.1 Jüdische Medizin im Alten Testament und der klassischen Antike 19
      1.2 Die Medizin in den Evangelien 26
      1.3 Die Entwicklung nach Tod und Auferstehung Jesu 28
      1.4 Exorzismus und Heilung in den spätantiken Kirchen 30
   2. Rezeption und Reputation hippokratischer Medizin im antiken Christentum 35
      2.1 Der rechte Gebrauch der Medizin 35
      2.2 Die Medizin ist ein Geschenk Gottes 37
         a. Medizin als Teil der Schöpfung 38
         b. Medizin als „kleine Schwester" der Erlösung 41
         c. Die Medizin als Metapher der Erlösung 42
         d. Medizin als Forderung der Nächstenliebe 46
         e. Christliche Mediziner und Medizinisches in christlichen Schriften 49

	2.3	Grenzen legitimer Anwendung der Medizin	52
		a. Tatian und die Grenze zwischen Pharmazie und Giftmischerei	54
		b. Medizin und Askese	56
	3.	Ergebnis	65

IV. Weiblichkeit als Geburtsfehler: wie Maria Magdalena gerettet werden kann 67

1. Maria Magdalena und die Heilsfähigkeit der Frauen 67
2. Maria Magdalena in der Gnosis 68
3. Männlich werden als Heilsprogamm 68
4. Der Kontext: die Geschlechterdifferenz nach Galen 70
5. Hierarchie der Heilsfähigkeit 72
6. „Zerstört die Werke der Weiblichkeit!" 74
7. Ein Marianisches Prinzip 78
8. Maria/Sophia als Paargenossin des Retters 80
9. Ergebnis 86

V. Empfangen vom Heiligen Geist: wie ein göttliches Kind entsteht 87

1. Vorbemerkung 87
2. Der Kontext: die antike Embryologie 89
   - 2.1 Werden und Vergehen 89
   - 2.2 Das Werden eines Lebewesens 91
   - 2.3 Die Empfängnis 92
   - 2.4 Die Zeugung 93
   - 2.5 Beseelung 96
   - 2.6 Entwicklung und Ernährung des Embryos 98
   - 2.7 Windeier und Urzeugung 99
     - a. Hühner 99
     - b. Stuten 102
     - c. Geier 103
     - d. Phönix 104
     - e. Frauen 106
     - f. Urzeugung 109
   - 2.8 Die stoische Vererbungslehre 113
   - 2.9 Rezeption antiker Embryologie in der Bibel und bei jüdisch-christlichen Gelehrten 115
     - a. Weisheit 7, 2 115
     - b. Hebräer 11, 11 116
     - c. Spuren im Werk Philons von Alexandrien 117
3. Die biblischen Grundlagen der Diskussion 118
   - 3.1 Lukas 1, 34–38 118

	3. 2	Johannes 1, 12–14	120
	3. 3	Paulus	122
	3. 4	Rezeption der paulinischen Theologie	124
4.		Reaktion auf Doketismus und Adoptianismus	125
	4. 1	Adoptianismus	126
	4. 2	Doketismus	128
	4. 3	Erste antidoketische Reflexionen	130
		a. Ignatius von Antiochien: Pneuma-Sarx	130
		b. Justin der Märtyrer: Logos-Sarx	131
		c. Irenäus von Lyon: Adam-Christus	132
	4. 4	Medizin als Argument gegen den Doketismus	133
		a. Tertullian: eine neue, wirkliche Geburt	133
		b. Origenes: Inkarnation und Urzeugung	138
5.		Vier weitere Argumentationsmuster basierend auf einer natürlichen Genese Christi	141
	5. 1	Exegese: Christus der Wurm	141
	5. 2	Apologie: die Glaubwürdigkeit der Inkarnation	147
	5. 3	Katechese: die Wunder der Schöpfung und der Inkarnation	150
	5. 4	Schöpfungstheologie: Inkarnation geschieht in der Ordnung der Natur	152
6.		Problematik einer naturphilosophischen Erklärung der Inkarnation	154
	6. 1	Der Logos und sein Fleisch	155
		a. Eine menschliche Seele: Tertullian	155
		b. Die vermittelnde Seele: Origenes	157
		c. Der zum Fleisch erniedrigte Logos der Arianer	162
		d. Das zu Gott erhobene Fleisch Christi bei Hilarius und Apollinaris	168
		e. Die richtige Mischung	175
	6. 2	Begleitende Kontroversen	182
		a. Woher kommt die Seele Christi?	183
		b. Doppelte Zeugung	187
7.		Inkarnation als freies Schöpferhandeln Gottes	188
	7. 1	Eine neue Schöpfung	188
	7. 2	Ein wunderbares Geschehen	192
8.		Ergebnis	195

VI.	Jungfrau und Gottesmutter: wie Maria ihr Kind gebar	197
1.	Die Problematik einer gebärenden Jungfrau	197
2.	Jungfräulichkeit	198
	2. 1 Medizinische Aspekte der Jungfräulichkeit	198
	2. 2 Das Hymen als anatomisches Kennzeichen der Jungfräulichkeit	199

		2.3	Überprüfung der Jungfräulichkeit	204
	3.	Das Protevangelium des Jakobus		208
		3.1	Die Manualinspektion	209
		3.2	Weitere Apokryphen	215
		3.3	Gnostische Vorstellungen der Jungfrauengeburt	217
	4.	Die Aufhebung der *virginitas* bei der Geburt als Argument gegen den Doketismus		222
	5.	Askese und die Forderung der *virginitas post partum*		225
		5.1	Jungfräulichkeit als moralisches Gut	225
		5.2	Die Problematik der Geschwister Jesu	230
		5.3	Maria als Modell für die Jungfräulichkeit	232
		5.4	Die Antidikomarianiten	232
		5.5	Verurteilungen des Protevangeliums	233
	6.	Die *virginitas in partu*		237
		6.1	Das Siegel der Jungfräulichkeit als Zeichen des Handelns Gottes	237
		6.2	Die Neuinterpretation des Protevangeliums	241
			a. Rezeption im Westen	241
			b. Adaption im Osten	247
		6.3	Zur Ikonographie der Hebamme Salome	252
	7.	Ergebnis		255

VII. Zusammenfassung und Schlussfolgerung   257

Anhang   265
Abbildungsverzeichnis 265
Bibliographie 266
    Abkürzungen 266
    Quellen 266
    Literatur 307
Register 335
    Biblische Schriften 335
    Frühchristliche und anonyme Schriften 337
    Antike und mittelalterliche Autoren und Personennamen 338
    Moderne Autoren 342
    Sachindex 347

Kapitel I.

Einleitung

1. Medizingeschichte und Theologie

Über den Schnittbereich zwischen Medizin und antikem Christentum sind in den letzten Jahrzehnten einige neue Erkenntnisse zu Tage gefördert worden. Die diesbezüglichen Publikationen lassen sich zur besseren Übersicht anhand ihrer Themen in zwei Kategorien einteilen, die man nach der dominierenden Fachrichtung ihrer jeweiligen Vertreter und Vertreterinnen die medizinhistorische und die theologische Gruppe nennen kann.[1]

Medizinhistorikerinnen und -historiker publizierten primär über das anhand verwendeter Fachtermini und spezifischer Argumente zum Ausdruck gebrachte medizinische Fachwissen in der Kirchenväterliteratur,[2] über Stellung und Aufgaben des Arztes sowie über den Umgang mit Kranken.[3] Im Zentrum des Interesses steht vielfach die Frage, ob und inwiefern der Wandel von einer paganen zu einer christlichen Kultur in der Spätantike zum konstatierten Niedergang der Heilkunde geführt oder beigetra-

---

1   In jüngster Zeit finden vermehrt interdisziplinäre Kolloquien zum Thema Medizin und patristische Theologie statt. Die anschliessend veröffentlichten Sammelbände beleuchten meist beide Aspekte. Hier ist zu nennen: V. BOUDON-MILLOT & B. POUDERON (Eds.), *Les Pères de l'Église face à la science médicale de leur temps* 2005 sowie die beiden Tagungsbände zum Thema *Cultura e promozione umana* von Troina: E. DAL COVOLO & I. GIANNETTO (Eds.), *Cultura e promozione umana: la cura del corpo e dello spirito nell'antichità classica e nei primi secoli cristiani: un magistero ancora attuale?* 1998 und E. DAL COVOLO (Ed.), *Cultura e promozione umana: la cura del corpo e dello spirito dai primi secoli cristiani al Medioevo: contributi e attualizzazioni ulteriori* 2001.
2   Eine grundlegende Arbeit zu diesem Thema ist die Dissertation von H. J. FRINGS, *Medizin und Arzt bei den griechischen Kirchenvätern bis Chrysostomos* 1959, auf der einige spätere Publikationen basieren. In loser Folge erscheinen medizinische Dissertationen über die Fachbegriffe im Werk eines Kirchenvaters, so unter anderen von G. H. J. MÜLLER, *Medizin, Arzt, Kranker bei Ambrosius von Mailand* 1964; von K. SCHWEIGER, *Medizinisches im Werk des Kirchenvaters Origenes* 1983 und H.-A. SCHÜTZ, *Die Schrift „De medicina" des Isidor von Sevilla* 1984. Daneben gibt es ältere Studien mit diesem Schwerpunkt. Neben dem Klassiker von A. V. HARNACK, *Medicinisches aus der ältesten Kirchengeschichte* 1892 ist zu nennen: P. D. LABRIOLLE, *La physiologie dans l'œuvre de Tertullien* 1906; A. S. PEASE, *Medical Allusions in the Works of St. Jerome* 1914 und L. ROSSETTI, *Il De opificio Dei di Lattanzio e le sue fonti* 1928.
3   Hier ist besonders auf das Werk von C. SCHULZE, *Medizin und Christentum in Spätantike und frühem Mittelalter: christliche Ärzte und ihr Wirken* 2005; hinzuweisen, das unter anderem mit einer prosopographischen Bestandsaufnahme den Wandel des Arztberufes eindrücklich nachzeichnet, aber auch die Frage nach dem Verhältnis von Theologie und Christentum thematisiert. Vgl. dazu auch H. SCHADEWALDT, *Arzt und Patient in frühchristlicher Sicht* 1964.

gen habe.⁴ Emblematisch für diesen Themenkreis sind Untersuchungen zum Verhältnis zwischen dem griechisch-römischen Heilgott Asklepios-Äskulap und Christus.⁵

Arbeiten mit einem theologischen Fokus konzentrieren sich meist auf die medizinalen Metaphern, die in der antiken christlichen Literatur zahlreich verwendet werden, um theologische Sachverhalte auszudrücken.⁶ Besonders die in patristischen Texten weit verbreitete Rede vom „Christus Medicus" stösst dabei auf grosses Interesse.⁷

---

4   Dazu sei auf das materialreiche Buch von O. TEMKIN, *Hippocrates in a World of Pagans and Christians* 1991; sowie auf die Studien von D. W. AMUNDSEN, *Medicine and Faith in Early Christianity* 1982; D. W. AMUNDSEN & G. B. FERNGREN, *Medicine and Christianity in the Roman Empire: Compabilities and Tensions* 1996; G. B. FERNGREN, *Early Christianity as a Religion of Healing* 1992; und *The Early Christian Reception of Greek Medicine* 2006; sowie auf H. SCHADEWALDT, *Die Apologie der Heilkunst bei den Kirchenvätern* 1965, verwiesen.

5   Zu Asklepios und Christus siehe die Studie von B. HAEHLING VON LANZENAUER, *Imperator Soter: der römische Kaiser als Heilbringer vor dem Hintergrund des Ringens zwischen Asklepioskult und Christusglauben* 1996 sowie die umfassende Materialsammlung von E. J. und L. EDELSTEIN, *Asclepius: a collection and interpretation of the testimonies* 1988; die Arbeiten von K. H. RENGSTORF, *Die Anfänge der Auseinandersetzung zwischen Christusglaube und Asklepiosfrömmigkeit* 1953 sowie die Publikation von H. SCHADEWALDT, *Asklepios und Christus* 1967.

6   M. DÖRNEMANN, *Krankheit und Heilung in der Theologie der frühen Kirchenväter* 2003 hat eine umfassende Analyse der medizinalen Metaphern in den Schriften der frühen Kirchenväter vorgelegt, für die lateinischen Väter siehe auch R. Le Coz, *Les pères de l'Église grecque et la médecine* 1997 und ders., *Anthropologie et médecine chez les Pères latins* 2003. Dagegen wird in J.-C. Larchets Werk *Thérapeutique des maladies spirituelles: une introduction à la tradition ascétique de l'Église orthodoxe* 1991 die patristische Tradition der Aszetik als Seelenheilkunde beschrieben. Zu einzelnen Kirchenvätern sind spezielle Studien erschienen, so M. DÖRNEMANN, *Medizinale Inhalte in der Theologie des Origenes* 2002; A. BREITENBACH, *Wer christlich lebt, lebt gesund. Medizinische und physiologische Argumentation im „Paidagogos" des Klemens von Alexandrien* 2002; R. SCHNEIDER, *Was hat uns Augustins „theologia medicinalis" heute zu sagen?* 1957; J. COURTÈS, *Saint Augustine et la médecine* 1955 und viele weitere. Bei vielen Kirchenvätern kulminieren die medizinalen Metaphern im Bild vom *Christus Medicus*, vgl. folgende Fussnote 7.

7   Die viel diskutierten Grundlagen zum Christus Medicus haben schon A. v. HARNACK, *Medicinisches aus der ältesten Kirchengeschichte* 1892; und K. KNUR, *Christus medicus? Ein Wort an die Kollegen und die akademisch Gebildeten überhaupt* 1905; vorgestellt. Neuere Studien stammen von R. DEGKWITZ, *Christus Medicus – Medicus alter Christus* 1985; G. DUMEIGE, *Le Christ médecin dans la littérature chrétienne des premiers siècles* 1972; G. FICHTNER, *Christus als Arzt. Ursprünge und Wirkungen eines Motivs* 1982; M. HERZOG, *Christus medicus, apothecarius, samaritanus, balneator. Motive einer „medizinisch-pharmazeutischen Soteriologie"* 1994; M. HONECKER: *Christus Medicus* 1985 und 1986; J. HÜBNER, *Christus Medicus – Ein Symbol des Erlösungsgeschehens und ein Modell ärztlichen Handelns* 1985; H. LUTTERBACH, *Der Christus medicus und die Sancti medici. Das wechselvolle Verhältnis zweier Grundmotive christlicher Frömmigkeit zwischen Spätantike und früher Neuzeit* 1996; J. N. NEUMANN: *Krankheit und Heilung aus der Sicht des Christentums. Christus medicus – Christus als Arzt* 1996; G. ROTH, *Christus Medicus* 1985; E. SAUSER, *Christus Medicus – Christus als Arzt und seine Nachfolger im frühen Christentum* 1992; H. SCHIPPERGES, *Zur Tradition des „Christus Medicus" im frühen Christentum und in der älteren Heilkunde* 1965; *„Christus Medicus" als Leitbild* 1990; M.-A. VANNIER, *L'image du christ médecin chez les Pères* 2005.

Zum Christus-Medicus-Motiv im Werk einzelner Autoren sind diverse Arbeiten erschienen, so zu ORIGENES das Werk von S. FERNÁNDEZ, *Cristo médico, según Orígenes* 1999; zu AUGUSTINUS VON HIPPO jene von R. ARBESMANN *The Concept of ‚Christus medicus' in St. Augustinus* 1954; P. C. J. EIJKENBOOM, *Het Christus-Medicusmotief in de preken van Sint Augustinus* 1960; T. F. MARTIN, *Paul the patient: Chris-

Da dieses Motiv nicht nur in der christlichen Literatur, sondern auch in der Kunstgeschichte über Jahrhunderte hinweg fassbar ist, gilt es, für seine Bedeutung auch kunsthistorische Studien einzubeziehen.[8]

2. Problemstellung und Anlage der Arbeit

Etliche der angeführten neueren medizinhistorischen Untersuchungen zeigen, dass die alte Hypothese, die von einer Ablehnung antiker Medizin durch die Christen ausging, sich mehr und mehr als unhaltbar erweist.[9] Vielmehr muss von einem positiven Verhältnis von Medizin und Christentum ausgegangen werden. Wenn also, wie Temkin[10] festhält, die hippokratische Medizin zur Entfaltung einer christlichen Anthropologie unumgänglich gewesen sei, so muss dies auch in der Entwicklung einzelner Dogmen Spuren hinterlassen haben.

Ziel der vorliegenden Arbeit ist es, basierend auf diesen neuen Erkenntnissen, einen weiteren Akzent in der Forschung zu setzen. Weder die medizinalen Metaphern in der patristischen Theologie noch die Spuren des medizinischen Fachwissens in der altchristlichen Literatur stehen im Fokus. Vielmehr soll die direkte Einwirkung von medizinischem Wissen auf die Entwicklung christlicher Glaubensinhalte nachgewiesen und die durch eine Rezeption antiker medizinischer Vorstellungen implizierten theologischen Reflexionen nachgezeichnet werden.[11]

2. 1. Zu den Begriffen „Christentum", „Medizin" und „Naturphilosophie"

Diese Arbeit steht von ihrem Ansatz her zwischen der christlichen Dogmengeschichte und der Medizinhistorie. Es werden Themen beleuchtet, in welchen sich diese beiden

---

tus medicus and the „stimulus carnis" (2Cor. 12:7): a consideration of Augustine's medicinal christology 2001.
8 Hier stehen allerdings oft die späteren Jahrhunderte im Blickfeld. Für die hier behandelte Epoche ist die Untersuchung des Motivs auf christlichen Sarkophagen von D. KNIPP interessant: „Christus medicus" in der frühchristlichen Sarkophagskulptur: ikonographische Studien der Sepulkralkunst des späten vierten Jahrhunderts 1998.
9 Zu dieser Frage siehe die bereits angeführten medizinhistorischen Arbeiten von TEMKIN 1991 und SCHULZE 2005, welche ihrerseits auf weiterführende Studien verweisen. Als Beispiel, wie früher Christentum und Niedergang der Medizin verbunden wurde vgl. S. D'IRSAY 1930.
10 Vgl. TEMKIN 1991, 133.
11 Einige wenige Arbeiten zu diesem Thema sind bereits erschienen, so der Artikel von B. POUDERON, La conception virginale au miroir de la procréation humaine: Libre réflexion sur les rapports entre la christologie et les connaissances physiologiques des premiers Pères, der die Problematik kurz umreisst. Hier ist ebenfalls das Werk von M.-H. CONGOURDEAU, L'embryon et son âme dans les sources grecques 2007 zu nennen, das im Verlauf immer wieder auf den Einfluss der antiken Medizin auf die Christologie zu sprechen kommt, ohne sie systematisch aufzuarbeiten. Mit dem Einfluss der Anthropologie auf die Christologie beschäftigte sich F. R. GAHBAUER, Das anthropologische Modell: ein Beitrag zur Christologie der frühen Kirche bis Chalkedon 1984.

Fächer überschneiden und befruchten. Dabei müssen die beiden Begriffe „Christentum" und „Medizin" weit gefasst werden. Dies bedarf einer kurzen Erklärung.

Christentum wird in dieser Arbeit nicht nur auf die später als „orthodox" rezipierten Autoren und Texte beschränkt. Gerade in den ersten Jahrhunderten ist eine klare Trennung und Unterscheidung von „Häretikern" und „Orthodoxen" nicht angezeigt, weil sie in vielerlei Hinsicht ein Produkt einer späteren Projektion ist. Was etwa als „nicht mehr christlich" abzulehnen sei, das wussten Irenäus, Hippolyt oder Tertullian zwar genau, aber ihre Werke zeigen, dass schon in ihren Gemeinden ihre Ansichten teilweise nicht akzeptiert oder ignoriert wurden.

Diese Arbeit untersucht den Einfluss medizinischer Vorstellungen auf das Glaubensgut. Doch damit eine solche Einwirkung zustande kommen kann, muss als Vorbedingung die Medizin von christlichen Gruppierungen überhaupt gebilligt und zu eigen gemacht werden. Weisen solche Gruppen einen unterschiedlichen Standpunkt zur Legitimation der Medizin auf, so wurzeln sie in voneinander abweichenden theologischen Konzepten. Diskussionen über diese theologischen Differenzen sind folglich auch in Bezug auf die Haltung zur Medizin aufschlussreich.

Das Fachgebiet der Medizin ist in der Antike eng mit dem der Philosophie verbunden. Dieses siamesische Geschwisterpaar lässt sich oft nur mit Gewalt und selten sinnvoll trennen. Wenn also die Rezeption medizinischen Gedankengutes behandelt wird, so impliziert dies immer auch philosophische Konstrukte. Die Versuchung einer scharfen Grenzziehung, ob ein Argument philosophischer oder medizinischer Natur sei, entspringt der modernen Selbstverständlichkeit, wonach die Medizin strikt empirischen, naturwissenschaftlichen Gesetzmässigkeiten folgt und damit von der Philosophie klar zu unterscheiden sei. Zudem sind christliche Autoren in der Regel keine Ärzte. Auch wenn ihre Schriften oft detaillierte Kenntnisse über Heilkunde verraten, so entspricht dieses Wissen dem Wissensstand eines gebildeten Laien. Grundlage dieser Bildung sind darum weniger medizinische Fachtexte von Galen oder aus dem Corpus Hippocraticum, als vielmehr philosophische und naturphilosophische Abhandlungen. Doch genau diese medizinische und naturphilosophische Allgemeinbildung fliesst nun in die theologischen Debatten ein.

2. 2. Anlage der Arbeit

Aus dem Spannungsfeld von Theologie und Medizin habe ich nun drei Themenbereiche ausgewählt, wo die Interferenzen besonders deutlich sichtbar sind, weil die entsprechenden Glaubenssätze medizinische Lehren tangieren. Es ist dies erstens die Frage nach dem Geschlecht im Zusammenhang mit der Heilsfähigkeit des Menschen. Gnostische Texte verknüpfen dieses Problem oft mit der Figur der Maria Magdalena.[12]

---

[12] Siehe das Kapitel IV. *Die gerettete Maria Magdalena* ab S. 67 in der vorliegenden Arbeit.

2. PROBLEMSTELLUNG UND ANLAGE DER ARBEIT

Im zweiten Themenbereich wird die Rolle der Medizin und der Naturphilosophie für die theologischen Aussagen über Zeugung, Entstehung und Geburt des Gottmenschen Jesus Christus erörtert.[13]

Die Rede von der Jungfräulichkeit Mariens steht im Zentrum der dritten Fragestellung: Hier geht es um den Wandel der Konzeption der Jungfräulichkeit und die daraus folgenden theologischen Konsequenzen, besonders zur Frage der *virginitas in partu*.[14]

Bevor jedoch diese Fragestellungen behandelt werden können, müssen zwei weitere Themen angegangen werden. Zunächst soll einerseits kurz in die antike Medizin eingeführt werden, soweit dies für die späteren Untersuchungen notwendig ist.[15] Grundlegende Bedeutung hat das zweite Thema. Das Postulat einer direkten Beeinflussung christlicher Glaubensinhalte durch die Medizin basiert auf einer umfassenderen These: Es wird vorausgesetzt, dass christliche Theologen eine offene Haltung zur antiken Heilkunde haben und sich damit beschäftigen. Zur Absicherung dieser Prämisse wird die Bedeutung der Medizin im frühen Christentum beleuchtet.[16]

Im Unterschied zu den hierzu vorliegenden medizinhistorischen Arbeiten[17] habe ich den Fokus von der historischen Darstellung dieses Verhältnisses auf die dabei verwendeten theologischen Argumentationsstrukturen verlagert. Diese Argumentationsstrukturen legitimieren nicht nur die Heilkunde, sie verweisen zudem auf die theologische Verortung der Medizin. So wird die Basis für die drei anschliessenden Untersuchungen gelegt.

---

13 Siehe das Kapitel V. *Empfangen vom Heiligen Geist: wie ein göttliches Kind entsteht* ab S. 87 in der vorliegenden Arbeit.
14 Siehe das Kapitel VI. *Jungfrau und Gottesmutter: wie Maria ihr Kind gebar* ab S. 197 in der vorliegenden Arbeit.
15 Siehe das Kapitel II. *Antike Medizin* ab S. 7 in der vorliegenden Arbeit.
16 Siehe das Kapitel III. *Christentum und Medizin* ab S. 19 in der vorliegenden Arbeit.
17 Siehe insbesondere SCHULZE 2005, DÖRNEMANN 2003 und TEMKIN 1991.

Kapitel II.
Antike Medizin

1. Hippokrates und seine Nachfolger

Ziel dieses Kapitels ist es, einen konzisen Überblick über die antike Medizin zu geben.[1] Diese Darstellung soll Rahmen und Grundlage für die folgenden Untersuchungen bieten.[2]

Medizin in der griechisch-römischen Antike ist eng mit dem Namen Hippokrates von Kos verbunden, so dass oft auch von „Hippokratischer Medizin" gesprochen wird.[3] Die wenigen verlässlichen Informationen zur Biographie des sich hinter diesem Namen verbergenden Arztes sind seinen etwas jüngeren Zeitgenossen Platon[4] und Aristoteles[5] zu verdanken, die von der viel späteren und legendarischen *Vita* des Soran[6] phantasievoll illustriert werden. Hippokrates wurde diesen Zeugnissen zufolge um 460 v. Chr. geboren und stammte aus Kos. Die Erwähnungen bei Platon und Aristoteles bezeugen, dass sein Ansehen schnell wuchs und er zum Inbegriff eines herausragenden Arztes wurde. Aufgrund dieses Ruhmes sind zahlreiche medizinische Werke des fünften und vierten Jahrhunderts v. Chr. unter seinem Namen überliefert, später gesammelt und zu einem *Corpus Hippocraticum* zusammengefasst worden. Weitere Werke aus hellenistischer und römischer Zeit kamen zum Corpus hinzu. Diese etwa 60 als hippokratisch

---

1   Detaillierte Einführungen in das Thema bieten unter anderen: H. KING, *Greek and Roman medicine* 2001 und dies., *Health in antiquity* 2005; J. KOLLESCH & D. NICKEL, *Antike Heilkunst: ausgewählte Texte aus dem medizinischen Schrifttum der Griechen und Römer* 1986; A. KRUG, *Heilkunst und Heilkult: Medizin in der Antike* 1985; K.-H. LEVEN, *Antike Medizin: ein Lexikon* 2005; W. MÜRI, *Der Arzt im Altertum: griechische und lateinische Quellenstücke von Hippokrates bis Galen mit der Übertragung ins Deutsche* 1986; V. NUTTON, *Roman Medicine: Tradition, Confrontation, Assimilation* 1993 und ders., *Ancient medicine* 2004.

2   In der Einleitung habe ich bereits geschrieben, dass in der Antike Medizin und Philosophie eng verbunden sind. Doch auf eine Darstellung der Grundzüge der antiken Philosophie verzichte ich – ebenso wie der Theologie – und setze sie als bekannt voraus.

3   So etwa TEMKIN 1991. Zur Begründung siehe sein Vorwort auf den Seiten IX–XII. Vgl. POTTER & GUNDERT 1998.

4   PLATON erwähnt in *Protagoras* 311b: LAMB 1977, 98–99; und im *Phaidros* 270c: FOWLER 1982, 548–549, den Arzt HIPPOKRATES, dem Asklepiaden aus Kos – wobei nicht klar ist, ob mit „Asklepiade" die Abstammung angegeben wird oder ob „Asklepiade" als Synonym zu Arzt zu verstehen ist. Vgl. EDELSTEIN 1935, 1295–1296.

5   So spielt ARISTOTELES in seiner Politik auf die geringe Körpergrösse des HIPPOKRATES an. Vgl. *Politica* 7, 4 1326a 15: RACKHAM 1977, 554–555.

6   Vgl. SORAN, *Vita Hippocratis*: MÜRI 1986, 44–51.

betitelten Schriften sind sowohl inhaltlich als auch formal sehr heterogen und lassen neben ganz unterschiedlichen Motiven der Autoren sowie breitgefächerten Adressaten auch differierende medizinische Vorstellungen deutlich werden. Schon in der frühen Kaiserzeit wird deshalb die Autorschaft einiger Texte diskutiert und angezweifelt. Schliesslich kann im Zwanzigsten Jahrhundert Edelstein zeigen, dass wohl kein einziges Werk aus dem Corpus mit einiger Sicherheit oder Wahrscheinlichkeit Hippokrates zum Urheber hat. Der Kern dieser Sammlung ist jedoch in dessen Epoche zu lokalisieren.[7]

Mit der zunehmenden Autorität der hippokratischen Werke beginnen sich um die Person des Hippokrates selbst Legenden zu ranken, die sich zunächst in 27 pseudepigraphischen Texten kristallisieren, bestehend aus Briefen, zwei Reden und einem Erlass. Diese Schriften illustrieren schlaglichtartig die legendarische Lebensgeschichte Hippokrates. Schliesslich entsteht eine zusammenhängende biographische Tradition, wie sie die drei tradierten Viten von Soran (erstes, Anfang zweites Jahrhundert n. Chr.)[8] in der *Suda* (um 960)[9] und jene von einem byzantinischen Gelehrten des zwölften Jahrhunderts belegen.[10]

Hippokrates gilt als das Idealbild eines Arztes, ein Mythos, hinter welchem der historische Arzt vollständig verschwindet. Er repräsentiert eine Projektionsfläche für unterschiedlichste medizinische Praktiken und wird als fiktiver Urheber und Gewährsmann für vielfältige und differierende medizinische Theorien in Anspruch genommen.

2. Aristoteles

Ob Aristoteles (384–322 v. Chr.) im eigentlichen Sinne medizinische Werke verfasst hat, ist umstritten. Dennoch ist er für die antike Medizin von zentraler Bedeutung. Er entstammte einer Ärztefamilie und war deshalb auch mit heilkundlicher Literatur vertraut. In seinen zoologischen Werken stellt er zahlreiche anatomische und physiologische Beobachtungen dar, die er unter anderem auch durch systematische Vivisektion an Tieren gewonnen hat und auf den Mensch überträgt.[11]

---

7 Vgl. EDELSTEIN 1935, 1308–1310. Ein kurzer Status Quaestiones mit Bibliographie findet sich bei WITTERN 2005.
8 Der Autor der *Vita Hippocratis*, SORAN, ist entweder jener von Kos oder jener von Ephesus – vielleicht sind auch beide identisch. Die Texte der *Vita* und eine Übersetzung finden sich bei MÜRI 1986, 44–51, ein kleiner Kommentar ist bei TEMKIN 1991, 51–57 zu lesen.
9 Vgl. BALDWIN 2006.
10 Vgl. TEMKIN 1991, 51–75.
11 Zur Bedeutung des Aristoteles für die antike Medizin vgl. VAN DER EIJK & FRANCIS 2009.

3. Die medizinischen Schulen der Antike

Wenn in der patristischen Literatur von der Ärzteschaft als Ganzes gesprochen wird, so fällt auf, dass immer wieder auf ihre Divergenzen angespielt wird. So reagiert Clemens von Alexandrien († um 220) mit folgendem Vergleich auf den Vorwurf, die Christen seien unglaubwürdig, weil sie unterschiedliche Lehrmeinungen hätten:

> Ferner können wir, um uns in dieser Hinsicht ausführlicher zu verteidigen, gegen sie auch vorbringen, dass auch die Ärzte, obwohl sie entsprechend den Schulrichtungen, denen sie angehören, entgegengesetzte Anschauungen haben, doch tatsächlich in gleicher Weise Kranke heilen. Sollte also einer, dessen Körper krank ist und ärztliche Hilfe braucht, wegen der verschiedenen Richtungen in der Heilkunde keinen Arzt zu sich kommen lassen? Ebenso wenig aber darf einer, dessen Seele krank und voll von Trugbildern ist, die verschiedenen Richtungen als Ablehnungsgrund vorschützen, wenn es sich für ihn darum handelt, gesund zu werden und sich zu Gott zu bekehren.[12]

Hinter diesen fachlichen Kontroversen stehen verschiedene, untereinander teilweise verfeindete Gruppen, in welche die Ärzte[13] zu Beginn der christlichen Ära aufgespalten sind.[14] Die Anhänger einer solchen „αἵρεσις", bzw. „secta" genannten Gruppe berufen sich auf eine gemeinsame Methodologie und rekurrieren auf eine gemeinsame Gründergestalt. Ein geographisches Zentrum oder eine Organisation ist jedoch nicht gegeben. Die wichtigsten dieser „Schulen" sind die Dogmatiker, die Empiriker und die Methodiker. Von untergeordneter Bedeutung sind die Pneumatiker, und schliesslich gibt es auch berühmte Ärzte wie Rufus von Ephesus,[15] die sich nicht auf eine Schule festlegen wollen und deshalb Eklektiker genannt werden.

---

12 CLEMENS VON ALEXANDRIEN, *Stromata* 7, 15, 90, 3–4: STÄHLIN 1970 (GCS 17, 3), 5, 94: „ἤδη δὲ καὶ ὡς ἐν πλάτει χρωμένοις τῇδε τῇ ἀπολογίᾳ ἔνεστι φάναι πρὸς αὐτούς, ὅτι καὶ οἱ ἰατροὶ ἐναντίας δόξας κεκτημένοι κατὰ τὰς οἰκείας αἱρέσεις ἐπ' ἴσης ἔργῳ θεραπεύουσιν. μή τι οὖν κάμνων τις τὸ σῶμα καὶ θεραπείας δεόμενος οὐ προσίεται ἰατρὸν διὰ τὰς ἐν τῇ ἰατρικῇ αἱρέσεις; οὐκ ἄρα οὐδὲ ὁ τὴν ψυχὴν νοσῶν καὶ εἰδώλων ἔμπλεως, ἕνεκά γε τοῦ ὑγιᾶναι καὶ εἰς θεὸν ἐπιστρέψαι, προφασίσαιτο «ἄν» ποτε τὰς αἱρέσεις." Diesem Vergleich stimmt ORIGENES zu. Für ihn sind diese Spaltungen keineswegs negativ, sondern sind vielmehr ein Zeichen einer intensiven Auseinandersetzung mit der Materie. ORIGENES, *Contra Celsum* 3, 12: FIEDROWICZ & BARTHOLD 2011; FC 50, 2, 530–533. Viel weniger positiv beurteilt der Arzt GALEN etwa in *De sectis ad eos qui introducuntur* diese Spaltungen. Er nimmt auch seinerseits Bezug auf Juden und Christen: So etwa seine Kritik in *De pulsuum differentiis* 3, 3: KÜHN 1964, Vol. 3, 657, 1: „Man könnte eher Juden und Christen eines Besseren belehren als die Anhänger einer medizinischen oder philosophischen Schule". Vgl. FRINGS 1959, 23 und WALZER 1949, 14.

13 Da es in der Antike nur ganz wenige Medizinerinnen gab und diese zudem keine Texte hinterlassen haben, scheint mir der exklusive Gebrauch der maskulinen Formen angebracht. Zu den problematischen Aspekten im Kontakt zwischen der fast ausschliesslich männlichen Ärzteschaft und ihren weiblichen Patientinnen vgl. die Geschichte der kranken Makrina ab S. 58 in der vorliegenden Arbeit.

14 Diese Problematik behandeln aus zeitgenössischer Sicht ausführlich AULUS CORNELIUS CELSUS, *De medicina* 1, Proömium: MÜRI 1986, 117–151, wie auch GALEN, *De sectis ad eos qui introducuntur*: KÜHN 1964, Vol. 1, 64–105; vgl. WALZER & FREDE 1985, 3–20 und Ps. GALEN, *De optima secta ad Thrasybulum*: MÜLLER 1898.

15 Vgl. SIDERAS 1994.

Die Dogmatiker[16] haben – trotz des Namens und im Unterschied zu den anderen Gruppen – kein eigenes, klar umrissenes Dogma. Sie kennen auch keinen eigentlichen Begründer, wenn auch Hippokrates von ihnen sehr verehrt wird. Vielmehr sind es die Anhänger der beiden grossen Schulen, der Empiriker und der Methodiker, die mit dem Begriff „δογματικὴ αἵρεσις" all jene bezeichnen, von deren Lehren sie sich abgrenzen. Eine „dogmatische Schule" gibt es also als solche nicht, nur eine heterogene Gruppe von ganz unterschiedlich ausgerichteten Ärzten. Den Dogmatikern ist allerdings gemeinsam, dass bei ihnen im Gegensatz zu den Empirikern eine theoretisch-spekulative Theorie im Vordergrund steht, die es rational aus der Philosophie zu entwickeln und zu verfeinern gilt – die Dogmatiker werden deshalb auch Rationalisten genannt. Behandlungen sollten von einer Theorie über die Ursache einer Krankheit abgeleitet werden. Berühmtestes Beispiel einer solchen Theorie ist die „Humoralpathologie"[17], die Lehre, wonach bei Erkrankungen die Säfte des Körpers eine zentrale Rolle spielen. Die Humoralpathologie wird unter anderen Hippokrates selbst zugeschrieben und ist im Laufe der Jahrhunderte immer wieder aufgegriffen worden, so auch von Galen.

Die Empirische Ärzteschule (meist „ἐμπειρικὴ ἀγωγή") wird in der Mitte des dritten vorchristlichen Jahrhunderts gegründet. Als Urheber erwähnt werden Philinos von Kos, Serapion von Alexandrien oder Akron von Akragas.[18] Im Gegensatz zu den Dogmatikern soll ihnen zufolge nicht die Theorie im Zentrum der Medizin sein, sondern die Erfahrung (ἐμπειρία). Davon könne ein Prinzip abgeleitet werden. Ihre Methode, der so genannte „empirische Dreifuss", besteht erstens im Sammeln von eigenen Erfahrungen zu einer Krankheit (αὐτοψία), zweitens im Zusammentragen dieser Erfahrungen mit fremden Beobachtungen zu einem Bericht (ἱστορία) und drittens im Anwenden dieser Informationen auf andere, ähnliche Krankheiten im Analogieverfahren (μετάβασις oder ἡ τοῦ ὁμοίου μετάβασις). Die Empiriker geraten durch eine einseitige Betonung dieses Dreifusses in Verruf und werden deswegen von Galen kritisiert.[19]

Die Methodische Schule (μεθοδικοί) wird von Themison von Laodizäa oder von Thessalos zur Zeit des Kaisers Nero (37–68 n. Chr.) gegründet. Die Lehre der Methodiker beruht auf der skeptischen Philosophie, von der sie, durch den Atomismus beeinflusst, die Lehre der drei Status ableiten. Diese drei Status bezeichnen die drei möglichen Zustände des Körpers, nämlich „strictus", „medius" (mixtus) und „laxus" („fluens"). Folglich gibt es ihnen zufolge nur drei Grundkrankheiten zu kennen, auf die alle anderen Krankheiten zurückgehen. Darüber hinausgehendes medizinisches Wissen ist unnütz – wenn auch, wie Soran von Ephesus sagt, es das Lernen unterstützt.[20] Die Aufgabe des Arztes besteht lediglich darin, herauszufinden, an welcher Grundkrankheit

---

16 Vgl. DEICHGRÄBER 1930; KUDLIEN 1967; NUTTON 1997; und LABISCH 2005.
17 Vgl. NUTTON 2001.
18 Vgl. KUDLIEN 1964; EDELSTEIN 1987, 195–204; und NUTTON 1997.
19 Vgl. die teilweise sehr polemischen Schriften *De sectis ad eos qui introducuntur*: WALZER & FREDE 1985, 3–20; und *Subfiguratio empirica*: WALZER & FREDE 1985, 21–46.
20 SORAN, *Gynaecia* 1, 2: TEMKIN & EASTMAN 1991, 4.

3. DIE MEDIZINISCHEN SCHULEN DER ANTIKE

jemand leidet, und entsprechend entgegengesetzt wirkende Arzneimittel zu verabreichen.[21] Dieser stark eingeschränkte Ursachenkatalog unterscheidet sie sowohl von den vielfältigen und heterogenen Theorien der Dogmatiker als auch von den Empirikern, die einer nicht auf Empirie basierten Theorie grundsätzlich misstrauen.

Der wichtigste Methodiker, wenn auch kein sehr orthodoxer, und zugleich der Einzige, von dessen Schriften etwas überliefert wurde, ist Soran von Ephesus.[22] Nach der *Suda* studiert er zunächst in Alexandrien, geht nach Rom und praktiziert dort zur Zeit der Kaiser Trajan (98–117) und Hadrian (117–138).[23] Es ist zu vermuten, dass er jener Soran ist, der in der *Vita* des Hippokrates erwähnt wird – und so ist anzunehmen, dass er sie auch geschrieben hat.[24] Das neben der Vita bekannteste Werk Sorans ist die *Gynäkologie*. Es ist von seinen medizinischen Schriften als Einziges erhalten geblieben. Obwohl die Methodiker mit ihrer simplifizierenden Sicht der Medizin immer wieder kritisiert werden, gilt Soran als einer der besten Kenner der Materie. Für Tertullian war Soran eine unbestrittene Autorität[25], besonders Sorans heute verlorene vier Bücher *Über die Seele* schätzte er sehr. Augustinus schliesst sich diesem Urteil über Soran an – er nennt ihn einmal sogar „medicinae auctor nobilissimus".[26]

Die von Athenaios von Attaleia im ersten Jahrhundert n. Chr. gegründete Pneumatische Schule ist von untergeordneter Bedeutung. Sie verknüpft die stoische Lehre vom Pneuma als materiell gedachte Lebenskraft mit der hippokratischen Humoralpathologie.[27] Die wichtigsten Vertreter dieser Schule sind Aretaios von Kappadokien und Archigenes von Apamea, wobei Letzterer auch zu den Eklektikern gezählt werden kann.

---

21 Vgl. KUDLIEN 1969.
22 Von den übrigen Methodikern sind nur Fragmente überliefert, vgl. TECUSAN 2004.
23 In der *Suda* steht: ADLER 1971, Σ 851: „Σωρανός, Μενάνδρου καὶ Φοίβης, Ἐφέσιος, ἰατρός, διατρίψας ἐν Ἀλεξανδρείᾳ καὶ ἐν τῇ Ῥώμῃ δὲ ἰατρεύσας ἐπὶ Τραϊανοῦ καὶ Ἀδριανοῦ τῶν βασιλέων βιβλία τε συντάξας πλεῖστα καὶ κάλλιστα." – „Soran: Sohn des Menanders und der Phöbe, von Ephesus, Arzt. Lebte in Alexandrien und in Rom und praktizierte unter den Kaisern Trajan und Hadrian. Er schrieb zahlreiche und sehr gute Bücher."
24 Vgl. MÜRI 1986, 45–51; TEMKIN 1991, 51–75; HANSON & GREEN 1994; REUS 2001; und TEMKIN & EASTMAN 1991.
25 So schreibt er in Entgegnung der Haltung, dass die Seele sich nur immateriell ernähre: „Sed nec hic gradus stabit etiam Sorano methodicae medicinae instructissimo auctore respondente animam corporalibus quoque ali, denique deficientem a cibo plerumque fulciri." – „Aber auch dies ist keine haltbare Position, da ein in der methodischen Heilkunde so unterrichteter Gewährsmann wie Soranus die Antwort gibt, die Seele ernähre sich ebenfalls durch körperliche Dinge, ja, sie werde, wenn sie auszugehen droht, durch Speise meistens gehalten." TERTULLIAN, *De anima* 6: WASZINK 1947, 8.
26 AUGUSTINUS, *Contra Julianum* 5, 14, 51: CIPRIANI 1985, 836.
27 Vgl. KUDLIEN 1968 und TIELEMAN 2005.

4. Galen von Pergamon

Galen von Pergamon ist neben Hippokrates die zweite, alles überragende Gestalt unter den Medizinern der Antike. Über seine Lebensgeschichte unterrichten primär Notizen aus seinen eigenen Schriften,[28] zu denen auch zwei autographische Werksverzeichnisse[29] gehören. Weitere Informationen finden sich in der *Suda*[30] und in einer vor allem in arabischen Quellen bewahrten biographischen Tradition.[31] Diesen Texten zufolge wurde Galen um 129 n. Chr. in Pergamon als Spross einer angesehenen Familie geboren. Er erhielt eine gründliche Ausbildung, wozu auch die Stoa, Platon und Aristoteles gehörten. Aufgrund eines Traumbildes entschied er sich mit 17 Jahren für die medizinische Laufbahn. Nach ausgedehnten Studien, auch in Athen und Alexandrien, arbeitete er zunächst als Gladiatorenarzt in seiner Vaterstadt und ging dann im Alter von 33 Jahren nach Rom, wo er mit seinen aussergewöhnlichen Fähigkeiten sowohl in Theorie als auch Praxis schnell Berühmtheit erlangte. 166 zog er sich nach Pergamon zurück. Als Grund für die Flucht erwähnt er einmal die Pest in Rom, ein anderes Mal Mordabsichten eifersüchtiger Rivalen.[32] 169 kam er wieder nach Rom, kümmerte sich um die kaiserliche Familie und verfasste medizinische und philosophische Schriften. Ab diesem Zeitpunkt werden seine biographischen Notizen spärlich. Weitere Reisen sind möglich, aber ungewiss. Auch ist sein Todesjahr nicht sicher zu eruieren, der Sterbeort und sein Grab bleiben unbekannt. Die *Suda* gibt zwar ein Lebensalter von 70 Jahren an, was den Jahren 199/200 entspräche. Dem widersprechen jedoch die Schrift *De theriaca ad Pisonem*, die erst zwischen 204 und 209 verfasst ist, aber pseudographisch sein könnte, sowie die arabische Tradition, die sein Alter auf 87 Jahre ansetzt und somit seinen Todestag in die Zeit um 216/217 fallen lässt.

Galens methodischer Ansatz beruht auf einer Synthese von Philosophie und Medizin, wobei Aristoteles eine zentrale Rolle zukommt. Basierend auf den richtigen Axio-

---

28 So besonders die Schriften *De praecognitione ad Epigenem*: MÜRI 1986, 51–59; *De libris propriis*: BOUDON 2007, 129–234; und *De ordine librorum suorum*: BOUDON 2007, 1–128. Zusammengetragen und kommentiert sind diese Notizen zur Biographie GALENS in MORAUX 1985 und BROCK 1977.

29 Siehe περὶ τῆς τάξεως τῶν ἰδίων βιβλίων (= *De libris propriis*) und περὶ τῶν ἰδίων βιβλίων (= *De ordine librorum suorum*): BOUDON 2007.

30 Der Artikel in der *Suda* zu GALEN ist kurz: ADLER 1971, Γ 32: „Γαληνός, ὁ διασημότατος ἰατρός, Περγαμηνός, γεγονὼς ἐπὶ Μάρκου καὶ Κομόδου καὶ Περτίνακος τῶν Καισάρων ἐν Ῥώμῃ, υἱὸς Νίκωνος γεωμέτρου καὶ ἀρχιτέκτονος, πολλὰ συνετάξατο ἰατρικά τε καὶ φιλόσοφα, ἔτι τε γραμματικὰ καὶ ῥητορικά· ἅτινα διὰ τὸ πᾶσιν εἶναι γνώριμα καταλέγειν ἄκαιρον ἡγησάμην ἐν τῷ παρόντι. ἐβίω ἔτη οʹ. σημαίνει δὲ καὶ τὸν ἥσυχον." – „Galen: Hervorragendester Arzt, von Pergamon, lebte unter den Kaisern Markus, Commodus und Pertinax in Rom. Sohn des Nikon, eines Erdvermessers und Architekten. Er stellte viele Werke zu Medizin und Philosophie zusammen, auch über Grammatik und Rhetorik. Da diese allgemein bekannt sind, fand ich es unnötig, sie hier aufzulisten. Er starb 70 Jahre alt. Es [sc. das Wort Galen] bedeutet auch ‚die Stille'."

31 Zur Biographie vgl. NUTTON 1998; MEWALDT 1910; WALZER 1969 und MORAUX 1985.

32 Rivalen werden erwähnt in *De praecognitione ad Epigenem* 6: MÜRI 1986, 50–55, die Pest in *De libris propriis* 19,15 (1, 16): BOUDON-MILLOT 2007, 139; frz. MORAUX 1985, 105–107. NUTTON 1998, 749, bemerkt, dass keine der beiden Erklärungen wirklich befriedigt.

men und Definitionen kann man Galen zufolge die medizinische Theorie umfassend und erschöpfend darstellen.[33] Damit setzt er auch dem Schulstreit zwischen den Dogmatikern und den Empirikern ein Ende, da dieses Vorgehen auf rationalen Methoden beruht, aber immer auch empirisch bestätigt werden soll. Galen sieht sich nicht als originellen Denker, sondern versteht sich immer als in der Tradition des Hippokrates, Platons und Aristoteles stehend. Mit seinen Kommentaren zu Schriften des *Corpus Hippocraticum* beeinflusst er das Bild von Hippokrates so grundsätzlich, dass die hippokratische Medizin in der Rezeption von Galen als normativ zu gelten beginnt. Diese als „Galenismus" bezeichnete Konzentrierung auf Galen prägt im Laufe der Jahrhunderte zunehmend die Medizin.[34] Oreibasios von Pergamon etwa, Leibarzt und Bibliothekar des Kaisers Julian († 363), verfasst Kompendien über Galens Schriften. Da Hippokrates als Idealbild und Sammelbecken verschiedenster Theorien nur noch durch die Vermittlung Galens fassbar ist, werden für spätere Kommentatoren Galen und Hippokrates quasi zu Zeitgenossen, welche beide sich harmonisch ergänzende Lehren vertreten hätten. Galens fast unwidersprochene Autorität in der byzantinischen, arabischen und lateinischen Medizin lässt die Heilkunde bis ins 17. Jahrhundert als eine von Hippokrates begründete und von Galen abgeschlossene Theorie erscheinen.

Galen hinterlässt ein umfangreiches Werk, das schon zu seinen Lebzeiten grosse Wertschätzung geniesst und bald andere medizinische Literatur ersetzt und verdrängt. In grösserer Zahl überdauern solche nichtgalenischen Schriften nur, wenn sie Galen ausdrücklich empfohlen hat, wie das *Corpus Hippocraticum*, oder wenn sie Themen zum Inhalt haben, die Galen nicht behandelte, so etwa die *Gynäkologie* des Soran. Es ist für die Bedeutung galenischer Schriften bezeichnend, dass der Autor der *Suda* es nicht für notwendig erachtet, Galens Werke aufzulisten, weil er davon ausgeht, dass sie sicherlich jeder Leser kennt.[35] So stehen byzantinischen Ärzten alle seine Werke zur Verfügung. Aus dem Griechischen werden sie zunächst ins Syrische und weiter ins Arabische übersetzt.[36]

Rufus von Ephesus, Soran und Galen gehören zu den letzten antiken Ärzten, die selbständig systematisch forschen und Neues entdecken. Galen markiert sowohl Krönung als auch Endpunkt der antiken Medizin: Er selbst hat keinen Nachfolger und keinen Schülerkreis, der weiterführen könnte, wo der Meister aufgehört hat.

Mit dem Anliegen, das medizinische Wissen zu sammeln und zu systematisieren, treten nun immer mehr Enzyklopädisten hervor. Von patristischen Autoren breit rezipiert und bis heute erhalten sind die acht Bände über die Medizin aus dem Werk

---

33 Rechenschaft über seine Methode legt GALEN ab in der Schrift *Methodi medendi* 1–2: KÜHN 1965, Vol. 10, 1–156: HANKINSON 1991 und *De placitis Hippocratis et Platonis* 2: KÜHN 1964, Vol. 5, 211–84: DE LACY 1978; vgl. WALZER 1969 und TIELEMAN 2005.
34 Zum Galenismus siehe TEMKIN 1973.
35 Zum Lemma GALEN in der *Suda* vgl. Anmerkung 30 auf S. 12 in der vorliegenden Arbeit.
36 Zu diesem Wissenstransfer siehe SCHULZE 2005, 1–13.

über die Künste des Aulus Cornelius Celsus[37] (erstes Jahrhundert n. Chr.), die Naturgeschichte des älteren Plinius[38] († 79 n. Chr.) und die *Disziplinen* des Marcus Terentius Varro[39] († 27 v. Chr.), Letztere sind jedoch verloren. Spätere Autoren wie der erwähnte Oreibasios fussen direkt auf Galen.

Neben den Enzyklopädisten finden sich auch bei Dichtern immer wieder Hinweise auf das medizinische Wissen ihrer Zeit. Berühmt ist das Lehrgedicht des Lukrez *De rerum natura*, worin im 5. und 6. Buch die Genese der Lebewesen und die Ursachen von Krankheiten besprochen werden.[40]

Es ist kein Zufall, dass sich lateinische Autoren fast nur unter den Enzyklopädisten und Dichtern finden, kaum aber bei den Ärzten, die meist griechischer Zunge waren. Die griechische Medizin gilt in den Augen etlicher römischer Autoren – auch einiger Enzyklopädisten – als Quacksalberei geldgieriger Scharlatane. Besonders Plinius scheint griechische Ärzte nicht zu mögen. Berühmt ist der von ihm zitierte Grabstein mit der Inschrift „Turba se medicorum perisse".[41] Bei der Beschreibung der Ankunft des ersten griechischen Arztes Archagathos, genannt „der Metzger", in Rom lässt Plinius den hochverehrten Cato den Älteren († 149 v. Chr.) seinem Sohn Marcus Folgendes sagen:

> Sobald jenes Volk [die Griechen] uns seine Wissenschaften gibt, wird es alles verderben, noch um so mehr, wenn es seine Ärzte hierher schickt. Diese haben sich untereinander verschworen, alle Barbaren durch ihre Medizin zu töten; sie tun selbst aber dies um Bezahlung, damit man ihnen Glauben schenken und sie uns leicht zugrunde richten können. Auch uns nennen sie Barbaren und entehren uns dreckiger als andere durch die Bezeichnung ‚Schwachköpfe'. Damit habe ich dir den Umgang mit Ärzten verboten.[42]

Trotz dieser kritischen Stimmen lässt sich die griechische Medizin zur Kaiserzeit im ganzen Imperium nachweisen.[43]

5. Kult und Medizin

Krankheit gehört zu den Grunderfahrungen des Menschen. Gesund zu bleiben oder gesund zu werden ist keine Selbstverständlichkeit und liegt letztlich ausserhalb der ab-

---

37 Vgl. SPENCER 1971–1979 und MUDRY 1993.
38 Vgl. KÖNIG 1973–2004.
39 Vgl. SALLMANN 2002 und BOSCHERINI 1993.
40 Vgl. OSER-GROTE 2005.
41 PLINIUS, *Naturalis historia* 29, 11: KÖNIG 1991, 23: „Durch die Menge meiner Ärzte bin ich ums Leben gekommen."
42 PLINIUS, *Naturalis historia* 29, 13–15: KÖNIG 1991, 24–25: „Quandoque ista gens suas litteras dabit, omnia conrumpet, tum etiam magis, si medicos suos hoc mittet. Iurarunt inter se barbaros necare omnes medicina, sed hoc ipsum mercede faciunt, ut fides sit et facile disperdant. Nos quoque dictitant barbaros et spurcius nos quam alios ὀπικῶν appellatione foedant. Interdixi tibi de medicis."
43 Zur Rezeption der griechischen Medizin in Rom vgl. SCARBOROUGH 1993, 22–29; und NUTTON 2001, 1113–1114.

soluten Kontrolle des Einzelnen. Dies gilt besonders für jene Zeiten, als die meisten Ursachen für die Krankheiten noch unbekannt waren und stattdessen Erklärungen in einem anderen, grösseren Kontext gesucht wurden.

Medizin und Religion bilden darum zunächst eine Einheit, aus der sich die Medizin der Antike nur langsam emanzipiert. Gerade bei chronischen Beschwerden, Geisteskrankheiten und Seuchen bleibt für Betroffene eine kultische Heilung oft die einzige Hoffnung. Für sie stehen griechische Heilgötter wie Apollo, Asklepios, Hygieia, Pangeneia oder die ägyptischen Götter Sarapis und Isis zur Verfügung. Dazu kommen Heroen wie Apollonius von Tyana und Hippokrates. Der wichtigste unter diesen Helfern war zweifelsohne Asklepios, dessen Kult schon im dritten Jahrhundert v. Chr. nach Rom kommt und der dort unter dem Namen Aesculapius verehrt wird. In der Kaiserzeit ist er mit Abstand der beliebteste Heilgott, verehrt alleine oder mit anderen Göttern an über 400 Kultorten im Mittelmeerraum.[44]

Kernstück der sakralen Heilung, wie sie besonders in den Kultzentren des Asklepios gepflegt wird, bildet die so genannte Inkubation. Es handelt sich um einen Tempelschlaf im Allerheiligsten.[45] In Traumgesichten erscheint der Gott und erteilt Hinweise zur Pflege oder bewirkt gar direkt ein Wunder.[46] Oft bietet ein Asklepieion zudem eine heiltätige Quelle und Badeanlagen für rituelle Waschungen. Die Priester, die selbst sicherlich über medizinisches Wissen verfügt haben, unterhalten neben dem heiligen Bezirk Gaststätten, in denen die Patienten ihre Genesung abwarten können. Da öffentliche Spitäler erst ab dem vierten Jahrhundert mit der Christianisierung aufkommen, bieten die Asklepieia für wenig begüterte Kranke die einzige Möglichkeit, eine Therapie zu bekommen. Geheilte pflegen für die Genesung dem milden Retter[47] mit Votivtafeln und Spenden zu danken.[48] Die Inkubation wird ebenfalls in Heiligtümern der Hygieia, der göttlichen Tochter des Asklepios, praktiziert und sind für Pan, Isis und Sarapis bezeugt.[49]

---

44 Vgl. TEMKIN 1991, 79–85 und 181–196; SCHNALKE 2005; FERNGREN & AMUNDSEN 1996, 2959; und DÖRNEMANN 2003, 26–32.
45 PAUSANIAS etwa beschreibt ausführlich den Kult und die Kultstätte des Asklepios in Epidauros, wie er sie im zweiten Jahrhundert n. Chr. gesehen und erlebt hat. *Descriptio Graeciae* II, 27, 1–7: EDELSTEIN & EDELSTEIN 1988, Bd. 1, 381–385. Eine umfangreiche Quellensammlung und deren Interpretation zu Asklepios und seinem Kult bietet EDELSTEIN & EDELSTEIN 1988. Zur Inkubation vgl. SCHNALKE 2005; zu Asklepios und Hippokrates SCHNALKE & WITTERN 1994.
46 GALEN berichtet von einer solchen wunderbaren Heilung aufgrund von Medikamenten, die der Gott im Traum einem Leprakranken verordnet hat. *Subfiguratio empirica* 10, 78, EDELSTEIN & EDELSTEIN 1988, Bd. 1, 250.
47 Wiederholt wird von antiken Autoren darauf hingewiesen, dass der Name Ἀσκληπιός von ἤπιος „mild, gütig, weich" komme: EDELSTEIN & EDELSTEIN 1988, Bd. 1, 124–128. Die *Suda* bemerkt zum Arzt Jakob von Damaskus, dass er von einigen σωτῆρ genannt werde, so wie einst Asklepios genannt wurde. Vgl. ADLER 1971, I, 13.
48 Einige solcher Inschriften des Asklepieions in Epidauros bietet MÜRI 1986, 433–439.
49 Vgl. FERNGREN & AMUNDSEN 1996, 2959 sowie DÖRNEMANN 2003, 32–33.

Natürlich gibt es neben der Tempelmedizin und der hippokratisch-galenischen Medizin auch die sogenannte „Volksmedizin", also Heilweisen und Heilwissen von Laien und Heilern – ohne Arzt oder Priester. Diese Volksmedizin lässt sich jedoch nur schwer von der „gelehrten" Medizin abgrenzen, denn die Übergänge sind fliessend. So idealisieren etwa römische Autoren wie Plinius die bodenständige und naturverbundene Medizin ihrer Vorfahren,[50] und einige der Praktiken, die gemäss Galen, Plinius oder nach hippokratischen Schriften von Ärzten angewandt werden, grenzen für moderne Leser an „Magie"[51] oder Betrug.[52] Neben Hausmittelchen spielen Schutz- und Heilungszauber mit Beschwörungsformeln, Amuletten und Tränken eine grosse Rolle.[53] Wenn auch die Wirksamkeit solcher Praktiken nicht von allen in Frage gestellt wird, so ist doch eine gewisse Zurückweisung davon das Kennzeichen und Merkmal eines Arztes. Die ablehnende Haltung zur Zauberei wird auch im römischen Recht verwendet, um Ärzte von Betrügern zu trennen.[54] Obwohl religiöse und „magische" Praktiken für die weniger gebildeten Menschen von überragender Bedeutung sind, er-

---

50 So schreibt PLINIUS, dass es bei den Römern früher 600 Jahre lang keine Mediziner – wohl aber Medizin gegeben habe. Man sei zwar damals an der Aufnahme neuer Künste interessiert gewesen, habe aber die griechische Medizin verworfen, nachdem man sie kennengelernt hatte: PLINIUS, *Naturalis historia* 29, 11: KÖNIG 1991, 22–23.

51 Was unter „antiker Magie" zu verstehen sei, ist nicht eindeutig zu definieren und deckt sich mit der modernen Gebrauchsweise des Wortes „Magie" nur teilweise. Für Plinius bezieht sich der Begriff „magia" besonders auf Heilungsriten und die Wahrsagekunst. Der Terminus „Magier" bezeichnet die persischen Priester. Vgl. HELM 2005.

52 Berühmtes Beispiel ist die von AULUS CORNELIUS CELSUS als „miserum auxilium" – „erbärmliche Hilfe" apostrophierte Behandlung für Epileptiker: Sie sollen das noch warme Blut eines getöteten Gladiators trinken. Vgl. *De medicina* II, 23, 7: SPENCER 1971. Wie unter anderen PLINIUS, *Naturalis historia* 28, 4: KÖNIG 1988, 24–25, belegt, ist diese „Kur" verbreitet. Wie KOLLMANN 1996, 63–65, zeigt, greift man gerade bei Epilepsie auf volksmedizinische Praktiken zurück. Die Grenze zwischen abzulehnenden und akzeptablen Methoden entspricht in keiner Weise modernen Gepflogenheiten. So schreibt GALEN Steinen eine medizinische Wirkung zu und verwendet sie zur Therapie oder zur Prävention.

53 Zu Magie und Medizin siehe ÖNNERFORS 1993 und EDELSTEIN 1987, zu den Träumen vgl. OBERHELMAN 1993.

54 Vgl. *Corpus iuris civilis, Digesta* 50, 13, 3 auf der Grundlage von ULPIAN: MOMMSEN & WATSON 1985, Vol. 4, 929: „Medicos fortassis quis accipiet etiam eos, qui alicuius partis corporis uel certi doloris sanitatem pollicentur: ut puta si auricularius, si fistulae uel dentium. non tamen si incantauit, si inprecatus est, si, ut uulgari uerbo impostorum utar, si exorciauit: non sunt ista medicinae genera, tametsi sint, qui hos sibi profuisse cum praedicatione adfirment." – „Als Ärzte könnte man vielleicht auch jene annehmen, welche die Heilung eines bestimmten Körperteils oder eines gewissen Schmerzes versprechen, so die Ohren, Fisteln oder Zähne, nicht aber, wenn einer Zaubergesänge rezitiert oder Zaubersprüche anwendet, wenn er, damit ich den geläufigen Ausdruck der Betrüger verwende, einen Exorzismus anwendet – denn dieses ist keine medizinische Vorgehensweise, obwohl es solche gibt, die mit Anerkennung sagen, dass es genützt habe." Diese Definition bringt auch CHRYSOSTOMUS zum Ausdruck, wenn er in *In epistulam ad Colossenses homiliae* 8, 5: PIAZZINO 1939, 295; de. STODERL 1924, 354; schreibt: „Εἰπέ μοι, ἐὰν προσελθὼν ἰατρός, καὶ τὰ τῆς ἰατρικῆς φάρμακα ἀφεὶς, ἐπᾴδῃ, τοῦτον ἰατρὸν ἐροῦμεν; Οὐδαμῶς· τὰ γὰρ τῆς ἰατρικῆς οὐχ ὁρῶμεν φάρμακα." – „Sage mir, wenn ein Arzt zu uns käme und statt der Arzneien Zauberformeln anwendete, würden wir den einen Arzt nennen? Gewiss nicht; denn wir vermissen die Mittel der Heilkunst."

5. KULT UND MEDIZIN

scheinen sie in medizinischen Texten nur sehr selten. Insbesondere die Zauberei wird dort meist negativ bewertet.[55]

Zu Beginn der Kaiserzeit beginnen einzelne Exponenten der methodischen Ärzteschule nicht nur die Zauberei, sondern eine übernatürliche Heilung generell als unmöglich abzulehnen.[56] Auch wenn sie deutlich in der Minderheit bleiben, wird es folglich Diskussionen um die Wirksamkeit kultischer Heilung gegeben haben. Im Verständnis der meisten Ärzte bleibt das Verhältnis zwischen ihrer Kunst und kultischer Heilung eng aufeinander bezogen und bildet keinen Widerspruch. Bekenntnisse zu Heilgöttern wie Asklepios, Apollo oder Sarapis,[57] so etwa im Hippokratischen Eid,[58] und grosszügige Spenden, die Ärzte ihren Kulten zukommen lassen, bezeugen dies.[59]

Ob die hippokratische Medizin in der Spätantike als „säkular" zu gelten habe, ist schwierig zu beantworten. Zwar basiert sie auf rational-spekulativen Prinzipien und hängt in ihrem Selbstverständnis direkt vom Wissen und Können des Arztes ab, nicht aber von übernatürlichem Wirken.[60] Dennoch ist die Beziehung zwischen Religion und Medizin viel enger als heute. In hippokratischen Schriften wird wiederholt darauf hingewiesen, dass eine Aufteilung in „göttliche", also von übernatürlichen Mächten verursachte Krankheiten, und „natürliche" Krankheiten nicht sinnvoll sei. Alle Krankheiten folgen ihrer eigenen Ordnung in der gottgegebenen Natur. Darum, so wird gefolgert, sind vielmehr alle Krankheiten göttlich, weil sie aufgrund ihrer natürlichen Ursachen in

---

55 Vgl. EDELSTEIN 1987, 205. Zum Verhältnis der „Volksmedizin" zur „gelehrten" Medizin vgl. RIDDLE 1993.
56 Vgl. NUTTON 2001, 1112, zu den Methodikern vgl. S. 10 in der vorliegenden Arbeit.
57 GALEN etwa entscheidet sich für die Laufbahn als Mediziner, nachdem Asklepios ihn von einem lebensbedrohenden Abzess geheilt hatte: *De libris propriis* 2, 3, 5: BOUDON-MILLOT 2007, 142 und EDELSTEIN & EDELSTEIN 1988, Vol. 1, 263. Er ruft ihn bei hoffnungslosen Fällen um Hilfe an und schreibt ihm Heilungen zu: *De morborum differentiis* 9: EDELSTEIN & EDELSTEIN 1988, Vol. 1, 263–264. Das ausserordentlich häufige Auftreten des Namens Apollonius, Arzt unter den Ärzten dürfte ebenfalls darauf zurückzuführen sein. Vgl. WELLMANN 1895.
58 Der Hippokratische Eid beginnt mit den Worten „Ὀμνύω Ἀπόλλωνα ἰητρὸν καὶ Ἀσκληπιὸν καὶ Ὑγείαν καὶ Πανάκειαν καὶ θεούς πάντας τε καὶ πάσας ἵστορας ποιεύμενος […]." – „Ich schwöre, Apollo den Arzt und Asklepios und Hygieia und Panakeia und alle Götter und Göttinnen zu Zeugen anrufend […]": MÜRI 1986, 8–9. Zu Entstehung und Sitz im Leben des Eides siehe EDELSTEIN 1969.
59 Eine griechische Inschrift aus dem dritten Jahrhundert v. Chr. etwa belegt den Brauch, dass Ärzte in staatlichem Dienst zweimal pro Jahr Asklepios und Hygieia opfern: EDELSTEIN & EDELSTEIN 1988, Vol. 1, 309. In *De anatomicis administrationibus* 1, 2: EDELSTEIN & EDELSTEIN 1988, Vol. 1, 405–406, erwähnt GALEN, dass die Ärzte in Pergamon einen Tempel für Zeus Asklepios bauen liessen.
60 So enthält die berühmte hippokratische Definition der Aufgaben des Arztes und der Medizin keine religiöse Anspielungen: „Λέγειν τὰ προγενόμενα, γινώσκειν τὰ παρεόντα, προλέγειν τὰ ἐσόμενα· μελετᾶν ταῦτα. ἀσκεῖν περὶ τὰ νοσήματα δύο, ὠφελεῖν ἢ μὴ βλάπτειν. ἡ τέχνη διὰ τριῶν, τὸ νόσημα καὶ ὁ νοσέων καὶ ὁ ἰητρὸς ὑπηρέτης τῆς τέχνης· ὑπεναντιοῦσθαι τῷ νοσήματι τὸν νοσέοντα μετὰ τοῦ ἰητροῦ." – „Was vorausgegangen ist, zu erklären, das Gegenwärtige zu erkennen, das Kommende vorauszusagen. Darin sich üben. Für die Behandlung der Krankheiten gilt zweierlei: nützen, oder doch nicht schaden. Die Heilkunst umfasst dreierlei: die Erkrankung, den Kranken, den Arzt. Der Arzt ist der Diener der Heilkunst. Der Kranke muss zusammen mit dem Arzt sich gegen die Krankheit wehren." MÜRI 1986, 10–11, Kommentar dazu bei TEMKIN 1991, 206–208.

der göttlichen Ordnung stehen.⁶¹ Aufgrund dieser Aussagen vertreten einige moderne Autoren die Ansicht, dass sich in der Spätantike Medizin zur Religion neutral verhält.⁶² Diese Neutralität ist ein wichtiger Faktor, warum es Christen möglich ist, die von ihrem Ursprung her pagane Medizin zu rezipieren, ohne sich den Vorwurf der Idolatrie einzuhandeln.

Die Neutralität der Medizin zeigt sich auch auf einer anderen Ebene: Der antike Arzt versteht sich auch als ein Seelenheiler, weil Krankheit auch eine Folge moralischer, ethischer oder religiöser Vergehen sein kann. Es ist jedoch nicht Sache des Arztes, über seinen Patienten zu urteilen, sondern nur, ihn zu heilen. Um dieser Aufgabe gewachsen zu sein, wird vorausgesetzt, dass sich ein Arzt selbst moralisch einwandfrei verhält. Da sich seelische und körperliche Krankheiten überschneiden, aber für die Gesundheit der Seele nicht die Medizin, sondern die Philosophie zuständig ist, muss ein Arzt immer auch Philosoph sein.⁶³

Diese Ausführungen mögen genügen, um den Kontext der folgenden Untersuchungen kurz zu umreissen und zu erläutern. Einige Theorien, besonders zur Genese des Menschen, zum Geschlecht und zur Geburt werden im Anschluss an gegebener Stelle detailliert beschrieben werden.

---

61 Vgl. die Argumentation in der hippokratischen Schrift über die Epilepsie, *De morbo sacro* 1 1–6, wonach ein jedes Leiden als übernatürlich verursacht gilt. Deshalb sei eine rituelle oder magische Heilung nicht Zeugnis der Frömmigkeit, sondern im Gegenteil reine Blasphemie: SCHUBERT & LESCHHORN 2006, 68. In *De aëre aquis et locis* 22: SCHUBERT & LESCHHORN 2006, 57; wird eine Krankheit beschrieben, die bei den Skythen Sterilität verursacht und als von den Göttern verursacht gilt. Der Autor hält jedoch vielmehr das Schütteln und Quetschen der Genitalien beim vielen Reiten für die Ursache der Sterilität und schreibt: „Ἐμοὶ δὲ καὶ αὐτέῳ δοκέει ταῦτα τὰ πάθεα θεῖα εἶναι καὶ τἆλλα πάντα, καὶ οὐδὲν ἕτερον ἑτέρου θειότερον οὐδὲ ἀνθρωπινώτερον, ἀλλὰ πάντα ὅμοια καὶ πάντα θεῖα· ἕκαστον δὲ ἔχει φύσιν τῶν τοιουτέων, καὶ οὐδὲν ἄνευ φύσιος γίγνεται." – „Mir für meine Person scheinen diese Leiden ebenso göttlich zu sein wie alle anderen und keins göttlicher oder menschlicher als ein anderes, sondern alle gleich und alle göttlich. Ein jedes von diesen hat (seine) Natur, und keins entsteht ohne Natur."
62 Vgl. TEMKIN 1991, 236–240.
63 Vgl. TEMKIN 1991, 8–17. Zum würdigen Verhalten des Arztes vgl. unter anderen Ps. HIPPOKRATES, *De decenti habitu*: MÜRI 1986, 25–31.

Kapitel III.

Christentum und Medizin

Um die Bedeutung der Medizin für das antike Christentum erarbeiten zu können, müssen zuerst die Vorgaben betrachtet werden, welche das Frühjudentum und die Jesusbewegung den werdenden christlichen Kirchen mitgegeben haben. Anschliessend folgt eine Darstellung, wie in christlichen Texten die Anwendung hippokratischer Medizin legitimiert wird und welchen Stellenwert sie dort besitzt. Hierbei werde ich primär synchron vorgehen und den Akzent auf die verwendeten theologischen Argumentationsstrukturen legen. Dass die Bewertung der Medizin von Autor zu Autor und von Epoche zu Epoche leicht differieren kann, liegt auf der Hand. Doch dabei handelt es sich zumeist um Akzentverschiebungen, die grundlegenden Strukturen bleiben bestehen.

In den erwähnten einschlägigen Arbeiten[1] werden oft zwei Hindernisse einer sonst positiven Rezeption hippokratischer Medizin erwähnt: Einerseits ist da die christliche Dämonologie zu nennen. Wenn hinter jeder Krankheit ein Dämon gesehen wird, dann müssen religiöse Praktiken wie der Exorzismus einer medizinischen Behandlung vorgezogen werden. Die zweite Anfrage stammt aus der christlichen Askese: Wenn ärztliche Hilfe als mangelndes Vertrauen auf göttliche Hilfe interpretiert wird, muss sie folglich abgelehnt werden. Beide Anfragen werden eingehend thematisiert werden.

1. Jesusbewegung und Heilkunde

1.1. Jüdische Medizin im Alten Testament und der klassischen Antike

Unter dem Begriff „jüdische Medizin" werden zwei unterschiedliche Teilgebiete vereint, nämlich einerseits medizinische Vorstellungen, wie sie im Alten Testament und im Talmud zum Ausdruck gebracht werden, andererseits die Heilkunde, wie sie in der griechisch-römischen Antike von Schriftstellern wie Philon und Josephus beschrieben resp. von jüdischen Ärzten praktiziert wird.[2]

---

1 Vgl. den Abschnitt *Medizingeschichte und Theologie* auf S. 1 in der vorliegenden Arbeit.
2 Klassiker zur jüdischen Medizin ist J. PREUSS, *Biblisch-talmudische Medizin: Beiträge zur Geschichte der Heilkunde und der Kultur überhaupt* 1923. Aktualisierungen bieten die Werke von S. S. KOTTEK, *From Athens to Jerusalem: medicine in hellenized Jewish lore and in early Christian literature* 2000; F. ROSNER, *Jewish Medicine in the Talmudic Period* 1996; D. M. FELDMAN, *Health and medicine in the Jewish tradition* 1986 und S. T. NEWMYER: *Talmudic Medicine and Greco-Roman Science* 1996. Krankheit und Heilung im Alten und Neuen Testament behandeln K. SEYBOLD & U. B. MÜLLER, *Krankheit und Heilung* 1978. Zu Jesus als Heiler und Wundertäter gibt es eine Fülle an Literatur. Besonders interessant ist

III. CHRISTENTUM UND MEDIZIN

Aufgrund des differierenden religiösen Kontextes ergeben sich für die jüdische Medizin andere Herausforderungen als für die hellenistisch-römische Medizin. Während es für einige griechische/römische Götter, Halbgötter und Heroen wie Asklepios einfach eine Aufgabe ist, Menschen zu heilen, so gilt der alttestamentliche Gott als die einzige Quelle des Heiles:

> Seht nun, dass ich's allein bin, und es ist kein Gott neben mir! Ich kann töten und lebendig machen, ich kann schlagen und kann heilen, und niemand ist da, der aus meiner Hand errettet.[3]

Und David singt in Psalm 103:

> Lobe den Herrn, meine Seele, und vergiss nicht, was er dir Gutes getan hat: der dir alle deine Sünde vergibt und heilt alle deine Gebrechen, der dein Leben vom Verderben erlöst, der dich krönt mit Gnade und Barmherzigkeit, der deinen Mund fröhlich macht, und du wieder jung wirst wie ein Adler.[4]

Anhand dieser Psalmstelle lässt sich eine weitere grundlegende Differenz zur hippokratischen Medizin verdeutlichen: Krankheit ist eng verbunden mit Sünde, Heilung mit der Sündenvergebung. So betet der Psalmist in Ps 41, 5: „Heile mich; denn ich habe an dir gesündigt."[5] In Ex 15, 26 stellt Gott klar, dass er der רֹפְאֶךָ sei, der Heilende. Wenn das Volk seinen Willen tut und die Gesetze hält, werde er Israel von Krankheiten verschonen, die er den Ägyptern zur Strafe gesandt hat.[6] In Num 12 lästert Mirjam den Mose wegen dessen kuschitischer Frau. Mirjam wird deswegen von Gott mit Aussatz bestraft. Erst nachdem Mose für seine Schwester zu Gott geschrien hatte: אֵל נָא רְפָא נָא לָהּ – „Herr heile sie!", wird sie nach sieben Tagen Absonderung wieder in die Gemeinschaft aufgenommen und damit geheilt. Diesem Prinzip gemäss konnte in 2Kön 5 der

---

B. KOLLMANN, *Jesus und die Christen als Wundertäter: Studien zu Magie, Medizin und Schamanismus in Antike und Christentum* 1996, weil hier auch die Einordnung in den Kontext der antiken Medizin berücksichtigt wurde. Siehe auch die weiterführende Studie zum Exorzismus bei D. TRUNK, *Der messianische Heiler: eine redaktions- und religionsgeschichtliche Studie zu den Exorzismen im Matthäusevangelium* 1994. Zum Exorzismus im frühen Christentum siehe K. THRAEDE, *Exorzismus* 1969 und G. B. FERNGREN, *Early Christian views of the demonic etiology of disease* 2000, zu Krankheit und ihren Ursachen G. B. FERNGREN, *Krankheit* 2006.

[3] Dtn 32, 39: רְאוּ עַתָּה כִּי אֲנִי אֲנִי הוּא וְאֵין אֱלֹהִים עִמָּדִי אֲנִי אָמִית וַאֲחַיֶּה מָחַצְתִּי וַאֲנִי אֶרְפָּא וְאֵין מִיָּדִי מַצִּיל

[4] Ps 103, 2–5: בָּרֲכִי נַפְשִׁי אֶת־יְהוָה וְאַל־תִּשְׁכְּחִי כָּל־גְּמוּלָיו הַסֹּלֵחַ לְכָל־עֲוֹנֵכִי הָרֹפֵא לְכָל־תַּחֲלֻאָיְכִי הַגּוֹאֵל מִשַּׁחַת חַיָּיְכִי הַמְעַטְּרֵכִי חֶסֶד וְרַחֲמִים הַמַּשְׂבִּיעַ בַּטּוֹב עֶדְיֵךְ תִּתְחַדֵּשׁ כַּנֶּשֶׁר נְעוּרָיְכִי

[5] Ps 41, 5: רְפָאָה נַפְשִׁי כִּי־חָטָאתִי לָךְ. Vgl. auch Ps 103, 3; 107, 20.

[6] Ex 15, 26: וַיֹּאמֶר אִם־שָׁמוֹעַ תִּשְׁמַע לְקוֹל יְהוָה אֱלֹהֶיךָ וְהַיָּשָׁר בְּעֵינָיו תַּעֲשֶׂה וְהַאֲזַנְתָּ לְמִצְוֹתָיו וְשָׁמַרְתָּ כָּל־חֻקָּיו כָּל־הַמַּחֲלָה אֲשֶׁר־שַׂמְתִּי בְמִצְרַיִם לֹא־אָשִׂים עָלֶיךָ כִּי אֲנִי יְהוָה רֹפְאֶךָ – „Wirst du der Stimme des Herrn, deines Gottes, gehorchen und tun, was recht ist vor ihm, und merken auf seine Gebote und halten alle seine Gesetze, so will ich dir keine der Krankheiten auferlegen, die ich den Ägyptern auferlegt habe; denn ich bin der Herr, der dich Heilende." רֹפְאֶךָ wird hier gerne freier mit „dein Arzt" übersetzt. Aufgrund der negativen Konnotation der Ärzte im Alten Testament ist es angebracht, das Partizip wörtlich wiederzugeben. Zum Kontext dieser Aussage vgl. LOHFINK 1981.

Prophet Elisa den Namaan heilen und dessen Krankheit auf den Gehasi übertragen, der gesündigt hatte.

Dieser Tun-Ergehen-Zusammenhang wird im Buch Hiob in Frage gestellt, da Hiob unschuldig durch Unglück und Krankheit von Gott auf die Probe gestellt wird. So wehrt er sich gegen den Vorwurf seiner Freunde, vielleicht nicht doch eine verborgene Sünde begangen zu haben, sitzt in der Asche und kratzt sein Geschwür (Hiob 2, 7–8) und vertraut auf das Heil, das er einzig von Gott erwartet. Hiob verdeutlicht so exemplarisch die Haltung des frommen Juden zu den Ärzten: sich an sie zu wenden würde bedeuten, Gott weniger zu vertrauen.[7] Der fusskranke König Asa wollte nicht warten, suchte sein Heil nicht bei Gott, sondern bei den Ärzten, wie in 2Chr 16, 12–13 kritisiert wird. Hiob und auch der leidende Gottesknecht in Jes 53 verdeutlichen: Auch wenn nicht alle Krankheit Strafe für begangene Sünden ist, so kommt sie doch immer von Gott – genau wie auch die Heilung und die Gesundheit.

Das Verständnis von Krankheit und Sünde im Alten Testament basiert auf dem Rein-unrein-Schema, darum fällt Krankheit wie Sünde in die Verantwortung der Priester. Für diese steht jedoch nicht die Heilung der Kranken im Vordergrund, sondern die Gesundheit beziehungsweise die Reinheit des ganzen Volkes. Darum sollen die Unreinen und Kranken Sühneopfer darbringen. In gravierenden Fällen müssen sie aus der Gemeinschaft ausgesondert werden und können erst reintegriert werden, wenn die Reinheit und Gesundheit von einem Priester bestätigt worden ist.[8]

Die wenigen Ärzte, die in den älteren Texten des Alten Testaments erwähnt werden, sind in erster Linie Wundärzte, die etwa Verletzungen verbinden.[9] Ärzte im modernen Sinne kommen erst später mit dem Hellenismus auf.[10] Doch mit ihnen verschärft sich der Grundkonflikt: Wenn das Heil einzig bei Gott liegt, dieser also ein Heilungsmonopol[11] hat, so ist das Konsultieren eines Arztes weder statthaft noch nötig.

Jesus ben Sira (um 200 v. Chr.)[12] verstand es, diesen Konflikt zwischen jüdischem Glauben und hellenistischer Medizin zu lösen und die Heilkunde religiös zu legitimieren. Auch für ihn sind Sünde und Krankheit eng verbunden, auch für ihn kommt alle Heilung nur von Gott. Doch er wertet den Arzt als Werkzeug Gottes, als ein Werkzeug, wofür man dankbar sein soll. Schliesslich haben die Ärzte all ihre Weisheit von Gott, und Gott ist es, der Arzt und Arznei geschaffen hat.

> Ehre den Arzt mit gebührender Verehrung, damit du ihn hast, wenn du ihn brauchst; denn der Herr hat ihn geschaffen, und die Heilung kommt von dem Höchsten, und Könige ehren

---

7 Vgl. SEYBOLD & MÜLLER 1978, 63–69.
8 Vgl. die Sakraldiagnose zum Aussatz, die in Lev 13–14 vorgestellt wird.
9 So schreibt Ex 21, 19 vor, dass bei Streit mit resultierender Körperverletzung Arbeitsausfall und Arztkosten zu bezahlen sind. Jeremia klagt in Jer 8, 22 über das zerschlagene Volk Israel, ob es denn keine Salbe mehr gäbe oder kein Arzt verfügbar sei. FOHRER erwähnt einen Tempelarzt für die Unterleibserkrankungen der Priester FOHRER 1981, 174. Vgl. DESELAERS 1993.
10 Vgl. SEYBOLD & MÜLLER 1978, 53.
11 Zum Heilungsmonopol siehe SEYBOLD & MÜLLER 1978, 67.
12 Zu JESUS BEN SIRA vgl. WISCHMEYER 1995. Er lebte zur Zeit des Hohepriesters Simon II. in Jerusalem.

ihn mit Geschenken. Die Kunst des Arztes erhöht ihn und macht ihn gross bei Fürsten und Herren. Der Herr lässt die Arznei aus der Erde wachsen, und ein Vernünftiger verachtet sie nicht. Wurde nicht das bittere Wasser süss durch Holz, damit man seine Kraft erkennen sollte? Und er hat solche Kunst den Menschen gegeben, um sich herrlich zu erweisen durch seine wunderbaren Mittel. Damit heilt er und vertreibt die Schmerzen, und der Apotheker macht Arznei daraus, damit Gottes Werke kein Ende nehmen und es Heilung durch ihn auf Erden gibt. Mein Kind, wenn du krank bist, so missachte dies nicht; sondern bitte den Herrn, dann wird er dich gesund machen. Lass ab von der Sünde und handle rechtschaffen und reinige dein Herz von aller Missetat. Opfere lieblichen Geruch und feinstes Mehl zum Gedenkopfer, und gib ein fettes Opfer, als müsstest du sterben. Danach lass den Arzt zu dir, denn der Herr hat ihn geschaffen; und weise ihn nicht von dir, denn du brauchst auch ihn. Es kann die Stunde kommen, in der dem Kranken allein durch die Hand der Ärzte geholfen wird; denn auch sie werden den Herrn bitten, dass er's ihnen gelingen lässt, damit es sich mit ihm bessert und er gesund wird und wieder für sich sorgen kann. Wer vor seinem Schöpfer sündigt, der soll dem Arzt in die Hände fallen![13]

Ben Sira toleriert nicht einfach nur zähneknirschend die hellenistische Sitte des Arztbesuches. Vielmehr ist es die Schöpfungstheologie, die ihn veranlasst, den Arzt zu schätzen und ihn mit dem Weisen auf eine Stufe zu stellen: Beide haben die Weisheit direkt von Gott.[14]

Die Integration von hellenistischer Wissenschaft in jüdisches Denken erreicht bei Philon († nach 40 n. Chr.) einen Höhepunkt. Als hochgebildeter Jude in Alexandrien bestand für ihn keine Notwendigkeit mehr, Heilkunde und Ärzte zu verteidigen. Er kann hippokratische Schriften zitieren und Hippokrates als positives Beispiel erwähnen, ohne sich irgendwie rechtfertigen zu müssen.[15] Im Gegenteil, nicht mangelndes Vertrauen in die Ärzte, sondern zuviel Vertrauen wirft er seinen Zeitgenossen vor. Er wehrt sich gegen Zweifler, die bei Ungemach zunächst bei Ärzten, Kräutern und

---

13 Vgl. Sir 38, 1–15: „τίμα ἰατρὸν πρὸς τὰς χρείας αὐτοῦ τιμαῖς αὐτοῦ· καὶ γὰρ αὐτὸν ἔκτισεν κύριος· παρὰ γὰρ ὑψίστου ἐστὶν ἴασις, καὶ παρὰ βασιλέως λήμψεται δόμα. ἐπιστήμη ἰατροῦ ἀνυψώσει κεφαλὴν αὐτοῦ, καὶ ἔναντι μεγιστάνων θαυμασθήσεται. κύριος ἔκτισεν ἐκ γῆς φάρμακα, καὶ ἀνὴρ φρόνιμος οὐ προσοχθιεῖ αὐτοῖς. οὐκ ἀπὸ ξύλου ἐγλυκάνθη ὕδωρ εἰς τὸ γνωσθῆναι τὴν ἰσχὺν αὐτοῦ; καὶ αὐτὸς ἔδωκεν ἀνθρώποις ἐπιστήμην ἐνδοξάζεσθαι ἐν τοῖς θαυμασίοις αὐτοῦ· ἐν αὐτοῖς ἐθεράπευσεν καὶ ἦρεν τὸν πόνον αὐτοῦ, μυρεψὸς ἐν τούτοις ποιήσει μεῖγμα, καὶ οὐ μὴ συντελεσθῇ ἔργα αὐτοῦ, καὶ εἰρήνη παρ' αὐτοῦ ἐστιν ἐπὶ προσώπου τῆς γῆς. τέκνον, ἐν ἀρρωστήματί σου μὴ παράβλεπε, ἀλλ' εὖξαι κυρίῳ, καὶ αὐτὸς ἰάσεταί σε· ἀπόστησον πλημμέλειαν καὶ εὔθυνον χεῖρας καὶ ἀπὸ πάσης ἁμαρτίας καθάρισον καρδίαν· δὸς εὐωδίαν καὶ μνημόσυνον σεμιδάλεως καὶ λίπανον προσφορὰν ὡς μὴ ὑπάρχων. καὶ ἰατρῷ δὸς τόπον, καὶ γὰρ αὐτὸν ἔκτισε κύριος, καὶ μὴ ἀποστήτω σου, καὶ γὰρ αὐτοῦ χρεία. ἔστιν καιρὸς ὅτε καὶ ἐν χερσὶν αὐτῶν εὐοδία· καὶ γὰρ αὐτοὶ κυρίου δεηθήσονται, ἵνα εὐοδώσῃ αὐτοῖς ἀνάπαυσιν καὶ ἴασιν χάριν ἐμβιώσεως. ὁ ἁμαρτάνων ἔναντι τοῦ ποιήσαντος αὐτὸν ἐμπέσοι εἰς χεῖρας ἰατροῦ." Der letzte Vers, der die Komposition zu sprengen scheint, ist nach STÖGER 1965, 10; Ausdruck, dass der Arzt nicht nur für den barmherzigen Heilswillen Gottes steht, sondern auch als Warnung vor seinem Gerichtshandeln.
14 Vgl. WISCHMEYER 1995, 46–48. WISCHMEYER vermutet aufgrund dieser positiven Einschätzung, dass BEN SIRA vielleicht sogar selbst Arzt war. Weitere Studien zum Arztbild bei BEN SIRA vgl. LÜHRMANN 1979 und STÖGER 1965.
15 So etwa in der Schrift *De vita contemplativa* 16: DAUMAS & MIQUEL 1963, 88; de. COHN 1964, Vol. 7, 52.

Arzneimischungen ihr Heil suchen und erst dann Gott um Hilfe anflehen, wenn alles andere versagt hat.[16] Wer so handelt, der zeige, dass er in seinem Geist alles für sein Eigentum hält und sich so selbst über Gott erhebt. Diese Gottlosigkeit ist für Philon die Sünde, die es zu vermeiden gilt, nicht die Medizin und die Ärzte. Denn obwohl Gott Genesung mit Hilfe der Ärzte und ihrer Kunst zulässt, ist letztlich er es, der Heilung gewährt und die Gesundheit erhält.[17] Philons Haltung zur Medizin und zu den Ärzten nimmt in weiten Teilen jene der meisten christlichen Autoren vorweg.[18]

Zeitgleich mit Jesus ben Sira lässt sich im Buch Tobit[19] ein Thema feststellen, das die Heilkunde massiv zu beeinflussen und zu verändern beginnt: die Dämonologie. In Tob 6 erteilt der Engel Raphael die Anweisung, Herz, Galle und Leber eines Fisches aufzubewahren; und der Sinaiticus präzisiert: als nützliche Arznei (Tob 6, 4 (S): φάρμακον χρήσιμον). Auf die Frage des Tobias, wozu sie nützlich seien, antwortet Raphael, dass Herz und Leber auf glühende Kohlen gelegt, Dämonen oder böse Geister (Tob 6, 8: δαιμόνιον ἢ πνεῦμα πονηρόν) vertreiben, Galle als Salbe aber die Augen heilt. Und tatsächlich: Mit dem Räucherwerk kann der Dämon Aschmodai aus der Braut des Tobias ausgetrieben werden, gefesselt wird er von Raphael in die Wüste gebracht.[20] Mit der Galle wird Tobit, der Vater des Tobias geheilt. Er war erblindet, weil ihm Schwalbenkot in die Augen gefallen war.[21]

Zwar kannte Israel in früherer Zeit schon unheilbringende Geister, wie etwa den Satan, der Hiob versucht (Hi 1) oder den Engel der Pest (2Sam 24, 15–16), der Sanheribs Heer schlägt. Doch auch diese sind von Gott ausgesandt und handeln letztlich in seinem Namen und auf sein Geheiss. Das Buch Tobit bezeugt neu Dämonen, die mit allerlei Abwehrzauber gebannt werden müssen. Wie stark der Dämonenglauben die jüdische Medizin in der hellenistischen und römischen Zeit prägt, dafür legt neben der frühjüdischen Literatur[22] sowie dem Neuen Testament auch Flavius Josephus († 100 n. Chr.) ein eindrückliches Zeugnis ab.[23] So ist bei ihm auch eine Zauberwurzel mit exorzistischer Wirkung ausführlich beschrieben, die als ein frühes Zeugnis der Mandragoras bzw. der Alraunwurzel gelten kann.[24] Einige Krankheitsfälle des Alten Testaments be-

---

16   Vgl. PHILON, *De sacrificiis Abelis et Cainis* 70–72: MÉASSON 1966, 132; de. COHN 1962, Vol. 3, 243–244.
17   Vgl. PHILON, *Legum allegoriae* 3, 178: MONDÉSERT 1962, 272; de. COHN 1962, Vol. 3, 142.
18   Vgl. TEMKIN 1991, 44–45 und 91–92.
19   Das Buch Tobit ist schwer zu datieren. Die meisten Exegeten setzen es ins vierte bis zweite Jahrhundert v. Chr. Vgl. DESELAERS 1982, 320–343 und EGO 2003, 309.
20   Zu ASCHMODAI und seiner Rolle im Buch Tobit siehe EGO 2003.
21   Vgl. Tob 2, 11. Siehe KOLLMANN 1996, 120–124 und PLANGE 1964.
22   Hier sind vor allem das Buch *Henoch*, das *Jubiläenbuch* und die *Testamente der Patriarchen* zu nennen. Eine ausführliche Darstellung der Dämonen in diesen Schriften und ihren Bezug zum Neuen Testament findet sich bei TRUNK 1994, 244–261. Zur jüdischen Heilkunst in hellenistisch-römischer Zeit siehe KOLLMANN 1996, 118–173.
23   Zu den Dämonen bei FLAVIUS JOSEPHUS siehe TRUNK 1994, 298–318.
24   Vgl. FLAVIUS JOSEPHUS *De bello judaico* 7, 6, 3 (7, 185–186): BAUERNFEIND & MICHEL 1969, 108. JOSEPHUS erwähnt, dass man diese Wurzel im Baaras-Tal finde, wie man sie mit Hilfe eines Hundes ungefährlich sammeln könne und beschreibt die Wirkung: „τὰ γὰρ καλούμενα δαιμόνια, ταῦτα δὲ πονηρῶν

schreibt Flavius Josephus als dämonische Besessenheit, wie etwa den schwermütigen Saul, der sich mit Harfenspiel aufheitern liess (1Sam 16).²⁵ Salomon dagegen stellt er als grossen Exorzisten und Heiler dar, in dessen Namen Dämonenaustreibungen durchgeführt werden.²⁶ Ähnliches zeigt auch der Befund zur Heilkunde in den Schriften aus Qumran.²⁷

Es gilt festzuhalten, dass der Dämonenglauben keineswegs auf jüdisch-christliches Milieu beschränkt ist. Dies belegt etwa der weit verbreitete Gebrauch von Schutzzauber etwa als Amulette oder die Schrift *De deo Socratis* von Apuleius, die als eigentliche „Dämonologie" bezeichnet werden kann.²⁸ In der hippokratischen Schrift *De decente habitu* wird von einem Arzt Weisheit verlangt, was auch ἀδεισιδαιμονίη „Furchtlosigkeit vor Dämonen" beinhaltet – wohl im Sinne von „nicht abergläubisch sein".²⁹ Soran verlangt von den Hebammen, sie sollen ebenfalls ἀδεισιδαίμονα „furchtlos vor Dämonen" sein.³⁰

ἐστιν ἀνθρώπων πνεύματα τοῖς ζῶσιν εἰσδυόμενα καὶ κτείνοντα τοὺς βοηθείας μὴ τυγχάνοντας, αὕτη ταχέως ἐξελαύνει, κἂν προσενεχθῇ μόνον τοῖς νοσοῦσι." – „Die sogenannten Dämonen, das heisst die Geister schlechter Menschen, die in die Lebenden hineinfahren und sie töten, wenn keine Hilfe kommt, werden durch jene [sc. Wurzel] sogleich vertrieben, wenn man sie nur in die Nähe der Kranken bringt." Zur Mandragoras-Wurzel siehe RAHNER 1957, 161–238.

25 Vgl. FLAVIUS JOSEPHUS *Antiquitates Judaicae* 6, 8, 2 (6, 166–167): THACKERAY 1988, 248–251; de. CLEMENTZ 1990, 349: „τὸν Σαοῦλον δὲ περιήρχετο πάθη τινὰ καὶ δαιμόνια πνιγμοὺς αὐτῷ καὶ στραγγάλας ἐπιφέροντα, ὡς τοὺς ἰατροὺς ἄλλην μὲν αὐτῷ θεραπείαν μὴ ἐπινοεῖν, εἰ δέ τίς ἐστιν ἐξᾴδειν δυνάμενος καὶ ψάλλειν ἐπὶ κινύρᾳ τοῦτον ἐκέλευσαν ζητήσαντας, ὁπόταν αὐτῷ προσίῃ τὰ δαιμόνια καὶ ταράττῃ, ποιεῖν ὑπὲρ κεφαλῆς στάντα ψάλλειν τε καὶ τοὺς ὕμνους ἐπιλέγειν." – „Den Saul aber plagten allerhand Unruhen und böse Geister, die ihn ersticken und erwürgen wollten. Hiergegen wussten die Ärzte keinen besseren Rat, als dass man einen erfahrenen Sänger und Harfenspieler suchen müsse, der, sobald den Saul sein Übel befalle und die bösen Geister ihn heimsuchten, sich zu seinem Kopfe hinstellen, Harfe spielen und Lieder singen solle." Ähnliches berichtet er auch in *Antiquitates Judaicae* 8, 42–45: THACKERAY 1988, 594. Zur Medizin und Dämonologie in FLAVIUS JOSEPHUS vgl. DEINES 2003 und KOTTEK 1994.
26 Vgl. FLAVIUS JOSEPHUS *Antiquitates Judaicae* 8, 2, 5 (8, 45–46): THACKERAY 1988, 594: „παρέσχε δ' αὐτῷ μαθεῖν ὁ θεὸς καὶ τὴν κατὰ τῶν δαιμόνων τέχνην εἰς ὠφέλειαν καὶ θεραπείαν τοῖς ἀνθρώποις· ἐπῳδάς τε συνταξάμενος αἷς παρηγορεῖται τὰ νοσήματα καὶ τρόπους ἐξορκώσεων κατέλιπεν, οἷς οἱ ἐνδούμενοι τὰ δαιμόνια ὡς μηκέτ' ἐπανελθεῖν ἐκδιώξουσι. καὶ αὕτη μέχρι νῦν παρ' ἡμῖν ἡ θεραπεία πλεῖστον ἰσχύει" – „Gott lehrte ihn auch die Kunst, böse Geister zum Nutzen und Heile der Menschen zu bannen. Er verfasste nämlich Sprüche zur Heilung von Krankheiten und Beschwörungsformeln, mit deren Hilfe man die Geister also bändigen und vertreiben kann, dass sie nie mehr zurückkehren. Diese Heilkunst gilt auch jetzt noch viel bei uns." Es folgt die Beschreibung eines Exorzismus nach Salomons Anweisungen, die er selbst miterlebt hatte. Vor Vespasian und seinen Söhnen zieht ein gewisser Eleasar mit Hilfe eines Ringes und einer Wurzel einen Dämon zur Nase des Kranken heraus.
27 Vgl. KOTTEK 1996, LICHTENBERGER 2003, TRUNK 1994, 261–287 und KOLLMANN 1996, 131–137.
28 Zu den Amuletten vgl. PREISENDANZ & HENRICHS 1973–1974 und ÖNNERFORS 1993. Zur griechischen und römischen Dämonologie siehe ALBINUS 2003, CANCIK 2003 und BALTES 2004. Zu APULEIUS und seiner Schrift vergleiche BALTES 2004.
29 Ps. HIPPOKRATES, *De decente habitu* 1, 5: MÜRI 1986, 26–27.
30 SORAN, *Gynaecia* 1, 4: BURGUIÈRE, GOUREVITCH & MALINAS 1988, 7. TEMKIN & EASTMAN 1991, 7, folgen LIDDELL & SCOTT 1948, 22, und übersetzen ἀδεισιδαίμων mit „free from supersition", was meines Erachtens ungenau ist. Das seltene Wort kommt neben den erwähnten Stellen nur noch bei DIODOR,

1. JESUSBEWEGUNG UND HEILKUNDE

Das Christentum entstand unter einfachen Leuten in Judäa und Galiläa. Um zu illustrieren, wie deren Verhältnis zur Medizin ausgesehen haben könnte, wird gerne der *Talmud* beigezogen. Dieser ist ebenfalls zu einem grossen Teil in einem einfachen jüdischen Milieu entstanden – wenn auch etwas später und über Jahrhunderte hinweg. Ob aber der *Talmud* eine Gesellschaft bezeugt, welche die Ärzte schätzt oder ob nicht doch das Gegenteil der Fall sei, darüber herrscht in der älteren Literatur keine Einigkeit. Während die einen die *Mischna* anführen: „Der beste unter den Ärzten verdient die Gehenna und der ehrlichste unter den Schlächtern ist ein Gesellschafter Amaleks"[31], verweisen andere auf die Worte: „Es ist verboten, in einer Stadt zu wohnen, in der kein Arzt ist."[32] Diese beiden Positionen zeigen die Bandbreite des dialogisch aufgebauten *Talmuds* und lassen sich nicht absolut setzen.[33] Grundsätzlich gilt, dass Medizin und Ärzte meist nur so weit behandelt werden, wie sie die rituellen Gesetze zur Reinheit, zum Opfer und zum Essen berühren oder straf- und familienrechtliche Relevanz haben.[34] Grössere Studien zur Medizin im *Talmud* zeigen die reichhaltigen, aber naturgemäss unsystematischen Bezüge zur Medizin, die bald breite medizinische Bildung[35], bald „volksmedizinische" Ansichten der verschiedenen Autoren verraten, wobei Letzteres überwiegt.[36] Der alte Antagonismus zwischen dem Heilungsmonopol Gottes und der Konsultation eines Arztes ist im *Talmud* zwar nicht aufgehoben, aber doch abgemildert, so dass ein „modus vivendi" gefunden werden konnte.[37] Die Dämonen gelten im *Talmud* als mögliche Ursachen für eine Erkrankung, so etwa der Dämon שברירי, der Blindheit auslöst – und der mit Zaubersprüchen und Riten abgewehrt werden muss.[38]

Bibliotheca historica 38, 7: FISCHER 1970, 170, und bei CLEMENS VON ALEXANDRIEN, *Stromata* 7, 4, 22, 2: STÄHLIN & FRÜCHTEL 1970, 16, vor. Auch CLEMENS erwartet von einem geisterfüllten Menschen, dass er ἀδεισιδαίμων sei. Das aus ἀδεισία und δαίμων zusammengesetzte Wort sollte aufgrund der seltenen Bezeugung und der negativen Konnotation der δαίμων wörtlich wiedergegeben werden: „Furchtlos vor Dämonen".

31 *Mischna, Qiddushin* 4, 14, erwähnt bei HONECKER 1985, 308.
32 *Jerusalemer Talmud, bQiddushin* 66a, erwähnt in FICHTNER 1982, 2.
33 Das Zitat aus dem *Jerusalemer Talmud* ist eine direkte Entgegnung zum Wort aus der *Mischna*, beide stehen im *Jerusalemer Talmud* auf demselben Folio bQiddushin 66a. TILLY 1995, 264–267.
34 Vgl. NEUBURGER 1906, 80–88 und PREUSS 1923, 2–3.
35 MAR SAMUEL, der im zweiten oder dritten Jahrhundert in Babylon lebte, war Arzt und Astronom und gilt als einer der wichtigsten Rabbis im *Talmud*. Von ihm sind einige Aussprüche zur Medizin erhalten. Vgl. ROSNER 1996, 2283–2287.
36 Vgl. das Referenzwerk zur Medizin im *Talmud* von PREUSS 1923.
37 Vgl. TEMKIN 1991, 93. So gilt etwa die Wassersucht als Zeichen von Sünde (*Talmud*, bSchabbat 33a).
38 Vgl. PREUSS 1923, 312 und *Babylonischer Talmud, Pesachim* 112a und *Babylonischer Talmud, bGittin* 69a. MAIER 1976 zählt neben 17 Dämonenklassen (unter anderen auch Verderber, Schädlinge und Strafengel) 123 Bezeichnungen und Namen von Geistern und Dämonen im talmudischen Judentum. Davon sind wie שברירי einige für Krankheiten wie Blindheit, Fieber, Epilepsie, Hustenanfall, Asthma verantwortlich oder befallen Gebärende und Neugeborene. STEMBERGER 2003, 637–638 hält fest, dass verglichen mit der Literatur des zweiten Tempels die Dämonen im rabbinischen Judentum eine geringere Rolle spielen und erst im *Babylonischen Talmud* unter mesopotamischem Einfluss wieder wichtig werden.

1. 2. Die Medizin in den Evangelien

Die Prinzipien, welche die jüdische Medizin geprägt haben, sind auch im Neuen Testament feststellbar. Auch hier sind Sünde und Krankheit eng verbunden, auch hier spielen Dämonen eine wichtige Rolle. Doch mit dem anbrechenden Gottesreich, das Jesus verkündigt, werden sie zum eschatologischen Zeichen: Sie werden durchbrochen und überwunden. Besonders deutlich wird dies bei den Dämonenaustreibungen: „Wenn ich aber durch Gottes Finger die bösen Geister austreibe, so ist ja das Reich Gottes zu euch gekommen" antwortet Jesus in Lk 11, 20 auf den Vorwurf, er treibe den Teufel mit dem Beelzebub aus. Wie die Dämonenaustreibungen, so sind auch die Krankenheilungen als Verwirklichungen einer neuen Welt zu verstehen, die mit Jesus anbricht: „Blinde sehen und Lahme gehen, Aussätzige werden rein und Taube hören, Tote stehen auf, und Armen wird das Evangelium gepredigt; und selig ist, wer sich nicht an mir ärgert."[39] Kranke stehen im Schatten des Todes, doch mit Jesus gelangt der Heilswille Gottes zum endgültigen Durchbruch, das Leben triumphiert über den Tod.[40] Und auch der Konnex zwischen Sünde und Krankheit wird im Licht des anbrechenden Reich Gottes aufgehoben. Einerseits sind alle Menschen Sünder, alle haben den Tod verdient, nicht nur die Kranken und die Verunfallten.[41] Andererseits wird gerade an ihnen offenbar, dass das Reich Gottes angebrochen ist, dann nämlich, wenn sie geheilt werden.[42] Dabei zeigt sich eine Trennung zwischen dämonischer Besessenheit und „natürlichen" Krankheiten in den Evangelien: Im Johannes-Evangelium fehlen die Besessenen ganz, und in den Aufzählungen der Taten Jesu der übrigen Evangelien werden Exorzismen und Heilungen unterschieden.[43] Da im Neuen Testament nur ganz wenige Besessene zugleich auch „natürliche" Leiden haben, ist zu vermuten, dass Jesus und die frühen christlichen Gemeinden Dämonen nicht prinzipiell als Ursachen von Krankheiten an-

---

39 Mt 11, 5–6: „τυφλοὶ ἀναβλέπουσιν καὶ χωλοὶ περιπατοῦσιν, λεπροὶ καθαρίζονται καὶ κωφοὶ ἀκούουσιν, καὶ νεκροὶ ἐγείρονται καὶ πτωχοὶ εὐαγγελίζονται· καὶ μακάριός ἐστιν ὃς ἐὰν μὴ σκανδαλισθῇ ἐν ἐμοί."

40 Die Ausführungen von SEYBOLD & MÜLLER 1978, 99–104; legen nahe, dass Jesus zwischen Dämonenaustreibung und Krankenheilung unterschieden hat. Während der Exorzismus ausdrücklich die Verwirklichung der Herrschaft Gottes deutlich macht, so geht es bei der Heilung auch um die Vollendung und Instandstellung der Schöpfung.

41 Vgl. die Aussage Jesu in Lk 13, 4–5: „ἢ ἐκεῖνοι οἱ δεκαοκτὼ ἐφ' οὓς ἔπεσεν ὁ πύργος ἐν τῷ Σιλωὰμ καὶ ἀπέκτεινεν αὐτούς, δοκεῖτε ὅτι αὐτοὶ ὀφειλέται ἐγένοντο παρὰ πάντας τοὺς ἀνθρώπους τοὺς κατοικοῦντας Ἰερουσαλήμ; οὐχί, λέγω ὑμῖν, ἀλλ' ἐὰν μὴ μετανοῆτε πάντες ὡσαύτως ἀπολεῖσθε." – „Oder meint ihr, dass die Achtzehn, auf die der Turm in Siloah fiel und erschlug, schuldiger gewesen sind als alle andern Menschen, die in Jerusalem wohnen? Ich sage euch: Nein; sondern wenn ihr nicht Busse tut, werdet ihr alle auch so umkommen."

42 Vgl. Joh 9, 2–3: „καὶ ἠρώτησαν αὐτὸν οἱ μαθηταὶ αὐτοῦ λέγοντες· ῥαββί, τίς ἥμαρτεν, οὗτος ἢ οἱ γονεῖς αὐτοῦ, ἵνα τυφλὸς γεννηθῇ; ἀπεκρίθη Ἰησοῦς· οὔτε οὗτος ἥμαρτεν οὔτε οἱ γονεῖς αὐτοῦ, ἀλλ' ἵνα φανερωθῇ τὰ ἔργα τοῦ θεοῦ ἐν αὐτῷ." – „Und seine Jünger fragten ihn und sprachen: Meister, wer hat gesündigt, dieser oder seine Eltern, dass er blind geboren ist? Jesus antwortete: Es hat weder dieser gesündigt noch seine Eltern, sondern es sollen die Werke Gottes offenbar werden an ihm."

43 So fehlen im oben zitierten Vers Mt 11, 5–6 die Dämonenaustreibungen. In Mt 8, 16 wird ebenfalls deutlich, dass Heilung und Exorzismus unterschiedliche Aspekte im Wirken Jesu darstellen. Vgl. FERNGREN 2006, RAC, 985–987.

sehen.⁴⁴ Diese Unterscheidung ist nicht konsequent vollzogen und schon gar nicht reflektiert. Sie könnte der Tendenz des Alten Testaments entspringen, dass es bei Krankheiten Gott ist, der sie zur Strafe oder zur Prüfung zulässt – und wie bei Hiob dem Satan Grenzen setzt und den Geprüften schliesslich wieder heilt.

Auch wenn es schwierig und teilweise ganz unmöglich ist, in den Texten des Neuen Testaments zu Krankheit und Heilung zwischen dem Glauben und den Vorstellungen der nachösterlichen Gemeinde einerseits und dem historischen Jesus andererseits zu unterscheiden, eines ist unbestritten: Heilen ist ein zentraler Bestandteil des Wirkens Jesu.⁴⁵ Während das Verständnis der Heilung als Kennzeichen des anbrechenden Gottesreiches wohl genuin jesuanisch sein dürfte, so finden sich im Neuen Testament weitere voneinander abweichende Interpretationen der Heilungen und Dämonenaustreibungen. Der Vorwurf in Lk 11, 20 zeigt, dass man ihm unterstellte, Zauberei zu betreiben – ein Vorwurf, der in der jüdischen Polemik gegen die Christen später noch verstärkt wird.⁴⁶ Tatsächlich muten einige Heilungswunder Jesu wie Zauberei an, so die Heilung von Kranken mit Speichel (Mk 7, 33; Mk 8, 23 und Joh 9, 6). Dennoch ist festzuhalten, dass typische Elemente eines damaligen jüdischen Exorzismus wie Wurzeln, Ringe oder ein „salomonisches" Ritual nicht zur Anwendung kommen. Auch das typische Herausfinden des Namens wendet Jesus nicht an, um wie ein Zauberer Macht über den Dämon zu erlangen. Der Exorzismus am Dämonenverband „Legion" (Mk 5 und Lk 8) zeigt, dass schon vor der Frage nach dem Namen die Geister genau wissen, wer da mit Vollmacht kommt und darum um Gnade flehen. Gleiches gilt für die Heilungen: Jesus versucht nicht, durch Zauberei den Kosmos zu manipulieren, er heilt einzig Kraft seiner eigenen Autorität.⁴⁷ Und genau auf dieser durch Exorzismen und wunderbaren Heilungen bestätigten Vollmacht Jesu beruht sein Anspruch, der Messias zu sein. In Mk 2 vergibt Jesus einem Gelähmten die Sünden, worauf ihm Blasphemie vorgeworfen wird. Mit der Heilung auf sein Wort hin beweist er, dass er der Menschensohn ist, der folglich auch Sünden vergeben kann. Auf den Menschensohn zu vertrauen heisst auf Gott zu vertrauen, und so geschehen viele Heilungen aufgrund des Glaubens an Christus.⁴⁸

Auch wenn das Heilungsmonopol letztlich bei Gott bleibt, die Medizin oder die Konsultation von Ärzten wird deswegen nicht abgelehnt oder verurteilt. Die blutflüssige Frau „hatte viel erlitten von vielen Ärzten und all ihr Gut dafür aufgewandt; und es

---

44 Ein Gegenbeispiel wäre etwa die Frau aus Lk 13, 11–13, die einen Geist hat, der sie 18 Jahre lang krank machte.
45 Zur Unterscheidung des Krankheitsverständnisses Jesu und der Urgemeinde vgl. SEYBOLD & MÜLLER 1978, 95–99 und AMUNDSEN & FERNGREN 1996.
46 So wird Jesus in der *Toledot Jeschu* 5: KRAUSS 1977, 93; vorgeworfen, er betreibe mit dem Namen Gottes Magie.
47 Vgl. FERNGREN 2006, RAC, 987–990 und TRUNK 1994, 236–241.
48 So unter anderen die blutflüssige Frau, die sein Gewand berührt (Mt 9, 20–22; Mk 5, 25–34; Lk 8, 43–48), oder der heidnische Hauptmann, dessen Knecht krank ist (Mt 8, 5–13; Lk 7, 2–10).

hatte ihr nichts geholfen, sondern es war noch schlimmer mit ihr geworden",[49] heisst es, aber aufgrund ihres Glaubens an Christus wird sie doch noch geheilt. In den Augen christlicher Leserinnen und Leser der Antike wird Christus so zum obersten Arzt, in dessen Hand die Heilung letztlich liegt.[50] Schliesslich vergleicht sich Jesus selbst zweimal mit einem Arzt. Einmal, wenn er auf den Vorwurf antwortet, er gebe sich mit Zöllnern und Sündern ab: „Die Starken bedürfen des Arztes nicht, sondern die Kranken."[51] Ein zweites Mal, wenn er auf die Frage, warum er in seiner Heimat keine Wunder tue, antwortet: „Ihr werdet mir freilich dies Sprichwort sagen: Arzt, hilf dir selber!"[52] Genauso werden Heilkunst und Medikamente nicht verurteilt, denn ihre Anwendung gehört zur Pflicht eines jeden Menschen. Der barmherzige Samariter in Lk 10, 34–35 giesst Wein und Öl in die Wunden des Überfallenen, verbindet sie, und bringt ihn zur Pflege in eine Herberge.

1. 3. Die Entwicklung nach Tod und Auferstehung Jesu

Jesus hatte seinen Jüngern wiederholt aufgetragen, das Reich Gottes zu verkünden, Dämonen auszutreiben und Kranke zu heilen.[53] Diesem Befehl kommen die Apostel nach, davon berichtet die Apostelgeschichte. Auch in diesem Buch wird zwischen Heilung und Exorzismus unterschieden, denn es werden zwar Kranke gesund und Dämonen ausgetrieben, aber es geschehen keine Heilungen durch Exorzismen.[54] In den weiteren Texten des Neuen Testaments, den Briefen und der Offenbarung wird der Exorzismus nicht mehr erwähnt, selbst in der Liste der Charismen im Korintherbrief fehlt er.[55] Auffällig ist, dass nicht nur die Exorzismen, sondern auch die Heilungswunder selten werden. Sie sind den Aposteln vorbehalten,[56] bleiben aber letztlich Zeichen für das Heilshandeln Christi. Als Folge der Sünde ist Krankheit ein Kennzeichen dieser Welt (Jak 5), und es gibt auch für Apostel keine Ansprüche auf Genesung. So wird Paulus' berühmter Stachel im Fleisch nicht geheilt (2Kor 12, 7–10).[57] Auch sein Mitarbeiter

---

49   Mk 5, 26: „καὶ πολλὰ παθοῦσα ὑπὸ πολλῶν ἰατρῶν καὶ δαπανήσασα τὰ παρ' αὐτῆς πάντα καὶ μηδὲν ὠφεληθεῖσα ἀλλὰ μᾶλλον εἰς τὸ χεῖρον ἐλθοῦσα."
50   Siehe dazu S. 44 zum „Christus Medicus".
51   Mk 2, 17: „οὐ χρείαν ἔχουσιν οἱ ἰσχύοντες ἰατροῦ ἀλλ' οἱ κακῶς ἔχοντες"; vgl. die Parallelstellen in Lk 5, 31 und Mt 9, 12.
52   Lk 4, 23: „πάντως ἐρεῖτέ μοι τὴν παραβολὴν ταύτην· ἰατρέ, θεράπευσον σεαυτόν".
53   Vgl. Mk 16, 17–18; Lk 10, 9; Mt 10, 7–8.
54   Besessene und Kranke werden zusammen erwähnt in Apg 5, 16; 8, 7; 19, 11–12. Ein Exorzismus geschieht in Apg 16, 16–18 an einer von einem Wahrsagegeist besessenen Magd.
55   Vgl. 1Kor 12, 28: „Καὶ οὓς μὲν ἔθετο ὁ θεὸς ἐν τῇ ἐκκλησίᾳ πρῶτον ἀποστόλους, δεύτερον προφήτας, τρίτον διδασκάλους, ἔπειτα δυνάμεις, ἔπειτα χαρίσματα ἰαμάτων, ἀντιλήμψεις, κυβερνήσεις, γένη γλωσσῶν." – „Und Gott hat in der Gemeinde eingesetzt erstens Apostel, zweitens Propheten, drittens Lehrer, dann Wundertäter, dann Gaben, gesund zu machen, zu helfen, zu leiten und mancherlei Zungenrede." Dämonen werden zwar in 1Kor 10, 20–21 und in 1Tim 4, 1 erwähnt, beim ersteren werden sie für die heidnischen Götter gebraucht, an der zweiten Stelle geht es um dämonische Lehrer der Endzeit.
56   Vgl. 2Kor 12, 12.
57   Vgl. SEYBOLD & MÜLLER 1978, 148–158.

Epaphroditus wird todkrank (Phil 2, 25–27), dank Gottes Erbarmen genest er wieder – eine wunderbare Heilung wird nicht erwähnt. Ebenso wird auch im deuteropaulinischen 2Tim 4, 20 von einem Gefährten des Paulus namens Trophimus berichtet, der krankheitshalber in Milet bleiben muss.

In Anlehnung an Mk 6, 13, wo Krankensalbungen durch die Jünger Jesu erwähnt werden, stellt Jak 5, 14–16 ein Ritus dar, der als Hinweis auf übernatürliche Heilungen durch Presbyter verstanden werden kann:

> Ist jemand unter euch krank, der rufe zu sich die Ältesten der Gemeinde, dass sie über ihm beten und ihn salben mit Öl in dem Namen des Herrn. Und das Gebet des Glaubens wird den Kranken retten, und der Herr wird ihn aufrichten; und wenn er Sünden getan hat, wird ihm vergeben werden. Bekennt also einander eure Sünden und betet füreinander, dass ihr gesund werdet. Des Gerechten Gebet vermag viel, wenn es ernstlich ist.[58]

Dieser Text lässt jedoch auch eine andere Interpretation zu: Die Wortwahl σώσει τὸν κάμνοντα „wird den Kranken retten", ἐγερεῖ αὐτὸν „wird ihn aufrichten" und ὅπως ἰαθῆτε „dass ihr gesund werdet" weist auf eine metaphorische Sprache hin.[59] Im Zentrum steht nicht die körperliche, sondern die seelische Gesundheit. Die Presbyter handeln nicht als heilende Ärzte, sondern als Beauftragte der Kirche im Namen des Herrn. Dafür spricht, dass die frühesten Ausführungen zu dieser Bibelstelle die Vergebung der Sünden ins Zentrum stellen, die körperliche Heilung aber nicht oder nur am Rande erwähnen.[60] Erst bei Tertullian im dritten Jahrhundert wird einmal eine Ölung zur Heilung erwähnt, ohne dass auf Jak 5, 14–16 Bezug genommen würde.[61] Eine regelmässige rituelle Salbung der Kranken durch Vertreter der Kirche wird nicht vor dem vierten oder fünften Jahrhundert eingeführt.[62]

---

58 Jak 5, 14–16: „ἀσθενεῖ τις ἐν ὑμῖν, προσκαλεσάσθω τοὺς πρεσβυτέρους τῆς ἐκκλησίας καὶ προσευξάσθωσαν ἐπ' αὐτὸν ἀλείψαντες [αὐτὸν] ἐλαίῳ ἐν τῷ ὀνόματι τοῦ κυρίου. καὶ ἡ εὐχὴ τῆς πίστεως σώσει τὸν κάμνοντα καὶ ἐγερεῖ αὐτὸν ὁ κύριος· κἂν ἁμαρτίας ᾖ πεποιηκώς, ἀφεθήσεται αὐτῷ. ἐξομολογεῖσθε οὖν ἀλλήλοις τὰς ἁμαρτίας καὶ εὔχεσθε ὑπὲρ ἀλλήλων ὅπως ἰαθῆτε. Πολὺ ἰσχύει δέησις δικαίου ἐνεργουμένη.
59 Vgl. Kranemann 2006, 921–922 und Ferngren 2006, RAC, 992–993.
60 So erwähnt Origenes (*In leviticum homiliae* II, 4: Borret 1981, Vol. 1, 108–109) Jak 5, 14–16 in seinem Verzeichnis der Bibelstellen zur Vergebung der Sünden. Johannes Chrysostomus (*De sacerdotio* 3, 6: Malingrey 1980, 154–155) erwähnt die Stelle als Beleg für die Vollmacht, Sünden zu vergeben.
61 Tertullian, *Ad Scapulam* 4, 5: Dekkers 1954, 1130: „Ipse etiam Seuerus, pater Antonini, Christianorum memor fuit. Nam et Proculum Christianum qui Torpacion cognominabatur, Euhodiae procuratorem, qui eum per oleum aliquando curauerat, requisiuit et in palatio suo habuit usque ad mortem eius." – „Er selber sogar, Severus [sc. der Kaiser], der Vater des Antoninus, war der Christen eingedenk. Er liess nämlich den Christen Proculus mit dem Beinamen Torpation, Verwalter bei der Evodia, der ihn einmal durch Anwendung von Öl gesund gemacht hatte, aufsuchen und behielt ihn bei sich in seinem Palast bis an dessen Tod."
62 Hinweis auf eine Salbung der Kranken geben Segensgebete, die erst ab dem vierten Jahrhundert nachweisbar sind. Ausgestaltete liturgische Ordnungen zur Krankensalbung gibt es erst ab dem siebten Jahrhundert. Vgl. Kranemann 2006, 936–937.

1.4. Exorzismus und Heilung in den spätantiken Kirchen

Ein kurzer Ausblick soll nun zeigen, wie im frühen Christentum mit Heilung und Exorzismus umgegangen wird und welchen Stellenwert diese Praktiken haben.[63] Auf die für unser Thema viel essentiellere Frage, inwieweit in den Augen der Kirchenväter das Angebot einer wunderbaren Heilung mit der Medizin konkurriert, wird später eingegangen.

Die verschiedenen Zeugen lassen eine ambivalente Haltung deutlich werden. Die vielfach wiederholte Warnung vor der Zauberei, der Idolatrie und der Giftmischerei zieht ein Verbot jener Praktiken nach sich, die pagane Exorzisten und Heiler anwenden. Eine grundsätzliche Ablehnung des Exorzismus ist jedoch nicht möglich, weil Jesus selbst Dämonen austrieb. So kommentiert Origenes († 253) den Exorzismus am mondsüchtigen Knaben in Mt 17, 14–18:

> Die Ärzte mögen sich also an die Physiologie halten, da sie ja meinen, es handle sich hier nicht um einen unreinen Geist, sondern um ein rein körperliches Krankheitsbild, und in ihrer Physiologie erklären, dass die Flüssigkeiten im Kopf sich in einer gewissen Übereinstimmung mit dem Mondlicht bewegen, welches eine feuchte Natur hat. Wir aber glauben dem Evangelium auch, dass diese Krankheit als von einem unreinen, stummen und tauben Geist in den daran Leidenden bewirkt betrachtet wird, andererseits sehen wir, dass die, welche nach Art der Beschwörer der Ägypter solchen Menschen die Heilung zu versprechen gewohnt sind, gelegentlich bei ihnen Erfolg zu haben scheinen.[64]

Der hier anklingende Topos vom Dämon, der einen Arzt narrt, begegnet später in der christlichen Literatur etwa beim arianischen Geschichtsschreiber Philostorgius († 425). Er richtet sich dort jedoch nicht gegen die Medizin, sondern gegen den ungläubigen Arzt, der die eigentliche Realität hinter der Erkrankung nicht zu erkennen vermag.[65] Origenes wirft im zitierten Text den Ärzten ja auch keinen Fehler vor. Sie mögen sich an die Physiologie halten, das ist ihre Aufgabe. Vielleicht, so fährt er fort, tut der Dämon ja genau dasselbe, er hält sich an die Physiologie, um den Anschein einer „natürlichen" Erkrankung zu erwecken.

---

63 Ausführliche Arbeiten zu diesem Thema bieten THRAEDE 1969 und FERNGREN 2000.
64 ORIGENES, *Commentarius in Matthaeum* 13,6: KLOSTERMANN 1935, 193; de. VOGT 1983, 248–249: „ἰατροὶ μὲν οὖν φυσιολογείτωσαν, ἅτε μηδὲ ἀκάθαρτον πνεῦμα εἶναι νομίζοντες κατὰ τὸν τόπον ἀλλὰ σωματικόν «τι» σύμπτωμα, καὶ φυσιολογοῦντες τὰ ὑγρὰ λεγέτωσαν κινεῖσθαι τὰ ἐν τῇ κεφαλῇ κατά τινα συμπάθειαν τὴν πρὸς τὸ σεληνιακὸν φῶς, ὑγρὰν ἔχον φύσιν. ἡμεῖς δὲ οἱ καὶ τῷ εὐαγγελίῳ πιστεύοντες ὅτι τὸ νόσημα τοῦτο ἀπὸ πνεύματος ἀκαθάρτου, ἀλάλου καὶ κωφοῦ ἐν τοῖς πάσχουσιν αὐτὸ θεωρεῖται ἐνεργούμενον, ὁρῶντες δὲ ὅτι καὶ οἱ εἰθισμένοι παραπλησίως τοῖς ἐπαοιδοῖς τῶν Αἰγυπτίων ἐπαγγέλλεσθαι τὴν κατὰ τοὺς τοιούτους θεραπείαν δοκοῦσί ποτε ἐπιτυγχάνειν ἐν αὐτοῖς."
65 So erzählt auch PHILOSTORGIUS in der *Historia ecclesiastica* VIII, 10, dass ein gewisser Arzt namens POSIDONIUS eine Besessenheit als Ursache für den Wahnsinn ablehnt und stattdessen von ungünstigem Säfteverhältnis im Körper ausgeht. Vgl. BIDEZ 1981, CXXIX und 111. Zur Stellung der Medizin im Werk des PHILOSTORGIUS vgl. MEYER 2005.

1. JESUSBEWEGUNG UND HEILKUNDE

Gelegentlich wird festgehalten, dass es sich bei frühchristlichen Heilern und Exorzisten „im Prinzip um Magier oder Schamanen"[66] gehandelt habe. Zur Begründung wird auf die erhaltenen christlich-synkretistischen Zauberpapyri späterer Jahrhunderte verwiesen, die Wundererzählungen der apokryphen Evangelien und Apostelakten und den paganen Vorwurf, die Christen betrieben Zauberei.[67] Im Kontrast dazu steht die christliche Selbstwahrnehmung, denn patristische Autoren weisen diesen Vorwurf stets weit von sich. Die Ursache für diese Differenz ist nicht nur in der Voreingenommenheit der Kontrahenten zu suchen. Sie hängt auch mit der spezifisch christlichen Sinngebung gewisser kultischer Praktiken zusammen, die für unbeteiligte Beobachter als Zauberei anmuten können – so wie auch die Agapefeier als Kannibalismus missverstanden wurde.

Schon Jesus hatte die Anschuldigung, er triebe Zauberei mit dem Hinweis pariert, man könne den Beelzebub nicht mit dem Teufel austreiben und auf seine Autorität als Grundlage verwiesen.[68] Ein christlicher Exorzist beansprucht diese Vollmacht Jesu, die er in der Taufe als Charisma erhalten hat. Er handelt in Christi Namen, wie es in Mk 16, 17 verheissen wurde.[69] Zur Anwendung kommen darum bei einem christlichen Exorzismus Praktiken, die auf die Autorität Christi hinweisen, so das Aussprechen seines Namens, das Kreuzzeichen, die Drohung mit der Wiederkunft Christi oder das Credo.[70] Auf den Vorwurf des Celsus, die Christen würden ihre Wundertaten durch das Beschwören der Dämonen vollbringen, antwortet Origenes:

> Doch scheint er offensichtlich die [sc. christliche] Lehre zu verleumden: Denn nicht durch „Beschwörungen" scheinen sie [sc. die Christen] eine Macht auszuüben, sondern durch

---

66 KOLLMANN 1996, 377.
67 Vgl. ORIGENES, *Contra Celsum* 1, 6: FIEDROWICZ & BARTHOLD 2011; FC 50, 1, 200–203. CELSUS macht einige ähnliche Anschuldigungen. Auch die *Passio Perpetuae et Felicitatis* 16: HABERMEHL 1995, 22, zeugt von diesem Vorurteil: Die Haftbedingungen werden verschärft, weil vermutet wird, dass inhaftierte Christen durch Zauberei entkommen könnten.
68 Vgl. Mt 12, 24–28. Umgekehrt, so hält EZNIK VON KOLB, *De Deo* 1, 22 (102–107): MARIÈS & MERCIER 1959, 449 und 585; fest, verwenden die heidnischen Zauberer Dämonen gegen Dämonen. Darum können sie böse Geister nur binden, aber nicht vertreiben.
69 Vgl. *Constitutiones apostolorum* 8, 1, 3: METZGER 1987, SC 336, 126. Hier wird explizit auf Mk 16, 17 verwiesen und festgehalten: „Τὰ γὰρ σημεῖα οὐ τοῖς πιστοῖς ἡμῖν, ἀλλὰ τοῖς ἀπίστοις Ἰουδαίων τε καὶ Ἑλλήνων· οὔτε γὰρ τὸ δαίμονας ἐκβάλλειν ἡμέτερον κέρδος, ἀλλὰ τῶν ἐνεργείᾳ Χριστοῦ καθαιρομένων, καθὼς αὐτός που παιδεύων ἡμᾶς ὁ Κύριος δείκνυσι λέγων· ‚Μὴ χαίρετε, ὅτι τὰ πνεύματα ὑμῖν ὑπακούουσιν, ἀλλὰ χαίρετε, ὅτι τὰ ὀνόματα ὑμῶν γέγραπται ἐν τῷ οὐρανῷ', ἐπειδὴ τὸ μὲν αὐτοῦ δυνάμει γίνεται, τὸ δὲ ἡμετέρᾳ εὐνοίᾳ καὶ σπουδῇ, δῆλον ὅτι βοηθουμένοις ὑπ' αὐτοῦ." – „Diese Zeichen nämlich sind nicht für uns, die Gläubigen, sondern für die Ungläubigen, Juden wie Griechen, noch ist das Dämonenvertreiben für uns ein Gewinn, sondern [nur] für die durch die Kraft Christi gereinigten, so wie es uns der Herr irgendwo in seinen Anweisungen zeigt, wenn er sagt: ‚Nicht darüber freuet euch, dass euch die Geister gehorchen, doch freuet euch, dass eure Namen im Himmel eingeschrieben sind'. Denn das eine geschieht durch seine Kraft, das andere aber durch unsere Einsicht und unseren Eifer, offenbar weil wir von ihm unterstützt werden."
70 Dass diese Praktiken ohne Glauben nicht funktionieren und sich gegen den Exorzisten wenden können, zeigt Apg 19, 13–17.

den Namen Jesu, zusammen mit der Verkündigung der Geschichten von ihm. Dieses Gelesene hat oft die Trennung der Dämonen von den Menschen bewirkt, besonders wenn die Lesenden mit einem gesunden Sinn und einem echten Glauben solches verlesen.[71]

Das Wort ἐξορκίζω, wovon „Exorzist" abgeleitet ist, bedeutet zunächst nur „beschwören", doch, wie Augustinus festhält, beschwört ein christlicher Exorzist nicht den Dämon, sondern Gott.[72] Diese göttliche Rückendeckung ist im christlichen Selbstverständnis der Grund, weshalb der eigene Exorzismus einem heidnischen weit überlegen ist. Diese Präpotenz ist in apologetischen Texten ein beliebter Topos und wird in erbaulichen Schriften wie den Apostelakten mit kräftigen Farben illustriert.[73]

Die theologisch bedingte klare Unterscheidung von christlichem und heidnischem Exorzismus erfordert eine scharfe Grenze zwischen der christlichen und der heidnischen Praxis. Das eine ist göttliche Gnadengabe, das andere Zauberei. Diese Trennung ist für den theologisch Gebildeten eine Selbstverständlichkeit. Celsus etwa prangert an, dass er bei den Presbytern Zauberbücher in Verwendung gesehen haben will. Die ungewöhnlich lakonische Antwort des Origenes auf diesen Vorwurf zeigt, wie absurd ihm dies erscheint:[74] Celsus begebe sich mit dem Vorwurf der Zauberei auf das Niveau jener, die den Christen auch Kindermord, Kannibalismus und Sexorgien vorwerfen. Wenn alle Anklagen des Celsus so fadenscheinig wären, die Leute würden sie aufgrund eigener Erfahrung schnell selbst als unwahr erkennen.

Diese theologisch begründete Scheidung zwischen heidnischer und christlicher Praxis läuft dem synkretistischen Charakter antiker Zauberei zuwider. Besonders die in Ägypten zahlreich gefundenen Zauberpapyri bezeugen viel mehr eine Vermischung von christlichen und heidnischen Elementen als eine Trennung. Dass solche Praktiken in Ägypten wie auch anderswo verbreitet sind, aber von der Grosskirche nicht akzeptiert werden, zeigt etwa ein in koptischer Sprache erhaltener theologischer Dialog zwischen dem Patriarchen Cyrill von Alexandrien († 444) und seinen Diakonen:

> Stephanos: Und was ist ein Magier? Cyrill: Leute sind es, die in Büchern lesen, den Dämon dabei beschwören. Denn sie finden auch darin Ausdrücke in anderen Sprachen, indem sie Christus verleugnen und nicht wissen, was sie da sagen. Und auf diese Weise freut sich der Dämon selbst über sie, dass sie die seinigen geworden. Denn er pflegt ihnen mit leiser Stimme zu antworten. Doch sie wagen es nicht, an Orten zu erscheinen, wo das Zeichen des Kreuzes sich befindet.

---

71   ORIGENES, Contra Celsum 1, 6, 4–10: FIEDROWICZ & BARTHOLD 2011; FC 50, 1, 200–203: „Ἔοικε δὲ σαφῶς συκοφαντεῖν τὸν λόγον. Οὐ γὰρ κατακλήσεσιν ἰσχύειν δοκοῦσιν ἀλλὰ τῷ ὀνόματι Ἰησοῦ μετὰ τῆς ἀπαγγελίας τῶν περὶ αὐτὸν ἱστοριῶν. Ταῦτα γὰρ λεγόμενα πολλάκις τοὺς δαίμονας πεποίηκεν ἀνθρώπων χωρισθῆναι, καὶ μάλισθ' ὅταν οἱ λέγοντες ἀπὸ διαθέσεως ὑγιοῦς καὶ πεπιστευκυίας γνησίως αὐτὰ λέγωσι."
72   Vgl. AUGUSTINUS, De beata vita 3, 18: GREEN & DAUR 1970, 75: „Hoc est, per divina eum adjurando." – „Das bedeutet, seine Gottheit zu beschwören."
73   Zahlreiche Belegstellen hierzu finden sich bei THRAEDE 1969.
74   Vgl. ORIGENES, Contra Celsum 6, 40: FIEDROWICZ & BARTHOLD 2012; FC 50, 4, 1086–1087.

1. JESUSBEWEGUNG UND HEILKUNDE

Stephanos: Ein Magier, falls er Busse tun will, wie viel Busszeit braucht er? Cyrill: In einer Stunde kann er es tun, denn du wirst seine Busse an seinem Benehmen erkennen. Doch der Kanon unserer Väter ist drei Jahre.

Ein Mitfragender: Ein Christ geht zu einem Astrologen und zu einem Beschwörer? Agahtonikos: Er ist gänzlich kein Christ, sondern er wird wie ein Heide gerichtet.[75]

Der ambivalente Umgang mit dem Exorzismus zeigt sich auch in der kirchlichen Praxis: Obwohl in apologetischen Texten Dämonenaustreibungen und wundersame Heilungen eine grosse Rolle spielen, sind Exorzisten und Heiler gemäss den ältesten christlichen Texten weder in Gemeinde und Liturgie eingebunden noch ist ihre Praxis geregelt. Die erhaltenen Berichte lassen auf einzelne Charismatiker schliessen, die unabhängig von Amt und Weihe Dämonen austreiben und Heilungen vornehmen. Über ihre Bedeutung lassen sich kaum Angaben machen, da Erwähnungen von Exorzismen und Heilungen meist in apologetisch motivierter Literatur vorkommen und dementsprechend überzeichnet sind.

Die Kirchenordnungen zeigen ein anderes Bild: Die *Didache* (um 100) erwähnt weder den Exorzismus noch die Heilung, und erst die *Traditio apostolica* (um 200) spricht in Kapitel 14 von „jenen mit der Gabe der Heilung", dies im Kontext der rangniederen kirchlichen Dienste ohne Weihe wie der Witwe, dem Lektor, der Jungfrau und dem Subdiakon:

Wenn jemand aber sagt: „Ich habe in einer Offenbarung die Gabe der Heilung empfangen", so soll ihm die Hand nicht aufgelegt werden. Es wird sich ja von selbst erweisen, ob er die Wahrheit gesagt hat.[76]

Hintergrund dieser Festsetzung sind die in 1Kor 12, 28 verheissenen Charismen der Gemeinde, wozu auch das χάρισμα ἰαμάτων, also die Gabe zu heilen, nicht aber der Exorzismus gehört. Die späteren Kirchenordnungen wie die *Constitutiones apostolorum* (um 400) regeln an jener Stelle bei den ungeweihten Diensten nach dem Subdiakon und dem Lektor jeweils den Exorzisten.[77] Daher ist anzunehmen, dass aus dem Dienst

---

75 Dialog des CYRILL VON ALEXANDRIEN aus dem Papyruscodex von Celtenham: *Dialogus Cyrilli cum Anthimo et Stephano diaconis*: CRUM & EHRHARD 1915, 7 und 58; 8 und 60; 32–33 und 89: „ⲥⲧⲉⲫⲁ-ⲛⲟⲥ· ⲁⲩⲱ ⲟⲩⲡⲉ ⲙⲁⲅⲟⲥ· ⲕⲩⲣⲓⲗⲗⲟⲥ ϩⲉⲛⲙⲏⲛⲉ ⲉϣⲁⲩϣ ϩⲛ̄ ϩⲉⲛⲕⲟⲟⲩⲉ ⲉⲩⲉⲡⲓⲕⲁⲗⲉⲓ ⲙ̄ⲡⲇⲁⲓⲙⲱⲛ· ϣⲁⲩϣⲛ̄ ϩⲉⲛⲕⲉⲗⲉϩⲓⲥ ⲅⲁⲣ ϩⲓⲱⲟⲩ ϩⲛ̄ ϩⲉⲛⲕⲉⲁⲥⲡⲉ ⲉⲩⲁⲩⲁⲡⲟⲧⲁⲥⲥⲉ ⲙ̄ⲡⲉⲭ̄ⲥ̄ ⲉⲛⲥⲉⲥⲟⲟⲩⲛ ⲁⲛ ϫⲉ ⲉⲩⲭⲉⲟⲩ· ⲁⲩⲱ ⲛ̄ⲧⲉⲓϩⲉ ϣⲁⲣⲉⲡⲇⲁⲓⲙⲱⲛ ϩⲁⲱⲥ ⲣⲁϣⲉ ⲉϩⲣⲁⲓ ⲉϫⲱϥ ϫⲉ ⲁⲩⲅⲛⲟⲣⲅϥ· ϣⲁϥⲣⲟⲩϭ ⲅⲁⲣ ⲛⲁⲩ ϩⲛ̄ ⲟⲩⲥⲙⲏ ⲉⲥϭⲟⲥⲃ̄· ⲁⲗⲗⲁ ⲙ̄ⲙⲉⲩⲧⲟⲗⲙⲁ ⲉⲟⲩⲱⲛϩ ⲉⲃⲟⲗ ϩⲙ̄ ⲡⲙⲁ ⲉⲧⲉⲣⲉⲡⲙⲁⲉⲓⲛ ⲙ̄ⲡⲉϥϫⲟⲉⲓⲥ ⲛ̄ⲣⲏⲧϥ̄·" – „ⲥⲧⲉⲫⲁⲛⲟⲥ· ⲟⲩⲙⲁⲅⲟⲥ ⲉϥϣⲁⲛⲙⲉ-ⲧⲁⲛⲟⲓ ⲟⲩⲭⲣⲓⲁ ⲛⲟⲩⲏⲣ ⲛⲟⲩⲟⲉⲓϣ ⲙ̄ⲙⲉⲧⲁⲛⲟⲓⲁ· ⲕⲩⲣⲓⲗⲗⲟⲥ· ϩⲛ̄ ⲟⲩⲟⲩⲛⲟⲩ ⲛⲟⲩⲱⲧ· ⲕⲛⲁϥ ⲅⲁⲣ ⲉⲧⲉϥⲙⲉⲧⲁⲛⲟⲓⲁ ϩⲛ̄ ⲛⲉϥⲧⲣⲟⲡⲟⲥ· ⲁⲗⲗⲁ ⲡⲕⲁⲛⲱⲛ ⲛ̄ⲛⲉⲛⲉⲓⲟⲧⲉ ⲡⲉ ϣⲟⲙⲧⲉ ⲛ̄ⲣⲟⲙⲡⲉ·" – „ⲟⲩⲥⲩⲛⲍⲏⲧⲏⲧⲏⲥ· ⲟⲩⲭⲣⲓⲥⲧⲓⲁⲛⲟⲥ ⲉϥⲃⲏⲕ ⲉⲣⲁⲧϥ̄ ⲛⲟⲩⲁⲥⲧⲣⲟⲗⲟⲅⲟⲥ ⲙⲛ̄ ⲟⲩⲣⲉϥⲙⲟⲩⲧⲉ· ⲁⲅⲁⲑⲟⲛⲓⲕⲟⲥ· ⲟⲩⲭⲣⲓⲥⲧⲓⲁⲛⲟⲥ ⲁⲛ ⲡⲉ ⲉⲓⲡⲧⲏⲣϥ̄ ⲁⲗⲗⲁ ⲉⲩⲛⲁⲕⲣⲓⲛⲉ ⲙ̄ⲙⲟϥ ϩⲱⲥ ϩⲉⲗⲗⲏⲛ·"

76 *Traditio apostolica* 14: GEERLINGS 1991, 242–243: „Si quis autem dicit: accepi gratiam curationis in revelatione, non imponetur manus super eum. Ipsa enim res manifestabit an dixerit veritatem."

77 Vgl. METZGER 1986, Vol. 2 (SC 329), 58, und die *Constitutiones apostolorum* 8, 26: METZGER 1987, Vol. 3 (SC 336), 226–229.

der Heilung später der Exorzist hervorgegangen ist. Zur selben Zeit wie der Dienst des Exorzisten kommt auch der Brauch auf, alle Katechumenen einem Exorzismus zu unterziehen. Dieser Taufexorzismus macht einen Zusammenhang deutlich, der für das Verständnis des frühchristlichen Exorzismus grundlegend ist.[78] Bischof Cyrill von Jerusalem († 385) erklärt seinen Katechumenen die Wirkung des Taufexorzismus so:

> Wenn die Exorzierenden mit göttlichem Geist die Furcht einhauchen, und wie in einem Schmelztiegel die Seele im Körper auflodern lassen, so entflieht der feindliche Dämon, um die Erlösungsgnade, die Hoffnung auf das ewige Leben übrig zu lassen; nun besitzt die von Sünden gereinigte Seele das Heil.[79]

Besessenheit ist eng mit Sündhaftigkeit verbunden. Weil Adam und Eva, und in ihrem Gefolge alle Menschen, Gottes Gebote übertreten haben, so müssen alle in einer Welt leben, die von Krankheit, Tod und Teufel geprägt ist. Die Sünde erst liefert den Dämonen die Berechtigung, einen Menschen in Gewalt zu nehmen. Die Sünde von Adam und Eva ist auch der Grund, dass bereits eigentlich unschuldige Kinder besessen sind, krank werden oder gar sterben.[80] Wie schon bei der Ölung Kranker nach Jak 5, 14–16, so steht auch beim Exorzismus die Rettung der an der Sünde erkrankten Seele im Zentrum. Chrysostomus kommt in seiner Predigt über die Heilung des stummen Besessenen in Mt 9, 32–33 darauf zu sprechen:

> Wenn du aber auch Wunderzeichen wirken willst, so mache dich frei von der Sünde und du hast das grösste Wunder gewirkt. Die Sünde ist nämlich ein mächtiger Dämon, geliebter [sc. Zuhörer]! Wenn du sie austreibst, dann hast du etwas Grösseres getan, als wenn du eine Myriade Teufel ausgetrieben hättest.[81]

Krankheit oder Besessenheit sind nur Symptome, die zu behandelnde Wurzel des Übels liegt in der Schuld vor Gott. Da der Satan als Vater der Sünde diese Schuld ermöglicht hat, gilt er als die letzte Ursache sowohl der Krankheit als auch der Besessenheit. Dennoch können die Folgen der Ursünde, Krankheit und Besessenheit nicht miteinander identifiziert werden.[82] Dämonen als widernatürliche Wesen lösen zwar gelegentlich Krankheiten aus, tun dies aber, um die Heiden zur Verehrung der Götzen und die

---

78 Zum Taufexorzismus vgl. DÖLGER 1906.
79 CYRILL VON JERUSALEM, *Catecheses ad illuminandos* 9: REISCHL 1967, 12: „οὕτω τῶν ἐπορκιζόντων, διὰ Πνεύματος θείου ἐμβαλλόντων τὸν φόβον, καὶ ὥσπερ ἐν χώνῃ, τῷ σώματι, τὴν ψυχὴν ἀναζωπυρούντων· φεύγει μὲν ὁ ἐχθρὸς δαίμων, παραμένει δὲ ἡ σωτηρία, καὶ παραμένει ἡ ἐλπὶς τῆς αἰωνίου ζωῆς, καὶ λοιπὸν ἡ ψυχὴ καθαρθεῖσα τῶν ἁμαρτημάτων ἔχει τὴν σωτηρίαν."
80 So antwortet EZNIK VON KOLB, *De Deo* 1, 21 (99): MARIÈS & MERCIER 1959, 448 und 583 auf die Frage, wenn die Sünder ihrer Sünden willen vom Teufel gequält werden, weshalb dann die Dämonen auch über unschuldige Kinder Gewalt haben.
81 JOHANNES CHRYSOSTOMUS, *In Matthaeum homiliae* 32, 8: PG 57, 387: „Εἰ δὲ καὶ σημεῖα βούλει ποιεῖν, ἀπαλλάγηθι πλημμελημάτων, καὶ τὸ πᾶν ἤνυσας. Καὶ γὰρ μέγας δαίμων ἡ ἁμαρτία, ἀγαπητέ· κἂν ταύτην ἐξέλῃς, τῶν μυρίους δαίμονας ἐλαυνόντων μεῖζον εἰργάσω."
82 Zur gelegentlich vertretenen Meinung, die frühen Christen hätten einen „pandämonischen" Krankheitsbegriff vgl. FERNGREN 2000.

Christen zum Abfall zu bewegen, indem sie nach entsprechendem Gelübde eine Heilung vortäuschen.[83] Die meisten Krankheiten dagegen entstehen natürlich, etwa durch Unmässigkeit, oder sie werden von Gott zur Erziehung der Menschen gesendet.[84] Diese Trennung zwischen Besessenheit und Krankheit, die ja schon im Neuen Testament zu beobachten war, zeigt sich deutlich auch in antiker christlicher Literatur. Bei fast allen Geschichten über Heilungswunder werden keine Ursachen der Krankheit erwähnt oder es wird explizit von natürlichen Ursachen ausgegangen.[85]

Die biblischen Grundlagen behandeln Krankheit und Genesung nicht von ihren medizinischen Aspekten her. Die Aussagen sind auf die Rettung der Seele fokussiert und auf Jesus Christus, der dieses Heil ermöglicht. Seine Heilungen und Dämonenaustreibungen sind Zeichen und Vorboten für das ewige Heil, das in ihm anbricht und das er seinen Gläubigen verheisst – die aber auch eng an ihn geknüpft sind.[86] So bleiben für die antiken Theologen die körperlichen Gebrechen und ihre übernatürliche Heilung von untergeordneter Bedeutung. Die Genesung ist zwar Abbild für die Erlösung, doch Urbild ist das ewige Heil. Medizinische und religiöse Praktiken wie der Exorzismus und die Heilung haben zwei unterschiedliche Ebenen des Menschen im Blick: Die eine fokussiert auf den sterblichen Leib, die andere zielt auf die unsterbliche Seele. Ob sich die beiden komplementär zueinander verhalten, oder ob sich nicht vielmehr daraus eine Konkurrenzsituation ergibt, und die Medizin daher zu verurteilen wäre, wird im nächsten Abschnitt erörtert.

2. Rezeption und Reputation hippokratischer Medizin im antiken Christentum

2.1. Der rechte Gebrauch der Medizin

Mit dem Heraustreten aus dem jüdischen Kontext Palästinas und der Ausbreitung im hellenistischen Raum stellen sich für die christlichen Gemeinschaften einige grundlegende Fragen, die sich aus der Spannung zwischen jüdischem Glauben und griechischem Denken ergeben. Der Entscheid, dass Heidenchristen nicht das ganze Gesetz

---

83 So LAKTANZ, *Epitome divinarum institutionum* 23: HECK & WLOSOK 1994, 28–30; MINUCIUS FELIX, *Octavius* 27: KYTZLER 1982, 26; TERTULLIAN, *Apologeticum* 22, 11: DEKKERS 1954, 130.

84 BASILIUS VON CÄSAREA, Homilia „Quod Deus non est auctor malorum" (Fünfzehnte Predigt; Mauriner-Ausgabe Nr. 1) 3: PG 31, 329–353: „Wie ein Arzt mit brennen und schneiden den Menschen heilt, so behütet Gott die Menschen mit Krankheiten vor viel üblern Gebrechen."

85 Dies gilt für die beiden erwähnten Paulusmitarbeiter Epaphroditus und Trophimus (siehe S. 28 in der vorliegenden Arbeit) oder etwa für die Heilungswunder, die AUGUSTINUS in *De civitate Dei* 22, 8: DOMBART & KALB 1981, 566–581 zusammenträgt, oder von denen im *Miraculis sancti Stephani*: MEYERS 2006 berichtet wird, aber auch für die Heilungen der Makrina und der Gorgona, die später auf S. 58 in der vorliegenden Arbeit thematisiert werden. Die Liste liesse sich beträchtlich erweitern.

86 Für AUGUSTINUS haben sich die vielen Wunder zur Zeit Jesu ereignet, um die Welt zum Glauben an Christus zu bringen, einige geschehen zum Ruhme Gottes immer noch. Vgl. *De civitate Dei* 22, 8: DOMBART & KALB 1981, 566–581.

zu halten brauchen, und dass auch die Beschneidung als Zeichen des Bundes mit Gott nicht zwingend sei, impliziert die Aufgabe zentraler Punkte der jüdischen Tradition und führt letztlich zum Bruch mit dem Judentum. Ein neuer Weg muss gefunden werden, ein Mittelweg zwischen Judentum und Heidentum. Dieser Weg wurde und wird gerne mit „Akkommodation", „Transformation" oder ähnlichem beschrieben, Begriffe, die den Nachteil haben, dass sie in der Väterliteratur nicht verwendet werden und zudem missverständlich sind. Gnilka[87] hat nun nachgewiesen, dass der Umgang mit nichtchristlichen Kulturgütern in den Quellen mit dem einfachen Begriff des „usus iustus",[88] des rechten Gebrauchs charakterisiert wird. Dieser Terminus verweist auf die theologisch begründete Anweisung, wie mit antikem Wissen umgegangen werden soll. Augustinus († 430) bringt sie in *De doctrina christiana* auf den Punkt:[89] So, wie die Israeliten goldene und silberne Gefässe und Schmuckgegenstände aus Ägypten „zum besseren Gebrauch" mitgenommen hatten, so sollen von den Kenntnissen der Heiden das Gute, also alles, was wahr ist und mit unserem Glauben übereinstimmt, angeeignet und „zum Gebrauch der Christen verwendet werden". Augustinus verweist dabei auf viele gläubige und gute Männer, die es ebenso handhabten. Neben Moses, der ja auch in jeglicher Weisheit der Ägypter unterrichtet war, zählt er auch Cyprian, Lactanz, Hilarius und „unzählige Griechen" dazu. Die Frage nach dem „guten Gebrauch" ist ebenso Prinzip, wie Christen mit der hippokratischen Medizin umgehen sollen.[90] Mit dem Kriterium des „guten Gebrauchs" steht nicht die Medizin als Ganzes zur Debatte, vielmehr sind einzelne Anwendungen daraus zu prüfen und gegebenenfalls zu verwerfen, wenn sie mit dem wahren Glauben nicht zu vereinen sind.

Es ergeben sich daraus für unsere Untersuchung zwei grundlegende Aspekte: Einerseits setzt ein rechter Gebrauch der Medizin ihre Rezeption als prinzipiell gut voraus, denn wäre sie schlecht, wäre ein guter Gebrauch selbstverständlich nicht möglich. Dieser Umstand wird im ersten Teil des folgenden Abschnitts behandelt. Andererseits muss eine schlechte Anwendung der Medizin erkannt und als nicht christlich verworfen werden. Davon ist im zweiten Teil die Rede.

---

87 Vgl. GNILKA 1984, 25–29. GNILKA beruft sich auf den Ansatz des Indologen Paul HACKER. Zur Rezeption galenischer Medizin vgl. auch TORELLO 1965, 73–76.
88 Bzw. die griechischen und lateinischen Begriffe χρῆσις δικαία / δικαίως χρῆσθαι bzw. recte uti / usus iustus.
89 Vgl. AUGUSTINUS, *De doctrina christiana* 2, 40, 60–61: NALDINI, TARULLI & MONTEVERDE 1992, 130–133; de. MITTERER 1925, 103–104. Kommentar bei GNILKA 1984, 88–91.
90 AUGUSTINUS wendet sein Prinzip primär auf die Philosophie an. Die antike Medizin ist mit der Philosophie sehr eng verwandt, so dass TERTULLIAN sie als „soror philosophiae" bezeichnet (*De anima* 2, 6: WASZINK 1947, 4). Einen „rechten Gebrauch" der Medizin fordert unter anderen explizit BASILIUS VON CÄSAREA. Vgl. S. 52 in der vorliegenden Arbeit.

2. 2. Die Medizin ist ein Geschenk Gottes

Augustinus geht davon aus, dass alle guten Kenntnisse der Heiden aus dem Bergwerk der göttlichen Vorsehung geschürft seien, und die Christen diese als die rechtmässigen Besitzer zurückholen müssen.[91] Dies gelte auch für die Medizin, bestätigt Tertullian († um 220). Eine gut angewendete Medizin sei also trotz ihrer heidnischen Herkunft letztlich ein Geschenk Gottes. Der streitbare Nordafrikaner verbietet in *De corona* zwar, Kränze auf dem Kopf zu tragen, weil dies eine heidnische Sitte sei.[92] Müsste man folglich nicht auch alle heidnische Wissenschaft verbieten? Nein, antwortet er, denn es ist die Anwendung einer Sache, die gut oder schlecht ist, und eine gute Anwendung ist von Gott selbst eingegeben. Dies lässt sich nach Tertullian am Beispiel der Medizin gut zeigen:

> Äskulap hat als Erster die Therapien erforscht; – auch Jesaja erwähnt, dass er dem kranken Hiskia ein Heilmittel empfohlen habe [Jes 38]; und Paulus weiss, dass ein wenig Wein dem Magen gut tut [1Tim 5, 23].[93]

Im Anschluss an Jesus ben Sira[94] kommt für Origenes jede Kunstfertigkeit als Form der Weisheit von Gott, das gilt etwa für die Vermessungstechnik, die Geometrie, Musik, aber ganz besonders für die Medizin, die als Wissenschaft des Heilens vor allen anderen diesen göttlichen Ursprung in Anspruch nehmen kann.[95] An anderer Stelle führt Origenes diesen Gedanken weiter aus:

> Gott, der Schöpfer der menschlichen Körper wusste, dass die Zerbrechlichkeit des menschlichen Körpers so gross war, dass er diverse Krankheiten sich zuziehen kann, unterworfen den Wunden und anderen Unzulänglichkeiten. Und daher, in Anbetracht der kommenden Leiden, erschuf er auch aus der Erde die Heilmittel und unterrichtete die Kunst der Medizin, damit, wenn eine Krankheit den Körper befällt, die Therapie nicht fehle.[96]

---

91 Vgl. Augustinus, *De doctrina christiana* 2, 40, 60–61: Naldini, Tarulli & Monteverde 1992, 130–133; de. Mitterer 1925, 103–104.
92 Vgl. Tertullian, *De corona* 8: Kroymann 1954, 1050–1052, de. Kellner 1915, 246–248.
93 Tertullian, *De corona* 8: Kroymann 1954, 1050–1052: „Primus medellas Aesculapius explorauerit: meminit et Esaias Ezechiae languenti aliquid medicinale mandasse, scit et Paulus stomacho uinum modicum prodesse."
94 Vgl. Sir 38, 4 und S. 21 in der vorliegenden Arbeit.
95 Vgl. Origenes, *Homiliae in numeros* 18, 3, 3: Doutreleau & Baehrens 1999, Vol. 2 (SC 442), 322–235: „Si enim est ulla scientia a Deo, quae magis ab eo erit quam scientia sanitatis, in qua etiam herbarum uires et sucorum qualitates ac differentiae dinoscuntur?" – „Wenn es nämlich eine Wissenschaft von Gott kommend gibt, welche wäre es mehr als die Wissenschaft des Heilens, in welcher auch die Kräfte der Kräuter und die Eigenschaften und Unterschiede der Säfte erkannt werden?" Siehe auch Dörnemann 2002, 10, wo dieser Gedankengang mit weiteren Zitate aus dem Werk des Origenes belegt wird.
96 Origenes, *Homilia in psalmos 37* 1, 1: Prinzivalli, Crouzel & Brésard 1995, 258: „Creator humanorum corporum Deus sciebat quod talis esset fragilitas humani corporis, quae languores diversos posset recipere et vulneribus aliisque debilitatibus esset obnoxia: et ideo venturis passionibus pro videns, etiam medicamenta procreavit ex terra a et medicinae tradidit disciplinam ut, si accideret aegritudo corpori, non deesset medela." Siehe auch Frings 1959, 8.

Origenes verweist mit den kommenden Leiden auf die Vertreibung aus dem Paradies. Die Medizin hat somit zwei heilsgeschichtliche Verortungen, an denen sie den Menschen geschenkt wurde, in der Schöpfung und nach dem Sündenfall. Es lohnt sich, diese beiden Verortungen genauer zu betrachten.

a. Medizin als Teil der Schöpfung

Mit der Welt hat Gott auch die Heilmittel erschaffen, bemerkt Gregor von Nazianz, und weist neben Wurzeln, Säften, Blumen und Düften besonders auf die warmen Quellen hin, die doch als Bäder „ein kostenloses und spontanes Heilmittel sind".[97] Dieses göttliche Werk ist vollkommen, das bestätigt der Erhabene nach jedem Tag der Schöpfung mit כי־טוב.[98] Die Gnostiker und Markion sind mit dieser Deutung nicht einverstanden, weil sie die Schöpfung und ihren Erschaffer als negativ bewerten. Dies parieren einige Kirchenväter mit dem Hinweis auf die Medizin. Basilius († 378), Bischof von Cäsarea schreibt:

> Doch, nichts von all dem ist umsonst und zwecklos erschaffen. Entweder dienen sie dem Vieh zur Nahrung oder die Arzneikunde hat darin ein Mittel zur Linderung verschiedener Leiden gefunden. Den Schierling fressen die Stare, ohne am Gift Schaden zu nehmen, weil ihr Körper dementsprechend geschaffen ist. Am Magenmunde haben sie nämlich feine Durchgänge, so dass sie den Schierling eher verdauen, bevor die von ihm ausgehende Kälte die edleren Teile erfasst. Die Nieswurz dient den Wachteln zur Speise, die gleichfalls dank ihrer (Körper-)Temperatur daran keinen Schaden nehmen. Ja eben diese Pflanzen sind unter Umständen auch uns von Nutzen: Durch den Alraun führen die Ärzte den Schlaf herbei, durch Opium stillen sie die heftigen Leibesschmerzen. Einige haben mit Schierling auch schon das Feuer der Begierden gedämpft und mit der Nieswurz viele langwierige Leiden behoben. Was du dem Schöpfer zum Vorwurf machen zu können glaubtest, das hat jetzt bei dir zur Vermehrung deiner Dankbarkeit geführt.[99]

Basilius bringt in diesem Abschnitt drei Punkte zum Ausdruck, die auch in anderen patristischen Texten eine grosse Rolle spielen. Erstens der Grundsatz, dass die Schöpfung gut ist. Zweitens die Feststellung, dass somit auch die Pflanzen und Tiere gut sind

---

97 GREGOR VON NAZIANZ, *Orationes theologicae* 2, 26 (*Orationes* 28, 26): SIEBEN 1996, 150–151: „ἰατρείαν ἄμισθον καὶ αὐτόματον."

98 Vgl. Gen 1: „[...] und siehe, es war gut".

99 BASILIUS VON CÄSAREA, *Homiliae in hexaemeron* 5, 4: GIET 1968, 294: „Ἔστι δὲ τούτων οὐδὲν ἀργῶς, οὐδὲ ἀχρήστως γεγενημένον. Ἢ γὰρ τροφὴν παρέχει τινὶ τῶν ἀλόγων· ἢ καὶ ἡμῖν αὐτοῖς παρὰ τῆς ἰατρικῆς τέχνης εἰς παραμυθίαν τινῶν ἀρρωστημάτων ἐξεύρηται. Τὸ μὲν γὰρ κώνειον οἱ ψᾶρες βόσκονται, διὰ τὴν κατασκευὴν τοῦ σώματος τὴν ἐκ τοῦ δηλητηρίου βλάβην ἀποδιδράσκοντες. Λεπτοὺς γὰρ ἔχοντες τοὺς ἐπὶ τῆς καρδίας πόρους, φθάνουσιν ἐκπέψαι τὸ καταποθέν, πρὶν τὴν ἀπ' αὐτοῦ ψύξιν τῶν καιρίων καθάψασθαι. Ἐλλέβορος δὲ ὀρτύγων ἐστὶ τροφή, ἰδιότητι κράσεως τὴν βλάβην ἀποφευγόντων. Ἔστι δὲ καὶ αὐτὰ ταῦτα ἐν καιρῷ ποτε καὶ ἡμῖν χρήσιμα. Διὰ μὲν γὰρ τοῦ μανδραγόρου ὕπνον ἰατροὶ κατεπάγουσιν· ὀπίῳ δὲ τὰς σφοδρὰς ὀδύνας τῶν σωμάτων κατακοιμίζουσιν. Ἤδη δέ τινες τῷ κωνείῳ καὶ τὸ λυσσῶδες τῶν ὀρέξεων κατεμάραναν· καὶ τῷ ἐλλεβόρῳ πολλὰ τῶν χρονίων παθῶν ἐξεμόχλευσαν. Ὥστε ὃ ἐνόμιζες ἔχειν κατὰ τοῦ κτίσαντος ἔγκλημα, τοῦτό σοι εἰς προσθήκην εὐχαριστίας περιελήλυθε."

– aber nicht alles ist deshalb gut, weil es essbar ist. Manches ist zwar als Nahrung ungeniessbar oder gar giftig, dient aber in kleinen Mengen oder äusserlich angewendet als Medizin. Diese wunderbare Schöpfung aber, so der dritte Punkt, kann nur mit Staunen und Dankbarkeit betrachtet werden.

a. 1. Medizin als Apologie der Schöpfung

Die Schöpfung verweist auf ihren Schöpfer und ist daher gut. Dieser Grundsatz wird schon von Irenäus von Lyon († um 200) gegen die Gnostiker und gegen Markion aufgestellt.[100] Auch Tertullian verwendet zur Verteidigung der guten Schöpfung gegen Markion deutliche Worte:

> Du bist gegen den Himmel eingenommen; bei deinen Wohnungen aber verlangst du freie Aussicht. Du verachtest die Erde, aus der dein dir verhasster Leib offenbar gebildet ist, und suchst doch alle guten Erzeugnisse derselben auf zu deinem Lebensunterhalt. Du tadelst das Meer, aber nicht seine reichen Produkte, die du sogar als eine heilige Speise empfiehlst. Wenn ich dir eine Rose hinhalte, so wirst du vor dem Schöpfer schwerlich noch Ekel empfinden.[101]

Ambrosius von Mailand († 397) verweist gegen die Häretiker explizit auf das כִּי־טוֹב der Genesis.[102] Er erwähnt in diesem Kontext die Heilpflanzen: Sie gehören mit zur guten Schöpfung. Folglich kann auch die Lehre von ihrer Anwendung nicht schlecht sein. Denn schliesslich kennen schon die unverständigen Tiere die besondere Wirkung einzelner Kräuter, darum sollte doch auch der verständige Mensch um ihren Nutzen wissen.[103] Ebenso argumentiert Augustinus, und er fügt hinzu, dass es letztlich wiederum der gute Gebrauch ist, der aus Giftpflanzen Heilpflanzen macht, wie auch ein schlechter Gebrauch aus Nahrung Schädliches entstehen lässt.[104]

---

100 Vgl. Irenäus, *Adversus haereses* 2, 2, 1: Brox 1993, 70–71: „Ipsa enim conditio ostendit eum qui condidit eam, et ipsa factura suggerit eum qui fecit, et mundus manifestum eum qui se disposuit." – „Die Schöpfung selbst verweist ja auf ihren Schöpfer, das Werk lässt erkennen, wer es gemacht hat und die Welt tut kund, wer sie geordnet hat."

101 Tertullian, *Adversus Marcionem* 1, 14: Evans 1972, 36–38: „Adversaris caelo, et libertatem caeli in habitationibus captas. Despicis terram plane inimicae iam tuae carnis matricem, et omnes medullas eius victui extorques. Reprobas et mare, sed usque ad copias eius, quas sanctiorem cibum deputas. Rosam tibi si obtulero, non fastidies creatorem."

102 Vgl. Ambrosius, *Hexaemeron*, Dies II, Sermon 3, 5, 20: Schenkl & Banterle 1979, 106: „Quod Deus probauit, tu reprehensibile ne dixeris; quoniam quod deus mundauit, tu commune ne dixeris, scriptum tibi esse meministi; ergo bonum dei nemo blasphemet et si firmamentum bonum, quanto magis bonus eius creator; etiamsi Ariani nolint, Eunomiani reclament, radicis degeneris fructus deterior." – „Was Gott guthiess, darfst du nicht schelten; denn du erinnerst dich der Schriftmahnung an dich: ‚Was Gott rein erklärt, nenn du nicht gemein' [Apg 10, 15]. Niemand lästere also das, was vor Gott gut ist! Und wenn schon die Himmelsfeste gut ist, wie viel mehr ist ihr Schöpfer gut, mag es auch den Arianern nicht gefallen, die Eunomianer dagegen Einspruch erheben, der entarteten Wurzel noch mindere Frucht."

103 Vgl. Ambrosius, *Hexaemeron* 3, 9, 39–42: Banterle & Schenkl 1979, 151–154.

104 Vgl. Augustinus, *De civitate Dei* 11, 22: Dombart & Kalb 1981, 490–492.

a. 2. Gutes muss nicht zwingend schön oder essbar sein

Während das כי-טוב uneingeschränkt gilt, so ist bei der Auslegung der Aufforderung Gottes in Gen 1, 29 Vorsicht geboten, wenn es heisst, dass den Menschen alle samenbringenden Pflanzen und alle fruchttragenden Bäume zur Nahrung dienen sollen. Auf keinen Fall bedeutet dies, dass nun alles gut ist, weil es essbar sei. Hieronymus († 419) schreibt gegen Jovinian, dass etwa Löwen, Schlangen und Drachen nicht zum Essen, sondern als Heilmittel geschaffen seien – für die genaue Anwendung möge man sich doch an einen Arzt wenden.[105] Der gebildete Alexandriner Johannes Philoponus († nach 570) gibt diese Argumentation in allgemeiner Form wieder, wenn er das Gute dem Schönen gegenüberstellt. Anzumerken ist, dass er mit „dem Schönen" das für den Menschen Angenehme umschreibt. Am Beispiel der Medizin kann Johannes Philoponus dies leicht illustrieren:

> Jedes Schöne ist also gut, nicht aber jedes Gute schön. Denn für den Kranken ist, wenn man so will, die reinigende Medizin gut, das Schneiden, Ausbrennen und häufiges Hungern, weil sie das Erkrankte wieder zur Gesundheit zurückbringen.[106]

Die Medizin mit ihren schmerzhaften Methoden mag also zwar nicht schön sein, aber sicherlich ist sie gut, weil sie reinigt und heilt.

a. 3. Das Studium der Medizin führt zum Lob Gottes

Auch Cyrill von Jerusalem sieht, dass die Welt wunderbar geschaffen ist. Er empfiehlt seinen Katechumenen das Studium der menschlichen Anatomie und Physiologie, weil es zur Erkenntnis des Schöpfers und schliesslich zum Lob Gottes führt:

> Doch vielleicht sind dir diese Dinge unbekannt; vielleicht hast du auch kein Interesse an der Natur, die dich umgibt. Gehe also in dich selbst und schliesse von deiner eigenen Natur aus auf den Künstler! Was kannst du tadeln an dem Bau deines Körpers? Beherrsche dich selbst, und keines von allen deinen Gliedern ist böse. […] Wer sichert die empfindlichen Augen weise durch die schützenden Augenlider? Den komplizierten, wunderbaren Bau der Augen vermögen kaum die umfangreichen medizinischen Bücher zu beschreiben. Wer gibt einem einzigen Atemzug Einfluss auf den ganzen Körper? Erkennst du, o Mensch, den Künstler? Erkennst du den weisen Schöpfer? Ausführlich habe ich dich jetzt über die Schöpfung belehrt. Tausenderlei aber habe ich noch übergangen, vor allem aus der unkörperlichen, unsichtbaren Schöpfung. Hassen sollst du nun diejenigen, welche den weisen, guten Künstler lästern. Aus dem Gesagten und Gelesenen, aus dem, was du durch Selbstbeobachtung finden und wissen kannst, der Grösse und Schönheit der Schöpfung, sollst du entsprechend den Schöpfer erkennen. Ehrfurchtsvoll sollst du vor dem Weltschöpfer, der

---

105 Vgl. Hieronymus, *Adversus Jovinianum* 2, 6: PL 23, 291–293.
106 Johannes Philoponus, *De opificio mundi* 7, 6: Scholten 1997, 612–613: „Πᾶν μὲν οὖν καλὸν ἀγαθόν, οὐ πᾶν δὲ ἀγαθὸν καλόν· τῷ νοσοῦντι γὰρ τὸ καθάρσιον, εἰ οὕτω τύχοι, ἀγαθὸν καὶ ἡ τομὴ καὶ ἡ καῦσις καὶ ἡ ἀσιτία πολλάκις, διότι ἐπὶ τὴν ὑγίειαν ἀνακαλοῦνται τὸ νενοσηκός."

das Sinnliche und Geistige, alles Sichtbare und Unsichtbare gemacht hat, das Knie beugen und in dankbaren, lobpreisenden Worten, mit unermüdlichen Lippen Gott verherrlichen und sprechen: „Wie bewundernswert sind deine Werke, o Herr, alles hast du mit Weisheit gemacht [Ps. 103, 24]." Dir gebührt Ehre, Herrlichkeit, Grösse jetzt und in alle Ewigkeit. Amen.[107]

b. Medizin als „kleine Schwester" der Erlösung

Nach Origenes wird die Medizin wie jede Wissenschaft von Gott zur Linderung der schwachen menschlichen Natur geschenkt.[108] Der Schöpfer hat in weiser Voraussicht die Heilpflanzen schon im Sechstagewerk erschaffen. Notwendig werden sie erst nach dem Sündenfall, genau wie das Wissen um Ackerbau und Architektur, weil erst da der Mensch wegen der Sünde in Krankheit und Not fällt.[109] Noch deutlicher formuliert dies Laktanz († 325): Wäre der Mensch nicht nackt, kränklich und sterblich geschaffen, so gäbe es keine Vernunft und keinen Verstand – beides wäre schlicht nicht nötig.[110]

Die Vernunft aber ist Grundlage der Medizin, denn sie ist nicht fertig von Gott an den Menschen übergeben worden. Vielmehr sei es ein „Tryal and Error"-Prozess gewesen, wie Gregor von Nyssa († vor 400) schreibt.[111] Johannes Chrysostomus († 407)

---

107 Cyrill von Jerusalem, *Catecheses ad illuminandos* 9, 15–16: Reischl 1967, 256–259: „Ἀλλ' ἴσως ταῦτα οὐ γινώσκεις· μηδέν σοι καὶ τοῖς ἔξωθέν σου ζῴοις. Εἴσελθε λοιπὸν εἰς σεαυτόν, καὶ ἐκ τῆς σῆς ὑποστάσεως νόησον τὸν τεχνίτην. Τί μεμπτὸν ἐν τῷ σώματί σου πέπλασται; Κράτει σεαυτοῦ, καὶ οὐδὲν φαῦλον ἐκ πάντων τῶν μελῶν. [...] τίς ὁ τὴν ἁπαλότητα τῶν ὀφθαλμῶν τῇ τῶν βλεφάρων περιβολῇ σοφῶς ἀσφαλισάμενος; Περὶ γὰρ τῆς ποικίλης καὶ θαυμασίας τῶν ὀφθαλμῶν κατασκευῆς, αἱ πολύστιχοι τῶν ἰατρῶν μόγις ἐξηγοῦνται βίβλοι. Τίς ὁ τὴν μίαν ἀναπνοὴν εἰς ὅλον τὸ σῶμα διαδούς; Βλέπεις ἄνθρωπε τὸν τεχνίτην, βλέπεις τὸν σοφὸν δημιουργόν. Ταῦτά σοι νῦν ἐπλάτυνεν ὁ λόγος, πολλῶν καὶ ἄλλων μυρίων καταλελειμμένων, καὶ μάλιστα τῶν ἀσωμάτων καὶ ἀοράτων· ἵνα μισήσῃς μὲν τοὺς βλασφημοῦντας τὸν σοφὸν καὶ ἀγαθὸν τεχνίτην, ἐκ δὲ τῶν εἰρημένων καὶ ἀναγινωσκομένων, καὶ ὧν ἂν αὐτὸς εὕρῃς ἢ νοῆσαι δυνηθείης, καὶ ἐκ μεγέθους καὶ καλλονῆς κτισμάτων ἀναλόγως τὸν γενεσιουργὸν θεωρήσας, γόνυ κάμπτων εὐσεβῶς τῷ τῶν ὅλων ποιητῇ, τῶν αἰσθητῶν λέγω καὶ νοητῶν, ὁρατῶν τε πάντων καὶ ἀοράτων, μετ' εὐγνώμονος καὶ εὐφήμου γλώττης, ἀδιαλείπτοις χείλεσιν ἀνυμνῆς [καὶ καρδίᾳ] τὸν Θεόν, λέγων· Ὡς θαυμαστὰ τὰ ἔργα σου, Κύριε· πάντα ἐν σοφίᾳ ἐποίησας. Σοὶ γὰρ πρέπει τιμή, δόξα καὶ μεγαλωσύνη, νῦν τε καὶ εἰς τοὺς αἰῶνας τῶν αἰώνων. Ἀμήν."
108 Origenes, *Homilia in psalmos* 37 1, 1 1369: Prinzivalli, Crouzel & Brésard 1995, 258. Vgl. S. 37 in der vorliegenden Arbeit.
109 Medizin mit Ackerbau zu vergleichen, scheint ein gängiges Bild zu sein. Auch Aulus Cornelius Celsus beginnt so sein Werk über die Medizin: „Ut alimenta sanis corporibus agricultura, sic sanitatem aegris medicina promittit. – „Wie der Ackerbau den Gesunden die Nahrung sichert, so verheisst die Medizin den Kranken die Genesung." Aulus Cornelius Celsus, *De medicina* 1, 1: Spencer 1971, 1.
110 Vgl. Laktanz, *De opificio Dei* 4, 22: Perrin 1974, Vol. 1, 132: „Uides igitur omnem hominis rationem in eo uel maxime stare, quod nudus fragilis que nascitur, quod morbis adficitur, quod inmatura morte multatur. quae si homini detrahantur, rationem quoque ac sapientiam detrahi necesse est." – „Du siehst also, wie das ganze Wesen des Menschen darin besteht, dass er nackt, dass er hinfällig, dass er Krankheiten unterworfen ist, dass er frühzeitig stirbt. Wäre der Mensch hiervon frei, müsste man ihm auch Vernunft und Verstand nehmen."
111 Vgl. Gregor von Nyssa, *De virginitate* 23, 2: Aubineau 1966, 526–529. Vgl. Lallemand 2005.

fügt hinzu, dass gerade nach der Sintflut die Überlebenden auf Gottes Hilfe angewiesen waren, weil es wegen der Katastrophe auch keine Ärzte mehr gab.[112]

Die Medizin ist also den Nachkommen Adams und Evas nach der Vertreibung aus dem Paradiese geschenkt worden, dass, wie Basilius sagt, der Mensch in der Krankheit wenigstens ein bisschen Hilfe und Trost habe.[113] Damit haben die Sünde als seelisch-geistige Krankheit und die Gebrechen als Krankheit des Körpers dieselbe Ursache, beide sind Folgen des Sündenfalls, und ihre Heilung ist in beiden Fällen einzig der Gnade Gottes zu verdanken. Hier zeichnet sich ab, was wie ein roter Faden durch die ganze patristische Literatur hindurch verfolgt werden kann und uns im nächsten Abschnitt beschäftigen wird: Die Hochachtung der Medizin liegt nicht zuletzt darin begründet, dass sie quasi als kleine Schwester mit der Erlösung verwandt ist.

c. Die Medizin als Metapher der Erlösung

In der paganen Literatur werden Medizin und Philosophie gerne als Geschwister beschrieben.[114] Während die Medizin sich um das körperliche Heil bemüht, sorgt die Philosophie für die Rettung der Seele.[115] Dieser Gedanke ist weit verbreitet und wird von den christlichen Autoren als Gemeinplatz rezipiert. So schreibt Tertullian in der Einleitung zu seiner Schrift über die Seele, er habe auch die Medizin studiert, welche die Schwester der Philosophie genannt werde.[116] Und Isidor von Sevilla († 636) fasst die antike Tradition einer Medizin als zweiter Philosophie so zusammen:

> So wird gesagt, dass die Medizin eine zweite Philosophie sei. Denn beide Wissenschaften beanspruchen den ganzen Menschen für sich. Denn so wie durch die Philosophie die Seele, so wird durch die Medizin der Körper behandelt.[117]

Die christlichen Autoren der Antike betrachten ihrerseits die Lehre Jesu als die einzig wahre Philosophie. Die christliche Lehre wird demzufolge als Seelenheilkunde aufgefasst, die erlöst und den wahren Tod bekämpft. Die Medizin und ihr Kampf gegen das Sterben des Leibes ist lediglich ein Abbild davon. Für Basilius ist dies das zentrale Motiv, weshalb Gott dem Menschen die Medizin gab:

---

112 Vgl. JOHANNES CHRYSOSTOMUS, *Homiliae in Genesim* 27, 8: PG 53, 251.
113 Vgl. BASILIUS VON CÄSAREA, *Asceticon II (magnum)* 55: PG 31, 1044–1052; de. FRANK 1981, 188–195.
114 WASZINK bemerkt, dass dieser Vergleich schon bei DEMOKRIT zu finden sei, ebenso bei den Stoikern, PHILON und bei SORAN. Vgl. WASZINK 1947, 112 und GANTZ 1999, 70–71.
115 Vgl. DÖRNEMANN 2002, 9. Vgl. KUDLIEN 1968.
116 TERTULLIAN, *De anima* 2, 6: WASZINK 1947, 4: „Sed et medicinam inspexi, sororem, ut aiunt, philosophiae, sibi quoque hoc negotium uindicantem." – „Auch in die Medizin, die Schwester der Philosophie, wie man sagt, habe ich einen Blick getan, da auch sie diesen Gegenstand für sich in Anspruch nimmt."
117 ISIDOR VON SEVILLA, *Etymologiarum [sive originum] liber IV: de medicina* 13, 4: SCHÜTZ 1984, 134: „Hinc est quod Medicina secunda Philosophia dicitur. Utraque enim disciplina totum hominem sibi vindicat. Nam sicut per illam anima, ita per hanc corpus curatur."

2. REZEPTION UND REPUTATION HIPPOKRATISCHER MEDIZIN 43

Gott, der unser ganzes Leben lenkt, hat uns darum die Heilkunst geschenkt, die den Überfluss wegnimmt und den Mangel ersetzt: als Hinweis auf die Heilung der Seele.[118]

Diese Analogie von Medizin und Christentum ist die Grundlage für zahlreiche und vielfältige Metaphern aus der Medizin, die zur Beschreibung theologischer Sachverhalte verwendet werden. So wird die christliche Lehre mit der Heilkunde,[119] Erlösung mit der medizinischen Genesung verglichen.[120] Sünde und Häresie dagegen gelten als Gift, Krankheit und Gebrechen.[121] Christliche Kulthandlungen werden als Heilmittel bezeichnet, so etwa die Taufe,[122] die Agapefeier,[123] der Exorzismus[124] und die Busse,[125] wobei sich hier die Benennung oft auf die dabei gespendeten Almosen bezieht. Die heiligen Schriften werden als Medizin oder gar als Medizinkasten apostrophiert.[126]

---

118 BASILIUS VON CÄSAREA, *Asceticon magnum* 55: PG 31, 1044: „ἡ ἰατρικὴ τέχνη εἰς τύπον τῆς κατὰ ψυχὴν θεραπείας τὴν ἀπόθεσιν τοῦ περισσοῦ, καὶ τὴν τοῦ λείποντος πρόσθεσιν ὑποτιθεμένη ὑπὸ τοῦ πᾶσαν ἡμῖν τὴν ζωὴν οἰκονομοῦντος Θεοῦ συγκεχώρηται."

119 So spricht ORIGENES von der Heilung durch die „τοῦ λόγου ἰατρική", die Arznei der Lehre. *Contra Celsum* 3, 54: FIEDROWICZ & BARTHOLD 2011; FC 50, 2, 610–612.

120 So AUGUSTINUS, *De doctrina christiana* I, 13, 2: GREEN 1995, 24–25: „Sicut autem curatio via est ad sanitatem, sic ista curatio peccatores sanandos reficiendosque suscepit." – „Wie die Heilung der Weg zur Gesundheit ist, so hat es sich auch die [von Gott ausgehende] Heilung zum Ziel gesetzt, die Sünder gesund zu machen und wiederherzustellen."

121 So IGNATIUS VON ANTIOCHIEN, *Ad Trallianos* 6, 2: FISCHER 1976, 176–177; ORIGENES, *Contra Celsum* 4, 69: FIEDROWICZ & BARTHOLD 2011; FC 50, 3, 804–807; oder TERTULLIAN, *Scorpiace* 1: REIFFERSCHEID & WISSOWA 1954, 1069–1071, wo Valentinianer als Krankheit und Gift bezeichnet werden, wogegen Gott die Medizin hat. Siehe dazu DÖRNEMANN 2003, 162.

122 Vgl. TERTULLIAN, *De baptismo* 5: BORLEFFS 1954, 280–282 und an vielen weiteren Stellen; auch CLEMENS VON ALEXANDRIEN *Paedagogus* 1, 6, 29, 5: MONDÉSERT 1991, 166: „Τὰ δὲ δεσμὰ ταῦτα, ἦ τάχος, ἀνίεται πίστει μὲν ἀνθρωπίνῃ, θεϊκῇ δὲ τῇ χάριτι, ἀφιεμένων τῶν πλημμελημάτων ἑνὶ παιωνίῳ φαρμάκῳ, λογικῷ βαπτίσματι." – „Solche Bande werden aber gar schnell durch menschlichen Glauben und göttliche Gnade gelöst, wenn die Verfehlungen durch ein einziges wirksames Heilmittel, durch die Taufe des Logos, vergeben sind."

123 Vgl. IGNATIUS VON ANTIOCHIEN, *Ad Ephesios* 20, 2: FISCHER 1976, 160–161: „ἕνα ἄρτον κλῶντες, ὅς ἐστιν φάρμακον ἀθανασίας, ἀντίδοτος τοῦ μὴ ἀποθανεῖν, ἀλλὰ ζῆν ἐν Ἰησοῦ Χριστῷ διὰ παντός." – „Ein Brot brechend, das ist ein Heilmittel zur Unsterblichkeit, ein Gegengift, dass wir nicht sterben, sondern leben in Jesus Christus immerdar."

124 So ruft GREGOR VON NAZIANZ, *De sancto baptismo* (*Oratio* 40), 27: MORESCHINI & GALLAY 1990, 206: „Μὴ διαπτύσῃς ἐξορκισμοῦ θεραπείαν." – „Verwirf nicht die Heilmittel des Exorzismus!"

125 So in TERTULLIAN, *De paenitentia* 3, 10 und 12: BORLEFFS 1954; CYPRIAN, *De lapsis* 15: BÉVENOT 1972; JOHANNES CHRYSOSTOMUS, *In Matthaeum homiliae* 41, 4 zu Mt 12, 25–32: PG 57, 451, sowie EUSEBIUS, *Historia ecclesiastica* 6, 43, 2: SCHWARTZ 1952, 261. Interessant ist der Brief von GREGOR VON NYSSA *Epistula canonica ad Letoium*: JOANNOU 1962–1964, da hier die öffentliche Busse nach Richtlinien als Heilmittel für die Sünde dargestellt wird.

126 AUGUSTINUS zürnt und bemitleidet die Manichäer in *Confessiones* 9, 4: BERNHART 1987, 434–435, weil sie das Alte Testament und insbesondere den Psalter nicht kennen, „illa sacramenta, illa medicamenta". Auch RUFIN schreibt, im Hinblick auf den wüsten Streit mit HIERONYMUS in *Apologia* 1, 1: SIMONETTI 1961, 82: „Verum ad haec uulnera quae infliguntur ex lingua, inter homines medicus pene nullus est. Et ideo conuerti me ad iesum, caelestem medicum, qui mihi antidotum potentissimum dedit de euangelii sui pyxide prolatum, quae uim doloris spe futuri apud se iusti examinis solaretur." – „Aber für diese Wunden, die Menschen einander mit der Zunge antun, ist kein Arzt zu finden. Darum habe ich mich

III. CHRISTENTUM UND MEDIZIN

Heilmittel für die Seele ist auch das Gebet[127] sowie der Glaube,[128] das natürliche Gesetz[129] und die Weisheit.[130] Vermittler dieser Medizin, so etwa Asketen,[131] Prediger,[132] Bischöfe[133], Äbte[134] und orthodoxe Kaiser[135] werden Ärzte genannt, ihr Tun mit dem der Mediziner verglichen oder ein solches Handeln als Vorbild vor Augen geführt. Viel häufiger jedoch als Kleriker wird Gott selbst als Arzt gesehen, der die Menschen mit seiner manchmal bitteren Medizin rettet – etwa durch das Martyrium.[136] Diese Metapher geht oft nahtlos über in die weit verbreitete Rede vom „Christus Medicus", dem Arzt Christus.[137] Im Christus Medicus verschwindet die Grenze zwischen körperlicher und seelischer Heilung, denn beides kommt von ihm, entweder direkt oder vermittelt durch die Ärzte. Da auch alle Heilkunde von Christus stammt, gilt er als oberster Arzt und

---

Jesus anvertraut, dem himmlischen Arzt, und er hat mir aus dem Medizinkasten der Evangelien ein Gegengift von absoluter Kraft gebracht, er hat die Kraft meiner Trauer mit der Versicherung seines gerechten Richterspruches gelindert, welchen ich aus seiner Hand habe." Ähnlich auch HIERONYMUS an Paulinus in *Epistula* 53, 9, 8: HILBERG 1996, Pars 1, 463; an Julian in *Epistula* 118: HILBERG 1996, Pars 2, 440 oder BASILIUS VON CÄSAREA an GREGOR VON NAZIANZ im *Epistula* 2, 3: COURTONNE 1957, 9; sowie an eine gefallene Jungfrau im *Epistula* 46, 5: COURTONNE 1957, 122.

127   Vgl. JOHANNES CHRYSOSTOMUS, *Homilia* 27 zu Hebräerbrief 11, 28–31: PG 63, 9.
128   CHRYSOSTOMUS sieht im Glauben ein Heilmittel der Seele und Medizin der Erlösung. Vgl. *In epistulam I ad Timotheum homilia* I, 2 zu 1Tim 1, 1–2: PG 62, 506. HILARIUS nennt in *De trinitate* 2, 22: SMULDERS (1979), 58; den katholischen Glauben ein Heilmittel nicht nur für ein, sondern für alle Übel.
129   Vgl. ORIGENES, *Commentarii in epistulam ad Romanos* 3, 7: HEITHER 1992, Bd. 2, 98–101 und AUGUSTINUS, *De doctrina christiana* I, 13, 2: GREEN 1995, 24–25.
130   Vgl. GREGOR VON NAZIANZ, *Apologetica de fuga sua (Oratio 2)* 20: BERNARDI 1978, 116.
131   Vgl. *Apophthegmata patrum* VII, 35, 2: PL 73, 1053.
132   Vgl. GREGOR DER GROSSE, *Regula pastoralis* 3, 37: MOREL, JUDIC & ROMMEL 1992, 524.
133   Vgl. *Constitutiones apostolorum* 2, 41, METZGER 1985, SC 320, 272–275: „Καὶ σὺ οὖν ὡς συμπαθὴς ἰατρὸς τοὺς ἡμαρτηκότας πάντας θεράπευε, χρώμενος σωτηρίοις πρὸς βοήθειαν ἀγωγαῖς, μὴ μόνον τέμνων ἢ καίων ἢ ξηρία προσφέρων, ἀλλὰ καὶ ἐπιδεσμῶν καὶ μοτῶν καὶ ἐνιεὶς γλυκέα φάρμακα ἐπουλωτικὰ καὶ καταβρέχων λόγοις παρακλητικοῖς." – „Auch du nun, behandle wie ein mitleidiger Arzt alle Sünder, verwende heilsame, zur Rettung dienliche Mittel, nicht nur schneidend und brennend und scharfe Heilmittel anwendend, sondern gebrauche auch Verbandzeug und Pflaster, gib süsse und zuheilende Arzneien und erfrische mit tröstenden Worten." Weiter werden als Streupulver die Strafrede, als scharfe Salbe die Androhung des Gerichts und als Brennen und Schneiden das Fasten empfohlen.
134   Vgl. *Regula benedicti* 28 (auch 2, 8–10; 27, 1–4): HOLZHERR 2005, 208 (78, 212): „[…] tunc abbas faciat quod sapiens medicus." – „[…] dann handle der Abt wie ein erfahrener Arzt".
135   PRUDENTIUS bezeichnet den Kaiser THEODOSIUS als Arzt, der seinem Reich angesichts der heidnischen Verblendung und geistig-religiösen Verwirrung Heilmittel verabreicht. PRUDENTIUS, *Contra Symmachum* I, 14–16: TRÄNKLE 2008, 104; vgl. KAH 1990, 113–114.
136   So etwa ORIGENES, TERTULLIAN, CYPRIAN und GREGOR VON NYSSA. Vgl. DÖRNEMANN 2002, 15–25 und 269.
137   Das Motiv lässt sich bereits in den ignatianischen Briefen in der Mitte des zweiten Jahrhundert nachweisen: *Epheser* 7, 2: FISCHER 1976, 146–148: „Εἷς ἰατρός ἐστιν, σαρκικός τε καὶ πνευματικός, γεννητὸς καὶ ἀγέννητος, ἐν σαρκὶ γενόμενος θεός, ἐν θανάτῳ ζωὴ ἀληθινή, καὶ ἐκ Μαρίας καὶ ἐκ θεοῦ, πρῶτον παθητός καὶ τότε ἀπαθής, Ἰησοῦς Χριστὸς ὁ κύριος ἡμῶν." – „Einer ist der Arzt, fleischlich sowohl als geistig, geboren und ungeboren, im Fleische wandelnd ein Gott, im Tode wahrhaftiges Leben, sowohl aus Maria als aus Gott, zuerst leidensfähig, dann leidensunfähig, Jesus Christus unser Herr." Theologisch breit entfaltet haben diesen Gedanken unter anderen ORIGENES und AUGUSTINUS. Vgl. DÖRNEMANN 2002, 25–35.

2. REZEPTION UND REPUTATION HIPPOKRATISCHER MEDIZIN 45

Urheber der Medizin zugleich. Unter den zahlreichen Belegstellen zu Christus Medicus soll hier nur das *Arabische Kindheitsevangelium* (6. Jh.) als Beispiel einer volkstümlichen Rezeption dieses Gedankens angeführt werden.[138] In diesem populären Text aus dem sechsten Jahrhundert[139] wird die Geschichte des 12-jährigen Jesus im Tempel (Lk 2, 41–47) ausgeschmückt und Christus als Herr der Medizin präsentiert:

> Unter den Philosophen war dort auch einer, der äusserst kundig war beim Anwenden der Naturwissenschaften. Als er den Herrn Jesus fragte, ob er die Medizin studiert habe, antwortete dieser und legte ihm dar die Physik und die Metaphysik, die Hyperphysik und die Hypophysik, die Kräfte des Körpers ebenso und das Wirken der Körperflüssigkeiten, auch die Zahl der Glieder und der Knochen, der Venen, Arterien und der Nerven. Weiter die Wirkung des Warmen und Trockenen, des Kalten und Feuchten, was alles aus diesen entstehen kann, welches die Wirkung der Seele auf den Körper sei, ihre Sinne und Kräfte, wie die Befähigung zum Sprechen gewährleistet wird, zum Zorn, zum Begehren, schliesslich das Verbinden und Lösen und anderes, was der Verstand keines Geschöpfes begreift. Da erhob sich jener Philosoph, betete den Herrn Jesus an und sagte: O Herr, von jetzt an will ich dein Schüler sein und Knecht.[140]

Die grosse Anzahl an medizinischen Metaphern in der antiken christlichen Literatur ist so auffällig, dass Harnack das Christentum als eine „medizinische Religion" etikettierte, welche direkt mit anderen Heilungskulten und insbesondere mit dem Asklepios-Kult konkurriert habe und sich letztlich wegen ihres breiten Angebots an ritueller Heilung durchsetzte.[141] Obwohl Harnacks überspitzte These vielfach und zurecht kritisiert wur-

---

138 Zu *Christus Medicus* ist viel gearbeitet worden. Einen guten Überblick über das Thema bietet FICHTNER 1983. Weitere Untersuchungen stammen von HERZOG 1994, HONECKER 1985, HÜBNER 1985, LUTTERBACH 1996, MARTIN 2001, ROTH 1985, SAUSER 1992 und SCHIPPERGES 1965. Siehe auch Fussnote 7 auf S. 2 in der vorliegenden Arbeit.
139 Zur Datierung, Herkunft und Inhalt des *Arabischen Kindheitsevangeliums* siehe SCHNEIDER 1995, 47–55.
140 *Evangelium infantiae Salvatoris arabicum*: Übers. aus dem Arabischen bei TISCHENDORF 1966, 208: „Aderat quoque inter illos philosophos tractandarum rerum naturalium peritissimus: qui cum rogasset dominum Iesum an medicinae studuisset, respondens ille exposuit ei physica et metaphysica, hyperphysica et hypophysica, virtutes quoque corporis et humores eorundemque effectus; numerum item membrorum et ossium, venarum, arteriarum et nervorum; item effectum caloris et siccitatis, frigoris et humiditatis, quaequ ex hisce orirentur; quaenam esset operatio animae in corpus eiusque sensus et virtutes; quaenam esset operatio facultatis loquendi, irascendi, appetendi; denique coniunctionem et disiunctionem, aliaque quae nullius creaturae intellectus assequitur. Tunc surrexit philosophus ille et dominum Iesum adoravit, et, o domine, inquit, ab hoc tempore ero discipulus tuus et servus."
141 Vgl. HARNACK 1892, 132: „Das Christentum ist eine medizinische Religion. Das ist seine Stärke, das ist seine Schwäche."

de,¹⁴² wird es wohl kein Zufall sein, dass Kaiser Julian „Apostata" († 363) ausgerechnet Asklepios als Ersatz für Christus propagierte.¹⁴³

d. Medizin als Forderung der Nächstenliebe

Neben der Schöpfungstheologie und der Soteriologie gibt es für die christlichen Autoren der Antike ein weiteres Argument, welches die Medizin legitimiert und den Gläubigen den Erwerb von medizinischen Kenntnissen nahelegt: die Nächstenliebe.

Jesus Christus hatte nicht nur selbst geheilt, sondern forderte auch von seinen Jüngern, Kranke zu besuchen und zu pflegen. Die Erfüllung dieses Gebotes ist nach Mt 25, 36–40 Gegenstand des Gerichtes am Jüngsten Tag. Darauf nimmt das 36. Kapitel der Benediktsregel Bezug, wenn es heisst:

> Die Sorge für die Kranken muss vor und über allem stehen: Man soll ihnen so dienen, als wären sie wirklich Christus; hat er doch gesagt: „Ich war krank, und ihr habt mich besucht", und: „Was ihr einem dieser Geringsten getan habt, das habt ihr mir getan." Aber auch die Kranken mögen bedenken, dass man ihnen dient, um Gott zu ehren; sie sollen ihre Brüder, die ihnen dienen, nicht durch übertriebene Ansprüche traurig machen.¹⁴⁴

In seinem ersten Missionsbefehl in Lk 10, 9 hat Christus den 72 Aposteln aufgetragen, nicht nur das Reich Gottes zu verkünden, sondern auch Kranke zu heilen. Diese Forderung zur Krankenpflege wird in der christlichen Literatur vielfach wiederholt.¹⁴⁵ Paulus fordert in 1Thess 5, 14 von den Christen, die Schwachen zu tragen. Die *Traditio apostolica* lässt nur Taufanwärter zu, welche Kranke besuchen.¹⁴⁶ Polykarp von Smyrna († 167) ruft in seinem Brief an die Gemeinde in Philippi die Presbyter zur Krankenvisite

---

142 Anlass zur Kritik dieser teilweise noch heute vertretenen These gibt die einseitige Betonung auf die medizinische Genesung. Denn schliesslich steht die Heilung und Errettung der Seele im Zentrum, nicht jene des Körpers. Vgl. EDELSTEIN &EDELSTEIN 1988, II,137–138, wo auch auf weitere ältere Literatur verwiesen wird, und FERNGREN 1992 für eine detaillierte Diskussion und weiteren Angaben, besonders zur neueren Literatur.

143 JULIAN, *Contra Galileos* 235c: WRIGHT 1980, LCL 157, 386–388 und *Oratio* 4. 144b: WRIGHT 1980, LCL 13, 392 sowie die Studie von HAEHLING VON LANZENAUER 1996, 125–133.

144 *Regula Benedicti* 36, 1–4: HOLZHERR 2005, 246–249: „Infirmorum cura ante omnia et super omnia adhibenda est, ut sicut revera Christo ita eis serviatur, quia ipse dixit: Infirmus fui et visitastis me, et: Quod fecistis uni de his minimis mihi fecistis. Sed et ipsi infirmi considerent in honorem Dei sibi servire, et non superfluitate sua contristent fratres suos servientes sibi." Prägnant auch in der *Regula Magistri* 70: VOGÜÉ 1964, SC 106, 302: „Fratres, qui se uoluerint ostendere, quod pleni sint caritate, ad certamen aegrotos fratres uisitent, consolentur et seruiant, ut caritas fraterna in necessitate probetur [...]" – „Die Brüder, die zeigen wollen, dass sie voll Liebe sind, sollen um die Wette die kranken Brüder besuchen, sie trösten und ihnen dienen, damit die brüderliche Liebe sich in der Krankheit bewährt [...]".

145 Schön illustriert ist diese Forderung in den *Taten des Petrus und der zwölf Apostel*. Gemäss dieser apokryphen Akte aus Nag Hammadi unterstreicht Jesus seinen Missionsbefehl nach der Auferstehung mit der Übergabe eines Medizinkastens und einer Salbbüchse. Vgl. *Taten des Petrus und der zwölf Apostel* 7–11: PARROTT 1979, 226–227. Zur Krankenfürsorge vgl. WACHT 2006; OVERATH 1983 und TRÜB 1976.

146 Vgl. *Traditio apostolica* 20: GEERLINGS 1991, 252–254.

2. REZEPTION UND REPUTATION HIPPOKRATISCHER MEDIZIN 47

auf,¹⁴⁷ und die *Constitutiones apostolorum* erwarten von einem Bischof, dass er auch die Kranken unterstützt.¹⁴⁸ Justin und Tertullian erwähnen, dass die sonntägliche Kollekte für Kranke und Bedürftige aufgenommen wurde.¹⁴⁹

Dass mit der prinzipiellen Forderung nach Krankenbesuch und Krankenpflege auch ein gewisses Mass an Kenntnissen der Medizin impliziert wird, macht Chrysostomus deutlich, wenn er bei seinen Hörern Interesse an der Medizin voraussetzt. Eine seiner Predigten zum Epheserbrief leitet er mit folgenden Worten ein:

> Jene, die in eine Arztpraxis gehen, dürfen nicht zwecklos hingehen, sondern müssen bestrebt sein, die Heilkunde und die Anwendung der Arzneimittel zu erlernen.¹⁵⁰

Dies hat Basilius von Cäsarea († 378) vorbildlich getan, wie Gregor von Nyssa in seiner Leichenrede erwähnt. Basilius, so sagt er, kannte sich besonders aus in der Rhetorik, Grammatik und Philosophie. Von Astronomie, Geometrie und Arithmetik jedoch lernte er nur so viel, dass er sich nicht zu schämen brauchte. Dieses Wissen habe er für Christen als unnütz empfunden. Er fährt mit folgenden Worten fort:

> Die Heilkunde aber, welche eine Frucht der Philosophie und des Fleisses ist, hatte die Kränklichkeit seines Leibes und sein Krankenhaus ihm notwendig gemacht. Deshalb fing er sie an und gelangte zum Besitz der Kunst, und zwar nicht nur jenes Teiles davon, der sich

---

147 Vgl. POLYKARP VON SMYRNA, *Epistula ad Philippenses* 6, 1: FISCHER 1976, 256–257: „Καὶ οἱ πρεσβύτεροι δὲ εὔσπλαγχνοι, εἰς πάντας ἐλεήμονες, ἐπιστρέφοντες τὰ ἀποπεπλανημένα, ἐπισκεπτόμενοι πάντας ἀσθενεῖς, μὴ ἀμελοῦντες χήρας ἢ ὀρφανοῦ ἢ πένητος· ἀλλὰ προνοοῦντες ἀεὶ τοῦ καλοῦ ἐνώπιον θεοῦ καὶ ἀνθρώπων, ἀπεχόμενοι πάσης ὀργῆς, προσωποληψίας, κρίσεως ἀδίκου, μακρὰν ὄντες πάσης φιλαργυρίας, μὴ ταχέως πιστεύοντες κατά τινος, μὴ ἀπότομοι ἐν κρίσει, εἰδότες, ὅτι πάντες ὀφειλέται ἐσμὲν ἁμαρτίας." – „Auch die Presbyter [sollen] wohlwollend [sein], barmherzig gegen alle, [sollen] die Verirrten zurückführen, alle Kranken besuchen, voll Sorge sein für die Witwen, die Waisen und die Armen; stets [sollen] sie bedacht [sein] auf das Gute vor Gott und den Menschen, sich frei halten von jedem Zorn, von Parteilichkeit, von ungerechtem Urteil, [sollen] ferne sein von jeglicher Geldgier, Reden wider andere nicht sogleich glauben, nicht strenge im Urteil im Bewusstsein, dass wir alle der Sünde unsere Schuld bezahlen."
148 Vgl. *Constitutiones apostolorum* 3, 4: METZGER 1986, Vol. 2 (SC 329), 272–275: „Τί γὰρ εἴ τινες μὴ εἰσιν χῆραι ἢ χῆροι, βοηθείας δὲ χρῄζουσιν διὰ πενίαν ἢ διὰ νόσον ἢ διὰ τεκνοτροφίαν; Πάντας σε δεῖ ἐφορᾶν καὶ πάντων ἐπιμελεῖσθαι." – „Was ist mit jenen, die weder Witwe noch Witwer sind, aber der Hilfe bedürfen, weil sie bedürftig oder krank sind oder Kinder zu ernähren haben? Du musst auf alle Bedürftigen acht geben und für alle Sorge tragen."
149 Vgl. TERTULLIAN, *Apologeticum* 39: DEKKERS 1954, 150–153 und JUSTIN DER MÄRTYRER, *Apologia* 67, 6–8: MUNIER 2006, 310: „οἱ εὐποροῦντες δὲ καὶ βουλόμενοι κατὰ προαίρεσιν ἕκαστος τὴν ἑαυτοῦ ὃ βούλεται δίδωσι, καὶ τὸ συλλεγόμενον παρὰ τῷ προεστῶτι ἀποτίθεται, καὶ αὐτὸς ἐπικουρεῖ ὀρφανοῖς τε καὶ χήραις, καὶ τοῖς διὰ νόσον ἢ δι' ἄλλην αἰτίαν λειπομένοις, καὶ τοῖς ἐν δεσμοῖς οὖσι, καὶ τοῖς παρεπιδήμοις οὖσι ξένοις, καὶ ἁπλῶς πᾶσι τοῖς ἐν χρείᾳ οὖσι κηδεμὼν γίνεται." – „Wer aber die Mittel und guten Willen hat, gibt nach seinem Ermessen, was er will, und das, was da zusammenkommt, wird bei dem Vorsteher hinterlegt; dieser kommt damit Waisen und Witwen zu Hilfe, solchen, die wegen Krankheit oder aus sonst einem Grunde bedürftig sind, den Gefangenen und den Fremdlingen, die in der Gemeinde anwesend sind, kurz, er ist allen, die in der Stadt sind, ein Fürsorger."
150 JOHANNES CHRYSOSTOMUS, *Homiliae in epistula ad Ephesios* 7, 1: PG 62, 49: „Τοὺς εἰς ἰατρεῖον ἐρχομένους οὐχ ἁπλῶς ἐκεῖ δεῖ πορεύεσθαι, ἀλλ' ὥστε μανθάνειν θεραπεύεσθαι, καὶ φάρμακα ἐπιτιθέναι."

mit dem Äusserlichen und Niederen, sondern auch dessen, der sich mit dem Wissen und Philosophie befasst.[151]

Als kränklicher Mensch sowie als Stifter und Betreiber eines Krankenhauses in Cäsarea ist es für Basilius also ganz natürlich, sich vertieft medizinischen Studien zu widmen.[152]

In der *Rede von der Liebe zu den Armen* verknüpft Gregor von Nyssa die schöpfungstheologische Begründung der Medizin mit derjenigen aus der praktischen Theologie. Schliesslich war es ja ein Akt des Erbarmens, als Gott dem Menschen wegen seiner Schwachheit die Medizin gab.

> Du siehst, dass der Erste, der die Wohltätigkeit gerne ausübt, Gott ist, der in dieser Weise den Hungrigen nährt, den Durstigen tränkt und den Nackten bekleidet, wie wir im Vorhergehenden gesagt haben. Willst du aber hören, wie er für die Unglücklichen sorgt, so vernimm es. [...] Wer hat den Ölbaum gepflanzt zur Abhilfe bei körperlichen Leiden und Schmerzen? Wer gab uns die Kenntnis der Wurzeln und Kräuter und unterrichtete uns über ihre Eigenschaften? Wer erfand die Arzneikunde, welche die Gesundheit herstellt? Wer liess aus der Erde warme Quellen hervorbringen, von denen die einen Kälte und Erweichung heilen, die anderen Trockenheit und Verhärtung beseitigen? Man kann da mit Recht die Worte des Baruch anführen: „Dieser entdeckte jeden Weg der Wissenschaft und gab ihn seinem Sohn Jakob mit [Bar 3, 37]."[153]

Diesem Beispiel Gottes nachzueifern, so erklärt Gregor von Nyssa wortreich weiter, sind wir Menschen aufgerufen.

---

151 GREGOR VON NAZIANZ, *Funebris in laudem Basilii magni* 23: BERNARDI 1992, 176: „Ἰατρικὴν μὲν γάρ, καὶ ἡ τοῦ σώματος ἀρρωστία καὶ νοσοκομία, φιλοσοφίας καὶ φιλοπονίας οὖσαν καρπόν, ἀναγκαίαν αὐτῷ πεποιήκασιν· ὅθεν ἀρξάμενος, εἰς ἕξιν τῆς τέχνης ἀφίκετο· καὶ ταύτης, οὐχ ὅση περὶ τὸ φαινόμενον ἔχει καὶ κάτω κείμενον, ἀλλ᾽ ὅσον δογματικὸν καὶ φιλόσοφον."

152 Zum berühmten Krankenhaus des BASILIUS VON CÄSAREA siehe SOZOMENOS, *Historia ecclesiastica* 6, 34, 9: HANSEN 2004, 809. In den Briefen 142 und 143 des BASILIUS ist erwähnt, dass dieses Hospital von den Steuern befreit war (COURTONNE 1961 (Vol. 2), 65.), Brief 176 bezeugt, dass zum Komplex auch eine Kirche gehörte (COURTONNE 1961 (Vol. 2), 113.). Inwiefern BASILIUS in den Betrieb des Krankenhauses involviert war, ist unklar. In Brief 291 ist die Rede von Heilmitteln, die er als Geschenk an einen Chorbischof Timotheus sendet. Vgl. BASILIUS, *Epistula* 291: COURTONNE 1966 (Vol. 3), 164. Zum karitativen Werk des Basilius vgl. auch MÜLLER 2009; zum Krankenhaus allgemen HILTBRUNNER 2006.

153 Vgl. GREGOR VON NYSSA, *De beneficentia (vulgo: De pauperibus amandis I)*: VAN HECK 1964, 101–102: „ὁρᾷς ὅτι πρῶτος τῆς εὐποιίας εὑρετὴς ὁ θεός, οὕτω τρέφων τὸν πεινῶντα καὶ ποτίζων τὸν διψῶντα καὶ ἀμφιεννὺς τὸν γυμνόν, ὡς προείρηται. Εἰ δὲ θέλεις ἀκοῦσαι πῶς καὶ θεραπεύει τὸν κεκακωμένον, μάνθανε· [...] τίς τὴν ἐλαίαν ἔφυσε πόνων σωματικῶν καὶ ἀλγηδόνων ἐπίκουρον; τίς ἔδωκεν ἡμῖν ῥιζῶν καὶ βοτανῶν διάγνωσιν καὶ τῶν ἐν αὐταῖς ποιοτήτων τὴν μάθησιν; τίς τὴν ποιητικὴν ὑγιείας ἰατρικὴν συνεστήσατο; τίς ἀνῆκεν ἐκ τῆς γῆς θερμῶν ὑδάτων πηγάς, τὰς μὲν τὸ ψυχρὸν καὶ ὑγρὸν ἡμῶν ἰωμένας, τὰς δὲ τὸ ξηρὸν ἢ πεπυκνωμένον λυούσας; καὶ προσῆκεν εὐκαίρως εἰπεῖν κατὰ τὸν Βαρούχ· Οὗτος ἐξεῦρε πᾶσαν ὁδὸν ἐπιστήμης καὶ ἔδωκεν αὐτὴν Ἰακὼβ τῷ παιδὶ αὐτοῦ."

e. Christliche Mediziner und Medizinisches in christlichen Schriften

Nicht nur Basilius hat sich mit Medizin beschäftigt. Von vielen weiteren christlichen Autoren ist bekannt, dass sie sich mit medizinischen Lehren auseinandergesetzt haben. Bei manchen verraten ihre Schriften eine tiefgehende Kenntnis der Heilkunde. Hierzu gehören unter andern Tertullian,[154] Clemens von Alexandrien,[155] Origenes,[156] Laktanz mit *De opificio Dei*,[157] Gregor von Nyssa,[158] Augustinus,[159] Nemesius von Emesa,[160] Anicius Manlius Severinus,[161] Sergios von Rēš'ainā[162] sowie Isidor von Sevilla, der in den *Etymologien* ein ganzes Buch der Medizin widmete, um Klerikern ein ihm zufolge unerlässliches Basiswissen in Medizin zu vermitteln.[163] Cassiodor († um 580) schliesslich erwartet von den heilkundigen Brüdern in seinem Kloster, dass sie neben anderem zumindest Werke von Hippokrates und Galen gelesen haben, und erwähnt, dass er in der Bibliothek diese und weitere medizinische Standardwerke hinterlassen habe.[164] Auch von der theologischen Schule in Nisibis wird überliefert, dass Medizin gelehrt wurde, und dank der Schriften des Sergios von Rēš'ainā ist uns der beeindruckende Stoffumfang bekannt.[165]

Manche christliche Autoren werden erst in späteren Quellen als Ärzte tituliert; inwiefern sie tatsächlich praktiziert haben, muss offenbleiben. So schreibt Hieronymus, dass Basilius von Ancyra († um 363) Arzt gewesen sei – was aufgrund dessen immenser medizinischer Detailkenntnis durchaus möglich ist.[166]

Mit Λουκᾶς ὁ ἰατρὸς ὁ ἀγαπητὸς, dem „geliebten Arzt Lukas", von dem Paulus den Kolossern Grüsse ausrichtet (Kol 4, 14) und der später mit dem Autor des Lukasevangeliums gleichgesetzt wird, beginnt eine lange Reihe christlicher Ärzte, die in antiken christlichen Schriften erwähnt werden. So kennt Eusebius († 339/340) in seiner *Kir-*

---

154 Vgl. BUTTERWECK 2001; FREDOUILLE 2005; HABERMEHL 1999; P. DE LABRIOLLE 1906.
155 Vgl. BREITENBACH 2002; HORSTMANSHOFF 2000 und LAGREE 2000.
156 Vgl. SCHWEIGER 1983.
157 Vgl. PERRIN 1974 und BRANDT 1891.
158 Vgl. HARRISON 1996 und LE COZ 1997.
159 Vgl. HARRISON 1996 und LE COZ 1997.
160 Vgl. ORTH 1925; BÉATRICE 2005; BOULNOIS 2005; BOUDON-MILLOT 2005; DEBRU 2005 und BENDER 1898.
161 Vgl. SCHMID 1956.
162 Vgl. BAUMSTARK 1922, 166–169.
163 Vgl. ISIDOR VON SEVILLA, *Etymologiarum [sive originum] liber IV: De medicina* 13, 4: SCHÜTZ 1984; vgl. LE COZ 2002.
164 Vgl. CASSIODOR, *Institutiones divinarum et saecularium litterarum* 1, 31: BÜRSGENS 2003, 274–277.
165 Interessant ist in diesem Zusammenhang, dass die Schule von Nisibis für CASSIODORS Vivariense eine Vorbildfunktion hatte. BÜRSGENS 2003, 23–29. Zur Schule von Nisibis und Sergios von Rēš'ainā vgl. LE COZ 2004, 37–52 und LE COZ 2006, 29–37. Neben Nisibis gibt es im Sassanidenreich eine weitere Schule für Medizin. Diese Schule von Jundîshâbûr Beth Lâpât scheint zwar nicht wie Nisibis eine kirchliche Trägerschaft zu haben, sondern eine königliche Gründung. Dennoch ist sie weitgehend von nestorianischen Ärzten geprägt. Vgl. LE COZ 2004, 53–66.
166 Vgl. HIERONYMUS, *De viris inlustribus* 89: CERESA-GASTALDO 1988, 196; *Suda*: ADLER 1971, I, 13 und BURGSMÜLLER 2005.

chengeschichte einen Arzt Alexander aus Phrygien, der „die apostolischen Gaben" besass und in der Verfolgung von Vienne und Lyon 177 als Märtyrer starb. Weiter spricht er von einem hervorragenden Arzt und Bischof von Laodizäa namens Theodotus sowie von einem gewissen Zenobius, Priester und Arzt in Sidon.[167] Gleichzeitig Mediziner und Bischof zu sein, scheint also keinerlei Probleme bereitet zu haben, denn auch der gestrenge Epiphanius von Salamis († 403) kennt einen Arzt und Bischof aus Tiberias.[168] Doch nicht alle christlichen Ärzte waren oder blieben „rechtgläubig". Eusebius zitiert in der *Kirchengeschichte* einen bissigen Text aus der Feder Hippolyts von Rom († 235) zum Fall einer christlichen Schule in der Hauptstadt. Die Anhänger, so Hippolyt, vertraten die adoptianistische Lehre, verehrten neben Christus Euklid und Aristoteles und beteten Galen gleichsam an.[169] Methodius von Olympus († 311) lässt in seinem Werk über die Auferstehung einen Arzt Aglaophon auftreten, der gegen die leibliche Auferstehung Stellung nimmt.[170] Arzt war auch der Jungarianer Aetius von Antiochien, der mit seinem Schüler Eunomius eine strenge Trennung zwischen dem transzendenten Gott und dem Sohn vertrat.[171] Es liessen sich noch viele weitere Beispiele anfügen.[172]

Auch aus der Ikonographie liegen zahlreiche Beispiele vor. So zeigt ein Fresko aus der Katakombe der Via Latina (um 320–350) im Saal 1 in der hinteren Lünette des rechten Arkosols eine Versammlung von Männern. Vor ihnen auf dem Boden ausgestreckt liegt ein menschlicher Körper. Da eine Person mit einem Stock etwas zu zeigen scheint, und im Gewölbe weitere Gelehrte mit Buchrollen dargestellt sind, wird das Fresko nicht als Darstellung einer Heilung Christi, sondern als Medizinvorlesung gedeutet.[173] Auf den *Christus Medicus* wurde bereits in der Einleitung verwiesen.[174]

Von vielen Christen und auch von einigen Christinnen liegen epigraphische Zeugnisse vor, dass sie Heilkunde praktiziert haben.[175] Aufgrund einer eigentümlichen Häufung von Hinweisen auf Ärzte unter Laien und Priestern nimmt Schulze sogar an, dass in der Spätantike im kilikischen Corycos eine christliche Ärzteschule bestand.[176] Besonders unter den orientalischen Christen des fünften bis zehnten Jahrhunderts gibt es zahlreiche hervorragende Ärzte, so der Hofarzt Gabriel unter Chosrau II oder der Mystiker und Mönch Simon von Taibutheh. Der Arzt und Presbyter Sergios von Rēš'ainā

---

167 Vgl. Eusebius, *Historia ecclesiastica* 5, 1, 49; 7, 32, 23 und 8, 13, 4: Schwartz 1952, 180, 311 und 330.
168 Vgl. Epiphanius, *Panarion* 30, 4: Holl 1915, 338–339.
169 Vgl. Eusebius, *Historia ecclesiastica* 5, 28, 14; Schwartz 1952, 217: „Γαληνὸς γὰρ ἴσως ὑπό τινων καὶ προσκυνεῖται." – „Galen wurde [dort] gleichsam von einigen angebetet."
170 Vgl. Methodius von Olympus, De resurrectione 1, 27, 1: Bonwetsch 1917, 255.
171 Vgl. Gregor von Nyssa, Contra Eunomium I, 6: Jaeger 1960, Vol. 1, 30; Röder 1993, 110.
172 Eine Liste mit literarischen Hinweisen auf christliche Mediziner in der Antike stellte schon Harnack 1892 zusammen, er erwähnt 16 Ärzte. Diese Liste findet sich bei Schulze 2005, 34–154, 113–135, auf 73 erweitert (Nr. 122–194) und aktualisiert. Zu den Ärzten vgl. auch Diepgen 1922.
173 Vgl. Mancinelli 1981, 35–37.
174 Vgl. Fussnote 7 auf S. 2 in der vorliegenden Arbeit.
175 Ein Verzeichnis mit 121 epigraphischen Zeugnissen ist bei Schulze 2005, 34–154, 34–113, zu finden. Zu den christlichen Ärztinnen vgl. Schulze 2002.
176 Vgl. Schulze 2005, 135–137.

2. REZEPTION UND REPUTATION HIPPOKRATISCHER MEDIZIN

Abb. 1. Fresko aus dem Saal 1 der Katakombe an der Via Latina (um 320–350)

(†536) übersetzte mindestens 27 Werke Galens ins Syrische.¹⁷⁷ Im neunten Jahrhundert existierte um den nestorianischen Arzt und Gelehrten Hunayn ibn Ishaq (†873) eine Gruppe professioneller Übersetzer.¹⁷⁸ Es kann als gesichert festgehalten werden, dass christlichen Ärzten eine entscheidende Rolle im Wissenstransfer von der antikhellenistischen zur arabischen Epoche zukommt.¹⁷⁹

Neben diesen historisch fassbaren Medizinern erstaunt die grosse Zahl an Ärzten, die in Legenden, Martyriumsberichten ect. vorkommen. Sie werden lokal oder in der ganzen Christenheit verehrt und bei Leiden als Fürbitter angerufen: Cosmas und Damian, Blasius, Pantaleon, Leontius und Carpophorus, Juvenal von Narni, Severin von Noricum, Zenobius, Ursicinus – um nur die bekanntesten zu nennen. Aufgrund des Buches Tobit gilt auch der Erzengel Raphael als Arzt, neben ihm wird auch Michael als Medicus verehrt.¹⁸⁰

Diese grosse Menge an sowohl historisch fassbaren als auch legendären Ärztinnen und Ärzten zeigt die Hochachtung, die man diesem Beruf entgegenbringt. Dies

---

177 Vgl. Le Coz 2004, 168–177.
178 Vgl. Ihm 2002, 20.
179 Vgl. Schulze 2005, 1–19 und 186–206.
180 Vgl. Rohland 1977.

widerspiegelt sich auch in den Gemeindeordnungen bezüglich der Zulassung zur Taufe.[181] Während insbesondere Anwärter aus dem Sexgewerbe, Theater, Zirkus oder dem pagan-religiösen Bereich ihren Broterwerb ganz aufgeben müssen, so werden Lehrer, Soldaten und Handwerker angehalten, auf nichtchristliche Elemente ihrer Arbeit zu verzichten. Dies kommt für manche quasi einem Berufsverbot gleich, soll doch der Soldat aufs Töten, der Lehrer auf pagan-klassische Geschichten und der Künstler auf die Herstellung von „Götzenbildern" verzichten. In Anbetracht dieser Strenge ist es erstaunlich, dass den Ärzten keinerlei Einschränkungen auferlegt werden – zumal mit der Abtreibung, Giftmischerei, Humansektionen und der Verbindungen zum Asklepioskult oder der Zauberei einige Aspekte gegeben wären, die aus christlicher Sicht eine Reglementierung für Taufanwärter rechtfertigen könnte. Ein Verbot oder eine Restriktion ist jedoch weder in den Gemeindeordnungen noch sonst in der patristischen Literatur überliefert.[182]

Eine Erklärung für diese Beobachtung liegt in der christlichen Sicht der Medizin: Während etwa das Herstellen von Götterfiguren als zentraler Teil des Handwerks wahrgenommen wird, auf das ein christlicher Steinmetz zu verzichten hat, so werden Zauberei, Vivisektion oder Abtreibung nicht als gängige ärztliche Praxis wahrgenommen, sondern stellen vielmehr einen offensichtlichen Missbrauch der Medizin dar. Ein Arzt, der solches tut, wird als Taufbewerber abgelehnt, nicht weil er Arzt ist, sondern weil er als Mörder, Leichenschänder oder Zauberer wahrgenommen wird. Die einer solchen Haltung implizite Grenzziehung zwischen legitimem Gebrauch und Missbrauch der Heilkunde soll nun genauer betrachtet werden.

2. 3. Grenzen legitimer Anwendung der Medizin

Augustinus hatte einen guten Gebrauch der heidnischen Künste gefordert. Dieses Prinzip ist nach Basilius auch auf die Medizin anzuwenden:

> Doch keineswegs dürfen wir die Hilfe der Heilkunde ganz zurückweisen, da einige von ihr schlechten Gebrauch machen. Wenn auch unmässige Lüstlinge die Kunst der Köche, Bäcker und Weber nur zum Genuss und im Überfluss gebrauchen, so dürfen wir keineswegs all diese Künste ablehnen; vielmehr müssen wir durch ihren rechten Gebrauch das wieder gut machen, was von jenen verdorben wurde. So ist es auch nicht vernünftig, wegen des Missbrauchs der Heilkunde dieses Geschenk Gottes abzuweisen.[183]

---

181 Insbesondere die *Didache*, die *Traditio apostolica*, die *Syrische Didaskalie* und die *Apostolische Kirchenordnung* kennen Zulassungsbedingungen für Taufanwärter. Zu den dort verhängten Berufsverboten vgl. GEERLINGS & SCHÖLLGEN 1991, 141–149.
182 Die Medizin im Spiegel der Gemeindeordnungen wird bei SCHULZE 2005, 135–137 ausführlich behandelt.
183 BASILIUS VON CÄSAREA, *Asceticon II (magnum)* 55, 3: PG 31, 1048; de. FRANK 1981, 191: „Οὐ τοίνυν, ἐπειδή τινες οὐ καλῶς χρῶνται τῇ τέχνῃ τῇ ἰατρικῇ, φευκτέον ἡμῖν πᾶσαν τὴν ἀπ' αὐτῆς ὠφέλειαν. Οὐδὲ γάρ, ἐπειδὴ μαγειρικῇ πρὸς τρυφὴν ἐπίνοιαν οἱ περὶ τὰς ἡδονὰς ἀκόλαστοι κέχρηνται, ἢ τῇ ἀρτοποιΐᾳ, ἢ τῇ ὑφαντικῇ, ὑπερβαίνοντες τὸν ὅρον τῶν ἀναγκαίων, ἤδη ἡμᾶς πάσας ὁμοῦ χρὴ παραιτεῖσθαι τὰς

Doch was ist ein guter Gebrauch – und was ist ein schlechter? Die Antwort auf die zweite Frage scheint zunächst leicht beantwortbar zu sein, denn in der Tat gibt es einige Anwendungen der Medizin, die aus christlicher Perspektive abzulehnen sind. Erste Leitlinien, wie Heilkunde nicht angewendet werden darf, finden sich schon in der *Didache* (um 100):

> Du sollst nicht töten, nicht ehebrechen, nicht Knaben schänden, nicht Unzucht treiben, nicht stehlen, nicht Zauberei treiben, nicht Gift mischen, du sollst ein Kind nicht abtreiben und das Neugeborene nicht töten, nicht den Besitz deines Nächsten begehren.[184]

Die Abtreibung, die Zauberei oder die Tötung des Neugeborenen kollidieren mit den Gesetzen des Alten Bundes und der Botschaft Jesu und können deshalb diskussionslos abgelehnt werden. Diese Haltung ist kein christliches Spezifikum, denn auch in hippokratischen Schriften wird Zauberei abgelehnt.[185] Im sogenannten Hippokratischen Eid schwört ein Arzt, Abtreibung und Euthanasie nicht zu praktizieren.[186] Auf diese Punkte soll darum hier nicht weiter eingegangen werden.

Doch es gibt zwei grundsätzliche Anfragen, bei denen die Grenze zwischen gutem und schlechtem Gebrauch nicht einfach zu ziehen ist, und welche die Medizin als Ganzes in Frage stellen könnten. So ist erstens die Abgrenzung der in der Didache erwähnten Giftmischerei (φαρμάκευσις) von einer vernünftigen Anwendung der Heilmittel schwierig. Das beginnt bereits im weiten Begriff „φάρμακον" selbst. „φάρμακον" wird im Deutschen meist mit „Gift", „Arznei" oder „Heilmittel" übersetzt. Es ist jedoch darauf hinzuweisen, dass in „φάρμακον" nicht nur das Gegensatzpaar „schädliche Wirkung" – „heilende Wirkung" enthalten ist. In „φάρμακον" schwingt auch ein magischer Aspekt mit; das Wort kann also auch mit „Zaubertrank" wiedergegeben werden.[187] Das Verbot der Giftmischerei rechtfertigt sich also nicht nur, weil ein φάρμακον schädlich angewendet werden kann, sondern weil das φάρμακον auch mit Zauberei in Zusammenhang steht.

Die Frage nach der Medizin wirft zweitens auch zentrale theologische Fragen auf. Einer davon sind wir schon mehrmals begegnet: Wenn alles Heil von Gott kommt, inwiefern ist es dann ein Zeichen des Unglaubens, wenn Ärzte zugezogen werden? Müsste

---

τέχνας· τὸ ἐναντίον μὲν οὖν, ἐκ τῆς ὀρθῆς αὐτῶν χρήσεως τὸ ὑπ' ἐκείνων παραφθειρόμενον διελέγχειν. Οὕτω δὲ καὶ ἐπὶ τῆς ἰατρικῆς τὴν παρὰ τοῦ Θεοῦ χάριν πονηρᾷ διαβάλλειν χρήσει οὐκ εὔλογον."

184 DIDACHE 2,2: SCHÖLLGEN 1991, 102–103: „οὐ φονεύσεις, οὐ μοιχεύσεις, οὐ παιδοφθορήσεις, οὐ πορνεύσεις, οὐ κλέψεις, οὐ μαγεύσεις, οὐ φαρμακεύσεις, οὐ φονεύσεις τέκνον ἐν φθορᾷ οὐδὲ γεννηθὲν ἀποκτενεῖς, οὐκ ἐπιθυμήσεις τὰ τοῦ πλησίον."
185 Vgl. S. 16 in der vorliegenden Arbeit sowie TEMKIN 1991, 123.
186 Unter anderem aufgrund der erwähnten Abtreibung ist zu vermuten, dass der Eid nicht Gemeingut aller hippokratischen Ärzte war, sondern in einer Sondergruppe entstanden ist, etwa der Pythagoreer. Erst mit der Christianisierung hat der Eid eine weite Verbreitung erlangt, weil er ähnliche Richtlinien vorgibt, wie sie auch für einen christlichen Arzt gelten sollen. Vgl. EDELSTEIN 1969.
187 Vgl. TEMKIN 1991, 121.

da ein wahrer Christ nicht ganz auf die Medizin verzichten, wenn er voll auf Gott vertrauen will? Mit dieser Frage beschäftigen sich besonders Asketen, die sich ganz auf Gott ausrichten wollen.

Im Folgenden werden die wichtigsten patristischen Quellen vorgestellt, welche diese beiden Anfragen behandeln. Ziel ist es einerseits, die Kriterien für die Legitimation der Medizin herauszuarbeiten, welche in jenen Texten zur Anwendung kommen. Andererseits ist die Frage zu stellen, inwiefern die zum Ausdruck kommende Haltung repräsentativ für die Mehrheit der Christen ist.

a. Tatian und die Grenze zwischen Pharmazie und Giftmischerei

In der Literatur wurde gelegentlich die um 155 geschriebene *Oratio ad Graecos* des Syrers Tatian beigezogen, um eine angeblich negative Einstellung der Kirchenväter zur Medizin zu belegen.[188] Wie Temkin und Amundsen[189] gezeigt haben, wendet sich der Text jedoch nur gegen die Verwendung der φάρμακα, also der Pharmazie, nicht aber gegen andere Gebiete der Medizin. Tatian zählt alle drei erwähnten Aspekte des Begriffes „φάρμακον" auf: Die schädlichen Gifte (τὰ δηλητήρια), aber auch die Heilmittel (τὰ ἰώμενα), seien beide zu verwerfen, weil sie mit den Dämonen resp. der Zauberei in Verbindung stehen:

> Ihr Unwesen aber treiben sie [sc. die Dämonen] folgendermassen: Wie die Buchstabenformen und die aus ihnen gebildeten Zeilen nicht an und für sich fähig sind, einen Satz zum Ausdruck zu bringen, sondern erst von den Menschen für ihre Zwecke zu Signalen der Gedanken gemacht worden sind, indem sie aus der Art ihrer Zusammensetzung zu erkennen suchen, was für einen Sinn die Buchstabenfolge ergibt, so ähnlich sind auch die verschiedenen Rezepte von Wurzeln und Sehnen und Knochen nicht an und für sich irgendwie wirksam, sondern Symbolik der Dämonen, die in ihrer Bosheit den Zweck eines jeden dieser Stoffe bestimmt haben. [...] Durch List nämlich machen die Dämonen die Menschen von der Gottesverehrung abwendig, indem sie ihnen einreden, auf Kräuter und Wurzeln zu vertrauen. [...] Die Arzneikunde und alles, was dazugehört, kommt aus der gleichen Schwindlerwerkstatt. Denn wenn jemand schon durch die Materie geheilt wird, sobald er ihr vertraut, um wie viel eher wird er Heilung finden, wenn er sich auf die Kraft Gottes verlässt! Wie nämlich die Giftarten (τὰ δηλητήρια) materielle Mischungen sind, genau so stammen auch die Heilmittel (τὰ ἰώμενα) aus dem gleichen Urstoff. Wenn wir also die Materie von mehr oder weniger schlechter Beschaffenheit verwerfen, so werden wohl nicht wenige in der Art Heilversuche unternehmen wollen, dass sie mit dem Guten doch auch ein bisschen Schlechtes verquicken: Das wäre aber trotz des guten Zweckes nur ein Unfug, den man mit dem Schlechten triebe.[190]

---

188 Ein besonders eindrückliches Beispiel für dieses Vorurteil erwähnt FICHTNER 1982, 1–2.
189 Vgl. TEMKIN 1991, 119–123 und AMUNDSEN 1996, 158–174.
190 TATIAN, *Oratio ad graecos* 17, 2–18, 1: WHITTAKER 1982, 34–36: „τρόπος δὲ αὐτοῖς τῆς μηχανῆς οὗτος. ὥσπερ γὰρ οἱ τῶν γραμμάτων χαρακτῆρες στίχοι τε οἱ ἀπ' αὐτῶν οὐ καθ' ἑαυτούς εἰσι δυνατοὶ σημαίνειν τὸ συντεταγμένον, σημεῖα δὲ τῶν ἐννοιῶν σφίσιν «αὐτοῖς» ἄνθρωποι δεδημιουργήκασι, παρὰ τὴν

2. REZEPTION UND REPUTATION HIPPOKRATISCHER MEDIZIN 55

Tatians Argumentation basiert auf zwei Grundannahmen, die aufeinander bezogen sind. Er geht erstens davon aus, dass die Materie prinzipiell schlecht sei. Zweitens steht seiner Ansicht nach die Verwendung der φάρμακα immer in Verbindung mit den Dämonen. Grundsätzlich gilt für ihn, dass ein Sieg über die Dämonen nur möglich ist, wenn die Materie verworfen wird.[191] Für Tatian sind also Arzneien abzulehnen, weil sie als ein Stück Materie immer mit den Dämonen in Verbindung stehen.

Eine solche Meinung wird jedoch von den meisten seiner christlichen Zeitgenossen nicht geteilt. Die Behauptung, die Welt sei grundsätzlich schlecht, hat den vehementen Protest anderer christlicher Schriftsteller hervorgerufen – dies wurde schon dargestellt.[192] In Tatians Fall hat der Protest dazu geführt, dass er Rom verlassen hat und später in christlichen Texten als ein Häretiker im Dunstkreis der Gnosis dargestellt wurde.[193]

Wenn aber die Materie nicht prinzipiell schlecht ist, kann auch keine grundsätzliche Verbindung zwischen Dämonen und Heilmittel hergestellt werden. Die Arzneien können also nicht a priori abgelehnt werden. Vielmehr muss klar zwischen Zaubermitteln, Arzneimitteln und Giften unterschieden werden. So verteidigt etwa Origenes die Arzneikunde gegen den Heiden Celsus, dem er vorwirft, er wolle sie durch die Gleichsetzung mit der Zauberei herabsetzen. Doch ist, so Origenes, die Anwendung von Heilmitteln nicht Gaukelei, sondern beruht auf Erfahrung, Vernunft sowie wissenschaftlichen Überlegungen.[194] Chrysostomus übersetzt diese Einsicht für seine Gemeinde in einen einfachen Merksatz: Ein Arzt, der Beschwörungsformeln anwendet, ist kein Arzt.[195]

ποιάν αὐτῶν σύνθεσιν γινώσκοντες ὅπως καὶ ἡ τάξις τῶν γραμμάτων ἔχειν νενομοθέτηται, παραπλησίως καὶ τῶν ῥιζῶν αἱ ποικιλίαι νεύρων τε καὶ ὀστέων παραλήψεις οὐκ αὐταὶ καθ' ἑαυτὰς δραστικαί τινές εἰσι, στοιχειώσις δέ ἐστι τῆς τῶν δαιμόνων μοχθηρίας, οἳ πρὸς ἅπερ ἑκάστας αὐτῶν ἰσχύειν ὡρίκασιν [...] τέχνῃ γὰρ τῆς θεοσεβείας τοὺς ἀνθρώπους παρατρέπουσι, πόας αὐτοὺς καὶ ῥίζας πείθεσθαι παρασκευάζοντες [...] Φαρμακεία δὲ καὶ πᾶν τὸ ἐν αὐτῇ εἶδος τῆς αὐτῆς ἐστιν ἐπιτεχνήσεως. εἰ γάρ τις ὑπὸ τῆς ὕλης θεραπεύεται πιστεύων αὐτῇ, θεραπευθήσεται μᾶλλον αὐτὸς δυνάμει θεοῦ προσανέχων. ὥσπερ γὰρ τὰ δηλητήρια συνθέσεις εἰσὶν ὑλικαί, τὸν αὐτὸν τρόπον καὶ τὰ ἰώμενα τῆς αὐτῆς ὑποστάσεώς ἐστιν. εἰ δὲ τὴν φαυλοτέραν ὕλην παραιτούμεθα, πολλάκις δὲ καὶ διὰ τῆς ἐφ' ἑτέρου τῶν κακῶν τινος ἐπιπλοκῆς ἰάσασθαί τινες ἐπιτηδεύουσι καὶ τοῖς κακοῖς κἂν πρὸς τὸ ἀγαθὸν καταχρήσονται."

191 Vgl. TATIAN, *Oratio ad graecos* 16, 3: WHITTAKER 1982, 32.
192 Vgl. S. 39 in der vorliegenden Arbeit.
193 Vgl. IRENÄUS, *Adversus haererses* I, 28, 1: BROX 1993, 324; TERTULLIAN, *De ieiunio adversus psychicos* 15: REIFFERSCHEID & WISSOWA 1954, 1273–1274, EUSEBIUS, *Hisoria ecclesiastica* 4, 28: SCHWARTZ 1952, 165–166.
194 Vgl. ORIGENES, *Contra Celsum* 4, 86–87: FIEDROWICZ & BARTHOLD 2011; FC 50, 1, 838–843.
195 Vgl. JOHANNES CHRYSOSTOMUS, *In epistulam ad Colossenses homiliae* 8, 5: PIAZZINO 1939, 297; de. STODERL (1924), 354; schreibt: „Εἰπέ μοι, ἐὰν προσελθὼν ἰατρός, καὶ τὰ τῆς ἰατρικῆς φάρμακα ἀφείς, ἐπῄδῃ, τοῦτον ἰατρὸν ἐροῦμεν; Οὐδαμῶς· τὰ γὰρ τῆς ἰατρικῆς οὐχ ὁρῶμεν φάρμακα." – „Sage mir, wenn ein Arzt zu uns käme und statt der Arzneien Zauberformeln anwendete, würden wir den einen Arzt nennen? Gewiss nicht; denn wir vermissen die Mittel der Heilkunst."

Tatians Ablehnung der Arzneien beruht auf theologischen Überlegungen. Er weiss selbst, dass eine rigorose Anwendung seiner Einsichten kaum konsequent durchzuhalten ist:

> Auch wenn ihr euch durch Arzneien heilen lasst (ich will dir das nachsichtig durchgehen lassen), muss man wenigstens Gott das Zeugnis geben. Noch zieht uns ja die Welt herab und Schwäche ist's, die uns die Materie aufsuchen heisst.[196]

Es ist die Schwäche, die nach Tatian den Menschen zu Arzneien greifen lässt. Diese Aussage deckt sich in eigentümlicher Weise mit der Auffassung von Makarius-Symeon, der aus anderen Motiven ebenfalls die Medizin verwirft.

b. Medizin und Askese

b. 1. Ablehnung der Medizin bei Makarius-Symeon und den Messalianer

Die *50 geistlichen Homilien*, von denen nun die Rede sein soll, wurden lange Zeit Makarius dem Ägypter zugeschrieben. Sie stammen wohl von einem weitgehend unbekannten Symeon von Mesopotamien (um 360–390) und gehören in den Kontext der Messalianer.[197] Um zu verstehen, warum in diesem später so beliebten Werk der Arztbesuch abgelehnt wird, muss kurz die Theologie des Makarius-Symeon erläutert werden: Der Autor ist der Ansicht, dass aufgrund der Erbschuld alle Menschen Sünder seien. Im Gegensatz zur geläufigen Theologie der Grosskirche verwirft er aber die Taufe als vollständige Reinigung von dieser Erbsünde. Die Taufe ist lediglich der Anfang eines langen Kampfes gegen die Sünden durch unablässiges Gebet. Erst die Wiedergeburt im Geist macht einen Menschen zum Kind Gottes und ermöglicht ihm das ewige Leben.[198] Die endgültige Vollkommenheit kann allerdings erst im Jenseits erreicht werden. Die Erlösung ist so zwar nicht wie bei Pelagius von den Anstrengungen des Menschen abhängig, doch sie ist vom Opfer Christi und der Vermittlung im Taufsakrament entkoppelt. Die Messalianer, denen Makarius-Symeon angehört, verstehen sich als „ecclesiola in ecclesia", als die wahre Kirche in der Weltkirche. Nur sie als Geistträger verwirklichen, zu was die übrigen Christinnen und Christen zwar auch berufen sind, aber nicht konsequent umsetzen.[199]

Makarius-Symeon skizziert in seiner *48. geistlichen Homilie* seine Position zur Medizin. Grundsätzlich, so beginnt er, ist es einzig an Christus, die Menschen zu heilen. Er

---

196 TATIAN, *Oratio ad graecos* 20: WHITTAKER 1982, 40: „Κἂν θεραπεύησθε φαρμάκοις (κατὰ συγγνώμην ἐπιτρέπω σοι), τὴν μαρτυρίαν προσάπτειν σε δεῖ τῷ θεῷ. κόσμος γὰρ ἡμᾶς ἔτι καθέλκει, καὶ δι' ἀτονίαν τὴν ὕλην ἐπιζητῶ."
197 Vgl. DÖRRIES 1941. Die Handschriften nennen meist den berühmten MAKARIUS DEN ÄGYPTER als Autor – was unwahrscheinlich ist, wenige nennen diesen nicht greifbaren SYMEON. Aus diesem Grund hat sich der Doppelname MAKARIUS-SYMEON als Autor der *Homiliae spirales* durchgesetzt.
198 Vgl. DÖRRIES 1978 und FRITSCHEN 2002, 233.
199 Vgl. DÖRRIES 1978 und FRITSCHEN 2002, 396–410.

2. REZEPTION UND REPUTATION HIPPOKRATISCHER MEDIZIN 57

ist der wahre Arzt, zuerst für die Seele, aber auch für den Körper. Wer auf den *Christus Medicus* vertraut, der braucht keine irdischen Ärzte. Im Gegenteil: wer irdische Ärzte in Anspruch nimmt, der bezeugt, dass er nicht wahrhaftig glaubt. Damit, so betont er, soll keineswegs die Schöpfung schlecht gemacht werden. Es ist Gott, der die Heilkräuter wachsen lässt und der die Ärzte begabt, zur Linderung der Folgen des Sündenfalls. Die Medizin ist jedoch eine Gabe Gottes für die Schwachen. Ein wahrer, aus dem Geiste geborener Christ muss darauf verzichten können. Er hält als Ergebnis seiner Argumentation fest:

> Gott hat also diese Heilmittel nur für die [im Glauben] Schwachen und Ungläubigen verordnet. Denn in seiner grossen Güte wollte er das sündige Menschengeschlecht nicht vollständig vernichten. Er hat allerdings zur Erquickung und Heilung und Pflege des Leibes den Weltmenschen und allen aussen Stehenden Heilmittel gegeben und deren Gebrauch denen gestattet, die Gott noch nicht unumschränktes Vertrauen entgegenzubringen vermögen. Du aber, der du als Einsiedler lebst und dich Christus genaht, der du ein Gotteskind sein und von oben her aus dem Geiste geboren werden willst, der du höhere und grössere Verheissungen empfängst als der erste Mensch, der noch frei von Leidenschaften war, du, dem die liebreiche Ankunft des Herrn geworden, du, ein Fremdling geworden für die Welt, du musst im Vergleich zu all den Weltmenschen einen ganz neuen und aussergewöhnlichen Glauben, Sinn und Wandel aufweisen.[200]

Ein wahrer Mönch kann mit Hilfe des Heiligen Geistes auf die Medizin verzichten. Doch diese Ansicht entspricht nicht der Haltung der christlichen Mehrheit: Die Messalianer wurden als häretisch verurteilt, und mit ihnen Makarius-Symeon und seine Homilien.[201] Nicht eine problematische Schöpfungstheologie wie bei Tatian, sondern eine überhöhte Pneumatologie ist die Ursache der Ablehnung. Makarius-Symeon hat den Verzicht auf einen Arztbesuch zu einem spirituellen Prüfstein auf dem Weg zur Erlösung gemacht. Nur ein wahrer geistbegabter Gläubiger erhofft auch in Krankheit alles einzig von Gott. Wer das nicht kann und ärztliche Hilfe in Anspruch nimmt, bezeugt einen schwachen Glauben und zeigt, dass er noch nicht im Geist wiedergeboren ist.

---

200 MAKARIUS-SYMEON, *Homilia spiritalis 50 (Typus II = Collectio H)* 48,6: DÖRRIES & KLOSTERMANN 1964, 315: „ᾠκονόμησε τοίνυν ταῦτα τοῖς ἀσθενέσι καὶ ἀπίστοις ὁ θεός, μὴ βουληθεὶς παντελῶς ἐξολοθρεῦσαι τὸ ἁμαρτωλὸν τῶν ἀνθρώπων γένος διὰ πολλὴν χρηστότητα, ἀλλ' ἔδωκεν εἰς ψυχαγωγίαν καὶ θεραπείαν καὶ ἐπιμέλειαν τοῦ σώματος τὰ φάρμακα τοῖς τοῦ κόσμου ἀνθρώποις καὶ τοῖς ἔξω πᾶσι, κἀκείνους συνεχώρησε τούτοις χρᾶσθαι τοὺς τῷ θεῷ μηδέπω δυναμένους ἐξ ὅλου ἑαυτοὺς ἐμπιστεύειν. σὺ δὲ ὁ μονάζων ὁ προσεληλυθὼς τῷ Χριστῷ καὶ υἱὸς θεοῦ βουλόμενος εἶναι καὶ ἄνωθεν ἐκ πνεύματος γεννηθῆναι καὶ ἀνωτέρας καὶ μείζους τοῦ πρώτου καὶ ἀπαθοῦς ἀνθρώπου ἐπαγγελίας ἐκδεχόμενος, τὴν εὐδοκίαν τῆς τοῦ κυρίου ἐπιδημίας, καὶ ξένος τοῦ κόσμου γεγονώς, καινοτέραν τινὰ καὶ ξένην πίστιν καὶ ἔννοιαν καὶ πολιτείαν παρὰ πάντας τοὺς τοῦ κόσμου ἀνθρώπους κεκτῆσθαι ὀφείλεις."
201 Verurteilung auf dem Konzil von Ephesus 431, vgl. *Definitio contra Messalianitas* (Nr. 80: SCHWARTZ 1929, 117–118). Die verurteilten Sätze finden sich in seinem Werk nicht im selben Wortlaut, so dass eine Bearbeitungsstufe angenommen werden muss. Vgl. DÖRRIES 1966, 334–351.

Diadochus von Photike († vor 486) lehnt sich mit seinen *Capita centum de perfectione spirituali* eng an Makarius-Symeon an, versucht aber, die Schieflage seiner Vorlage auszugleichen. Sein Ratschlag an die Mönche lautet nun:

> Die Ärzte zur Zeit der Krankheit zu rufen, ist nicht verwehrt. Denn wenn auch einmal auf Grund der menschlichen Erfahrungen diese Kunst entdeckt wurde, so waren die Heilmittel doch schon vor dieser Entdeckung da. Indessen darf man nicht in sie die Hoffnung auf Heilung setzen, sondern auf unseren wahren Erlöser und Arzt Jesus Christus.[202]

Diadochus gibt seinen Ratschlag explizit nur für jene, die in Gemeinschaften oder Städten leben, erwartet aber von den Einsiedlern in weit abgelegenen Gebieten ohne Möglichkeit zum Arztbesuch, dass sie Zuflucht einzig zu Christus nehmen. So bleibt es offen, ob er wirklich den asketischen Rigorismus seines Lehrers korrigiert, oder ob er nicht doch wie Makarius-Symeon im Verzicht des Arztbesuchs eine erstrebenswerte Glaubensfestigkeit sieht, die allerdings nur den weit Fortgeschrittenen vorbehalten sein soll. Sein Rat hat primär die geistlichen Gefahren einer Glaubensprüfung im Visier, die zu Hochmut und Ruhmsucht führen können, wenn ein kranker Mönch im Gegensatz zu seinen glaubensschwachen Mitmenschen den Arzt ablehnt.[203]

b. 2. Ablehnung der Medizin aus Schamhaftigkeit

Als weiteres Argument für die Unvereinbarkeit von Askese und Medizin könnte auf die Schrift *Vita Sanctae Macrinae* von Gregor von Nyssa verwiesen werden.[204] Darin wird berichtet, wie Gregor nach dem Tod seiner Schwester Makrina mit einer Nonne an ihr Totenlager tritt. Die Nonne verweist auf eine Narbe an ihrer Brust und berichtet, dass dort ein Geschwür entstanden war, das ihr Leben bedrohte:

> Denn als einmal an dieser Stelle ein schweres Leiden auftrat und Gefahr war, dass man die Geschwulst aufschneiden musste oder dass das Leiden völlig unheilbar werde, wenn es sich der Herzgegend näherte, bat die Mutter, wie sie erzählte, sie dringend und flehte sie an, sich in die Behandlung des Arztes zu begeben, weil ja auch diese Kunst, wie sie sagte, von Gott zum Heil der Menschen geoffenbart worden sei. Sie aber hielt die Entblössung des Körpers vor fremden Augen für schlimmer als die Krankheit.[205]

---

202 DIADOCHUS VON PHOTIKE, *Capita centum de perfectione spirituali* 53: DES PLACES 1966, 115; de. FRANK 1982, 76–77: „Ἰατροὺς μετακαλεῖσθαι ἐν τῷ καιρῷ τῶν νόσων οὐδὲν τὸ κωλύον. Ἐπειδὴ γὰρ ἔμελλεν ὑπὸ τῆς ἀνθρωπίνης πείρας ποτὲ συλλέγεσθαι ἡ τέχνη, διὰ τοῦτο καὶ προυπῆρχε τὰ φάρμακα. Πλὴν οὐκ ἐχρῆν εἰς αὐτοὺς τὴν ἐλπίδα ἔχειν τῆς ἰάσεως, ἀλλ'εἰς τὸν ἀληθινὸν ἡμῶν σωτῆρα καὶ ἰατρὸν Ἰησοῦν Χριστόν."
203 Vgl. DÖRRIES 1966, 361–367.
204 Vgl. DÖRNEMANN 2003, 270 und FRINGS 1959, 14.
205 GREGOR VON NYSSA, *Vita sanctae Macrinae* 31: MARAVAL 1971, 242–244: „Ἐπειδὴ γὰρ ἔφυ ποτέ τι κατὰ τὸ μέρος τοῦτο πάθος ἀνιαρὸν καὶ κίνδυνος ἦν ἢ ἀνατμηθῆναι τὸν ὄγκον ἢ πάντῃ καὶ πάντως εἰς ἀνήκεστον προελθεῖν τὸ κακόν, εἰ τοῖς κατὰ τὴν καρδίαν τόποις πελάσειεν, ἐδέετο μὲν ἡ μήτηρ, φησί, πολλὰ καὶ ἱκέτευε παραδέξασθαι τοῦ ἰατροῦ τὴν ἐπιμέλειαν, ὡς καὶ ταύτης ἐκ θεοῦ τῆς τέχνης ἐπὶ σωτηρίᾳ τῶν ἀνθρώπων καταδειχθείσης. Ἡ δὲ τὸ γυμνῶσαί τι τοῦ σώματος ὀφθαλμοῖς ἀλλοτρίοις τοῦ πάθους χαλεπώτερον κρίνασα."

Doch diese Episode aus dem Leben der heiligen Makrina ist kaum geeignet, eine ablehnende Haltung zur Medizin festzumachen. Denn nicht eine negativ bewertete Medizin oder das exklusive Vertrauen auf übernatürliche Hilfe hindert die Heilige daran, ärztliche Hilfe zu suchen. Vielmehr schämt sie sich, an einer so delikaten Stelle ärztliche und so folglich männliche Hilfe in Anspruch nehmen zu müssen. Damit ist Makrina keinesfalls eine asketische Exotin, sondern handelt vielmehr wie die meisten ihrer antiken Geschlechtsgenossinnen. Die Autoren der hippokratischen Schriften *De mulierum affectibus* / *De muliebribus* beklagten sich schon, dass Frauen sich nicht untersuchen lassen wollen, und Soran schreibt sein Werk über die Gynäkologie explizit für Hebammen, weil diese, im Gegensatz zu ihm, die Patientinnen erreichen können.[206] Die Geschichte Gregors soll die Heiligkeit und Keuschheit Makrinas unterstreichen, denn sie wird schliesslich einer göttlichen Intervention gewürdigt: Auf das Kreuzzeichen der Mutter hin heilt das Geschwür.

Dass Scham und nicht Ablehnung der Medizin Makrinas Motiv ist, zeigt sich an einer ganz ähnlichen Geschichte: Auch Gregor von Nazianz († um 390), enger Freund des Bruders von Gregor von Nyssa, hat zum Ruhme seiner ebenfalls viel zu früh verstorbenen Schwester einen Text verfasst. Gorgona wurde ähnlich wie Makrina einst in ungewöhnlicher und lebensbedrohender Weise krank, doch so, dass in keuscher Weise medizinische Hilfe eingeholt werden konnte:

> Der ganze Körper wurde plötzlich von Fieber ergriffen. Das Blut kochte und siedete, um dann wieder zu stocken und zu gerinnen. Unglaubliche Blässe bedeckte sie, und Geist und Glieder waren wie gelähmt. Diese Erscheinungen traten nicht in langen Zwischenräumen auf, sondern bisweilen ohne Unterbrechung. Weder die Kunst der Ärzte, welche sich sowohl einzeln, wie gemeinsam aufs Intensivste der Krankheit annahmen, noch die oft vielvermögenden Tränen der Eltern, noch die öffentlichen Gebete und Bitten, welche das ganze Volk mit einem Eifer verrichtete, als wenn es sich um das eigene Wohl eines einzelnen gehandelt hätte, konnten etwas ausrichten.[207]

---

206 Vgl. Ps. HIPPOKRATES, *De mulierum affectibus* I, 62: LITTRÉ 1962, 126: „καὶ ἔστιν ὅτε τῇσι μὴ γινωσκούσῃσιν ὑφ' ὅτευ νοσεῦσι φθάνει τὰ νοσήματα ἀνίητα γινόμενα, πρὶν ἂν διδαχθῆναι τὸν ἰητρὸν ὀρθῶς ὑπὸ τῆς νοσεούσης ὑφ' ὅτου νοσέει· καὶ γὰρ αἰδέονται φράζειν, κἢν εἰδῶσι, καί σφιν δοκέουσιν αἰσχρόν εἶναι ὑπὸ ἀπειρίης καὶ ἀνεπιστημοσύνης." – „Bei manchen [sc. Frauen], die nicht wissen, woran sie krank sind, werden die Krankheiten eher unheilbar, bevor noch der Arzt durch die Kranke richtig aufgeklärt ist, woran sie krank ist. Sie schämen sich nämlich darüber zu sprechen, auch wenn sie es wissen; infolge ihrer Unerfahrenheit und Unkenntnis meinen sie nämlich, dass das zu sagen für sie unanständig sei." Vgl. Ps. HIPPOKRATES, *De muliebribus* 11: GRENSEMANN 1982, 114–115: „Sie [sc. die Frauen] schämen sich." Vgl. auch SORAN, *Gynaecia* 1, 1–2: TEMKIN 1991, 3–4; sowie ROUSSELLE 1989, 42–43.

207 GREGOR VON NAZIANZ, *Funebris in laudem sororis suae Gorgoniae (Oratio 8)* 17: CALVET-SEBASTI 1995, 282–284: „πύρωσις μὲν ἀθρόα παντὸς τοῦ σώματος, καὶ οἷον βρασμός τις, καὶ ζέσις αἵματος, εἶτα πῆξις τούτου, καὶ νάρκη, καὶ ὠχρίασις ἄπιστος, καὶ νοῦ καὶ μελῶν παράλυσις· καὶ τοῦτο οὐκ ἐκ μακρῶν τῶν διαστημάτων, ἀλλ' ἦν ὅτε καὶ λίαν συνεχῶς· καὶ τὸ κακὸν οὐκ ἀνθρώπινον ἐνομίζετο, καὶ οὔτε ἰατρῶν ἥρκουν τέχναι λίαν ἐπιμελῶς διασκεπτομένων περὶ τοῦ πάθους, καὶ καθ' ἑαυτὸν ἕκαστον, καὶ σὺν ἀλλήλοις, οὔτε γονέων δάκρυα, πολλὰ πολλάκις δεδυνημένα, οὔτε πάνδημοι λιταὶ καὶ ἱκεσίαι, ἃς, ὡς ὑπὲρ τῆς ἑαυτοῦ σωτηρίας ἕκαστος, ἐποιοῦντο πᾶς ὁ λαός."

Die heilige Gorgona nimmt schliesslich „Zuflucht zum höchsten Arzt" und wird geheilt. Dies soll, so Gregor weiter, ein Beispiel sein für alle, Gesunde wie Kranke, damit die einen die Gesundheit bewahren, die anderen die Gesundheit erlangen.

b. 3. Askese als christliche Diätetik

Dieser Gedanke von Gregor von Nazianz findet sich bei Theodoret von Cyrus († um 466) in einer pointierten Form: Wer Zuflucht zum höchsten Arzt nimmt, der bleibt gesund und benötigt keine Medizin. So lautet die Kernaussage einer Antwort Theodorets, die in einem Fragekatalog mit 163 grundlegenden Fragen zur Theologie und Philosophie erhalten ist. Die damit verbundene Frage ihrerseits bezeugt die hervorragende Stellung der Medizin, die ihr in christlichen Augen zukommt:

> Wenn die ärztliche Kunst den Menschen nützlich und notwendig ist, wie die Tatsachen lehren, wie ist es zu erklären, dass sie nicht von Frommen, sondern von ihren Gegnern erfunden worden ist, obschon sie ein sehr hohes Gut ist?[208]

Theodoret geht in seiner Antwort zunächst auf Salomon ein, der als „rechtgläubiger" Erfinder vieler Heilmittel den heidnischen Vätern der Medizin gegenübergestellt wird. Viel wichtiger aber ist die Analogie zwischen Medizin und dem Heil der Seele und die enge Beziehung zwischen beiden:

> Die Frommen aber schätzen als die wahre Heilkunde die Seelenheilkunde, da der geheilten Seele die Gesundheit des Körpers folgt; denn wer in rechter Weise auf die Gesundheit bedacht ist, braucht die aus dem Materiellen gewonnenen Heilmittel nicht, da er die göttliche Gnade zur Gewährung der leiblichen und der seelischen Güter zur Verfügung hat. Denn das Wort des Herrn ist untrüglich: „Trachtet nach dem Reich Gottes, so wird dies alles gegeben werden".[209]

Wer gesund lebt, muss also keine Arzneimittel anwenden, weil körperliche Gesundheit auf einer durch die Gnade Gottes geheilten Seele basiert. Dass dieser Gedanke nicht

---

208 Ps. Justinus (Theodoret von Cyrus), *Quaestiones et responsiones ad orthodoxos* 68 (55): Papadopoulos-Kerameus 1975, 67; de. und Kommentar bei Harnack 1901, 102–103: „Εἰ χρήσιμον καὶ ἀναγκαῖόν ἐστιν ἡ ἰατρικὴ τοῖς ἀνθρώποις, ὡς τὰ πράγματα δείκνυσι, τίνος ἕνεκεν μὴ ὑπὸ εὐσεβῶν ἀλλ' ὑπὸ τῶν ἐναντίων ἡ τοῦ τοιούτου ἀγαθοῦ γεγένηται εὕρεσις;" Die Schrift wurde unter dem Namen Justins überliefert, Harnack hat Diodor als Verfasser angenommen. Funk und Papadopoulos-Kerameus konnten die Schrift jedoch eindeutig Theodoret von Cyrus zuweisen. Vgl. Wesseling 1996.

209 Theodoret von Cyrus, *Quaestiones et responsiones ad orthodoxos* 68 (55): Papadopoulos-Kerameus 1975, 67–68; de. Harnack 1901, 102–103: „ἰατρικὴν δὲ ἀληθινὴν ἡγοῦντο οἱ εὐσεβεῖς τὴν τὰς ψυχὰς ἰατρεύουσαν, τῇ τεθεραπευμένῃ ψυχῇ ἕπεται τοῦ σώματος ἡ σωτηρία· ὁ γὰρ φροντίζων τῆς σωτηρίας ὡς δεῖ, τῆς ἐκ τῶν ὑλικῶν οὐ δεῖται βοηθείας, ὑπήκοον ἔχων ἀεὶ τὴν θείαν χάριν εἰς παροχὴν σώματός τε καὶ ψυχῆς ἀγαθῶν· ἀψευδὴς γὰρ ὁ λόγος ὁ τοῦ σωτῆρος, ὁ λέγων, ζητεῖτε τὴν βασιλείαν τοῦ θεοῦ καὶ ταῦτα πάντα προστεθήσεται ὑμῖν'".

zu sehr strapaziert werden darf und daraus sicher kein Verbot der Medizin folgt, verdeutlicht Origenes.[210] Celsus wirft den Christen vor, dass aus der Lehre der Prädestination eine Machtlosigkeit des Menschen abzuleiten sei. Niemand könne dann für sein Handeln verantwortlich gemacht werden, selbst der Verräter Judas nicht. Darauf antwortet Origenes, dass dies ein Fehlschluss sei, genau wie wenn jemand behauptet, man brauche den Arzt nicht, weil Gesundheit und Krankheit doch einzig von Gottes Gnade abhingen. Man könne, so Origenes weiter, doch auch nicht argumentieren, dass zur Erlangung von Nachwuchs kein sexueller Kontakt nötig sei, weil Kindersegen einzig von der Gnade Gottes abhängen würde.

Theodoret schliesst, wie wir gesehen haben, seine Antwort mit einem Vers aus dem Abschnitt der Bergpredigt Mt 6, 25–33. Clemens von Alexandrien († um 220) zeigt, ebenfalls von diesem Text ausgehend, wie Körper, Seele und die äusseren Dinge zusammenhängen:

> Der Herr selbst teilt ja seine Ermahnungen ein in solche, die sich auf die Seele, auf den Körper und drittens auf die äusseren Dinge beziehen, und rät, sich des Körpers wegen um die äusseren Dinge zu kümmern und den Körper für den Dienst der Seele zuzurichten; die Seele aber erzieht er, indem er sagt: „Seid nicht besorgt um eure Seele, was ihr essen werdet, und um euren Körper, was ihr anziehen werdet; denn die Seele ist mehr als die Nahrung und der Körper als die Kleidung."[211]

Juvenals[212] berühmter Wunsch, dass ein gesunder Geist in einem gesunden Körper sein möge, kann als Grundprinzip antiker Diätetik gesehen werden.[213] Bei Clemens findet dieses Prinzip seine christliche Entsprechung: Körperliche Gesundheit, eine gesunde Seele und ein gesunder Lebenskontext stehen nach ihm in Beziehung zueinander, und wer auf diese drei Ebenen achtet, hat Heilmittel nicht nötig. Wie das genau auszusehen habe, wie etwa Essgewohnheiten, Sport und Sexualität, aber auch die „äusseren Dinge" geregelt werden sollen, das erklärt etwa Clemens detailliert in seinem Werk *Pädagoge*.[214]

Auch wenn Clemens und Theodoret in der Bewertung des Verhältnisses von seelischer und körperlicher Gesundheit leicht differieren, einig sind sie sich, dass Askese,

---

210 Vgl. ORIGENES, *Contra Celsum* 2, 20: FIEDROWICZ & BARTHOLD 2011; FC 50, 1, 396–405.
211 CLEMENS VON ALEXANDRIEN, *Paedagogus* 2, 10, 102: MONDÉSERT 1991, Vol. 2, 194: „Αὐτὸς γοῦν ὁ κύριος διαιρῶν τὰς ὑποθήκας εἴς τε ψυχὴν καὶ σῶμα καὶ τρίτον τὰ ἐκτός, διὰ μὲν τὰ ἐκτός πορίζεσθαι συμβουλεύει, διοικεῖν δὲ τὸ σῶμα τῇ ψυχῇ, παιδαγωγεῖ δὲ τὴν ψυχήν, ‚μὴ μεριμνᾶτε' λέγων ‚τῇ ψυχῇ ὑμῶν τί φάγητε, μηδὲ τῷ σώματι ὑμῶν τί ἐνδύσησθε· ἡ γὰρ ψυχὴ πλεῖόν ἐστι τῆς τροφῆς καὶ τὸ σῶμα τοῦ ἐνδύματος.'" Vgl. LAGREE 2000.
212 Vgl. JUVENAL, *Saturae* 10, 356: ADAMIETZ 1993, 228: „Orandum est, ut sit mens sana in corpore sano." – „Es soll darum gebetet werden, dass ein gesunder Geist in einem gesunden Körper sei." Zur Gesundheit in der Antike vgl. KUDLIEN 1978.
213 Zur antiken Diätetik vgl. SCHNECK 1994 und WÖHRLE 2005.
214 Vgl. BREITENBACH 2002.

also Das-sich-einüben (= ἀσκεῖν) in christlicher Lebensführung per se gesund ist.²¹⁵ Lebensbeschreibungen berühmter Asketen und Asketinnen geben ihnen recht: Als der grosse Mönchsvater Antonius im Jahre 356 mit fast 105 Jahren stirbt,²¹⁶ widmet Athanasius ein ganzes Kapitel den körperlichen Vorzügen des grossen Greises und beschreibt sein Äusseres so:

> Seine Augen waren gesund und untadelig, und er sah gut; von seinen Zähnen fiel auch nicht einer aus; nur am Zahnfleisch waren sie abgenützt, aber wegen des hohen Alters des Greises. Seine Hände und Füsse blieben gesund, und überhaupt erschien er glänzender und kräftiger als alle, die sich mannigfacher Nahrung, der Bäder und verschiedener Gewänder bedienten.²¹⁷

So aussergewöhnlich diese Beschreibung und die Lebensspanne gerade im Kontext der damaligen Lebensumstände auch sind, es finden sich dennoch Parallelen: Abba Poimen bringt es auf mindestens 110 Jahre,²¹⁸ und Schenute von Atripe soll gar 118 Jahre alt geworden sein.²¹⁹

b. 4. Rezeption der Medizin in der asketischen Praxis

Askese ist also gesund – doch was passiert, wenn ein Asket doch krank wird? Oder anders formuliert: Entspricht der von Makarius-Symeon und den Messalianern geforderte Verzicht auf ärztliche Hilfe der damaligen asketischen Praxis? Um diese Frage zu klären, werden im Folgenden einige Berichte über das monastische Leben jener Zeit untersucht. Palladius von Helenopolis († vor 431) schildert in seinem Reisebericht *Historia Lausiaca* das Leben von Asketen und Asketinnen in Ägypten. Zum geistigen Zentrum der Wüstenväter, dem Wadi Natrun in der sketischen Wüste, notiert er:

> Auf diesem Gebirge leben auch Ärzte und Kuchenbäcker. Auch trinkt man Wein und verkauft ihn. Eigenhändig webt ein jeder Leinwand und so leidet kein einziger Mangel. Um die neunte Stunde hört man aus allen Klöstern Psalmengesang erschallen, so dass man glaubt, in das Paradies entrückt zu sein.²²⁰

---

215 Natürlich haben nicht nur CLEMENS und THEODORET zu christlicher Diätetik geschrieben. Neben anderen ist Askese als gesunde Lebensführung ein wichtiges Thema bei HIERONYMUS. Vgl. DUVAL 2005.
216 So alt wird ANTONIUS gemäss ATHANASIUS, *Vita antonii* 89: BARTELINK 2004, 362–364.
217 ATHANASIUS, *Vita antonii* 93: BARTELINK 2004, 371–376: „Καὶ γὰρ καὶ τοὺς ὀφθαλμοὺς ἀσινεῖς καὶ ὁλοκλήρους εἶχεν, βλέπων καλῶς, καὶ τῶν ὀδόντων οὐδὲ εἷς ἐξέπεσεν αὐτοῦ· μόνον δὲ ὑπὸ τὰ οὖλα τετριμμένοι γεγόνασι διὰ τὴν πολλὴν ἡλικίαν τοῦ γέροντος. Καὶ τοῖς ποσὶ δὲ καὶ ταῖς χερσὶν ὑγιὴς διέμεινεν, καὶ ὅλως πάντων τῶν ποικίλῃ τροφῇ καὶ λουτροῖς καὶ διαφόροις ἐνδύμασι χρωμένων φαιδρότερος μᾶλλον αὐτὸς ἐφαίνετο καὶ πρὸς ἰσχὺν προθυμότερος."
218 Mindestens 110 Jahre alt muss POIMEN geworden sein, wenn er nach dem *Apophthegma* Antonius 4: PG 65, 76; schon mit Antonius († 356) in der Wüste war und Abba Arsenius († kurz vor 450) überlebt haben soll, wie es *Apophthegma* Arsenius 41: PG 65, 105; berichtet.
219 So berichtet es zumindest sein Schüler BESA in der *Vita* 174–176: LEIPOLDT, CRUM & WIESMANN 1906, CSCO.SC 2, 73.
220 PALLADIUS VON HELENOPOLIS, *Historia Lausiaca* 7, 4: BARCHIESI & BARTELINK 1990, 38–40: „Ἐν τούτῳ τῷ ὄρει καὶ ἰατροὶ διάγουσι καὶ πλακουντάριοι. Κέχρηνται δὲ καὶ οἴνῳ, καὶ πιπράσκεται οἶνος. Πάντες

2. REZEPTION UND REPUTATION HIPPOKRATISCHER MEDIZIN 63

Es fällt auf, das die Anwesenheit der Ärzte in keiner Weise thematisiert wird. Während der Genuss von Wein und Kuchen auf zuweilen heftige Kritik stösst, so finden sich gegen Medizin und Ärzte keinerlei Aussagen. Im Gegenteil: Ein gewisser Apollonius wird von Palladius gelobt, weil er Arzneien und gute Kost für kranke Mönche organisiert.[221] Stephanus wird bewundert, weil er die schmerzhafte Entfernung eines Geschwürs an seiner Scham durch einen Arzt ohne Klagen erträgt. Silvania wird von ihrem Arzt auf ihr ungesundes Fasten aufmerksam gemacht – was sie allerdings ignoriert.[222] Palladius selbst hingegen befolgt den ärztlichen Rat: Aufgrund seiner Probleme mit Milz und Magen reist er aus Ägypten ab und zieht nach Palästina, weil man das dortige Klima seiner Gesundheit für zuträglicher hält.[223] Auch in den *Apophthegmata patrum*, der wichtigsten Quelle zum frühen Mönchtum in Ägypten, werden Ärzte erwähnt. So wird etwa ein Bruder getadelt, der wegen eines Fussleidens einen Arzt aufsucht. Der Tadel richtet sich dabei nicht gegen die ärztliche Hilfe an sich, sondern zielt darauf ab, dass er sich schon als Gesunder Geld für Alter und Krankheit beiseitegelegt hatte, obschon er doch als Mönch der Armut verpflichtet ist.[224] Der grosse Antonius († 356), Vater der Mönche, erfährt in einer Offenbarung, dass er nicht der einzige grosse Heilige seiner Zeit ist, denn es gibt einen noch grösseren:

> In der Stadt ist einer, der dir ähnlich ist, seines Zeichens ein Arzt. Seinen Überfluss gibt er den Armen und den ganzen Tag über singt er mit den Engeln das Trishagion.[225]

Antonius wird hier mit einem Arzt verglichen – und unterliegt. Getreu ihres Vorbildes Christus Medicus, werden die Wüstenväter selbst gelegentlich Ärzte genannt.[226]

Nicht nur die *Apophthegmata* und die *Historia Lausiaca* zeugen von einer positiven Einstellung zum Arztbesuch. Auch die Mönchsregeln haben gegen ärztliche Hilfe nichts einzuwenden. Augustinus legt im fünften Kapitel seiner Regel für die Gemeinschaft fest:

> Das Aufsuchen der Badeanstalt darf, wenn es aus Gesundheitsgründen nötig ist, niemals abgelehnt werden. Ohne Murren ist der Anordnung des Arztes zu folgen; und selbst wenn einer es zunächst ablehnt, soll er, notfalls auf Befehl des Oberen, trotzdem tun, was für seine Gesundheit notwendig ist. Wenn er aber möchte, obwohl es die Gesundheit nicht

---

δὲ οὗτοι ὀθόνην ἐργάζονται ταῖς χερσίν, ὡς εἶναι πάντες ἀνενδεεῖς. Καὶ δὴ καὶ περὶ ὥραν ἐννάτην ἔστι στάντα ἀκοῦσαι πῶς ἀφ' ἑκάστης μονῆς ψαλμῳδίαι ἐξέρχονται, ὡς προσδοκῆσαι μετάρσιον εἶναι ἐν τῷ παραδείσῳ."
221 Vgl. PALLADIUS VON HELENOPOLIS, *Historia Lausiaca* 13, 1: BARCHIESI & BARTELINK 1990, 56.
222 Vgl. PALLADIUS VON HELENOPOLIS, *Historia Lausiaca* 55: BARCHIESI & BARTELINK 1990, 250–252.
223 Vgl. PALLADIUS VON HELENOPOLIS, *Historia Lausiaca* 35, 12: BARCHIESI & BARTELINK 1990, 174.
224 Vgl. *Apophthegmata patrum* V, 6, 21: PL 73, 892.
225 *Apophthegmata patrum*, Antonius 24: PG 65, 84: „Ἐν τῇ πόλει ἐστί τις ὅμοιός σοι, ἰατρὸς τὴν ἐπιστήμην, τὴν περισσείαν αὐτοῦ διδοὺς τοῖς χρείαν ἔχουσιν, καὶ πᾶσαν τὴν ἡμέραν τὸ Τρισάγιον ψάλλων μετὰ τῶν ἀγγέλων."
226 Vgl. *Apophthegmata patrum* VII, 35, 2: PL 73, 1053.

erfordert, dann soll er seiner Lust nicht gehorchen. Denn was Vergnügen bereitet, ist nicht immer angebracht, sondern kann auch schädlich sein.

Grundsätzlich gilt: Sobald ein Mitbruder sagt, dass er Schmerzen hat, dann ist ihm ohne zu zögen zu glauben, selbst wenn die Krankheit noch verborgen ist. Wenn nicht sicher ist, ob zum Heilen jener Schmerzen die bevorzugte Behandlung auch nützt, ist ein Arzt zu konsultieren.[227]

Pachomius († 347) und Benedikt († um 547) erwähnen in ihren Regeln zwar weder Ärzte noch die Medizin.[228] Die besondere Pflege, die sie kranken Mitbrüdern zukommen lassen, weist jedoch darauf hin, dass die behandelnden Mönche im Umgang mit Kranken erfahren sind, wenn sie nicht gar über eine Ausbildung als Arzt verfügen.[229] Mit Sicherheit gab es in Cassiodors Klöster Ärzte, denn Cassiodor spricht sie in den *Institutiones* direkt an und besorgt ihnen medizinische Fachliteratur.[230] Auch Schenute von Atripe, der Abt des Weissen Klosters kommt in seinen Schriften wiederholt auf Ärzte zu sprechen, die, so legen die Texte nahe, teilweise zum Kloster gehören. Sie sorgen für die Pflege erkrankter Mönche und Nonnen oder werden von Schenute entsendet, um bei Flüchtlingsdramen oder anderen Katastrophen zu helfen.[231]

Pachomius und Schenute von Atripe stammen aus Ägypten, Benedikt, Augustinus und Cassiodor kommen aus dem lateinischen Westen, beides Gebiete, wo man mit dem Arztbesuch keine Probleme hatte. Im kleinasiatisch-syrischen Raum beheimatet sind dagegen Makarius-Symeon und die Messalianer, ein Gebiet, das bekannt ist für seine rigorosen Asketen. Hier entstehen auch die beiden wichtigsten „Regelwerke" des östlichen Mönchtums. Basilius von Cäsarea, ihr Autor, kann im Gegensatz zu seinen westlichen Kollegen die Frage nach dem Arztbesuch nicht unbeantwortet lassen. Darauf soll nun eingegangen werden.

---

227 Augustinus, *Regula* 5, 5–6: Verheijen 1967, 431–432: „Lauacrum etiam corporum, cuius infirmitatis necessitas cogit, minime denegetur, sed fiat sine murmure de consilio medicinae, ita ut, etiam si nolit, iubente praeposito, faciat quod faciendum est pro salute. Si autem uelit, et forte non expedit, suae cupiditati non oboediat. Aliquando enim, etiam si noceat, prodesse creditur quod delectat. Denique, si latens est dolor in corpore, famulo Dei, dicenti quid sibi doleat, sine dubitatione credatur; sed tamen, utrum sanando illi dolori, quod delectat expediat, si non est certum, medicus consulatur."

228 In der bohairischen Version der Vita des Pachomius wird die Episode erzählt, wie Pachomius' anachoretischer Meister, der gestrenge Apa Palamon krank wird. Man holt für ihn den besten Arzt, der dem Patienten mitteilt, dass es wohl die asketische Lebensweise sei, die krank mache und daher eine ausgewogene Ernährung die beste Medizin sei. Apa Palamon hält sich zuerst an die Anweisung, kehrt dann aber, als es nichts nützt, wieder zur Askese zurück. Vgl. *Vita Pachomii bohairica* 11, frz. Lefort 1943, 90.

229 Für Benedikt vgl. S. 46 der vorliegenden Arbeit, für Pachomius vgl. Bacht 1983, 67 und 91–97.

230 Vgl. Cassiodor, *Institutiones divinarum et saecularium litterarum* 1, 31: Bürsgens 2003, 274–277.

231 Den Umgang mit den Ärzten regelt Schenute im Band 9 seiner *Canones*, wovon ein Fragment in P. Vindob. K. 9223 erhalten ist: Young 1993, Vol. 1, 59–65.

b. 5. Basilius von Cäsarea: μηδὲν ἄγαν als christlicher Konsens

Die beiden so genannten Regeln aus dem grossen *Asketikon* des Basilius sind in Frage und Antwort gegliedert. Der letzte Abschnitt aus der *Längeren Regel* lautet:

> Lässt es sich mit dem frommen Leben vereinbaren, dass man die Heilkunde in den Dienst nimmt?[232]

Basilius gibt in seiner Abhandlung nicht nur Antwort auf die Frage, ob ein Asket zum Arzt gehen darf. Vielmehr fasst er in diesem Text die Haltung der frühen Kirche zur Medizin zusammen, die als Konsens gelten kann. Hier werden viele Themen aufgegriffen, die wir schon behandelt haben.

Basilius beginnt damit, die Medizin als Teil der Schöpfung zu beschreiben. Wie andere Künste wird sie dem Menschen aufgrund des Sündenfalls als Stütze und Hilfe gegeben. Doch wie beim Essen und Trinken muss darauf geachtet werden, sie richtig zu gebrauchen. Er kommt zu folgendem Schluss:

> Deshalb sollen wir diese Kunst nicht ganz ablehnen, aber auch nicht unsere ganze Hoffnung auf sie setzen. Wie wir die Erde bebauen und doch Gott um die Früchte bitten, und wie wir dem Steuermann das Ruder anvertrauen, aber zu Gott beten, dass er uns aus dem Meer errette, so rufen wir auch nach dem Arzt, wenn es die Vernunft rät, geben dabei aber die Hoffnung auf Gott nicht auf.[233]

Ein richtiger Gebrauch der Medizin nach Basilius könnte man also nach dem Grundsatz des μηδὲν ἄγαν beschreiben: nicht zu viel und nicht zu wenig, und genau so viel, dass es nicht den Blick auf Gott verstellt und selbst ins Blickfeld gerät.[234] Basilius beendet darum seine Abhandlung mit dem Verweis auf 1Kor 10, 31: „Ihr mögt essen oder trinken oder sonst etwas tun, tut alles zur Ehre Gottes."

3. Ergebnis

Die Frage, ob Medizin erlaubt sei, hängt im Alten Testament eng mit dem Heilungsmonopol Gottes zusammen. Die Leitplanken der möglichen Antworten sind vorgegeben: Es steht die ablehnende Haltung, die etwa bei der Verurteilung Asas in 2Chr 16, 12 zum

---

[232] Basilius von Cäsarea, *Asceticon II (magnum), regulae fusius tractatae* 55: PG 31, 1044; de. Frank 1981: „Εἰ τοῖς ἐκ τῆς ἰατρικῆς κεχρῆσθαι κατὰ σκοπόν ἐστι τῆς εὐσεβείας;"

[233] Basilius von Cäsarea, *Asceticon II (magnum), Regulae fusius tractatae* 55: PG 31, 1052b; de. Frank 1981: „Οὔτε οὖν φευκτέον πάντη τὴν τέχνην, οὔτε ἐπ' αὐτῇ πάσας τὰς ἐλπίδας ἔχειν ἀκόλουθον. Ἀλλ' ὡς κεχρήμεθα μὲν τῇ γεωργικῇ, αἰτούμεθα δὲ παρὰ τοῦ Θεοῦ τοὺς καρπούς· καὶ τῷ κυβερνήτῃ μὲν τὸ πηδάλιον ἐπιτρέπομεν, τῷ Θεῷ δὲ προσευχόμεθα ἐκ τοῦ πελάγους διασωθῆναι οὕτω καὶ ἰατρὸν εἰσάγοντες, ὅτε λόγος συγχωρεῖ, τῆς πρὸς Θεὸν ἐλπίδος οὐκ ἀφιστάμεθα."

[234] Der Medizinhistoriker Schadewaldt 1965, 128 beschreibt den Zweck einer christlichen Medizin treffend mit *ad gloriam Dei maiorem*.

Ausdruck kommt, einer positiven Sicht der Medizin gegenüber, wie sie bei Ben Sira zu finden ist.

Für die christliche Antike kann festgehalten werden, dass an Ben Siras schöpfungstheologischer Begründung der Medizin festgehalten wird, mit Ausnahme des deswegen als Häretiker bezeichneten Tatians. Es fällt auf, dass oft auch bei einer ablehnenden Haltung zum Arztbesuch explizit an jenem Grundsatz festgehalten wird. So muss sich Makrina den Vorwurf der Mutter gefallen lassen, dass die Medizin doch „von Gott zum Heil der Menschen geschenkt" sei.[235] Und auch Makarius-Symeon unterstreicht, dass seine Ablehnung nicht gegen diesen Grundsatz verstosse.[236]

Deutlich hat sich gezeigt, dass die von Makarius-Symeon vorgebrachten Motive, die einen Asketen zur Ablehnung medizinischer Hilfe bewegen sollen, in asketisch-monastischen Kreisen nicht rezipiert werden. Und wenn auch einige strenge Asketen aus dem Kreis der Messalianer ihre Krankheit als Glaubensprüfung ansehen und deshalb auf Arzneien verzichten, so mindert das keineswegs den Respekt vor der Medizin, sondern höchstens die Zahl der Patienten in den Arztpraxen.[237] Der in medizinhistorischen Studien vorgebrachte Einwand, dass das christlich-asketische Ideal in der Ablehnung ärztlicher Hilfe im Vertrauen auf göttliche Intervention bestanden hätte, kann nicht bestätigt werden.[238] Ähnliches gilt für das Angebot religiöser Heilung durch den Exorzisten oder den Wundertäter. Zur Medizin stehen diese Praktiken nicht im Konkurrenzverhältnis, sondern werden vielmehr komplementär wahrgenommen.

Als Geschenk Gottes zu Beginn der Heilsgeschichte, als kleine Schwester der Erlösung und als Form der gelebten Nächstenliebe ist eine gut angewandte Medizin integraler Bestandteil des christlichen Weltbildes.

Wenn aber Medizin rezipiert und angewendet wird, kann das unmöglich isoliert auf die Praxis geschehen. Viel eher wird vorhandenes Wissen auch in anderen Lebensbereichen zur Anwendung kommen. Eine Beeinflussung der Theologie ist deshalb wahrscheinlich, auch über die medizinalen Metaphern hinaus.

Diese These soll nun in drei exemplarisch ausgewählten Themen überprüft werden. Eine Beeinflussung der religiösen Vorstellungen durch Medizin und Naturphilosophie ist dort am wahrscheinlichsten, wo es um einen Gegenstand geht, der auch von medizinischem Interesse ist. Hier bietet sich der Themenkomplex Frauen, Empfängnis und Geburt an, weil dort die Überschneidung am grössten ist. Die folgenden drei Untersuchungen drehen sich alle um diese Thematik und stehen deshalb miteinander in Verbindung.

---

235 Vgl. das Zitat auf S. 58 in der vorliegenden Arbeit.
236 Vgl. S. 56 in der vorliegenden Arbeit.
237 Vgl. SCHULZE 2005, 184–185.
238 So etwa TEMKIN 1991, 160: „So far as ascetic doctrine can be summarized briefly, it can be said to have viewed complete reliance on God and Jesus in all disease, to the exclusion of all medical help, as ideal." Vgl. SCHULZE 2005, 184.

Kapitel IV.
Weiblichkeit als Geburtsfehler: wie Maria Magdalena gerettet werden kann

1. Maria Magdalena und die Heilsfähigkeit der Frauen

Beim Erarbeiten der Bedeutung der Maria Magdalena in der Gnosis ist mir aufgefallen, wie sehr der valentinianische Mythos vom Fall der Weisheit von naturphilosophischen Vorstellungen zur Genese des Menschen und der Geschlechter geprägt ist.[1] Um diesen Zusammenhang darzustellen, werde ich diesen Weg von neuem verfolgen: Ausgehend vom Bild der Maria Magdalena in der Gnosis beleuchte ich die Frage, ob und wie Frauen gerettet werden können.[2]

Besonders den Gender-Studies ist es zu verdanken, dass zu den wenigen Standardwerken[3] zur antiken Frauenheilkunde in jüngster Zeit eine ganze Reihe weiterer Arbeiten hinzugekommen ist.[4] Auch mit der Stellung der Frauen in der Gnosis haben sich zahlreiche Autorinnen und Autoren beschäftigt, ebenso mit der Figur der Maria

---

1   Im Studienjahr 2006, als DAN BROWNS Buch *The Da Vinci Code* und dessen Verfilmung die Gemüter bewegten, haben wir am Lehrstuhl für Patristik und orientalische Sprachen in Freiburg/Schweiz ein Seminar über populärwissenschaftliche Theorien zum frühen Christentum veranstaltet. Ein zentrales Thema war die Frage nach dem verheirateten Jesus und seiner Ehefrau Maria Magdalena.
2   Dieses Kapitel entspricht weitgehend einem Artikel, den ich 2007 veröffentlicht habe (vgl. EMMENEGGER, 2008). Für die vorliegende Arbeit wurde der Text überarbeitet.
3   Umfangreiche klassische Untersuchungen zum Thema sind P. DIEPGEN, *Die Frauenheilkunde der alten Welt* 1937 mit einer weit gefassten Darstellung der Entwicklung der Gynäkologie sowie E. LESKY, *Die Zeugungs- und Vererbungslehren der Antike und ihr Nachwirken* 1951, worin auf den Zeugungsstoff, den Zeugungsanteil und Einfluss der Eltern sowie die Genese des Geschlechtes fokussiert wird.
4   Zu nennen sind hier (unter anderen) die Werke von K. E. BØRRESEN: *Subordination et équivalence: nature et rôle de la femme d'après Augustin et Thomas d'Aquin* 1968; A. ROUSSELLE, *Der Ursprung der Keuschheit* 1989; L. DEAN-JONES, *Women's bodies in classical Greek science* 1994; H. KING, *Hippocrates' woman: reading the female body in ancient Greece* 1998 und R. FLEMMING, *Medicine and the making of Roman women: gender, nature and authority from Celsus to Galen* 2000. Einen guten Überblick über die neuere Forschung mit ausführlicher Bibliographie bietet T. SCHEER, *Forschungen über die Frau in der Antike. Ziele, Methoden, Perspektiven* 2000 sowie die Quellensammlung von C. SCHUBERT, *Frauenmedizin in der Antike* 1999. Neuere Sammelbände zum Thema bieten K. E. BØRRESEN, *The image of God: gender models in Judaeo-Christian tradition* 1995; T. SPÄTH & B. WAGNER-HASEL: *Frauenwelten in der Antike: Geschlechterordnung und weibliche Lebenspraxis* 2000.; K. L. GACA, *The making of fornication* 2003; V. DASEN, *Naissance et petite enfance dans l'Antiquité* 2004; E. HARTMANN & U. HARTMANN (Hrsg.), *Geschlechterdefinitionen und Geschlechtergrenzen in der Antike* 2007; I. FISCHER & C. HEIL: *Geschlechterverhältnisse und Macht: Lebensformen in der Zeit des frühen Christentums* 2010.

Magdalena.⁵ Es kann darum in diesem Kapitel nicht darum gehen, umfassend die antike Gynäkologie oder die Gnosis abzuhandeln. Aufgabe dieses Kapitels ist es, an einem Beispiel den Einfluss der Medizin auf den gnostischen Mythos aufzuzeigen.

2. Maria Magdalena in der Gnosis

Maria Magdalena kommt in sechs gnostischen Texten vor, die in den Codices aus Nag Hammadi, dem Papyrus Berolinensis 8502 und dem Codex Askewianus bzw. Brucianus ein- oder mehrmals belegt sind:

- *Thomas-Evangelium* (Nag Hammadi Codex II, 2)
- *Sophia Jesu Christi* (Nag Hammadi Codex III, 4; Papyrus Berolinensis 8502, 3)
- *Dialog des Erlösers* (Nag Hammadi Codex III, 5)
- *Philippus-Evangelium* (Nag Hammadi Codex II, 3)
- *Evangelium der Maria* (Papyrus Berolinensis 8502, 1)
- *Pistis Sophia* (Codex Askewianus)

Diese Texte zählen alle mehr oder weniger deutlich zu jenem Strom der Gnosis, der auch das valentinianische System hervorgebracht hat.⁶

3. Männlich werden als Heilsprogamm

Beginnen wir mit dem bekanntesten Text aus Nag Hammadi, dem *Thomas-Evangelium*. Darin wird Maria Magdalena zweimal erwähnt, nämlich in Logion 21 und ganz

---

5   Unter den neueren Untersuchungen sind folgende Werke zu erwähnen: D. R. MacDonald, *There is no male and female: the fate of a Dominical saying in Paul and gnosticism* 1987; K. L. King, *The Gospel of Mary Magdalene* 1993–1994; D. L. Hoffman, *The status of women and gnosticism in Irenaeus and Tertullian* 1995; A. Marjanen, *The woman Jesus loved. Mary Magdalene in the Nag Hammadi Library and related documents* 1996; S. Petersen, „Zerstört die Werke der Weiblichkeit!": *Maria Magdalena, Salome und andere Jüngerinnen Jesu in christlich-gnostischen Schriften* 1999; E. A. de Boer, *The Gospel of Mary: beyond a Gnostic and a Biblical Mary Magdalene* 2004; und von derselben Autorin *Mary Magdalene: beyond the myth* 1997; die Festschrift zu Ehren von K. E. Børresen, *From patristics to matristics: selected articles on Christian gender models* 2002; M. Scopello, *Femme, gnose et manichéisme: de l'espace mythique au territoire du réel* 2005; C. Büllesbach, *Maria Magdalena in der frühchristlichen Überlieferung Historie und Deutung* 2006.

6   Dass auch das *Thomas-Evangelium* zur valentinianischen Gnosis gerechnet wurde, zeigt seine Stellung im Codex II zwischen dem *Apokryphon des Johannes* und dem *Philippus-Evangelium*, die beide deutlich valentinianisch beeinflusst sind. Eine gewisse Ausnahme in der Liste stellt das *Evangelium der Maria* dar, das unterschiedliche Traditionen verarbeitet und nicht leicht einer bestimmten Richtung zugeordnet werden kann. Eine dieser Quellen des *Evangeliums der Maria* ist jedoch auch das *Thomas-Evangelium*, wie King belegt. Vgl. King 1993, 609.

3. MÄNNLICH WERDEN ALS HEILSPROGAMM

am Ende in Logion 114. In Logion 21 tritt sie als Fragestellerin auf. Das ist nicht ungewöhnlich, denn Petrus, Salome, Matthäus und Thomas stellen ebenfalls Fragen. Maria will wissen, wem die Jünger gleichen, und Jesus vergleicht sie mit Sklaven, die ein Feld verwalten, das ihnen nicht gehört.

Für unsere Fragestellung bedeutender ist Logion 114:

> Simon Petrus sagte ihnen: Maria soll von uns weggehen, denn die Frauen sind des Lebens nicht würdig. Jesus sagte: Siehe, ich werde sie ziehen, damit ich sie männlich mache, damit auch sie ein lebendiger, ein euch gleichender männlicher Geist werde. Denn jede Frau, die sich männlich macht, wird in das Königreich der Himmel eingehen.[7]

Maria soll sich männlich machen, denn nur männliche Frauen gelangen in das Königreich der Himmel. Zur Deutung dieses Logions werden üblicherweise drei Deutungsmuster angewendet:[8] Eine ganze Reihe von Gelehrten[9] sieht in Logion 114 eine Reflexion zur Minderwertigkeit des Weiblichen. Dieses letzte Logion im *Thomas-Evangelium* sei später hinzugefügt worden. Begründet wird dies mit dem Hinweis, dass 114 der einzige Vers mit Handlung sei. Zudem stehe der Text mit seiner Misogynie gegen Logion 22. Dort erklärt Jesus seinen Jüngern, dass gerettet werden kann, „wer aus dem Männlichen und dem Weiblichen eine Sache macht, so dass das Männliche nicht männlich und das Weibliche nicht weiblich ist".[10] Die Haltung von Petrus entspreche der radikal-misogynen Einstellung frühchristlicher Mönche, auf die in Logion 114 reagiert werde. Das zweite Deutungsmuster geht davon aus, dass 114 ein Aufruf zu rigoroser sexueller Askese sei: Mit dem Männlichwerden sei gemeint, die Fähigkeit Kinder zu gebären zu negieren.[11] Der dritte Ansatz sieht in Logion 114 eine Wiedergabe des platonischen Mythos vom androgynen Urmenschen.[12] Im *Symposion* erzählt Pausanias die Geschichte, wie die Menschen ursprünglich zu zweit vollkommene Kugeln gebildet hätten, die dann zu zwei unvollkommenen Menschen auseinandergebrochen seien. Dieser Gedanke findet sich im *Philippus-Evangelium* in Logion 71:

---

7   *Thomas-Evangelium* Logion 114; NHC II, 2 p. 51, 18–26: LAYTON 1989, 92: „ⲡⲉϫⲉ ⲥⲓⲙⲱⲛ ⲡⲉⲧⲣⲟⲥ ⲛⲁⲩ ϫⲉ ⲙⲁⲣⲉ ⲙⲁⲣⲓϩⲁⲙ ⲉⲓ ⲉⲃⲟⲗ ⲛ̄ϩⲏⲧⲛ̄ ϫⲉ ⲛ̄ⲥϩⲓⲟⲙⲉ ⲙ̄ⲡϣⲁ ⲁⲛ ⲙ̄ⲡⲱⲛϩ ⲡⲉϫⲉ ⲓ̄ⲥ̄ ϫⲉ ⲉⲓⲥϩⲏⲏⲧⲉ ⲁⲛⲟⲕ ϯⲛⲁⲥⲱⲕ ⲙ̄ⲙⲟⲥ ϫⲉ ⲕⲁⲁⲥ ⲉⲉⲓⲛⲁⲁⲥ ⲛ̄ϩⲟⲟⲩⲧ ϣⲓⲛⲁ ⲉⲥⲛⲁϣⲱⲡⲉ ϩⲱⲱⲥ ⲛ̄ⲟⲩⲡ̄ⲛ̄ⲁ̄ ⲉϥⲟⲛϩ ⲉϥⲉⲓⲛⲉ ⲙ̄ⲙⲱⲧⲛ̄ ⲛ̄ϩⲟⲟⲩⲧ ϫⲉ ⲥϩⲓⲙⲉ ⲛⲓⲙ ⲉⲥⲛⲁⲁⲥ ⲛ̄ϩⲟⲟⲩⲧ ⲥⲛⲁⲃⲱⲕ ⲉϩⲟⲩⲛ ⲉⲧⲙⲛ̄ⲧⲉⲣⲟ ⲛ̄ⲙ̄ⲡⲏⲩⲉ."
8   Neben diesen drei am meisten angewandten Deutungsmustern gibt es weitere, so etwa der Vorschlag von BRANKAER, die Aussage Jesu sei ironisch zu verstehen. Vgl. BRANKAER 2005, 149–162.
9   Vgl. DAVIES 1983, 152–153; MARJANEN 1996, 51–52; MEYER 1985, 561–562.
10 *Thomas-Evangelium* Logion 22; SCHENKE 2001, 168.
11 Vgl. FIEGER 1991, 280: „Diejenige Frau, die bereit ist, den Fortpflanzungsprozess einzustellen und ein enthaltsames Leben zu führen, wird, indem sie Lichtfunken erkennt, zu einem lebendigen Geist, der den Männern gleicht, die von Natur aus unfähig sind zu gebären."
12 Vgl. PLATON, *Symposion* 189e–193b: 54–62; sowie BUCKLEY 1985, 245–272.

Als Eva noch in Adam war, gab es keinen Tod. Als sie von ihm getrennt wurde, entstand der Tod. Wenn sie wiederum hin[eing]eht und ihn annimmt, wird kein Tod mehr sein.[13]

So wie Gott in Gen 2 zuerst Adam aus Staub und Geist und dann Eva aus Adams Rippe erschaffen hat, so muss zuerst die Frau wieder zurück in den Mann, um am lebendigen Geist teilhaben zu können. Diese drei Muster enthalten allesamt grundlegende Aspekte.[14] Ich möchte mich der Deutung von Logion 114 von einer anderen Seite nähern: Welches Licht werfen antike medizinische Texte auf die Vorstellung einer „männlichen" Maria Magdalena? Ist es gemäss diesen möglich, die Geschlechtergrenze zu überwinden?

4. Der Kontext: die Geschlechterdifferenz nach Galen

Der Arzt Galen stammt, wie das *Thomas-Evangelium* wohl auch, aus dem zweiten Jahrhundert.[15] Er gilt bis in die Renaissance als unangefochtene Autorität unter den Medizinern und seine Schriften bilden die Grundlage zum Studium der menschlichen Anatomie. Galen beschreibt in seinem Werk *De usu partium corporis humani* im 14. und 15. Buch die Genitalorgane. Im 6. Kapitel kommt er auf den Unterschied zwischen männlicher und weiblicher Anatomie zu sprechen. Prinzipiell, so schreibt er, muss man Folgendes wissen:

> Nun, gerade so, wie die Menschheit das Vollkommenste unter allen Tieren ist, so ist innerhalb der Menschheit der Mann vollkomener als die Frau. Der Grund für seine Vollkommenheit liegt an seinem Mehr an Hitze, denn Hitze ist der Natur erstes Werkzeug.[16]

Dieses Mehr an Hitze, so Galen, ist das einzige Unterscheidungsmerkmal zwischen Männern und Frauen.[17] Die Geschlechtsorgane sind bei Frauen und Männern identisch. Dies ist nun etwas schwieriger zu verstehen und Galen lädt ein, doch folgendes Gedankenexperiment zu machen:

---

13   *Philippus-Evangelium* Logion 71; NHC II, 3 p. 68, 22–26: LAYTON 1989, 178: „ⲛ̄ⲣⲟⲟⲩ ⲛⲉⲣⲉ ⲉⲩϩⲁ [ϩ]ⲛ̄ ⲁ[ⲇ]ⲁⲙ ⲛⲉ ⲙⲛ̄ ⲙⲟⲩ ϣⲟⲟⲡ ⲛ̄ⲧⲁⲣⲉⲥⲡⲱⲣϫ [ⲉⲣ]ⲟϥ ⲁⲡⲙⲟⲩ ϣⲱⲡⲉ ⲡⲁⲗⲓⲛ ⲉϥϣⲁⲃⲱ[ⲕ ⲉϩ]ⲟⲩⲛ ⲛ̄ϥϫⲓⲧϥ ⲉⲣⲟϥ ⲙⲛ̄ ⲙⲟⲩ ⲛⲁϣⲱⲡⲉ."
14   Eine ausführliche Diskussion ist nicht Thema dieser Arbeit und würde den Rahmen sprengen. Es bleibt, darauf hinzuweisen, dass diese Ansätze auch ihre Probleme haben: Logion 114 etwa muss nicht zwingend ein später Zusatz sein, denn es geht nicht darum aufzuhören, Frau zu sein, sondern darum, männlich zu werden. Weiter sind die Kugeln des Pausanias nicht zwingend gemischt-geschlechtlich gebildet, es können auch zwei Männer oder zwei Frauen eine Kugel formen.
15   Vgl. LAQUEUR 1992, 288; zu GALEN vgl. S. 12 in der vorliegenden Arbeit.
16   GALEN, *De usu partium corporis humani* 14, 6: HELMREICH 1968, 299: „καθάπερ οὖν ἄνθρωπος ἁπάντων ζῴων ἐστὶ τὸ τελεώτατον, οὕτως ἐν αὐτῷ τούτῳ πάλιν ἀνὴρ γυναικὸς τελεώτερος. ἡ δ' αἰτία τῆς τελειότητος ἡ τῆς θερμότητος ὑπεροχή· τοῦτο γάρ ἐστι πρῶτον ὄργανον τῆς φύσεως."
17   Zur Hitze vgl. S. 91 in der vorliegenden Arbeit.

4. DER KONTEXT: DIE GESCHLECHTERDIFFERENZ NACH GALEN 71

Alle Teile nun, welche die Männer haben, haben Frauen auch, die Differenz zwischen ihnen besteht nur in einer Sache, die man während der Abhandlung im Gedächtnis behalten sollte, nämlich, dass bei den Frauen die Teile darin sind, während bei den Männern sie draussen liegen, in der Region, die Damm genannt wird. [...]

Jedes von ihnen nämlich, welches auch immer du zuerst bedenken willst, das der Frau nach draussen gewendet, das des Mannes nach innen und doppelt gefaltet – in allem findest du bei beiden das Gleiche.[18]

Als Föten haben nach Galen nur die Männer genug Hitze, so dass sich im Körper ein Überdruck bildet. Der Körper wird an der schwächsten Stelle, dem Damm, deformiert, die Genitalien werden nach aussen gestülpt. Bei einer Frau reicht die Hitze jedoch nicht aus, es entsteht ein Unterdruck, die Genitalien werden nach innen gezogen.[19] Nun wäre es doch vorstellbar, dass irgendein Mann im späteren Leben zu wenig Hitze hat, und dann „implodiert", und so zur Frau würde, wie auch umgekehrt eine feurige Frau „explodiert" und so zum Mann würde. Da dies offensichtlich nicht geschieht, steht fest: Weiblichkeit ist nach Galen quasi ein Geburtsfehler, der sich mit medizinischen Methoden nicht wieder auskurieren lässt.

Dieser Text zeigt exemplarisch auf, was bis ins 17. Jahrhundert[20] gilt: Der Mensch, das ist in seiner gesunden, voll entwickelten Form ein Mann.

Weibchen sind ihrem Wesen nach schwächer und kälter, und man muss Weiblichkeit als einen natürlichen Mangelzustand ansehen.[21]

Abstufungen der Hitze nun begründen die Geschlechtsidentität, die über die ganze Skala von schwacher Frau über männliche Frau, verweichlichter Mann bis zum mannhaften Mann läuft – und nicht zu ändern sind.

Aber wie kommt es, dass ein Mediziner wie Galen die Tatsache nicht sehen konnte, dass weibliche Geschlechtsteile andere Funktionen erfüllen als männliche, also ein

---

18 GALEN, *De usu partium corporis humani* 14,6: HELMREICH 1968, 296–297: „πάντ' οὖν, ὅσα τοῖς ἀνδράσιν ὑπάρχει μόρια, ταῦτα καὶ ταῖς γυναιξὶν [ἰδεῖν ἔστιν] ἐν ἑνὶ μόνῳ τῆς διαφορᾶς οὔσης αὐτοῖς, οὗ παρὰ πάντα χρὴ μεμνῆσθαι τὸν λόγον, ὡς ἔνδον μὲν τὰ τῶν γυναικῶν ἐστι μόρια, τὰ δὲ τῶν ἀνδρῶν ἔξω ἀπὸ τοῦ κατὰ τὸν περίνεον ὀνομαζομένου χωρίου. [...] θάτερα γὰρ αὐτῶν ὁπότερα βούλει νοήσας πρότερα, τὰ μὲν τῶν γυναικῶν ἐκτρέψας ἐκτός, τὰ δὲ τῶν ἀνδρῶν οἷον ἐντρέψας τε καὶ ἐνδιπλώσας ἔσω πάντ' ἀλλήλοις εὑρήσεις τὰ αὐτά."
19 Auch in christlicher Literatur ist diese Vorstellung nachweisbar: NEMESIUS VON EMESA schreibt im Kapitel zur Zeugung in seinem Werk *De natura hominis* 25: MORANI 1987, 86; de. ORTH 1925, 76: „καὶ αἱ γυναῖκες δὲ πάντα τὰ αὐτὰ τοῖς ἀνδράσιν ἔχουσι μόρια, ἀλλ' ἔνδον καὶ οὐκ ἔξω." – „Auch die Frauen haben die gleichen Teile sämtlich wie die Männer, nur nach innen und nicht nach aussen."
20 Vgl. als Beispiel für viele das 1620 erschienene *Novum organon* von BACON: Buch 2 Aphorismus 27: KROHN 1990. Zu Geschlechtertransgressionen in der Antike vgl. ASPEGREN & KIEFFER 1990, STICKLER 2007 und KUNST 2007.
21 ARISTOTELES, *De generatione animalium* IV, 6; 775a14–16: DROSSAART LULOFS 1972, 165: „ἀσθενέστερα γάρ ἐστι καὶ ψυχρότερα τὰ θήλεα τὴν φύσιν, καὶ δεῖ ὑπολαμβάνειν ὥσπερ ἀναπηρίαν εἶναι τὴν θηλύτητα φυσικήν."

Uterus nicht nur ein umgestülpter Aufbewahrungssack ist?[22] Die Antwort lautet, dass Galen hier mit medizinischem Vokabular soziale Statusunterschiede reflektiert – und zementiert.[23] Darum bilden in der Antike die Sklaven eine eigene, schwache Gruppe.[24]

5. Hierarchie der Heilsfähigkeit

Diese Vorstellung findet sich auch im *Philippus-Evangelium*. In Logion 73 werden verschiedene Gruppen aufgezählt und es wird bestimmt, welche davon gerettet werden können. Die einen werden festgelegt durch den sozialen Status, die Sklaven und die Freien, andere durch ihr sexuelles Verhalten, so die „besudelten" Frauen und die Jungfrauen, und drittens ist da eine Gruppe, die gar nicht zur Gattung Mensch gezählt wird. Dem antiken Verständnis zufolge ist jedoch klar, dass es hier um verschiedene Ebenen der Hierarchie der Lebewesen geht: Zuunterst stehen die Tiere, dann die Sklaven, die „besudelten" Frauen, die Jungfrauen und schliesslich die freien Männer.

```
p. 69    ⲙⲁⲣⲉⲡⲁⲥⲧⲟⲥ ϣⲱⲡⲉ ⲛ̄ⲛ̄ⲑⲏⲣⲓⲟⲛ ⲟⲩ
2        ⲧⲉ ⲙⲁϥϣⲱⲡⲉ ⲛ̄ⲛ̄ϩⲙ̄ϩⲁⲗ ⲟⲩⲧⲉ ⲛ̄ⲥϩⲓⲙⲉ
         ⲉⲩϫⲟϩⲙ ⲁⲗⲗⲁ ϣⲁϥϣⲱⲡⲉ ⲛ̄ϩⲛ̄ⲣⲱⲙⲉ
4        ⲛ̄ⲉⲗⲉⲩⲑⲉⲣⲟⲥ ⲙⲛ̄ ϩⲛ̄ⲡⲁⲣⲑⲉⲛⲟⲥ.
```

p. 69   Kein Brautgemach gi[b]t es [für] die Tiere noch
3   gibt es das für Skla[ven] noch für besudelte
         Frauen, sondern es is[t] für freie (ἐλεύθερος)
4   Männer und Jungfrauen (παρθένος).[25]

Nach Galen nimmt die Hitze jeweils zu, wobei er Hitze in einem aristotelischen Sinn braucht und sie als Lebenskraft versteht.[26] Für Männer wird im Koptischen das Wort ⲣⲱⲙⲉ verwendet. Aufgrund der Analogie besudelte Frauen–Jungfrauen sowie Sklaven–freie ⲣⲱⲙⲉ macht es Sinn, ⲣⲱⲙⲉ mit Mann zu übersetzen, und alle deutschen Übersetzungen geben hier ⲣⲱⲙⲉ auch so wieder. Doch ⲣⲱⲙⲉ ist ein weiter Begriff, meist wird er mit Mensch wiedergegeben. So im *Evangelium der Maria*:

```
p. 9,12    ⲧⲟⲧⲉ ⲁⲙⲁⲣⲓϩⲁⲙ ⲧⲱ
           ⲟⲩⲛ ⲁⲥⲁⲥⲡⲁⲍⲉ ⲙⲙⲟⲟⲩ ⲧⲏⲣⲟⲩ
14         ⲡⲉϫⲁⲥ ⲛⲛⲉⲥⲥⲛⲏⲩ ϫⲉ ⲙ̄ⲡⲣ̄ⲣⲓⲙⲉ
           ⲁⲩⲱ ⲙ̄ⲡⲣ̄ⲣⲗⲩⲡⲉⲓ ⲟⲩⲇⲉ ⲙ̄ⲡⲣ̄ⲣ ϩⲏⲧ
```

---

22 Diese Ansicht vertraten schon Platon, Anaxagoras und Diogenes, vgl. Balme 1990, 21.
23 Vgl. Laqueur 1992 und Grundmann 2005. Zur Stellung der Frauen in den hippokratischen Schriften vgl. Stein 1994. Zur Rezeption dieser Konzeption bei den Kirchenvätern vgl. Laurence 2005.
24 Beispiele für die Sklaven als schwaches Geschlecht bietet Laqueur (1992).
25 *Philippus-Evangelium* 73; NHC II, 3 p. 69, 1–4: Layton 1989, 178.
26 Vgl. Laqueur 1992, 288 Anmerkung 73.

5. HIERARCHIE DER HEILSFÄHIGKEIT 73

```
16   ⲥⲛⲁⲩ ⲧⲉϥⲭⲁⲣⲓⲥ ⲅⲁⲣ ⲛⲁϣⲱⲡⲉ
     ⲛⲙ̄ⲙⲏⲧⲛ̄ ⲧⲏⲣ<ⲧ>ⲛ ⲁⲩⲱ ⲛⲥⲣ̄ⲥⲕⲉⲡⲁ
18   ⲍⲉ ⲙⲙⲱⲧⲛ̄ ⲙⲁⲗⲗⲟⲛ ⲇⲉ ⲙⲁⲣⲛ̄
     ⲥⲙⲟⲩ ⲉⲧⲉϥⲙⲛ̄ⲧⲛⲟϭ ϫⲉ ⲁϥⲥⲃ̄
20   ⲧⲱⲧⲛ̄ ⲁϥⲁⲁⲛ ⲛ̄ⲣⲱⲙⲉ
```

p. 9, 12   Da stand Maria auf,
            grüsste (ἀσπάζεσθαι) sie alle,
14   sagte zu ihren Brüdern: Weint nicht
            und trauert nicht, auch verzweifelt nicht.
16   Seine Gnade nämlich wird
            mit euch [gänzlich? allen?] sein und
18   euch beschützen. Mehr noch:
            Lasst uns seine Grösse preisen, denn er hat uns bereitet,
20   uns zu ⲣⲱⲙⲉ gemacht.[27]

Die Wiedergabe mit Mensch für ⲣⲱⲙⲉ könnte in diesem Zusammenhang in einer anachronistischen Weise humanistisch missverstanden werden: „Er hat uns zu Menschen gemacht". Wie Logion 73 im *Philippus-Evangelium* gezeigt hat, steht ⲣⲱⲙⲉ primär für den vollkommenen Menschen, den Mann. Eine Wiedergabe mit Männern bringt auch mehr Klarheit, wie die Stelle zu interpretieren ist: „er hat uns bereitet, uns zu Männern gemacht".[28] Christus hat die Anwesenden in der Hierarchie des Seins höher gebracht – auch Maria, die als Frau einen besonderen Mangel hatte. Wie im *Thomas-Evangelium* geht es hier um das Männlichwerden. Jesus hatte versprochen, Maria Magdalena männlich zu machen. Im *Evangelium der Maria* ist sie ein vollkommener Mann geworden und wird vom Erlöser mit besonderen, nur ihr bekannten Worten gewürdigt. Damit ein Mensch also gerettet werden kann, muss er seine Minderwertigkeit ablegen, seine Weiblichkeit überwinden und an Männlichkeit zunehmen.[29] So wird es Frauen möglich, ihre nach Galen unheilbare Minderwertigkeit zu überwinden und auf einer höheren, geistigen Ebene die Geschlechtergrenze zu überschreiten. „Männlich" und „weiblich" werden zu Bezeichnungen, die sich auf die Stellung in der Hierarchie des Lebens beziehen, losgelöst von der biologischen Erscheinung.

---

27 *Evangelium der Maria*; BG 1 p. 9, 12–20: TILL & SCHENKE 1972, 66.
28 Es ist anzumerken, dass das griechische Fragment POx 3525, das diese Stelle auf Griechisch wiedergibt, für ⲣⲱⲙⲉ ἄνθρωπος belegt. Vgl. LÜHRMANN 1988, 321–338. Wie das koptische ⲣⲱⲙⲉ oder das lateinische *homo*, so bezeichnet auch der griechische Term ἄνθρωπος das Idealbild, das männlich gedacht wird. So in LXX 1Es 9,40 (entspricht Neh 8, 2 im masoretischen Text): „παντὶ τῷ πλήθει ἀπὸ ἀνθρώπου ἕως γυναικὸς" – „für die gesamte Menge, sowohl Mann als Frau". Vgl. LIDDELL & SCOTT 1948, 141–142.
29 Dieses ursprünglich pagane Ideal vom τέλειος ἀνήρ, vom vollkommenen Mann wird in der Spätantike sowohl im Neuplatonismus als auch im Christentum breit rezipiert und propagiert. Vgl. MRATSCHEK 2007, 214.

6. „Zerstört die Werke der Weiblichkeit!"

Auch im *Dialog des Erlösers* geht es um das Thema Frau und Geschlechtlichkeit – und auch hier tritt Maria Magdalena auf.

```
p. 144,12      ⲡⲉϫⲉ ⲓ̈ⲟⲩⲇⲁⲥ ϫⲉ ⲛ̄ⲧⲁⲕ
               ϫⲱ ⲙ̄ⲡⲁⲓ̈ ⲛⲁⲛ ⲉⲃⲟⲗ ϩⲙ̄ ⲡⲛⲟⲩⲥ ⲛ̄
14             ⲧⲙⲏⲉ ϩⲟⲧ[ⲁ]ⲛ ⲉⲛϣⲁϣⲗⲏⲗ ⲉⲛⲁ
               ϣⲗⲏⲗ ⲛ̄ⲁϣ ⲛ̄ϩⲉ· ⲡⲉϫⲉ ⲡϫⲟⲉⲓⲥ [ϫⲉ]
16             ϣⲗⲏⲗ ϩⲙ̄ ⲡⲙⲁ ⲉⲧⲉⲙ̄ⲛ̄ⲥϩⲓⲙⲉ ⲙ̄[ⲙⲁⲩ]
               ⲡⲉϫⲉ ⲙⲁⲑⲑⲁⲓⲟⲥ ϫⲉ ⲉϥϫⲱ ⲙ̄ⲙ[ⲟⲥ]
18             ⲛⲁⲛ ϫⲉ ϣⲗⲏⲗ ϩⲙ̄ ⲡⲙⲁ ⲉⲧⲉⲙ̄[ⲛ̄ⲥ ϩⲓ]
               ⲙⲉ ⲙ̄ⲙⲁⲩ ϫⲉ ⲉⲣⲓⲕⲁⲧⲁⲗⲩⲉ ⲛ̄ⲛ̄[ⲉ]
20             ϩⲃⲏⲩⲉ ⲛ̄ⲧⲙⲛ̄ⲧⲥϩⲓⲙⲉ ϫⲉ ϭⲉ ϫ[..]
               ⲁⲛ ⲡⲉ ⲁⲗⲗⲁ ϫⲉ ⲥⲉⲛⲁⲟⲩⲱ ⲛ̄ⲥⲉ[...]
22             ⲡⲉϫⲉ ⲙⲁⲣⲓϩⲁⲙ ϫⲉ ⲥⲉⲛⲁϥⲟⲧⲟⲩ [ⲉⲃⲟⲗ]
               ⲁⲛ ϣⲁ ⲉⲛⲉϩ· ⲡⲉϫⲉ ⲡϫⲟⲉⲓⲥ ϫⲉ [...]
24             ⲡⲉ ⲉⲧⲥⲟⲟⲩⲛ ϫⲉ ⲥⲉⲛⲁⲃⲱⲗ ⲉⲃⲟⲗ [..]
p. 145         [ⲁ]ⲩⲱ ⲛ̄ⲥⲉⲕ[                ]
2              [.].ⲉ ⲛ̄ⲧⲙⲛ̄ⲧ[.........]..ⲡⲟⲥ
               ⲡⲉϫⲉ ⲓ̈ⲟⲩⲇⲁⲥ [      ]ⲁⲓⲟⲥ ϫⲉ
4              [ⲥ]ⲉⲛⲁⲃⲱⲗ ⲉⲃ[ⲟⲗ....ϩⲃ]ⲏⲟⲩⲉ ⲛ̄
               [ⲧ]ⲙⲛ̄ⲧⲥ̄[              ]ⲛ̄ⲁⲣⲭⲱⲛ
6              [..]ⲛⲁⲣ̄ⲉⲡⲓ....[....].ⲁ ⲉⲛⲁϣⲱ
               [ⲡ]ⲉ ⲛ̄ϯϩⲉ ⲉⲛⲥⲃ̄ⲧⲱⲧ [ⲉ]ⲣⲟⲟⲩ
```

p. 144,12 Judas sagte: Du hast uns
dies gesagt aus der Gesinnung der
14 Wahrheit. W[e]nn wir beten, auf welche
Weise sollen wir beten? Der Herr sagte[:]
16 Betet am Ort, w[o] keine Frau ist.
Matthäus sagte: Indem er uns sagt
18 betet am Ort, wo keine [Fr]au ist,
(meint er): zerstört die [W]erke der
20 Weiblichkeit, nicht weil es eine andere
[ ] gibt, sondern weil sie aufhören zu
22 [ ]. Maria sagte: Sie werden nicht
zerstört werden in Ewigkeit. Der Herr sagte:
24 [ist? bist?] es, der weiss, dass sie [nicht?]
p. 145 aufgelöst und [   ]
2 [   ]
Judas sagte [Matth]äus: [sie] werden
4 aufgelöst [We]rke der

6 W[eiblich]keit [   ] die Archonten
   [   ] So werden
   wir [für] sie bereit sein.³⁰

Im Unterschied zum *Thomas-Evangelium* und dem *Evangelium der Maria* ist es diesmal nicht Petrus, der Maria ausschliessen möchte, es ist Jesus selbst, der – nimmt man ihn wörtlich – keine Frauen in der gnostischen Gemeinschaft haben will: „Betet, wo keine Frau ist", so lautet seine Antwort auf die Frage nach der rechten Gebetsweise. Matthäus relativiert die Aussage Jesu: Nicht die Frauen sind das Problem, sondern die Weiblichkeit. Leider ist der weitere Verlauf des Dialoges nur noch sehr lückenhaft erhalten. Aber es ist wahrscheinlich, dass es ums Gebären geht; die Lacuna in p. 144, 19–21 lässt sich zu ⲭⲓⲥⲉ ergänzen: „Zerstört die Werke der Weiblichkeit, nicht weil es eine andere Geburt gibt, sondern weil sie aufhören zu gebären." Auch hier kann der Mediziner Galen einen Hinweis zum Verständnis geben: Die Frau als unreiferer Mensch habe wie der Mann Samen.³¹ Doch weiblicher Samen sei eigentlich unfruchtbar oder liefere zumindest nur das Fleisch, den Stoff für ein Kind. Nur aus männlichem Samen könne ein Mensch werden, denn der männliche Same liefere den Geist respektive die Form.³² Manchmal keime weiblicher Samen ohne männliche Hilfe. Das Resultat einer solchen Schwangerschaft sei eine Missgeburt. Plutarch bringt das in seinem Schreiben an Pollianus und Eurydike über die Pflichten von Ehegatten auf den Punkt:

> Man sagt zwar, dass keine Frau jemals ohne Verkehr mit einem Mann ein Kind hervorgebracht habe, doch es gibt unförmige Leibesfrüchte, fleischähnliche Gebilde durch in ihnen selbst empfangene Missgeburten³³, die Wucherungen³⁴ genannt werden. Man hüte sich, dass dergleichen nicht auch in den Seelen der Frauen entstehen. Denn wenn sie nicht den Samen nützlicher Lehren empfangen, noch von den Männern weiter ausgebildet werden, so bringen sie nichts als böse Anschläge und schädliche Leidenschaften zur Welt.³⁵

---

30 *Dialog des Erlösers* 90–95; NHC III, 5 p. 144, 12–145, 7: EMMEL 1984, 88–90.
31 Dass diese Vorstellung rezipiert und auch von christlichen Autoren geteilt wurde, bezeugt LAKTANZ in seinem Werk *De opificio Dei* 12: PERRIN 1974, 176–184, vgl. PERRIN 2005 und PERRIN 1981; oder NEMESIUS, *De natura hominis* 25: MORANI 1987, 85–87; de. ORTH 1925, 76.
32 Vgl. GALEN, *De usu partium corporis humani* 14, 7: HELMREICH 1968, 302–303.
33 Der Terminus διαφθορά „Verderben" wird bei Ps. HIPPOKRATES, *De mulierum affectibus* 1, 3: LITTRÉ 1962, 24; für Missgeburt oder Fehlgeburt verwendet. Vgl. LIDDELL & SCOTT 1948, 418.
34 Der Ausdruck μύλη steht in Ps. HIPPOKRATES, *De mulierum affectibus* 1, 71; 2, 178 LITTRÉ 1962, 148–150 und 360–362. In ARISTOTELES, *De generatione animalium* 775b25 steht μύλη für eine harte Geschwulst im Unterleib einer Frau. Vgl. LIDDELL & SCOTT 1948, 1152 und LAQUEUR 1992, 290 Anmerkung 98.
35 PLUTARCH, *Coniugalia praecepta* (Moralia II, 12), 145D-E: BABBITT 1962, 338–340: „Παιδίον μὲν γὰρ οὐδεμία ποτὲ γυνὴ λέγεται ποιῆσαι δίχα κοινωνίας ἀνδρός, τὰ δ᾽ ἄμορφα κυήματα καὶ σαρκοειδῆ καὶ σύστασιν ἐν ἑαυτοῖς ἐκ διαφθορᾶς λαμβάνοντα μύλας καλοῦσι. τοῦτο δὴ φυλακτέον ἐν ταῖς ψυχαῖς γίγνεσθαι τῶν γυναικῶν. ἂν γὰρ λόγων χρηστῶν σπέρματα μὴ δέχωνται μηδὲ κοινωνῶσι παιδείας τοῖς ἀνδράσιν, αὐταὶ καθ᾽ αὑτὰς ἄτοπα πολλὰ καὶ φαῦλα βουλεύματα καὶ πάθη κυοῦσι."

76　　IV. WEIBLICHKEIT ALS GEBURTSFEHLER

Wenn im *Dialog des Erlösers* aufgerufen wird, die Werke der Weiblichkeit zu zerstören, so sollen die Frauen nicht einfach nur aufhören zu gebären. Sie sollen aufhören unvollkommene Frauen zu sein, nicht mehr böse Anschläge, Leidenschaften und Kinder in die Welt zu setzen, sondern männliche Menschen werden. Dass die von Plutarch dargestellte Analogie von Denken und Gebären einer verbreiteten Vorstellung entspricht, zeigt das *Apokryphon des Johannes*. Darin ist beschrieben, was passiert, wenn eine Frau aus sich heraus, ohne die Hilfe eines männlichen Partners denkt bzw. gebiert:

p. 36, 16	ⲧⲛ̄ϣⲃⲣ̄ ⲥⲱⲛⲉ ⲇⲉ ⲧⲥⲟⲫⲓⲁ ⲉⲩⲉ
	ⲱⲛ ⲧⲉ ⲁⲥⲙⲉⲉⲩⲉ ⲉⲩⲙⲉⲉⲩⲉ ⲉ
18	ⲃⲟⲗ ⲛ̄ϩⲏⲧⲥ̄ ⲁⲩⲱ ϩⲣⲁⲓ̈ ϩⲙ ⲡⲙⲉ
	ⲉⲩⲉ ⲙⲡⲉⲡ̄ⲛ̄ⲁ̄ ⲙⲛ̄ ⲡϣⲟⲣⲡ ⲛ̄
20	ⲥⲟⲟⲩⲛ ⲁⲥⲣ̄ϩⲛⲁⲥ ⲉⲟⲩⲱⲛϩ ⲙⲡⲓ
p. 37	[ⲛⲉ] ⲉⲃⲟⲗ ⲛ̄ϩⲏⲧⲥ̄ ⲉⲙⲡⲉϥⲧⲱⲟⲩ̄
2	[ⲛⲙ̄]ⲙ̄ⲁⲥ ⲛ̄ϭⲓ ⲡⲉⲡ̄ⲛ̄ⲁ̄ ⲟⲩⲧⲉ ⲟⲛ
	[ⲙⲡⲉ]ϥⲕⲁⲧⲁⲛⲉⲩⲉ ⲟⲩⲧⲉ ⲟⲛ
4	ⲙ̄[ⲡⲉ]ϥⲥⲩⲛⲉⲩⲇⲟⲕⲓ ⲛ̄ϭⲓ ⲡⲉⲥⲥⲩⲛ
	[ⲍ̄]ⲩⲅⲟⲥ ⲡⲓⲡⲛ̄ⲁ̄ ⲛ̄ϩⲟⲟⲩⲧ ⲙⲡⲁⲣ
6	ⲑⲉⲛⲓⲕⲟⲛ ⲙⲡⲉⲥϩⲉ ⲇⲉ ⲉⲡⲉⲥ
	ⲥⲩⲙⲫⲱⲛⲟⲥ ⲉⲥⲛⲁⲕⲁⲧⲁⲛⲉⲩ
8	ⲉ ⲉϫⲛ̄ ⲧⲉⲩⲇⲟⲕⲓⲁ ⲙⲡⲉⲡ̄ⲛ̄ⲁ̄
	ⲙⲛ̄ ⲡⲥⲟⲟⲩⲛ ⲙⲡⲉⲥⲥⲩⲙⲫⲱⲛⲟⲥ
10	ⲙⲙⲓⲛ ⲙ̄ⲙⲟⲥ ⲉⲥⲧⲱⲕⲉ ⲉⲃⲟⲗ ⲉⲧ
	ⲃⲉ ⲡⲉⲡⲣⲟⲩⲛⲓⲕⲟⲛ ⲉⲧⲛ̄ϩⲏⲧⲥ̄
12	ⲡⲉⲥⲙⲉⲉⲩⲉ ⲙⲡⲉϥϣ̄ ϣⲱⲡⲉ ⲛ̄
	ⲁⲣⲅⲟⲛ ⲁⲩⲱ ⲁⲡⲉⲥϩⲱⲃ ⲉⲓ ⲉⲃⲟⲗ
14	ⲉⲛϥ̄ϫⲏⲕ ⲁⲛ ⲛ̄ϭⲁⲉⲓⲉ ϩⲙ̄ ⲡⲉϥ
	ⲉⲓⲛⲉ ⲉⲃⲟⲗ ϫⲉ ⲁⲥⲁⲁⲥ ⲉϫⲙ̄
16	ⲡⲉⲥⲥⲩⲛⲍⲩⲅⲟⲥ.

p. 36, 16	Unsere Mitschwester aber, die Sophia, die ein
	Äon ist, dachte einen Gedanken
18	aus sich selbst und im Den-
	ken des Geistes und der ersten
20	Erkenntnis wollte sie das
p. 37	[Ebenbild] aus sich in Erscheinung bringen, obwohl
2	der Geist ihr nicht zugestimmt noch auch
	zustimmend genickt hatte, noch auch
4	hatte ihr Paargenosse dem zugestimmt,
	der männliche jungfräuliche Geist.
6	Aber sie fand ihren
	Einklang[36] nicht, als sie zustimmend nickte

36　σύμφωνος, womit ihr Paargenosse gemeint ist.

6. „ZERSTÖRT DIE WERKE DER WEIBLICHKEIT!"

8 ohne die Zustimmung des Geistes
und des Wissens ihres eigenen Einklanges.
10 Sie quoll aus sich heraus wegen
der Wollust, die in ihr war,
12 ihr Gedanke konnte nicht
unwirksam bleiben und ihr Werk kam hervor –
14 ohne vollkommen zu sein, fremd in seiner
Erscheinung, da sie es ohne
16 ihren Paargenossen gemacht hatte.[37]

Das Aussehen der Missgeburt Jaldabaoth wird beschrieben. Es folgt die Erschaffung der unteren, materiellen Welt und der Archonten durch den Jaldabaoth. Schliesslich kehrt der Text wieder zu Sophia zurück:

p. 44, 19   ⲁⲥⲁⲣⲭⲉⲥⲑⲁⲓ ϭⲉ ⲛϭⲓ ⲧⲙⲁ
p. 45   ⲁⲩ ⲉⲉⲡⲓⲫ[ⲉ]ⲣ[ⲉ] ⲁⲥⲉⲓⲙⲉ
2   ⲉⲡⲉⲥϣⲧⲁ ⲉⲃⲟⲗ ϫⲉ ⲙⲡⲉ
            ⲡⲉⲥⲥⲩⲛⲍⲩⲅⲟⲥ ⲥⲩⲙⲫⲱⲛⲓ
4   ⲛⲙⲙⲁⲥ ϩⲙ ⲡⲧⲣⲟⲩϯⲉⲅⲉ ⲙ̄
            ⲙⲟⲥ ⲉⲃⲟⲗ ϩⲓⲧⲙ̄ ⲡⲉⲥϫⲱⲕ

p. 44, 19   Die Mutter begann nun, sich zu
p. 45   bewegen, sie erkannte ihren
2   Mangel daran, dass, weil ihr
            Paargenosse nicht mit ihr übereingestimmt
4   hatte, sie zurückgewiesen
            wurde in ihrer Vollkommenheit.[38]

Sophia erschrickt ob all dem von ihr ausgelösten Übel und schämt sich.

p. 46, 9   ⲧⲙⲁⲁⲩ ⲇⲉ ⲛ̄
10   ⲧⲉⲣⲉⲥⲉⲓⲙⲉ ⲉⲫⲟⲩϩⲉ ⲙⲕⲁ
            ⲕⲉ ϫⲉ ⲛϥ̄ϩⲛ ⲟⲩϫⲱⲕ ⲁⲛ ϫⲉ
12   ⲙⲡⲉϥⲥⲩⲙⲫⲱⲛⲓ ⲛⲙⲙⲁⲥ
            ⲛϭⲓ ⲡⲉⲥⲥⲩⲛⲍⲩⲅⲟⲥ ⲁⲥⲙⲉ
14   ⲧⲁⲛⲟⲓ̈ ⲁⲥⲣⲓⲙⲉ ϩⲛ ⲟⲩⲣⲓ
            ⲙⲉ ⲉⲛⲁϣⲱϥ

---

37 *Apokryphon des Johannes* (BG 2), p. 36, 16–37, 6: TILL & SCHENKE 1972, 112–115.
38 *Apokryphon des Johannes* (BG 2), p. 44, 19–45, 5: TILL & SCHENKE 1972, 128–132.

> p. 46, 9   Als aber die Mutter
> 10   erkannte, dass die Fehlgeburt
>   der Finsternis nicht vollkommen
> 12   war, da ihr Paargenosse nicht mit
>   ihr übereingestimmt hatte,
> 14   bereute sie und
>   weinte sehr.[39]

Was hier beschrieben wird, ist der gnostische Sündenfall: Die Sophia bringt eine metaphysische Missgeburt hervor, den Jaldabaoth, den Demiurgen, der nun die untere Welt erschafft. Die ganze untere Welt, die Materie und die Leidenschaft, das ist alles ein Werk der Weiblichkeit, eine Fehlgeburt, weil sie „den Samen nützlicher Lehren"[40] von ihrem Paargenossen nicht empfangen hat. Diese Vorstellungen bilden den Kontext zum Abschnitt im *Dialog des Erlösers*, zumal in p. 144, 5 die Archonten, die Geschöpfe des Jaldabaoth erwähnt werden.

7. Ein Marianisches Prinzip

Im *Philippus-Evangelium* kommt Maria Magdalena in zwei Logien vor. In 32 steht nach der Übersetzung von Schenke:

> Drei (Frauen) hatten ständigen Umgang mit dem Herrn: Maria, seine Mutter, <seine> Schwester und Magdalena, die „seine Gefährtin" genannt wird. Denn „Maria", so heisst seine Schwester; und seine Mutter heisst so; und seine Gefährtin heisst so.[41]

Dieses Logion ist ein schönes Beispiel dafür, wie heikel freie Übersetzungen sind. Eigentlich steht im koptischen Text nicht seine Schwester, sondern ihre Schwester. Bei allen deutschen Übersetzungen, die ich bisher gesehen habe, wird jedoch „ihre Schwester" zu „seine Schwester" emendiert. Doch Joh 19, 25 veranlasst, ⲧⲉⲥⲥⲱⲛⲉ stehen zu lassen:[42]

> Es standen aber bei dem Kreuz Jesu seine Mutter und seiner Mutter Schwester, Maria [Maria], die Frau des Klopas, und Maria von Magdala.[43]

---

39   *Apokryphon des Johannes* (BG 2), p. 46, 9–15: TILL & SCHENKE 1972, 132.
40   PLUTARCH, *Coniugalia praecepta* (Moralia II, 12), 145E: BABBITT 1962, 340.
41   SCHENKE 2001, 199. Mit geringen Änderungen auch in SCHENKE 1997, 37: „Seine Mutter, seine Schwester und seine Gefährtin heissen nämlich alle Maria."
42   Zur Rezeption von Joh 19, 25 in Logion 32 des Philippus-Evangelius vgl. KLAUCK 1992, 2343–2358 und BÜLLESBACH 2006, 202.
43   Joh 19, 25: „Εἱστήκεισαν δὲ παρὰ τῷ σταυρῷ τοῦ Ἰησοῦ ἡ μήτηρ αὐτοῦ καὶ ἡ ἀδελφὴ τῆς μητρὸς αὐτοῦ Μαρία [Μαρία] ἡ τοῦ Κλωπᾶ καὶ Μαρία ἡ Μαγδαληνή."

Wer hier alles Maria heisst, ist verwirrend. Es überrascht nicht, dass einige Textzeugen, so auch der Sinaiticus[44], hier das erste „Maria" doppelt lesen. So wird zur Gewissheit, was ohne diesen Zusatz lediglich eine Möglichkeit ist: Die Schwester der Mutter Jesu heisst auch Maria, ebenso wie die Frau des Klopas. Das entspricht Logion 32 aus dem *Philippus-Evangelium* im wörtlichen Sinne.

Man erhält bei der zitierten freieren Übersetzung von Schenke den Eindruck, es gehe um eine historische Klarstellung, damit der Gnostiker nicht verwirrt werde und er die verschiedenen Frauen mit dem Namen Maria auseinanderhalten kann. Das wäre jedoch das einzige Logion im *Philippus-Evangelium* mit diesem Motiv. Eine wörtliche Übersetzung zeigt: Zwar wird in Zeile 6–9 im Rückgriff auf Joh 19, 25 referiert, wer alles Maria heisst. Doch dies ist die Einleitung, um anschliessend in Zeile 10 und 11 ein gleichsam Marianisches Prinzip einzuführen. Mutter, Schwester und Genossin sind Manifestationen einer einzigen Maria.

p. 59, 6	ⲚⲈ ⲞⲨⲚ ϢⲞⲘⲦⲈ ⲘⲞⲞϢⲈ ⲘⲚ
	ⲠϪⲞⲈⲒⲤ ⲞⲨⲞⲈⲒϢ ⲚⲒⲘ ⲘⲀⲢⲒⲀ ⲦⲈϤⲘⲀⲀⲨ
8	ⲀⲨⲰ ⲦⲈⲤⲤⲰⲚⲈ ⲀⲨⲰ ⲘⲀⲄⲆⲀⲖⲎⲚⲎ ⲦⲀ
	ⲈⲒ ⲈⲦⲞⲨⲘⲞⲨⲦⲈ ⲈⲢⲞⲤ ϪⲈ ⲦⲈϤⲔⲞⲒⲚⲰⲚⲞⲤ
10	ⲘⲀⲢⲒⲀ ⲄⲀⲢ ⲦⲈ ⲦⲈϤⲤⲰⲚⲈ ⲀⲨⲰ ⲦⲈϤⲘⲀⲀⲨ
	ⲦⲈ ⲀⲨⲰ ⲦⲈϤϨⲰⲦⲢⲈ ⲦⲈ

p. 59, 6	Drei wandelten ständig mit
	dem Herrn: Maria seine Mutter
8	und ihre[sic!] Schwester und Magdalena,
	die auch „seine Genossin (κοινωνός)" genannt wird.
10	Denn Maria ist seine Schwester und ist seine Mutter
	und ist seine Gefährtin.[45]

Manche haben hier den Einfluss altorientalischer Göttinnenkulte sehen wollen, Isis etwa, die als Mutter, Schwester und Gattin dargestellt wird.[46] Doch ist damit Vorsicht geboten, denn eines muss klar sein: Maria Magdalena ist κοινωνός, also Genossin, nicht Gattin. Das griechische Wort κοινωνός gehört in eine Familie mit κοινός gemeinsam oder κοινωνία Gemeinschaft und heisst zunächst einmal Genosse, Partner. Es kann mitunter auch Gattin bedeuten, so gelegentlich in der *Septuaginta*.[47] Im *Neuen Testament* jedoch bedeutet κοινωνός Mitarbeiter, Geschäftspartner: Titus ist der κοινωνός des Paulus in 2Kor 8, 23. Als Fremdwort im Koptischen ist es mit der Bedeutung „Teilhaber" als Terminus technicus in Urkunden oder Verträgen zu finden.[48]

---

44   Nach NESTLE & ALAND 2006 sind es die Zeugen ℵ L Ψ 1 33 565.
45   *Philippus-Evangelium* 32; NHC II, 3 p. 59, 6–11: LAYTON 1989, 158.
46   Vgl. BÜLLESBACH 2006, 207–108.
47   Vgl. Mal 2, 14 und 3Makk 4, 6.
48   Vgl. FÖRSTER 2002, 426.

Die drei Frauen im Logion 32 werden nicht nur Maria genannt, sie sind Maria. Umgekehrt wird dort Magdalena seine Genossin genannt, oder wörtlich: „die sie auch seine Genossin nennen". Wer weiss, ob sie es auch wirklich ist? Es geht um eine nachträgliche theologische Deutung, nicht um eine historische Tatsache.[49] Für die Unmöglichkeit einer romantischen Beziehung zwischen Jesus und Maria Magdalena gibt es neben dieser sprachlichen Nuance einen weiteren inhaltlichen Grund: Das *Philippus-Evangelium* kennt zwei Formen der Ehe. Da ist zunächst das mangelhafte Abbild, die irdische Hochzeit der Besudelung. Ihr vollkommenes Urbild besteht in einer gnostischen Hochzeit, einer Vereinigung, die auch als Metapher für Erlösung steht.[50] Dies bringt Logion 122 deutlich zum Ausdruck:

p. 82, 3	ⲉϣϫⲉ ⲡⲅⲁⲙⲟⲥ ⲙ̄ⲡϫⲱϩⲙ ϥϩⲏⲡ
4	ⲡⲟⲥⲱ ⲙⲁⲗⲗⲟⲛ ⲡⲅⲁⲙⲟⲥ ⲛ̄ⲁⲧϫⲱϩⲙ ⲟⲩ
	ⲙⲩⲥⲧⲏⲣⲓⲟⲛ ⲡⲉ ⲛ̄ⲁⲗⲏⲑⲉⲓⲛⲟⲛ ⲟⲩⲥⲁⲣⲕⲓ
6	ⲕⲟⲛ ⲁⲛ ⲡⲉ ⲁⲗⲗⲁ ⲉϥⲧⲃ̄ⲃⲏⲩ ⲉϥϩⲏⲡ ⲁⲛ ⲁⲧⲉ
	ⲡⲓⲑⲩⲙⲓⲁ ⲁⲗⲗⲁ ⲉⲡⲟⲩⲱϣ ⲉϥϩⲏⲡ ⲁⲛ ⲉⲡⲕⲁ
8	ⲕⲉ ⲏ ⲧⲟⲩϣⲏ ⲁⲗⲗⲁ ⲉϥϩⲏⲡ ⲉⲡⲉϩⲟⲟⲩ ⲙⲛ̄
	ⲡⲟⲩⲟⲉⲓⲛ.

p. 82, 3	Wenn die Hochzeit der Besudelung verborgen ist,
4	um wie viel mehr ist die unbesudelte Hochzeit ein wahrhaftiges Mysterium! Nicht fleischlich
6	ist sie, sondern rein. Sie gehört nicht zur Begierde, sondern zum Willen. Sie gehört nicht zur
8	Finsternis oder zur Nacht, sondern sie gehört zum Tag und zum Licht.[51]

Wir haben in Logion 73 schon gesehen, dass diese obere Hochzeit nur freien Männern und Jungfrauen zugänglich ist. Die untere Hochzeit der Besudelung ist für Sklaven und „besudelte" Frauen. Dass nun der Retter und Maria Magdalena diese fleischliche Hochzeit der Besudelung eingegangen wären, ist undenkbar. Vielmehr ist anzunehmen, dass beiden diese geheimnisvolle reine Vereinigung zugeschrieben wird.

8. Maria/Sophia als Paargenossin des Retters

Damit kommen wir zu Logion 55, das wohl bekannteste Logion des *Philippus-Evangeliums*, aber auch eines der schwierigsten. Zwei prinzipielle Probleme gibt es, welche die Interpretation von Anfang an auf unterschiedliche Bahnen lenken, nämlich die Rekon-

---

49 Vgl. BÜLLESBACH 2006, 202.
50 So auch Logion 60–61.
51 *Philippus-Evangelium* 122; NHC II, 3 p. 82, 3–8: LAYTON 1989, 204–206.

struktion des Textes und dessen Aufteilung. Der Anfang des Logions steht am unteren Ende von Folio 63 und ist fragmentarisch.

```
p. 63, 30                      ⲧⲥⲟ
          ⲫⲓⲁ ⲉⲧⲟⲩⲙⲟⲩⲧ[ . . . . ]ⲥ̣ ϫⲉ ⲧⲥⲧⲓⲣⲁ ⲛ̄
   32     ⲧⲟⲥ ⲧⲉ ⲧⲙⲁⲁ[ . . . . . ]ⲅⲉⲗⲟⲥ ⲁⲩⲱ[ . ]ⲕⲟⲓ̣
          ⲛⲱⲛⲟⲥ ⲙ̄ⲡⲥ[ . . . . . . ]ⲣⲓⲁ ⲧⲙⲁⲅ[ . . ]
   34     ⲗⲏⲛⲏ ⲛⲉⲣⲉ ⲡ[ . . . . . . . ] ⲙ̄ⲙⲟ̣[ . . . ]
          ϩⲟⲩⲟ ⲁⲙ̄ⲙⲁⲑⲏⲧ[ . . . . . . . . . . . . . ]
   36     ⲁⲥⲡⲁⲍⲉ ⲙ̄ⲙⲟⲥ ⲁⲧⲉⲥ̣[ . . . . . . . . . . ]
          ⲛ̄ⲥⲟⲡ ⲁⲡⲕⲉⲥⲉⲉⲡⲉ ⲙ̣[ . . . . . . . . . ]
p. 64     [ . . . ]ⲉⲣⲟ[ . . . . ]ⲁ ⲡⲉϫⲁⲩ ⲛⲁϥ ϫⲉ
    2     ⲉⲧⲃⲉ ⲟⲩ ⲕⲙ[ . . . . ] ⲡⲁⲣⲁⲣⲟⲛ ⲧⲏⲣⲛ̄ ⲁϥ
          ⲟⲩⲱϣⲃ̄ ⲛϭⲓ ⲡⲥⲱⲧⲏⲣ ⲡⲉϫⲁϥ ⲛⲁⲩ ⲡⲉ
    4     ϫⲁϥ ⲛⲁⲩ ϫⲉ ⲉⲧⲃⲉ ⲟⲩ †ⲙⲉ ⲙ̄ⲙⲱⲧⲛ̄ ⲁⲛ
          ⲛ̄ⲧⲉⲥϩⲉ ⲟⲩⲃⲗ̄ⲗⲉ ⲙⲛ̄ ⲟⲩⲁ ⲉϥⲛⲁⲩ ⲉⲃⲟⲗ
    6     ⲉⲩϩⲙ̄ ⲡⲕⲁⲕⲉ ⲙ̄ⲡⲉⲥⲛⲁⲩ ⲥⲉϣⲟⲃⲉ ⲉⲛⲟⲩ
          ⲉⲣⲏⲩ ⲁⲛ ϩⲟⲧⲁⲛ ⲉⲣϣⲁ ⲡⲟⲩⲟⲉⲓⲛ ⲉⲓ ⲧⲟⲧⲉ
    8     ⲡⲉⲧⲛⲁⲃⲟⲗ ϥⲛⲁⲩ ⲉⲡⲟⲩⲟⲉⲓⲛ ⲁⲩⲱ
          ⲡⲉⲧⲟ ⲃ̄ⲃⲗ̄ⲗⲉ ⲉϥⲛⲁϭⲱ ϩⲙ̄ ⲡⲕⲁⲕⲉ
```

p. 63, 30   Die So-
phia, sie nennen [sie] die Unfruchtbare, sie
32   ist die Mutte[r der En]gel und [die] Genossin (κοινωνός) des [Ma]ria Mag[da-]
34   lena der [   ] [   ]
mehr als alle Jüng[er,   ]
36   grüsste (ἀσπάζεσθαι) sie auf ihr[e   ]
mals. Die übrigen [   ]
p. 64   [   ] Sie sagten ihm:
2   Warum [   ] du [   ] mehr als uns alle? Es
antwortete der Retter, er sagte ihnen
4   [sagte ihnen]: Weswegen liebe ich euch nicht
wie sie (sg.)? Ein Blinder und ein Sehender, die
6   beide im Dunkeln sind, sind nicht verschieden
voneinander. Wenn das Licht kommt,
8   wird der Sehende das Licht sehen und
der blind ist, wird im Dunkeln bleiben.[52]

---

52   *Philippus-Evangelium* 55; NHC II, 3 p. 63, 30–64, 9: LAYTON 1989, 166–169.

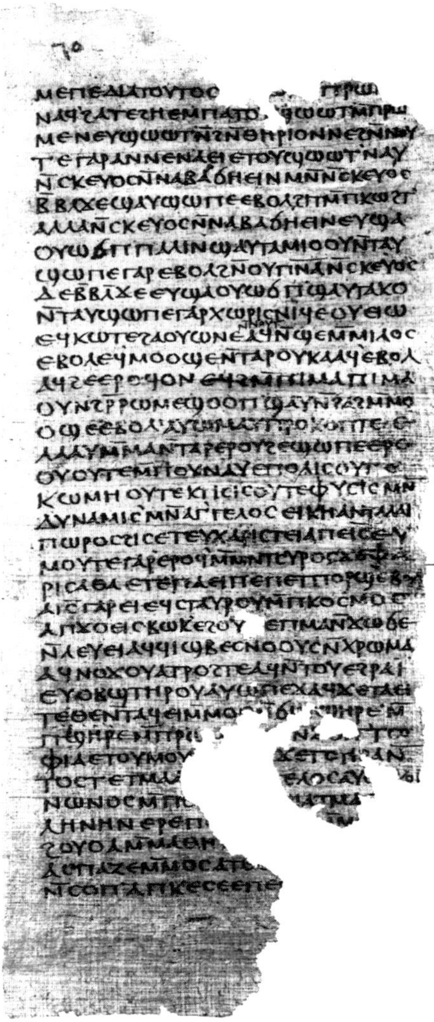

82 IV. WEIBLICHKEIT ALS GEBURTSFEHLER

Abb. 2. Folio 63 aus dem Nag Hammadi Codex II mit dem Beginn von Logion 55 aus dem Philippus-Evangelium auf den untersten Zeilen.

8. MARIA/SOPHIA ALS PAARGENOSSIN DES RETTERS

Die Lacunae können nun ganz unterschiedlich gefüllt werden, wie am Beispiel der Übersetzungen von Schenke und Till gezeigt werden soll:

Till:[53]

p. 63, 30   Die Sophia, die man die Unfruchtbare nennt,
32   sie ist die Mutter [der Eng]el, und die Gefährtin
[Christi ist Mar]ia Ma[gda-]
34   lene. Der [Herr liebte Maria]
mehr als die Jünger [alle. Und er]
36   küsste sie auf ihren [Mund oft-]
mals. Die übrigen [Frauen (?)]
p. 64   [sahen] ihn, [wie er Mari]a [liebte (?).] Sie sagten ihm:
2   „Weshalb [liebst] du [sie] mehr als uns alle?"

Schenke:[54]

p. 63, 30   Die Weisheit
[di]e die Unfruchtbare genann[t] wird,
32   sie ist die Mutte[r der En]gel und [die] Gefährtin
des Hei[landes]. Der Hei[land lieb]te
34   [Ma]ria Mag[da]lena
mehr als [alle] Jüng[er, und er]
36   küss[te] sie [oft]mals auf ihren [Mund].
Die übrigen [Jünger]
p. 64   […]. Sie sagten zu ihm:
2   „Weswegen liebst du sie mehr als uns alle?"

Weitere Variationen gibt Isenberg mit „der Retter liebte" in Zeile 33 und mit dem Hinweis, dass in Zeile 35 anstelle von „Mund" auch „Fuss", „Wange" oder „Stirne" stehen könne.[55] Die Frage der Rekonstruktion geht nahtlos über in das Problem der Abgrenzung. Hier gibt es drei Möglichkeiten. Die traditionelle Einteilung in zwei Logien 55–56 stammt von Schenke.[56] Seiner Ansicht nach müsse nach der Antwort Jesu „weswegen liebe ich euch nicht wie sie" ein neues Logion beginnen. Nur so könne das Bildwort seine Wirkung entfalten.[57] Hinzu kommt, dass die Form von Logion 56 anderen eigenständigen Logien gleicht – wie zum Beispiel Logion 51. Isenberg und andere halten dagegen, dass mit dieser Abtrennung die Frage der Jünger unbeantwortet bliebe, was

---

53   TILL 1963, 29.
54   SCHENKE 1997, 37; und mit geringen Änderungen auch SCHENKE 2001, 199.
55   Vgl. LAYTON 1989, 204–206.
56   Vgl. SCHENKE 1959, 1–26.
57   Vgl. SCHENKE 1997, 336.

sehr ungewöhnlich wäre und keine Parallele im *Philippus-Evangelium* hat. Schenke hat später auch Logion 55 geteilt:

> 55a Die Sophia, die auch die Unfruchtbare genannt wird, sie ist die Mutter der Engel und die Gefährtin des Heilandes.
>
> 55b Der Heiland liebte Maria Magdalena mehr als [alle] Jüng[er, und er] küss[te] sie [oft]-mals auf ihren [Mund]. Die übrigen [Jünger] […]. Sie sagten zu ihm: „Weswegen liebst du sie mehr als uns alle?"

Da der Übergang von 55a und 55b in der Zeile 33 fehlt, kann man, wenn wie Schenke ergänzt wird, aus 55 zwei Logien machen. Bei den Versionen von Till oder Isenberg ist diese Trennung nicht möglich. 55a ist für Schenke[58] ein dogmatischer Lehrsatz, 55b eine Erzählung von Liebe und Eifersucht. Die Jünger sind eifersüchtig auf Magdalena, missverstehen die Küsse des Heilandes. Diese Rekonstruktion birgt jedoch mehrere Probleme in sich. In der Deutung Schenkes spielen die Küsse eine grosse Rolle: Die Jünger verstehen sie als Beweis für die exklusive Liebe des Herrn zu Maria Magdalena, sie wird zu seiner Geliebten, auf die sie eifersüchtig sind. Dafür ist aber ⲁⲥⲡⲁⲍⲉ ungeeignet. ⲁⲥⲡⲁⲍⲉ heisst zunächst einmal grüssen, und in einem weiteren Sinne Reverenz erweisen.[59] Die hier verwendete Konstruktion ⲁⲥⲡⲁⲍⲉ ⲙ̄ⲙⲟⲥ ⲁ- ist zudem recht ungewöhnlich, genau wie im Deutschen „grüsste sie auf". Natürlich kann ⲁⲥⲡⲁⲍⲉ auch mit küssen übersetzt werden, dann aber in der Bedeutung eines Küssens zur Begrüssung. Im vorher zitierten Vers 9, 12 aus dem *Evangelium der Maria* grüsst oder küsst Maria alle Jünger mit ⲁⲥⲡⲁⲍⲉ, um ihnen die Ehre zu erweisen. Wenn also der Heiland Maria tatsächlich auf den Mund küsst, so scheint durch die Wahl der eigenartigen und sonst unbekannten Konstruktion ⲁⲥⲡⲁⲍⲉ ⲙ̄ⲙⲟⲥ ⲁ- bewusst eine Variante gewählt worden zu sein, die ein erotisches Verhältnis explizit ausschliesst.

Schenke möchte nach Gefährtin des Heilandes in Zeile 33 eine Zäsur einfügen. Damit werden Mutter der Engel und Gefährtin des Heilandes auf Sophia bezogen. Hier stört, dass Mutter der Engel und Gefährtin des Heilandes in Zeile 32 mit einem ⲁⲩⲱ zusammengeschlossen werden. ⲁⲩⲱ wird eher gebraucht, um Sätze zu verbinden: „und der blind ist, wird im Dunkeln bleiben" in p. 64 Zeile 8 ist mit einem ⲁⲩⲱ angehängt. Einzelne Nomen werden eher mit ⲙⲛ̄ zusammengenommen, so in p. 64 Zeile 5 ein Blinder und ein Sehender – ⲟⲩⲃⲗⲗⲉ ⲙⲛ̄ ⲟⲩⲁ ⲉϥⲛⲁⲩ. Das ⲁⲩⲱ in Zeile 32 legt also nahe, dass dort die Zäsur zu machen ist. Eine Teilung in zwei Logien ist damit nicht mehr möglich. Auch ein inhaltliches Argument spricht gegen die Aufteilung: Schenke schreibt, dass 55a und 55b zu trennen seien, und folglich Sophia nichts mit Maria Magdalena zu tun habe.[60] Aber die Bezeichnung ⲕⲟⲓⲛⲱⲛⲟⲥ für Sophia in 55a verweist auf Logion 32,

---

58 Vgl. SCHENKE 1997, 334.
59 Im Koptischen wird für „küssen" der Ausdruck ϯ ⲡⲓ verwendet. So auch im *Philippus-Evangelium* in Logion 31. Zur Bedeutung von ἀσπάζεσθαι vgl. LIDDELL & SCOTT 1948, 258.
60 Vgl. SCHENKE 1997, 335.

8. MARIA/SOPHIA ALS PAARGENOSSIN DES RETTERS

wo Maria Magdalena ebenfalls als ⲕⲟⲓⲛⲱⲛⲟⲥ des Heilandes bezeichnet wird. So ergibt sich eine Verbindung zwischen Maria Magdalena, Sophia und dem Heiland. Die Logien 55a, 55b und 32 gehören somit inhaltlich zusammen. Die untere Sophia ist unfruchtbar, weil sie weiblich und weil sie ohne Paargenossen ist. Sie gibt aber den gnostischen Samen ab, den sie in sich trägt und der aus dem Pleroma stammt. Diese Sophia wird nun durch die Vereinigung mit dem Heiland gerettet und wird wieder fruchtbar. Irenäus beschreibt dies so:

> Wenn aber der gesamte Samen vollendet ist, dann verlässt ihre Mutter Achamoth[61] den Ort der Mitte, um in das Pleroma einzugehen und dort ihren Bräutigam, den Heiland zu empfangen, der aus dem All geworden ist, und dann vereinigt sich der Heiland mit der Sophia, der Achamoth. Das ist der „Bräutigam und die Braut". Das Brautgemach aber ist das gesamte Pleroma.[62]

Der Paargenosse der Sophia ist der Heiland, sie sind Bräutigam und Braut im Pleroma. Die Sophia wird so zum Urbild, und in der Lieblingsjüngerin Maria Magdalena wird ihr irdisches Abbild gesehen. Auf diese Konzeption deutet auch Logion 32 hin. Sophia ist diese dreifache Maria, ist Mutter und Schwester und Genossin. Mehr noch: Die Beziehung zwischen Maria Magdalena und dem Herrn wird hier nicht nur mit ⲕⲟⲓⲛⲱⲛⲟⲥ umschrieben, sondern auch mit ϩⲱⲧⲣⲉ. ϩⲱⲧⲣⲉ heisst verbunden (sein), verdoppelt (sein), zusammengespannt (sein). ϩⲁⲧⲣⲉ ist der Zwilling – ϩⲱⲧⲣⲉ ist die in gnostischen Texten übliche Übersetzung von συζυγός, Paargenosse.[63] Sophia und Maria Magdalena sind somit beide Paargenossinnen des Heilandes. Es macht darum Sinn, dass der Heiland Maria Magdalena küsst. Am Ende des vorangehenden Logion 31 steht:

> Denn die Vollkommenen werden durch einen Kuss schwanger und gebären. Deswegen küssen auch wir einander. Wir empfangen die Schwangerschaft durch die Gnade, die unter uns ist.[64]

Der Kuss ist Symbol der Vereinigung von Christus und Maria Magdalena. Maria wird so zum Prototyp des erlösten Menschen.[65] Die übrigen Jüngerinnen und Jünger (und nach Till besonders die Frauen) erkennen dies nicht. So könnte auch das Bildwort von den Blinden und den Sehenden in Logion 56 dazu passen: Noch sitzen sie ja alle im Dunkeln, und erst mit dem anbrechenden Licht wird deutlich, dass Maria sehen kann, die übrigen aber blind sind.

---

61 Die untere Sophia wird Achamoth genannt.
62 Irenäus, *Adversus haereses* 1, 7, 1: Brox 1993 FC 8, 1, 168: „Ὅταν δὲ πᾶν τὸ σπέρμα τελειωθῇ, τὴν μὲν Ἀχαμὼθ τὴν μητέρα αὐτῶν μεταστῆναι τοῦ τῆς μεσότητος τόπου λέγουσι καὶ ἐντὸς πληρώματος εἰσελθεῖν, καὶ ἀπολαβεῖν τὸν νυμφίον αὐτῆς τὸν Σωτῆρα, τὸν ἐκ πάντων γεγονότα, ἵνα συζυγία γένηται τοῦ Σωτῆρος καὶ τῆς Σοφίας τῆς Ἀχαμώθ. Καὶ τοῦτο εἶναι νυμφίον καὶ νύμφην, νυμφῶνα δὲ τὸ πᾶν πλήρωμα."
63 Vgl. Crum 1939, 726.
64 *Philippus-Evangelium* 31; NHC II, 3 p. 59, 2–6: Layton 1989, 157: „ⲛ̄ⲧⲉⲗⲉⲓⲟⲥ ⲅⲁⲣ ϩⲓⲧⲛ̄ ⲟⲩⲡⲉⲓ ⲉⲩⲱ ⲁⲩⲱ ⲉⲩϫⲡⲟ ⲇⲓⲁ ⲧⲟⲩⲧⲟ ⲁⲛⲟⲛ ϩⲱⲱⲛ ⲧⲛ̄ϯ ⲡⲓ ⲉⲣⲛ̄ ⲛ̄ⲛⲉⲣⲏⲩ ⲉⲛϫⲓ ⲙ̄ⲡⲱ ⲉⲃⲟⲗ ϩⲛ̄ ⲧⲭⲁⲣⲓⲥ ⲉⲧϩⲛ̄ ⲛ̄ⲛⲉⲣⲏⲩ."
65 Vgl. Ménard 1975, 150 und Büllesbach 2006, 207–108.

9. Ergebnis

Das antike Geschlechtsverständnis, wie es etwa bei Galen zum Ausdruck kommt, bietet eine tragfähige Grundlage zum Verständnis gnostischer Texte zu Maria Magdalena. Demzufolge sind Männer und Frauen Ausprägungen des einen Menschengeschlechtes, wobei Frauen die schwächeren, Männer die stärkeren sind. Das impliziert, dass diese Texte einen Männlich-weiblich-Dualismus mit gleichwertigen Partnern nicht kennen. Die vollkommene Einheit wird als Einheit zwischen einem stärkeren und einem schwächeren Teil, zwischen einem männlichen und weiblichen Part gesehen. So ist auch ein männlicher Gnostiker bei der Vereinigung mit Jesus die Braut, weil er der schwächere Part ist.[66]

Maria Magdalena entwickelt sich in den gnostischen Texten von einer Frau, die noch männlich gemacht werden muss im *Thomas-Evangelium*, zur gereinigten, männlichen Gnostikerin im *Evangelium der Maria* und schliesslich zum Abbild der Sophia, der Paargenossin Jesu im *Philippus-Evangelium*. Es ist die Frage zu stellen, ob aus dieser Entwicklung auch eine historische Entfaltung des Motivs abgeleitet werden kann. Wenn dem so ist, dann steht am Anfang der gnostischen Maria-Magdalena-Tradition Logion 114 aus dem *Thomas-Evangelium*. Dieses Logion gehört demnach zum Grundbestand des *Thomas-Evangeliums*, da im *Evangelium der Maria* und im *Philippus-Evangelium* das Motiv der männlichen Maria wieder aufgenommen und weiter entfaltet wird. Die Rede von Maria als Genossin des Heilandes ist damit eine theologische Aussage, die sich in einem gnostischen Kontext entwickelt hat und von antiken medizinischen Vorstellungen geprägt ist.

---

66 TERTULLIAN mokiert sich in *Adversus Valentinianos* 32: FREDOUILLE 1980, 144–146 genüsslich über die bärtigen Gnostiker, alles Ehemänner, Väter und Grossväter, die als Bräute geschmückt ins Brautgemach geführt werden und dort womöglich anschliessend dem Pleroma weitere Äonchen gebären.

Kapitel V.
Empfangen vom Heiligen Geist: wie ein göttliches Kind entsteht

1. Vorbemerkung

Frühe christliche Autoren integrieren Sprache und Begriffe ihrer paganen Umwelt – oder adaptieren sie nach ihrer Konversion an ihre neu gewonnenen Überzeugung. Damit drücken sie das Kerygma und im weiteren Verlauf der Geschichte das Dogma ihrer Gemeinschaft aus. Dieser Prozess umfasst auch naturphilosophisches und medizinisches Gedankengut. Manche Schriftsteller rekurrieren darauf, um die Glaubwürdigkeit ihrer Lehre zu unterstreichen: Der Sohn Gottes wurde als Jesus von Maria geboren und lebte unter uns Menschen.

Zur Ausdeutung des Glaubens werden medizinische Vorstellungen nicht gleichförmig verwendet. Die Reaktionen pendeln zwischen völliger Zurückweisung und weitestgehender Aneignung. In diesem Teil der vorliegenden Arbeit werde ich die Grundzüge dieses Anpassungsprozesses in den ersten Jahrhunderten am Beispiel der Genese Christi aufzeichnen.[1]

In seiner vierten Homilie zum Matthäusevangelium legt Chrysostomus Mt 1, 17–22 aus. Im 3. Abschnitt kommt er auf Mt 1, 18 zu sprechen:

> Mit der Geburt Jesu Christi war es so: Maria, seine Mutter, war mit Joseph verlobt; noch bevor sie zusammengekommen waren, fand man, dass sie ein Kind erwartete – durch das Wirken des Heiligen Geistes.[2]

Der grosse Prediger findet zu „εὑρέθη ἐν γαστρὶ ἔχουσα" – „man fand, dass sie schwanger war" warnende Worte:

---

[1] Einzelne Aspekte dieses Themas sind gut aufgearbeitet worden: So legte F. R. GAHBAUER eine umfassende Studie zum anthropologischen Modell vor, also in wieweit der Mensch als Kompositum von Seele und Leib auch als Modell für Christus dienen könne, der Gott und Mensch ist: F. R. GAHBAUER, *Das anthropologische Modell: ein Beitrag zur Christologie der frühen Kirche bis Chalkedon* 1984. (Vgl. Rez. CONGOURDEAU 1985.) In ihrem Werk zur Geschichte des Seelenbegriffs kommt auch M.-H. CONGOURDEAU immer wieder auf christologische Themen zu sprechen. M.-H. CONGOURDEAU, *L'embryon et son âme dans les sources grecques* 2007.

[2] Mt 1, 18: „Τοῦ δὲ Ἰησοῦ Χριστοῦ ἡ γένεσις οὕτως ἦν. μνηστευθείσης τῆς μητρὸς αὐτοῦ Μαρίας τῷ Ἰωσήφ, πρὶν ἢ συνελθεῖν αὐτοὺς εὑρέθη ἐν γαστρὶ ἔχουσα ἐκ πνεύματος ἁγίου."

> Forsche also auch du nicht weiter nach; wolle nicht mehr wissen, als was der Evangelist gesagt hat, und frage nicht: „Aber wie hat der Heilige Geist dies bei einer Jungfrau vermocht?" Man kann ja schon das Wirken der Naturkräfte selber bei diesem Bildungsprozess nicht erklären; wie sollen wir also die Wunder des Heiligen Geistes verstehen? Dadurch, dass der Evangelist den Urheber des Wunders nennt, entzog er sich eben allen Einwänden und lästigen Fragen. Er sagt damit gleichsam: Ich weiss selber nicht mehr, als dass das, was geschehen ist, durch den Heiligen Geist geschehen ist. Dadurch mögen auch diejenigen beschämt werden, welche die himmlische Geburt grübelnd erforschen wollen. Wenn schon diese Geburt, die doch tausend Zeugen hat, die vor so langen Zeiten angekündigt wurde, deren Frucht man sehen und betasten konnte, wenn schon diese niemand erklären kann, welches Übermass von Torheit beweisen dann diejenigen, die jene unaussprechliche Geburt ergrübeln und fürwitzig erforschen wollen? Nicht einmal Gabriel, so wenig wie Matthäus, konnten uns mehr sagen, als dass diese vom Heiligen Geist bewirkt wurde. Das „wie aus dem Geist" aber, und auf welche Weise hat keiner von beiden erklärt, und sie konnten es auch nicht.[3]

Die jungfräuliche Empfängnis bezeichnet nach Aussage des Chrysostomus ein Faktum, das sich nicht erfassen lässt. Trotzdem gibt es solche, welche die himmlische Geburt „grübelnd erforschen". Wenn wir nun auf der Suche nach diesen Grüblern die ersten Jahrhunderte christlicher Ära durchwandern, so soll das Augenmerk exklusiv auf eine Frage gerichtet sein: Inwiefern rezipieren antike Schriftsteller Vorstellungen aus der Naturphilosophie, um die Menschwerdung Christi zu deuten, und wieweit beeinflusste dies die Entwicklung des Dogmas? Verwandte Aspekte wie das Problem der historischen Geburt Jesu oder die alttestamentarischen, religionsgeschichtlichen bzw. mythologischen Allusionen schliesse ich explizit aus. Sie sind an anderer Stelle ausführlich dargestellt worden.[4] Ähnliches gilt auch für zwei viel umfangreichere Themenkomplexe, die sich mit unserer Fragestellung überschneiden. Die Christologie und die Frage nach den medizinischen Kenntnissen der jeweiligen Autoren fliessen nur so weit ein, wie sie für die Problemstellung relevant sind.

---

3   JOHANNES CHRYSOSTOMUS, In Matthaeum homiliae 4, 3: PG 57 42, 50–43, 13; de. BAUR 1915, Vol. 1, 62–63: „Μὴ τοίνυν περαιτέρω χώρει, μηδὲ ζήτει πλέον τι τῶν εἰρημένων, μηδὲ λέγε· Καὶ πῶς τὸ Πνεῦμα εἰργάσατο τοῦτο ἐκ παρθένου; Εἰ γὰρ τῆς φύσεως ἐργαζομένης ἀδύνατον ἑρμηνεῦσαι τῆς διαπλάσεως τὸν τρόπον, πῶς τοῦ Πνεύματος θαυματουργοῦντος δυνησόμεθα ταῦτα εἰπεῖν; Ἵνα γὰρ μὴ κόπτῃς τὸν εὐαγγελιστὴν, μηδὲ ἐνοχλῇς συνεχῶς ταῦτα ἐρωτῶν, εἰπὼν τὸν ἐργασάμενον τὸ θαῦμα, ἀπήλλαγη. Οὐδὲν γὰρ οἶδα, φησὶ, πλέον, ἀλλ᾽ ἢ ὅτι ἐκ Πνεύματος ἁγίου γέγονε τὸ γεγενημένον. Αἰσχυνέσθωσαν οἱ τὴν ἄνω περιεργαζόμενοι γέννησιν. Εἰ γὰρ ταύτην τὴν μυρίους ἔχουσαν μάρτυρας, καὶ πρὸ τοσούτων ἀνακηρυχθεῖσαν χρόνων, καὶ φανεῖσαν, καὶ ψηλαφηθεῖσαν, οὐδεὶς ἑρμηνεῦσαι δύναται, ποίαν καταλείπουσι μανίας ὑπερβολὴν οἱ τὴν ἀπόρρητον ἐκείνην περιεργαζόμενοι καὶ πολυπραγμονοῦντες; Οὐδὲ γὰρ ὁ Γαβριὴλ, οὐδὲ ὁ Ματθαῖος ἐδυνήθησάν τι πλέον εἰπεῖν, ἀλλ᾽ ἢ ὅτι ἐκ Πνεύματος μόνον· τὸ δὲ, πῶς ἐκ Πνεύματος, καὶ τίνι τρόπῳ, οὐδεὶς τούτων ἡρμήνευσεν· οὐδὲ γὰρ δυνατὸν ἦν."
4   Zu den religionsgeschichtlichen Parallelen vgl. NORDEN 1958, REITZENSTEIN 1966, GUTHKNECHT 1952, GESE 1974, HASENFUSS 1969, BENKO 1993. Zur Frage der Historizität und der Verbindung mit symbolischen und mythologischen Vorbildern vgl. NELLESSEN 1969, BROWN 1973 und 1979, LABOOY 2004, FITZMYER 1981, 41–78, LÜDEMANN 1997.

Bevor wir mit dem Durchgang durch die Dogmengeschichte beginnen können, müssen die Grundlagen antiker Embryologie erarbeitet werden. Sie bilden den Hintergrund für zahlreiche Argumentationen zur Genese des Gottessohnes.

2. Der Kontext: die antike Embryologie

Die Zeugungslehre des Aristoteles spielt für die Embryologie in der christlichen Spätantike eine zentrale Rolle.[5] Dafür gibt es zwei Gründe: Einerseits hat Aristoteles umfassende Arbeiten zu diesem Thema hinterlassen, die während Jahrhunderten naturphilosophische und medizinische Schriftsteller prägen – so auch Galen. Andererseits vertritt der Stagirit einige Thesen, welche für christliche Autoren axiomatische Bedeutung haben, da sie ihnen als geoffenbarte Wahrheiten gelten. So sieht Aristoteles den Embryo bereits als Menschen an, der schon bei der Zeugung seine unsterbliche Seele erhält. Dem gegenüber stellen etwa stoische Lehrer menschliche Embryonen auf die gleiche Stufe wie die Pflanzen und sprechen ihnen eine vollständige Seele vorerst ab.[6] Ein zusätzliches Argument für die christliche Präferenz des Aristoteles wird sich später zeigen: Seine einseitige Aufteilung der Zeugungsbeiträge der Eltern – vom Vater der Samen, die Mutter als Nährboden – bietet Theologen die Möglichkeit, dies auf Christus zu übertragen und so die Genese des Gottessohnes Jesus zu beschreiben.

Neben Aristoteles gibt es eine Vielzahl an Autoren mit teilweise divergenten Thesen zur Embryologie, sei es in Konkurrenz zum Werk des Aristoteles oder darauf aufbauend. Im Folgenden soll als Basis die Zeugung und Entstehung eines Kindes nach Aristoteles dargelegt werden. Weitere Positionen ergänze ich, soweit sie für die patristische Literatur eine Rolle spielen. Auf den bedeutsamen Sonderfall der Stoa gehe ich am Ende dieses Abschnitts ein.

2. 1. Werden und Vergehen

Physikalisches und biologisches Entstehen beschreibt Aristoteles im Kontext der Theorie der Veränderung, die in seiner Philosophie einen massgebenden Platz einnimmt.[7] Platon sah das Wesen vom Ding getrennt in den Ideen verwirklicht. Aristoteles verwirft diese Annahme: Das Wesen eines Objektes muss in ihm selbst begründet sein. Er formuliert zwei Thesen, auf welchen die weiteren Überlegungen basieren: Erstens bestehen alle Dinge aus Stoff und Form. Zweitens unterliegen alle Dinge (ausser Gott) der Wandlung. In der Materie ist deshalb das Wesen nur potenziell angelegt, nicht statisch

---

5 Zur Bedeutung des ARISTOTELES und des Aristotelismus in der antiken Medizin vgl. VAN DER EIJK & FRANCIS 2009.
6 Vgl. DUNSTAN 1990, XI; SCHOLTEN 2005, 397–409 sowie CONGOURDEAU 2007, 294–310.
7 Vgl. ARISTOTELES, *Physica* III (200b9–208a24): Ross 1973; de. ZEKL 1987, 100–147; *Metaphysica* V, 4 (1027b17–1028a6): JAEGER 1973, 127–128; de. SZLEZÁK 2003, 108.

und jenseitig wie bei Platon. Das Wesen eines Dinges ist eine Abfolge verschiedener Aktualitäten aus jenen Formen, in die ein Ding sich ändern kann.[8]

Im Prinzip ist Wandlung jener Akt, bei dem ein Gegenstand in einen andern übergeht, wobei der ursprüngliche und der resultierende Gegenstand in direkter Beziehung zueinanderstehen. Fünf Bedingungen sind für eine Wandlung notwendig:

1. ein Objekt für die Wandlung

2. Zeit, um die Wandlung vonstattengehen zu lassen

3. einen Anfangszustand

4. einen Endzustand als Ergebnis der Wandlung

5. eine Ursache, denn eine Wandlung eines Dinges geschieht nie ohne Grund. Die Ursachen teilt Aristoteles in vier Typen ein: Eine Veränderung kann von der Form oder dem Stoff eines Dings ausgehen. Andere Vorgänge sind vom Zweck des Objektes oder vom Ausführenden provoziert.

In diesen Kontext gehört die aristotelische Unterscheidung in Substanz und Akzidens. Substanz ist das von der Form festgelegte Wesen eines Dinges. Es ist das Seiende an sich. Jedem Ding kommen darüber hinaus Akzidentien zu, die aus dem Stoff herrühren. Es handelt sich um zufällige Eigenschaften, die jedem Ding zukommen, aber nicht sein Wesen ausmachen. Die Hautfarbe der Menschen ist ein Beispiel für ein Akzidens.

Aristoteles beschreibt unterschiedliche Arten des Wandels.[9] Änderungen eines Körpers können in akzidentielle und substantielle unterteilt werden. Bei akzidentiellen Veränderungen bleibt die Substanz gleich, doch Lage, Qualität oder Quantität ändert sich. So macht ein Mensch, der krank wird, eine akzidentielle Änderung durch. Substantiell ist ein Vorgang, bei dem Materie und Form eines Dinges einen grundlegenden Wechsel durchmachen. Das Entstehen eines jeden Körpers ist, wie das Vergehen, eine substantielle Wandlung.

Aristoteles stellt diese Veränderungen an einfachen Dingen dar, die einheitlich aus einem der vier Elemente bestehen: Erde, Wasser, Feuer, Luft. Solche Gegenstände lassen sich mit zwei Eigenschaften der beiden Gegensatzpaare kalt – warm, feucht – trocken beschreiben. Wasser ist kalt und feucht, Feuer warm und trocken. Wenn eine oder mehrere dieser Eigenschaften verändert werden, vergeht eine Substanz und eine neue entsteht. Aus kaltem und feuchtem Wasser entsteht durch Hitze warme, feuchte Luft.

---

8 ARISTOTELES, *Physica* V–VIII (224a–267b26): Ross 1973; de. ZEKL 1987, Vol. 1, 148–Vol. 2, 241; vgl. PREUS 1975, 49ff.

9 ARISTOTELES verwendet neben „Entstehen (γίγνεσθαι)" auch „Bewegung (κίνησις)" und „Veränderung (μεταβολή)". Vgl. RICKEN 1993, 125.

2. 2. Das Werden eines Lebewesens

Zwischen dem Werden im biologischen Sinne und dem physikalischen Werden besteht ein zentraler Unterschied, obwohl Ersteres auf Letzterem aufbaut.[10] Wenn ein Lebewesen gezeugt wird, wandelt sich nicht nur seine Substanz. Vielmehr entsteht aus einem Wesen ein Zweites, das dieselbe Natur wie sein Erzeuger hat.[11]

Bei der Zeugung wandeln sich nicht nur Akzidenzien, sondern die Form der Substanz selbst. Die eine Substanz verringert ihre Form und zeugt durch Abgabe eine neue Substanz. Der Gegenstand dieser substantiellen Wandlung ist die abgegebene Materie des Zeugers, die eine neue Form erhält. Die Verringerung der ursprünglichen Form beim Erzeuger und der Empfang der neuen Form können dabei nicht allmählich und in unterschiedlichen Stufen ablaufen, wie das bei akzidentiellen Veränderungen der Fall ist. Die Abgabe und die Aufnahme der Form geschehen bei der Zeugung im gleichen Moment. Die vorangehende Bereitstellung des Stoffes dagegen beansprucht immer eine gewisse Zeit.

Es gibt deswegen drei Ursachen, wovon die Zeugung einer neuen Substanz abhängt: Es braucht eine Form für das Gezeugte, welche es spezifiziert. Benötigt wird erste Materie, bereit zum Empfang dieser Form. Form und Materie setzen drittens einen Zeuger voraus, der beides zur Verfügung stellt.

Die Form eines Lebewesens, seine Natur, beinhaltet zugleich auch die Ursache des Entstehens. Aristoteles bringt dies auf die einfache Formel: „Ein Mensch zeugt einen Menschen."[12]

Das Gewebe des menschlichen Körpers besteht aus homogenen Verbindungen der Elemente Erde und Wasser. Sie werden entsprechend Homoiomere (ὁμοιομερῆ, scil. μόρια) genannt. Bei der Bildung der Homoiomere durchdringen die beteiligten Elemente sich völlig, und ihre ursprünglichen Formen gehen verloren. Die inhomogenen Teile (ἀνομοιομερῆ μόρια), die Organe, sind aus Homoiomeren aufgebaut.[13]

Eine zentrale Rolle spielt die Seele, welche die Form eines Dings beinhaltet. Sie ist nicht nur den Lebewesen vorbehalten. Vielmehr sieht Aristoteles hier graduelle Abstufungen. Folglich stellt für ihn auch die Vorstellung einer Urzeugung, also der spontanen Entstehung von Leben aus unbelebter Materie keine Aporie dar.[14] Es gibt keine prinzipielle Scheidung zwischen organischen und anorganischen Stoffen und der Übergang von leblosen zu lebenden Dingen ist fliessend. So kann bei einfachen Lebewesen der Zeuger eine geeignete Umgebung sein, die Pneuma und unbelebte Materie bereitstellt. Träger der Seele ist die Hitze bzw. das Feuer, wobei zwischen der generativen Wärme

---

10   ARISTOTELES, *De generatione et corruptione* 1, 4–5, 319b–322b: RASHED 2005 und *Metaphysica* VII, 1 (1042a–b): JAEGER 1973; de. SZLEZÁK 2003, 141–143; vgl. LINDBERG 2000, 290–291.
11   ARISTOTELES, *Metaphysica* XII, 3 (1070a8–9): JAEGER 1973; de. SZLEZÁK 2003, 213.
12   ARISTOTELES, *Metaphysica* XII, 3 (1070a8–9): JAEGER 1973: „Ἄνθρωπος ἄνθρωπον γεννᾷ"; vgl. BALME 1990, 23.
13   Vgl. KULLMANN 1998, 176 und RICKEN 1993, 111.
14   Vgl. CAPELLE 1955, 160 und S. 109 in der vorliegenden Arbeit.

und einem Herdfeuer qualitative Unterschiede bestehen. Erstere ist reiner, feiner und entspricht dem Äther.[15] Zentral ist die Definition der Seele als „erste Wirklichkeit": Sie gibt Wesen und Form an einen werdenden Organismus.[16]

Die Seele differenziert sich nach Aristoteles gemäss den drei Lebensprinzipien, die der Hierarchie des Seins entspringen: die vegetative Pflanzenseele, die zur Wahrnehmung fähige Tierseele und der dem Menschen vorbehaltene Geist (νοῦς), der rezeptiv und kreativ agiert. Da der Geist nicht an den Körper gebunden existiert, ist er unsterblich.

Die Untersuchungen des Aristoteles zur sexuellen Reproduktion bauen auf diesen grundlegenden Gedanken auf.

2. 3. Die Empfängnis

Dass der weibliche Uterus primär Nährboden für den Samen sei, ist bereits von Platon[17] vertreten worden. Später rezipieren dies auch die Mediziner Soran und Galen.[18] Auch in den Überlegungen des Aristoteles zur Zeugung spielt der Uterus kaum eine Rolle, er ist einfach der „Ofen"[19], worin der Embryo gedeiht. Einzig bei der Empfängnis kommt ihm eine gewisse Bedeutung zu, weil er diesbezüglich aktiv wird:[20] Ein Uterus muss fähig sein, den männlichen Samen aufzunehmen und festzuhalten, es darf also keine Hysterie vorliegen.[21] Nach der Empfängnis muss die Gebärmutter sich verschliessen und darf keine Nachempfängnis mehr aufnehmen.

Die Etymologie des Wortes Empfängnis (σύλληψις, wörtlich „Zurückhalten") erklärt Soran so:

> Empfängnis [σύλληψις] wurde wegen des Zurückhaltens des Samens so benannt [...]. Aber bezüglich ihrer Benennung: Empfängnis ist der andauernde Halt von Samen oder eines Embryos oder Embryonen im Uterus durch eine natürliche Ursache. „Halt", weil die Empfängnis ein Zurückhalten ist, und „andauernd", weil der Samen manchmal kurz gehalten und plötzlich wieder hinausgeworfen wird, was keine Empfängnis wäre. [...] „Im Uterus",

---

15 Vgl. KULLMANN 1998, 229; ARISTOTELES, *De generatione animalium* II, 3 (736b35–38): DROSSAART LULOFS 1972, 62.
16 Vgl. ARISTOTELES, *De anima* II, 1 412a, 5–25: SEIDL & BIEHL 1995, 61.
17 Vgl. PLATON, *Timaios* 50D: RIVAUD 1985, 169: Die Mutter ist δεχόμενος^sic! „Empfänger" für den Samen des Vaters. Vgl. KING 1994.
18 Vgl. SORAN, *Gynaecia* I, 12: BURGUIÈRE, GOUREVITCH & MALINAS 1988, 33: „κατὰ τῆς γῆς βληθέντα" – „auf die Erde werfen" SORAN behandelt die Empfängnis ausführlich und kommt öfter auf diesen Vergleich zu sprechen: *Gynaecia* 1, 10–12/34–44).
19 ARISTOTELES, *De generatione animalium* IV,1 (764a16): DROSSAART LULOFS 1972, 4: „καθάπερ εἰς κάμινον εἰς τὴν ὑστέραν τεθείη [...]."–„wie in einen Backofen in die Gebärmutter einschöbe [...]."
20 Vgl. LEVEN 2005, 252.
21 Zur Hysterie vgl. S. 198 in der vorliegenden Arbeit.

da andauerndes Zurückhalten des Samens in irgendeinem Teil nicht Empfängnis ist ausser im Uterus.[22]

Das erklärt, weshalb Frauen auch ausserhalb der fruchtbaren Zeitspanne gegen Ende der Menstruation empfangen können.[23] Das Aufnehmen und Verschliessen des Uterus kann nach Soran nie ohne ein Lustempfinden der Frau ablaufen.[24]

Aristoteles beschreibt die Empfängnis als Hineinziehen des männlichen Samens in die Gebärmutter. Dort tritt der weibliche Samen in Form von Monatsfluss hinzu. Der männliche Samen verfestigt das Blut, so wie Milch bei der Zugabe von Lab gerinnt.[25]

2. 4. Die Zeugung

Aristoteles beginnt seine Abhandlung über die Zeugung der Tiere mit der Beschreibung der Geschlechtsorgane,[26] um dann die Hauptsache zu erläutern: den Samen. Drei grundlegende Fragen stellen sich ihm. Über diese sind, wie er bemerkt, frühere Autoren uneins:

1. Besitzen weibliche Lebewesen ebenfalls Samen, mit dem sie bei der Zeugung mitwirken, oder stellen sie nur die fruchtbare Umgebung bereit, auf welcher männlicher Samen sich entwickeln kann?

2. Wo im Körper wird dieser Same produziert, im Blut, der Lunge, dem Gehirn oder gar im ganzen Körper?[27]

3. Wann entsteht ein neuer Mensch, und wann findet die Beseelung statt?

Da sich Frauen nicht prinzipiell von Männern unterscheiden,[28] muss die Physiologie der Mutter analog zu jener des Vaters gesehen werden. Die Unterscheidung der Ge-

---

22 SORAN, *Gynaecia* I, 12, 43: BURGUIÈRE, GOUREVITCH & MALINAS 1988, 40: „Ἡ σύλληψις ὠνόμασται μὲν ἀπὸ τοῦ συγκρατήσις εἶναι τοῦ σπέρματος [...]. κατ᾿ ἔννοιαν δὲ σύλληψίς ἐστιν κράτησις ἐπίμονος σπέρματος ἢ ἐμβρύου ἢ ἐμβρύων ἡ ἐν ὑστέρᾳ διὰ φυσικὴν αἰτίαν. ‚κράτησις‘ μέν, κατοχὴ γάρ ἐστιν ἡ σύλληψις· ‚ἐπίμονος‘ δὲ διὰ τὸ σχετικῶς ἐνίακις κρατεῖσθαι τὸ σπέρμα καὶ παραυτίκα πάλιν ἀποπτύεσθαι, τὸ δὲ τοιοῦτον μὴ εἶναι σύλληψιν. [...] ‚ἐν μήτρᾳ‘, παρ᾿ ὅσον ἐν ὁποιῳδήποτε μέρει κράτησις ἐπίμονος τοῦ σπέρματος ἢ σύλληψίς ἐστιν, ἀλλ᾿ ἡ ἐν ὑστέρᾳ." Diese Etymologie findet sich auch bei anderen Autoren, etwa bei ARISTOTELES.
23 Vgl. SORAN, *Gynaecia* I, 36, 9: BURGUIÈRE, GOUREVITCH & MALINAS 1988, 40.
24 Die ethischen Konsequenzen dieser These sind gravierend. Daraus lässt sich eine moralische Verurteilung von durch Vergewaltigung schwanger gewordenen Frauen ableiten. Die erfolgte Empfängnis bezeugt die empfundene Lust.
25 Vgl. ARISTOTELES, *De generatione animalium* II, 4 (739b9–23): DROSSAART LULOFS 1972, 68–69.
26 Vgl. ARISTOTELES, *De generatione animalium* I (715a–731b): DROSSAART LULOFS 1972, 1–46.
27 Vgl. BALME 1990, 20.
28 Vgl. S. 70 in der vorliegenden Arbeit.

schlechter kann daher nur qualitativ sein und muss mit dem Samen zusammenhängen.²⁹ Folglich definiert Aristoteles die Geschlechter so:

> Begrifflich ist das Männchen dasjenige, das, wie gesagt, den Keim in ein anderes Wesen senkt, das Weibchen das, das ihn in sich selber senkt und aus welchem das Junge hervorgeht als Bestandteil der Mutter.³⁰

Männlicher Same verursacht Dinge, die materiell nicht in ihm selbst enthalten sind. Darum ist seine Materie als Beitrag zum Fötus irrelevant. Aber der männliche Same ist Träger der „Bewegung" bzw. der „Hitze", welche die Entwicklung des Keims verursacht. Aristoteles berichtet von verschiedenen Tieren, bei denen die Männchen ihre Weibchen ganz ohne stoffliche Entsendung befruchten.³¹ Die Materie des Fötus stammt ganz von der Mutter, die kinetisch-dynamische Ursache und damit die Form ist vom Vater.

> Wie wir nämlich schon sagten, muss man als Ausgang bei der Zeugung das Weibchen ebenso ansehen, wie das Männchen, das Männchen als Ursprung der Bewegung, das Weibchen als Ursprung des Stoffes.³²

Als weiblicher Same identifiziert Aristoteles das Menstruationsblut. Wie nun das Lab die Milch, so lässt die mit dem männlichen Samen übertragene Bewegung das Menstruationsblut in der Gebärmutter gerinnen, und ein Kind entsteht.³³ Dabei ist die Wirkung des Samens folgende:

> Nicht jedes Männchen ergiesst ja Samen, und wo es der Fall ist, bildet dieser keinen Bestandteil der werdenden Frucht, so wenig wie vom Zimmermann etwas in das Holz eingeht oder ein Teil seiner Kunst in das werdende Erzeugnis; vielmehr geht nur Gestalt und Art von ihm aus infolge der Bewegung, die im Stoff davon entsteht. Die Seele, in der die

---

29 Das in der Autorschaft umstrittene 10. Buch der *Historia animalium* enthält eine ausführliche Darlegung, warum auch Weibchen Samen haben. In Ansätzen sind diese Thesen auch in *De generatione animalium* IV, 3 zu finden. Vgl. BALME 1990, 21.

30 ARISTOTELES, *De generatione animalium* I, 2 (716a20–23): DROSSAART LULOFS 1972, 4; de. GOHLKE 1959, 23: „κατὰ μὲν τὸν λόγον τῷ τὸ ἄρρεν μὲν εἶναι τὸ δυνάμενον γεννᾶν εἰς ἕτερον, καθάπερ ἐλέχθη πρότερον, τὸ δὲ θῆλυ τὸ εἰς αὑτό, καὶ ἐξ οὗ γίγνεται ἐνυπάρχον ἐν τῷ γεννῶντι τὸ γεννώμενον."

31 ARISTOTELES, *De generatione animalium* I, 21 (729b18–21): DROSSAART LULOFS 1972, 41–42; de. GOHLKE 1959, 64–65: „δῆλον ἄρα ὅτι οὔτ' ἀνάγκη ἀπιέναι τι ἀπὸ τοῦ ἄρρενος, οὔτ' εἴ τι ἀπέρχεται διὰ τοῦτο ἐκ τούτου ὡς ἐνυπάρχοντος τὸ γεννώμενόν ἐστιν ἀλλ' ὡς ἐκ κινήσαντος καὶ τοῦ εἴδους, ὡς καὶ ἀπὸ τῆς ἰατρικῆς ὁ ὑγιασθείς." – „Man sieht also, es ist gar nicht erforderlich, dass vom Männchen ein Teilchen sich ablöst. Und wenn es ein solches Teilchen beisteuert, so braucht dieses noch nicht das werdende Geschöpf als Bestandteil zu enthalten, sondern es genügt, wenn es von ihm als Bewegungsquelle und Gestalt seinen Ursprung hat, wie ein Gesundgewordener von der Heilkunst." Vgl. PREUS 1975, 57ff.

32 ARISTOTELES, *De generatione animalium* I, 2 (716a4–7): DROSSAART LULOFS 1972, 3; de. GOHLKE 1959, 22: „καθάπερ γὰρ εἴπομεν τῆς γενέσεως ἀρχὰς ἄν τις οὐχ ἥκιστα θείη τὸ θῆλυ καὶ τὸ ἄρρεν, τὸ μὲν ἄρρεν ὡς τῆς κινήσεως καὶ τῆς γενέσεως ἔχον τὴν ἀρχήν, τὸ δὲ θῆλυ ὡς ὕλης."

33 Vgl. ARISTOTELES, *De generatione animalium* II, 4 (739b20–33): DROSSAART LULOFS 1972, 69; de. GOHLKE 1959, 96–97.

Form ist, und ihr Wissen bewegen die Hände oder sonst ein Glied in einer ganz bestimmten Bewegungsart, nach der sich dann das richtet, was entstehen soll. Ist die Bewegung eine andere, ist auch das Erzeugnis ein anderes, ist sie dieselbe, ist auch das Erzeugnis dasselbe. Die Hände bewegen die Werkzeuge, diese bewegen den Stoff. Genau so wirkt die Natur in den Tieren, die Samen ergiessen, sie benutzt den Samen nur als Werkzeug, das die Bewegung in Wirklichkeit enthält, wie bei Dingen, die das Handwerk hervorbringt, die Werkzeuge bewegt werden. Dort ist ja die Bewegung gewissermassen die Kunst.[34]

Mit dieser dualistischen Sichtweise der Zeugungsanteile von Vater und Mutter zieht sich Aristoteles heftige Kritik von Galen zu. Dieser vertritt seinerseits eine eher paritätische Zweisamenlehre, rezipiert aber Sperma und Menstruationsblut als Zeugungsstoffe.[35]

Gegen die dualistische These wird Folgendes eingewandt: Wenn die Form einzig vom Vater, die Materie aber von der Mutter stammt, wie kann es dann sein, dass gelegentlich Kinder ihrer Mutter, nicht aber dem Vater gleichen?[36] Um dieses Problem zu lösen, verweist Aristoteles auf die Herkunft des Samens: Sowohl männlicher als auch weiblicher Samen bestehen aus unterschiedlich stark gereinigtem Blut, das seinerseits aus Nahrung gebildet wird.[37] In weiblichem Samen, dem Menstruationsblut, birgt sich ebenfalls Bewegung, doch eben nicht genug, um das Blut gerinnen zu lassen. Bei einigen Tieren reicht diese Bewegung jedoch aus, um ein Windei zu erzeugen. Bekannt sind solche unbefruchteten Eier besonders von Hühnern.

Ein Weibchen ist wie ein verkrüppeltes Männchen, und der Monatsfluss ist Same, doch nicht reiner. Denn nur eines fehlt ihm, der Ursprung der Seele. Daher enthält bei den Geschöpfen mit Windeiern das sich bildende Ei die Teile beider Geschlechter, aber nicht den

---

34 ARISTOTELES, *De generatione animalium* I, 22 (730b9–23): DROSSAART LULOFS 1972, 43–44: „οὐδὲ γὰρ τὸ ἄρρεν ἅπαν προΐεται σπέρμα, ὅσα τε προΐεται τῶν ἀρρένων, οὐθὲν μόριον τοῦτ' ἔστι τοῦ γιγνομένου κυήματος, ὥσπερ οὐδ' ἀπὸ τοῦ τέκτονος πρὸς τὴν τῶν ξύλων ὕλην οὔτ' ἀπέρχεται οὐθέν, οὔτε μόριον οὐθέν ἐστιν ἐν τῷ γιγνομένῳ τῆς τεκτονικῆς, ἀλλ' ἡ μορφὴ καὶ τὸ εἶδος ἀπ' ἐκείνου ἐγγίγνεται διὰ τῆς κινήσεως ἐν τῇ ὕλῃ, καὶ ἡ μὲν ψυχή, ἐν ᾗ τὸ εἶδος καὶ ἡ ἐπιστήμη κινοῦσι τὰς χεῖρας ἤ τι μόριον ἕτερον ποιάν τινα κίνησιν, ἑτέραν μὲν ἀφ' ὧν τὸ γιγνόμενον ἕτερον, τὴν αὐτὴν δὲ ἀφ' ὧν τὸ αὐτό, αἱ δὲ χεῖρες τὰ ὄργανα, τὰ δ' ὄργανα τὴν ὕλην. ὁμοίως δὲ καὶ ἡ φύσις ἡ ἐν τῷ ἄρρενι τῶν σπέρμα προϊεμένων χρῆται τῷ σπέρματι ὡς ὀργάνῳ καὶ ἔχοντι κίνησιν ἐνεργείᾳ, ὥσπερ τοῖς κατὰ τέχνην γιγνομένοις τὰ ὄργανα κινεῖται· ἐν ἐκείνοις γάρ πως ἡ κίνησις τῆς τέχνης."
35 Vgl. LESKY & WASZINK 1959, 1230 und CONGOURDEAU 2007, 182–205 sowie SIER 2009 und BRUNSCHÖN 2009.
36 Dieses Thema dominiert das vierte Buch der *De generatione animalium*. Auch ORIGENES diskutiert dieses Problem. Zur Erklärung der Ähnlichkeit über Generationen hinweg nimmt er an, dass in Vater und Mutter auch die zeugenden „Logikoi spermatikoi" der Vorfahren enthalten sind: *Commentarii in Iohannem* 20, 5, 34–36: BLANC 1982, SC 290, 172–175.
37 Neben der von ARISTOTELES ausgebauten und später von den Pneumatikern und GALEN rezipierten hämatogenen Zeugungslehre vertraten die Atomisten eine Pangenesislehre, der zufolge der Samen in allen Körperteilen gebildet werde. Die Pythagoreer und PLATON favorisierten die enkephalo–myelogene Theorie, also der Herkunft des Samens aus Gehirn und Rückenmark. In den hippokratischen Schriften dominiert vor allem die Pangenesislehre, doch gelegentlich ist auch die enkephalo–myelogene Theorie zu finden. Vgl. LESKY & WASZINK 1959, 1228 und PREUS 1975, 54ff.

Ursprung, weswegen es auch nicht beseelt werden kann. Denn dieses bringt erst der männliche Same mit, und erst wenn die Ausscheidung im weiblichen Körper diese bekommen hat, wird ein Keimling daraus.[38]

Im Menstruationsblut als weiblichem Samen ist also ein gewisses Mass an Bewegung integriert, die auf das entstehende Kind Einfluss nehmen kann. So übertragen sich Merkmale der Mutter auf die Kinder, wenn die aktuellen Bewegungen des väterlichen Samens zu wenig dominieren.[39] Deshalb ist das ideale Kind männlich und gleicht dem Vater. Mit zunehmender Schwäche des Samens wird das Kind weiblich und gleicht der Mutter.

Da einige vererbte Merkmale sich erst spät entwickeln, kann die Bewegung, welche die Zeugung veranlasst, nicht nur punktuell wirken. Vielmehr muss eine ganze Serie an Potenzialitäten mitgegeben werden, die unter Umständen erst lange nach der Zeugung realisiert werden.

Die Frage nach der Zeugungsleistung der einzelnen Geschlechter hat in der Antike viel zu diskutieren gegeben. Galen erörtert zwei Theorien: Die eine basiert auf der paritätischen Zweisamenlehre und vertritt eine von der Qualität abhängige Synergie beider Samen. Die andere Theorie beruht auf der dualistischen Samenlehre im Anschluss an Aristoteles.[40] Galen präferiert die paritätische Samenlehre – wobei auch bei ihm der Samen des Männchens „vollkommener" und deshalb wirksamer als jener des Weibchens ist. Deshalb besteht der primäre biologische Anteil der Mutter darin, den Fötus zu nähren.[41]

2. 5. Beseelung

Für Aristoteles spielen die teleologischen Aspekte der Zeugung eine zentrale Rolle. Weil Lebewesen aufgrund ihrer Unvollkommenheit nicht ewig leben können, pflanzen sie

---

38 ARISTOTELES, *De generatione animalium* II, 3 (737a27–34): DROSSAART LULOFS 1972, 62: „τὸ γὰρ θῆλυ ὥσπερ ἄρρεν ἐστὶ πεπηρωμένον καὶ τὰ καταμήνια σπέρμα, οὐ καθαρὸν δέ· ἓν γὰρ οὐκ ἔχει· τὴν τῆς ψυχῆς ἀρχήν. καὶ διὰ τοῦτο ὅσοις ὑπηνέμια γίγνεται τῶν ζῴων ἀμφοτέρων ἔχει τὰ μέρη τὸ συνιστάμενον ᾠόν, ἀλλὰ τὴν ἀρχὴν οὐκ ἔχει, διὸ οὐ γίγνεται ἔμψυχον· ταύτην γὰρ τὸ τοῦ ἄρρενος ἐπιφέρει σπέρμα. ὅταν δὲ μετάσχῃ τοιαύτης ἀρχῆς τὸ περίττωμα τὸ τοῦ θήλεος κύημα γίγνεται."
39 Vgl. ARISTOTELES, *De generatione animalium* IV, 3 (769b3–30): DROSSAART LULOFS 1972, 150–151; de GOHLKE 1959, 187–188.
40 Vgl. GALEN, *De usu partium corporis humani* 14, 7: HELMREICH 1968, 302–303. Vgl. POUDERON 2002, 240–241.
41 Manche Autoren (so WASZINK 1947, 342–348 und MAHÉ 1975, 1, 159–160) sehen in der stoischen Lehre eine Antithese zu ARISTOTELES, andere stellen sie als eine dritte Lehre dar; vgl. POUDERON 2002, 240–241, Fn. 4. Gemäss der Quellen, die E. LESKY (LESKY 1951, 1391–1394) in ihrer ausführlichen Studie bespricht, scheint die Stoa zwischen der dualen Auffassung von ARISTOTELES und der paritätischen von GALEN zu liegen, mit dem Unterschied, dass die mit dem Samen transportierte Keimkraft nicht der Eidos in Form von Hitze ist, sondern es sich um den λόγος σπερματικός handelt. Vgl. CONGOURDEAU 2007, 205.

sich fort. Zu diesem Zweck müssen Form und Materie weitergegeben werden. Hier ist der Grund für Geschlechtlichkeit zu suchen:

> Da nun die erste Ursache der Bewegung in ihrem Wesen immer höher steht und göttlicher ist – die den Logos und den Eidos des Stoffes in sich befasst – als der Stoff, und da es sich empfiehlt, das Höhere von dem Geringeren zu trennen, deswegen ist überall, wo und wie weit es möglich ist, vom Weiblichen das Männliche getrennt. Denn ranghöher und göttlicher ist der Bewegungsursprung, der als männlich in allem Werdenden liegt, während der Stoff das Weibliche ist.[42]

Diese Form, die im Samen weitergegeben wird, wirkt bei der Zeugung. Sie weist zudem Potenzial für die Einflussnahme auf die künftige Keimlingsentwicklung auf.[43] Bei einem solchen Wirkmuster muss es sich um Seelenkräfte handeln – obwohl der Samen kein eigenständiges Wesen ist.[44] Gleichwohl ermöglicht dieses Agieren dem Embryo sogleich das Leben und im späteren Verlauf des Wachstums die Sinneswahrnehmungen. Deshalb geht Aristoteles davon aus, dass der Same die verschiedenen Seelenkräfte als Anlagen in sich trägt – mit Ausnahme der Vernunftseele:

> Denn der Same ist eine durch Wandlung der Nahrung entstandene Abscheidung. So bleibt nur, dass allein die Vernunft von aussen eingedrungen und allein göttlich ist, da nur an ihr körperliche Betätigung wirklich unbeteiligt ist.[45]

Aristoteles setzt das Wirkprinzip des Samens mit dem Pneuma gleich, also mit dem Wirkprinzip der Natur schlechthin.[46] Das Pneuma, das Träger dieser Seelenkräfte ist, muss mit dem himmlischen Äther verbunden sein.[47]

> Alle seelische Kraft scheint nun noch einen andern Körper vorauszusetzen, der göttlicher ist als die sogenannten Urstoffe, und je nach dem Wert oder Unwert einer Seele richtet

---

42 ARISTOTELES, *De generatione animalium* II, 1 (732a3–11): DROSSAART LULOFS 1972, 47; de. GOHLKE 1959, 71: „βελτίονος δὲ καὶ θειοτέρας τὴν φύσιν οὔσης τῆς αἰτίας τῆς κινούσης πρώτης – ᾗ ὁ λόγος ὑπάρχει καὶ τὸ εἶδος – τῆς ὕλης, βέλτιον καὶ τὸ κεχωρίσθαι τὸ κρεῖττον τοῦ χείρονος. διὰ τοῦτ' ἐν ὅσοις ἐνδέχεται καὶ καθ' ὅσον ἐνδέχεται κεχώρισται τοῦ θήλεος τὸ ἄρρεν· βέλτιον γὰρ καὶ θειότερον ἡ ἀρχὴ τῆς κινήσεως ᾗ τὸ ἄρρεν ὑπάρχει τοῖς γιγνομένοις – ὕλη δὲ τὸ θῆλυ."
43 Vgl. PREUS 1975, 71–72.
44 So sagt ARISTOTELES, *De generatione animalium* II, 3 (737a16–17): DROSSAART LULOFS 1972, 62; de. GOHLKE 1959, 88: „Περὶ μὲν οὖν ψυχῆς πῶς ἔχει τὰ κυήματα καὶ ἡ γονὴ καὶ πῶς οὐκ ἔχει διώρισται· δυνάμει μὲν γὰρ ἔχει, ἐνεργείᾳ δ' οὐκ ἔχει." – „Damit geklärt, wieso die Keimlinge und die Samenflüssigkeit beseelt sind und wieso nicht: Der Anlage nach sind sie es, die Betätigung fehlt noch."
45 ARISTOTELES, *De generatione animalium* II, 2 (736b26–29): DROSSAART LULOFS 1972, 61; de. GOHLKE 1959, 87: „τὸ γὰρ σπέρμα περίττωμα μεταβαλλούσης τῆς τροφῆς ἐστιν. λείπεται δὴ τὸν νοῦν μόνον θύραθεν ἐπεισιέναι καὶ θεῖον εἶναι μόνον· οὐθὲν γὰρ αὐτοῦ τῇ ἐνεργείᾳ κοινωνεῖ «ἡ» σωματικὴ ἐνέργεια." Vgl. PREUS 1975, 73–76.
46 Vgl. ARISTOTELES, *De generatione animalium* II, 2 (735b37–736a1): DROSSAART LULOFS 1972, 58; de. GOHLKE 1959, 84: „Ἔστι μὲν οὖν τὸ σπέρμα κοινὸν πνεύματος καὶ ὕδατος, τὸ δὲ πνεῦμά ἐστι θερμὸς ἀήρ·" – „Same ist also eine Bildung aus Pneuma und Wasser, das Pneuma aber ist warme Luft."
47 Wie genau Pneuma und Äther bei Aristoteles aufeinander bezogen sind, wird diskutiert. Als gesichert gilt, dass sie nicht gleichgesetzt werden dürfen. Vgl. PREUS 1975, 86–89.

sich auch die Beschaffenheit dieses Urwesens. Es ist in allem Samen enthalten, was ja den Samen überhaupt erst fruchtbar macht, als sogenannte Wärme. Aber dies ist nicht Feuer oder gleicher Kraft, sondern das im Samen und seinem schaumigen Aufbau abgeschnittene Pneuma, und das Wesen des Pneumas entspricht dem Urstoff der Sterne.[48]

Der Vorgang der Beseelung erfolgt stufenweise. Zuerst verfügt der Embryo nur über die Pflanzenseele, die ihn befähigt zu wachsen, sich zu ernähren und zu vermehren. Später entsteht die sensitive Tierseele. Schliesslich kommt die Geistseele von aussen, welche erst das Denken ermöglicht. Wann genau die Geistseele von aussen in den Körper gelangt, lässt Aristoteles offen.[49] Zwei hippokratische Schriften betonen ebenfalls, dass das Pneuma schon im Samen anwesend sei. Die Stoiker folgen Aristoteles, sehen aber im Sperma ein „Absenker der Seele", begabt mit dem λόγος σπερματικός.[50] Ähnlich verarbeitet auch Philon von Alexandrien dieses aristotelische Gedankengut.[51]

Demgegenüber geht Platon davon aus, dass die unsterbliche Seele nach ihrem Fall erst bei der Geburt in den Körper eintrete. Die in seiner Tradition stehenden Autoren wehren sich ab dem zweiten Jahrhundert gegen aristotelische Lehren wie der Sterblichkeit der Seele und der Trennung von Intellekt und Seele. Doch gerade Letzteres ermöglichte einen Synkretismus zwischen beiden Schulen, da der νοῦς von aussen kommt und mit platonischen Vorstellungen kombiniert werden konnte.[52]

2. 6. Entwicklung und Ernährung des Embryos

Das Herz geht als erstes Organ aus der Potentialität des Samens in die Aktualität über – es ist der sprichwörtlich gewordene springende Punkt, den Aristoteles im Hühnerei beobachtet. Das Herz ist in dreifachem Sinne ἀρχή (Haupt und Ursprung) eines Lebewesens. Als die ersten gebildeten Körperteile entspringen aus ihm die Blutgefässe, dann der ganze restliche Körper. Oberstes Organ ist das Herz, weil sich dort die vegetativen und die sensitiven Seelenteile befinden und von hier die Lebenskraft ausgeht.[53] Aus

---

48 ARISTOTELES, De generatione animalium II, 3 (736b29–38): DROSSAART LULOFS 1972, 61; de. GOHLKE 1959, 87: „Πάσης μὲν οὖν ψυχῆς δύναμις ἑτέρου σώματος ἔοικε κεκοινωνηκέναι καὶ θειοτέρου τῶν καλουμένων στοιχείων· ὡς δὲ διαφέρουσι τιμιότητι αἱ ψυχαὶ καὶ ἀτιμίᾳ ἀλλήλων οὕτω καὶ ἡ τοιαύτη διαφέρει φύσις. πάντων μὲν γὰρ ἐν τῷ σπέρματι ἐνυπάρχει ὅπερ ποιεῖ γόνιμα εἶναι τὰ σπέρματα, τὸ καλούμενον θερμόν. τοῦτο δ' οὐ πῦρ οὐδὲ τοιαύτη δύναμίς ἐστιν ἀλλὰ τὸ ἐμπεριλαμβανόμενον ἐν τῷ σπέρματι καὶ ἐν τῷ ἀφρώδει πνεῦμα καὶ ἡ ἐν τῷ πνεύματι φύσις, ἀνάλογον οὖσα τῷ τῶν ἄστρων στοιχείῳ."
49 Vgl. WASZINK 1954, 178; EMMEL 1918, 18; MEYER 1914; DÖLGER 1934; HOLDEREGGER 2006 und CONGOURDEAU 2007, 138–142.
50 Vgl. CONGOURDEAU 2007, 145–149.
51 Vgl. CONGOURDEAU 2007, 144–145 und MEYER 1914, 39.
52 Vgl. PLATON, Timaios 42e, 43a: RIVAUD 1985, 158–159; Phaidros 246c–d und 248c–d: MORESCHINI 1985. Da PLATON auch den Embryo als Lebewesen bezeichnet, und in Timaios 91a/d den männlichen Samen und den Uterus für beseelt hält, wird er in dieser Frage als widersprüchlich rezipiert. Vgl. WASZINK 1954, 178; EMMEL 1918, 16; DÖLGER 1934, 30 und CONGOURDEAU 2007, 138–142.
53 Vgl. ARISTOTELES, De generatione animalium II, 4 (740a17–19): DROSSAART LULOFS 1972, 70 und PREUS 1975, 113–118.

dem Menstruationsblut werden nach und nach die homoiomeren Gewebe und anhomoiomeren Organe des Leibes entfaltet.[54] Aristoteles geht davon aus, dass der Embryo ausschliesslich durch die Nabelschnur mit Menstruationsblut ernährt wird. Die gelegentlich geäusserte These, das Ungeborene sauge mit seinem Mund an dafür vorgesehene Zitzen an der Gebärmutter eine schweissähnliche Substanz, lehnt er ab. Dazu verweist er auf die den Embryo umgebende Haut (ὑμήν), welche die Fruchtblase bildet.[55] Der Nabelstrang führt durch die Plazenta und wurzelt im Uterus. Letzter ist Endpunkt vieler Adern, wodurch die erforderliche Blutnahrung zugeführt wird.[56]

2.7. Windeier und Urzeugung

Bleibt die Frage zu klären, ob es Wesen gibt, die ohne Paarung empfangen können. Tatsächlich gibt es eine solche Theorie: Windeier, welche von einem (göttlichen) Wind befruchtet werden.[57] In der Antike sind vier Gattungen bekannt, denen eine Windbefruchtung nachgesagt wird: Stuten, Geier, Hühner und Frauen.[58] Ein fünfter Sonderfall bildet der Phönix.[59] Neben der Theorie der Windeier ist auch die Urzeugung zu nennen, die mit Ersterem verwandt ist. Darauf gehe ich im letzten Abschnitt ein.

a. Hühner

Bei Aristoteles nimmt die Beschreibung der Windeier einen bedeutsamen Platz ein, weshalb er in *De generatione animalium* immer wieder darauf zu sprechen kommt. Es handelt sich für ihn um unbefruchtete Eier. Da sowohl männliche als auch weibliche Tiere unablässig Samen produzieren, muss überflüssiger Samen abgeführt werden. Bei Frauen geschieht dies in der Menstruation, bei Vögeln und Fischen mit dem Legen von unbefruchteten Eiern.[60] Solche Vogel-Windeier können die Männchen nachträglich befruchten. Bereits befruchtete Eier können sogar ein zweites Mal befruchtet werden,

---

54 Vgl. ARISTOTELES, *De generatione animalium* II, 5 (741b): DROSSAART LULOFS 1972, 72; de. GOHLKE 1949, 102; vgl. PREUS 1975, 118.
55 Vgl. ARISTOTELES, *De generatione animalium* II, 7 (745b35): DROSSAART LULOFS 1972, 86; de. GOHLKE 1949, 116.
56 Vgl. ARISTOTELES, *De generatione animalium* II, 7 (745b): DROSSAART LULOFS 1972, 85–86; de. GOHLKE 1949, 116.
57 Dass der Wind die Fruchtbarkeit fördern und befördern kann, ist in der Antike eine weit verbreitete Ansicht. Eine gute Zusammenstellung der zahlreichen Zeugnisse bietet ROSCHER 1878, 71–81.
58 Vgl. ZIRKLE 1936, 96. Siehe auch SPEYER 1974.
59 Die Windbefruchtung wird auch den Wachteln und den Schildkröten nachgesagt. Vgl. Die Scholien zum Werk *Alexipharmaca* des Arztes und Poeten NIKANDER VON KOLOPHON; vgl. GEYMONAT 1974, 560. Beide Tiere spielen für unsere Studie keine Rolle.
60 Vgl. ARISTOTELES, *De generatione animalium* II, 3 (737a): DROSSAART LULOFS 1972, 61–62; de. GOHLKE 1949, 89 und III, 1 (750b): DROSSAART LULOFS 1972, 98–90; de. GOHLKE 1949, 129–130.

wobei die erste Befruchtung aufgehoben wird – was aber nur bis zu einem gewissen Zeitpunkt möglich ist.[61]

> Die Windeier werden befruchtet und die schon vorhandenen befruchteten Eier schlagen von einer Gattung in eine andere um, wenn das Vogelweibchen empfangen hat, das die Windeier oder die durch Befruchtung von einem anderen Vogel hat, bevor das Gelb sich in Weiss verwandelt hat. Dann werden Windeier zu befruchteten, und die bereits befruchteten verwandeln sich entsprechend der späteren Begattung. Ist der Übergang in das weisse Aussehen dagegen schon vollzogen, so ändert sich kein Ei mehr: Weder wandelt sich ein Windei in ein befruchtetes, noch ein befruchtetes in die Gattung des später deckenden Vogels.[62]

Die Auffassung, dass der Wind die Hühner befruchten könne, und diese dann Eier legen, aus welchen jedoch keine Hühner schlüpfen, wird in *De generatione animalium* nicht explizit erwähnt. Dass Aristoteles diese Vorstellung gekannt hat, darauf weist der Name Windei hin (ᾠόν ὑπηνέμιον; ᾠόν ζεφύριον; ᾠόν ἀνεμιαῖον)[63] sowie der Umstand, dass Aristoteles sie für Stuten erwähnt.[64] Ältere Belege sind bei Sophokles († 406/405 v. Chr.)[65] und bei Aristophanes († um 380 v. Chr.) zu finden. Letzterer lässt in seinem Stück *Die Vögel* aus dem Jahr 414 v. Chr. den Vogelchor eine regelrechte Windei-Theogonie singen:

> In der Zeiten Beginn war Tartaros, Nacht, und des Erebos Dunkel und Chaos;
> Luft, Himmel und Erde war nicht; da gebar und brütet' in Erebos' Schosse,
> Dem weiten, die schattenbeflügelte Nacht das uranfängliche Windei;
> Und diesem entkroch in der Zeit Umlauf der Verlangen entzündende Eros,
> An den Schultern von goldenen Flügeln umstrahlt
> und behänd wie die wirbelnde Windsbraut.[66]

---

61   Vgl. ARISTOTELES, *De generatione animalium* III, 7 (757b): DROSSAART LULOFS 1972, 117; de. GOHLKE 1949, 150.
62   Vgl. ARISTOTELES, *Historia animalium* VI, 2 (560a9): LOUIS 1968, Vol. 2, 66–67; de. GOHLKE 1949, 245–246: „Γίνεται δὲ τὰ ὑπηνέμια γόνιμα καὶ τὰ ἐξ ὀχείας ἤδη ἐνυπάρχοντα μεταβάλλει τὸ γένος εἰς ἄλλο γένος, ἐὰν πρὶν μεταβαλεῖν ἐκ τοῦ ὠχροῦ εἰς τὸ λευκὸν ὀχεύηται ἢ τὰ ὑπηνέμια ἔχουσα ἢ τὰ γόνῳ εἰλημμένα ἐξ ἑτέρου ὄρνιθος· καὶ γίνεται τὰ μὲν ὑπηνέμια γόνιμα, τὰ δὲ προϋπάρχοντα κατὰ τὸν ὕστερον ὀχεύοντα ὄρνιθα. προϋπάρχοντα κατὰ τὸν ὕστερον ὀχεύοντα ὄρνιθα. Ἐὰν δ' ἤδη μεταβαλλόντων εἰς τὸ λευκόν, οὐδὲν μεταβάλλει οὔτε τὰ ὑπηνέμια ὥστε γίνεσθαι γόνιμα, οὔτε τὰ γόνῳ κυούμενα ὥστε μεταβαλεῖν εἰς τὸ τοῦ ὀχεύοντος γένος."
63   Vgl. ARISTOTELES, *De generatione animalium* II, 3 (737a27–34): DROSSAART LULOFS 1972, 62; de. GOHLKE 1949, 128.
64   Siehe S. 102.
65   Siehe Fussnote 104 auf S. 108.
66   ARISTOPHANES, *Aves* 693–697: ROGERS 1923, 198; de. SCHADEWALDT 1970: „Χάος ἦν καὶ Νὺξ Ἔρεβός τε μέλαν πρῶτον καὶ Τάρταρος εὐρύς, | γῆ δ' οὐδ' ἀὴρ οὐδ' οὐρανὸς ἦν· Ἐρέβους δ' ἐν ἀπείροσι κόλποις | τίκτει πρώτιστον ὑπηνέμιον Νὺξ ἡ μελανόπτερος ᾠόν, | ἐξ οὗ περιτελλομέναις ὥραις ἔβλαστεν Ἔρως ὁ ποθεινός, | στίλβων νῶτον πτερύγοιν χρυσαῖν, εἰκὼς ἀνεμώκεσι δίναις." ROGERS weist darauf hin, dass die Darstellung der Entstehung der Welt aus einem Ei orphischen Ursprungs ist.

Varro[67] erwähnt die windbefruchteten Hühnereier als Beispiel, wenn er auf die Genese bestimmter Stuten zu sprechen kommt. Plinius schliesslich beschreibt die Windbefruchtung der Hühner im Buch 10 seiner Naturgeschichte:

> Unwirksame Eier, die wir Windeier [hypenemia] genannt haben, empfangen die Weibchen entweder durch gegenseitige Scheinbefriedigung ihrer Wollust oder durch Staub, und zwar nicht nur die Tauben, sondern auch die Hühner, Rebhühner, Pfauen, Gänse und Entengänse. Diese Eier sind aber unfruchtbar und kleiner, von weniger angenehmem Geschmack und flüssiger. Manche sind der Ansicht, sie würden durch den Wind erzeugt, weshalb man sie auch Zephyreier nennt. Windeier entstehen aber nur im Frühjahr, wenn das Brüten abgebrochen wurde; andere haben sie auch *kynósura* genannt.[68]

In den pseudoclementinischen Recognitionen werden die Hühner in einer Reihe von Tieren genannt. Alle diese Wesen empfangen und gebären auf aussergewöhnliche Weise. Sie bezeugen so die Vorsehung Gottes:

> Damit nicht, wie die Menschen meinen, dieses nur nach der Ordnung der Natur und nicht durch Verordnung des Schöpfers zu geschehen scheint, so hat dieser zum Hinweis und Beleg seiner Vorsehung angeordnet, dass einige wenige [Tiere] durch veränderte Ordnung ihre Art erhalten, zum Beispiel, dass die Krähe durch den Mund empfängt, und das Wiesel durchs Ohr gebiert, dass einige Vögel wie auch die Hennen bisweilen Eier legen, die durch Wind und Staub befruchtet sind, und etliche andere Tiere das Männlein ins Weibchen verwandelten und also alle Jahre ihr Geschlecht veränderten, wie die Hasen und Hyänen, welche man Monster [beluas] nennt […].[69]

Die Hühner und ihre Eier spielen in den Ausführungen zur Genese von Lebewesen bei Aristoteles eine zentrale Rolle. Der von der Henne hervorgebrachte unbefruchtete Samen, das Windei, wird vom Hahn befruchtet. Die ältere These der Windbefruchtung liess sich von späteren Autoren einfach in das aristotelische Lehrgebäude einbauen: Der Wind übernimmt gelegentlich die Rolle des Hahnes – wobei so auch entwicklungsfähige Eier resultieren. Diese Erklärung wird auf andere Wesen übertragen. Zu nennen

---

67 Vgl. VARRO, *Res rusticae* 2, 1, 19: HEURGON & GUIRAUD 1978, 20. Vgl. BOSCHERINI 1993. Ebenso COLUMELLA, *De re rustica libri* VI, 27, 4–7: RICHTER & HEINE 1981, 92–95.

68 PLINIUS, *Naturalis historia* 10, 166: MAYHOFF 1967, Vol. 2, 266; de. KÖNIG & WINKLER 1986, 113: „Inrita ova, quae hypenemia diximus, aut mutua feminae inter se libidinis imaginatione concipiunt aut pulvere, nec columbae tantum, sed et gallinae, perdices, pavones, anseres, chenalopeces. sunt autem sterilia et minora ac minus iucundi saporis et magis umida. quidam et vento putant ea generari, qua de causa etiam zephyria appellant. urina autem vere tantum fiunt incubatione derelicta, quae alii cynosura dixere."

69 CLEMENS VON ROM (ps.), *Recognitiones* 8, 25: STRECKER 1992, 231–232: „Sed ne, ut putant homines, viderentur haec naturae quodam ordine et non dispensatione fieri conditoris, pauca quaedam ad indicium et documentum providentiae suae, mutato ordine genus servare iussit in terris, verbi gratia ut per os conciperet et per aurem mustela generaret, ut aves nonnullae sicut et gallinae interdum ova vel vento vel pulvere concepta parerent, alia quaedam animalia marem vicibus alternis in feminam verterent et sexum per annos singulos commutarent, ut lepores et yaenae, quas beluas vocant […]."

sind einerseits bekannte Tiere wie die windgezeugten Pferde des Achill. Andererseits kommen neue Berichte auf, etwa zu den ägyptischen Geiern.

b. Stuten

Lange bevor Aristoteles seine Haushühner und ihre Eier beobachtet, singt Homer in seiner *Illias* in Buch 16 von zwei Pferden, die Achill einst erbeutet hat. Diese beiden hat einst ein Vogel-Mensch-Mischwesen, die Harpyie Podarge, dem Westwind Zephyr geboren.[70] In Buch 20 schwängert der Nordwind Boreas die Stuten des Erichthonios und zeugt so zwölf Fohlen.[71] Natürlich kennt Aristoteles die *Illias*. Auch er berichtet in der *Historia animalium* von den windgeschwängerten Stuten.

> Es heisst, sie [sc. die Stuten] würden um diese Zeit vom Wind empfangen, weswegen man in Kreta die Hengste auch nicht von den Stuten wegnimmt. Denn wenn sie dies erleiden müssen, laufen sie von den andern Pferden fort.[72]

Es sind besonders lateinische Autoren, beeindruckt von den schnellen Pferden, welche von dieser Angelegenheit berichten. Varro verlegt sie von Kreta auf die Iberische Halbinsel – und spricht wiederum die Hühner als Vergleich an:

> Bezüglich der Fortpflanzung: Unglaubliches gibt es in Spanien, aber es ist wahr, dass in Lusitanien beim Ozean, in jener Region, in welcher der Marktflecken Olisipo liegt, gewisse Stuten zu bestimmter Zeit vom Wind empfangen, wie es die Hühner bei uns auch tun, deren Eier wir Windeier nennen. Die Fohlen, die von diesen Stuten geboren werden, leben nicht länger als drei Jahre.[73]

Im Anschluss an Varro erzählen auch vielgelesene Autoren wie Vergil[74], Columella[75], Plinius[76] und Augustinus[77] die Geschichte der windbefruchteten spanischen Pferde.[78]

---

70 Vgl. HOMER, *Illias* XVI, 148–151: RUPÉ 1989, 542–543. Vgl. ZIEGLER 1972.
71 Vgl. HOMER, *Illias* XX, 220–225: RUPÉ 1989, 690–693.
72 ARISTOTELES, *Historia animalium* VI (572a14–15): LOUIS 1964: „Λέγονται δὲ καὶ ἐξανεμοῦσθαι περὶ τὸν καιρὸν τοῦτον·διὸ ἐν Κρήτῃ οὐκ ἐξαιροῦσι τὰ ὀχεῖα ἐκ τῶν θηλειῶν. Ὅταν δὲ τοῦτο πάθωσι, θέουσιν ἐκ τῶν ἄλλων ἵππων." GOHLKE 1949, 277 übersetzt ἐξανεμόω (aus ἐκ „von" und ἄνεμος „Wind") frei mit „hengsttoll sein", doch zeigt die Rezeptionsgeschichte, dass es hier tatsächlich um eine Windbefruchtung geht. Nach LIDDELL & SCOTT 1948, 585 findet das Wort auch bei anderen Autoren zur Bezeichnung einer Windbefruchtung Verwendung.
73 VARRO, *Res rusticae* 2, 1, 19: VARRO 1978, 20: „In fetura res incredibilis est in Hispania, sed est vera, quod in Lusitania ad oceanum in ea regione, ubi est oppidum Olisipo, monte Tagro quaedam e vento concipiunt certo tempore equae, ut hic gallinae quoque solent, quarum ova hypenemia appellant. Sed ex his equis qui nati pulli, non plus triennium vivunt."
74 Vgl. VERGIL, *Georgica* III, 271–276: GÖTTE 1987, 160–161.
75 Vgl. COLUMELLA, *De re rustica libri* VI, 27, 4–7: RICHTER 1981, 92–95.
76 Vgl. PLINIUS DER ÄLTERE, *Naturalis historia* VIII, 42, 67, 166: MAYHOFF 1967, 122–123.
77 Vgl. AUGUSTINUS, *De civitate dei* XXI, 5: DOMBART & KALB 1981, 496.
78 Für weitere Zeugnisse von HOMER bis ins 17. Jahrhundert vgl. ZIRKLE 1936, 104 und KRATZ 1988.

c. Geier

Die Verehrung von Geiern als kultische Wesen hat in Ägypten eine lange Tradition. Dort wurde der Vogel mit den Göttinnen Mut und Nechbet assoziiert. Erstere ist eine Muttergöttin, die Zweite eine Himmels- und Kronengöttin.[79] *Mwt* ist nicht nur der mittelägyptische Name der Göttin Mut, sondern auch die Bezeichnung für Geier. In den Fragmenten des stoischen Philosophen und ägyptischen Priesters CHAEREMON VON ALEXANDRIEN (erstes Jahrhundert) ist zum ersten Mal folgende These fassbar: Geiermännchen existieren nicht, da der Wind die Weibchen befruchtet.[80] Der Nilote Horapollo aus dem fünften Jahrhundert rezipiert für sein Werk *Hieroglyphica* neben Chaeremon weitere ägyptische Autoren wie Apion, Manetho und Bolos von Mendes.[81] In der *Hieroglyphica* wird bezüglich des Hieroglyphenzeichens Geier gesagt:

> Wenn sie Mutter oder Sehen oder Begrenzung oder Vorauswissen oder Jahr oder Himmel(sgewölbe) oder barmherzig oder Athena oder Hera oder zwei Drachmen schreiben, malen sie einen Geier.

Zur Bedeutung Mutter führt er aus:

> Mutter: weil es bei dieser Tierart kein Männchen gibt. Ihre Zeugung geschieht auf folgende Weise: Wenn das Geierweibchen nach Empfängnis verlangt, öffnet es seine Scheide[82] zum Nordwind hin und wird von ihm fünf Tage lang gedeckt. In dieser Zeit nimmt es weder Speise noch Trank zu sich vor Sehnsucht nach Kinderzeugung. Es gibt noch andere Vogelarten, die vom Wind empfangen, deren Eier jedoch ausschliesslich zum Essen, nicht aber zum Ausbrüten zu gebrauchen sind. Wenn hingegen die Geier[weibchen] vom Wind gedeckt werden, nimmt die Brut in den Eiern Leben an.[83]

Diese ägyptische Legende wird auch im Norden des Reiches bekannt.[84] Aelian erwähnt in seiner Naturgeschichte die ausschliesslich weiblichen Geier, die beim Atmen be-

---

79 Vgl. SPEYER 1974, 433.
80 Was genau CHAEREMON lehrte, ist schwierig zu rekonstruieren. Aufgrund der Testimonia ist lediglich sicher, dass CHAEREMON ein Werk namens *Hieroglyphica* schrieb und dass darin auch die Geier-Hieroglyphe besprochen wurde. Vgl. HORST 1984, 2–7.
81 Vgl. THISSEN 2001, XIV.
82 Hier wird der Euphemismus φύσις verwendet. Dasselbe Wort φύσις zur Bezeichnung der Scheide findet sich auch im *Protevangelium des Jakobus* 19, 3; vgl. S. 210 in der vorliegenden Arbeit.
83 HORAPOLLO, *Hieroglyphica* 1, 11: THISSEN 2001, 10–11: „[Τί γῦπα γράφοντες δηλοῦσι] Μητέρα δὲ γράφοντες, ἢ βλέψιν, ἢ ὅριον, ἢ πρόγνωσιν, ἢ ἐνιαυτόν, ἢ οὐρανίαν, ἢ ἐλεήμονα, ἢ Ἀθηνᾶν, ἢ Ἥραν, ἢ δραχμὰς δύο, γῦπα ζωγραφοῦσι. [...] μητέρα μέν, ἐπειδὴ ἄρρεν ἐν τούτῳ τῷ γένει τῶν ζῴων οὐχ ὑπάρχει, ἡ δὲ γένεσις αὐτῶν γίνεται τρόπῳ τοιῷδε· ὅταν ὀργᾷ πρὸς σύλληψιν ἡ γύψ, τὴν φύσιν ἑαυτῆς ἀνοίξασα πρὸς βορέαν ἄνεμον, ὑπὸ τούτου ὀχεύεται ἐπὶ ἡμέρας πέντε, ἐν αἷς οὔτε βρωτοῦ οὔτε ποτοῦ μεταλαμβάνει, ποθοῦσα παιδοποιΐαν. ἔστι δὲ καὶ ἄλλα γένη ὀρνέων, ἃ ὑπὸ ἀνέμου συλλαμβάνει, ὧν τὰ ᾠὰ πρὸς βρῶσιν αὐτοῖς μόνον, οὐκέτι δὲ πρὸς ζῳογονίαν ἐστὶ χρήσιμα, γυπῶν δὲ ὑπηνεμίων ποιουμένων τὴν ὀχείαν, ἡ τῶν ᾠῶν γένεσις ζῳογονεῖται."
84 Im Gegenzug rezipieren ägyptische Priester die griechische Medizin und insbesondere Lehren bezüglich der Entstehung des Menschen, vgl. YOYOTTE 1962.

fruchtet würden.⁸⁵ Ps. Aristoteles fügt in *De mirabilibus* an, dass man keine Geiernester finden könne und Plinius mutmasst, dass sie ihre Nester bei den Antipoden hätten.⁸⁶ Weitere Einzelheiten zur Zeugung sind diesen beiden Autoren unbekannt. Plutarch spielt direkt auf die ägyptische Legende an, wenn er in seinen *Quaestiones romanae* folgende Frage beantwortet:

> Warum werden zum wahrsagen am meisten Geier verwendet?
> [...] Aber wenn, wie die Ägypter fabeln, die ganze Spezies weiblich sei, und sie empfangen, indem sie den Atem des Westwindes [des Sonnenwindes] aufnehmen, genau wie die Bäume es tun, wenn sie vom Westwind empfangen, dann ist es glaubwürdig, dass ihre Zeichen alle zusammen zuverlässig und sicher sind. Bezüglich der übrigen Vögel aber, ihre Aufregung in der Paarungszeit, ihre Gier, Flucht und Jagd ist verstörend.⁸⁷

Auch Origenes kennt die biologischen Besonderheiten der Geierweibchen; darauf werde ich später eingehen.⁸⁸ Porphyrius und – im Anschluss an Origenes – Eusebius von Cäsarea erwähnen dies ebenfalls, beide Zusammenhang mit der Stadt *Eileithyia*. Dort werde eine Statue der Mondgöttin verehrt, die deswegen in Form eines Geierweibchens dargestellt werde.⁸⁹ Über Origenes und Eusebius wird das Wissen auch zu Ambrosius und Basilius gekommen sein. Auch Isidor von Sevilla bewahrt die Legende in seinen *Etymologiae* auf, jedoch wie Eusebius ohne theologische Gedankengänge daran anzuschliessen. Die Windbefruchtung der Geier ist auch in der mittelalterlichen Literatur wiederholt anzutreffen.⁹⁰

d. Phönix

Wie die Geierverehrung, so stammt auch der Phönix aus Ägypten, genauer aus Heliopolis.⁹¹ Auf den ägyptischen Ursprung deutet die griechische Bezeichnung φοῖνιξ hin, die mit dem ägyptischen Wort *bnw* (Benu) verwandt ist.⁹² Der Benu ist ein reiherähnlicher Sonnenvogel, der mit dem Sonnengott Re bzw. mit Osiris gleichgesetzt

---

85 Vgl. AELIANUS, *De natura animalium* 2, 46: DILTS 1974, 144.
86 Vgl. ARISTOTELES, *De mirabilibus* 831a: FLASHAR 1972; PLINIUS DER ÄLTERE, *Naturalis historia* 10, 6: MAYHOFF 1986; Vol 2., 224.
87 PLUTARCH, *Quaestiones romanae* II, 46 Quaestio 93 (Moralia 286A–C): BABBITT 1972, 138–140: „Διὰ τί γυψὶ χρῶνται μάλιστα πρὸς τοὺς οἰωνισμούς;' [...] εἰ δ' ὡς Αἰγύπτιοι μυθολογοῦσι, θῆλυ πᾶν τὸ γένος ἐστὶ καὶ κυΐσκονται δεχόμενοι καταπνέοντα τὸν ἀπηλιώτην ὥσπερ τὰ δένδρα τὸν ζέφυρον, καὶ παντάπασιν ἀπλανῆ τὰ σημεῖα καὶ βέβαια γίνεσθαι πιθανόν ἐστιν ἀπ' αὐτῶν, ἐν δὲ τοῖς ἄλλοις αἱ περὶ τὰς ὀχείας σοβήσεις ἔτι δ' ἁρπαγαὶ καὶ φυγαὶ καὶ διώξεις πολὺ τὸ θορυβῶδες καὶ ἀκατάστατον ἔχουσι."
88 Siehe S. 147 in der vorliegenden Arbeit.
89 Vgl. PORPHYRIUS, *De cultu simulacrum* Fragment 10: BIDEZ 1980, 18*–23*, zitiert in EUSEBIUS, *Praeparatio evangelica* 3, 12: DES PLACES et al. 1976; SC 228, 230–233.
90 Vgl. ISIDOR VON SEVILLA, *Etymologiarum libri* 12, 7, 12: ANDRÉ 1986, 241. Für Zeugnisse bis ins 17. Jahrhundert vgl. ZIRKLE 1936, 108–111.
91 Eine umfassende Darstellung zum Phönix bietet BROEK & SEEGER 1972.
92 Beide Namen, das griechische φοῖνιξ und das ägyptische *bnw* bezeichnen primär die „Dattelpalme".

wird. Der Phönixkult weist, abgesehen vom Namen, einige weitere Parallelen zur Tradition um den Benu auf, ohne vollständig darauf rückführbar zu sein.[93] So ist der Kern der klassischen Phönixsage von seiner Wiedergeburt aus der Asche nicht ägyptischen Ursprungs. Herodot, der als erster Grieche über den Phönix berichtet, kennt sie noch nicht.[94] Erst Ovid, Plinius, Tacitus und spätere christliche Autoren, u.a. der Physiologus sowie Isidor von Sevilla, berichten vom wundersamen Sterben im Feuer und der Geburt aus der Asche.[95]

Der Phönix kann nicht aus der sexuellen Verbindung eines Männchens und eines Weibchens stammen, weil es immer nur ein Exemplar dieses Vogels gibt. Diese asexuelle Fortpflanzung wird in verschiedenen klassischen Texten thematisiert.[96] Die damit verbundene Frage nach dem Geschlecht dieses Vogels spielt eine untergeordnete Rolle, hängt aber damit zusammen. Da der Phönix durch sein Sterben und sein Wiedererstehen als Symbol der Seele gesehen wird, wird dieser Punkt oft mit der Untersuchung nach dem Geschlecht der Seele verbunden. Zahlreiche Autoren halten den Phönix für ein männliches Wesen, weniger verbreitet ist die Ansicht, er sei ein weibliches. Verschiedene Autoren klassifizieren ihn auch als einer Gattung zugehörig, die keine Unterteilung in Geschlechter kennt.

Stellvertretend für die vielen Zeugnisse zum Phönix hier der Bericht von Pomponius Mela aus dem Jahr 43/44:

> Von den Vogelgestalten ist vornehmlich die Phönix zu erwähnen, die nur eine einzige ist [unica]. Sie wird nämlich nicht durch Paarung empfangen noch durch Geburt hervorgebracht, sondern wenn sie ununterbrochen ein Alter von 500 Jahren durchlebt hat, legt sie sich auf einen für sie selbst aus verschiedenen Duftstoffen errichteten Scheiterhaufen und löst sich vom Leib, indem sie dann aus der Lösungsmasse der verwesenden Glieder neu erwächst, empfängt sie sich selbst und wird aus sich selbst wieder neugeboren. Sobald sie herangewachsen ist, umhüllt sie die Gebeine ihres vormaligen Körpers mit Myrrhe und trägt sie nach Ägypten und indem sie sie in der sogenannten Sonnenstadt auf die lodernden Scheiterhaufen des Altars legt, weiht sie sie so mit einer denkwürdigen Bestattung.[97]

---

93 Vgl. BROEK & SEEGER 1972, 14–26 und 397–399. BROEK hat in seiner Studie gezeigt, dass es sich bei beiden Tieren um Sonnenvögel handelt, die mit Heliopolis in Verbindung gebracht werden. Beide entstehen ohne Eltern und spielen deshalb als Allegorie für das Werden, aber auch für das Leben nach dem Tod eine Rolle. So sind BROEK zufolge die beiden Traditionen zwar eng verwandt, der Phönix aber kann nicht direkt vom Benu abgeleitet worden sein.

94 Vgl. HERODOT, *Historiae* 2, 73: FEIX 1988, 260–263.

95 Vgl. OVID, *Metamorphoses* XV, 391–407: FINK 2004, 768–769; PLINIUS DER ÄLTERE, *Historia naturalis* 10, 2, 3–5: MAYHOFF 1986; Vol. 2, 219; TACITUS, *Annales* 6, 28: HELLER & FUHRMANN 2010, 418–421; *Physiologus* 7: SBORDONE 1991, 25–28; ISIDOR VON SEVILLA, *Etymologiarum libri* 12, 7, 22: ANDRÉ 1986, 241.

96 Einzig HORAPOLLO berichtet, dass der alte und der junge Phönix eine gewisse Zeit zusammenleben. Aber auch bei ihm geschieht die Fortpflanzung asexuell: Der alte Phönix verwundet sich selbst, und aus dem austretenden Blut entsteht der neue. Vgl. HORAPOLLO, *Hieroglyphica* II, 57: THISSEN 2001, 58–59.

97 POMPONIUS MELA, *De chorographia* 3, 83–84: BRODERSEN 1994, 178: „De volucribus praecipue referenda Phoenix, semper unica. non enim coitu concipitur partuve generatur, sed ubi quingentorum

Der Phönix muss für Mela eindeutig weiblich sein, obwohl Ovid und Herodot den sterbenden Vogel als „Vater" bezeichnen. Doch die Unsicherheit bezüglich des Geschlechtes zeigt die philosophische Konzeption, von der aus argumentiert wird. Mit dem letzten Atemzug fährt das zeugende Pneuma aus dem Vater aus, kehrt zurück und im Kadaver, der jetzt weibliche Funktion hat, entsteht ein neuer Phönix.

Für Clemens von Rom und für zahlreiche weitere christliche Autoren ist der Phönix Symbol der Auferstehung:

> Betrachten wir auch das auffallende Zeichen, das im Morgenlande geschieht, das heisst in den Gegenden bei Arabien. Es ist nämlich ein Vogel, der Phönix genannt wird. Dieser ist der einzige seiner Art und lebt fünfhundert Jahre; wenn er bereits der Auflösung im Tode nahe ist, baut er sich ein Nest aus Weihrauch, Myrrhe und sonstigen wohlriechenden Gewächsen; ist seine Zeit erfüllt, so geht er in dieses Nest und stirbt. Wenn dann das Fleisch verfault, entsteht ein Wurm, welcher sich von dem verfaulenden Leichnam des Tieres nährt und Flügel bekommt; wenn er dann kräftig geworden ist, hebt er jenes Nest, in dem die Knochen des früheren sind, und fliegt mit ihnen von Arabien bis nach Ägypten in die Stadt Heliopolis. Und bei Tag, wenn alle es sehen, fliegt er auf den Altar des Helios, legt sie dort nieder und kehrt wieder zurück. Die Priester sehen dann genau die Aufzeichnungen der Zeiten nach und finden, dass er nach Verfluss von fünfhundert Jahren gekommen ist.[98]

Verschiedene Autoren weisen darauf hin, dass im Leichnam des alten Phönix zuerst ein Wurm bzw. eine Made entstehe, die sich zu einem Ei verpuppe. Aus dem Ei schlüpfe schliesslich der neue Phönix. Der Grund für diese Abfolge liegt in der Theorie der Urzeugung, die später am Beispiel des Aristoteles dargestellt werden wird.[99]

e. Frauen

Dass Frauen auch „Windeier" bekommen können, also ohne männlichen Zeugungsanteil unter gewissen Umständen aus sich selbst gebären, darauf hat Plutarch schon hingewiesen.[100]

---

annorum aevo perpetua duravit, super exaggeratam variis odoribus struem sibi ipsa incubat solviturque. dein putrescentium membrorum tabe concrescens ipsa se concipit atque ex se rursus renascitur. cum adolevit, ossa pristini corporis inclusa murra Aegyptum exportat et in urbe quam Solis appellant flagrantibus arae bustis inferens memorando funere consecrat."

98 CLEMENS VON ROM, *Epistula Clementis ad corinthios* 25: SCHNEIDER 1994, 126–129: „Ἴδωμεν τὸ παράδοξον σημεῖον τὸ γινόμενον ἐν τοῖς ἀνατολικοῖς τόποις, τουτέστιν τοῖς περὶ τὴν Ἀραβίαν. Ὄρνεον γάρ ἐστιν, ὃ προσονομάζεται φοίνιξ· τοῦτο μονογενὲς ὑπάρχον ζῇ ἔτη πεντακόσια, γενόμενόν τε ἤδη πρὸς ἀπόλυσιν τοῦ ἀποθανεῖν αὐτὸ σηκὸν ἑαυτῷ ποιεῖ ἐκ λιβάνου καὶ σμύρνης καὶ τῶν λοιπῶν ἀρωμάτων, εἰς ὃν πληρωθέντος τοῦ χρόνου εἰσέρχεται καὶ τελευτᾷ. Σηπομένης δὲ τῆς σαρκὸς σκώληξ τις γεννᾶται, ὃς ἐκ τῆς ἰκμάδος τοῦ τετελευτηκότος ζῴου ἀνατρεφόμενος πτεροφυεῖ· εἶτα γενναῖος γενόμενος αἴρει τὸν σηκὸν ἐκεῖνον, ὅπου τὰ ὀστᾶ τοῦ προγεγονότος ἐστίν, καὶ ταῦτα βαστάζων διανύει ἀπὸ τῆς Ἀραβικῆς χώρας ἕως τῆς Αἰγύπτου εἰς τὴν λεγομένην Ἡλιούπολιν. Καὶ ἡμέρας, βλεπόντων πάντων, ἐπιπτὰς ἐπὶ τὸν τοῦ ἡλίου βωμὸν τίθησιν αὐτὰ καὶ οὕτως εἰς τοὐπίσω ἀφορμᾷ. Οἱ οὖν ἱερεῖς ἐπισκέπτονται τὰς ἀναγραφὰς τῶν χρόνων καὶ εὑρίσκουσιν αὐτὸν πεντακοσιοστοῦ ἔτους πεπληρωμένου ἐληλυθέναι."
99 Siehe S. 109 in der vorliegenden Arbeit.
100 Siehe S. 75 in der vorliegenden Arbeit.

2. DER KONTEXT: DIE ANTIKE EMBRYOLOGIE 107

Da nach Aristoteles männliches Sperma ausschliesslich die Bewegungsenergie und damit die Form für das zu zeugende Kind liefert, ist der Trägerstoff des Samens unerheblich. Ein Gott kann daher einen Gottessohn zeugen, in dem er ein πνεῦμα, also reine Form, ganz ohne Trägermaterie zu einer sterblichen Frau sendet. Letztere hält das πνεῦμα in ihrer Gebärmutter fest und stellt Materie zur Verfügung, damit das πνεῦμα Fleisch annehmen kann. Insbesondere Plutarch († um 125) diskutiert diese Möglichkeit der Genese eines Gotteskindes.

In seinen parallelen Lebensbeschreibungen berichtet Plutarch vom zweiten römischen König Numa Pompilius, dass dieser mit der Göttin Egeria verheiratet gewesen sein soll. Diesen Umstand hält der Schriftsteller für unglaubwürdig, obwohl zahlreiche Mythen die Verbindung von Göttern und Sterblichen erzählen:

> Dass aber eine Göttin oder ein Daimon auch mit einem männlichen [ἀνθρώπινος] Körper und [seiner] Jugendschönheit Gemeinschaft und gegenseitiges Wohlgefallen hätten, das macht schon Mühe, auch dies noch zu glauben. Und doch scheinen die Ägypter nicht unklug zu unterscheiden, dass es nicht unmöglich ist, dass sich einer Frau ein göttlicher Geist [πνεῦμα θεοῦ] nähere und ein paar Anfänge des Werdens hineinlege. Doch für einen Mann gibt es keine Vermischung noch Verkehr des Leibes mit der Göttin. Denn dabei bedenkt man nicht, dass dasjenige, was sich mit etwas anderem mischt, diesem die gleiche Gemeinschaft zurückgibt.[101]

Dass ein sterblicher Mann wie Numa mit einer Göttin ein Kind zeugen könnte, ist also undenkbar. Sein Sperma/πνεῦμα hat zu wenig Energie, um in einem göttlichen Wesen zu zeugen. Der umgekehrte Fall ist aber durchaus denkbar. Der letzte Satz stellt nicht die ägyptische Vorstellung in Frage, sondern vielmehr jene, die einen Verkehr zwischen Numa und Egeria annehmen.

Bei seinen Tischreden kommt Plutarch noch einmal auf die von den Göttern Gezeugten (ἐκ θεῶν γεννητός) zu sprechen. Als Beispiel dient ihm Platon.[102] Dessen Vater Ariston hatte angeblich in einem Traumgesicht für zehn Monate das Verbot erhalten, bei seiner Frau zu liegen, damit Apollo mit ihr einen Sohn zeugen könne. Das sei für einen Gott nicht unwürdig, obwohl ein Gott unwandelbar und frei von Begierden sei, eine Zeugung aber scheinbar beides mit sich bringe. Deshalb charakterisiert Plutarch zuerst den höchsten Gott Platons mit den Worten:

---

101 PLUTARCH, *Vitae parallelae: Lycurgus et Numa* 4, 3: PERRIN 1982, 306–382: „ὡς δὲ καὶ σώματος ἀνθρωπίνου καὶ ὥρας ἐστί τις θεῷ καὶ δαίμονι κοινωνία καὶ χάρις, ἔργον ἤδη καὶ τοῦτο πεισθῆναι. καίτοι δοκοῦσιν οὐκ ἀπιθάνως Αἰγύπτιοι διαιρεῖν ὡς γυναικὶ μὲν οὐκ ἀδύνατον πνεῦμα πλησιάσαι θεοῦ καί τινας ἐντεκεῖν ἀρχὰς γενέσεως, ἀνδρὶ δὲ οὐκ ἔστι σύμμιξις πρὸς θεὸν οὐδὲ ὁμιλία σώματος. ἀγνοοῦσι δὲ ὅτι τὸ μιγνύμενον ᾧ μίγνυται τὴν ἴσην ἀνταποδίδωσι κοινωνίαν."

102 DÖRRIE weist darauf hin, dass Platon das dritte oder vierte Kind seiner Eltern war, weshalb die These einer jungfräulichen Empfängnis oder Gottessohnschaft in der originalen Fassung von Speusippos nicht enthalten war. Ursprünglich ging es nur um eine Geburt im Schutze Apollons. Die Quellen zur aussergewöhnlichen Geburt Platons sind zusammengetragen von DÖRRIE & BALTES, Vol. 2, Nr. 58, 150–157; Kommentar dazu 404–414.

> Aber, was mich sicher macht, ist, dass Platon selbst Gott ewig und ungezeugt nennt, Vater und Schöpfer der Welt und aller lebenden Wesen, der sicher nicht durch Sperma, sondern durch eine andere göttliche Kraft der Materie einen fruchtbaren Anfang hervorbringt, durch die sie sich ändert und wandelt.[103]

Er zitiert nun einen Vers aus einem verschollenen Werk von Sophokles, der als Fragment bei Diogenes Laertius aufbewahrt ist. Darin wird die Theorie der Windeier aufgegriffen:

> Es bleiben auch die Durchgänge der Winde vor dem Vogelweibchen verborgen, ausser wenn sich Nachkommenschaft einstellt.[104]

Plutarch fährt fort:

> Ich sehe nichts Ungebührliches darin zu sagen, dass Gott, wenn er sich den Sterblichen nähert, nicht in einer menschlichen Weise, aber durch eine ganz andere Vereinigung, sie mit einem göttlichen Samen füllt, der sie fruchtbar macht. Diese Vorstellung ist nicht von mir. Denn die Ägypter sagen, dass Apis durch die Berührung des Mondes erzeugt wird, und gewöhnlich erlauben sie sexuelle Beziehungen eines Gottes mit einer sterblichen Frau. Anderseits aber würden sie nicht denken, dass ein sterblicher Mann eine weibliche Gottheit in den Zustand der Schwangerschaft und Geburt setzen könnte, da sie denken, das Wesen [οὐσία] der Götter bestehe aus Luft, πνεῦμα und einer gewissen Hitze und Feuchte.[105]

Götter bestehen also aus Feuer und Luft, dazu das Pneuma, während Menschen aus Erde und Wasser gemacht sind. Ein Gott kann mit einer Sterblichen einen Sohn zeugen, indem er sein Pneuma entsendet und die Frau so schwanger werden lässt. So ist eine Zeugung möglich, ohne gegen die Unveränderlichkeit und Begierdelosigkeit zu verstossen.

Neben Numa und Platon ist eine jungfräuliche Empfängnis von zahlreichen weiteren Persönlichkeiten ausgesagt worden: Alexander, Augustus, Cäsar ect., jedoch bleiben diese Berichte stark mythologisch gefärbt und zeigen, wie die jeweilige Figur in den Mythos eingeht.

---

103 PLUTARCH spielt hier an PLATONS *Timaios* an (28c): RIVAUD 1985, 141. PLUTARCH, *Quaestiones convivales* 8, 1 (Moralia 718A): MINAR 1969, 116: „ἀναθαρρῶ δὲ πάλιν αὐτοῦ Πλάτωνος ἀκούων πατέρα καὶ ποιητὴν τοῦ τε κόσμου καὶ τῶν ἄλλων γεννητῶν τὸν ἀγέννητον καὶ ἀίδιον θεὸν ὀνομάζοντος, οὐ διὰ σπέρματος δήπου γενομένων, ἄλλῃ δὲ δυνάμει τοῦ θεοῦ τῇ ὕλῃ γόνιμον ἀρχήν, ὑφ' ἧς ἔπαθεν καὶ μετέβαλεν, ἐντεκόντος."

104 DIOGENES nennt das Werk des SOPHOKLES „Oenomaus". DIOGENES LAERTIUS, *Vitae philosophorum* 4, 35: MARCOVICH 1999, 283 zu ARCESILAOS (Soph. fr. 477): „λήθουσι γάρ τοι κἀνέμων διέξοδοι θήλειαν ὄρνιν, πλὴν ὅταν τόκος παρῇ".

105 PLUTARCH, *Quaestiones convivales* 8, 1 (Moralia 718A–B). MINAR 1961, 116–119: „καὶ οὐδὲν οἴομαι δεινόν, εἰ μὴ πλησιάζων ὁ θεὸς ὥσπερ ἄνθρωπος, ἀλλ' ἑτέραις τισὶν ἁφαῖς δι' ἑτέρων καὶ ψαύσεσι τρέπει καὶ ὑποπίμπλησι θειοτέρας γονῆς τὸ θνητόν. 'καὶ οὐκ ἐμὸς ὁ μῦθος' (Eur. fr. 484)' εἶπεν 'ἀλλ' Αἰγύπτιοι τόν τ' Ἆπιν οὕτως λοχεύεσθαί φασιν ἐπαφῇ τῆς σελήνης, καὶ ὅλως ἄρρενι θεῷ πρὸς γυναῖκα θνητὴν ἀπολείπουσιν ὁμιλίαν· ἀνάπαλιν δ' οὐκ ἂν οἴονται θνητὸν ἄνδρα θηλείᾳ θεῷ τόκου καὶ κυήσεως ἀρχὴν παρασχεῖν διὰ τὸ τὰς οὐσίας τῶν θεῶν ἐν ἀέρι καὶ πνεύμασιν καί τισι θερμότησι καὶ ὑγρότησι τίθεσθαι." Vgl. BERGER & COLPE 1987, 22

Plutarch unterscheidet sich von diesen Berichten, indem er eine naturphilosophische Erklärung des Phänomens unternimmt und damit ihre Faktizität unterstreicht. Das ist auch christlichen Autoren sehr wichtig. Celsus deutet die Geburt Christi als Abklatsch paganer Geschichten wie jener der Danae. Origenes wirft ihm darauf vor, er sei ein übler Possenreisser. Die jungfräuliche Geburt Christi ist für Origenes so real wie jene Platons, hat aber mit Fabeln wie jener von Danae und dem Goldregen nichts zu tun.[106]

Dass der Glaube weit verbreitet war, dass Götter mit sterblichen Frauen Umgang haben, zeigt auch der von Flavius Josephus überlieferte Skandal im Isistempel, der im Jahr 19 n. Chr. Rom erschütterte. Ein zurückgewiesener Verehrer hatte sich als Gott Anubis verkleidet und konnte so mit seiner Angebeteten intim werden, die als Myste den Tempel besuchte.[107]

f. Urzeugung

Verschiedene kleinere Lebewesen wie Würmer, Schalentiere sowie einige Insekten und Pflanzen entstehen nach Aristoteles durch die sogenannte Urzeugung.[108] Diese Theorie ist gewissermassen ein Spezialfall der Windei-Lehre, weil hier nicht das Pneuma ein Ei befruchtet, sondern direkt unbelebte Materie zu Lebensformen gestaltet. Die antike Theorie der Urzeugung hebt sich wesentlich von einer modernen naturwissenschaftlichen Lehre der zufälligen Entstehung des Lebens in der Ursuppe ab: Der Akzent liegt auf der Seele, welche immer wieder von neuem unbelebte Materie belebt.[109] Dabei geht es explizit auch um organische Reste wie Pflanzenteile, Schlamm oder Kot, der zu faulen beginnt und Würmer, Fliegen und Schimmel hervorbringt.[110] Die Form dessen, was entsteht, wird massgeblich von der Ausgangsmaterie bestimmt, aus der sie sich entwickelt. Aristoteles beschreibt diesen Vorgang so:

> Es entstehen in der Erde und im Wasser Tiere und Pflanzen, weil in der Erde Feuchtigkeit, im Wasser Lebensluft [πνεῦμα] und überall seelische Wärme [θερμότης ψυχική] ist. So ist in

---

106 Vgl. ORIGENES, *Contra Celsum* 1, 37: FIEDROWICZ & BARTHOLD 2011; FC 50, 1, 275–273. Vgl. S. 147. Auch HIERONYMUS berichtet von der jungfräulichen Geburt Platons: *Adversus Jovinianum* 1, 42, 309: PL 23, 211–338.
107 Vgl. FLAVIUS JOSEPHUS, *Antiquitates judaicae* 18, 4, 65–80: THACKERAY 1991, 50–59. Zur Parthenogenese beim Menschen in der Antike vgl. ROSTAND 1956 und ZIRKLE 1936, 114–125.
108 Das Hervorgehen der Pflanzen und Tiere aus unbelebter Erde lehrten schon Vorsokratiker wie EMPEDOKLES und ANAXAGORAS. Vgl. CAPELLE 1955, 150. Die wenigen erhaltenen Fragmente weisen darauf hin, dass es ihnen um die Erstzeugung ging, und nicht um einen Prozess, der sich immer wieder aufs Neue vollzieht. Eine umfassende Aufzählung der Arten, die nach ARISTOTELES durch Urzeugung entstehen, findet sich bei CAPELLE 1955, 159.
109 Vgl. S. 91 in der vorliegenden Arbeit.
110 Besonders der Nilschlamm galt in der Antike als idealer Nährboden für Lebewesen aller Art. OVID, *Metamorphoses* I, 422: FINK 2004, 36–37 erwähnt ihn, aber auch DIODOR, *Bibliotheca historica* I 10, 6: FISCHER 1985; Vol. 1, 16–19. SEXTUS EMPIRICUS, *Pyrrhoniae hypotyposes* I, 41: BURY 1967, 27 gibt eine summarische Liste, wo welche Wesen gebildet werden.

gewissem Sinne alles voller Seele [ψυχή], und so entwickelt sich ein Gebilde schnell, wenn es etwas davon in sich begriffen hat, und dies geschieht immer in der Weise, dass bildsame Feuchtigkeit sich erwärmt, etwa bläschenreicher Schaum.[111]

Der Übergang von der Urzeugung zur Windbefruchtung eines Eies ist fliessend. Manche Weibchen niederer Tierarten sondern einen speziellen Urstoff ab, der zwar nicht Same genannt werden kann, aber doch geeignet ist, den seelischen Lebensquell aufzunehmen, der von extern kommt. Zudem stellen einige Arten mit dem Urstoff auch etwas Nahrung bereit, damit das neu entstandene Wesen die erste Zeit der Entwicklung übersteht. Aristoteles nennt diese Vorform des Lebens „Made" (σκώληξ) oder „Ei" (ᾠόν), je nachdem ob Keim und Nahrung noch vermischt (Made) oder schon getrennt sind (Ei). Bei vielen Tierarten, wie den Bienen entwickelt sich nach Aristoteles zuerst eine Made, später „verhärtet" sie sich und es entsteht ein Ei.

> Der Grund liegt darin, dass die Natur das Ei gleichsam zu früh geboren hat, also ohne ihr Wesen erreicht zu haben, gleich als wäre die Made ein noch in der Entwicklung begriffenes weiches Ei.[112]

Aristoteles beschreibt diese Entwicklung von der Made über das Ei zum ausgewachsenen Tier als „dreifache Geburt".

> Genau so ist der Verlauf bei allen nicht aus Begattung hervorgegangenen Tieren, die in Wolle entstehen oder sonst dergleichen oder in Gewässern: sie alle werden nach dem Madendasein unbeweglich und kommen nach Zerreißen der hart gewordenen Hülle hervor als vollendetes Tier wie aus einem Ei als dritter Geburt.[113]

Zahlreiche christliche Autoren weisen darauf hin, dass der Phönix sich zuerst zu einer Made entwickelt, dann ein Ei wird und schliesslich als Vogel schlüpft. Für sie gilt der Phönix deshalb als Urbild der Auferstehung. Die sündhaften Menschen leben hier auf Erden in ihrem Maden-Stadium, bevor sie sich verwandeln und ins wahre Leben gelangen.[114]

---

111 ARISTOTELES, *De generatione animalium* III, 11 (762a19–24): DROSSAART LULOFS 1972, 62; de. GOHLKE 1959, 164: „Γίγνονται δ' ἐν γῇ καὶ ἐν ὑγρῷ τὰ ζῷα καὶ τὰ φυτὰ διὰ τὸ ἐν γῇ μὲν ὕδωρ ὑπάρχειν ἐν δ' ὕδατι πνεῦμα, ἐν δὲ τούτῳ παντὶ θερμότητα ψυχικήν, ὥστε τρόπον τινὰ πάντα ψυχῆς εἶναι πλήρη· διὸ συνίσταται ταχέως ὁπόταν ἐμπεριληφθῇ. ἐμπεριλαμβάνεται δὲ καὶ γίγνεται θερμαινομένων τῶν σωματικῶν ὑγρῶν οἷον ἀφρώδης πομφόλυξ."
112 ARISTOTELES, *De generatione animalium* III, 9 (758b19–21): DROSSAART LULOFS 1972, 62; de. GOHLKE 1959, 154: „τούτου δ' αἴτιον ὅτι ἡ φύσις ὡσπερανεὶ πρὸ ὥρας ᾠοτοκεῖ διὰ τὴν ἀτέλειαν τὴν αὑτῆς, ὡς ὄντος τοῦ σκώληκος ἔτι ἐν αὐξήσει ᾠοῦ μαλακοῦ."
113 ARISTOTELES, *De generatione animalium* III, 9 (758b21–27): DROSSAART LULOFS 1972, 62; de. GOHLKE 1959, 154: „τὸν αὐτὸν δὲ τρόπον καὶ ἐπὶ τῶν ἄλλων συμβαίνει πάντων τῶν μὴ ἐξ ὀχείας γιγνομένων ἐν ἐρίοις ἤ τισιν ἄλλοις τοιούτοις καὶ τῶν ἐν τοῖς ὕδασιν. πάντα γὰρ μετὰ τὴν τοῦ σκώληκος φύσιν ἀκινητίσαντα καὶ τοῦ κελύφους περιξηρανθέντος, μετὰ ταῦτα τούτου ῥαγέντος ἐξέρχεται καθάπερ ἐξ ᾠοῦ ζῷον ἐπιτελεσθὲν ἐπὶ τῆς τρίτης γενέσεως."
114 So etwa EPIPHANIUS VON SALAMIS, *Ancoratus* 84: HOLL 1915, 104; CYRILL VON JERUSALEM, *Catecheses ad illuminandos* 18, 8: REISCHL & RUPP 1967, 306; ZENO VON VERONA, *Tractatus* 1, 14, 9: LÖFSTEDT

2. DER KONTEXT: DIE ANTIKE EMBRYOLOGIE

Die aristotelische Schau des Lebens ist vom Dualismus Materie und Form geprägt. So trägt die Nährseele den Samen bereits in sich und kann deshalb beleben. Erst die Empfindungsseele bringt die Geschlechtlichkeit mit sich und damit eine Aufteilung in männlich und weiblich. Deshalb sind Lebewesen mit Empfindungsseele nicht auf eine von aussen zukommende Nährseele angewiesen. Sie wird mit der Paarung weitergegeben. Doch auch hier gibt es Abstufungen: Ein unbefruchtetes Hühnerei etwa kann vom Hahn nachträglich befruchtet werden.

Erst beim Menschen kommt wiederum der göttliche νοῦς von aussen, weshalb dieser Gattung eine Sonderstellung gebührt. Die Urzeugung spielt für die Genese des Menschen keine Rolle – mit einer Ausnahme: Wenn die Welt einen Anfang hatte, dann müssen alle Lebewesen, die Menschen inklusive, mindestens einmal durch Urzeugung entstanden sein.

> Daher könnte man auch bei der Entwicklung der Menschen und Vierfüssler annehmen, falls sie wirklich einmal der Erde entsprosst sind, wie manche behaupten, dass dies auf eine von zwei Weisen geschehen sein müsse: Entweder muss sich der erste Keim aus einer Made [σκώληξ] oder aus einem Ei entfaltet haben. Denn entweder mussten sie die Nahrung für das erste Wachstum schon in sich tragen (ein solcher Keimling ist aber eine Made), oder sie mussten sie anderswoher beziehen, und dies wieder entweder aus der Mutter oder einem Teil des Keimes; und da die eine dieser letzten Möglichkeiten ausscheidet, weil aus der Erde die Nahrung nicht so zuströmen kann, wie aus der Mutter, so muss die Nahrung ein Teil des Keimes liefern. Eine solche Entstehungsweise nennen wir die aus einem Ei. Man sieht also, dass, wenn alle Geschöpfe einen Ursprung ihrer Entwicklung gehabt haben müssen, ganz natürlich nur eine dieser beiden in Frage kommt. Die geringere Wahrscheinlichkeit spricht für die Entstehung aus Eiern, da wir eine solche Entwicklung bei keinem Tier beobachten, sondern immer die andere, bei den aufgeführten Bluttieren und bei den Blutlosen.[115]

Ein durch Urzeugung entstandener Mensch wird also nach Aristoteles Überzeugung zuerst die Form einer Made/Wurm (σκώληξ) annehmen, bevor er sich zu einem Men-

---

1971, 59; Ambrosius von Mailand, *De excessu fratris Satyri* 2, 11: Faller 1955, 256–257; Augustinus, *Tractatus in Iohannis euangelium* 1, 13: Willems 1954, 7–8. Auf einer Synode in Rom wird Christus der Titel „ver" verliehen, weil er auf die Auferstehung weisen würde. Zu diesem Konzil unter Damasus I. vgl. S. 145 in der vorliegenden Arbeit. Athanasius erwähnt, dass Asterius der Sophist ein Werk geschrieben habe, worin Christus mit einer Heuschrecke und einem Wurm verglichen wurde. Athanasius, *De synodis Arimini in Italia et Seleuciae in Isauria* 18; zitiert auf S. 163 in der vorliegenden Arbeit.

115 Aristoteles, *De generatione animalium* III, 11 (762b28–763a7): Drossaart Lulofs 1972, 62; de. Gohlke 1959, 166–167: „διὸ καὶ περὶ τῆς τῶν ἀνθρώπων καὶ τετραπόδων γενέσεως ὑπολάβοι τις ἄν, εἴπερ ἐγίγνοντό ποτε γηγενεῖς ὥσπερ φασί τινες, δύο τρόπων τούτων γίγνεσθαι τὸν ἕτερον· ἢ γὰρ ὡς σκώληκος συνισταμένου τὸ πρῶτον ἢ ἐξ ᾠῶν. – ἀναγκαῖον γὰρ ἢ ἐν αὐτοῖς ἔχειν τὴν τροφὴν εἰς τὴν αὔξησιν (τὸ δὲ τοιοῦτον κύημα σκώληξ ἐστίν) ἢ λαμβάνειν ἄλλοθεν, τοῦτο δ᾽ ἢ ἐκ τῆς γεννώσης ἢ ἐκ μορίου τοῦ κυήματος· ὥστ᾽ εἰ θάτερον ἀδύνατον, ἐπιρρεῖν ἐκ τῆς γῆς ὥσπερ ἐν τοῖς ἄλλοις ζῴοις ἐκ τῆς μητρός, ἀναγκαῖον ἐκ μορίου λαμβάνειν τοῦ κυήματος· τὴν δὲ τοιαύτην ἐξ ᾠοῦ λέγομεν εἶναι γένεσιν. – ὅτι μὲν οὖν, εἴπερ ἦν τις ἀρχὴ τῆς γενέσεως πᾶσι τοῖς ζῴοις, εὔλογον τοῖν δυοῖν τούτοιν εἶναι τὴν ἑτέραν φανερόν· ἧττον δ᾽ ἔχει λόγον ἐκ τῶν ᾠῶν· οὐθενὸς γὰρ τοιαύτην ὁρῶμεν ζῴου γένεσιν ἀλλὰ τὴν ἑτέραν, καὶ τῶν ἐναίμων τῶν ῥηθέντων καὶ τῶν ἀναίμων."

schen entwickelt. Die Made als Vorstufe des menschlichen Lebens ist auch in den gnostischen Mythos eingegangen. Hippolyt schreibt:

> Von gewissen sieben Engeln stamme der Kosmos und alles, was darin sei. Auch der Mensch selbst sei das Werk der Engel; oben von der Urheberschaft her sei ein leuchtendes Bild erschienen; sie konnten es aber nicht festhalten, weil, so sagen sie, es sofort wieder hinaufgestiegen sei; so haben sie sich mit den Worten angeeifert: „Lasset uns den Menschen machen nach dem Bild und nach dem Gleichnis!" [Gen 1, 26] Das Gebilde entstand, sagen sie, konnte sich aber wegen der Schwäche der Engel nicht aufrichten und musste als Made kriechen [ἀλλὰ ὡς σκώληκος σκαρίζοντος]; da erbarmte sich seiner die Kraft von oben, da es nach ihrem Bilde gemacht war, und sandte einen Lebensfunken herab, der den Menschen aufrichtete und lebendig machte.[116]

Die Urzeugung kann als Opinio communis der Antike angesehen werden,[117] so dass auch in christlichen Predigten selbstverständlich auf sie angespielt werden kann.[118] Augustinus verwendet die Urzeugung als Basis für seinen Spott gegen die Manichäer. Letztere wollen kein Fleisch essen, weil es aus einer verwerflichen sexuellen Verbindung hervorgegangen ist und deshalb unrein ist und keine göttlichen Lichtpartikel enthält:

> Und überhaupt, wenn dies der Grund dafür ist, dass die fleischliche Nahrung weniger rein ist, sollen sie doch das Fleisch jener Tiere verspeisen, die nicht aus geschlechtlicher Zeugung hervorgehen, wie es bei unzähligen Wurmarten der Fall ist; gewisse Regionen Venetiens zählen etliche von ihnen, die aus Bäumen herauswachsen, zu ihren Lieblingsspeisen! Und wenn sie das Fleisch jener Tiere so verabscheuen, die sich durch geschlechtliche Zeugung fortpflanzen, hätten sie auch die Frösche, welche die Erde nach kurzem Regenschauer spontan hervorbringt, auf ihren Speiseplan nehmen müssen, um damit jene Partikel ihres Gottes, welche solchen Tierarten beigemischt sind, zu befreien; damit würden sie zugleich die Menschheit auf eine Fehleinschätzung hinweisen, wenn sich diese von Geflügel und Tauben ernährt, die aus der Vereinigung von Männchen und Weibchen hervorgehen, anderseits die viel reineren Frösche, Kinder des Himmels und der Erde, ablehnt. Wenn man dem manichäischen Mythos folgt, sind ja die ersten Fürsten der Finsternis, deren Erzeuger Bäume waren, reiner als Mani selber, den Vater und Mutter durch Geschlechtsverkehr

---

116 Hippolyt, *Refutatio omnium haeresium* 7, 28: Marcovich 1986, 302–303: „ὑπὸ δὲ ἑπτά τινων ἀγγέλων τὸν κόσμον γεγενῆσθαι καὶ πάντα τὰ ἐν αὐτῷ. καὶ τὸν ἄνθρωπον δὲ ἀγγέλων εἶναι ποίημα, ἄνωθεν, ἀπὸ τῆς αὐθεντίας, φω<τει>νῆς εἰκόνος ἐπιφανείσης. ἣν κατασχεῖν μὴ δυνηθέντες, διὰ τὸ παραχρῆμα, φησίν, ἀναδραμεῖν ἄνω, ἐκέλευσαν ἑαυτοῖς λέγοντες· «ποιήσωμεν ἄνθρωπον κατ' εἰκόνα καὶ καθ' ὁμοίωσιν». οὗ γενομένου, φησί, καὶ <μὴ> δυναμένου ἀνορθοῦσθαι τοῦ πλάσματος διὰ τὸ ἀδρανὲς τῶν ἀγγέλων, ἀλλὰ ὡς σκώληκος σκαρίζοντος, οἰκτείρασα αὐτὸν ἡ ἄνω δύναμις διὰ τὸ ἐν ὁμοιώματι αὐτῆς γεγονέναι <ἔ>πεμψε σπινθῆρα ζωῆς, ὃς διήγειρε τὸν ἄνθρωπον καὶ <ἀνώρθωσε καὶ> ζῆν ἐποίησε." Ebenso berichtet es Irenäus, *Adversus haereses* 1, 24, 1: Brox 1993, FC 8, 1, 294–297; und Tertullian, *De anima* 23: Waszink 1947, 31–32.
117 Vgl. Capelle 1955, 174–177. Auch in viel gelesenen naturphilosophischen Werken wird die Urzeugung gelehrt, so in Plinius der Ältere, *Naturalis historia* 10, 48: Mayhoff 1986, 258–259.
118 So etwa in Basilius von Cäsarea, *Homilia 8: „Adversus eos qui irascuntur"* 3: PG 31, 360 und Johannes Chrysostomus, *Ad populum antiochenum homiliae (de statuis)* 5, 4: PG 49, 75.

zeugten, reiner sind auch die Läuse, die ungeschlechtlich aus dem Körperschweiss oder den Ausdünstungen des Leibes entstehen, als ihre erbarmungswürdigen Träger, die selber aus dem Geschlechtsverkehr ihrer Eltern hervorgegangen sind.[119]

Die Urzeugung wird in den folgenden Untersuchungen eine zentrale Rolle einnehmen.

2. 8. Die stoische Vererbungslehre

Die antike Zeugungslehre, die am Beispiel des Aristoteles dargestellt wurde, findet sich so oder ähnlich auch bei anderen Autoren, und wurde mit der Zeit verfeinert und mit neuen Entdeckungen abgeändert. Die Differenzen und Kongruenzen spielen für christliche Texte kaum eine Rolle, und spezialisierte Diskussionen der Mediziner etwa zum Ort der Genese des Samens werden kaum erwähnt. Deswegen gehe ich hier auch nicht näher darauf ein.[120]

Doch eine Ausnahme ist hiervon zu machen: Von grosser Bedeutung für christliche Autoren ist die Samen- und Vererbungslehre der Stoa.[121] Im Zentrum dieser von Zenon von Kition begründeten Lehre steht die Frage nach der rechten Lebensführung. Um eine stimmige Antwort darauf zu finden, versuchte man zu ergründen, was die Seele sei. In der stoischen Vorstellung ist sie warmes, feinstoffliches Pneuma, das den ganzen Körper durchdringe, so wie Feuer glühende Metalle durchdringt. Damit stehen die Stoiker im Widerspruch zu anderen philosophischen Traditionen, welche die Seele als etwas Unkörperliches ansehen. Die Ausführungen der Stoiker zur Genese des Menschen dienen darum primär einem Zweck: Sie sollen beweisen, dass die Seele körperlich sei.

Zenon selbst erklärt die Zeugung so:

> Zenon sagt: Das Sperma, das der Mensch entlässt, sei Pneuma an Flüssiges gebunden, ein losgerissener Seelenteil und ein Gemenge von Samen der Vorfahren, eine Mischung, die

---

119 AUGUSTINUS, *Contra Faustum* VI, 8: ZYCHA 1972, 298: „Postremo si ista causa est maioris immunditiae carnium, ea comedant animalium corpora, quae non de concubitu oriuntur, sicut sunt innumerabilia genera vermium, quorum nonnullos vulgo edunt quaedam Veneticae regiones ex arboribus natos. Ranas etiam, quas repente ex una pluvia terra generat, in escam isti assumere debuerunt, ut dei sui membra talibus formis commixta liberarent, si eam carnem detestantur, quae concubitu propagatur, et genus humanum erroris arguerent, quod gallinis columbisque vescantur ex masculorum feminarumque coitu procreatis et mundiores caeli et terrae filias ranas abiciant. Nam secundum istorum fabulam mundiores sunt primi principes tenebrarum, quorum parentes arbores fuerunt, quam ipse Manichaeus, quem pater et mater concumbendo genuerunt, mundiores etiam peduculi eorum, qui sine concubitu sudore carnis uel corporis exhalatione nascuntur, quam isti ipsi miseri, qui de parentibus concumbentibus nati sunt."
120 Ausführlich diskutiert werden die Zeugungslehren bei LESKY 1951; BALME 1990 LAW; NEEDHAM 1975 und NICKEL 1989. Zur Auseinandersetzung GALENS mit der aristotelischen Samenlehre vgl. KOLLESCH 1987, ACCATTINO 1994 und BOYLAN 1984.
121 Zur stoischen Zeugungslehre vgl. LESKY 1951, 1387–1397, zum Pneuma bei den Stoikern vgl. CONGOURDEAU 2007, 145–149, zum Einfluss dieser Lehren auf christliche Autoren ebd. 162–165.

von [allen] Seelenteilen zusammengekommen ist; denn dieses Sperma enthalte ebendieselben vernünftigen Kräfte [λόγους] wie das Ganze; wenn es in die Gebärmutter gelangt sei, werde es von einem anderen Pneuma, einem Teil der weiblichen Seele, aufgenommen, werde (mit diesem) eins und wachse im Verborgenen, wobei es bewegt und erregt werde von jenem [Pneuma] und immerfort die Feuchtigkeit an sich reisse und aus ihr sich vermehre.[122]

Den Samen als Zusammensetzung von Pneuma und Flüssigkeit zu sehen, steht in der Tradition des Aristoteles, weicht aber in einem wichtigen Punkt davon ab: Bei Aristoteles ist die Hitze lebenserzeugend, das Pneuma des Samens ist lediglich ihr materieller Träger. Die Stoiker dagegen sahen im warmen, materiellen Pneuma des Samens die Keimkraft. Der Grund für diesen Unterschied liegt im grösseren philosophischen Kontext, in welchem sie diesen Vorgang sehen: Das universelle Pneuma umfasst alle gestaltenden Kräfte, die es aus sich heraus entlässt. Diese λόγοι σπερματικοί verwirklichen die konkreten Zeugungen und werden deshalb auch Absenker des Weltpneumas genannt. Sie sind vernunftbegabt und walten gemäss des Logos der Natur.[123]

In Bezug auf das Zusammenspiel von Seele und Körper im Menschen ist für die Stoiker die *Krasislehre*, die Lehre von den Mischungen, von grosser Bedeutung. Sie kennt drei Stufen: eine *confusio* (σύγχυσις), bei der, wie bei einer Legierung aus zwei Substanzen, eine Dritte entsteht, eine *iuxtapositio* (παράθεσις), bei der die Verbindung rein äusserlich besteht und die *concretio* (κρᾶσις), die zwischen *confusio* und *iuxtapositio* steht und eine totale gegenseitige Durchdringung meint, wobei jedoch die jeweiligen Eigenschaften bestehen bleiben. Eine solche *concretio* ist die Verbindung des Leibs und des Seelenpneumas bei einem Menschen.[124] Eine *confusio* dagegen ist das Samenpneuma: Es setzt sich aus verschiedenen Pneumaströmen zusammen, die vom Herzen als Sitz der Seele zu den einzelnen Organen fliessen und dort die entsprechenden Funktionen ausführen. Darum ist das Samenpneuma ebenfalls eine *confusio* mit Anteilen aus allen Seelenströmen.

In der stoischen Erblehre übermittelt das Samenpneuma dem werdenden Embryo die Merkmale der Eltern und Vorfahren.[125] Die meisten Stoiker gehen davon aus, dass

---

122 Vgl. Das Fragment des AREIOS DIDYMOS bei EUSEBIUS VON CÄSAREA, *Praeparatio evangelica* 15, 20, 2: DES PLACES et al. 1987, SC 338, 322: „τὸ δὲ σπέρμα φησὶν ὁ Ζήνων εἶναι ὃ μεθίησιν ἄνθρωπος πνεῦμα μεθ᾽ ὑγροῦ, ψυχῆς μέρος (καὶ) ἀπόσπασμα καὶ τοῦ σπέρματος τοῦ τῶν προγόνων κέρασμα καὶ μίγμα τῶν τῆς ψυχῆς μερῶν συνεληλυθός· ἔχον γὰρ τοὺς λόγους τῷ ὅλῳ τοὺς αὐτοὺς τοῦτο, ὅταν ἀφεθῇ εἰς τὴν μήτραν, συλληφθὲν ὑπ᾽ ἄλλου πνεύματος μέρος ψυχῆς τῆς τοῦ θήλεος καὶ συμφυὲς γενόμενον κρυφθέν τε φύει κινούμενον καὶ ἀναρριπιζόμενον ὑπ᾽ ἐκείνου, προσλαμβάνον ἀεὶ εἰς τὸ ὑγρὸν καὶ αὐξόμενον ἐξ ἑαυτοῦ." Vgl. POHLENZ 1984 2, 73–74.
123 Zum Logos spermatikos siehe S. 131 in dieser Arbeit.
124 TERTULLIAN bestimmt in *De anima* als „Concretio sororum substantiarum", wobei „concretio" eine wörtliche Übersetzung des stoischen Begriffs κρᾶσις ist. Vgl. TERTULLIAN, *De anima* 52, 3: WASZINK 1947, 70–71; CANTALAMESSA 1962, 139–140 und GAHBAUER 1984, 112–125.
125 Vgl. WASZINK 1947, 346. So stellt es auch ORIGENES dar: *Commentarii in Iohannem* 20, 5, 34–36: BLANC 1982, SC 290, 172–175.

nur das männliche Samenpneuma keimfähig ist. Das weibliche Samenpneuma tritt hinzu, mischt sich mit dem männlichen und beide sorgen, je nach Stärke, für Ähnlichkeiten mit den Vorfahren. Im Gegensatz zur aristotelischen Lehre kann so auch erklärt werden, wie neben körperlichen auch psychische Veranlagungen vererbt werden.[126] Da das Samenpneuma ebenfalls ein Absenker des universellen Pneumas ist, geben die Eltern die *Logoi spermatikoi* an ihre Kinder weiter. Auf diese stoische Lehre bezog sich auch Philon von Alexandrien, wenn er als Abgesandter den Kaiser Caligula als geborenen Herrscher rühmt:

> Denn wie die körperlichen und seelischen Ähnlichkeiten in Gestalt, Haltung und Bewegung, in Wollen und Tun in den λόγοι σπερματικοί sich erhalten, so liegt es nahe, dass sich in ihnen auch die Anlage zum Herrscher umrisshaft vorgezeichnet findet.[127]

Elemente der stoischen Vererbungslehre finden sich insbesondere im Werk Tertullians, das in den folgenden Untersuchungen eine wichtige Funktion einnehmen wird.

2.9. Rezeption antiker Embryologie in der Bibel und bei jüdisch-christlichen Gelehrten

Die naturphilosophischen Schriften und Gedanken von Aristoteles, Zenon und den Stoikern waren christlichen Gelehrten bekannt. Darauf habe ich im Verlauf dieser Arbeit immer wieder hingewiesen.[128] Dass dies auch für jene jüdischen und christlichen Kreise gilt, in denen die *Septuaginta* und die Schriften des *Neuen Testaments* entstanden sind, zeigen Verse, die nur mit Hintergrund dieser Theorien verständlich sind. Ich möchte kurz zwei Belege vorstellen.[129] Stellen mit Bezug zur Geburt Christi werden später behandelt werden.[130]

a. Weisheit 7, 2

Die Lokalisierung und Datierung des *Buches der Weisheit* in der *Septuaginta* ist umstritten. In der Regel wird von einer Entstehung in Alexandrien um die Zeitenwende

---

126 Vgl. POHLENZ 1984, 1, 86.
127 PHILON VON ALEXANDRIEN, *Legatio ad Gaium* 8, 55: PELLETIER 1972, 102–103; de. COHN et al. 1962, 189: „ὡς γὰρ αἱ τοῦ σώματος καὶ τῆς ψυχῆς ὁμοιότητες κατά τε τὴν μορφὴν καὶ σχέσεις καὶ κινήσεις βουλάς τε καὶ πράξεις ἐν τοῖς σπερματικοῖς σῴζονται λόγοις, οὕτως εἰκὸς ἐν τοῖς αὐτοῖς ὑπογράφεσθαι τυπωδέστερον καὶ τὴν πρὸς ἡγεμονίαν ἐμφέρειαν." Vgl. MEYER 1914, 39.
128 Weitere Beispiele für die Rezeption antiker Zeugungslehre vgl. POUDERON 2002, 241–244; LESKY & WASZINK 1959 und WILLAM 2007, 45–169 und die Quellensammlung von CONGOURDEAU 2000.
129 Für eine detailliertere Diskussion siehe KÜGERL 2004. Neben diesen beiden Stellen gibt es weitere mit weniger deutlichen Bezügen. So werden etwa in Jes 59, 5 LXX Windeier erwähnt. Vgl. WEISSERT 1967.
130 Dass die beiden folgenden Stellen im Kontext antiker Zeugungslehren zu verstehen sind, darauf hat zuerst CADBURY 1924 hingewiesen. Vgl. auch HORST 1996.

ausgegangen.¹³¹ In einer hymnischen Darstellung der Weisheit begründet der Verfasser, wie er die Weisheit erwarb und warum er sie allen anderen Gütern vorzieht. Er beginnt mit folgenden Worten (7, 1–2):

> Zwar bin auch ich ein sterblicher Mensch, allen gleich, und Nachkomme des aus der Erde gewordenen Erdgestalteten; und im Leib meiner Mutter wurde ich zu Fleisch geformt, in zehnmonatiger Zeit im Blut fest zusammengefügt aus dem Samen eines Mannes und nach lustvollem Beischlaf.¹³²

Der Autor geht davon aus, dass der väterliche Samen im mütterlichen Menstruationsblut eine Gerinnung ausgelöst hat. Beide Elternteile haben bei der Zeugung Lust empfunden, was bei der Frau nach Soran Bedingung für die Verschliessung der Gebärmutter ist und die Empfängnis erfolgreich fertigstellt.¹³³

b. Hebräer 11, 11

Auch in neutestamentlichen Schriften sind Spuren der antiken Lehren zur Genese des Menschen zu finden.¹³⁴ In Hebräer 11, 11 ist zu lesen:

> Πίστει καὶ αὐτὴ Σάρρα στεῖρα δύναμιν εἰς καταβολὴν σπέρματος ἔλαβεν καὶ παρὰ καιρὸν ἡλικίας, ἐπεὶ πιστὸν ἡγήσατο τὸν ἐπαγγειλάμενον.
>
> Aufgrund des Glaubens empfing selbst die unfruchtbare Sara die Kraft, Samen zu ejakulieren, und zwar über die geeignete Zeit des Alters hinaus, denn er/sie hielt den für treu, der die Verheissung gegeben hatte.

Die zahlreichen Beispiele freier Übertragung in den gängigen deutschen Bibelübersetzungen verdecken das zugrunde liegende medizinische Problem, an dem Sara litt. Der griechische Text zeigt, dass Sara wegen ihres Alters keinen Samen ejakulierte und deshalb unfruchtbar war. Das meist mit „Mutter werden"¹³⁵ oder „Nachkommen zeugen"¹³⁶ übersetzte καταβολὴ σπέρματος bedeutet wörtlich „Samen ejakulieren". Der Autor des Hebräerbriefes wusste, dass nach der zu seiner Zeit gängigen Theorie beide Geschlechter Samen produzieren und ein Kind nur dann entsteht, wenn männlicher und weiblicher Samen sich vereint.¹³⁷ Ob er dabei an das Menstruationsblut dachte oder gar von einer paritätischen Samenlehre ausging, geht nicht klar hervor.

---

131 Vgl. ENGEL 1998, 32 und SIEGERT 2001.
132 Weish 7, 2: „εἰμὶ μὲν κἀγὼ θνητὸς ἄνθρωπος ἴσος ἅπασιν καὶ γηγενοῦς ἀπόγονος πρωτοπλάστου καὶ ἐν κοιλίᾳ μητρὸς ἐγλύφην σὰρξ δεκαμηνιαίῳ χρόνῳ παγεὶς ἐν αἵματι ἐκ σπέρματος ἀνδρὸς καὶ ἡδονῆς ὕπνῳ συνελθούσης."
133 Vgl. KÜGERL 2004, 82–88.
134 Textstellen im Neuen Testament, die sich auf die Genese des Gottessohnes beziehen, werden später in dieser Arbeit besprochen.
135 Vgl. *Einheitsübersetzung* 1980.
136 Vgl. *Elberfelder Bibel* 1996 und *Lutherbibel* 2007.
137 Vgl. HORST 1996.

In diesem Sinne kommentierte der Autor Theophylactus aus dem neunten Jahrhundert den Text in seiner *Expositio in epistulam ad Hebraeos*.[138] Er schreibt:

> „Sie empfing die Kraft, Samen zu ejakulieren": Das bedeutet, dass sie die Kraft erhielt, Abrahams Samen zu empfangen und zu behalten, der in sie gesendet war. Denn jene, die diese Materie detailliert studiert haben, sagen, dass eine Frau ebenfalls ihren eigenen Samen produziert, weshalb „um Samen zu ejakulieren" so verstanden werden sollte: „so dass sie selbst Samen ejakulieren konnte."[139]

Dieser Text belegt, wie weit verbreitet physiologische Grundkenntnisse in byzantinischer Zeit waren und wie selbstverständlich sie für die Exegese verwendet wurden.

c. Spuren im Werk Philons von Alexandrien

Die Rezeption antiker Vorstellungen zur Entstehung des Menschen lässt sich auch in nichtkanonischen Schriften wie dem *Henochbuch*, dem *Klemensroman* oder der *Esra-Apokalypse* nachweisen.[140] Eine besondere Rolle in der Vermittlung zwischen griechisch-hellenistischer Kultur und jüdischem Denken nimmt das Werk Philons von Alexandrien ein. In seinem Werk finden sich zahlreiche Anspielungen auf antike Zeugungslehren, die viel über seine Verwurzelung in der griechischen Philosophie, aber wenig über seine Kenntnisse der antiken Physiologie verraten.[141]

Im Zusammenhang mit der jungfräulichen Empfängnis Christi wird oft Philons Werk *De cherubim* 40–52 erwähnt.[142] Philon gibt dort eine allegorisierende und moralisierende Auslegung von Gen 4, 1–2 und unterstreicht so den spirituellen Vorgang, der die Tugend hervorbringt. In seiner Deutung stehen die Ehefrauen der Patriarchen allegorisch für die Tugend. Diese, geliebt von ihrem Mann, lässt Gott schwanger werden und so weitere Tugenden gebären. Die Beziehung Mann-Tugend sei darum ein vollkommenes Vorbild der Beziehung Mann-Frau, denn die unreine Begierde eines Mannes lässt eine Jungfrau zur Frau werden, die reine Liebe aber macht eine Tugend noch reiner, so dass sie jungfräulich wird. Philon hält fest:

> Der ungewordene und unwandelbare Gott pflanzt also angemessenerweise die Ideen unsterblicher und jungfräulicher Tugenden in die Jungfräulichkeit, die sich niemals in die

---

138 Vgl. Horst 1996, 134.
139 Theophylactus, *Exposition in epistulam ad hebraeos* 11, 11: PG 125, 348: „δύναμιν εἰς καταβολὴν σπέρματος ἔλαβεν· τουτέστι, ἐνεδυναμώθη εἰς τὸ ὑποδέξασθαι καὶ κρατῆσαι τὸ καταβληθὲν εἰς αὐτὴν σπέρμα τοῦ Ἀβραάμ. Ἢ ἐπειδή φασιν οἱ ταῦτα ἀκριβωσάμενοι, καὶ τὴν γυναῖκα οἷόν τι σπέρμα ἀφ'ἑαυτῆς συνεισάγειν, μήποτε οὕτως ἐκληπτέον τὸ ‚εἰς καταβολὴν σπέρματος' ἀντὶ τοῦ ‚εἰς καταβαλεῖν καὶ αὐτὴν σπέρμα'."
140 Für eine detaillierte Diskussion siehe Kügerl 2004.
141 Auf die Erwähnung des λόγος σπερματικός ist bereits hingewiesen worden. Eine umfassende Studie zur Rezeption antiker Medizin im Werk Philons steht noch aus. Zur Seele bei Philon vgl. Congourdeau 2007, 68–69.
142 Vgl. so etwa Reitzenstein 1906, 139–140; Dibelius 1932, 33–37; Leisegang 1970, 460; Guthknecht 1952, 86–90; Hasenfuss 1969, 20–21; Lüdemann 1997, 77–78 und weitere mehr.

Gestalt einer Frau verwandelt. Weshalb nun, o Seele, die du im Hause Gottes jungfräulich sein und nach Erkenntnis streben solltest, wendest du dich davon ab und begrüssest freudig die Sinnlichkeit, die dich zur Frau macht und dich befleckt?[143]

Inwiefern diese Aussagen die Geburtsgeschichte Christi beeinflussten, und ob für Philon diese Allegorie einen „realen" Hintergrund hat, und er damit tatsächlich eine jungfräuliche Empfängnis für die Patriarchen postuliert, braucht hier nicht diskutiert und entschieden zu werden. Denn naturphilosophische oder medizinische Hinweise sind in diesem Abschnitt nicht zu finden, weshalb diese Stelle für unsere Fragestellung nicht zentral ist.

Die exemplarisch hier vorgestellten Verse Weisheit 7, 2 und Hebräer 11, 11 belegen, dass die antiken Theorien zur Genese des Menschen in frühjüdischen und frühchristlichen Kreisen bekannt waren und in ihre Reflexionen eingeflossen sind. Wir wollen nun untersuchen, welche Rolle sie bei der Beschreibung und Deutung der Geburt Christi gespielt haben.

3. Die biblischen Grundlagen der Diskussion

3. 1. Lukas 1, 34–38

Chrysostomus signalisierte in seiner Predigt mit aller Deutlichkeit, dass sich die Evangelisten über die physiologischen Hintergründe der Geburt Christi nicht äussern.[144] Dennoch klingen bei ihren Erzählungen Vorstellungen an, die aus der antiken Zeugungslehre stammen.

Matthäus berichtet,[145] dass Maria „ἐν γαστρὶ ἔχουσα ἐκ πνεύματος ἁγίου" es (wörtlich) „im Bauch hatte von heiligem Geist". Joseph, ihr zweifelnder Verlobter erhält die Bestätigung vom Engel: „τὸ γὰρ ἐν αὐτῇ γεννηθὲν ἐκ πνεύματός ἐστιν ἁγίου" – „das in ihr Gezeugte ist von heiligem Geist." Als Begründung wird Jesaja 7, 14 nach der *Septuaginta* zitiert: „ἰδοὺ ἡ παρθένος ἐν γαστρὶ ἕξει καὶ τέξεται υἱόν" – „siehe die Jungfrau wird es im Bauch haben und einen Sohn gebären." Maria, die Schwangere, ist Jungfrau.

Während Matthäus „schwanger sein" mit dem passiven „ἐν γαστρὶ ἔχειν" ausdrückt, verkündet der Engel Gabriel in Lk 1, 31: „ἰδοὺ συλλήμψῃ ἐν γαστρὶ καὶ τέξῃ υἱόν" – „siehe, du wirst im Bauch aufnehmen/festhalten und einen Sohn gebären."[146]

---

143 Philon von Alexandrien, *De cherubim* 52, Gorez 1963, 44; de. Cohn, Adler & Theiler 1962, 185: „τὸν οὖν ἀγένητον καὶ ἄτρεπτον θεὸν ἀθανάτων καὶ παρθένων ἀρετῶν σπείρειν ἰδέας μηδέ ποτε εἰς γυναικὸς μεταβαλλούσῃ σχῆμα παρθενίᾳ πρεπῶδες. τί οὖν, ὦ ψυχή, δέον ἐν οἴκῳ θεοῦ παρθενεύεσθαι καὶ ἐπιστήμης περιέχεσθαι, τούτων μὲν ἀποστατεῖς, αἴσθησιν δὲ ἀσπάζῃ τὴν ἐκθηλύνουσάν σε καὶ μιαίνουσαν;"

144 Vgl. S. 87. in dieser Arbeit.

145 Vgl. Mt 1, 18–25. Vgl. Brown 1979, Marquardt 1990, Vol. 2, 84–103; Dibelius 1932; Moschetta 2003.

146 Vgl. Kügerl 2004, 104–109.

3. DIE BIBLISCHEN GRUNDLAGEN DER DISKUSSION

Die theologische Bedeutung dieser medialen Form συλλήμψη für Mariens aktiven Beitrag zur Empfängnis sollte nicht überbewertet werden. Im ersten Buch Samuel ist der Engel Gabriel schon einmal einer Frau erschienen, um ihr eine Schwangerschaft anzukünden: Es war Anna, die Mutter des Samuels.[147] Von Anna wird in der *Septuaginta* gesagt, dass „der Herr das, was sich auf die Gebärmutter bezieht, verschlossen habe".[148] Antike Mediziner würden also bei Anna eine Hysterie[149] diagnostizieren, weswegen ihr Uterus nicht empfangen, den Samen nicht festhalten kann.[150] Die Wortwahl des Engels zeigt an, dass diese Krankheit bei Maria nicht vorliegt. Ihre Gebärmutter ist fähig, den männlichen Samen zu rezipieren und ihn dort Fleisch annehmen zu lassen.[151]

> Maria aber sprach zu dem Engel: Wie wird dies sein, da ich keinen Mann erkenne? Und der Engel antwortete und sprach zu ihr: Heiliger Geist wird über dich kommen, und Kraft des Höchsten wird dich überschatten; darum wird auch das Heilige, das geboren werden wird, Sohn Gottes genannt werden. Und siehe, Elisabeth, deine Verwandte, auch sie erwartet einen Sohn in ihrem Alter, und dies ist der sechste Monat bei ihr, die unfruchtbar genannt war. Denn kein Wort, das von Gott kommt, wird kraftlos sein. Maria aber sprach: Siehe die Magd des Herrn; es geschehe mir nach deinem Wort. Und der Engel ging von ihr.[152]

Marias Aufgabe besteht nun darin, das göttliche Wort in sich aufzunehmen und zu halten.[153] An der anschliessenden Genese des Gottessohnes selbst ist sie nicht aktiv beteiligt. Die Kraft, die ihr Menstruationsblut gerinnen und ein Kind bilden lässt, kommt

---

147 Auf die Bedeutung der Geburtsgeschichte Samuels und des Lobgesanges der Anna in 1Sam 1–2 für die Geburtsgeschichte Christi ist vielfach hingewiesen worden. Sie zeigt sich u.a. darin, dass der Name der Vorläuferin Mariens Anna auch für die leibliche Mutter verwendet wurde.
148 Klgl 1, 5 LXX = 1Sam 1, 5: „κύριος ἀπέκλεισεν τὰ περὶ τὴν μήτραν αὐτῆς".
149 Zur Hysterie vgl. S. 198 in der vorliegenden Arbeit.
150 Die Kopten übersetzen darum auch: „ⲡϫⲟⲉⲓⲥ ⲁϥϣⲱⲧⲙ̄ ⲉⲣⲉⲙⲡϯⲧⲱϣ ⲛ̄ⲧⲉⲥⲙⲏⲧⲣⲁ" – „der Herr hat die Lage ihrer Gebärmutter verschlossen". Vgl. DRESCHER 1970, 1.
151 Vgl. die Aussagen SORANS und ARISTOTELES zum Festhalten des Samens im Uterus auf S. 92 in der vorliegenden Arbeit.
152 Lk 1, 34–38: „εἶπεν δὲ Μαριὰμ πρὸς τὸν ἄγγελον· πῶς ἔσται τοῦτο, ἐπεὶ ἄνδρα οὐ γινώσκω; καὶ ἀποκριθεὶς ὁ ἄγγελος εἶπεν αὐτῇ· πνεῦμα ἅγιον ἐπελεύσεται ἐπὶ σὲ καὶ δύναμις ὑψίστου ἐπισκιάσει σοι· διὸ καὶ τὸ γεννώμενον ἅγιον κληθήσεται υἱὸς θεοῦ. καὶ ἰδοὺ Ἐλισάβετ ἡ συγγενίς σου καὶ αὐτὴ συνείληφεν υἱὸν ἐν γήρει αὐτῆς καὶ οὗτος μὴν ἕκτος ἐστὶν αὐτῇ τῇ καλουμένῃ στείρᾳ· ὅτι οὐκ ἀδυνατήσει παρὰ τοῦ θεοῦ πᾶν ῥῆμα. εἶπεν δὲ Μαριάμ· ἰδοὺ ἡ δούλη κυρίου· γένοιτό μοι κατὰ τὸ ῥῆμά σου. καὶ ἀπῆλθεν ἀπ' αὐτῆς ὁ ἄγγελος."
153 In der Geburtsgeschichte des Lukasevangeliums ist das Wort Gottes das Agens, der Maria schwanger werden lässt. Maria hört es, stimmt zu und wird schwanger. Damit wird auch klar, weshalb in der Alten Kirche betont wird, dass Maria durch das Hören bzw. durch das Ohr empfangen habe – und dies auch so dargestellt wurde. Die Empfängnis durch das Ohr findet sich zahlreich bei den Vätern, so u.a. bei ORIGENES, *Homilia in Lucam* 14, 8: SIEBEN 1991, 172; oder JOHANNES VON DAMASKUS, *Expositio fidei* 14: KOTTER 1973, 42–43. Vgl. BARDENHEWER 1905, 166. In der Exegese werden heute auch andere Termine für die Empfängnis diskutiert. Im Kontext antiker Zeugungslehren scheint jedoch nur der Moment der Zustimmung Mariens in Frage zu kommen. Vgl. WOLTER 1998. QUODUULTDEUS bringt es für seine Katechumenen auf den Punkt: „Als der Engel jene Jungfrau so grüsste, da befruchtete sie der heilige Geist!" Vgl. QUODUULTDEUS, *De symbolo* 1, 5, 8: BRAUN 1976, 317: „Quando angelus istam uirginem sic salutauit, tunc eam spiritus sanctus fecundauit".

von heiligem Geist. Beide Aspekte drücken die folgenden Verse 35–38 des Lukasevangeliums aus. Besonders die abschliessende Zustimmung Mariens „es geschehe mir nach deinem Wort" unterstreicht ihre passive Rolle.[154]

Wie nicht anders zu erwarten, bezeugen die Geburtsgeschichten in Mt und Lk den Kontext ihrer Entstehung, der auch vom medizinischen Allgemeinwissen jener Zeit geprägt ist. Die erzählte Geschichte soll für ihre Leser nachvollziehbar veranschaulichen, wie Christus zur Welt kam. Es muss mit aller Deutlichkeit unterstrichen werden, dass die primäre Aufgabe dieser Geburtsgeschichten nicht darin liegt, naturphilosophische (oder historische) Nachrichten über den Lebensanfang Jesu zu geben. Leitmotiv ihrer Autoren ist es, theologische Aussagen über Jesus Christus festzuhalten.[155] In diesem Kind erfüllen sich die Prophetien des Alten Testaments, womit für Juden unzweifelhaft der Messias angekündigt wird. Doch darüber hinaus zeigen eingewobene nichtjüdische Elemente auch Heiden an, dass hier ein wahrhaft göttliches Wesen zur Welt kommt.[156]

3. 2. Johannes 1, 12–14

Die ersten Verse des Johannesevangeliums zählen zu den wirkmächtigsten Texten der Bibel. Jesus von Nazareth wird als das endgültige Wort Gottes an die Menschen dargestellt.[157] Dabei erhält Christus zum ersten Mal einen Namen von grösster Tragweite: Logos.[158] Die in aller Schärfe gezeichnete Antithese zwischen Logos und Sarx lässt die Fleischwerdung als unerhörtes Heilshandeln Gottes hervortreten.

Der Autor des Johannesprologs spielt in Vers 13 auf die Herkunft Christi an und verknüpft sie mit der Soteriologie.[159]

> So viele ihn [sc. den Logos] aber aufnahmen, denen gab er das Recht, Kinder Gottes zu werden, denen, die an seinen Namen glauben; die nicht aus Geblüt, noch aus dem Willen des Fleisches, noch aus dem Willen des Mannes, sondern aus Gott geboren sind. Und das Wort wurde Fleisch und wohnte unter uns, und wir haben seine Herrlichkeit angeschaut, eine Herrlichkeit als eines Eingeborenen vom Vater, voller Gnade und Wahrheit.[160]

Wird der Text wörtlich und im Kontext antiker Medizin ausgelegt, so spezifiziert er die Genese eines Gotteskindes: Ein Kind Gottes entsteht aus Gottes Wort, nicht aber aus

---

154 Lk 1, 38: „γένοιτό μοι κατὰ τὸ ῥῆμά σου."
155 Vgl. NORELLI 2009, 10–11.
156 Zur Rezeption der Geburtsgeschichte im paganen Umfeld vgl. SCHREIBER 2009.
157 Vgl. GRILLMEIER 1979, 122–138.
158 Vgl. BROWN & MOLONEY 2010, Appendix II.
159 Vgl. MARQUARDT 1990, 90 weist darauf hin, dass nach antikem Denkmuster der Ursprung eines Menschen immer auch sein Wesen bestimmt. Gerade die Johanneische Theologie bietet zahlreiche Beispiele dafür (Joh 3, 6; 8, 44; 1Joh 3, 9; 5, 18). Dass eine Erlösung der Menschen nur möglich ist, weil Gottes Wort Mensch wird, nimmt in der patristischen Theologie einen zentralen Platz ein.
160 Joh 1, 12–14: „ὅσοι δὲ ἔλαβον αὐτόν, ἔδωκεν αὐτοῖς ἐξουσίαν τέκνα θεοῦ γενέσθαι, τοῖς πιστεύουσιν εἰς τὸ ὄνομα αὐτοῦ, οἳ οὐκ ἐξ αἱμάτων οὐδὲ ἐκ θελήματος σαρκὸς οὐδὲ ἐκ θελήματος ἀνδρὸς ἀλλ' ἐκ θεοῦ ἐγεννήθησαν. Καὶ ὁ λόγος σὰρξ ἐγένετο καὶ ἐσκήνωσεν ἐν ἡμῖν, καὶ ἐθεασάμεθα τὴν δόξαν αὐτοῦ, δόξαν ὡς μονογενοῦς παρὰ πατρός, πλήρης χάριτος καὶ ἀληθείας."

dem Blut seiner Eltern. Aus Blut bildet sich männlicher und weiblicher Same. Ersterer hängt vom Willen des Mannes ab, der weibliche Same untersteht dem Willen des Fleisches.¹⁶¹ Die Verse spielen auf die Wiedergeburt an, durch welche Kinder Gottes geboren werden.¹⁶² Gotteskindschaft liegt nicht in der Natur festgeschrieben, sondern kann frei erwählt werden. Während also Gläubige durch den Logos auf nicht biologischem Weg zu Kinder Gottes wiedergeboren werden, hat der Logos selbst Fleisch angenommen.

Joh 1, 13b wurde in den ersten Jahrhunderten auch im Singular gelesen. Eine solche Verwendung findet sich bei Tertullian, Irenäus, Origenes, der *Epistula apostolorum* und in einigen syrischen Bibelhandschriften.¹⁶³

> So viele ihn [sc. den Logos] aber aufnahmen, denen gab er das Recht, Kinder Gottes zu werden, denen, die an seinen Namen glauben;
> er, der nicht aus Geblüt, noch aus dem Willen des Fleisches, noch aus dem Willen des Mannes, sondern aus Gott geboren ist.

Wird der Vers 13b im Singular gelesen, reflektiert er die Genese Christi: Er ist nicht aus männlichem oder weiblichen Blut entstanden, aus welchem der Same gebildet wird, auch nicht aus sexueller Lust, sondern geht aus Gott hervor. In dieser singularischen Lesart wird Joh 1, 13 neben Lk 1, 34–38 gelegentlich als ein weiterer Beleg für die jungfräuliche Geburt Christi gewertet, unter der Bedingung, dass die Ausdrücke „Geblüt" und „Wille des Fleisches" sich auf den Zeugungsanteil des irdischen Vaters beziehen.¹⁶⁴ Der Plural αἱμάτων wie auch die Worte θελήματος σαρκὸς indizieren etwas anderes: Nicht nur der aus Blut erzeugte Samen des Vaters wird als Zeugungsmaterie ausgeschlossen, sondern auch das Menstruationsblut der Mutter. Damit ist die singuläre Lesart in ihrer letzten Konsequenz doketisch: Weder Joseph noch Maria partizipieren an

---

161 Vgl. HAENCHEN & BUSSE 1980, 128: „Wörtlich genommen sagen diese Worte für alle Christen die Jungfrauengeburt aus." Dies ist nur zur Hälfte richtig, denn indem das Geblüt (Plural αἱμάτων) als Ausgangsstoff verneint wird, werden sowohl die Zeugungsanteile des biologischen Vaters als auch der biologischen Mutter abgelehnt. Als Christin, als Christ wird man nicht geboren, sondern aus Gott wiedergeboren.
162 Vgl. MARQUARDT 1990, 90.
163 Vgl. TERTULLIAN, *De carne Christi* 19, 1–2: MAHÉ 1975, SC 216, 286–288, zitiert auf S. 136 in der vorliegenden Arbeit; IRENÄUS, *Adversus haereses* 3, 16, 2; 3, 19, 2; 3, 21, 5–7 und 5, 1, 3: BROX 1995; FC 8, 3, 188–189; 240–241; 264–269; 2001; FC 8, 5, 30–31; ORIGENES, *Commentarius in Matthaeum* fr. 11 ad 1, 18: BENZ & KLOSTERMANN 1941, GCS 41, 1, 20; *Epistula apostolorum* 14: SCHMIDT 1919, 71–72. Eine Übersicht der Belege von Joh 1, 13 in Singular und Plural findet sich bei HOFRICHTER 1978, 20–29. Zur Diskussion und weiterer Literatur vgl. HAUKE 2007, 91–93; HOFRICHTER 1991; PRYOR 1985; POTTERIE 1983 und POTTERIE 1978.
164 Ob und wieweit das Johannesevangelium die jungfräuliche Empfängnis Christi gekannt und vertreten bzw. abgelehnt hat, ist umstritten. Der Text erwähnt sie nicht, setzt sie auch nicht voraus. Philippus erklärt Natanael in Joh 1, 45 vielmehr, der Messias sei „Ἰησοῦν υἱὸν τοῦ Ἰωσὴφ τὸν ἀπὸ Ναζαρέτ". Vgl. CAMPENHAUSEN 1962, 10. Dies kann mit den antidoketischen Tendenzen im Johannesevangelium zusammenhängen, die u.a. SCHNELLE 1987 zusammengestellt hat.

der Genese Christi, er stammt vielmehr nur aus Gott.[165] Damit nähert sich der Sinn der Singularlesart den doketischen Aussagen des *Protevangeliums des Jakobus* oder der *Ascensio Isaiae*.

Einige Autoren sehen in der zahlreichen und geographisch weiten Verbreitung dieser Lesart im Singular den Beleg, dass sie den ursprünglichen Text repräsentiere.[166] Doch der textkritische Apparat des Nestlé-Aland zeigt, dass ausnahmslos alle griechischen Textzeugen hier Plural lesen, neben den Majuskeln Sinaiticus, Alexandrinus, Vaticanus ect. auch Papyrus 66 aus den Jahren um 200.[167] Damit ist eine textkritische Rechtfertigung für die Singular-Lesart als ursprünglicher Text des kanonischen Johannesevangeliums kaum haltbar.

Es besteht die Möglichkeit, dass die dem Bekenntnis in Joh 1,13 zugrunde liegende christologische Aussage älter ist als der Wortlaut des späteren Evangeliums. Die Singular-Lesart würde so in ihrer später orthodox gewordenen Interpretation den originären Sinn bewahren: Der Sohn Gottes ist nicht aus dem Samen eines Mannes, sondern aus Gott geboren worden. Der antidoketisch gesinnte Autor des Johannesevangeliums hätte dieses bereits bestehende Bekenntnis rezipiert, es jedoch in den Plural gesetzt. Mit diesem Eingriff schloss er eine potenzielle, aber inakzeptale doketische Auslegung aus.[168]

3.3. Paulus

Dass Jesus der Sohn Gottes ist und dennoch aus einer Frau Fleisch annimmt, drückt Paulus in Gal 4,4–5 aus, wenn er schreibt:

> Als aber die Zeit erfüllt war, sandte Gott seinen Sohn, geboren von einer Frau und dem Gesetz unterstellt, damit er die freikaufe, die unter dem Gesetz stehen, und damit wir die Sohnschaft erlangen.[169]

Christus hat darum eine doppelte Herkunft. Einerseits stammt er aus dem weiblichen Samen Marias, der über David und Abraham letztlich bis auf Adam zurückgeht. Andererseits stammt er aus dem Geist Gottes. Dies findet sich auch im Anfang des Römerbriefes.

---

165 Eine doketische Verwendung von Joh 1,13 wirft Tertullian in *De carne Christ* 19: Mahé 1975, SC 216, 286–291 den Valentinianern vor, ist bei den Manichäern belegt, gegen welche die *Acta Archelai* 5,5 des Hegemonius: Beeson 1906, 7; opponiert. Augustinus scheint gar einen Bibeltext mit der Singularlesart benutzt zu haben, da er ihn fünf Mal so zitiert. Vgl. Hofrichter 1978, 81–83.

166 Diese Lesart wird besonders von dogmengeschichtlich orientierten Autoren präferiert, so etwa von Hauke 2007. Vgl. Fiores & Meo 1986, 1431ff.

167 Aland & Nestle 2006. Eine Diskussion der textkritischen Thesen von Hofrichter, Galot und Harnack zu Joh 1,13 bietet Pryor 1985.

168 Vgl. Hofrichter 1991, 468. Zur Diskussion, ob Joh 1,13 in der singularischen Lesart einen Bezug zur *virginitas in partu* habe, vgl. Hauke 2007, 93–95.

169 Gal 4,4–5: „ὅτε δὲ ἦλθεν τὸ πλήρωμα τοῦ χρόνου, ἐξαπέστειλεν ὁ θεὸς τὸν υἱὸν αὐτοῦ, γενόμενον ἐκ γυναικός, γενόμενον ὑπὸ νόμον, ἵνα τοὺς ὑπὸ νόμον ἐξαγοράσῃ, ἵνα τὴν υἱοθεσίαν ἀπολάβωμεν."

[Das Evangelium…] über seinen Sohn, der aus dem Samen Davids gekommen ist dem Fleische nach [und] als Sohn Gottes in Kraft eingesetzt dem Geiste der Heiligkeit durch die Totenauferstehung: Jesus Christus, unseren Herrn.[170]

Das Besondere dieser zentralen christologischen Formel liegt in der Gegenüberstellung zwischen κατὰ σάρκα und κατὰ πνεῦμα ἁγιωσύνης.[171] Paulus geht es dabei nicht um das Aufzeigen der gegensätzlichen zwei Naturen Christi – das wäre anachronistisch. Vielmehr unterstreicht er, dass Christus schon immer Gottes Sohn war. Christus ist nicht ein Mensch, der Sohn Gottes wurde, sondern Gottes Sohn, der Mensch wurde. Es ist dieser Prozess der Menschwerdung, den Paulus interessiert, denn darin erweist sich Christus als Heilsbringer.[172] Christus ist aus dem Samen Davids geboren worden – und er erweist sich in Erniedrigung und Kreuzigung als Sohn Gottes.[173] σπέρματος Δαυὶδ bezieht sich hier deshalb nur auf die „Abstammung".[174] κατὰ σάρκα bezeichnet darum nicht die Weise, wie der Sohn Gottes in Maria entsteht, da im Text eine fleischliche, natürliche Art der Zeugung nicht gegen eine geistige ausgespielt wird.[175]

Dennoch wird dieser Text in der folgenden Zeit mit Lk 1, 35 verbunden, auch aufgrund medizinischer Vorstellungen. Das κατὰ σάρκα bezeichnet nun den Beitrag Marias an die Genese Jesu. So gelingt es späteren Autoren, die verheissene Davidssohnschaft eng mit der Gottessohnschaft zu verbinden.[176] Wie der Same eines Mannes in einer Frau Fleisch annimmt, so ist das Wort in Maria Fleisch geworden. Dieses anthropologische Modell für Christus wird das Dogma für lange Zeit prägen.

---

170 Röm 1, 3–4: „[…] περὶ τοῦ υἱοῦ αὐτοῦ τοῦ γενομένου ἐκ σπέρματος Δαυὶδ κατὰ σάρκα, τοῦ ὁρισθέντος υἱοῦ θεοῦ ἐν δυνάμει κατὰ πνεῦμα ἁγιωσύνης ἐξ ἀναστάσεως νεκρῶν, Ἰησοῦ Χριστοῦ τοῦ κυρίου ἡμῶν."
171 SCHLIER 1977 sieht hier eine ältere Credoformel, die vielleicht einem Kreis hellenistischer Juden in Rom entstammt.
172 Das entspricht der Theologie der ältesten Zusammenfassung der paulinischen Christologie in der Formel Phil 2, 5–11. Vgl. HOFIUS 1976.
173 Vgl. GRILLMEIER 1979, 81–83.
174 Vgl. Lk 1, 55; Mk 12, 22; Joh 8, 33; Röm 4, 13.16.
175 Eine solche Argumentation findet sich bei PAULUS in Gal 4, 23.29: „ἀλλ' ὁ μὲν ἐκ τῆς παιδίσκης κατὰ σάρκα γεγέννηται, ὁ δὲ ἐκ τῆς ἐλευθέρας δι' ἐπαγγελίας" – „Aber der von der Magd ist nach dem Fleisch gezeugt worden, der von der Freien aber kraft der Verheissung." und „ἀλλ' ὥσπερ τότε ὁ κατὰ σάρκα γεννηθεὶς ἐδίωκεν τὸν κατὰ πνεῦμα, οὕτως καὶ νῦν." – „Aber wie zu jener Zeit der, der nach dem Fleisch gezeugt war, den verfolgte, der nach dem Geist gezeugt war, so geht es auch jetzt." Vgl. MARTIN 2006, 119–126.
176 Vgl. BURGER 1970, 165–178, hat gezeigt, dass die Rezeptionsgeschichte alttestamentarischer Davidsverheissungen das Wachsen der Christologie zu neutestamentarischer Zeit aufzeigt. Die ältesten Quellen präsentieren Jesus noch nicht als Nachkomme Davids, und manche lehnen diese Vorstellung ab. Erst mit den zitierten Versen aus dem Römerbrief wird für Christus eine davidische Herkunft postuliert – wobei heute weithin anerkannt ist, dass dieses Präskript eine vorpaulinische Formel wiedergibt (vgl. BURGER 1970, 25.).

3. 4. Rezeption der paulinischen Theologie

Ignatius von Antiochien betont im Rückgriff auf eine ältere Tradition,[177] dass das Wort Fleisch geworden war. Im Proömium seines Briefes an die Gemeinde von Smyrna bekennt er Christus als …

> …[aus dem Geschlecht] Davids dem Fleische nach, Sohn Gottes nach dem Willen und der Kraft Gottes, wahrhaft geboren aus der Jungfrau, getauft von Johannes.[178]

Das Bekenntnis, das stark an Röm 1, 3 erinnert, dient Ignatius als Grundlage für die anschliessenden antidoketischen Ausführungen: Christus litt wirklich für die Menschen, nicht nur zum Schein. Neu ist die Verbindung der jungfräulichen Empfängnis mit der paulinischen Rede von Jesus als dem Sohn Gottes und Spross Davids. Dies ermöglicht es Ignatius, eine adoptianistische Umdeutung von Röm 1, 3–4 zu verhindern. Der Wille und die Macht Gottes waren von Anfang an in Christus präsent. Christus ist sowohl als Gottessohn als auch aus dem Samen Davids von der Jungfrau geboren worden.[179] Im *Brief an die Epheser* schreibt er:

> Denn unser Gott Jesus, der Christus, wurde von Maria im Leibe getragen nach dem Heilsplan Gottes, aus Davids Samen zwar, und doch aus dem Heiligen Geist, er wurde geboren und getauft, um durch sein Leiden das Wasser zu reinigen.[180]

Ignatius verknüpft den paulinischen Ausdruck „aus dem Samen Davids dem Fleische nach" mit der Aussage des Lukas- und Matthäusevangeliums, wonach Christus aus Maria durch den Heiligen Geist geboren sei.[181] Röm 1, 3–4 wird so „überfrachtet mit der stark akzentuierten Idee von der doppelten Geburt Christi aus Maria und aus Gott".[182] Neben Ignatius lässt sich diese Verknüpfung auch bei Hippolyt nachweisen. In seinem Buch *Über den Antichrist* hält Hippolyt fest:

> Der Logos Gottes war nämlich fleischlos, nahm aber dann das heilige Fleisch aus der heiligen Jungfrau an, indem er sich gleichsam wie ein Bräutigam ein Kleid für das Kreuzleiden

---

177 Der zweimalige Rückgriff auf das ἀληθῶς zeigt nach BURGER 1970, 35 an, dass IGNATIUS VON ANTIOCHIEN in *Ad Smyrnaeos* 1, 1: CAMELOT 2007, 132 eine ältere Tradition wiedergibt.
178 IGNATIUS VON ANTIOCHIEN, *Ad Smyrnaeos* 1, 1: CAMELOT 2007, 132: „[ἐκ σπέρματος] Δαυὶδ κατὰ σάρκα, υἱὸν θεοῦ κατὰ θέλημα καὶ δύναμιν θεοῦ, γεγεννημένον ἀληθῶς ἐκ παρθένου, βεβαπτισμένον ὑπὸ Ἰωάννου."
179 Vgl. BURGER 1970, 35–41 und GRILLMEIER 1979, 18–22.
180 IGNATIUS VON ANTIOCHIEN, *Ad Ephesios* 18, 2: CAMELOT 2007, 72–74; de. PAULSEN & BAUER 1985, 41–42: „Ὁ γὰρ θεὸς ἡμῶν Ἰησοῦς ὁ Χριστὸς ἐκυοφορήθη ὑπὸ Μαρίας κατ' οἰκονομίαν θεοῦ «ἐκ σπέρματος» μὲν «Δαυίδ», πνεύματος δὲ ἁγίου· ὃς ἐγεννήθη καὶ ἐβαπτίσθη, ἵνα τῷ πάθει τὸ ὕδωρ καθαρίσῃ."
181 IGNATIUS VON ANTIOCHIEN spielt auf Mt 1, 20 „was in ihr geboren ist" und Lk 1, 31 „das geboren werden wird" an. κατὰ πνεῦμα ἁγιωσύνης bezieht sich auf Lk 1, 35 „der Heilige Geist wird über dich kommen, und Kraft des Höchsten wird dich überschatten; darum wird auch das Heilige [...] Sohn Gottes genannt werden."
182 GRILLMEIER 1979, 82, Fn. 257. Vgl. CANTALAMESSA 1966, 76–77.

wob, um dadurch, dass er unserem sterblichen Leib seine Macht hinzufügte und mit dem Unvergänglichen das Vergängliche und das Schwache mit dem Starken vermischte, den verlorenen Menschen zu erlösen."[183]

Es folgt ein zweites Bild: Ein Webstuhl symbolisiert, wie Gottes Plan realisiert wird. Dabei ist der Logos das Webschiffchen, das Leiden der Holzrahmen und „der Einschlag das heilige, vom Geiste gewobene Fleisch."[184] Schon Philon hatte den Menschen als eine Seele beschrieben, die ein fleischliches Gewand trägt – und sich auf Gen 3, 21 berufen: „Und Gott der Herr machte Adam und seiner Frau Gewänder aus Haut und bekleidete sie."[185] Hippolyt überträgt diese Vorstellung auf Christus: Dieser ist der mit Fleisch bekleidete Logos. Immer deutlicher tritt der antidoketische und antiadoptianistische Charakter hervor, den die mit Lk 1, 31–35 akzentuierte paulinische Formel aus Röm 1, 3–4 annimmt. Die Rede vom immateriellen Logos, der in einer Jungfrau Fleisch aneignet, kann auch in einer naturphilosophischen bzw. medizinischen Betrachtungsweise sinnvoll gedeutet werden. Dieser Umstand ermöglichte eine wirksame Argumentation gegen die beiden christologischen Sonderlehren. Dieser Argumentation nachzugehen ist die Aufgabe des nächsten Abschnitts.

4. Reaktion auf Doketismus und Adoptianismus

Der Primat der später so bezeichneten kanonischen Texte über die apokryphen Zeugnisse hat sich erst langsam und über einen grossen Zeitraum entwickelt. Wie Norelli[186] gezeigt hat, ist es für eine Interpretation der Geburtsgeschichten fundamental, die kanonischen Evangelien und ihre Erzählungen nicht kritiklos an den Beginn der Tradition zu stellen, die in der Folge rezipiert, gedeutet und ergänzt worden seien. Viel eher standen am Anfang theologische Aussagen über Jesus Christus, die in unterschiedliche Geschichten und Texte gegossen wurden. Die im Lukas– und Matthäusevangelium enthaltenen Geburtserzählungen sind frühe Beispiele unter anderen.

Wer die Theologie dieser ältesten Dokumente des Christentums darstellt, nennt in der Regel zwei christologische Extrempositionen, zwischen denen die Quellen situiert werden können. Die eine Position, die insbesondere den Judenchristen zugeschrieben wird, hebt die Menschlichkeit Jesu hervor. Wie die alttestamentarischen Könige

---

183 HIPPOLYT, De antichristo 4, 1: NORELLI 1987, 70–71; de. GRÖNE 1872, 17: „ἐπειδὴ γὰρ ὁ λόγος ὁ τοῦ θεοῦ ἄσαρκος ὢν ἐνεδύσατο τὴν ἁγίαν σάρκα ἐκ τῆς ἁγίας παρθένου ὡς νυμφίος ἱμάτιον, ἐξυφήνας ἑαυτῷ ἐν τῷ σταυρικῷ πάθει, ὅπως συγκεράσας τὸ θνητὸν ἡμῶν σῶμα τῇ ἑαυτοῦ δυνάμει, καὶ μίξας τὸ φθαρτὸν τῷ ἀφθάρτῳ καὶ τὸ ἀσθενὲς τῷ ἰσχυρῷ σώσῃ τὸν ἀπολλύμενον ἄνθρωπον."
184 HIPPOLYT, De antichristo 4, 2: NORELLI 1987, 70; de. GRÖNE 1872, 18: „κρόκη δὲ ὡς ἡ ἁγία σάρξ ἐνυφαινομένη ἐν τῷ πνεύματι."
185 Vgl. Gen 3, 21 LXX: „καὶ ἐποίησεν κύριος ὁ θεὸς τῷ Αδαμ καὶ τῇ γυναικὶ αὐτοῦ χιτῶνας δερματίνους καὶ ἐνέδυσεν αὐτούς." Zu Philon vgl. BRANDENBURGER 1968, 197–216; CONGOURDEAU 2007, 172–173.
186 Vgl. NORELLI 2009, 25.

sei er von Gott adoptiert und so zum Messias geworden. Der andere Pol frühchristlicher Christologie, der eher in hellenistischen und gnostischen Kreisen vertreten wird, sieht in Christus ein göttliches Wesen, das auf der Welt erscheint.[187] Campenhausen hat gezeigt, dass sich die Lehre der Jungfrauengeburt in beiden Richtungen problemlos integrieren lässt und sich sowohl doketische als auch adoptianistische Befürworter finden.[188] Für die Doketen ist die Jungfräulichkeit ein Beweis dafür, dass Jesus als Geistwesen in der Welt erschienen ist. Die Adoptianisten sehen darin den Beleg für die Erwählung Jesu, so wie schon Anna den erwählten Samuel jungfräulich gebar und wie es für den Messias bei Jesaja nach der *Septuaginta* prophezeit ist.[189]

4. 1. Adoptianismus

Über die Vertreter einer adoptianistischen Theologie und insbesondere die Ebioniten ist nur wenig bekannt. Fest steht, dass das Judenchristentum der ersten Jahrhunderte keineswegs einen homogenen Block bildete, weder hinsichtlich ihrer Organisation noch bezüglich ihrer Lehre.[190] Justin unterscheidet in der Mitte des zweiten Jahrhunderts zwischen orthodoxen Judenchristen und solchen, die mit der Grosskirche gebrochen haben.[191] Aus diesen Gründen ist es nicht möglich, einen Katalog judenchristlicher Texte des zweiten Jahrhunderts zusammenzustellen, auch wenn ein Teil der christlichen Literatur jener Zeit sicher judenchristlich inspiriert ist.[192] Zu nennen sind hier die *Pseudoklementinen* oder der *Hirte des Hermas*.[193] Namentlich der letztere Text bezeugt eine adoptianistische Theologie. In der Deutung des Hirten zum fünften Gleichnis steht:

> Der Acker ist diese Welt. Der Herr des Ackers ist der Schöpfer des Alls, der es vollendet und mit Kraft versehen hat. [Der Sohn ist der Heilige Geist]. Der Sklave ist der Sohn Gottes. Die Weinstöcke sind dieses Volk, das er selbst gepflanzt hat.[194]

Der Hirte fährt fort:

---

187 Ob, und wie sehr sich die beiden Muster trennen lassen, wird diskutiert. Sicher ist, dass eine Gleichsetzung von Judenchristentum und Adoptianismus sowie Gnosis und Doketismus unzulässig simplifiziert. Vgl. TRÖGER 1980; BROX 1984 und SCHNELLE 1987.
188 Vgl. CAMPENHAUSEN 1962, 17.
189 HIPPOLYT erwähnt, dass auch die Ebioniten eine jungfräuliche Geburt kannten. Vgl. HIPPOLYT, *Refutatio omnium haeresium* VII, 35: MARCOVICH 1986, 318–319.
190 Nicht einmal die begriffliche Fassung des Terminus „Judenchristentum" ist einheitlich. Zum Judenchristentum vgl. STRECKER 1988.
191 Vgl. JUSTIN DER MÄRTYRER, *Dialogus cum Tryphone* 47, 3-4: BOBICHON 2003, 300–303.
192 Vgl. LIÉBAERT & LAMARCHE 1965, 21.
193 Vgl. zu den *Pseudoklementinen* STRECKER 1981 und 1992 sowie zum *Pastor Hermae* BROX 1991.
194 *Pastor Hermae* 58, 2: WHITTAKER 1956, 56; de. BROX 1991, 304: „ὁ ἀγρὸς ὁ κόσμος οὗτός ἐστιν· ὁ δὲ κύριος τοῦ ἀγροῦ ὁ κτίσας τὰ πάντα καὶ ἀπαρτίσας αὐτὰ καὶ δυναμώσας. <ὁ δὲ υἱός τὸ πνεῦμα τὸ ἅγιόν ἐστιν·> ὁ δὲ δοῦλος ὁ υἱὸς τοῦ θεοῦ ἐστιν· αἱ δὲ ἄμπελοι ὁ λαὸς οὗτός ἐστιν, ὃν αὐτὸς ἐφύτευσεν·"

4. REAKTION AUF DOKETISMUS UND ADOPTIANISMUS 127

Den Heiligen Geist, der zuvor schon war, der die ganze Schöpfung erschaffen hat, liess Gott in einem Leib wohnen, den er wollte. Dieser Leib nun, in dem der Heilige Geist wohnte, diente dem Geist in der rechten Weise, indem er heilig und rein lebte, ohne je den Geist zu beflecken. Da er also recht und rein lebte, sich zusammen mit dem Geist abmühte und in allen Dingen mit ihm zusammen wirkte, kraftvoll und mannhaft auftrat, nahm er ihn als Gefährten des Heiligen Geistes. Denn die Lebensführung dieses Leibes gefiel [ihm], weil er sich, im Besitz des Heiligen Geistes, auf dieser Erde nicht befleckt hatte.[195]

Dieser Text darf nicht im Licht späterer dogmatischer Erkenntnisse gelesen werden. Der „heilige Geist" stellt hier nicht eine göttliche Hypostase dar, sondern entspricht dem alttestamentarischen Reden von der Weisheit Gottes. Dazu passt, dass Hermas den Titel „Christus" nicht verwendet und „Kyrios" Gott vorbehalten bleibt. Im eben angeführten Zitat wird deutlich, dass Jesus schon vor der Erwählung ein gutes Leben führte, und dann „zum Genossen des Heiligen Geistes" erkoren wird.[196]

Die Ebioniten, als die von der Grosskirche getrennten Judenchristen, sollen – den Berichten ihrer Gegner zufolge – diesen Adoptianismus noch deutlicher zum Ausdruck gebracht haben. Hippolyt von Rom charakterisiert die ebionitische Lehre so:

Jesus sei ein Mensch, aus der Jungfrau geboren nach dem Ratschluss des Vaters; er habe wie die übrigen Menschen gelebt und sei überaus gottesfürchtig gewesen; später, bei der Taufe im Jordan, sei Christus über ihn in Gestalt einer Taube herabgekommen; daher seien in ihm nicht eher die Kräfte tätig gewesen, als bis sich der Geist von oben in ihm zeigte; dieser Geist soll der Christus sein.[197]

Eine Präexistenz Jesu als Wort oder Weisheit Gottes wird abgelehnt: Erst die Taufe im Jordan macht Jesus zum Christus. Origenes und Eusebius erwähnen ebenfalls, dass für die Ebioniten Jesus ein „gewöhnlicher Mensch" (ψιλὸς ἄνθρωπος) gewesen sei und als Sohn der Maria und des Josephs zur Welt kam.[198] Beide Autoren merken an, dass nicht alle Ebioniten dieser Meinung waren und manche die Geburt des Herrn aus der

---

195 *Pastor Hermae* 59, 5–6: WHITTAKER 1956, 57; de. BROX 1991, 304: „τὸ πνεῦμα τὸ ἅγιον τὸ προόν, τὸ κτίσαν πᾶσαν τὴν κτίσιν, κατῴκισεν ὁ θεὸς εἰς σάρκα ἣν ἠβούλετο. αὕτη οὖν ἡ σάρξ, ἐν ᾗ κατῴκησε τὸ πνεῦμα τὸ ἅγιον, ἐδούλευσε τῷ πνεύματι καλῶς ἐν σεμνότητι καὶ ἁγνείᾳ πορευθεῖσα, μηδὲν ὅλως μιάνασα τὸ πνεῦμα. πολιτευσαμένην οὖν αὐτὴν καλῶς καὶ ἁγνῶς καὶ συνκοπιάσασαν τῷ πνεύματι καὶ συνεργήσασαν ἐν παντὶ πράγματι, ἰσχυρῶς καὶ ἀνδρείως ἀναστραφεῖσαν, μετὰ τοῦ πνεύματος τοῦ ἁγίου εἵλατο κοινωνόν· ἤρεσε γὰρ ἡ πορεία τῆς σαρκὸς ταύτης, ὅτι οὐκ ἐμιάνθη ἐπὶ τῆς γῆς ἔχουσα τὸ πνεῦμα τὸ ἅγιον."
196 *Pastor Hermae* 59, 6: WHITTAKER 1956, 57; de. BROX 1991, 304: „τοῦ πνεύματος τοῦ ἁγίου εἵλατο κοινωνόν." Vgl. AUDET 1953.
197 HIPPOLYT, *Refutatio omnium haeresium* VII, 35: MARCOVICH 1986, 318–319: „τὸν μὲν Ἰησοῦν εἶναι ἄνθρωπον ἐκ παρθένου γεγενημένον κατὰ βουλὴν τοῦ πατρός, βιώσαντά τε κοινῶς πᾶσιν ἀνθρώποις καὶ εὐσεβέστατον γεγονότα· ὕστερον <δ'> ἐπὶ τοῦ βαπτίσματος ἐπὶ τῷ Ἰορδάνῃ κεχωρηκέναι <αὐτὸν> τὸν Χριστόν, ἄνωθεν κατεληλυθότα ἐν εἴδει περιστερᾶς. ὅθεν <φησὶν> οὐ πρότερον «τὰς δυνάμεις ἐν αὐτῷ ἐνηργηκέναι» ἢ ὅτε κατελθὸν ἀνεδείχθη τὸ πνεῦμα, ὃ εἶναι τὸν Χριστὸν προσαγορεύει."
198 Auch IRENÄUS berichtet, dass die Ebioniten gelehrt hätten, dass Jesus der natürliche Sohn Josephs gewesen sei. Vgl. IRENÄUS, *Adversus haereses* 3, 21, 1: BROX 1995, 254.

Jungfrau und dem Heiligen Geiste nicht ablehnten.[199] Eine Präexistenz und eine Vergöttlichung Jesu erschienen ihnen jedoch unmöglich.

4. 2. Doketismus

Der andere Pol frühchristlicher Christologie ist der Doketismus. Auch dabei handelt es sich um eine Sammelbezeichnung, diesmal für Lehren, welche das Menschsein Christi einschränken oder ganz ablehnen. Sie findet sich erstmals in verschiedenen Apokryphen[200] und im Thomas-Evangelium.[201] Diese These spiegelt sich ebenfalls schon früh in dagegen gerichtete Argumentationen, etwa im Johannesevangelium[202] und in den Briefen des Ignatius von Antiochien.[203] Zur Blüte gelangt der Doketismus in einigen gnostischen Systemen und bei Markion, bleibt aber darüber hinaus noch lange unterschwellig virulent.[204]

Um die Göttlichkeit Christi wahren zu können, negieren Doketen seine Leiblichkeit. Heilsgeschichtliche Ereignisse interpretieren sie so, dass Christus nur als jenseitiges, transzendentes Wesen erscheint. Als solches muss er als unkörperlicher und leidensunfähiger Geist angesehen werden. Deshalb könne Christus nur zum Schein (τῷ δοκεῖν) Mensch geworden sein.[205] Bauer unterscheidet drei verschiedene doketische Spielarten:[206]

1. Nicht Christus, sondern ein Vertreter starb am Kreuz.[207]

---

199 Vgl. EUSEBIUS VOM CÄSAREA, *Historia ecclesiastica* 3, 27: BARDY 1984, T. 1, 136–137, und ORIGENES, *Contra Celsum* 5, 61: FIEDROWICZ & BARTHOLD 2012; FC 50, 4, 992. Vgl. ORBE 1976, 351–379.
200 So in der *Ascensio Isaiae* 11, 7–14: BETTIOLO et al. 1995, 118–121; und dem *Protevangelium Jacobi* 19, 2: DE STRYCKER 1961, 154–157; dem *Acta Petri* 24: VOUAUX 1922, 366–371 und weiteren Texten. Vgl. S. 215 in dieser Arbeit.
201 Vgl. Logion 15 im *Thomas-Evangelium*, das in dieser Arbeit auf S. 218 behandelt wird.
202 Vgl. SCHNELLE 1987.
203 Bei IGNATIUS VON ANTIOCHIEN ist die doketische Christologie zum ersten Mal wirklich greifbar. So im Brief *Ad Trallianos* 10: CAMELOT 2007, 102; vgl. PAULSEN & BAUER 1985, 63–64 und *Ad Smyrnaeos* 2: CAMELOT 2007, 132–134; vgl. PAULSEN & BAUER 1985, 91.
204 WEIGANDT 1961, 4–19 unterscheidet sieben Typen gnostischer Christologie. Er weist nach, dass Doketismus und Gnosis sich nicht automatisch bedingen und Simon Magus, Basilides, Valentin und Kerinth selbst nicht im strengen Sinn als Doketen gelten können. Vgl. BROX 1984. So sind im zweiten Jahrhundert auch nichtgnostische doketische Christologien im Umlauf.
205 So lautet der Vorwurf des IGNATIUS VON ANTIOCHIEN, *Ad Trallianos* 10: CAMELOT 2007, 102; vgl. PAULSEN & BAUER 1985, 63–65; in *Ad Smyrnaeos* 5, 2 doppelt er nach: „μὴ ὁμολογῶν αὐτὸν σαρκοφόρον" – „Sie bekennen ihn nicht als Fleischträger": CAMELOT 2007, 136, vgl. PAULSEN & BAUER 1985, 94. Für IGNATIUS steht dagegen fest, dass Jesus Christus von der Jungfrau Maria ganz real geboren, von Johannes getauft und unter Pontius Pilatus tatsächlich für uns im Fleisch ans Kreuz geschlagen wurde, vgl. *Ad Smyrnaeos* 1, 1: CAMELOT 2007, 132; vgl. PAULSEN & BAUER 1985, 90; und *Ad Trallianos* 9, 1: CAMELOT 2007, 100; vgl. PAULSEN & BAUER 1985, 63.
206 Vgl. BAUER 1920, 239.
207 Das war nach IRENÄUS, *Adversus haereses* 1, 24, 4: BROX 1993, 298–301 die Lehre des Gnostikers BASILIDES.

4. REAKTION AUF DOKETISMUS UND ADOPTIANISMUS

2. Bei der Taufe vereinte sich das Geistwesen Christus mit dem Menschen Jesus, um ihn vor der Passion wieder zu verlassen.

3. Um „vollendeten Doketismus" handelt es sich, wenn die irdische Existenz ganz aufgelöst wird und nur zum Schein besteht.

Besonders Verfechtern der dritten Gruppe ist eine Genese nach den Gesetzen der Natur inakzeptabel. Christus hat von Marias Leiblichkeit nichts empfangen. Er blieb in ihrem Bauch wie ein Gast und ging durch sie hindurch wie Wasser durch eine Bleiröhre fliesst.[208]

Doketismus und Adoptianismus können ineinander übergehen. Das belegt die zweite Gruppe. Ihr zufolge wird Jesus als Sohn von Maria und Joseph geboren. In der Taufe übernimmt Christus den Leib Jesu wie eine Marionette, um ihn vor der Passion wieder zu verlassen. Diese Lehre überschneidet sich mit dem Adoptianismus, da der jenseitige Christus den Menschen Jesus „adoptiert". Bauer sieht deshalb im Adoptianismus und dem Doketismus zwei Ausprägungen derselben theologischen Strömung.[209] Er verweist als Beleg auf Ignatius, der beide Lehren im *Brief an die Magnesier* 9, 2 anspricht. Letztlich reduziert sich die Frage nach der Abgrenzung von Doketismus und Adoptianismus auf die Definition frühchristlicher „Häresie". Weil in jener Zeit ein verbindliches Dogma sich erst zu konsolidieren begann, optiert Paulsen dafür, eine Festlegung zu vermeiden und mit einer sowohl soziologisch als auch doxologisch heterogenen Situation zu rechnen.[210]

Ein berühmtes Beispiel für diesen „doketischen Adoptianismus" ist das der valentinianischen Gnosis nahestehende Evangelium nach Philippus.[211] Jesus wird hier als leiblicher Sohn Mariens dargestellt. Der Heilige Geist war an seiner Entstehung nicht beteiligt, weil der Geist ein weibliches Wesen ist:

> Manche sagen, dass Maria empfangen hätte vom Heiligen Geist. Sie irren. Sie wissen nicht, was sie sagen. Wann hat je eine Frau von einer Frau empfangen?[212]

---

208 Vgl. TERTULLIAN, *Adversus Valentinianos* 27, 1: FREDOUILLE 1980, SC 280 134–137; PS. TERTULLIAN, *Adversus omnes haereses* 4, 5: KROYMANN 1954, 1407; IRENÄUS, *Adversus haereses* 3, 11, 3: BROX 1995, 100–103 und EPIPHANIUS, *Panarion* 31, 22, 1: HOLL 1915, 419 sowie einige spätere Autoren schreiben deshalb valentinianischen Gnostikern das Theologumenon zu, Jesus sei von Maria „wie durch ein Rohr" geboren worden. Vgl. TARDIEU 1981 und S. 217 in der vorliegenden Arbeit.
209 Vgl. BAUER 1920, 240.
210 Vgl. PAULSEN & BAUER 1985, 65. Eine Diskussion zu diesem Thema findet sich bei SCHNELLE 1987, 77.
211 Die Valentinianer hatten keine einheitliche Auffassung und weichen in wesentlichen Punkten ihrer Theologie voneinander ab. ORBE nimmt an, dass bezüglich der Lehren zur Inkarnation Christi sich drei Richtungen ausgebildet haben: a. Jesus geht wie durch ein Rohr durch Maria hindurch b. Jesus ist von der Jungfrau Maria geboren worden c. Jesus ist der Sohn von Maria und Joseph. Vgl. ORBE 1976, 441.
212 *Philippus-Evangelium*, Logion 17: TILL 1963, 14: „ⲡⲉϫⲉ ϩⲟⲓⲛⲉ ϫⲉ ⲁⲙⲁⲣⲓⲁ ⲱ ⲉⲃⲟⲗ ϩⲙ̄ ⲡⲡⲛ̄ⲁ ⲉⲧⲟⲩⲁⲁⲃ ⲥⲉⲣⲡⲗⲁⲛⲁⲥⲑⲉ ⲟⲩ ⲡⲉ ⲧⲟⲩⲭⲱ ⲙ̄ⲙⲟϥ ⲥⲉⲥⲟⲟⲩⲛ ⲁⲛ ⲁϣ ⲛ̄ϩⲟ ⲟⲩ ⲉⲛⲉϩ ⲡⲉⲛⲧⲁⲥϫⲡⲉ ⲱ ⲉⲃⲟⲗ ϩⲛ̄ ⲥϩⲓⲙⲉ."

Zur Begründung, warum die Mutter Jesu dennoch Jungfrau war, wird die Adam-Christus-Typologie aufgegriffen, wie sie Paulus schon in Röm 5 und 1Kor 15 anspricht.

> Adam entstand aus zwei Jungfrauen, aus Geist [πνεῦμα] und aus der jungfräulichen Erde. Deswegen wurde Christus aus einer Jungfrau geboren, damit er den Fehltritt, der geschehen war am Anfang, in Ordnung bringe.[213]

Diese Adam-Christus-Typologie spielt in der Abwehr doketischer Vorstellungen eine grosse Rolle, wie anschliessend bei Irenäus zu zeigen ist.[214]

Während die meisten Valentinianer von einer gewissen Leiblichkeit Christi ausgehen, die zwar anders geartet als die menschliche, aber doch als fleischlich[215] gedacht wird, gesteht Markion nach Tertullian Christus nur eine Lichtnatur zu, ein Scheinleib, der für jegliche Leiden unempfänglich ist.[216]

4.3. Erste antidoketische Reflexionen

a. Ignatius von Antiochien: Pneuma-Sarx

In den Briefen des Ignatius wird die Gefährlichkeit einer Christologie thematisiert, die einseitig die geistige Dimension betont, indem sie Christus vom Leib abspaltet oder vollends vergeistigt. Ignatius unterstreicht deshalb die völlige Menschwerdung Christi:

> Wenn nämlich dies nur zum Schein von unserem Herrn vollbracht wurde, dann bin auch ich nur zum Schein gefesselt. [...] Um mit ihm zu leiden, ertrage ich alles, wenn er mir Kraft gibt, der vollkommener Mensch geworden ist.[217]

Jede Auflösung der Menschlichkeit Christi bedroht ganz konkret die eigene Erlösung. Um die soteriologisch notwendige Spannung zwischen Gott und Mensch in Christus auszuhalten und zu fassen, verwendet Ignatius eine breit rezipierte zweigliedrige antithetische Formel:[218]

---

213 *Philippus-Evangelium*, Logion 83: Till 1963, 44: „ⲁⲇⲁⲙ ϣⲱⲡⲉ ⲉⲃⲟⲗ ϩⲛ ⲡⲁⲣⲑⲉⲛⲟⲥ ⲥⲛⲧⲉ ⲉⲃⲟⲗ ϩⲙ ⲡⲡⲛⲁ ⲁⲩⲱ ⲉⲃⲟⲗ ϩⲙ ⲡⲕⲁϩ ⲙⲡⲁⲣⲑⲉⲛⲟⲥ ⲉⲧⲃⲉ ⲡⲁⲉⲓ ⲁⲩⲭⲛⲉ ⲡⲉⲭⲥ ⲉⲃⲟⲗ ϩⲙ ⲟⲩⲡⲁⲣⲑⲉⲛⲟ[ⲥ] ϫⲉⲕⲁⲥ ⲡⲉⲥⲗⲟⲟⲧⲉ ⲛⲧⲁϥϣⲱⲡⲉ ϩⲛ ⲧⲉϩⲟⲩⲉⲓⲧⲉ ⲉϥⲛ[ⲁⲥⲉϥ]ⲱⲃ ⲉⲣⲁⲧϥ." Diese Aussage widerspricht direkt Logion 91, worin Jesus als Spross Josephs vorgestellt wird.
214 Vgl. S. 132 in der vorliegenden Arbeit.
215 Tertullian erwähnt in *De carne Christi* 15: Mahé 1975, 308, dass die Valentinianer ein „caro spiritalis", ein pneumatisches Fleisch angenommen hätten.
216 Vgl. Tertullian, *Adversus Marcionem* I, 19 und 22; III, 10–11; IV, 7: Braun 1990, SC 365, 184–189 und 220–206; Braun 1994, SC 399, 107–119; Braun 2001, SC 456, 93–105; Epiphanius, *Adversus haereses* 42, 7: Holl & Drummer 1980, 102–103. Vgl. Schoeps 2005, 8.
217 Ignatius von Antiochien, *Ad Smyrnaeos* 4, 2: Camelot 2007, 136: „Εἰ γὰρ τὸ δοκεῖν ταῦτα ἐπράχθη ὑπὸ τοῦ κυρίου ἡμῶν, κἀγὼ τὸ δοκεῖν δέδεμαι. [...] Εἰς τὸ συμπαθεῖν αὐτῷ πάντα ὑπομένω, αὐτοῦ με ἐνδυναμοῦντος τοῦ τελείου ἀνθρώπου γενομένου."
218 Vgl. Grillmeier 1990, 199. Eine ähnliche antithetische Formel belegt auch Melito von Sardes, *Peri pascha* 66: Perler 1966, 96–97.

4. REAKTION AUF DOKETISMUS UND ADOPTIANISMUS

> Einer ist Arzt,
> aus Fleisch zugleich – und aus Geist
> geworden – und ungeworden
> im Fleisch erschienener Gott
> im Tode wahrhaftiges Leben,
> aus Maria sowohl wie aus Gott
> zuerst leidensfähig und dann leidensunfähig
> Jesus Christus, unser Herr.[219]

Ignatius rekurriert mit dem Gegensatzpaar Fleisch-Geist wiederum auf Röm 1, 3–4.

b. Justin der Märtyrer: Logos-Sarx

Die von Ignatius von Antiochien etablierte Pneuma-Sarx-Christologie entfaltet Justin der Märtyrer, indem er sie zu einer Logos-Sarx-Christologie modifiziert.[220] Hintergrund für diese Transformation ist die stoische Auffassung, dass auch das Pneuma eine materielle Substanz sei. So interpretiert lässt sich die göttliche Wirklichkeit in Christus nicht mehr mit „Pneuma" umschreiben. Der damit implizierte materielle Charakter würde das Pneuma als wandelbar und leidend erscheinen lassen, was kontradiktorisch zur intendierten Göttlichkeit steht.[221] Andererseits sehen die Stoiker im Pneuma des männlichen Samens jene Kraft, die das Menstruationsblut einer Frau gerinnen lassen kann. Als Absenker des menschlichen Seelenpneumas lässt es die einzelnen Körperteile keimen.[222] Die Genese Christi muss also ohne direktes Einwirken des Pneumas erklärt werden können.

Justin der Märtyrer bringt einen zentralen Begriff der Stoa ins Spiel: den λόγος σπερματικός. Als immanentes Feuer ist er Prinzip aller Vernunft. Jeder einzelne menschliche Verstand ist ein Aspekt des λόγος σπερματικός. Trotz dieses stoischen Vokabulars philosophiert Justin nach mittelplatonischen Mustern und steht in der Tradition Philons.[223] Sein Logos ist nicht Urbild aller Vernunft, sondern eine ewige göttliche Kraft, welche in jedem menschlichen Verstand tätig ist. Dieser Logos zeugt sich eine irdische Existenz aus der Jungfrau. Nach der Rekapitulation der Verkündigung (Lk 1, 30–31 und Mt 1, 21) bekennt Justin:

> Dass man nun unter dem Geist und der Kraft Gottes nichts anderes verstehen darf als den Logos, der Gottes Eingeborener ist, hat der vorhin genannte Prophet Moses angedeutet.[224]

---

219 IGNATIUS VON ANTIOCHIEN, Ad Ephesios 7, 2: CAMELOT 2007, 64: „Εἷς ἰατρός ἐστιν, σαρκικός τε καὶ πνευματικός, γεννητὸς καὶ ἀγέννητος, ἐν σαρκὶ γενόμενος θεός, ἐν θανάτῳ ζωὴ ἀληθινή, καὶ ἐκ Μαρίας καὶ ἐκ θεοῦ, πρῶτον παθητὸς καὶ τότε ἀπαθής, Ἰησοῦς Χριστὸς ὁ κύριος ἡμῶν."
220 Zur Pneuma–Sarx-Christologie vgl. GRILLMEIER 1990 200, Fn. 183 und 160, Fn. 78.
221 Vgl. POHLENZ 1984, 83–93.
222 Vgl. LESKY 1951, 1389.
223 Vgl. ANDRESEN 1955, 336–344 und GRILLMEIER 1990, 202–207.
224 JUSTIN DER MÄRTYRER, Apologia I, 33, 6: GOODSPEED 1984, 49: „τὸ πνεῦμα οὖν καὶ τὴν δύναμιν τὴν παρὰ τοῦ θεοῦ οὐδὲν ἄλλο νοῆσαι θέμις ἢ τὸν λόγον, ὃς καὶ πρωτότοκος τῷ θεῷ ἐστι Μωυσῆς ὁ προδε-

Damit wird der Geist und der Logos Christi gleichgesetzt, der durch die Inkarnation als Mensch erschienen ist. So kann der Logos einerseits den göttlichen Anteil in Christus bezeichnen und andererseits auch als stoisches Pneuma die Inkarnation Christi in Maria in Gang setzen. Maria kommt wiederum eine ausschliesslich passive Rolle zu. Sie ist Instrument des Heilshandeln Gottes, indem sie dem Logos Materie zur Bildung eines Leibes zur Verfügung stellt.[225]

c. Irenäus von Lyon: Adam-Christus

Irenäus bleibt in der Begründung seiner antidoketischen Haltung bezüglich der Inkarnation in der paulinischen Adam-Christus-Typologie verhaftet. So wie durch Adam die Sünde in die Welt kam, ist durch Christus ihr Heil geschaffen. Dieser Typologie folgt Irenäus konsequent, wenn er sich fragt:

> Warum nahm aber Gott nicht wiederum den Schlamm, sondern vollzog aus Maria seine Gestaltung? Damit dasselbe Geschöpf gebildet wurde, welches gerettet werden sollte, und in der Rekapitulierung gerade die volle Ähnlichkeit gewahrt wurde.[226]

In Anlehnung an Gal 4,4 beschreibt der Bischof von Lyon Christus als den neuen Adam. Dieser nahm wahres Fleisch an, damit er vollständig Adam gleiche und die Menschheit rette.

> Ist er aber das nicht geworden, was wir waren, dann hat auch sein Leiden und Aushalten nichts Grosses zu bedeuten. Unwidersprochen bestehen wir aus einem Leibe, der Erde entnommen, und einer Seele, die von Gott den Geist erhält.[227]

Irenäus verbindet die Typologie eng mit der Soteriologie und tariert sie neu aus.[228] Grundlegend ist für ihn die Einheit von Gott, Christus und Heil. So weitet er den

---

δηλωμένος προφήτης ἐμήνυσε." JUSTIN bezieht sich hier auf Gen 49, 11 LXX, zu dessen Auslegung er im vorhergehenden Kapitel geschrieben hat (I, 32, 5: GOODSPEED 1984, 47): „δεσμεύων πρὸς ἄμπελον τὸν πῶλον αὐτοῦ καὶ τῇ ἕλικι τὸν πῶλον τῆς ὄνου αὐτοῦ πλυνεῖ ἐν οἴνῳ τὴν στολὴν αὐτοῦ καὶ ἐν αἵματι σταφυλῆς τὴν περιβολὴν αὐτοῦ." – „Er bindet sein Füllen an einen Weinstock und das Füllen seiner Eselin an die Weinranke."

225 Vgl. POUDERON 2002, 236–237.
226 IRENÄUS, Adversus haereses 3, 21, 10: BROX 1995, 272–273: „Quare igitur non iterum sumpsit limum Deus, sed ex Maria operatus est plasmationem fieri? Vt non alia plasmatio fieret neque alia esset plasmatio quae saluaretur, sed eadem ipsa recapitularetur, seruata similitudine."
227 IRENÄUS, Adversus haereses 3, 22, 1: BROX 1995, 274–275: „Et si non hoc factus est quod nos eramus, non magnum faciebat quod passus est et sustinuit. Nos autem quoniam corpus sumus de terra acceptum et anima accipiens a Deo Spiritum, omnis quicumque confitebitur."
228 Vgl. BENOÎT 1960. Auch spätere Autoren weisen auf ihre vergleichbare Herkunft von Christus und Adam hin: So wie Adam aus Ackerboden und Atem Gottes geschaffen wird, ist auch Christus aus dem Pneuma und der Jungfrau geschaffen. FIRMICUS MATERNUS bringt diesen Umstand deutlich zum Ausdruck: „Aus dem Schlamm der jungfräulichen Erde geschaffen verlor Adam durch eigene Übertretung das versprochene Leben. Durch die Jungfrau Maria und den Heiligen Geist ward Christus geboren und er erhielt Unsterblichkeit und Reich zurück." FIRMICUS MATERNUS, De errore profanarum religionum

Heilsplan Gottes aus zu einer umfassenden Konzeption, wie er sie in *Adversus haereses* 3, 16, 6 entfaltet und in der prägnanten Formel „Christus ist ein und derselbe" mehrfach zum Ausdruck bringt.[229] Bezüglich der Inkarnation bedeutet dies:

> Da der Geist also nach der vorherbestimmten Heilsordnung herabgekommen ist und der Sohn Gottes, der Eingeborene, der auch Wort des Vaters ist, als die Zeit sich erfüllte [Gal 4, 4], in einem Menschen um des Menschen willen Fleisch geworden ist und die gesamte für den Menschen geltende Heilsordnung ausgeführt hat, Jesus Christus, unser Herr, ein und derselbe, wie der Herr selbst es bezeugt und die Apostel es bekennen und die Propheten es verkünden, (daher) sind alle Lehren derer als Lügen erledigt, die Ogdoaden [Achtheiten], Tetraden [Vierheiten] und Scheingrössen erfunden und sich Unterteilungen ausgedacht haben.[230]

Irenäus insistiert trotz aller Spannung auf die Einheit von Logos und Fleisch in Christus. Sein Logosbegriff ist stark den ihm bekannten Heiligen Schriften verpflichtet. Weit geringer indes zeigt er sich von philosophischen Schulen beeinflusst als es bei Justin und Ignatius der Fall ist. Alle drei Theologen betonen das Gott- und Menschsein, weil man nur so den Schriften des Alten Testaments, und immer mehr auch jenen des sich bildenden Neuen Testaments, gerecht werden kann.

Es ist allerdings das Verdienst Tertullians, explizit die Medizin gegen die Irrlehrer anzuführen, um Christus als ganz menschgeworden zu zeigen.

4. 4. Medizin als Argument gegen den Doketismus

a. Tertullian: eine neue, wirkliche Geburt

Die platonische σῶμα – σῆμα Analogie prägte das gnostische Weltbild.[231] Der Leib ist ein Grab für die Seele, ein Gefängnis, in welches sie aufgrund eines kosmischen Sündenfalls geraten ist. Doch der Retter aus dem gnostischen Pleroma kann als reiner Geist sich unmöglich mit einer solch niederen und unwürdigen Hülle wie dem Fleisch

---

25: TURCAN 1982, 137: „Ex uirginis terrae limo factus Adam praeuaricatione propria promissam perdidit uitam. Per uirginem Mariam ac spiritum sanctum Christus natus et immortalitatem accepit et regnum." Vgl. auch AMBROSIUS VON MAILAND, *Expositio evangelii secundum Lucam* 4, 1: TISSOT 1956, SC 45, 149; TERTULLIAN, *De carne Christi* 17: MAHÉ 1975, 278–283, PETRUS CHRYSOLOGUS, *Sermo* 117: OLIVAR 1975, 709–712. NESTORIUS spricht davon, dass Christus ohne Samen aus einer Jungfrau geboren sei, nach der Natur Adams, der auch ohne Samen geboren ist. Vgl. CASSIAN, *De incarnatione Domini contra Nestorium* 7, 6: PETSCHENIG 2004, 361–363.

229 Vgl. BENOÎT 1960, 212–214.

230 IRENÄUS, *Adversus haereses* 3, 17, 4: BROX 1995, 216–217: „Spiritu itaque descendente propter praedictam dispositionem, et Filio Dei Vnigenito, qui et Verbum est Patris, ueniente plenitudine temporis, incarnato in homine propter hominem, et omnem secundum hominem dispositionem implente, Iesu Christo Domino nostro uno et eodem existente, sicut et ipse Dominus testatur et apostoli confitentur et prophetae adnuntiant, mendaces ostensae sunt uniuersae doctrinae eorum qui octonationes et quaternationes et putatiuas adinuenerunt et subdiuisiones excogitauerunt."

231 Vgl. PLATON, *Gorgias* 493a2-3: CROISET & BODIN 1984, 175.

beschmutzen. Hätte Christus das gleiche Fleisch wie wir, wäre er sterblich und kein göttliches Wesen. Um dennoch auf Erden wandeln und das Heil erwirken zu können, verwendet er deshalb einen Scheinleib. Das impliziert jedoch, dass er die Geburt vortäuschen muss, da sie gar nicht stattfinden kann.[232]

Diese Auffassung ist Tertullian unerträglich. Wiederholt kritisiert er diese Idee, unter anderem mit einer nur diesem Problem gewidmeten Schrift namens *De carne Christi*.[233] Wenn Christus keinen Leib hat, nicht real geboren worden ist, dann ist Christus auch nicht gestorben und auferstanden. Geburt, Tod und Auferstehung sind an die Leiblichkeit gebunden und wären für ein unkörperliches, ewiges Wesen bedeutungslos. Doch ohne wirkliche Auferstehung Christi gibt es für uns keine Hoffnung auf Erlösung vom Tod.[234]

Wer die These eines Scheinleibs vertritt, der geht davon aus, dass Gott entweder nicht leiblich auftreten kann oder es für seiner nicht würdig hält. Gegen das Erstere schreibt Tertullian, dass der Heilige Geist bei der Taufe am Jordan als Taube erschien – also in Fleisch und Blut. Wiederholt traten Engel auf und liessen sich unter anderem die Füsse waschen, kämpften oder assen mit den Menschen.[235] Es ist folglich sehr wohl möglich, dass Gott in einem Körper auftreten kann. Aber, so der gnostische Einwand, ziemt es sich denn auch für ihn? Die Frage trifft für Tertullian ins Zentrum der Auseinandersetzung: Wer den Zeugungsakt, die Schwangerschaft und die Geburt als unwürdig abtut, der entwürdigt den Menschen, denn dies alles gehört integrativ zum Menschsein dazu. Gott liebt den Menschen, „demzufolge liebte er mit dem Menschen auch dessen Geburt und Leiblichkeit."[236]

Christus in einem Scheinleib, so Tertullian, wäre ein beständiger Lügner und Betrüger. Er betrügt, wenn er sein Erscheinen als Geburt tarnt, wenn er zum Schein isst oder schläft, insbesondere aber, wenn er vorgibt, er stürbe zur Rettung der Menschen unter Qualen am Kreuz. Lügen und Betrügen jedoch, das ist, was sich für Gott nicht ziemt. Christus muss deshalb sowohl Gott und Mensch sein.

> Wenn die Wunder nicht ohne den Geist zustande kamen, dann ebenso wenig die Leiden ohne das Fleisch.[237]

---

232 Nach Tertullian hat Markion eine solche Scheingeburt gelehrt. Vgl. Tertullian, *De carne Christi* 1, 2: Mahé 1975, 210.

233 Dieses Werk stammt aus dem Jahre 208, also kurz vor seiner montanistischen Periode – aber, wie Migne in seiner Patrolgia in der Praefatio schreibt „iam Montanismam redolentibus" – stinkt schon nach Montanismus. Vgl. Migne 1844, Praefatio.

234 Vgl. Tertullian, *De carne Christi* 1, 1: Mahé 1975, 210: „Illos eam resurgere omni modo, quae in Christo resurrexerit." – „Was bei Christus auferstanden ist, wird in jedem Falle der Auferstehung teilhaftig."

235 Vgl. Tertullian, *De carne Christi* 3–4: Evans 1956, 8–17.

236 Tertullian, *De carne Christi* 4, 3: Evans 1956, 14: „Amavit ergo cum homine etiam nativitatem, etiam carnem eius."

237 Tertullian, *De carne Christi* 5: Evans 1956, 20: „Si virtutes non sine spiritu, perinde et passiones non sine carne."

4. REAKTION AUF DOKETISMUS UND ADOPTIANISMUS

Nach der Abhandlung verschiedener Sonderlehren der Scheinleib-Vertreter, die Tertullian zufolge sich alle in Widersprüche verwickeln, kommt der Afrikaner zu seiner Quintessenz. Es folgt das berühmte Zitat, das verkürzt als „*credo quia absurdum*" bis heute als Bonmot weitergegeben und missverstanden wird:

> Gottes Sohn ist gekreuzigt worden – ich schäme mich dessen nicht, weil es beschämend ist. Gottes Sohn ist gestorben – das ist erst recht glaubwürdig, weil es Dummheit ist; er ist begraben und wieder auferstanden – das ist ganz sicher, weil es unmöglich ist.[238]

Wenn alle doketischen Erklärungsversuche aporetisch sind, sich nicht halten lassen, dann bleibt einzig die „beschämende" und „dumme" These übrig, dass Gottes Sohn wirklich gestorben und auferstanden ist.[239]

Tertullian kommt zum eigentlichen Hauptstück seiner Ausführungen. Es geht um die Frage, ob und wie Christus seinen Leib aus der Jungfrau erhalten konnte. Von der Antwort darauf hängt die Entscheidung ab, ob Christus vollständig Mensch war.[240]

Tertullian beginnt mit Jes 7, 14 und führt aus, dass es sich hier um eine ganz neue Form des Gebärens handelt:

> Das ist die neue Geburt, dass ein Mensch in Gott geboren wird. Aus dieser wurde Gott im Menschen geboren, indem er das Fleisch von altem Samen in sich aufnahm, doch ohne die Hilfe des alten Samens, um es kraft eines neuen Samens, das ist des Geistigen, wiederherzustellen und durch Ausschliessung der alten Unreinigkeit zu entsündigen.[241]

Und es ist für Tertullian klar: der alte Samen ist jener von Adam, vermittelt durch Maria, durch welchen Christus Fleisch annimmt. Doch nicht ein männlicher Samen liefert die Kraft, die Form dazu. Es ist ein neuer Samen, von Gottes Geist:

> Da er nun also bereits Gottes Sohn aus dem Samen Gottes des Vaters, das ist aus dem Geiste, war, so brauchte er, um Menschensohn zu werden, weiter nichts als Fleisch aus menschlichem Fleische anzunehmen, ohne Hilfe des Samens des Mannes. Denn der Same des Mannes hätte keinen Zweck gehabt bei einem, der aus dem Samen Gottes stammte. Daher konnte er, als er aus der Jungfrau geboren wurde, eine menschliche Mutter haben ohne einen menschlichen Vater, so gut, wie er vor seiner Geburt aus der Jungfrau Gott zum Vater haben konnte, ohne eine menschliche Mutter. So ist er also ein Mensch, der mit Gott vereinigt ist, indem er ein mit dem Geist Gottes vereinigter menschlicher Leib ist; Leib ist

---

238 Tertullian, *De carne Christi* 5, 4: Evans 1956, 18: „Crucifixus est Dei Filius: non pudet quia pudendum est; et mortuus est Dei Filius: prorsus credibile est, quia ineptum est; et sepultus resurrexit: certum est, quia impossibile."
239 Zur Deutung Vgl. Emmenegger 2007, Moffatt 1915 und Sider 1980.
240 Vgl. Tertullian, *De carne Christi* 17: Evans 1956, 58. Vgl. Cantalamessa 1962, 69.
241 Tertullian, *De carne Christi* 17: Evans 1956, 58: „Haec est natiuitas noua, dum homo nascitur in deo, ex quo in homine natus est deus, carne antiqui seminis suscepta sine semine antiquo, ut illam nouo semine, id est spiritali reformaret exclusis antiquitatis sordibus expiatam."

er ohne Vermittlung des Mannessamens aus einem Menschen, Geist hingegen durch den Samen aus Gott.[242]

Der göttliche Samen hatte dieselbe physiologische Wirkung wie männliches Sperma, ein menschlicher Vater wird überflüssig. Dieser himmlische Ursprung Christi mindert keineswegs seine Menschheit. Vielmehr unterstreicht es die Adam-Christus-Typologie. So wie Adam aus Erde und Gottes Geist geboren ist, so ist auch Christus geboren:

> Die Erde war noch jungfräulich, noch nicht durch Bearbeitung gebändigt, noch nicht für die Einsaat urbar gemacht, als Gott aus ihr, wie uns berichtet wird, den Menschen zur lebenden Seele bildete. Wenn also betreffs des ersten Adam solches berichtet wird, so ist der zweite oder letzte Adam, wie der Apostel sich ausgedrückt hat, mit Recht ebenso aus Erde, also aus einem Fleische, welches noch nicht durch Gebären entsiegelt war, als Leben gebender Geist von Gott hervorgebracht worden. Damit mir jedoch der Name Adam nicht nutzlos in die Feder geflossen sei, stelle ich die Frage, mit welchem Recht ist Christus vom Apostel ein Adam genannt worden, wenn seine Menschheit nicht irdischen Ursprungs war?[243]

Denn Christus ist mehr als Adam, er ist Gott und Mensch zugleich:

> Da er also selber dem Geiste Gottes entstammt und Gott Geist ist, so ist er selber sowohl Gott und aus Gott geboren, als auch Mensch aus einem menschlichen Fleische im Fleische erzeugt.[244]

Gegen die Valentinianer, die unter Berufung auf Joh 1, 13 einen Scheinleib postulieren, antwortet Tertullian mit Verweis auf die Medizin seiner Zeit:[245]

> Insofern er [sc. Christus] aber Fleisch ist, stammt er nicht aus dem Blute, auch nicht aus dem Willen des Fleisches oder des Mannes, weil nämlich das Wort durch den Willen Gottes

---

242 Tertullian, *De carne Christi* 18: Evans 1956, 60: „Erat ergo iam dei filius ex patris dei semine, id est spiritu. Vt esset et hominis filius, caro ei ea que sola, erat ex hominis carne sumenda sine uiri semine. Vacabat enim semen uiri apud habentem dei semen. Ita enim, sicut nondum natus ex uirgine patrem deum habere potuit sine homine matre, aeque cum de uirgine nasceretur, potuit matrem habere hominem sine homine patre. Sic denique homo cum deo, dum caro hominis cum spiritu dei: caro sine semine ex homine, spiritus cum semine ex deo."

243 Tertullian, *De carne Christi* 17: Evans 1956, 58: „Homine domino nascente uirgo erat adhuc terra, nondum opere compressa, nondum sementi subacta; ex ea hominem factum accipimus a deo in animam uiuam. Igitur si primus adam ita traditur, merito sequens uel nouissimus adam, ut apostolus dixit, proinde de <virgine> terra, id est carne nondum generationi resignata, in spiritum uiuificantem a deo est prolatus. Et tamen, ne mihi uacet incursus nominis adae: unde christus adam ab apostolo dictus est, si terreni non fuit census homo eius?"

244 Tertullian, *De carne Christi* 18: Evans 1956, 62: „Ita cum ipse de spiritu dei spiritus deus est, ex deo natus, ipse et ex carne hominis <caro> est homo, in carne generatus."

245 Tertullian zitiert zu Beginn des Kapitels Joh 1, 13 im Singular „Non ex sanguine nec ex voluntate carnis nec ex voluntate viri sed ex Deo natus est" und bezieht den Vers auf Christus. Tertullian, *De carne Christi* 19: Evans 1956, 64. Vgl. S. 121 in dieser Arbeit.

4. REAKTION AUF DOKETISMUS UND ADOPTIANISMUS

Fleisch geworden ist. Auf das Fleisch nämlich und nicht auf das Wort bezieht sich die formelle Negierung unserer Geburtsweise; denn das Fleisch musste so geboren werden, nicht aber das Wort. Wenn er aber negierte, dass es auch aus dem Willen des Fleisches geboren sei, warum hat er da nicht auch negiert, dass es aus der Substanz des Fleisches geboren sei? Und wenn er auch die Geburt aus dem Blute negierte, so leugnete er ja damit keineswegs die Substanz des Fleisches, sondern nur die Mitwirkung des Samens, welcher bekanntlich die heissen Teile des Blutes enthält, wenn er durch Ausschäumen verändert das weibliche Blut gerinnen macht. Denn durch das Lab steckt im Käse die Macht über die Substanz, die er durch seine Beimischung gerinnen macht, also über die Milch.[246]

Hier kommt ein zentraler Grundsatz der Theologie Tertullians zum Vorschein: Christus ist nicht gegen die Natur geboren worden. Seine Zeugung ist erklärbar und folgt dem Muster, das Plutarch für die Genese eines Gotteskindes postuliert hatte.

> Wer seine [sc. Christi] Geburt aus Beischlaf verneint, der hat damit nicht seine Geburt aus dem Fleische verneint, sondern sie gerade bestätigt, weil er die Geburt aus dem Fleische eben nicht in der Art negiert hat, wie er es mit der Geburt aus einer vorhergegangenen sexuellen Verbindung tat.[247]

Dass Maria Christus jungfräulich empfangen hat, beweist, dass hier wirklich Gottes Wort Fleisch wird.

Das in *De carne Christi* entfaltete antidoketische Argument ist im zeitgleich oder etwas früher abgeschlossenen Werk gegen Markion ebenfalls zu finden, dort in einer gekürzten Weise.[248] Darin arbeitet Tertullian minutiös heraus, dass der Christus des Markions makellos, überirdisch und deshalb irreal ist. Der von ihm verkündete Christus ist Gott und Mensch zugleich und folglich wirklich sehr irdisch, dass es einem Gnostiker die Schamesröte ins Gesicht treiben muss:

> Wer sich meiner schämen wird, so sagt er [Christus in Lk 9, 26], dessen werde ich mich schämen. Doch Ursache zum Schämen gebührt nur meinem Christus [und nicht jenem

---

246 TERTULLIAN, *De carne Christi* 19: EVANS 1956, 64: „Qua caro autem non ex sanguine nec ex carnis et uiri uoluntate, quia ex dei uoluntate uerbum caro factum est. Ad carnem enim, non ad uerbum, pertinet negatio formalis nostrae natiuitatis, quia caro sic habebat nasci, non uerbum. Negans autem ex carnis [quoque] uoluntate natum [cur] non negauit etiam ex substantia carnis. Neque enim, quia ex sanguine negauit, substantiam carnis rennuit, sed materiam seminis, quam constat sanguinis esse colorem, ut despumatione mutatum in coagulum sanguinis feminae. Nam ex coagulo in caeso eius substantiae est, quam medicando constringit, id est lactis."
247 TERTULLIAN, *De carne Christi* 19: EVANS 1956, 64–66: „Negans porro ex concubitu non negauit et ex carne, immo confirmauit ex carne, quia non proinde negauit ex carne sicut ex concubitu negauit."
248 TERTULLIAN erwähnt in *Adversus Marcionem* I, 15, dass er das Werk im 15. Jahr des Kaisers Severus abgeschlossen habe, was dem Zeitraum von April 207 bis April 208 entspricht. Eine erste Version ist wohl schon um 198 erschienen, die Tertullian aber als zu kurz und zu hastig geschrieben empfand. Vgl. EVANS 1972, XVIII. Die Abfassungszeit von *De carne Christi* ist nicht eindeutig zu ermitteln. Das Werk ist sicher in der ersten Dekade des dritten Jahrhunderts geschrieben worden, eindeutig vor seiner montanistischen Phase. Vgl. EVANS 1956, VII.

> Markions], dessen Stand so sehr zum Schämen ist, dass er den Vorwürfen aller Häretikern offen steht, die mit aller Boshaftigkeit, zu der sie fähig sind, sich unablässig nur über Geburt und Babyzeit beschweren, und über die Schande seines Fleisches. Doch welcher Schande wird er schuldig sein, wenn er dies nicht auf sich zieht? Keinem Genitalbereich einer Jungfrau, dennoch Frau, gebührte [in diesem hypothetischen Fall] die Gerinnung, und wenn nicht durch Samen, so dennoch durch das Gesetz der Körpersubstanz aus weiblicher Flüssigkeit, wäre nicht im Fleischzustand vor der Formung, nicht ein so genannter Fötus nach der Formung, nicht nach zehn monatiger Qual befreit, nicht durch plötzliche Beben der Schmerzen mit allen Unreinheiten von so langer Zeit ausgegossen auf der Erde, nicht das Licht erblickt unter Tränen, während zuerst die Nabelschnur verwundet wird, nicht mit Honigwein abgewaschen, nicht behandelt mit Salz und Honig, nicht gewöhnt an Wickel als begrabendes Gewand. Auch wäre er nicht, danach, in Unreinheit auf dem Mutterschoss, umsorgt an der Brust, lange Kleinkind, nur mit Mühe Knabe, langsam Mann. Nein, aus dem Himmel gebracht, sofort gross, sofort ganz, sogleich Christus, Geist und Kraft und nur Gott. Aber wie er nicht ein wahrer Gott war, da er nicht sichtbar war, so auch nicht einer, der sich des Kreuzes Fluch schämen musste, an dessen Wirklichkeit er nicht teilhatte, da er keinen Körper hatte. Er [sc. der Christus Markions] hätte daher nicht gesagt haben können: „wer sich meiner nicht schämt."[249]

Tertullian unterstreicht hier in seiner drastischen Art alle Elemente der Inkarnation, die den Doketen so unglaubwürdig erscheinen. Nur wer akzeptiert, dass Geburt, Leben und Tod Jesu auch in Bezug auf die biologischen Aspekte menschlich waren, bekennt Christus wirklich als menschgewordenen Sohn Gottes. Die Heilkunde wird für Tertullian zur Verbündeten im Kampf gegen die Irrlehren.

b. Origenes: Inkarnation und Urzeugung

Origenes hätte Tertullian wohl zugestimmt, was die Ausführungen zur Entstehung des Leibes Christi angeht – auch wenn der Alexandriner weniger explizit ist. In der 14.

---

249 TERTULLIAN, *Contra Marcionem* 4, 21, 10–12: EVANS 1972, 375–376: „Qui confusus, inquit, mei fuerit, et ego confundar eius. Quando nec confusionis materia conveniat nisi meo Christo, cuius ordo magis pudendus, ut etiam haereticorum conviciis pateat, omnem nativitatis et educationis foeditatem et ipsius etiam carnis indignitatem quanta amaritudine possunt perorantibus. Ceterum quomodo ille erit obnoxius confusionis qui eam non capit? non vulva licet virginis, tamen feminae, coagulatus, et si non semine, tamen ex lege substantiae corporalis, ex feminae humore, non caro habitus ante formam, non pecus dictus post figuram, non decem mensium cruciatu deliberatus, non subita dolorum concussione cum tanti temporis coeno per corporis cloacam effusus ad terram, nec statim lucem lacrimis auspicatus et primo retinaculi sui vulnere, nec mulso ablutus, nec sale ac melle medicatus, nec pannis iam sepulturae involucrum initiatus, nec exinde per immunditias inter sinus volutatus, molestus uberibus, diu infans, vix puer, tarde homo, sed de caelo expositus, semel grandis, semel totus, statim Christus, spiritus et virtus et deus tantum. Ceterum ut non verus, qui non videbatur, ita nec de crucis maledicto erubescendus, cuius carebat veritate, carens corpore. Non poterat itaque dixisse, Qui mei confusus fuerit."

Homilie zum Lukasevangelium legt Origenes die Verse Lk 2, 21–24 aus, welche von der Darstellung des Herrn und dem Reinigungsopfer nach der Beschneidung berichten.[250]

> Als acht Tage vorüber waren und das Kind beschnitten werden sollte, gab man ihm den Namen Jesus, den der Engel genannt hatte, noch ehe das Kind im Schoss seiner Mutter empfangen wurde. Dann kam der Tag der vom Gesetz des Mose vorgeschriebenen Reinigung für sie. Sie brachten das Kind nach Jerusalem hinauf, um es dem Herrn zu weihen, gemäss des Gesetzes des Herrn, in dem es heisst: Jede männliche Erstgeburt soll dem Herrn geweiht sein. Auch wollten sie ihr Opfer darbringen, wie es das Gesetz des Herrn vorschreibt: ein Paar Turteltauben oder zwei junge Tauben [Lev 12, 6–8 und Ex 13, 2].[251]

Origenes fragt sich, warum der Evangelist wohl von einer „καθαρισμοῦ αὐτῶν", einer „Reinigung für sie" spricht, mit einem Personalpronomen im Plural. Es kann nicht nur jene vorgeschriebene Reinigung Mariens gemeint sein, sondern muss sich auch auf eine Reinigung Jesu beziehen. Wie kann aber Christus eine kultische Reinigung nötig haben? Origenes greift auf Hiob 14, 4–5 zurück, wonach niemand, auch ein Neugeborenes nicht, ohne Befleckung sei.[252] Dann erklärt er:

> Jede Seele, die mit einem menschlichen Leib bekleidet wurde, hat ihre Befleckung. Damit dir klar wird, dass auch Jesus sich auf Grund seines freien Willens beflecken liess, weil er zu unserem Heil einen menschlichen Leib angenommen hat.[253]

So hat sich eine Prophetie aus dem Buch Sacharja erfüllt. Sach 3, 3 (LXX) prophezeite, dass Jesus mit befleckten Kleidern angezogen war.[254] Ganz eindeutig ist dies gegen die Doketen gerichtet, so Origenes weiter, welche meinen, dem Herrn keinen menschlichen Körper zubilligen zu können. Denn sicherlich kann nur der irdische Körper Christi befleckt sein, nicht aber der göttliche Logos. Folglich trat Christus auch nicht mit ei-

---

250 Zu Maria im Werk des ORIGENES vgl. VAGAGGINI 1942.
251 Lk 2, 21–24: „Καὶ ὅτε ἐπλήσθησαν ἡμέραι ὀκτὼ τοῦ περιτεμεῖν αὐτόν καὶ ἐκλήθη τὸ ὄνομα αὐτοῦ Ἰησοῦς, τὸ κληθὲν ὑπὸ τοῦ ἀγγέλου πρὸ τοῦ συλλημφθῆναι αὐτὸν ἐν τῇ κοιλίᾳ. Καὶ ὅτε ἐπλήσθησαν αἱ ἡμέραι τοῦ καθαρισμοῦ αὐτῶν κατὰ τὸν νόμον Μωϋσέως, ἀνήγαγον αὐτὸν εἰς Ἱεροσόλυμα παραστῆσαι τῷ κυρίῳ, καθὼς γέγραπται ἐν νόμῳ κυρίου ὅτι πᾶν ἄρσεν διανοῖγον μήτραν ἅγιον τῷ κυρίῳ κληθήσεται, καὶ τοῦ δοῦναι θυσίαν κατὰ τὸ εἰρημένον ἐν τῷ νόμῳ κυρίου, ζεῦγος τρυγόνων ἢ δύο νοσσοὺς περιστερῶν."
252 Vgl. Hiob 14, 4–5 LXX: „τίς γὰρ καθαρὸς ἔσται ἀπὸ ῥύπου ἀλλ' οὐθείς ἐὰν καὶ μία ἡμέρα ὁ βίος αὐτοῦ ἐπὶ τῆς γῆς ἀριθμητοὶ δὲ μῆνες αὐτοῦ παρὰ σοί εἰς χρόνον ἔθου καὶ οὐ μὴ ὑπερβῇ" – „Denn wer wird rein sein von Befleckung? Gewiss keiner! Und wenn seine Lebensspanne auch einen Tag auf der Erde ist, und seine Monate bei ihm gezählt sind, eine feste Zeit hast du ihm gesetzt und er wird sie nicht überschreiten."
253 ORIGENES, *In Lucam* 14, 4: SIEBEN 1991, 166–167: „Omnis anima, quae humano corpore fuerit induta, habet ‚sordes' suas. Ut autem scias Iesum quoque sordi – datum propria voluntate, quia pro salute nostra humanum corpus assumpserat." Vgl. TERTULLIAN, *Adversus Marcionem* 3, 7, 6: EVANS 1972, 188–191 und *Adversus Iudaeos* 14, 7: HAUSES 2007, 298–301
254 Vgl. Sach 3, 3 LXX: „καὶ Ἰησοῦς ἦν ἐνδεδυμένος ἱμάτια ῥυπαρά" – „Und Jesus war mit befleckten Kleidern angezogen."

nem makellosen Scheinleib auf, sondern befleckte sich mit einer fleischlichen Hülle.²⁵⁵ Im Moment, als der Engel Gabriel verkündete, dass der Geist über Maria komme, kam es zu einer neuen Schöpfung:

> Der Schoss der Mutter unseres Herrn wurde in dem Augenblick geöffnet, in dem die Leibesfrucht hervortrat, denn kein Mann hatte vor der Geburt Christi diesen heiligen und verehrungswürdigen Schoss berührt. Ja, ich wage zu sagen: Das Wort „Der Geist Gottes wird über dich kommen, und die Kraft des Allerhöchsten wird dich überschatten"²⁵⁶ war der Beginn der Zeugung und der Empfängnis, und der neue Fötus begann im Mutterleib zu wachsen, ohne dass der Schoss geöffnet worden war. Deswegen sagt auch der Heiland selber: „Ich aber bin ein Wurm und kein Mensch, das Gespött der Menschen und die Verachtung des Volkes."²⁵⁷ Er sah nämlich im Schoss seiner Mutter die Unreinheit der Leiber, eingeschlossen im Mutterleib litt er unter der Enge des Erdenschlamms. Daher vergleicht er sich mit einem Wurm und sagt: „Ein Wurm bin ich und kein Mensch." Aus einem Mann und einer Frau wird gewöhnlich der Mensch geboren, ich aber bin nicht aus einem Mann und einer Frau geboren nach dem Brauch der Menschen und der Natur, sondern nach dem Vorbild eines Wurms bin ich geboren, der nicht aus einem fremden Samen entsteht, sondern in dem Körper und aus dem Körper, in dem er sich entwickelt.²⁵⁸

Aristoteles hatte in *De generatione animalium* vermutet, dass die ersten Menschen mittels Urzeugung im Schlamm entstanden waren.²⁵⁹ Es müsste sich als Zwischenstufe eine Made (σκώληξ) gebildet haben, die sich dann zu einem Menschen weiterentwickelt hat. Origenes rezipiert diesen Gedanken und sieht ihn in der Schrift bestätigt:

> Ps 21, 7 LXX (MT 22, 7): Ich aber bin ein Wurm und kein Mensch, Schmach für den Menschen und Verachtung beim Volk.²⁶⁰

---

255 Das Tragen einer fleischlichen Hülle ist für ORIGENES eo ipso eine Befleckung. Es geht in diesem Abschnitt nicht um die spätere Erbsündenlehre. Vgl. SIEBEN 1991, 168–169 Fn. 9. Verschiedene Autoren diskutieren diese Stelle bezüglich der *virginitas in partu* (vgl. MEYER 2000, 175–176.).
256 Vgl. Lk 1, 35.
257 Vgl. Ps 21, 7 LXX.
258 ORIGENES, *In Lucam* 14, 4: SIEBEN 1991, 172–175: „Matris vero Domini eo tempore vulva reserata est, quo et partus editus, quia sanctum uterum et omni dignatione venerandum ante nativitatem Christi masculus omnino non tetigit. Audeo quid loqui, quia et in eo, quod scriptum est: ‚Spiritus Dei veniet super te, et virtus Altissimi obumbrabit te', principium seminis et conceptus fuerit, et sine vulvae reseratione novus in utero foetus adoleverit. Unde et ipse Salvator loquitur: ‚ego autem sum vermis et non homo, opprobrium hominum et abiectio plebis'. Videbat in matris utero immunditiam corporum, visceribus eius hinc inde vallatus terrenae faecis patiebatur angustias; unde assimilat se vermi et dicit: ‚ego sum vermis et non homo'. Ex mare quippe ac femina homo nasci solet, ego vero non ex masculo et femina, secundum ritum hominum atque naturam, sed in exemplum ‚vermis' natus sum, cuius non aliunde semen, sed in ipsis et ex ipsis, in quibus coalescit corporibus, origo est."
259 Vgl. ARISTOTELES, *De generatione animalium* III, 11 (762b28–763a7): DROSSAART LULOFS 1972, 62; de. GOHLKE 1959, 166–167. Siehe S. 109 in der vorliegenden Arbeit.
260 Ps 21, 7 LXX (MT 22, 7): „ἐγὼ δέ εἰμι σκώληξ καὶ οὐκ ἄνθρωπος ὄνειδος ἀνθρώπου καὶ ἐξουδένημα λαοῦ."

Christus bestätigt in den Augen des Alexandriners also gleich selbst, dass er, bevor er zum Menschen wurde, als Made (σκώληξ) entstanden war. Im Unterschied zu Tertullian ist nach Origenes Christus nicht aus Pneuma und weiblichem Samen entstanden, sondern mittels Urzeugung (wie Adam) aus Pneuma und Schlamm.[261] Origenes ist nicht der Einzige, der die Made aus Ps 21,7 LXX mit der Genese Christi in Verbindung bringt. Eine Aussage bei Augustinus lässt vermuten, dass diese Interpretation viele Anhänger fand.[262] Bevor wir diesen Indizien nachgehen, ist es notwendig, sich mit den Argumentationsmustern zu befassen, in welchen eine Inkarnation Christi nach der Ordnung der Natur Verwendung findet.

5. Vier weitere Argumentationsmuster basierend auf einer natürlichen Genese Christi

Die Abwehr des Doketismus stellt den wichtigsten Kontext dar, in welchem eine im Rahmen antiker Naturphilosophie gedeutete Genese Christi verwendet wurde. Im zweiten und dritten Jahrhundert erscheinen vier weitere Argumentationsmuster, in welchen Autoren diese Thesen einfliessen lassen.

1. Exegese: Besonders Ps 21,7 LXX wird auf Christus angewendet, davon ausgehend aber auch weitere Stellen mit Würmern, Zikaden oder Grillen.

2. Katechese: Die Schönheit der Schöpfung als Hinweis auf den Schöpfer zeigt sich, wenn in der Natur analoge Vorgänge zur jungfräulichen Empfängnis geschehen.

3. Apologie: Die jungfräuliche Empfängnis ist ein glaubwürdiges Zeugnis für die Heiden, weil sich in Christus nachvollziehbar erfüllt, was in heidnischen Mythen (auf unglaubwürdige Weise) angedeutet ist.

4. Schöpfungstheologie: Die aussergewöhnliche Genese Christi verletzt nicht die von Gott gegebene Ordnung der Schöpfung, sondern folgt ihr.

Wir wollen diese Argumente detailliert betrachten.

5.1. Exegese: Christus der Wurm

Die Evangelisten Matthäus und Markus berichten, dass die letzten Worte Jesu am Kreuz „mein Gott, mein Gott, warum hast du mich verlassen?" lauteten (Mk 15,34; Mt 27,46).

---

261 Es fehlt freilich noch die Vernunftseele. Zu diesem Problem siehe S. 183 in der vorliegenden Arbeit.
262 Vgl. AUGUSTINUS, *Epistula* 140,8: GOLDBACHER 1904, 171: „Dictus est hinc sensus elegantissimus a prioribus, ideo se hoc nomine christum praenuntiari uoluisse, quia uermis de carne sine concubitu nascitur, sicut natus est ille de uirgine." – „Eine sehr scharfsinnige Auslegung wurde von früheren Kommentatoren hier vertreten: Christus wolle mit dieser Bezeichnung sich selbst ankündigen, weil der Wurm aus dem Fleisch ohne Paarung entsteht, ebenso wie jener von der Jungfrau geboren ist."

Es handelt sich dabei um ein Zitat aus Ps 21, 2 LXX. Weitere Elemente der Passion wurden als erfüllte Prophetie von Ps 21 LXX verstanden, so u.a. die durchbohrten Glieder, das verloste Gewand und der Durst des Gekreuzigten. Deshalb wird auch die Aussage in Ps 21, 7 LXX („ein Wurm bin ich und kein Mensch") auf Christus bezogen. Verschiedene Autoren merken hierzu an, dass damit nicht nur in metaphorischer Rede Christi Erniedrigung und Demütigung während seiner Hinrichtung gemeint seien. Vielmehr müsse Ps 21 LXX auf die Erniedrigung Christi generell bezogen werden.[263] Ps 21, 7 LXX sei deshalb auch auf seine Entstehung zu beziehen: Christus ist als Wurm in Maria aus einer Urzeugung hervorgegangen. Ausgehend von dieser These werden in exegetischen Schriften zahlreiche urgezeugte Lebewesen der Bibel als Prophetie auf die Genese Christi verstanden. Im erwähnten Zitat aus Origenes' Lukaskommentar (S. 140) wird deutlich, wie gut Ps 21, 7 LXX als Hinweis auf die Urzeugung Christi in Maria angewendet werden konnte.

Eusebius zählt in seinem Psalmenkommentar mehrere Gründe auf, weshalb Christus in Ps 21, 7 LXX sagt, er sei ein Wurm und kein Mensch. Unter anderem schreibt er:

> Anders könne er so auch gesagt haben, dass er Wurm und nicht Mensch genannt werde, weil er nicht auf menschliche Weise durch männlichen und weiblichen Verkehr die Entstehung des Fleisches erhalten hatte.[264]

Hiob 25, 6 konstatiert: „Aber ach, der Mensch ist Moder und der Menschensohn ein Wurm".[265] Ein Scholion einer Katene zu diesem Vers, das selbst Methodius von Side als Autor nennt, wohl aber von Methodius von Olympus stammt,[266] lautet:

> Methodius von Side bezog es auf Christus und sagt: Höre ihn, wenn er sagt: Ein Wurm bin ich und kein Mensch. Wurm sagt er nun, nicht wegen der Schlechtigkeit, sondern wegen der Demut oder auch, weil der Wurm nicht aus Paarung entsteht, sondern aus der umliegenden Materie.[267]

Deutlicher formuliert es Didymus der Blinde. Er kommentiert Ps 21, 7 LXX so:

> Hier lehrt er Bescheidenheit „Ich bin ein Wurm und kein Mensch". [...] Man kann es aber auch so verstehen: Da sein Leib nicht aus männlichem Samen entstanden ist, sondern einzig

---

263 Zu den verschiedenen Auslegungen von Ps 21, 7 LXX in der patristischen Literatur vgl. BERTRAND 2004, 221–234.
264 EUSEBIUS VON CÄSAREA, *Commentaria in psalmos*, Ps 21, 5–7: PG 23, 205c: „Καὶ ἄλλως δ' ἂν εἴποις σκώληκα αὐτὸν ὠνομάσθαι, καὶ οὐκ ἄνθρωπον, διὰ τὸ μὴ ὁμοίως ἀνθρώποις ἐκ συνουσίας ἄρρενος καὶ θηλείας τὴν τῆς σαρκὸς γένεσιν ἐσχηκέναι."
265 Hiob 25, 6 LXX: „ἔα δέ ἄνθρωπος σαπρία καὶ υἱὸς ἀνθρώπου σκώληξ."
266 Zur Zuschreibung und Überlieferung dieser Fragmente vgl. BONWETSCH 1917, XXXIXf. und 510.
267 METHODIUS VON OLYMPUS, *Fragmenta in Iob* Nr. VIII. Hiob 25,6: BONWETSCH 1917, 512: „Μεθόδιος ὁ Σίδης εἰς τὸν Χριστὸν ἐκλαμβάνει, καὶ φησίν· Αὐτοῦ ἄκουε λέγοντος· ἐγὼ δέ εἰμι σκώληξ καὶ οὐκ ἄνθρωπος. σκώληκα οὖν λέγει, οὐ διὰ κακίαν, ἀλλὰ διὰ τὴν ταπεινοφροσύνην ἢ καὶ ὅτι σκώληξ οὐκ ἐκ συνδυασμοῦ γίνεται ἀλλ' ἐκ παρακειμένης ὕλης."

5. EINE NATÜRLICHE GENESE CHRISTI   143

aus dem Stoff, der aus der Gebärenden gewonnen wurde, demzufolge nennt er sich einen Wurm. Denn der Wurm entsteht nicht durch Paarung, sondern aus einfachem Stoff [ἐξ ἁπλῆς ὕλης]. Auch in diesem Falle bildete sich sein Leib durch einfachen Stoff, der der Frau zugrunde lag. Er ist ja „in ihr [ἐν αὐτῇ] erzeugt" [Mt 1, 20] und „aus ihr [ἐξ αὐτῆς] geboren" [Mt 1, 16]. Die Leiber der anderen erhalten, wie man sagt, „durch Frauen" die Formung [τὴν πλάσιν]. Da also Maria die Frucht nicht durch den Samen eines Mannes erhielt, ist er nicht durch sie geworden, sondern aus ihr.[268]

Die meisten Menschen entstehen aus männlichem Samen, der die Form bereits mitbringt. Christus dagegen ist erst in Maria geformt worden. Mit πλάσις bezeichnet Aristoteles in *De generatione animalium* die Formung des Embryos; ὕλη ist die Materie vor der Formung.[269] Deshalb war in Maria zuerst einfacher Stoff, der dann in einem zweiten Schritt in ihr die Form empfing, sich zur Made und schliesslich zum Embryo entwickelte. Deshalb ist Christus nicht durch sie hindurch, sondern aus ihr heraus entstanden.

Auch in der lateinischen patristischen Literatur sind Exegesen von Ps 21, 7 LXX erhalten geblieben, die den Vers auf die Genese Christi beziehen.[270] So schreibt Chromatius, der ab 388 Bischof von Aquileia ist, in seinem zweiten Traktat zu Mt 1, 18–23:

> Passend und unter dem Geheimnis seiner Inkarnation durch David im Psalm verlautend, sagt er: „Ich aber bin ein Wurm und kein Mensch". Das bedeutet nicht, dass er ein Wurm sei, doch zeigt er das Sakrament seines Körpers Geburt an. Weil die Würmer spontan und ohne Samen geboren werden, so ist der Herr ohne den Samen eines Mannes aus dem Uterus der Jungfrau hervorgegangen.[271]

Sein Amtskollege Gaudentius, der zur selben Zeit die Geschicke der Gemeinde von Brescia leitet, erwähnt zu Ps 21, 7 LXX die Bienen, die ohne Sexualkontakte jungfräulich gebären, und bezieht dies auf Christus.[272]

---

268   DIDYMUS DER BLINDE, *Commentarii in psalmos* 21: DOUTRELEAU & GESCHÉ, 1969, 112–115: „ὧδε ἀτυφίαν διδάσκει· ‚ἐγὼ σκώληξ καὶ οὐκ ἄνθρωπός εἰμι'. [...] δυνατὸν δὲ καὶ τοῦτο λαβεῖν· ἐπεὶ οὐκ ἐκ καταβολῆς σπερμάτων ἀνδρὸς γέγονεν αὐτῷ τὸ σῶμα, ἀλλ' ἐκ μόνης τῆς ὕλης τῆς ἐκ τῆς κυούσης λαμβανομένη<ς>, κατὰ τοῦτο σκώληκα αὐτὸν λέγει· ὁ γὰρ σκώληξ οὐκ ἐκ συνδυασμοῦ γίνεται, ἀλλ' ἐξ ἁπλῆς ὕλης. καὶ ὧδε ἀπὸ τῆς ἁπλῆς ὕλης τῆς ὑποκειμένης τῇ θηλείᾳ συνανέστη αὐτῷ τὸ σῶμα. ‚ἐν αὐτῇ' γοῦν ‚γεγέννηται' καὶ ‚ἐξ αὐτῆς γεγέννηται'. τὰ δὲ ἄλλα σώματα ‚γυναικῶν' λέγεται τὴν πλάσιν δέχεσθαι. ἐπεὶ οὖν αὕτη οὐκ ἐκ σπέρματος ἀνδρὸς ἔσχεν τὴν γονήν, οὐ δι' αὐτῆς γέγονεν, ἀλλ' ἐξ αὐτῆς."
269   Vgl. ARISTOTELES, *De generatione animalium* 776a33: DROSSAART LULOFS 1972, 169.
270   Auf die Gründe, weshalb im Osten diese Auslegung verschwand, wird ab S. 162 in dieser Arbeit eingegangen.
271   CHROMATIUS VON AQUILEIA, *Tractatus in Mathaeum* 2, 5: BANTERLE 1990, 40–41: „Merito et cum sub mysterio incarnationis suae per dauid in psalmo dominus loqueretur sic ait: ego autem sum uermis et non homo. Non utique uermem se esse significans, sed sacramentum corporeae suae natiuitatis ostendens. Quia sicuti uermis de terra sponte ac sine semine nascitur, ita dominus sine semine uiri de utero uirginali processit."
272   GAUDENTIUS VON BRESCIA, *Tractatus 19* 34: BANTERLE 1991, 468–469: „Nemo itaque fidelium conturbetur, quod minorem se in hoc mundo secundum carnem positus patre suo dixerit filius, qui etiam

Auch Maximus von Turin († um 408–423) predigt in seiner Homilie 29 zur Passion Christi, die er mit Ps 21 LXX erläutert. Ausgehend von Vers 7 „ich bin ein Wurm [...]", der ihm zufolge eine Selbstbezeichnung Christi wiedergeben müsse, schlägt er einen etwas gewagten Bogen zu den Würmern, welche das Manna der Israeliten in der Wüste frassen. Er sieht darin die Geburt Christi aus der Jungfrau prophezeit.

> Und weil das Folgende kaum klar ist, lasst uns den Vers untersuchen, in welchem er sagt: „Ich aber bin ein Wurm und kein Mensch!" Warum der Herr aller Kreatur sich mit einem Wurm vergleichen will, können wir zu allererst der Demut zuschreiben, welche von den heiligen Tugenden die Grösste ist. Darum hat der heilige Moses vor dem Herrn bekannt, ein irrationales Tier zu sein[273] und David sich oft als Floh beschrieben.[274] Doch ich denke, dass eher jenes anzunehmen ist, dass der Wurm ohne jede fremde Beimischung des Körpers, sondern von der einzigen und reinen Erde erschaffen wird. Deshalb wird der Herr mit jenem verglichen, da auch der Retter selbst einzig von der reinen Maria entstanden ist. Wir lesen ebenfalls in den Büchern des Mose, dass Würmer vom Manna hervorgebracht wurden [Ex 16, 20].[275]

Der Vergleich ist offensichtlich: Der Wurm, hervorgebracht vom Manna, ist ein Bild für Christus, gezeugt aus einer Jungfrau. Maximus ist in seiner Argumentation von

---

vermi se ipsum iam tunc per prophet[i]am comparare dignatus est, et hoc quidem non sine ingentis ratione mysterii. Constat enim sine coitu generantis futurae apis uermem nasci, cuius labores reges et mediocres ad sanitatem offerunt, sicut scriptum est. Labores enim passionis Christi, quem uelut apem virginem permansurum virgo edidit mater, tam reges a regendo – summi videlicet sacerdotes – quam mediocres quique sequentium, vel ordinis Levitici vel fidelium plebis, in figura corporis eius ac sanguinis pro salubritate vitae communis offerimus et agnitam dulcedinem mysteriorum conscio ore testamur: Gustate et videte, quoniam suavis est dominus." – „Keiner der Gläubigen werde erschüttert, weil der Sohn, in diese Welt gestellt gemäss des Fleisches, dem Vater sich geringer nennt, der sich auch durch die Prophetie mit einem Wurm zu vergleichen würdig sah, und dies nicht ohne Absicht für ein grosses Geheimnis. Er hält fest, dass die zukünftige Biene als Wurm ohne zeugenden Sexualkontakt entsteht, die ihren Fleiss Königen und Mittelständigen zur Gesundheit darbringt, wie geschrieben steht (Spr 6, 8 LXX). Die Mühen nämlich der Passion Christi, den wie eine jungfräuliche Biene Jungfrau bleibend die Mutter gegeben hat, bestätigen wir wissenden Mundes. Wie Könige zum Regieren – an der Spitze natürlich die Priester – woraufdie Mittelständigen folgen, oder vom Stand der Leviten oder vom Volk der Gläubigen, als Bild seines Körpers und Blut für das Heil des Lebens der Gemeinschaft opfernd und anerkennend die Süsse des Mysteriums, wissenden Mundes bestätigen wir: Kostet und seht, wie süss der Herr ist (Ps 33, 9 LXX)."

273 Die Anspielung ist unklar.
274 Vgl. 1Sam 24, 15 und 26, 20. David wirft Saul vor, er jage ihm hinterher, wie man einen Floh zu fangen versucht.
275 MAXIMUS VON TURIN, Sermo 29, 3: MUTZENBECHER 1962, 113–114: „Et quoniam sequentia paene manifestata sunt, illum inspiciamus uersiculum in quo ait: ego autem sum uermis et non homo! cur totius dominus creaturae uermiculo se uoluerit conparari, possumus hoc quidem humilitati primitus adsignare, quae sanctorum uirtus est maxima, sicut sanctus moyses ante deum animal se inrationabile profitetur, dauid pulicem se saepe conmemorat. Sed magis illud accipiendum puto, quoniam uermis nulla extrinsecus admixtione alieni corporis sed de sola et pura terra procreatur; ideo illum conparatum domino, quoniam et ipse saluator de sola et pura maria generatur. Legimus etiam in libris moysi de manna uermiculos procreatos."

Origenes abhängig. Letzterer hatte in seinen Homilien bereits den Bogen von Ps 21, 7 LXX „ich bin ein Wurm" zum von Würmern befallenen Manna in Ex 16, 20 geschlagen – ohne jedoch die Urzeugung ins Spiel zu bringen.[276]

Schliesslich findet sich in einem der ältesten Dekrete des Bischofs von Rom, dem sogenannten Gelasianum, eine Serie von 28 Ehrentiteln für Christus.[277] Nach „Hirte, weil er Wächter ist" steht an siebter Stelle: „Vermis quia resurrexit" – „Wurm, weil er auferstanden ist".[278] Die beigefügte Deutung weist darauf hin, dass mit „Vermis" eher eine Raupe oder Made gemeint ist. Diese Lebensform wandelt sich in ein anderes Wesen, was Aristoteles als zweite Geburt bezeichnet hat.[279]

Auch im Werk des Augustinus findet sich mehrfach eine christologische Deutung der Urzeugung der Würmer. Im Brief 102 schreibt er zu Ps 21, 7 LXX:

> Er [Christus] ist ein Wurm aufgrund der Niedrigkeit des Fleisches, vielleicht auch wegen der Geburt der Jungfrau, denn dieses Tier wird normalerweise von Fleisch oder von einer irdenen Sache ohne jede Paarung geboren.[280]

Diese Deutung ist auch in seinem grössten und aufwendigsten Werk zu finden, den *Enarrationes in Psalmos*. Dort schreibt er zu Ps 21, 7 LXX:

> „Ich aber, ich bin ein Wurm und kein Mensch." Wurm, und nicht Mensch; denn der Mensch ist auch Wurm; sondern jenes: Wurm und nicht Mensch. Warum nicht Mensch? Weil er Gott ist. Warum also erniedrigt er sich so, dass er Wurm sagt? Weil ein Wurm ohne Paarung aus dem Fleisch geboren wird, wie Christus aus der Jungfrau Maria? Doch Wurm und dennoch nicht Mensch! Warum Wurm? Weil er sterblich ist, weil er aus dem Fleisch geboren ist, weil er ohne Paarung geboren ist. Warum nicht Mensch? Weil im Anfang das Wort war, und das Wort war bei Gott, und Gott war das Wort.[281]

Der Taufanwärter Honoratus sandte Augustinus fünf Fragen, welche der Bischof von Hippo 412 in seinem Brief 140 beantwortete. Auf die Frage, was die berühmten Worte

---

276 ORIGENES, *Homilia in exodum* 7, 6: BORRET 1985, 226–229.
277 Das Dokument, das gewöhnlich *Decretum Gelasianum* genannt wird, wird in den Handschriften zu gleichen Teilen DAMASUS I. oder GELASIUS zugeschrieben, wenige bezeichnen auch HORMISDAS als Vorsitzenden. Der erste Teil, in dem sich die erwähnte Bezeichnung „Wurm" für Christus findet, schreibt REUTTER DAMASUS I. zu. Vgl. REUTTER 2009, 468 und 476–479.
278 *Decretum Gelasianum* 2: REUTTER 2009, 470.
279 Vgl. S. 110 in der vorliegenden Arbeit.
280 AUGUSTINUS, *Epistula* 102: GOLDBACHER 1898 CSEL 34, 2, 575: „uermis est propter humilitatem carnis, fortassis etiam propter uirginis partum; nam hoc animal plerumque de carne uel de quaque re terrena sine ullo concubitu nascitur."
281 AUGUSTINUS, *Enarrationes in psalmos* 21, 2: DEKKERS & FRAIPONT 1956, 125: „Ego autem sum uermis, et non homo. uermis, et non homo; nam est et homo uermis; sed ille: uermis, et non homo. unde non homo? quia deus. quare ergo sic se abiecit ut diceret: uermis? an quia uermis de carne sine concubitu nascitur, sicut christus de maria uirgine? et uermis, et tamen non homo. quare uermis? quia mortalis, quia de carne natus, quia sine concubitu natus. quare non homo? quia in principio erat uerbum, et uerbum erat apud deum, et deus erat uerbum." Vgl. AUGUSTINUS, *Tractatus in Iohannis euangelium* 1, 13: WILLEMS 1954, 7–8.

Christi am Kreuz „warum hast du mich verlassen" bedeuten würden, kommt Augustinus auf Ps 21 LXX zu sprechen. Er führt aus, dass die letzten Worte Christi aus diesem Psalm stammten, der eine Prophetie auf die Passion enthalte und deshalb als Ganzes ausgelegt werden müsse.[282] Zu Ps 21, 7 LXX schreibt er:

> Eine sehr scharfsinnige Auslegung wurde von früheren Kommentatoren hier vertreten: Christus wolle mit dieser Bezeichnung sich selbst ankündigen, weil der Wurm aus dem Fleisch ohne Paarung entsteht, ebenso wie jener von der Jungfrau geboren ist.[283]

Dieser Brief ist für unsere Untersuchung aus zwei Gründen interessant. Augustinus bestätigt den Eindruck, den die erhaltenen Zeugnisse geben. Ps 21, 7 LXX wurde weit verbreitet im Kontext der antiken Zeugungslehre gelesen. Aber Augustinus bestätigt auch, dass diese Interpretation problematisch ist und deshalb abgelehnt werden muss. Für ihn ist Ps 21, 7 LXX nicht eine Aussage über Christus, sondern über Adam, der zwar Mensch ist, aber kein Menschensohn, und wie ein Wurm aus Erde geformt wurde. Zudem: Kann man einen Wurm einen Sohn dessen nennen, der ihn hervorgebracht hat? Ist also eine Made Sohn des Kotes, aus dem sie entstanden ist?

> Demnach darf man nicht so weit gehen zu sagen „alles, was von irgendjemandem geboren worden ist, dürfe darum auch schon immer dessen Sohn genannt werden". Davon will ich nun nicht reden, dass ein Sohn in ganz anderer Weise von einem Menschen herstammt, als vielleicht ein Haar oder eine Laus oder ein Eingeweidewurm, Dinge, die man doch alle nicht als Söhne betrachten kann.[284]

Wenn Christus tatsächlich in Maria als Wurm entstanden wäre, so wäre er nicht ihr Sohn, so wie auch ihr Haar nicht ihr Kind ist. Die Entgegnung des Augustinus war effektiv und hat diese Rezeptionslinie stark geschwächt. Aus späterer lateinisch-patristischer Zeit ist nur die Psalmenauslegung Cassiodors († um 580) erhalten, worin noch einmal die Urzeugung erwähnt ist. Der Senator schreibt:

> Ich aber bin ein Wurm und kein Mensch, Schmach der Menschen und Verachtung beim Volk. Hier wird durch die Figur der „tapinosin [ταπείνωσις]" gesprochen, welche auf Latein humiliatio genannt wird. Sie wird angewendet, wenn wunderbare Grösse mit niedrigsten Dingen verglichen wird. So spricht der Apostel: Das Schwache der Welt hat Gott erwählt, damit es das Starke zerstreue [1Kor 1, 27]. Der Wurm scheint verachtenswert durch äusserste Niedrigkeit, doch enthält er ein grosses, heiliges Geheimnis [Sacramenta]: Er wird

---

282 Vgl. AUGUSTINUS, *Epistula* 140, 5: GOLDBACHER 1904, 171.
283 Vgl. AUGUSTINUS, *Epistula* 140, 8: GOLDBACHER 1904, 171: „Dictus est hinc sensus elegantissimus a prioribus, ideo se hoc nomine christum praenuntiari uoluisse, quia uermis de carne sine concubitu nascitur, sicut natus est ille de uirgine." – „Eine sehr scharfsinnige Auslegung wurde von früheren Kommentatoren hier vertreten: Christus wolle mit dieser Bezeichnung sich selbst ankündigen, weil der Wurm aus dem Fleisch ohne Paarung entsteht, ebenso wie jener von der Jungfrau geboren ist."
284 AUGUSTINUS, *Enchiridion de fide, spe, et charitate* 12, 39: EVANS 1969, 71–72: „Non igitur concedendum est quidquid de aliqua re nascitur continuo eiusdem rei filium nuncupandum. ut enim omittam aliter de homine nasci filium, aliter capillum peduculum lumbricum, quorum nihil est filius;"

geboren ohne Geschlechtsverkehr, schleicht niedrig und bewegt sich ohne Geräusch. Wenn du dieses bedenkst, wirst du erkennen, dass der Herr nicht ungebührend ein Wurm genannt wird.[285]

Griechische Texte mit dieser Argumentation finden sich nur wenige. Athanasius etwa interpretiert in seinem Psalmenkommentar Ps 21, 7 LXX einzig als Metapher für die Erniedrigung in der Passion. Gleichwohl hat er die Auslegung bezüglich der Urzeugung gekannt: Die Arianer verglichen die Genese Christi mit der eines Wurmes, einer Raupe oder einer Heuschrecke (Joel 2, 25). Dies verurteilt Athanasius wiederholt.[286] So wie die Reaktion des Athanasius, so enthält auch die Ausführung des Augustinus gegen die Wurm-Christus-Vergleiche einen antiarianischen Impetus, der jedoch nicht explizit angegeben wird. Dies wird in dieser Arbeit an anderer Stelle eingehend behandelt werden.[287]

5. 2. Apologie: die Glaubwürdigkeit der Inkarnation

Tertullian und Origenes rekurrieren auf die antike Naturphilosophie, um gegen häretische Ansichten innerhalb des Christentums vorzugehen, an erster Stelle den Doketismus. Bei Origenes findet sich ein verwandtes Motiv: Er verwendet das Argument, um den Heiden zu demonstrieren, dass die Menschwerdung Christi plausibel ist.[288]

In seinem berühmten antichristlichen Werk stellt Celsus die jungfräuliche Empfängnis Jesu Christi als ein Plagiat heidnischer Mythologie und Philosophie dar. Eine Inkarnation sei prinzipiell absurd und unstatthaft. In seiner Replik reklamiert Origenes die Philosophen für sich, auf die sich sein Gegner Celsus beruft. Denn, so moniert Origenes, verstanden habe Celsus seine Quellen nicht.[289] Eine jungfräuliche Empfängnis stelle einen Vorgang dar, den man in der Natur beobachten könne, weshalb sie auch bei Christus glaubhaft sei:

> Ferner ist den Griechen zu sagen, die nicht an die Geburt Jesu aus einer Jungfrau glauben: Der Schöpfer hat in der Entstehung vielfältiger Lebewesen gezeigt, dass es ihm möglich

---

285 Cassiodor, *Expositio psalmorum* Ps 21: Garetti 1958: „Ego autem sum uermis et non homo; opprobrium hominum et abiectio plebis. Hoc per figuram dicitur tapinosin, quae latine humiliatio nuncupatur, quoties magnitudo mirabilis rebus humillimis comparatur; sicut apostolus ait: infirma huius mundi elegit, ut confundat fortia. Vermis, nimia quidem uidetur abiectione temnibilis sed magni continet sacramenta mysterii: nascitur absque concubitu, repit humilis, mouetur sine sonitu. Quae si consideres, non immerito dominum christum uermem appellatum esse cognosces."
286 Auf die Gründe, weshalb im Osten diese Auslegung verschwand, wird ab S. 162 in dieser Arbeit eingegangen.
287 Vgl. das Kapitel *Der zum Fleisch erniedrigte Logos* ab S. 162 in der vorliegenden Arbeit.
288 Eindeutig trennen lassen sich die beiden Adressatenkreise nicht, wie sich am Beispiel des Celsus zeigt. Er wirft den Christen vor, dass ein menschgewordener Gottessohn unhaltbar sei. Entweder postuliere man die Unmöglichkeit eines wandelbaren Gottes oder man begehe den Betrug des Doketismus. Auch für ein nichtchristliches Publikum muss also die Aporie des Doketismus ausgeräumt werden. Vgl. S. 155 in dieser Arbeit. Zur Stellung Mariens im Werk des Origenes vgl. Vagaggini 1942.
289 Vgl. Origenes, *Contra Celsum* 1, 32: Fiedrowicz & Barthold 2011; FC 50, 1, 258–259.

war, sofern er wollte, was er bei einem einzelnen Lebewesen getan hat, auch bei anderen und selbst bei den Menschen zu tun. Man findet nun bei den Tieren einige Weibchen, die keine Vereinigung mit einem Männchen kennen, wie es die Tierschriftsteller vom Geier behaupten. Dieses Tier wahrt die Fortpflanzung der Art ohne geschlechtliche Verbindung. Was ist es daher Aussergewöhnliches, wenn Gott in der Absicht, der Menschheit einen göttlichen Lehrer zu senden, den, der geboren werden sollte, auf andere Weise hat entstehen lassen als ihn mittels eines aus der Vereinigung von männlichen und weiblichen Wesen resultierenden Zeugungsprinzips zu erschaffen? Auch nach Ansicht der Griechen selbst sind nicht alle Menschen aus der Verbindung von Mann und Frau entstanden. Wenn nämlich die Welt geschaffen ist, wie auch viele unter den Griechen annehmen, sind notwendigerweise die ersten Menschen nicht aus einer geschlechtlichen Verbindung entstanden, sondern aus der Erde, da die Zeugungsprinzipien in der Erde existierten. Ich meine, dies ist noch aussergewöhnlicher als die Entstehung Jesu, die zur Hälfte den übrigen Menschen gleich war. Es ist nicht unangemessen, sich gegenüber Griechen auch griechischer Geschichten zu bedienen, um nicht den Eindruck zu erwecken, wir seien die Einzigen, die diese aussergewöhnliche Geschichte angenommen haben. Einigen schien es nämlich angebracht, nicht bei alten, der Heroenzeit zugehörigen Geschichten, sondern bei Geschehnissen aus jüngerer und jüngster Zeit es als möglich hinzustellen, dass auch Platon von Amphiktione geboren wurde, nachdem Ariston gehindert worden war, mit ihr zusammenzukommen, bis sie das von Apollo empfangene Kind geboren hätte. Doch handelt es sich hierbei in Wahrheit um Mythen, die den Anstoss dazu gegeben haben, sich etwas Derartiges über einen Mann auszudenken, der, wie man meinte, grössere Weisheit und Geisteskraft als die meisten besass sowie einem höheren und göttlichen Ursprung sein leibliches Dasein verdankte, da dies denen entspricht, die gewöhnliches Menschenmass übersteigen. Da aber Celsus den Juden eingeführt hat, der mit Jesus diskutierte, und dessen Geburt aus einer Jungfrau als haltlose Anmassung, wie er meint, verhöhnte und hierbei die griechischen Mythen über „Danae, Melanippe, Auge und Antiope" anführte, ist zu sagen, dass diese Äusserungen einem Komiker anstünden, nicht aber jemandem, der es mit seinem Bericht ernst meint.[290]

---

290 ORIGENES, *Contra Celsum* 1, 37: FIEDROWICZ & BARTHOLD 2011; FC 50, 1, 268–273: „Ἔτι δὲ πρὸς Ἕλληνας λεκτέον, ἀπειθοῦντας τῇ ἐκ παρθένου γενέσει τοῦ Ἰησοῦ, ὅτι ὁ δημιουργὸς ἐν τῇ τῶν ποικίλων ζῴων γενέσει ἔδειξεν ὅτι ἦν αὐτῷ βουληθέντι δυνατὸν ποιῆσαι ὅπερ ἐφ' ἑνὸς ζῴου καὶ ἐπ' ἄλλων καὶ ἐπ' αὐτῶν τῶν ἀνθρώπων. Εὑρίσκεται δέ τινα τῶν ζῴων θήλεα, μὴ ἔχοντα ἄρρενος κοινωνίαν, ὡς οἱ περὶ ζῴων ἀναγράψαντες μὴ ἔχοντα ἄρρενος κοινωνίαν, ὡς οἱ περὶ ζῴων ἀναγράψαντες λέγουσι περὶ γυπός· καὶ τοῦτο τὸ ζῷον χωρὶς μίξεως σῴζει τὴν διαδοχὴν τῶν γενῶν. Τί οὖν παράδοξον, εἰ βουληθεὶς ὁ θεὸς θεῖόν τινα διδάσκαλον πέμψαι τῷ γένει τῶν ἀνθρώπων πεποίηκεν, ἀντὶ <τοῦ διὰ> σπερματικοῦ λόγου τοῦ ἐκ μίξεως τῶν ἀρρένων ταῖς γυναιξὶ ποιῆσαι, ἄλλῳ τρόπῳ γενέσθαι τὸν λόγον τοῦ τεχθησομένου; Καὶ κατ' αὐτοὺς δὲ τοὺς Ἕλληνας οὐ πάντες ἄνθρωποι ἐξ ἀνδρὸς καὶ γυναικὸς ἐγένοντο. Εἰ γὰρ γενητός ἐστιν ὁ κόσμος, ὡς καὶ πολλοῖς Ἑλλήνων ἤρεσεν, ἀνάγκη τοὺς πρώτους μὴ ἐκ συνουσίας γεγονέναι ἀλλ' ἀπὸ γῆς, σπερματικῶν λόγων συστάντων ἐν τῇ γῇ· ὅπερ οἶμαι παραδοξότερον εἶναι τοῦ ἐξ ἡμίσους ὁμοίως τοῖς λοιποῖς ἀνθρώποις γενέσθαι τὸν Ἰησοῦν. Οὐδὲν δ' ἄτοπον πρὸς Ἕλληνας καὶ ἑλληνικαῖς ἱστορίαις χρήσασθαι, ἵνα μὴ δοκῶμεν μόνοι τῇ παραδόξῳ ἱστορίᾳ ταύτῃ κεχρῆσθαι· ἔδοξε γάρ τισιν οὐ περὶ ἀρχαίων τινῶν ἱστοριῶν καὶ ἡρωϊκῶν ἀλλὰ καὶ περί τινων χθὲς καὶ πρώην γενομένων ἀναγράψαι ὡς δυνατὸν ὅτι καὶ Πλάτων ἀπὸ τῆς Ἀμφικτιόνης γέγονε, κωλυθέντος τοῦ Ἀρίστωνος αὐτῇ συνελθεῖν, ἕως ἀποκυήσει τὸν ἐξ Ἀπόλλωνος σπαρέντα. Ἀλλὰ ταῦτα μὲν ἀληθῶς μῦθοι, κινήσαντες εἰς τὸ ἀναπλάσαι τοιοῦτό τι περὶ ἀνδρός, ὃν ἐνόμιζον μείζονα τῶν πολλῶν ἔχοντα σοφίαν καὶ δύναμιν καὶ ἀπὸ κρειττόνων καὶ θειοτέρων σπερμάτων τὴν ἀρχὴν τῆς συστάσεως τοῦ σώματος εἰληφέναι, ὡς τοῦθ' ἁρμόζον τοῖς

5. EINE NATÜRLICHE GENESE CHRISTI 149

Origenes bringt in diesem Text verschiedene Argumente vor, um die jungfräuliche Empfängnis einem in griechischer Philosophie und Kultur geschulten Leser verständlich zu machen.[291] Zunächst greift er auf die Tierwelt zurück und erwähnt das Beispiel des Geiers. Schon Plutarch sprach von diesen Tieren und verwies auf die ägyptische Herkunft dieser These.[292] Es erscheint evident, dass der Alexandriner Origenes in seiner Heimatstadt davon gehört hatte. Ebenso spricht er die Erdgeborenen der paganen Mythologie an, eine Erklärung, die der Adam-Christus-Typologie nahe kommt, der wir schon einige Male begegnet sind: Wenn die Welt einen Anfang hatte, dann müssen die ersten Menschen direkt von den zeugenden Kräften erschaffen sein. Die jungfräuliche Empfängnis ist lediglich eine abgemilderte Variante dieser ersten Entstehung. Für die Erdgeborenen steht weder Vater noch Mutter zur Verfügung. Der Atem Gottes zeugt sie aus der mütterlichen Erde. Bei der Geburt Christi stellt ein Elternteil, Maria, die Materie zur Verfügung. Damit ist eine normale Genese eines Menschen unmöglich, weil der väterliche Same fehlt. Beide, Adam wie Christus, werden sich deshalb aus der Materie zuerst in Vorformen des Lebens (Maden) und dann in Menschen entwickelt haben.

Wie Plutarch rekurriert Origenes schliesslich auf die göttliche Zeugung Platons.[293] Die überragenden geistigen Fähigkeiten dieses Philosophen verweisen auf dessen höhere und göttlichere Herkunft. Der Rückgriff auf die ausschliesslich weiblichen Geier und die Umstände der Geburt Platons unterstreichen, dass ein analoger Vorgang Maria schwanger werden liess.

Schroff weist Origenes jedoch den Vergleich mit Jungfrauengeburten aus der Mythologie zurück. Christus ist real von der Jungfrau Maria geboren worden. Die Mutter Christi in einem Atemzug mit Gestalten aus der Mythologie zu nennen, ist nach Origenes ein billiger Trick: In diesen Erzählungen wird nur verschwommen fabuliert, was sich für Christus wahrhaft in der Geschichte ereignet hat.

Pichler[294] weist darauf hin, dass Origenes mit dieser Argumentation eine doppelte Absicht hegt. Einerseits widerlegt er die Polemik des Celsus: Eine jungfräuliche Empfängnis ist wirklich geschehen. Andererseits gelingt es ihm so, die in *Contra Celsum* I, 7 genannten zentralen Inhalte des christlichen Glaubens als plausibel zu propagieren:

μείζοσιν ἢ κατὰ ἄνθρωπον. Ἐπεὶ δὲ τὸν Ἰουδαῖον ὁ Κέλσος εἰσήγαγε διαλεγόμενον τῷ Ἰησοῦ καὶ διασύροντα τήν, ὡς οἴεται, προσποίησιν τῆς ἐκ παρθένου γενέσεως αὐτοῦ, φέροντα τοὺς ἑλληνικοὺς μύθους περὶ Δανάης καὶ Μελανίππης καὶ Αὔγης καὶ Ἀντιόπης, λεκτέον ὅτι ταῦτα βωμολόχῳ ἔπρεπε τὰ ῥήματα καὶ οὐ σπουδάζοντι ἐν τῇ ἀπαγγελίᾳ."
291 Vgl. PICHLER 1980, 249–250.
292 Siehe S. 103 in der vorliegenden Arbeit.
293 Siehe S. 107 in der vorliegenden Arbeit.
294 Vgl. PICHLER 1980, 250–251.

Denn wem ist die Geburt Jesu aus einer Jungfrau unbekannt, seine Kreuzigung und Auferstehung, woran viele glauben, und das angekündigte Gericht Gottes, das die Sünder, wie sie es verdienen, bestrafen und die Gerechten angemessen belohnen wird?[295]

Auf den Hauptvorwurf des Celsus, ein (platonischer) Gott kümmere sich nicht um Gewürm wie die Christen, braucht Origenes nicht einzugehen. Die naturphilosophische Erklärung der Genese Jesu genügt seinem in *Contra Celsum* gesteckten Ziel, das Christentum als glaubwürdige Philosophie darzustellen.[296] Der Rückgriff auf gängige Vorstellungen dient damit der Apologie des Christentums.

Dieses Argumentationsmuster ist von vielen Theologen rezipiert worden, die der alexandrinischen Schule nahe stehen. Bekannteste Beispiele sind Basilius von Cäsarea und Ambrosius von Mailand, die das Argument in der Folge für katechetische Zwecke einsetzen.

5. 3. Katechese: die Wunder der Schöpfung und der Inkarnation

Sowohl Basilius von Cäsarea als auch Ambrosius von Mailand kommen in ihren Predigtzyklen zur Genesis auf die jungfräuliche Empfängnis zu sprechen. Gelegenheit gibt die Erschaffung der Vögel am fünften Tag. Hierzu gehören natürlich auch die Geier, die sich bekanntermassen durch Parthenogenese fortpflanzen.[297] Basilius empfiehlt seinen Lesern, diesen Umstand gut zu registrieren, um eine Entgegnung auf etwaige zweifelnde Anfragen zur Hand zu haben:

> Viele Vogelarten bedürfen zur Empfängnis nicht der Begattung durch das Männchen. Bei den anderen Arten sind die Windeier unfruchtbar. Die Geier sollen grösstenteils ohne Begattung legen, und zwar noch in sehr hohem Alter; denn sie werden gewöhnlich bis zu hundert Jahre alt. – Dies sollst du mir aus der Geschichte der Vogelwelt recht wohl merken, damit du für den Fall, dass einige unser Geheimnis von der Geburt aus der Jungfrau ohne leichteste Verletzung deren Jungfrauschaft als etwas Unmögliches und Widernatürliches verspotten, dich erinnerst, dass Gott, dem es gefallen hat, durch die Torheit des Evangeliums die Gläubigen selig zu machen, schon in der Natur tausendfachen Anlass gab, an die Wunder zu glauben.[298]

---

295 ORIGENES, *Contra Celsum* 1, 7: FIEDROWICZ & BARTHOLD 2011; FC 50, 1, 202: „Τίνα γὰρ λανθάνει ἡ ἐκ παρθένου γένεσις Ἰησοῦ καὶ ὁ ἐσταυρωμένος καὶ ἡ παρὰ πολλοῖς πεπιστευμένη ἀνάστασις αὐτοῦ καὶ ἡ καταγγελλομένη κρίσις θεοῦ, κολάζουσα μὲν κατ' ἀξίαν τοὺς ἁμαρτάνοντας γέρως δ' ἀξιοῦσα τοὺς δικαίους;"

296 Dies ist die von PICHLER aufgezeigte Grundstruktur der Antwort des ORIGENES: Er versucht nicht, die Argumente seines Gegners zu widerlegen, sondern zeigt das Christentum als in sich stringente Philosophie auf. Vgl. PICHLER 1980, 298–301.

297 Siehe S. 103 in der vorliegenden Arbeit.

298 BASILIUS VON CÄSAREA, *Homiliae in hexaemeron* 8, 6: GIET 1968, 460–462: „Πολλὰ τῶν ὀρνίθων γένη οὐδὲν πρὸς τὴν κύησιν δεῖται τῆς τῶν ἀρρένων ἐπιπλοκῆς· ἀλλ' ἐν μὲν τοῖς ἄλλοις ἄγονά ἐστι τὰ ὑπηνέμια, τοὺς δὲ γῦπας φασὶν ἀσυνδυάστως τίκτειν ὡς τὰ πολλά, καὶ ταῦτα μακροβιωτάτους ὄντας· οἷς γε μέχρις ἑκατὸν ἐτῶν, ὡς τὰ πολλά, παρατείνεται ἡ ζωή. Τοῦτό μοι ἔχε παρασεσημειωμένον ἐκ τῆς περὶ τοὺς

5. EINE NATÜRLICHE GENESE CHRISTI 151

Auch Ambrosius verwendet dieses Argument in seinem *Hexaemeron* aus dem Jahre 386/87:[299]

> Was sagen dazu die Spötter, welche so gerne unsere Geheimnisse verlachen, wenn sie hören, dass eine Jungfrau geboren hat, und welche die Geburt einer Unvermählten, deren Scham keines Mannes Beischlaf verletzt hat, für unmöglich halten? Für unmöglich will man bei der Gottesmutter das halten, dessen Möglichkeit man bei den Geiern nicht in Abrede stellt? Ein Vogel gebiert ohne Männchen, und niemand widerspricht dem: und weil Maria als Verlobte geboren hat, stellt man ihre Keuschheit in Frage. Merken wir denn nicht, wie der Herr gerade in der Natur viele Beispiele vorausgehen liess, um durch dieselben die Schönheit seiner Menschwerdung zu beleuchten und deren Wahrheit zu beglaubigen?[300]

Ambrosius sieht deutliche Parallelen zwischen den Vorgängen in der Natur und der Geburt des Erlösers. Inwieweit diese Analogien gelten, und wo das Einzigartige der Geburt Christi beginnt, darüber gibt der Bischof Mailands keine detaillierte Auskunft. Im Kommentar zum Lukasevangelium schreibt er:

> Denn nicht eines Mannes Beischlaf öffnete das stille Heiligtum des Jungfrauschosses, sondern der Heilige Geist senkte den unbefleckten Samen ihrem unversehrten Schosse ein. Unter den von der Frau Geborenen ist nämlich nur der Herr Jesus allein schlechthin heilig. Nur er blieb infolge der makellosen Geburt von den Befleckungen der irdischen Verderbnisse unberührt und tilgte sie kraft seiner himmlischen Erhabenheit.[301]

Ambrosius spricht vom unbefleckten Samen, den der Heilige Geist in Maria senkt. Mit diesem Begriff wird die Wirkweise charakterisiert: Das, was Maria erhält, wirkt in ihr wie männlicher Samen. Es ist deshalb anzunehmen, dass Ambrosius sich diesen Vorgang in Maria zwar als einzigartig, aber doch als naturgemäss denkt. Wie später noch zu zeigen ist, distanziert sich Ambrosius jedoch an anderer Stelle von der Behauptung, die Inkarnation sei insgesamt erklärbar und verstehbar.[302]

ὄρνιθας ἱστορίας, ἵν' ἐπειδάν ποτε ἴδῃς γελῶντάς τινας τὸ μυστήριον ἡμῶν, ὡς ἀδυνάτου ὄντος καὶ ἔξω τῆς φύσεως, παρθένον τεκεῖν, τῆς παρθενίας αὐτῆς φυλαττομένης ἀχράντου, ἐνθυμηθῇς ὅτι ὁ εὐδοκήσας ἐν τῇ μωρίᾳ τοῦ κηρύγματος σῶσαι τοὺς πιστεύοντας, μυρίας ἐκ τῆς φύσεως ἀφορμὰς πρὸς τὴν πίστιν τῶν παραδόξων προλαβὼν κατεβάλετο.

299 Zur Chronologie der Werke des AMBROSIUS vgl. ZELZER 1998, 91.
300 AMBROSIUS VON MAILAND, *Exaemeron* 5, 20, 64–65: SCHENKL 1896, 188–189: „Quid aiunt qui solent nostra ridere mysteria, cum audiunt quod uirgo generauit et inpossibilem innuptae, cuius pudorem nulla uiri consuetudo temerasset, aestimant partum? Inpossibile putatur in dei matre quod in uulturibus possibile non negatur? Auis sine masculo parit et nullus refellit: et quia desponsata Maria peperit, pudori eius faciunt quaestionem. Nonne aduertimus quod dominus ex ipsa natura plurima exempla ante praemisit, quibus susceptae incarnationis decorem probaret, astrueret ueritatem?"
301 AMBROSIUS VON MAILAND, *Expositio evangelii secundum Lucam* 2, 5, 56–57: TISSOT 1971, 97–98: „Non enim uirilis coitus uuluae uirginalis secreta reserauit, sed inmaculatum semen inuiolabili utero spiritus sanctus infudit; solus enim per omnia ex natis de femina sanctus dominus Iesus, qui terrenae contagia corruptelae inmaculati partus nouitate non senserit et caelesti maiestate depulerit."
302 Siehe S. 193 in der vorliegenden Arbeit.

5.4. Schöpfungstheologie: Inkarnation geschieht in der Ordnung der Natur

Rufin von Aquileia († 411/412) votiert in seinem Glaubensbekenntnis als einer der letzten kirchlichen Autoren im Westen für den natürlichen Ablauf der Empfängnis Christi. In seiner Auslegung des Glaubensbekenntnisses schreibt er zu „der geboren ist vom Heiligen Geiste aus Maria der Jungfrau":

> Jede Geburt hat, wie ich meine, drei Voraussetzungen: ob die Frau im Erwachsenenalter sei, ob ein Mann hinzukommt, und ob sie nicht an Sterilität leide. Von diesen drei Voraussetzungen nun fehlte in der Geburt, die wir bekennen, eine, nämlich der Mann; dessen Stelle aber wurde, weil, was geboren wurde nicht ein irdischer, sondern himmlischer Mensch war, so sagen wir, durch den himmlischen Geist ausgefüllt mit Bewahrung der Unversehrtheit der Jungfrau. Aber auch abgesehen davon, wie kann es auffallend erscheinen, dass die Jungfrau empfangen hat, da es doch feststeht, dass der Vogel des Orients, der Phönix heisst, so vollständig ohne einen Gatten geboren oder wiedergeboren wird, dass er immer nur in einem Exemplar existiert und immer wieder durch Geburt oder Wiedergeburt sich selber nachfolgt? Dass die Bienen ganz bestimmt keine geschlechtlichen Vereinigungen kennen und keinen Fötus gebären, ist allgemein bekannt. Doch lassen sich auch noch einige andere Beispiele einer derartigen Geburt anführen. Und nun soll ein Vorgang, der durch göttliche Macht zur Wiederherstellung der ganzen Welt bewirkt worden ist, als unglaublich erscheinen, für den sich Beispiele sogar in der Geburt von Tieren finden lassen! Übrigens ist es zu verwundern, dass dies den Heiden unmöglich scheint, da sie doch glauben, ihre Minerva sei aus dem Gehirn des Jupiter geboren. Was ist denn schwerer zu glauben, oder was ist mehr gegen die Natur? In unserm Falle ist da eine Frau, es wird die Ordnung der Natur gewahrt, Empfängnis und Geburt finden statt zur bestimmten Zeit: Hier [bei der Geburt der Minerva] ist kein weibliches Geschlecht, sondern allein der Mann und die Geburt.[303]

Der Heilige Geist übernimmt nach Rufin die Rolle des Mannes, aber ansonsten geschieht alles in der Ordnung der Natur. Beispiele sind für Rufin der Phönix und die allseits bekannte Zeugung der Bienen.[304]

Im Unterschied zu früheren Autoren belegt der Text von Rufin veränderte Vorstellungen der kultischen Reinheit. Während bei den Gnostikern, Origenes und Ambrosius

---

303 RUFIN VON AQUILEIA, *Expositio symboli* 9: SIMONETTI 2000, 116–118: „Omnis partus ex tribus – ut opinor – constat: si adultae aetatis sit femina, si uirum adeat, si non sit uitio sterilitatis obclusa. Ex his tribus in hoc partu, quem praedicamus, unum defuit, uir; et hanc partem, quia qui nasceretur non erat terrenus homo sed caelestis, per caelestem spiritum dicimus, salua uirginis incorruptione, conpletam. Et tamen quid mirum uidetur, si uirgo conceperit, cum orientis auem, quam phoenicem uocant, in tantum sine coniuge nasci uel renasci constet, ut semper una sit, et semper sibi ipsa nascendo uel renascendo succedat? apes certe nescire coniugia nec fetus nexibus edere omnibus palam est. Sed et alia nonnulla deprehenduntur uti huiuscemodi sorte nascendi. Hoc ergo incredibile uidebitur diuina uirtute ad totius mundi redintegrationem factum, cuius exempla etiam in animalium natiuitate cernuntur? et tamen mirandum est cur hoc gentilibus inpossibile uideatur, qui credunt mineruam suam de cerebro iouis natam. Quid ad credendum difficilius aut quid magis contra naturam est? hic femina est, hic naturae ordo seruatur, hic conceptus et partus temporibus suis editus. Ibi nusquam femineus sexus, sed uir solus et partus."

304 Siehe S. 109 in der vorliegenden Arbeit.

5. EINE NATÜRLICHE GENESE CHRISTI

die Fleischwerdung an sich die Befleckung darstellt, sind nun die weibliche Scham und die sexuelle Vereinigung die primären Quellen der Unreinheit. So geht Rufin ausführlich auf den Vorwurf ein, dass bei der Genese Christi in der beschriebenen Weise Gott zwar die „Befleckung durch Vermischung mit einem Mann" (uirili admixtione contagio) habe vermeiden können. Dennoch musste Jesus „durch die Geschlechtsteile einer Frau gehen" (per genitales feminae transire), was „den Schimpf schmutziger Berührung" (obscenae adtrectationis iniuria) mit sich brachte.[305] Darauf reagiert Rufin mit dem Verweis, dass Gott, wie das Licht, gar nicht beschmutzt werden könne. Er fährt fort:

> Doch auch jenes soll zur Lösung unserer Frage nicht unerwähnt bleiben, dass die göttliche Substanz, die ganz und gar unkörperlich ist, im Grunde genommen in die Körper nicht eingetragen noch von ihnen aufgenommen werden kann, wenn nicht irgendwie eine geistige Substanz vermittelt, die den göttlichen Geist empfangen kann. So zum Beispiel wenn wir sagen, dass das Licht alle Glieder des Leibes erleuchtet, so kann dieses doch von keinem Einzigen von ihnen, als einzig nur vom Auge aufgefasst werden. Denn das Auge allein ist das Glied, das des Lichtes fähig ist. So also wird auch der Sohn Gottes aus der Jungfrau geboren, indem er nicht zunächst dem Fleische allein sich eint, sondern er wird gezeugt, indem zwischen das Fleisch und die Gottheit die Seele vermittelt. Indem also die Seele die Mitte bildet und in der geheimnisvollen Burg vernünftiger Geistigkeit das Wort Gottes aufnimmt, ist ohne irgendeinen Schimpf, den man argwöhnen könnte, Gott aus der Jungfrau geboren worden. Und deshalb ist da an nichts Schimpfliches zu denken, wo die Heiligung des Geistes vorhanden war, und wo die Seele, die gottesfähig war, teilhaft wurde auch des Fleisches. Nichts ist da für unmöglich zu halten, wo die Kraft des Allerhöchsten waltete. Nicht ist da an menschliche Schwachheit zu denken, wo die Fülle der Gottheit zugegen war.[306]

Rufin hängt in seiner Argumentation von Origenes ab, übernimmt von ihm die These der Seele als Bindeglied zwischen den menschlichen und den göttlichen Anteilen Christi, die sonst nicht verbunden werden könnten. Weil aber die beiden Anteile eigenständig existieren, folgt, dass Christus zweimal gezeugt worden ist, einmal von Gott vor aller Zeit, und einmal vom Heiligen Geist in Maria. Diese zweite Zeugung war ein ganz

---

305 Dieses Argument förderte die Relektüre des *Protevangeliums des Jakobus* und führte zur Definierung der *virginitas in partu*. Vgl. S. 235 in der vorliegenden Arbeit.
306 RUFIN VON AQUILEIA, *Expositio symboli* 11: SIMONETTI 2000, 120–122: „Sed ne illud quidem ad absolutionem uacare quaestionis omittam, quod substantia dei, quae per omnia incorporea est, inseri corporibus uel capi ab eis principaliter non potest, nisi spirituali aliqua mediante substantia, quae capax esse diuini spiritus possit. Verbi gratia, ut si dicamus: lux omnia quidem membra corporis inlustrare potest, a nullo tamen horum nisi a solo oculo capi potest. Solus est enim oculus qui capax sit lucis. Et filius ergo dei nascitur ex uirgine non principaliter soli carni sociatus, sed anima inter carnem deum que mediante generatus. Anima ergo media et in secreta rationabilis spiritus arce uerbum dei capiente, absque ulla qua suspicaris iniuria, deus est natus ex uirgine. Et ideo nihil ibi turpe putandum est, ubi sanctificatio spiritus inerat, et anima, quae erat dei capax, particeps fiebat etiam carnis. Nihil ibi ducas inpossibilem ubi aderat uirtus altissimi; nihil de humana fragilitate cogites, ubi plenitudo inerat deitatis."

natürlicher Vorgang. Dass eine doppelte Zeugung unhaltbare christologische Konsequenzen impliziert, war Rufin nicht bewusst. Erst Augustinus wird scharf darauf reagieren.[307]

Der Text von Rufin zeigt noch einmal mit aller Deutlichkeit, worum es den genannten Autoren geht: Die Geburt Christi geschieht nicht gegen die Ordnung der Natur. Seine Genese mag zwar aussergewöhnlich sein, aber sie geschieht in den von Gott in der Natur vorgegebenen Bahnen. Christus ist ganz Mensch geworden, und seine Geburt stellt dies nicht in Frage. Sie war zwar ungewöhnlich, aber nicht unnatürlich. Auch die Geburt Adams war ungewöhnlich, und doch ist Adam ganz Mensch.

6. Problematik einer naturphilosophischen Erklärung der Inkarnation

Die antike Naturphilosophie als Basis für christologische Argumente spielt für die Apologie und für die Abwehr doketischer Thesen eine bestimmende Rolle. Doch ab dem Ende des dritten, Anfang des vierten Jahrhunderts zeichnen sich immer mehr Aporien ab. So liegt einer naturphilosophischen Erklärung der Inkarnation ein striktes Logos-Sarx-Schema zugrunde, das dem Logos die generative Funktion zuspricht, die sonst der männliche Samen hat. Daraus resultieren verschiedene Kritikpunkte, die sich im Kern um ein Problem drehen: Ist es vorstellbar, dass ein göttliches, ewiges und unwandelbares Wesen wie der Logos auf natürliche Weise Fleisch annimmt? Diese Anfrage stellt den Kern der christlichen Erlösung in Frage. Schon bei Tertullian klingt ein Argument an, das schliesslich Origenes ausformuliert und von da an immer wieder vorgetragen wird: „Der ganze Mensch wäre nicht erlöst worden, hätte er [sc. Christus] nicht den ganzen Menschen angenommen."[308] Doch gilt das auch für eine Union, bestehend aus Logos und einem Fleisch, das der Logos wie ein Spermium hervorgerufen hat? Kann eine solche Verbindung den Bogen von Gott zum Menschen spannen? Die Antwort darauf fällt verstärkt negativ aus.

Die Überwindung der aus der Naturphilosophie erklärten Genese Christi verläuft deshalb parallel zur Zurückweisung einer strikten Logos-Sarx-Christologie. In der folgenden Darstellung zeichne ich die Eckpunkte dieser Diskussion nach. Ich gehe auf die Thesen von Tertullian, Origenes, Arius und Apollinaris ein. Danach skizziere ich jene Lehre, die sich schliesslich durchgesetzt hat, und eine Relativierung einer Inkarnation in der Ordnung der Natur nach sich zog.

---

307 Siehe S. 187 in der vorliegenden Arbeit.
308 ORIGENES, *Disputatio cum Heraclide* 7: SCHERER 1960, 70.

6.1. Der Logos und sein Fleisch

Plutarchs Erklärung der jungfräulichen Empfängnis setzt zwar als Zeuger einen unwandelbaren, ewigen Gott ein, doch dessen Kind mit einer Sterblichen kann bestenfalls ein Halbgott sein, ein niederes göttliches Wesen, das wandelbar und bewegt ist:[309] Apollo kommt auf die Mutter Platons hernieder und lässt sie schwanger werden. Ihr Kind weist zwar göttliche Weisheit auf, ist aber sterblich. Doch wenn das gezeugte Kind in die Nähe des höchsten Gottes gerückt wird, der unbewegt, unwandelbar und ewig ist, ist eine Zeugung undenkbar: Der Zeugungsakt selbst belegt, dass der fleischannehmende Logos wandlungsfähig und beweglich sein muss.

Dieses Problem hat Celsus um 178 in aller Schärfe formuliert, wenn er seine Leser vor ein Dilemma stellt: Entweder ist die Menschwerdung, wie die Christen sie glauben, nur gespielt, oder sie impliziert eine Wandlung der Gottheit. Die Alternative lautet: Doketismus oder ein unvollkommener Gott.

> Entweder verwandelt sich Gott wirklich, wie sie sagen, in einen sterblichen Leib, und dies ist, wie bereits gesagt, unmöglich; oder er selbst verwandelt sich zwar nicht, macht aber, dass es den Beschauern so erscheint, und täuscht und lügt.[310]

Unter dem Hinweis, dass der Sohn Gottes in der Menschwerdung etwas wurde, was er vorher nicht war, folgt, dass der Logos sich wandelt. Ein sich wandelnder Logos kann aber nicht mit dem unwandelbaren Vater eins sein. Die Zeugung und die embryonale Entwicklung beweisen darum, dass der Logos sich ändert, um Mensch zu werden.

Das Dilemma des Celsus beschreibt den hermetischen Graben zwischen ewigem Schöpfer und zeitlichem Geschöpf. Um ihm zu entgehen, werden vier Thesen formuliert, die alle darauf abzielen, diesen Graben zu überbrücken: Tertullian spricht Christus eine menschliche Seele zu. Origenes postuliert zwischen dem göttlichen Logos und dem Fleisch eine vermittelnde Seele. Arius gibt Celsus insofern Recht, als dass ihm zufolge der Logos kein höchster Gott sei, und vielmehr von einem höheren Wesen geschaffen wurde. Schliesslich versucht Apollinaris, nicht wie Arius den Logos zum Geschöpf, sondern das Geschöpf zum Logos zu rücken: Er charakterisiert den vom Wort erzeugten Körper als vollkommen.

a. Eine menschliche Seele: Tertullian

In seinem Werk akzentuiert Tertullian gegen die Doketen die menschliche Seite Christi, um in ihm die göttlichen und menschlichen Anteile gleichermassen aufzeigen zu können. Christus ist ihm wahrhaft Gott und wahrhaft Mensch. Die Frage, wie die beiden

---

309 PLUTARCH selbst skizziert den platonischen Gott als ewig, der die Geschöpfe zum Wandeln bringt. Siehe S. 106 in der vorliegenden Arbeit.
310 ORIGENES, *Contra Celsum* 4, 18: FIEDROWICZ & BARTHOLD 2011; FC 50, 3, 690: „ἤτοι ὡς ἀληθῶς μεταβάλλει ὁ θεός, ὥσπερ οὗτοί φασιν, εἰς σῶμα θνητόν, καὶ προείρηται τὸ ἀδυνατεῖν· ἢ αὐτὸς μὲν οὐ μεταβάλλει, ποιεῖ δὲ τοὺς ὁρῶντας δοκεῖν καὶ πλανᾷ καὶ ψεύδεται."

zusammenhängen, spielt in der antidoketischen Argumentation eine untergeordnete Rolle und kann nicht in allen Details sicher rekonstruiert werden.[311] Trotzdem zeigt sich, dass er eine präzise Auffassung von der Einheit Gott-Mensch im menschgewordenen Christus hat. Wie sein Wissen um Empfängnis und Geburt, so ist auch diese Durchdringung von Gott und Mensch in Christus von stoischem Gedankengut geprägt.[312] Seele und Leib sind für ihn beides Materien, die mittels einer *concretio* / κρᾶσις vermischt sind. Die Einheit von menschlichem Leib und Seele ist deshalb eine „concretio sororum substantiarum" – eine „Vereinigung verschwisterter Substanzen".[313]

Der stoischen Krasislehre[314] folgend beschreibt Tertullian Gott und Mensch in Jesus Christus vereinigt, so wie bei einem Menschen das Pneuma mit dem Körper vereinigt ist: eine totale gegenseitige Durchdringung, ohne dass eine Mischung entsteht. Die göttlichen und menschlichen Eigenschaften bleiben bestehen und bilden eine Einheit.[315] Damit wendet Tertullian ein anthropologisches Modell auf Christus an: Wie Leib und Seele beim Menschen verbunden sind, so ist Gott und Mensch in Christus verbunden. Es gibt jedoch eine Einschränkung: die menschliche Seele ist wandelbar, Gottes Wort ist es nicht. Deswegen antwortet Tertullian auf die Frage, ob bei der Menschwerdung Christus Fleisch geworden sei, oder ob er Fleisch angezogen habe, so:

> Zu fragen ist noch, auf welche Weise das Wort Fleisch geworden ist, ob es gleichsam in Fleisch verwandelt wurde oder ob es Fleisch angezogen hat. Natürlich hat er es angezogen. Übrigens müssen wir Gott, weil er ewig ist, für unveränderlich und unwandelbar halten. Eine Verwandlung ist jedoch ein Verschwinden dessen, was vorher da war: Denn alles, was in etwas verwandelt wird, hört auf zu sein, was es vorher gewesen war, und fängt an zu sein, was es nicht war.[316]

Tertullian führt diesen Gedanken weiter: Wäre das Wort wandelbar, dann wäre Christus eine Mischung (mixtura). Das ist unmöglich, weil er dann weder Gott noch Mensch, sondern etwas Drittes wäre. Damit ist das Problem von Celsus gegeben, das noch lange beschäftigen wird: Gott ist unwandelbar, doch er wird Mensch.

Tertullian geht deshalb davon aus, dass das unwandelbare Wort Gottes keinesfalls die wandelbare Seele ersetzen kann. Christus hatte deshalb eine menschliche Seele. Er schreibt in *De carne Christi*:

---

311 Vgl. CANTALAMESSA 1962, 90–93 und GRILLMEIER 1990, 255.
312 Vgl. CANTALAMESSA 1962, 135–150.
313 TERTULLIAN, *De anima* 52: WASZINK 1947, 70–71; vgl. CANTALAMESSA 1962, 139–140.
314 Siehe S. 114 in dieser Arbeit.
315 Vgl. CANTALAMESSA 1962, 139–140.
316 TERTULLIAN, *Adversus Praxean* VI, 27: SIEBEN 2001, 236–23: „[…] quaerendum, quomodo sermo caro sit factus utrumne quasi transfiguratus in carnem an indutus carnem. immo indutus. ceterum deum immutabilem et informabilem credi necesse est, ut aeternum. transfiguratio autem interemptio est pristini. omne enim quodcumque transfiguratur in aliud, desinit esse quod fuerit et incipit esse quod non erat." Vgl. GAHBAUER 1984, 51–52.

Doch Christus konnte für Menschen nicht sichtbar sein, ausser als Mensch. Gib also Christus seine Ehrlichkeit zurück: Wenn er als Mensch einhergehen wollte, so zeigte er auch eine Seele von menschlicher Beschaffenheit und machte sie nicht zu einer fleischernen, sondern bekleidete sie mit dem Fleische.[317]

Doch woher hatte er diese Seele? Gemäss der traduzianistischen Seelenlehre, die Tertullian vertrat, erhielten alle Menschen ihre Seele von Adam: Sie war wie das Fleisch von Gott erschaffen, Adam gegeben und dann an alle Menschen weitervererbt worden.[318] Im Moment, in dem ein Mensch gezeugt wird, entsteht aus dem männlichen Samen nicht nur ein neuer Leib, sondern auch eine neue Seele. Dies gilt nicht für Christus, weil er ohne männlichen Samen entstand. Da jedoch aus weiblichem Samen alleine nur Missgeburten entstehen können, folgt, dass Christus, wie Adam, eine von Gott geschaffene Seele erhalten hatte.[319]

Tertullians Denken hat im Westen des Reiches einen gewissen Einfluss. Besonders Augustinus befasste sich mit dem Traduzianismus. Für andere Autoren wie Hieronymus ist es jedoch gerade diese später als häretisch verurteilte Lehre, die eine Rezeption unmöglich macht.[320]

b. Die vermittelnde Seele: Origenes

Origenes umschifft das Dilemma des Celsus, indem er zwischen dem unwandelbaren Logos und dem Fleisch eine *Anima mediatrix* postuliert. Pate steht der platonische Gedanke, dass in jedem Menschen zwischen Geist und Leib die Seele vermittle, was der Alexandriner nun auf Christus überträgt.[321]

> Obwohl die Seele Jesu unsere fleischliche Natur angenommen hat, wurde sie doch von einer unbefleckten Jungfrau empfangen und nahm Gestalt an durch das reine Wirken des Heiligen Geistes. Wenn der Apostel also über den Mittler spricht, hat er eine deutliche Unterscheidung getroffen, da er sagt: „Mittler zwischen Gott und den Menschen ist der Mensch Christus Jesus." [1Tim 2, 5] Damit wollte er lehren, Christus sei Mittler nicht mit Bezug auf seine Gottheit, sondern auf seine Menschheit, das heisst auf seine Seele.[322]

---

317 TERTULLIAN, *De carne Christi* 11: MAHÉ 1975, 258–261: „Sed non poterat christus inter homines nisi homo uideri. Redde igitur christo fidem suam, ut qui homo uoluerit incedere, animam quoque humanae condicionis ostenderit, non faciens eam carneam, sed induens eam carne." Vgl. *De carne Christi* 13, 4: MAHÉ 1975, 266–267.
318 Vgl. TERTULLIAN, *De anima* 27, WASZINK 1947, 38–39; de. KELLNER 331–332; vgl. CANTALAMESSA 1962, 138–141.
319 Vgl. TERTULLIAN, *De anima* 26, WASZINK 1947, 37–38; CANTALAMESSA 1962, 90–93. TERTULLIAN unterscheidet nach PLATON verschiedene Seelenteile. Der animalische Seelenteil wird mit dem Samen weitergegeben, andere Seelenteile kommen später zum Fötus hinzu. So auch bei Christus. Vgl. TERTULLIAN, *De resurrectione carnis* 53: EVANS 1960, 156–163.
320 Dies wird später in dieser Arbeit noch einmal Thema sein, vgl. S. 183.
321 Vgl. GÖRGEMANNS 1992, 26; GRILLMEIER 1990, 276–280 und CONGOURDEAU 2007, 100–108.
322 ORIGENES, *Commentarii in epistulam ad Romanos* 3, 8: HEITHER 1990, Vol. 2, 118–119: „Quamuis enim carnem naturae nostrae susceperit ex incontaminata tamen uirgine assumtam et casta Sancti Spiritus

Origenes lehnt die Lehre der Seelenteile ab, wonach zuerst eine niedere körperliche Seele aus dem Samen mit dem Fleisch gebildet werde. Eine zweite unsterbliche Seele komme danach von aussen hinzu. Es gibt vielmehr nur eine präexistente Seele, welche den ewigen Geist mit dem vergänglichen Körper verbindet.[323] Obwohl Origenes keine eindeutige Aussage dazu macht, scheint seiner Meinung nach die Seele die Keimkräfte zu tragen.[324] Origenes entlehnt diesen Gedanken stoischen Autoren, denen er bezüglich seiner Embryologie nahe steht.[325] Zu Röm 1, 3 führt er aus:

> Aber wir fragen, was man von der Seele Jesu annehmen soll. Dabei gehen wir von folgendem aus: Dem Fleisch nach wird er als Same Davids geboren und wird dem Geist der Heiligung nach bestimmt als Sohn Gottes in Kraft. So ist er von göttlichem Wesen. Die Seele wird aber weder zusammen mit dem Fleisch noch mit dem Geist der Heiligung oder dem Wesen göttlicher Kraft genannt.[326]

Nach Origenes hat die Seele Christi einen menschlichen Leib von Maria angenommen, wie er in *De principiis* ausführt:

> Einige wollen auf diese Seele und auf ihre Annahme des Leibes von Maria auch das folgende Wort des Apostels bezogen wissen: „Obwohl er in göttlicher Gestalt war, hielt er seine Gottgleichheit nicht für einen Raub, sondern entäusserte sich selbst, indem er Knechtsgestalt annahm" [Phil 2, 6-7], – gewiss um sie durch bessere Beispiele und Belehrungen wieder in die göttliche Gestalt umzuformen und in die Fülle, aus der er sich entäussert hatte, zurückzuführen.[327]

---

operatione formatam. Propterea ergo et apostolus de mediatore disserens euidenti distinctione signauit dicens: ‚mediator Dei et hominum homo Christus Iesus;' quo scilicet mediatorem non ad deitatem Christi sed ad humanitatem quae est eius anima referendum doceret."

323 Vgl. ORIGENES, *De principiis* 3, 4, 2: GÖRGEMANNS 1992, 604–613. ORIGENES wirft den Gnostikern vor, dies vertreten zu haben.

324 Vgl. ORIGENES, *Commentarius in canticum canticorum* 2, 5, 21–22: „Inter haec ergo erit animae quaedam etiam sui agnitio, per quam scire debet, quae sit eius substantia, utrum corporea an incorporea et utrum simplex an ex duobus vel tribus an vero ex pluribus composita. Sed et iuxta quorundam quaestiones utrum facta an omnino a nullo sit facta; et, si facta sit, quomodo facta sit, utrum, ut putant aliqui, in semine corporali etiam ipsius substantia contineatur et origo eius pariter cum origine corporis traducitur, an perfecta extrinsecus veniens parato iam et formato intra viscera muliebria corpore induitur." – „Neben diesem kommt es der Seele zu, eine gewisse Erkenntnis ihrer selbst zu haben, durch welche sie wissen muss, worin ihre Substanz bestehe, ob sie körperlich oder unkörperlich, ob sie einfach sei oder aus zwei, drei oder noch mehr zusammengesetzt sei. Mehr noch, nach den Fragen von gewissen, ob sie gemacht oder von niemandem gemacht sei und, wenn gemacht, wie; ob ihre Substanz im leiblichen Samen enthalten sei und ihr Ursprung mit dem Entstehen des Leibes übertragen werde oder ob sie fertig von aussen komme und dem Leib eingefügt werde, während er im Mutterschoss geformt wird."

325 Vgl. SCHWEIGER 1983, 32.

326 ORIGENES, *Commentarii in epistulam ad Romanos* 1, 5: HEITHER 1990, Vol. 1, 96–99: „Sed requiritur, si id, quod de semine David nascitur, secundum carnem est, quod vero in virtute destinatur, secundum spiritum sanctificationis filius Dei et in substantia Dei est, quomodo accipiendum est de anima Iesu, quae hic nequaquam cum carne et spiritu sanctificationis vel divinae virtutis substantia nominatur."

327 ORIGENES, *De principiis* IV 4, 5: GÖRGEMANNS 1992, 799: „Quidam autem volunt de ipsa anima dictum videri, cum primum de Maria corpus adsumit, etiam illud, quod apostolus dicit: ‚Qui cum in forma dei

6. PROBLEMATIK

Der Logos ersetzt in Christus also nicht die menschliche Vernunftseele, vielmehr kommt in Christus eine Seele hinzu, die als Band Leib und Logos verbindet.

> Diese Seelensubstanz nun vermittelt zwischen Gott und dem Fleisch, denn eine Verbindung von Gott und Materie war ohne Vermittlung nicht möglich. So wurde, wie gesagt, der Gott-Mensch geboren, wobei jene Substanz in die Mitte trat. Für sie [die Seele] war es ja nicht naturwidrig, einen Körper anzunehmen; und andererseits konnte jene Seele als vernünftige Substanz ihrer Natur nach auch Gott aufnehmen, in welchem sie, wie wir vorhin sagten, als dem Logos, der Weisheit und der Wahrheit schon ganz aufgegangen war.[328]

Der These einer vermittelnden Seele zwischen Logos und Fleisch kommt in der Theologie des Origenes eine zentrale Funktion zu.[329] Sie garantiert die Vereinigung von Gottheit und Menschheit in Christus. Von den anderen menschlichen Seelen ist die Seele Christi nur qualitativ unterschieden. Die Konsequenz davon ist, dass Christus, wie alle getauften Christen, aus Logos, Seele und Leib besteht.

> Nun kam es in Folge der Willensfreiheit zur Verschiedenheit unter den Vernunftwesen, je nachdem, ob sie wärmere oder schwächere Liebe zu ihrem Urheber hegten, und zum Abstieg in die Leibeswelt. Aber keine andere von den Seelen, die in menschliche Leiber herabstiegen, hatte einen klaren und echten Abdruck des Urbildes in sich als allein die, von der der Erlöser sagt [Joh 10, 18]: „Niemand nimmt meine Seele von mir, sondern ich lasse sie von mir selber." Denn sie hatte ihm vom Anfang der Schöpfung an immerfort untrennbar angehangen als der Weisheit und dem Logos Gottes, der Wahrheit und dem wahren Licht, hatte ihn ganz in ihr ganzes Ich aufgenommen und war ihrerseits in seinem Licht und Glanz aufgegangen. So wurde sie mit ihm von Anfang an ein Geist, wie auch der Apostel denen verspricht, die ihn nachahmen sollten [1 Kor 6, 17]: „Wer dem Herrn anhangt, der ist ein Geist [mit ihm]."[330]

---

esset, non rapinam arbitratus est esse se aequalem deo, sed semet ipsum exinanivit, formam servi accipiens', quo eam sine dubio ‚in formam dei melioribus exemplis et institutionibus repararet atque in eam plenitudinem, unde ‚ise exinaniverat', revocaret." RUFIN hat hier durch die Einfügung von „Quidam" seine Übersetzung geschönt, um ORIGENES in Schutz zu nehmen. THEOPHIL VON ALEXANDRIEN wirft ihm vor, nicht der Logos, sondern eine Seele „habe sich der Gestalt der ewigen Majestät entäussert und einen menschlichen Leib angenommen." THEOPHIL VON ALEXANDRIEN, Epistula synodica ad palaestinos et ad cyprios episcopos = HIERONYMUS, Epistula 92, 4: HILBERG 1996, 152; Vgl. GÖRGEMANNS 1992, 798: „se de forma aeternae maiestatis evacuans humanum corpus adsumpserit".

328 Vgl. ORIGENES, De principiis II, 6, 3: GÖRGEMANNS & KARPP 1992, 362-363: „Hac ergo substantia animae inter deum carnem que mediante (non enim possibile erat dei naturam corpori sine mediatore misceri) nascitur, ut diximus, deushomo, illa substantia media existente, cui utique contra naturam non erat corpus assumere. Sed neque rursum anima illa, utpote substantia rationabilis, contra naturam habuit capere deum, in quem, ut superius diximus, velut <in> verbum et sapientiam et veritatem tota iam cesserat."

329 Diese Anima mediatrix rezipieren auch anderen Autoren, wie etwa RUFIN VON AQUILEIA (vgl. S. 153 in dieser Arbeit). Es ist hier nicht der Raum, ausführlich auf die Entwicklung der Seelenlehre im Allgemeinen und jene des Origenes im Speziellen einzugehen. Diese Aufgabe haben CONGOURDEAU 2007 und EICHINGER 1969 hervorragend gelöst. Vgl. auch GRILLMEIER 1990, 266-280; und HARL 1987.

330 ORIGENES, De Principiis II, 6, 3: GÖRGEMANNS & KARPP 1992, 360-363: „Verum cum pro liberi arbitrii facultate varietas unumquemque ac diversitas habuisset animorum, ut alius ardentiore, alius tenuiore

V. EMPFANGEN VOM HEILIGEN GEIST

Die Willensfreiheit führte die präexistenten Seelen zur Entfernung von Gott und hinab in die materielle Welt. Nur die Seele Christi war immer ganz eins mit dem Logos, und ist deswegen ewig. Die Seele vereinigt sich gänzlich mit dem Logos und geht in ihm auf, wie Eisen vom Feuer durchglüht wird.[331] Sie ist deshalb als Geist mit dem Logos eng verbunden. Da es auch die Natur einer Seele ist, einen Körper aufzunehmen, weil sie wandelbar ist und mit dem Materiellen interagieren kann, kommt der Seele die Brückenfunktion zu.

Diese Konzeption des Origenes weist verschiedene problematische Aspekte auf. So bedingt eine präexistente Seele eine Erklärung, warum und wie diese Seelen entstanden sind und wie sie danach einen Leib annehmen können. Der damit implizierte Abstiegsgedanke setzt voraus, dass Gottes Schöpfung negativ konnotiert ist. Dagegen spricht der biblische Befund im Schöpfungsbericht. Einer Lehre von unsterblichen Seelen, die in einer materiellen Welt gefangen sind, liegt zudem der Gedanke einer Metemsomatose nahe. Der anschliessende Aufstiegsgedanke zur Rettung der Seelen führt in die ebenfalls problembehaftete Lehre der Apokatastasis.[332] Die *Anima-mediatrix*-Lehre hat deshalb Origenes viel Kritik eingetragen.[333] Der erste relevante Opponent, Methodius von Olympus, bemerkt etwa, dass der Körper keine göttliche Strafe für sündige Seelen sein könne.[334]

Methodius von Olympus versucht, das Problem der Seele Christi zu umschiffen: Er erwähnt sie nicht, obwohl er die Schwierigkeit von Origenes her gekannt haben muss.[335]

> Darum ist dieses der Christus: Ein Mensch, erfüllt mit der unvermischten und vollkommenen Gottheit, und ein Gott verschlossen im Menschen; denn das war höchst angemessen, dass der Äonen Ältester, der erste der Erzengel, da er in der Menschen Gesellschaft kommen sollte, im ältesten und ersten der Menschen Wohnung nahm: in Adam. So geschah es,

---

ex exiliore erga auctorem suum amore teneretur, *illa anima, de qua dixit Iesus quia ‚nemo aufert a me animam meam', ab initio creaturae et deinceps inseparabiliter ei atque indissociabiliter inhaerens, utpote sapientiae et verbo dei et veritati ac luci verae, et tota totum recipiens atque in eius lucem splendorem que ipsa cedens, facta est cum ipso principaliter unus spiritus, sicut et apostolus his, qui eam imitari deberent, promittit, quia «qui se iungit domino, unus spiritus est».* – RUFIN hat bei seiner Übersetzung gekürzt, GÖRGEMANNS ergänzt nach HIERONYMUS, *Epistula* 124, 6. Die bei HIERONYMUS überlieferte Version der im vorhergehenden Text schräggestellten Passage lautet: „*Nulla alia anima, quae ad corpus descendit humanum, puram et germanam similitudinem signi in se prioris expressit nisi illa de qua salvator loquitur: ‚Nemo tollit animam meam a me, sed ego ponam eam a me ipso.'*"

331 ORIGENES, *De principiis* II, 6, 6: GÖRGEMANNS & KARPP 1992, 368–369.
332 Vgl. CONGOURDEAU 2007, 162–180.
333 Die Verurteilungen von ORIGENES unter JUSTINIAN I. nehmen diesen Punkt explizit auf: Vgl. Anathema 2 von 543 und Anathema 9 von 553; Vgl. GÖRGEMANNS 1992, 822–829. Zu erwähnen ist, dass in der Nachfolge von ORIGENES auch EVAGRIUS PONTICUS eine präexistente *Anima mediatrix* lehrte. Die inkriminierten Sätze von 553 waren Zitate aus seiner *Kephalaia gnostica* und stammten nicht aus dem Werk des ORIGENES.
334 Vgl. METHODIUS VON OLYMPUS, *De ressurectione* I, 29–33: BONWETSCH 1917, 260–271 und BRACHT 1999, 122–123 sowie CONGOURDEAU 2007, 165–166.
335 Vgl. GRILLMEIER 1990, 298.

dass Gott nochmals von Neuem eben denselben aus der Jungfrau und dem Geiste formte und bildete, gleich wie er in den Anfangszeiten, als die Erde noch jungfräulich dalag, unberührt vom Pfluge, Staub genommen und das vernünftigste Wesen aus Erde gebildet hatte, ohne Samen.[336]

Dass diese Worte nicht in einem allegorischen Sinn verstanden werden müssen, zeigt sich im nächsten Abschnitt: Christus ist wie Adam aus jungfräulicher Erde erschaffen worden. Er besteht aus Geist und Fleisch. Obwohl die Präexistenz der Seelen bei manchen späteren Autoren angesprochen wird, findet das Postulat einer Seele als Bindeglied zwischen Logos und Körper Christi wenig Nachhall.[337] Grillmeier schreibt, dass es in der Christologie schon bald nach Origenes' Tod „zu einer stillschweigenden ‚Einklammerung' oder sogar zu einer bewussten ‚Ausklammerung' der Seele Christi" kam.[338] Im Kontext unserer Fragestellung bedeutet dies, dass die vollständige Menschwerdung des Logos problematisch ist, solange man sie im Rahmen antiker Naturphilosophie fassen will. Wenn Gott und Mensch zu einem Wesen vereint werden, so fällt die Seele als Schnittmenge heraus. Dieses Problem kann in zwei Richtungen aufgelöst werden: Bei dem einen Lösungsansatz übernimmt der Logos die Funktion der Seele. Der Logos hat demnach nur Fleisch angenommen, woraus aber ein unvollständiger Mensch resultiert (Schema Logos-Sarx). Das ist der Weg jener, die eine Genese Christi in der Ordnung der Natur zu verteidigen versuchen: Arius und Apollinaris. Ihre Lehren werden in den beiden folgenden Abschnitten besprochen.

Der andere Lösungsansatz geht davon aus, dass der Logos ganz Mensch wurde, also auch eine menschliche Seele hatte (Schema Logos-Anthropos). In diesem Fall ist unklar, wie Einheit von Gott und Mensch zu denken sei. Eine Genese in der Ordnung der Natur, wonach der Logos wie ein Sperma im Blut Mariens wirkt, ist unmöglich. Denn die Herkunft der menschlichen Seele kann so nicht erklärt werden. Weil der Logos Aufgaben der Seele übernimmt – wie die erwähnte Gerinnung des Mutterblutes – ergäbe sich zudem eine inakzeptable Konkurrenz zwischen ihm und der menschlichen Seele. Dieses Problem wird in Abschnitt 6. 2. a *Woher kommt die Seele Christi?* ab S. 183 behandelt.

---

336 Methodius von Olympus, *Convivium decem virginum* 3, 4: Bonwetsch 1917, 30–31; de. Fendt 1911, 305: „Τοῦτο γὰρ εἶναι τὸν Χριστόν, ἄνθρωπον ἀκράτῳ θεότητι καὶ τελείᾳ πεπληρωμένον καὶ θεὸν ἐν ἀνθρώπῳ κεχωρημένον· ἦν γὰρ πρεπωδέστατον τὸν πρεσβύτατον τῶν αἰώνων καὶ πρῶτον τῶν ἀρχαγγέλων, ἀνθρώποις μέλλοντα συνομιλεῖν, εἰς τὸν πρεσβύτατον καὶ πρῶτον τῆς ἀνθρωπότητος ἄνθρωπον εἰσοιπρεσβύτατον καὶ πρῶτον τῆς ἀνθρωπότητος ἄνθρωπον εἰσοικισθῆναι τὸν Ἀδάμ. Ταύτῃ γὰρ ἀναζωγραφῶν τὰ ἐξ ὑπαρχῆς καὶ ἀναπλάσσων αὖθις ἐκ παρθένου καὶ πνεύματος τεκταίνεται τὸν αὐτόν, ἐπειδὴ καὶ κατ' ἀρχὰς οὔσης παρθένου τῆς γῆς ἔτι καὶ ἀνηρότου λαβὼν χοῦν τὸ λογικώτατον ἐπλάσατο ζῷον ἀπ' αὐτῆς ὁ θεὸς ἄνευ σποράς."
337 Vgl. Congourdeau 2007, 100–130.
338 Vgl. Grillmeier 1990, 283.

c. Der zum Fleisch erniedrigte Logos der Arianer

Wie kann der unwandelbare, ewige und vollkommene Logos einen Leib annehmen, wenn dies doch eine Wandlung voraussetzt? Diese Frage stand im Zentrum des Denkens von Origenes und brachte ihn dazu, eine Seele als Bindeglied zu postulieren. Die Arianer nehmen die Frage wieder auf, machen jedoch aus der Frage eine Aussage: Der Logos beweist, wenn er Fleisch annimmt, dass er geschaffener, wandelbarer Gott sei, und damit ein Geschöpf.

In seiner 358 entstandenen Streitschrift gegen die Arianer zitiert Phoebadius von Agen aus einem Brief des Homöer Potamius von Lissabon, der im Westen und Osten zirkuliert habe. Der Homöer hält fest:[339]

> Als das Fleisch und der Geist Christi geronnen waren im Blut Mariens und in einen Körper gebracht, wurde Gott leidensfähig gemacht.[340]

Gott kann, so entgegnet Phoebadius, nicht leidensfähig gemacht werden, weil Gott nicht wandelbar ist. Die Arianer sagen zwar, dass dies möglich sei, wenn ein niederer Gott Mensch würde. Doch dann entstünde durch Vermischung aus wandelbaren göttlichen und menschlichen Anteilen eine neue Kreatur, die weder das eine noch das andere wäre:

> Ihr habt also aus dem Geist Gottes und dem Fleisch des Menschen irgendetwas Drittes gemacht; denn er ist ja weder wahrer Gott, wenn er aufgehört hat, Wort zu sein: Er ist nämlich Fleisch geworden, noch ist er wahrer Mensch, weil er nicht eigentlich Fleisch ist: Er war nämlich Wort.[341]

Der Einwand des Phoebadius ist grundlegend für die Überwindung einer natürlichen Genese Christi in Maria. Dies betrifft sowohl die Arianer als auch Apollinaris, denn beide vertreten eine strikte Logos-Sarx-Christologie.

Bleiben wir vorerst bei den Arianern, gegen die Phoebadius hier schreibt. Wenn gemäss der antiken Zeugungslehre der „Geist Christi" in Maria das Blut zum Gerinnen bringt, beweist er, dass Christus wandelbar ist und es sich folglich bei ihm um ein Geschöpf handelt. Ein in der Ordnung der Natur in Maria entstandener Christus kann deshalb nicht gleichewiger Gott sein. Das in Maria heranwachsende Kind entsteht ohne männlichen Samen aus Geist und Materie. Es wurde also wie bei urgezeugten Tieren keine Trägermaterie für den zeugenden Geist verwendet. Wenn darum die Arianer Christi Genese mit Tieren wie den Würmern und den Zikaden vergleichen, so machen sie eine eindeutige christologische Aussage:

---

339 Vgl. ULRICH 1999.
340 PHOEBADIUS VON AGEN, *Liber contra arianos* 5: ULRICH 1999, 98–99: „Carne et spiritu Christi coagulatis per sanguinem Mariae et in unum corpus redactis passibilem Deum factum."
341 PHOEBADIUS VON AGEN, *Liber contra arianos* 5: ULRICH 1999, 98–99: „Fecistis igitur de spiritu Dei et carne hominis nescio quid tertium, quia nec vere etiam Deus est si Verbum esse desivit: caro enim factus est; neque vere homo quia non proprie caro: fuit enim Verbum."

6. PROBLEMATIK

Kämpfe, Neuerleuchteter, damit dich die Zikade nicht besiegt und Gott wiederum spricht: „Turteltaube, Zikade und Schwalbe, Spatzen auf einem Acker kennen die Zeiten ihrer Besuche, dieses Volk aber kennt mich nicht" [Jer 8, 7], damit du, immer betaut durch den Heiligen Geist, befreit von den Prüfungen des Winters, den Frühling verlebend und die Auferstehung Christi bewundernd, sagst: „Herr, unser Herr, wie wunderbar ist dein Name auf der ganzen Erde" [Ps 8, 2], weil du, indem du auf der Erde wie eine Zikade geboren wurdest, gelehrt hast, dass auch wir wie Zikaden geboren wurden! Und Johannes soll [ruhig] sagen: „die nicht aus Blut" usw. [Joh 1, 13]. Denn wie die Zikade ein ungezeugter Sohn ist und als Mutter die Erde kennt, den Vater aber nicht kennt, so kennt Christus eine Jungfrau als Mutter, seinen Erzeuger, den Vater, kennt er nicht. Und wenn die Zikade aus der Erde geboren ist, bleibt sie eine Zeitlang ganz unauffällig, und völlig unbeachtet liegt sie gleichsam wertlos und stumm da; nachdem sie aber vom Tau fett geworden ist und sich oben auf den Baum gesetzt hat, kann man ihr Lied über die Felder hin hören. Ebenso wurde Christus wie eine Zikade unbedeutend geboren – und er selbst ist Zeuge, wenn er spricht: „Ich aber bin ein Wurm und kein Mensch, von den Menschen verspottet und vom Volk verachtet" [Ps 21, 7] – , nach dem Tau und dem Baum aber, [das heisst] nach der Taufe und dem Kreuz, wurde sein Evangelium im All wie auf einem Acker gehört [Text bricht ab].[342]

Asterius der Sophist[343], von dem der zitierte Text stammt, scheint in einem anderen Werk Christus ausführlicher mit den Zikaden, Würmern und Raupen verglichen zu haben. Dort wird er auch die christologischen Konsequenzen gezogen haben. Athanasius durchschaut diese für ihn gefährliche Argumentation sofort und reagiert mit aller Schärfe:

Ein gewisser Asterius aus Kappadokien, ein vielköpfiger Sophist, einer von den Eusebianern, hat, da er in der früheren Verfolgung unter dem Grossvater des Konstantius den Göttern geopfert hatte, und von jenen nicht unter den Klerus aufgenommen werden konnte, nach dem Wunsche der Eusebianer ein Werklein verfasst, gerade wie diese es haben wollten, das seinem dreisten Opfer gleichkam. In diesem verglich er die Heuschrecke und die Raupe mit Christus, ja zog sie ihm sogar vor, und behauptete, in Gott sei ausser Christus

---

342 ASTERIUS DER SOPHIST, *Commentarii in Psalmos* VIII, Homilia 1, 7–8: RICHARD 1956, 107 (Hom. XIV); de. KINZIG 2002, 277–278: „Ἀγωνίζου, νεοφώτιστε, μή σε νικήσῃ ὁ τέττιξ καὶ πάλιν εἴπῃ θεός· Τρυγὼν καὶ τέττιξ καὶ χελιδών, ἀγροῦ στρουθία ἐγνώρισαν καιροὺς εἰσόδων αὐτῶν, ὁ λαὸς οὗτος οὐκ ἔγνωσάν με, ἵνα τῷ ἁγίῳ πνεύματι ἀεὶ δροσιζόμενος καὶ χειμῶνος πειρασμῶν ἀπαλλαττόμενος καὶ ἐαρίζων καὶ θαυμάζων τὴν Χριστοῦ ἀνάστασιν λέγῃς· Κύριε ὁ κύριος ἡμῶν, ὡς θαυμαστὸν τὸ ὄνομά σου ἐν πάσῃ τῇ γῇ, ὅτι ἐπὶ γῆς γεννηθεὶς ὡς τέττιξ, καὶ ἡμᾶς ὡς τέττιγας γεννᾶσθαι ἐδίδαξας. Καὶ λεγέτω Ἰωάννης· Οἳ οὐκ ἐξ αἱμάτων, καὶ τὰ ἑξῆς. Ὥσπερ γὰρ ὁ τέττιξ ἄσπορός ἐστιν υἱὸς καὶ μητέρα οἶδεν τὴν γῆν, πατέρα δὲ οὐκ οἶδεν, οὕτως ὁ Χριστὸς μητέρα παρθένον οἶδεν, πατέρα σπορέα οὐκ οἶδεν. Καὶ ὥσπερ ὁ τέττιξ ἀπὸ τῆς γῆς γεννηθεὶς τέως λανθάνει τοὺς πολλοὺς καὶ ὡς οὐδάμινος καὶ κωφὸς κεῖται εὐκαταφρόνητος, μετὰ δὲ τὸ πιανθῆναι δρόσῳ καὶ ὑψωθῆναι τῷ δένδρῳ τὸ μελῴδημα αὐτοῦ ἐν χώραις ἐξάκουστον γίνεται, οὕτως ὁ Χριστὸς τεχθεὶς ἦν ὡς τέττιξ εὐκαταφρόνητος–καὶ μάρτυς αὐτὸς εἰπών· Ἐγὼ δὲ εἰμι σκώληξ καὶ οὐκ ἄνθρωπος, ὄνειδος ἀνθρώπων καὶ ἐξουδένωμα λαοῦ—μετὰ δὲ τὴν δρόσον καὶ τὸ δένδρον, μετὰ τὸ βάπτισμα καὶ τὸν σταυρόν, ὡς ἐν ἀγρῷ τῷ κόσμῳ ἠκούσθη αὐτοῦ τὸ εὐαγγέλιον[...] [Text bricht ab]."

343 Auf die schillernde Figur des ASTERIUS und die zahlreichen Probleme zur Authentizität seiner Schriften und theologischen Situierung gehe ich nicht ein. Sie sind dargestellt bei KINZIG 2002; GRILLMEIER 1990, 345–355 und RICHARD 1956.

noch eine andere Weisheit, welche sowohl Christus als auch die Welt geschaffen habe. Er wanderte im Vertrauen auf die Empfehlung der Eusebianer in den Kirchengemeinden Syriens und andern umher. Schon einmal hatte er es unternommen, Christus zu verleugnen, so erhob er sich auch jetzt gegen die Wahrheit mit grösserer Frechheit.[344]

Es fällt auf, dass Athanasius nur von ἀκρίδες und κάμπαι – Heuschrecken und Raupen – spricht, nicht aber vom σκώληξ. Dies wird zwei Gründe haben: Einerseits führen die Arianer selbst neben dem σκώληξ auch andere urgezeugte Tiere an: Asterius sprach von der τέττιξ, der Zikade, und auch ἀκρίς und κάμπη spielen eine Rolle. Andererseits wollte Athanasius eine Anlehnung an Ps 21, 7 und den darin erwähnten σκώληξ vermeiden. Die christologische Interpretation von Ps 21 ist breit rezipiert, und den Vergleich in Ps 21, 7 zu verurteilen wäre unklug. ἀκρίς und κάμπη kommen dagegen in Joel 2, 25 in einem negativen Kontext vor, was eine Verdammung der christologischen Interpretation erleichtert.

Für Asterius und die anderen Arianer ist Jesus von einer Kraft erzeugt worden, die ihn wie die Raupen und Heuschrecken in Maria entstehen liessen. Da diese Kraft nicht der wesensgleiche Logos ist, sondern ein geschaffener Logos, kann es viele ähnlich geschaffene Kräfte geben, die in der Welt wirken. Athanasius schreibt:

> Was aber die Kraft betreffe, so werden [von den Arianern] auch die Raupe und die Heuschrecke Kraft, und zwar eine grosse Kraft genannt [Joel 2, 25]. Oft wird in der heiligen Schrift mit diesem Wort auch das Volk bezeichnet, wie etwa „Auszog die ganze Kraft des Herrn aus dem Lande Ägypten." [Ex 12, 41] Auch gibt es noch andere himmlische Kräfte; denn „der Herr der Kräfte," heisst es, „ist mit uns; unsere Zuflucht, der Gott Jakobs." [Ps 45, 8] Ähnliches hat auch Asterius, welcher Sophist genannt wird, geschrieben, nachdem er es von ihnen gehört hatte, und vor ihm hatte es Arius selbst, der es ebenfalls gehört hatte, wie gesagt wurde. Da nun die Bischöfe teils hierin ihr Gerede bemerkten, teils dieses, dass, wie geschrieben steht, „Trug in den Herzen der Gottlosen sei, welche Böses planen," [Spr 12, 20] sahen sie sich abermals in die Notwendigkeit versetzt, den Sinn aus den Schriften zusammenzutragen, und das, was sie früher gesagt hatten, noch deutlicher zu erklären, und zu schreiben, dass der Sohn mit dem Vater gleichen Wesens sei, um nämlich anzuzeigen, dass der Sohn nicht nur ähnlich, sondern durch die Ähnlichkeit eben dasselbe aus dem Vater sei, und um anzudeuten, dass die Ähnlichkeit und Unveränderlichkeit des Sohnes durchaus verschieden sei von jener Nachahmung, welche, wie man sagt, bei uns stattfindet, und welche wir aus der Tugend durch die Beobachtung der Gebote uns aneignen.[345]

---

344 ATHANASIUS, *De synodis Arimini in Italia et Seleuciae in Isauria* 18, 2–3: OPITZ 1940, 245: „καὶ Ἀστέριος δέ τις ἀπὸ Καππαδοκίας, πολυκέφαλος σοφιστής, εἷς ὢν τῶν περὶ Εὐσέβιον, ἐπειδὴ θύσας ἐν τῷ προτέρῳ διωγμῷ τῷ κατὰ τὸν πάππον Κωνσταντίου οὐκ ἠδύνατο παρ' αὐτοῖς εἰς κλῆρον προαχθῆναι, ποιεῖ μετὰ γνώμης τῶν περὶ Εὐσέβιον συνταγμάτιον, ὁποῖον μὲν ἤθελον αὐτοί, ἴσον δὲ τῷ τῆς θυσίας αὐτοῦ τολμήματι. ἐν γὰρ τούτῳ τὴν ἀκρίδα καὶ τὴν κάμπην τῷ Χριστῷ συγκρίνας, μᾶλλον δὲ προτιμήσας αὐτοῦ, καὶ λέγων ἄλλην εἶναι παρὰ τὸν Χριστὸν ἐν τῷ θεῷ σοφίαν τὴν τοῦ Χριστοῦ καὶ τοῦ κόσμου δημιουργικήν, περιήρχετο τὰς ἐν τῇ Συρίᾳ καὶ τὰς ἄλλας ἐκκλησίας κατὰ σύστασιν τῶν περὶ Εὐσέβιον, ἵνα ἅπαξ ἀρνεῖσθαι μελετήσας οὕτω καὶ νῦν θρασύνηται κατὰ τῆς ἀληθείας."

345 ATHANASIUS, *De decretis Nicaenae synodi* 20, 2–3: OPITZ 1940, 16–17: „περὶ δὲ τῆς δυνάμεως, ὅτι καὶ ἡ κάμπη καὶ ὁ βροῦχος μὲν λέγονται δύναμις καὶ δύναμις μεγάλη, πολλάκις δὲ καὶ περὶ τοῦ λαοῦ γέγραπται,

6. PROBLEMATIK

Die urzeugende „Kraft der Raupen und Heuschrecken" scheint für die Arianer von zentraler Bedeutung zu sein, so dass Athanasius regelmässig bei der Darstellung der arianischen Kernthesen sie erwähnt:

> Was liegt jedoch für eine überzeugende Kraft in den Ausdrücken der Arianer, in welchen die Raupe und die Heuschrecke dem Heiland vorgezogen werden, und er von ihnen so gelästert wird: „Du warst einmal nicht"; und: „du bist geschaffen"; und: „du bist der Wesenheit nach von Gott verschieden," in welchen auch insgesamt keine Lästerung ausgelassen ist?[346]

Ausführlicher wird der Patriarch Alexandriens in seinem Brief an die Bischöfe Ägyptens und Libyens. Gott war zuerst allein, erschuf dann Christus der Menschen wegen. Er nannte zwar Christus Wort, Sohn oder Weisheit, aber es ist nicht die Weisheit Gottes, nicht sein Sohn, sondern eine geschaffene Weisheit, ein erschaffener Sohn. Dieser geschaffene Christus erschuf seinerseits die Welt. Deshalb ist die Welt nur indirekt durch die Kraft Gottes entstanden, so wie das Handeln von urgezeugten Wesen indirekt das Handeln des Pneumas ist, das sie hervorgebracht hat.

> Und wieder sagen sie [sc. die Arianer], dass er nicht uns seinetwegen schuf, sondern ihn unsertwegen, denn „er war", sagen sie, „Gott allein", und nicht war das Wort bei ihm. Als er hierauf uns schaffen wollte, hat er damals dieses gemacht und nannte es nach seiner Entstehung Wort, Sohn, Weisheit, um uns durch dasselbe zu schaffen, und wie alles, da es zuvor nicht war, durch den Willen Gottes entstand, so ist auch dieses, da es zuvor nicht war, durch den Willen Gottes entstanden. Denn es ist das Wort nicht des Vaters eigene und natürliche Zeugung, sondern es ist gleichfalls durch Gnade entstanden. Denn der seiende Gott hat den nichtseienden Sohn durch seinen Ratschluss gemacht, in welchem er alles gemacht hat, bildete, schuf und ins Dasein setzen wollte. Denn sie sagen auch dies: „Christus ist nicht die natürliche und wahre Kraft Gottes, sondern, wie die Raupe und die Heuschrecke Kraft genannt werden, so wird auch er Kraft des Vaters genannt."[347]

ὥσπερ· «ἐξῆλθε πᾶσα ἡ δύναμις κυρίου ἐκ γῆς Αἰγύπτου», καὶ ἄλλαι δὲ οὐράνιαι δυνάμεις εἰσί· «κύριος γάρ», φησί, «τῶν δυνάμεων μεθ' ἡμῶν· ἀντιλήπτωρ ἡμῶν ὁ θεὸς Ἰακώβ». τοιαῦτα γὰρ καὶ Ἀστέριος ὁ λεγόμενος σοφιστὴς παρ' αὐτῶν μαθὼν ἔγραψε καὶ παρ' αὐτοῦ δὲ Ἄρειος μαθών, ὥσπερ εἴρηται. ἀλλ' οἱ ἐπίσκοποι καὶ ἐν τούτῳ θεωρήσαντες τὴν ὑπόκρισιν ἐκείνων καὶ ὅτι κατὰ τὸ γεγραμμένον «ἐν καρδίαις τῶν ἀσεβῶν δόλος ἐστὶ τεκταινομένων κακά», ἠναγκάσθησαν καὶ αὐτοὶ αὖθις συναγαγεῖν ἐκ τῶν γραφῶν τὴν διάνοιαν καί, ἅπερ πρότερον ἔλεγον, ταῦτα πάλιν λευκότερον εἰπεῖν καὶ γράψαι, ὁμοούσιον εἶναι τῷ πατρὶ τὸν υἱόν, ἵνα μὴ μόνον ὅμοιον τὸν υἱόν, ἀλλὰ ταὐτὸν τῇ ὁμοιώσει ἐκ τοῦ πατρὸς εἶναι σημαίνωσι καὶ ἄλλην οὖσαν τὴν τοῦ υἱοῦ ὁμοίωσιν καὶ ἀτρεψίαν δείξωσι παρὰ τὴν ἐν ἡμῖν λεγομένην μίμησιν, ἣν ἐξ ἀρετῆς διὰ τὴν τῶν ἐντολῶν τήρησιν ἡμεῖς προσλαμβάνομεν.

346 ATHANASIUS, *De synodis Arimini in Italia et Seleuciae in Isauria* 39, 4: OPITZ 1940, 265: „ποία τοίνυν ἐν τοῖς ἀρειανοῖς ῥηματίοις κἂν πιθανότης ἐστίν, ἐν οἷς προτιμᾶται τοῦ σωτῆρος ἡ κάμπη καὶ ἡ ἀκρὶς καὶ λοιδορεῖται παρ' αὐτῶν· 'οὐκ ἦς ποτε καὶ ἐκτίσθης ξένος τε κατ' οὐσίαν τοῦ θεοῦ τυγχάνεις' καὶ ὅλως οὐδὲν δυσφημίας ἐν αὐτοῖς παραλέλειπται;"

347 ATHANASIUS, *Epistula ad episcopos Aegypti et Libyae* 12, 7-9: METZLER, HANSEN & SAVVIDI 1996, 52: „πάλιν τέ φασιν ὅτι οὐχ ἡμᾶς ἔκτισε δι' ἐκεῖνον, ἀλλ' ἐκεῖνον δι' ἡμᾶς· «ἦν γάρ», φησί, «μόνος ὁ θεός, καὶ οὐκ ἦν ὁ λόγος σὺν αὐτῷ· εἶτα θελήσας ἡμᾶς δημιουργῆσαι, τότε πεποίηκε τοῦτον· καὶ ἀφ' οὗ γέγονεν, ὠνόμασεν αὐτὸν λόγον καὶ υἱὸν καὶ σοφίαν, ἵνα ἡμᾶς δι' αὐτοῦ δημιουργήσῃ. καὶ ὥσπερ πάντα βου-

In diesem Kontext spielt wiederum Joel 2, 25 (LXX) eine wichtige Rolle: Dort verspricht der Herr:

> „Und ich werde euch entschädigen für die Jahre, die auffrass die Heuschrecke und die Larve und der Mehltau und die Raupe, meine grosse Macht, die ich ausschickte zu euch."[348]

Für die Arianer eine eindeutige Prophetie auf Christus: Christus ist die Raupe Gottes, er ist sein indirektes Handeln in der Welt. Für Athanasius ein unerträglicher Gedanke:

> Denn wenn sie überhaupt annehmen, dass er zeugt, so ist es besser und gottesfürchtiger, zu sagen, dass Gott Erzeuger eines einzigen Wortes sei, das die Fülle seiner Gottheit ist, in dem auch Schätze jeder Kenntnis verborgen sind [Kol 2, 3], und zu sagen, dass dieses sei und mit seinem Vater zugleich bestehe, durch das auch alles entstanden ist, als Gott für den Vater vieler nicht erscheinender Dinge zu halten, oder als zusammengesetzt aus vielen Dingen, und als menschlichen Leiden unterworfen und veränderlich sich den vorzustellen, der einfach von Natur ist. Da ferner der Apostel sagt: „Christus, Gottes Kraft und Gottes Weisheit." [1Kor 1, 24] so rechnen sie zu den vielen Kräften als einen auch diesen, und das Schlimmste ist, dass die Frevler ihn mit der Raupe und den übrigen Tieren vergleichen, die von ihm zur Strafe geschickt werden.[349]

Die arianische Aussage, worin die Raupe und die Heuschrecke eine grosse Kraft genannt werden, findet sich nicht nur bei Athanasius, auch andere Autoren erwähnen und verurteilen sie.[350] Die heftige Reaktion des Athanasius zeigt zudem, dass es um mehr geht als nur um ein mehr oder weniger zutreffendes Bild aus der Natur. Die Urzeugung wird von den Arianern zum Prinzip schlechthin des Wirkens Gottes in der Welt erhoben. Christus ist das erste so entstandene Wesen, und noch weitere folgten ihm. Damit steht das Prinzip, die „Kraft", die so Dinge ins Dasein rufen kann, über Christus.

λήματι τοῦ θεοῦ ὑπέστη οὐκ ὄντα πρότερον, οὕτως καὶ αὐτὸς τῷ βουλήματι τοῦ θεοῦ οὐκ ὢν πρότερον γέγονεν. οὐ γάρ ἐστι τοῦ πατρὸς ἴδιον καὶ φύσει γέννημα ὁ λόγος, ἀλλὰ καὶ αὐτὸς χάριτι γέγονεν. ὁ γὰρ ὢν θεὸς τὸν μὴ ὄντα υἱὸν πεποίηκε τῇ βουλῇ, ἐν ᾗ καὶ τὰ πάντα πεποίηκε καὶ ἐδημιούργησε καὶ ἔκτισε καὶ γενέσθαι ἠθέλησε». καὶ γὰρ καὶ τοῦτο λέγουσιν ὅτι «οὐκ ἔστιν ὁ Χριστὸς φυσικὴ καὶ ἀληθινὴ δύναμις τοῦ θεοῦ· ἀλλ' ὥσπερ ἡ κάμπη καὶ ὁ βροῦχος λέγονται δύναμις, οὕτως καὶ αὐτὸς λέγεται δύναμις τοῦ πατρός»."

348 Joel 2, 25 LXX: „καὶ ἀνταποδώσω ὑμῖν ἀντὶ τῶν ἐτῶν, ὧν κατέφαγεν ἡ ἀκρὶς καὶ ὁ βροῦχος καὶ ἡ ἐρυσίβη καὶ ἡ κάμπη, ἡ δύναμίς μου ἡ μεγάλη, ἣν ἐξαπέστειλα εἰς ὑμᾶς."

349 ATHANASIUS, *Epistula ad episcopos Aegypti et Libyae* 16, 4–5: METZLER, HANSEN & SAVVIDI 1996, 56: „εἰ γὰρ ὅλως γεννᾶν αὐτὸν ὑπονοοῦσι, βέλτιόν ἐστι καὶ εὐσεβέστερον λέγειν ἑνὸς εἶναι λόγου γεννήτορα τὸν θεὸν ὅς ἐστι «τὸ πλήρωμα τῆς θεότητος» αὐτοῦ, «ἐν ᾧ καὶ οἱ θησαυροὶ τῆς γνώσεως πάσης εἰσὶν ἀπόκρυφοι» καὶ τοῦτον λέγειν εἶναί τε καὶ συνυπάρχειν τῷ ἑαυτοῦ πατρί, δι' οὗ καὶ τὰ πάντα γέγονεν, ἢ πολλῶν μὴ φαινομένων πατέρα νομίζειν τὸν θεὸν ἢ ὡς ἐκ πολλῶν συγκείμενον ἀνθρωποπαθῆ καὶ ποικίλον τὸν ἁπλοῦν ὄντα τῇ φύσει φαντάζεσθαι. εἶτα τοῦ ἀποστόλου λέγοντος· «Χριστὸς θεοῦ δύναμις καὶ θεοῦ σοφία» οὗτοι ταῖς πολλαῖς δυνάμεσιν ἕνα καὶ τοῦτον συναριθμοῦσι, καὶ τό γε χείριστον, ὅτι τῇ κάμπῃ καὶ τοῖς ἄλλοις ἀλόγοις τοῖς δι' ἐπιτιμίαν πεμπομένοις δι' αὐτοῦ παραβάλλουσιν αὐτὸν οἱ παράνομοι."

350 Vgl. THEODORET VON CYRUS, *Historia ecclesiastica* 1, 8: PARMENTIER 1954, 36.

6. PROBLEMATIK

Arius, und insbesondere die Arianer der zweiten Generation wie Eunomius, sein Freund Eudoxius und Lucius von Alexandrien bestritten, dass der Logos auch eine Seele angenommen habe.[351] Für sie ist der Logos Fleisch geworden und war folglich aus göttlichen und menschlichen Anteilen zusammengesetzt. Alle seelischen Tätigkeiten gehen vom Logos und nicht von der menschlichen Natur aus. Weil dazu auch das Leiden gehört, das nur Geschöpfen zukommt, ist zu folgern, dass der Logos ein Geschöpf ist. In dieser Konzeption der Arianer gibt es keinen Platz für eine menschliche Seele, wie Epiphanius im *Ancoratus* zeigt:

> Lukian nämlich und alle Lukianisten [also auch Arius] behaupten, dass der Sohn Gottes keine Seele, sondern eben nur das Fleisch angenommen habe. Sie tun das deshalb, um dadurch dem göttlichen Logos menschliche Schwachheiten und Bedürfnisse beilegen zu können, nämlich Hunger und Durst, Tränen und Ermüdung, Traurigkeit und Trostlosigkeit und was man noch weiter in seiner Erscheinung als Mensch bemerkt.[352]

Grund für die Ablehnung der Seele liegt wie gezeigt auch in ihrer naturphilosophischen Erklärung der Genese Christi, die keinen Platz für eine menschliche Seele lässt. Ein Fragment des Arianers Lucius, der 373–378 direkter Nachfolger des Athanasius auf dem Bischofsstuhl von Alexandrien war, bringt dies auf den Punkt:

> Wozu bedurfte es einer Seele, damit der vollkommene Mensch mit Gott angebetet wird? Deshalb ruft Johannes die Wahrheit aus: „Das Wort wurde Fleisch" [Joh 1, 14] anstelle des „Er wurde mit dem Fleisch zusammengesetzt", fürwahr nicht mit einer Seele, wie die heutigen Verschacherer des Glaubens sagen. Vielmehr wurde er vereint mit dem Leib und wurde eins mit diesem. Denn wie verstehen wir Christus, wenn nicht als eine Person, eine zusammengesetzte Physis [μία σύνθετος φύσις], wie der Mensch aus Seele und Leib? Wenn er aber auch eine Seele hätte, wie die Toren die Kirchen Törichtes lehren, dann kämpfen die Bewegungen Gottes und der Seele. Denn jedes von diesen beiden ist Selbstbeweger [αὐτοκίνητος] und führt zu verschiedenen Tätigkeiten.[353]

---

351 Ob und wieweit Arius und die Syllukianisten wirklich die Seele Christi aktiv leugneten, wird hinterfragt. Die Zeugnisse zeigen, dass das Problem erst 362, bei der Synode von Alexandrien allgemein ins Bewusstsein kam. Vgl. Grillmeier 1990, 374–382 und Haugaard 1960, 251–263.
352 Epiphanius von Salamis, *Ancoratus* 33, 4: Holl 1915, 42: „Λουκιανὸς γὰρ καὶ πάντες Λουκιανισταὶ ἀρνοῦνται τὸν υἱὸν τοῦ θεοῦ ψυχὴν εἰληφέναι, σάρκα δὲ μόνον φασὶν ἐσχηκέναι, ἵνα δῆθεν προσάψωσι τῷ θεῷ Λόγῳ ἀνθρώπινον πάθος, δίψαν καὶ πεῖναν καὶ κάματον καὶ κλαυθμὸν καὶ λύπην καὶ ταραχὴν καὶ ὅσαπερ ἐν τῇ ἐνσάρκῳ αὐτοῦ παρουσίᾳ ἐμφέρεται." Vgl. *Panarion* 69, 19: Holl & Drummer 1985, 168–169.
353 Lucius von Alexandrien, *Sermo in pascha*, in: *Doctrina patrum*: Diekamp 1981 65: „Ποῦ τοίνυν ἔδει ψυχῆς, ἵνα τέλειος ἄνθρωπος συμπροσκυνῆται θεῷ; διὰ τοῦτο βοᾷ τὴν ἀλήθειαν Ἰωάννης· ὁ λόγος κυνῆται θεῷ; διὰ τοῦτο βοᾷ τὴν ἀλήθειαν Ἰωάννης· ‚ὁ λόγος σὰρξ ἐγένετο', ἀντὶ τοῦ· συνετέθη σαρκί, οὐ μὴν ψυχῇ, καθάπερ οἱ νῦν τὴν πίστιν καπηλεύοντες λέγουσιν, ἀλλ' ἥνωτο μὲν τῷ σώματι καὶ εἷς γέγονε μετ' αὐτοῦ. ἐπεὶ πῶς Χριστός, εἰ μὴ ἓν πρόσωπον, μία σύνθετος φύσις, καθάπερ τὸν ἐκ ψυχῆς καὶ σώματος ἄνθρωπον γνωρίζομεν; εἰ δὲ καὶ ψυχὴν εἶχεν, ὡς οἱ νόθοι τὰ νόθα νῦν τὰς ἐκκλησίας διδάσκουσι, μάχεται τὰ κινήματα θεοῦ καὶ ψυχῆς. αὐτοκίνητον γὰρ τούτων ἑκάτερον καὶ πρὸς ἐνεργείας διαφόρους ἀγόμενον." Zu Lucius von Alexandrien vgl. Gahbauer 1984, 56–96.

Lucius bestätigt in diesem Fragment ein Axiom arianischen Denkens: Wenn Christus eine Person, eine Natur ist, die aus göttlichen und menschlichen Anteilen zusammengesetzt ist, dann kann dies nur analog zur Einheit Seele-Körper eines jeden Menschen denkbar sein.[354] Wenn nun Christus auch eine menschliche Seele hätte, so ergäbe sich eine unhaltbare Konkurrenz zweier Beweger des Körpers.[355]

Nach einem Fragment bei Athanasius stellen die Arianer zum Logos folgende Frage: „Wenn er wahrer Gott von Gott war, wie konnte er Mensch werden?" und fügen an: „Wie wagt ihr zu behaupten, dass der Logos teilhaft sei der Wesenheit des Vaters, da er doch einen Leib hat, so dass er diesen trägt?"[356] Eine arianische Inkarnationstheologie ist rational. Sie verletzt die göttliche Transzendenz nicht, indem sie gar nicht versucht, den unüberbrückbaren Gegensatz zwischen Gott und Mensch zu überspielen. Sie verortet vielmehr den Logos auf der Seite der Geschöpfe. Doch dann wird Gott nicht Mensch, und eine Erlösung ist nicht möglich.

Apollinaris stellt sich dieser Herausforderung und formuliert eine Erklärung, wie der ewige, unwandelbare Logos Fleisch annehmen konnte.

d. Das zu Gott erhobene Fleisch Christi bei Hilarius und Apollinaris

Hilarius von Poitiers und Apollinaris von Laodizea durchdenken in der zweiten Hälfte des vierten Jahrhunderts die dank Nizäa und dem Wirken von Athanasius immer mehr feststehende Formel der Wesensgleichheit (ὁμοούσιος) Christi mit dem Vater. Doch mit dem ὁμοούσιος und der Zurückweisung der Christologie des Arius stellt sich wiederum mit aller Schärfe die Frage, wie Gott Mensch werden könne.

Hilarius versucht dieses Problem zu lösen, indem er auf jene medizinischen Theorien rekurriert, welche ein Mitwirken der Mutter an der Zeugung ablehnen:

> Die Jungfrau hat nämlich nur aus ihrem Heiligen Geist geboren, was sie geboren hat. Wenn sie auch nur so viel von sich aus zur Geburt des Fleisches gab, wie von sich aus die Frauen nach der Empfängnis zur Geburt der Körper beitragen, so ist dennoch Jesus Christus nicht auf dem Wege über die menschliche Empfängnis herangewachsen. Vielmehr hat sie, nach der Eingiessung der ganzen Kraft zur Geburt von Seiten des Heiligen Geistes, bei der Geburt des Menschen ganz die Stellung einer Mutter innegehabt; dennoch hat sie bei dem Wunder der Geburt dies gehabt, dass er Gott ist.[357]

---

354 GAHBAUER weist darauf hin, dass vor LUCIUS schon EUSEBIUS VON EMESA eine Christologie vertritt, welche explizit auf das anthropologische Modell für das Zusammenspiel von Gott und Mensch in Christus zurückgreift. Vgl. GAHBAUER 1984, 56–96.

355 Die Definition der Seele als Selbstbeweger und Beweger des Körpers gehört zur Grundlage griechischer Philosophie und wird u.a. von PLATON in *Phaidros* 245e: MORESCHINI 1985, 33 und *Timaios* 34bff: ZEKL 1992, 40–41 vertreten. Vgl. GAHBAUER 1984, 61–68.

356 ATHANASIUS, *Orationes contra Arianos* 3, 27, 3: METZLER, HANSEN & SAVVIDI 2000, 338; de. STEGMANN 1913, 280: „εἰ Θεὸς ἦν ἀληθινὸς ἐκ τοῦ Θεοῦ, πῶς ἠδύνατο ἄνθρωπος γενέσθαι;" und „πῶς τολμᾶτε λέγειν λόγον ἴδιον εἶναι τῆς τοῦ πατρὸς οὐσίας τὸν ἔχοντα σῶμα, ὥστε τοῦτο ὑπομεῖναι;"

357 HILARIUS, *De trinitate* 10, 15: SMULDERS 1980, 471: „Virgo enim non nisi ex sancto Spiritu genuit quod genuit. Et quamuis tantum ad natiuitatem carnis ex se daret, quantum ex se feminae edendorum corpo-

6. PROBLEMATIK

Maria hat also zur Zeugung Christi nichts beigetragen. Ihre Aufgabe war es, die materielle Infrastruktur zur Verfügung zu stellen, damit das Kind wachsen kann.

> Nicht hat nämlich Maria dem Leibe den Ursprung gegeben, wenn sie auch zum Wachstum und zur Geburt des Leibes alles das beigetragen hat, was ihrem Geschlecht wesensgemäss zukommt.[358]

Hilarius versucht, eine Zwischenlösung zu formulieren. Gegen die Doketen soll die Zeugung Christi nach der Ordnung der Natur in Maria hochgehalten und andererseits die Göttlichkeit des Logos als wahrer Sohn Gottes unterstrichen werden.

> Die Kirche bezeugt sowohl gegen Sabellius als gegen die Verkünder der Geschöpflichkeit [Christi], wie gegen Hebion, dass der Herr Jesus Christus wahrer Gott aus wahrem Gott sei, einerseits vor aller Zeit geboren, andererseits später als Mensch gezeugt.[359]

Seine Lösung droht aber, in einen Modalismus und Doketismus abzugleiten. Hilarius wusste von diesem Vorwurf gegen ihn und betont, dass der Logos wirklich Fleisch annahm.[360] Dennoch gemahnen einige seiner Sätze an Doketismus, etwa wenn er schreibt, dass Christi Leib von natürlichen Bedürfnissen wie Essen und Trinken befreit sei, und Christus bewusst und freiwillig auf die Leidensunfähigkeit seines Leibes verzichtet habe, die seiner Natur gemäss ist.[361] Der Leib Christi ist nach Hilarius folglich von anderer Qualität als jener der übrigen Menschen. Da er vom Logos erzeugt wurde, ist er vollkommen, unvergänglich und leidensunfähig.

Hilarius scheint die Konsequenzen seines Versuchs nicht abgesehen zu haben, wenn er annimmt, dass ein mit dem Vater wesensgleicher Logos in Maria nach medizinischen Gesetzmässigkeiten Fleisch annimmt und geboren wird. Erst Apollinaris gelingt dies. Der Laodizener war an Aristoteles geschult und versuchte die ontologischen Probleme anzugehen, die sich notwendig ergaben, wenn ein Wesen zugleich ὁμοούσιος

---

rum susceptis originibus inpenderent, non tamen Iesus Christus per humanae conceptionis coagulauit naturam. Sed omnis causa nascendi inuecta per Spiritum, tenuit in hominis natiuitate quod matris est, cum tamen haberet in origine quod Deus est."

358 HILARIUS, *De trinitate* 10, 16: SMULDERS 1980, 471: „Non enim corpori Maria originem dedit, licet ad incrementa partum que corporis omne quod sexus sui est naturale contulerit."
359 HILARIUS, *De trinitate* 1, 26: SMULDERS 1980, 23: „Ecclesia et contra Sabellium et contra creaturae praedicatores et contra Hebionem Deum uerum ex Deo uero Dominum Iesum Christum et ante saecula natum et post ea hominem genitum esse testetur."
360 So schreibt er in *De trinitate* 10, 21: SMULDERS 1980, 475: „Et arguere nos soleant, quod Christum dicamus esse natum non nostri corporis adque animae hominem [...]." – „Uns pflegen sie zu beschuldigen, wir behaupteten, Christus sei nicht als ein Mensch unseres Leibes und unserer Seele geboren worden [...]."
361 Vgl. HILARIUS VON POITIERS, *De Trinitate* 10, 24: SMULDERS 1980, 479: „Vel cum potum et cibum accipit, non se necessitati corporis, sed consuetudini tribuit." – „Oder wenn er Trank und Speise genommen hat, dann hat er sich nicht dem Zwang des Leibes, sondern der Gewohnheit anheimgegeben." Siehe SMULDERS 1944, 205–206, und LADARIA 1989, 48–63. Beide Autoren weisen darauf hin, dass HILARIUS dennoch nicht am wirklichen Menschsein Christi gezweifelt hat.

mit Gott und ὁμοούσιος mit dem Menschen sein sollte: Man müsste zwingend zwei Subjekte in diesem Wesen annehmen.

De Riedmatten hat in einem Artikel darauf hingewiesen, dass für Apollinaris von Laodizea die jungfräuliche Empfängnis eine zentrale Rolle spielte.[362] In Fragment 142 seines Werkes gegen Diodor hält Apollinaris fest:

> Er schämt sich nicht zu sagen, dass die Natur zwar dieselbe [sc. menschliche] sei, die Geburt aber unterschiedlich. Doch es wäre dumm und unnütz, die Geburt von der Jungfrau einzuführen, wenn nicht das Geborene würdig wäre der Geburt, sondern gleich jenem aus Mann und Frau gezeugten. Lächerlich wie der Gipfel der Gottlosigkeit wäre der Gipfel der Union, den die göttlichen Schriften unbestreitbar lehren, weder das Menschliche aufhebend zu Gott zu machen, noch dem Göttlichen das Menschliche überzustülpen.[363]

Für Apollinaris liegt es auf der Hand, dass, wenn Menschen einerseits und Christus andererseits unterschiedlich zur Welt kommen, sie folglich auch unterschiedlich sind. Die jungfräuliche Empfängnis ist der wichtigste Beweis dafür, dass die Union zwischen Gott und Mensch in Christus mehr ist als ein Mensch, der von Gott beseelt ist.

> Wenn es einen „Tempel Gottes" geboren von Maria gibt, dann ist die Neuerung der Entstehung aus der Jungfrau überflüssig. Auch ohne dies sind die Menschen Tempel Gottes.[364]

Der Unterschied zwischen Christus und den Menschen ist nicht nur, dass er göttlich ist, auch seine menschliche Natur differiert von der unseren:

> Wenn die Natur Christi wie die unsere ist, dann wäre der Mensch alt, eine lebende Seele und nicht belebender Geist, und der solche nicht belebend. Doch Christus belebt und der Geist ist belebend – er ist nicht von unserer Natur.[365]

Doch dabei ist die Natur Christi von der Natur des Menschen nicht gänzlich verschieden; sie ist vielmehr eine geheiligte menschliche Natur. Die Erklärung dafür liegt wiederum in seiner Geburt:

---

362 Vgl. RIEDMATTEN 1948, 240.
363 APOLLINARIS, *Contra Diodorum* Fragment 142: LIETZMANN 1904, 241: „καὶ οὐκ αἰσχύνεται φύσιν μέν τὴν αὐτήν λέγων, γένεσιν δὲ διάφορον· μάταιον ὄν καὶ περιττὸν τὴν ἐκ παρθένου γέννησιν εἰσάγεσθαι, εἰ μὴ καὶ τὸ γεννώμενον ἐπάξιον εἴη τῆς γεννήσεως, ἀλλὰ ταὐτὸν τοῖς ἐξ ἀνδρὸς καὶ γυναικὸς γεννωμένοις· χλευάζων τὴν ἄκραν ἕνωσιν ὡς ἄκραν ἀσέβειαν, ἣν αἱ θεῖαι σαφῶς εἰσάγουσιν γραφαί, οὔτε τὸ ἀνθρώπινον ἀναιρετικὸν τοῦ θεοῦ ποιοῦσαι οὔτε τῷ θεϊκῷ τὸ ἀνθρώπινον ἀνατρέπουσαι." Vgl. BELLINI 1978. LIETZMANN bemerkt, dass mit γένεσιν δὲ διάφορον Diodors Ablehnung der doppelten Geburt des Logos gemeint sei. LIETZMANN 1904, 144. RIEDMATTEN 1948, 240.
364 APOLLINARIS, *Anakephalaiosis* 22: LIETZMANN 1904, 244: „Εἰ θεοῦ ναὸς ἐγεννήθη ἐκ τῆς Μαρίας, περιττὴ ἡ καινότης τῆς ἐκ παρθένου γεννήσεως. ναοὶ γὰρ θεοῦ καὶ ἄνευ ταύτης ἄνθρωποι." Der in der antiochenischen Christologie geläufige Terminus „Tempel Gottes" läuft für Apollinaris auf eine inakzeptable Trennung zwischen Logos und Mensch hinaus. Vgl. RIEDMATTEN 1948, 242.
365 APOLLINARIS, *Anakephalaiosis* 23: LIETZMANN 1904, 244–245: „Εἰ ἡ αὐτὴ φύσις Χριστοῦ, οἵα καὶ ἡ ἡμῶν, ὁ παλαιός ἐστιν ἄνθρωπος, ψυχὴ ζῶσα καὶ οὐ πνεῦμα ζῳοποιοῦν, καὶ ὁ τοιοῦτος οὐδὲ ζῳοποιήσει. ζῳοποιεῖ δὲ Χριστὸς καὶ πνεῦμα ζῳοποιοῦν ἐστιν – οὐκ ἄρα τῆς ἡμετέρας ἐστὶ φύσεως."

Und er erklärt nun anderswo diese Heiligung, denn sie ist die Geburt aus der Jungfrau: „Ich bin dazu geboren und dazu in die Welt gekommen, dass ich für die Wahrheit Zeugnis ablege" [Joh 18, 37]. Der gewöhnliche Mensch ist beseelt und lebt aus dem Willen des Fleisches und dem Willen des Mannes, ausgesendete spermatische Materie, welche die belebende Kraft in die empfangende Gebärmutter legt. Aber der heilige Fötus ist in der Jungfrau durch den Zugang des Geistes und die überschattende Kraft entstanden, nicht spermatische Materie erzeugte das göttliche Leben, sondern geistliche und göttliche Kraft vermittelte der Jungfrau eine göttliche Empfängnis und gewährte die göttliche Geburt.[366]

Das Herzstück der Inkarnationstheologie des Apollinaris ist also die im Rahmen antiker Medizin erklärte Entstehung Christi. Wie bei Plutarch tritt hier der Heilige Geist bzw. der Logos an die Stelle des männlichen Spermas. Er lässt das Blut in Maria gerinnen und formt, belebt und beseelt den Leib Christi. Für die Arianer war dies der Beweis, dass der Logos nicht im vollen Sinne Gott sein konnte. Apollinaris versucht die volle Göttlichkeit des Logos zu wahren, indem er die Argumentation umdreht: Christus ist nicht im vollen Sinne Mensch, denn er hat zwar eine menschliche Natur, aber eine geheiligte, und deshalb eine von uns Menschen unterschiedliche. Apollinaris führt diesen Gedanken in seiner Konklusion von *De fide et incarnatione* aus:

> Denn nicht aus Streitigkeiten sind wir gläubig geworden, sondern durch die göttlichen Worte, welche zu uns kamen durch das Zeugnis der seligen Apostel, welche, als sie die übernatürliche Herrlichkeit unseres Herrn schauten und das himmlische Zeugnis hörten, der Welt verkündigten, dass Gott Fleisch ward und dass der Logos Fleisch ward und dass der unsern Herrn Jesus Christus belebende Geist vaterlos war in seiner Geburt auf der Erde, weil es Gott war, der vom Himmel herabstieg, und nicht ein Mensch, der aus menschlichem Samen hervorsprosste.[367]

Die jungfräuliche Empfängnis beweist nach Apollinaris die göttliche Herkunft Christi. Sein Leib ist zwar ὁμοούσιος mit den Menschen, aber es ist durch die Herkunft vom Heiligen Geist ebenso göttlich.[368] Christus ist deshalb Gott durch den fleischgewordenen Geist, Mensch durch das von Gott angenommene Fleisch. Der Logos, der schon das Blut Mariens gerinnen liess, tritt an die Stelle des νοῦς.[369] Diese Union ist zwar

---

366 APOLLINARIS, *De unione* 13: LIETZMANN 1904, 191: „καὶ ἑρμηνεύει γε ἀλλαχοῦ τὸν ἁγιασμὸν τοῦτον ὅτι γέννησις ἦν ἡ ἐκ παρθένου. «ἐγὼ γὰρ εἰς τοῦτο γεγέννημαι καὶ εἰς τοῦτο ἐλήλυθα εἰς τὸν κόσμον, ἵνα μαρτυρήσω τῇ ἀληθείᾳ» [Joh 18, 37]. ἐκ θελήματος μὲν γὰρ σαρκὸς καὶ ἐκ θελήματος ἀνδρὸς ὁ κοινὸς ἄνθρωπος ψυχοῦται καὶ ζῇ, τῆς ἐκπεμπομένης σπερματικῆς ὕλης ἐπιφερούσης τὴν ζωοποιὸν δύναμιν εἰς τὴν ὑποδεχομένην μήτραν· ἐκ δὲ πνεύματος ἐφόδου καὶ δυνάμεως ἐπισκιασμοῦ τὸ ἅγιον ἐκ τῆς παρθένου συνίσταται βρέφος, οὐ σπερματικῆς ὕλης ἐργαζομένης τὴν θείαν ζωήν, ἀλλὰ πνευματικῆς καὶ θεϊκῆς δυνάμεως ἐνδιδούσης τῇ παρθένῳ τὴν θείαν κύησιν καὶ χαριζομένης τὸν θεῖον τοκετόν."
367 APOLLINARIS, *De fide et incarnatione* 13: LIETZMANN 1904, 200–201. Der Text ist vollständig nur in differierenden syrischen Handschriften überliefert. LIETZMANN gibt zwei Versionen des syrischen Textes nur in deutscher Übersetzung. Ich habe hier die zweite Version in angepasster Orthographie wiedergegeben, die erste entspricht diesem sinngemäss. Zur Überlieferung vgl. LIETZMANN 1904, 135–136.
368 Vgl. APOLLINARIS, *Fragment* 161: LIETZMANN 1904, 254.
369 Zur noetischen Seele bei APOLLINARIS vgl. CONGOURDEAU 2007, 166–169.

nach menschlichem Vorbild gebildet, doch die Menschlichkeit Christi ist auf eine animalische Seele und den Leib beschränkt.

Wie die Arianer lehnt Apollinaris eine menschliche Seele Christi ab, weil die Verbindung zweier Geistwesen zu einem Christus unmöglich ist, genau so wie ein Mensch keine zwei Seelen haben kann. Christus ist folglich ein Mittelwesen, sowohl Gott als auch Mensch, ohne dass man ihn in das eine oder andere überführen könnte. Um dies zu illustrieren, rekurriert er auf Naturphänomene:

> Mittelwesen entstehen, wenn verschiedene Eigenschaften in eins zusammenkommen, wie beim Maultier die Eigenschaft des Esels und des Pferdes und in der blauen Farbe die Eigenschaft des Weissen und Schwarzen; auch bilden im Himmel die Eigenschaft des Winters und des Sommers den Frühling. Kein Mittelwesen hat aber die beiden Extreme als Ganzes, sondern nur als Teile. Ein Mittelwesen aus Gott und Mensch ist aber in Christus; er ist also weder ganzer Mensch noch Gott [allein], sondern eine Mischung aus Gott und Mensch.[370]

Apollinaris lehnt einen Leib-Seele-Dualismus (Origenes) bzw. den arianischen Gott-Mensch-Dualismus ab:[371] Weder Fleisch noch Geist können für sich existieren; nur zusammen bilden sie ein Ganzes. Vorlage für dieses Denken ist die aristotelische Unterscheidung zwischen Materie und Form – und genau so sind in Christus Fleisch und Wort verbunden:[372]

> Es ist zu bekennen, dass in ihm das Geschaffene in Einheit mit dem Ungeschaffenen ist, und das Ungeschaffene in Mischung mit dem Geschaffenen, eine [einzige] Natur bestehend aus beiden Teilen, eine partielle Energie mit der göttlichen Vollkommenheit des Wortes zu einem Ganzen vervollständigt, wie auch der gewöhnliche Mensch aus zwei Partien besteht, die eine Natur vervollständigen und mit einem Namen bezeichnet werden, denn das Ganze wird Fleisch genannt, ohne dass die Seele unterdrückt wird, und das Ganze wird Seele genannt, ohne dass der Körper unterdrückt wird, wenn er auch etwas anderes ist als die Seele.[373]

Grillmeier weist darauf hin, dass dieses symmetrische Kompositum, das Apollinaris zufolge Christus ist, den Einfluss der aristotelischen Lehre vom Mixtum verrät.[374] Der

---

370 APOLLINARIS, *Syllogismoi*, Fragm. 113: LIETZMANN 1904, 234: „μεσότητες γίνονται ἰδιοτήτων διαφόρων εἰς ἓν συνελθουσῶν ὡς ἐν ἡμιόνῳ ἰδιότης ὄνου καὶ ἵππου καὶ ἐν γλαυκῷ χρώματι ἰδιότης λευκοῦ καὶ μέλανος καὶ ἐν ἀέρι χειμῶνος καὶ θέρους ἰδιότης ἔαρ ἐργαζομένη· οὐδεμία δὲ μεσότης ἑκατέρας ἔχει τὰς ἀκρότητας ἐξ ὁλοκλήρου ἀλλὰ μερικῶς ἐπιμεμιγμένας· μεσότης δὲ θεοῦ καὶ ἀνθρώπων ἐν Χριστῷ· οὐκ ἄρα οὔτε ἄνθρωπος ὅλος οὔτε θεός, ἀλλὰ θεοῦ καὶ ἀνθρώπου μίξις."
371 Vgl. CONGOURDEAU 2007, 168.
372 Vgl. FURLANI 1923, 142: „Il νοῦς divino o Logos era la forma, lo ζῷον la materia."
373 APOLLINARIS, *De unione* 5: LIETZMANN 1904, 187: „ὁμολογεῖται δὲ ἐν αὐτῷ τὸ μὲν εἶναι κτιστὸν ἐν ἑνότητι τοῦ ἀκτίστου, τὸ δὲ ἄκτιστον ἐν συγκράσει τοῦ κτιστοῦ, φύσεως μιᾶς ἐξ ἑκατέρου μέρους συνισταμένης, μερικὴν ἐνέργειαν καὶ τοῦ λόγου συντελέσαντος εἰς τὸ ὅλον μετὰ τῆς θεϊκῆς τελειότητος, ὅπερ <καὶ> ἐπὶ τοῦ κοινοῦ ἀνθρώπου ἐκ δύο μερῶν ἀτελῶν γίνεται, φύσιν μίαν πληρούντων καὶ ἑνὶ ὀνόματι δηλουμένων, ἐπεὶ καὶ σάρξ τὸ ὅλον καλεῖται μὴ περιαιρουμένης ἐν τούτῳ τῆς ψυχῆς καὶ ψυχὴ τὸ ὅλον προσαγορεύεται, οὐ περιαιρουμένου τοῦ σώματος, εἰ καὶ ἕτερόν τι ἐστὶ παρὰ τὴν ψυχήν."
374 Vgl. GRILLMEIER 1990, 485. Zu den homoiomeren Verbindungen bei ARISTOTELES vgl. S. 91 in der vorliegenden Arbeit.

6. PROBLEMATIK

Laodizener bleibt jedoch nicht bei dieser statischen Mischung stehen. Das göttliche Pneuma dominiert die unteilbare Union, ist Antriebskraft und belebender Anteil dieses Wesens. Deshalb kann der Leib keine eigene φύσις haben:

> Wenn nämlich der aus der heiligen Jungfrau geborene „Einer" genannt wird, und er ist, „woraus alles geworden ist" [1Kor 8,6], dann ist er eine Natur [μία φύσις ἐστίν], denn er ist eine Person [πρόσωπον], die man nicht in zwei trennen darf. Der Leib hat nicht dieselbe Natur, noch bewahrt dieselbe Natur die Göttlichkeit nach der Inkarnation, sondern wie der Mensch eine Natur ist, so ist auch Christus im Abbild [ὁμοίωμα] der Menschen geworden.[375]

Im Unterschied zu den Arianern, die Christus ganz als Geschöpf sehen, stellt Apollinaris Christus auf die Seite Gottes. Gregor von Nyssa wirft Apollinaris deshalb vor, dass es hier um die Vergottung des Fleisches gehe, da, weil Gott unveränderlich und ewig ist, sein Fleisch ebenfalls ungeschaffen und himmlisch sein muss.[376] In letzter Konsequenz bringt der Logos sein himmlisches Fleisch gleich selbst mit, ein Fleisch, das ewig und wesensgleich mit dem Vater ist. Apollinaris geht nicht ganz so weit. Doch der Anfang Christi, und damit auch der seines Fleisches, liegt vor aller Zeit.[377] Der Leib hat Christus zwar in der Jungfrau angenommen, aber der Same, der in Maria die Gerinnung des Blutes auslösen kann und in dem schon alle Eigenschaften angelegt sind, der bestand schon immer. Die Christologie des Apollinaris droht hier in eine abgemilderte Form des Doketismus abzugleiten. Dabei wird die jungfräuliche Empfängnis zu einer Art Theophanie erhoben.

Apollinaris führt eine naturphilosophische Erklärung der Genese Christi bis zu ihren letzten Konsequenzen durch, wonach der Logos in Maria das Fleisch gerinnen lässt. Schlussfolgernd formuliert er eine strikte Logos-Sarx-Christologie. Der göttliche Logos und das Fleisch fliessen ineinander und verbinden sich zu etwas Neuem, das weder ganz Gott noch ganz Mensch ist, sondern dazwischen steht.

Dieses Erklärungsmuster wird dem Mysterium der Menschwerdung Gottes nicht gerecht, und der Vorwurf des Phoebadius trifft Apollinaris genau so wie Arius: Ihr Christus schlägt nicht die Brücke zwischen Gott und Mensch, sondern steht quasi auf halbem Wege festgewurzelt, weil er eine Mischung aus beidem ist. Doch der Streit hat

---

375 APOLLINARIS, Ad Dionysium 2: LIETZMANN 1904, 257: „εἰ γὰρ « εἷς » ὁ ἐκ τῆς ἁγίας παρθένου τεχθεὶς ὠνόμασται καὶ αὐτός ἐστι « δι'οὗ τὰ πάντα γέγονε » μία φύσις ἐστίν, ἐπειδὴ πρόσωπον ἓν οὐκ ἔχον εἰς δύο διαίρεσιν, ἐπεὶ μηδὲ ἰδίαν φύσις τὸ σῶμα καὶ ἰδία φύσις ἡ θεότης κατὰ τὴν σάρκωσιν, ἀλλ'ὥσπερ ἄνθρωπος μιᾷ φύσις, οὕτω καὶ ὁ ἐν ὁμοιώματι ἀνθρώπων γενόμενος Χριστός."
376 Vgl. SCHOEPS 2005, 10.
377 Vgl. GREGOR VON NYSSA, Antirrheticus adversus Apollinarium 16: MÜLLER 1958, 150–151 = APOLLINARIS, Fragment 34: LIETZMANN 1904, 254: „εἰ οὖν ἡ θεία σάρκωσις, καθὼς ὁ Ἀπολινάριος λέγει, οὐ τὴν ἀρχὴν ἐκ τῆς παρθένου ἔσχεν, ἀλλὰ καὶ πρὸ τοῦ Ἀβραὰμ καὶ πρὸ πάσης κτίσεως ἦν." – „Die göttliche Fleischwerdung, wie Apollinaris sagt, nahm ihren Anfang nicht von der Jungfrau, sondern war auch vor Abraham und vor aller Schöpfung."

die Kontroverse erheblich weitergebracht. Mit der Diskussion um Apollinaris etablieren sich Termini wie φύσις, ὑπόστασις, πρόσωπον. Insbesondere die erfolgreiche Verwendung von ὑπόστασις für die Deutung der Personeneinheit in Christus scheint sein Verdienst zu sein.[378]

Doch dürfen diese Begriffe nicht über das Ergebnis hinwegtäuschen: Nach dem berühmten Wort von Bischof Euippus setzt sich nicht die Christologie *aristotelice*, sondern *piscatorie* durch:[379] Die beiden strengen Formen der Logos-Sarx-Christologie, der Arianismus und der Apollinarismus, konnten als gefährlichen Einbruch hellenistischer Vorstellungen in die überlieferte Auffassung von Christus ausgemacht und bekämpft werden.[380] Das impliziert auch eine Abkehr von der naturphilosophischen Erklärung der Inkarnation Christi. Die Verbindung zwischen Gott und Mensch in Christus muss neu geklärt werden. Genauer: Die Menschheit Christi ist neu zu entdecken, ohne wie die Arianer die Göttlichkeit zu schmälern oder die Einheit zu negieren – wie manche es den Antiochenern vorwerfen.

Gregor von Nazianz bringt dies in seinem Brief an Cledonius aus dem Jahr 382 auf den Punkt:

> Wenn jemand die heilige Maria nicht als Gottesmutter [Θεοτόκος] annimmt, ist er der Gottheit fern. Wenn jemand sagt, er [sc. Christus] sei durch die Jungfrau wie durch ein Rohr hindurchgegangen, aber nicht in ihr zugleich göttlich und menschlich gebildet worden – göttlich, weil ohne Mann, menschlich, weil nach dem Gesetz der Schwangerschaft –, ist er ebenfalls gottlos. Wenn jemand sagt, der Mensch sei gebildet worden, danach sei Gott in ihn hineingekommen, ist er verworfen. Das ist nämlich keine Geburt Gottes, sondern ein Ausweichen vor der Geburt. Wenn einer zwei Söhne einführt, einer von Gott dem Vater, der andere von der Mutter, und es ist nicht ein und derselbe, verliert er die den Rechtgläubigen verheissene Sohnschaft. Denn Gott und Mensch sind zwei Naturen, wie auch Seele und Körper es sind [ἐπεὶ καὶ ψυχὴ καὶ σῶμα], doch es gibt nicht zwei Söhne und zwei Götter. Denn wir bestehen auch nicht aus zwei Menschen, auch wenn Paulus das Innere und das Äussere des Menschen als Mensch bezeichnet hat [Röm 7, 22]. Kurz gesagt: Das, woraus der Erlöser besteht, ist etwas Verschiedenes (denn das Unsichtbare ist nicht gleich dem Sichtbaren, noch das Zeitlose dem der Zeit Unterworfenen), nicht aber sind es Verschiedene, – keinesfalls! Denn beides ist durch Mischung [σύγκρασις] Eines, da Gott Mensch und der Mensch Gott geworden ist, oder wie man es ausdrücken mag. Ich sage ,Verschiedenes' im Gegensatz zu dem, wie es sich bei der Trinität verhält. Dort [heisst es] ,Verschiedene', damit wir nicht die Hypostasen zusammengiessen, und nicht ,Verschiedenes'; denn hinsichtlich der Gottheit sind die Drei ein und dasselbe.[381]

---

378 Vgl. die Darstellung bei RICHARD 1946.
379 Vgl. GRILLMEIER 1978 283–300; EUIPPUS, C(odex) E(ncydius) 40: ACO II 5, p. 84, 2–3: „Haec ergo breviter piscatorie et non Aristotelice suggessimus."
380 Vgl. IVÁNKA 1948.
381 GREGOR VON NAZIANZ, *Epistula ad Cledonium* (*Epistula* 101), 16–21. GALLAY 1998: 42–46: „Εἴ τις οὐ Θεοτόκον τὴν ἁγίαν Μαρίαν ὑπολαμβάνει, χωρὶς ἐστὶ τῆς θεότητος. Εἴ τις ὡς διὰ σωλῆνος τῆς Παρθένου διαδραμεῖν, ἀλλὰ μὴ ἐν αὐτῇ διαπεπλάσθαι λέγοι θεϊκῶς ἅμα καὶ ἀνθρωπικῶς (θεϊκῶς μέν, ὅτι

Christus ist in Maria göttlich und menschlich gebildet worden. Die menschlichen Gesetze der Schwangerschaft gelten für die göttliche Bildung nicht. Deshalb hat Christus zwei Naturen, wie Gregor unterstreicht, und nicht, wie bei den Arianern und den Apollinaristen, nur eine.[382] Gregor nimmt das spätere Problem der Verbindung der Naturen vorweg, wenn er warnt, dass es deswegen dennoch nicht zwei Söhne geben dürfe. Lange vor der Diskussion um Nestorius insistiert er auf den Theotokos-Titel für Maria.[383]

Probleme bereitet die Übersetzung des Kausalsatzes „ἐπεὶ καὶ ψυχὴ καὶ σῶμα". Es ist nicht klar, ob Gregor damit eine Aussage über die menschliche Natur Christi machen wollte, die aus Seele und Körper besteht. Möglich ist auch, dass er sich auf das anthropologische Modell bezieht, es demzufolge also zwei Naturen in Christus gibt, so wie es im Menschen Leib und Seele gibt.[384] Das Zitat aus Röm 7, 22 bezeugt die erste Interpretation: So wie der Mensch nicht in einen leiblichen und einen seelischen Menschen aufgeteilt werden kann, und nur als Einheit aus beiden existiert, so trifft dies auch auf Christus zu. Obwohl er aus zwei unterschiedlichen Naturen besteht, sind dies nicht zwei Söhne.

e. Die richtige Mischung

Gregor von Nazianz spricht in seinem eben zitierten Brief 101 an Cledonius von Mischung (σύγκρασις).[385] Dieser Begriff ist heikel, weil er nur gilt, solange die Integrität und die Vollkommenheit beider Naturen in Christus gewahrt bleiben. Dagegen hat Apollinaris mit seiner These verstossen: Sein Christus ist eine vollständige Mischung aus Logos und Mensch, wobei der menschliche Anteil reduziert wird, um mit dem Logos wieder ein Ganzes schaffen zu können. Diese Union hat deshalb eine φύσις, die ein Gemisch aus Gott und Mensch ist.[386] Vorbild für diese Mischung ist der Mensch und seine Zusammensetzung aus Leib und Seele, die auch nur eine Natur hat. Apollinaris

---

χωρὶς ἀνδρός· ἀνθρωπικῶς δέ, ὅτι νόμῳ κυήσεως), ὁμοίως ἄθεος. Εἴ τις διαπεπλάσθαι τὸν ἄνθρωπον, εἶθ' ὑποδεδυκέναι λέγοι Θεόν, κατάκριτος. Οὐ γέννησις γὰρ Θεοῦ τοῦτό ἐστιν, ἀλλὰ φυγὴ γεννήσεως. Εἴ τις εἰσάγει δύο Υἱούς, ἕνα μὲν τὸν ἐκ τοῦ Θεοῦ καὶ Πατρός, δεύτερον δὲ τὸν ἐκ τῆς μητρός, ἀλλ' οὐχὶ ἕνα καὶ τὸν αὐτόν, καὶ τῆς υἱοθεσίας ἐκπέσοι τῆς ἐπηγγελμένης τοῖς ὀρθῶς πιστεύουσι. Φύσεις μὲν γὰρ δύο Θεὸς καὶ ἄνθρωπος, ἐπεὶ καὶ ψυχὴ καὶ σῶμα· υἱοὶ δὲ οὐ δύο, οὐδὲ Θεοί. Οὐδὲ γὰρ ἐνταῦθα δύο ἄνθρωποι, εἰ καὶ οὕτως ὁ Παῦλος τὸ ἐντὸς τοῦ ἀνθρώπου καὶ τὸ ἐκτὸς προσηγόρευσε. Καὶ εἰ δεῖ συντόμως εἰπεῖν, ἄλλο τὰ ἐξ ὧν ὁ Σωτὴρ (εἴπερ μὴ ταὐτὸν τὸ ἀόρατον τῷ ὁρατῷ καὶ τὸ ἄχρονον τῷ ὑπὸ χρόνον), οὐκ ἄλλος δὲ καὶ ἄλλος· μὴ γένοιτο. Τὰ γὰρ ἀμφότερα ἓν τῇ συγκράσει, Θεοῦ μὲν ἐνανθρωπήσαντος, ἀνθρώπου δὲ θεωθέντος, ἢ ὅπως ἄν τις ὀνομάσειε. Λέγω δὲ ἄλλο καὶ ἄλλο, ἔμπαλιν ἢ ἐπὶ τῆς Τριάδος ἔχει. Ἐκεῖ μὲν γὰρ ἄλλος καὶ ἄλλος, ἵνα μὴ τὰς ὑποστάσεις συγχέωμεν· οὐκ ἄλλο δὲ καὶ ἄλλο, ἓν γὰρ τὰ τρία καὶ ταὐτὸν τῇ θεότητι."

382 Vgl. APOLLINARIS, *De unione* 5: LIETZMANN 1904, 187.
383 Vgl. GAHBAUER 1984, 96–101.
384 GAHBAUER zeigt, dass die Übersetzungen in diese beiden Gruppen aufgeteilt werden können. Vgl. GAHBAUER 1984, 97–98.
385 Vgl. S. 174 in der vorliegenden Arbeit.
386 APOLLINARIS, *De unione* 5: LIETZMANN 1904, 187. Vgl. BOULNOIS 2005, 602.

spricht deswegen von einer σύνθεσις ἀνθρωποειδής, einer „menschlichen Synthese".[387] Doch aus dieser Synthese ergeben sich einige Probleme. Insbesondere müsste der Logos wie eine menschliche Seele wandelbar und fähig zum Leiden sein, weil sich sonst Menschwerdung und Tod nicht erklären liessen. Leidensfähigkeit und Wandel sind jedoch Eigenschaften, die Gott nicht zukommen können. Die Arianer, die eine ähnliche Synthese in Christus propagierten, lösen das Problem, indem sie den Logos zu einem Geschöpf degradieren.[388]

Die andere Extremlösung besteht darin, das anthropologische Modell für das Zusammenspiel Logos-Mensch in Christus abzulehnen. Wenn die Akten des Prozesses 268 gegen Paul von Samosata echt sind, dann warf man ihm genau dieses vor.[389] Unter den in der antiochenischen Tradition stehenden Theologen etablierte sich eine Zurückweisung (wie etwa bei Diodor von Tarsus) oder zumindest eine Relativierung der anthropologischen Analogie.[390] Diesen Autoren zufolge vermag die Analogie (Mensch aus Leib und Seele) die Einheit der beiden Naturen in Christus nicht genügend zu erklären. Das Modell setzt ein Geschöpf mit nur einer Natur voraus, einer Natur notabene, die eine solche Union aus zwei nicht getrennt existierenden Bestandteilen vorsieht – doch der Logos ist vollkommen und existierte vor der Inkarnation. Eine vorschnelle Applizierung auf Christus führt deshalb direkt in die Häresien des Apollinaris oder Arius. Diese Reflexionen bilden auch den Hintergrund zur ablehnenden Haltung des Chrysostomus zur im Rahmen der Medizin erklärten Genese Christi: Wenn das anthropologische Modell für das Zusammenspiel der Naturen abzulehnen ist, kann die Genese Christi auch nicht nach anthropologischen Prinzipien erfolgen. Darum müssen solche Erklärungsmuster abgelehnt werden.[391]

Die von den Antiochenern eingebrachten Begriffe οἰκεῖν, κατοικεῖν, ἐνοικεῖν „Einwohnung" sind Cyrill von Alexandrien zu schwach; die Verbindung Gott-Mensch muss

---

387 Vgl. APOLLINARIS, *Ad Dionysium* A 9: LIETZMANN 1904, 259. Vgl. BOULNOIS 2005, 602.
388 Vgl. den *Sermo in pascha* des Arianers LUCIUS VON ALEXANDRIEN auf S. 167 in der vorliegenden Arbeit, der von μία σύνθετος φύσις sprach.
389 Zu diesen Akten vgl. RIEDMATTEN 1952 und GAHBAUER 1984, 87–96 sowie RICHARD 1977. RICHARD bestreitet die Authentizität und weist sie einem Polemisten des fünften oder sechsten Jahrhunderts zu. In unserem Zusammenhang interessant ist das Zeugnis eines Malchion, der das anthropologische Modell für Christus forderte: „Πυνθάνομαι οὖν εἰ ὥσπερ ἡμεῖς, τοῦτο τὸ σύνθετον ζῷον, οἱ ἄνθρωποι, σύνοδον ἔχομεν ἔκ τε σαρκὸς καί τινος ὄντος ἐν ἐκτείνῳ τῷ σώματι ὡς τῆς ἐν ἡμῖν ἐνταῦτα ζωῆς · καθάπερ ἐφ᾽ ἡμῶν ἐπιτελεῖται ἐν ταυτῷ τόν τε θεὸν λόγον καὶ τὸ ἐκ τῆς παρθένου." – „Ich möchte nun wissen, ob gleich uns Menschen, den zusammengesetzten Wesen, die wir eine Verbindung aus Leib und etwas im Leib bilden, so auch der Logos, die Weisheit in jenem Leib war als Urheber unseres Lebens. Wie bei uns der Mensch aus der Zusammensetzung vollendet wird, so sagt man auch, dass bei jenem aus der Zusammenkunft in demselben der Gott-Logos und das aus der Jungfrau Geborene bestehen." (RIEDMATTEN 1952, 156). Zur Interpretation dieser Aussage vgl. GAHBAUER 1984, 87–96.
390 Vgl. GAHBAUER 1984, 225–345.
391 Vgl. das Zitat von JOHANNES CHRYSOSTOMUS, *In Matthaeum homiliae* 4, 3 auf S. 88 in der vorliegenden Arbeit.

6. PROBLEMATIK

stärker sein, denn sonst wird die Inkarnation nicht ernst genommen.[392] Der Kern des Streites um die zwei Naturen lässt sich darum als Streit um die richtige Mischung verstehen. Dies zeigt sich auch bei der berühmten Formel von Chalkedon, die schliesslich die gültige orthodoxe Position festhält:

> [...] ἕνα καὶ τὸν αὐτὸν Χριστόν, υἱόν, κύριον, μονογενῆ, ἐν δύο φύσεσιν, ἀσυγχύτως, ἀτρέπτως, ἀδιαιρέτως, ἀχωρίστως γνωριζόμενον· οὐδαμοῦ τῆς τῶν φύσεων διαφορᾶς ἀνῃρημένης διὰ τὴν ἕνωσιν, σωζομένης δὲ μᾶλλον τῆς ἰδιότητος ἑκατέρας φύσεως καὶ εἰς ἕν πρόσωπον καὶ μίαν ὑπόστασιν συντρεχούσης.

> [...] einen und denselben Christus, den Sohn, den Herrn, den Einziggeborenen, der in zwei Naturen, unvermischt, ungewandelt, ungetrennt, ungesondert geoffenbart ist. Keineswegs wird der Unterschied der Naturen durch die Einigung aufgehoben, vielmehr wird die Eigenart jeder Natur [gerade] bewahrt, und beide vereinigen sich zu einer Person und einer Hypostase.[393]

Boulnois hat gezeigt, dass Nemesius von Emesa ein guter Ausgangspunkt darstellt, um die im Streit diskutierten Formen einer Mischung zwischen Seele und Körper im Menschen herauszuarbeiten. Sie dienen im Streit als mögliche Modelle für das Zusammenspiel göttlicher und menschlicher Natur in Christus.[394] So kommt Nemesius in seinem um 400[395] verfassten Werk über die Natur des Menschen von der Anthropologie auf die Christologie zu sprechen, und nicht, wie andere Autoren, in umgekehrter Folge. So belegt Nemesius, wie eng für ihn die Fragen zusammengehören. Es ist für ihn eindeutig, dass zur Darstellung der Natur des Menschen als Einheit aus Körper und Seele auch die Frage nach der Natur Christi gehört. Das überrascht, da Nemesius eher zu den Diphysiten zu rechnen ist und nicht zu den Arianern oder Apollinaristen, für welche die Union in Christus nach menschlichem Vorbild ein zentrales Argumentationsmuster ist.[396]

Nemesius beginnt seine Ausführungen mit einer ernüchternden Feststellung:

> Es ist zu untersuchen, wie sich die Vereinigung der Seele mit dem unbeseelten Leib vollzieht. Der Gegenstand ist kompliziert. Besteht der Mensch nicht nur aus diesen beiden

---

392 Deutlich formuliert es CYRILL in *Contra eos qui theodocon nolunt confiteri* 7: SCHWARTZ 1929, ACO I, 1, 7, p. 22: „μανθανέτωσαν ὅτιπερ ἐνοίκησις οὐκ ἐπὶ τοῦ Χριστοῦ, ἀλλ'ἐπὶ τῶν προφητῶν καὶ τῶν ἄλλων ἁγίων λέγεται καὶ ὑπερβαίνει σφόδρα τοὺς τῆς ἐνοικήσεως ὅρους τὸ λεγόμενον." – „Sie sollen lernen, dass von Einwohnung nicht bei Christus, sondern bei den Propheten und den anderen Heiligen gesprochen wird und das Gesagte den Begriff der Einwohnung um vieles übersteigt." – Vgl. GAHBAUER 1984, 377–378. GAHBAUER hat gezeigt, dass CYRILL unter gewissen Voraussetzungen ein Einwohnungsschema akzeptieren kann, dann nämlich, wenn auch das Verhältnis der Seele zum Körpers beim Menschen als „Einwohnung" bezeichnet wird.
393 Formel von Chalkedon, DENZINGER & HÜNERMANN 1991, Nr. 301–301, 142–143.
394 Vgl. BOULNOIS 2005. Zu NEMESIUS siehe auch BENDER 1898 und FORTIN 1959.
395 NEMESIUS verwendet zwar bereits einige typisch chalkedonensische Begriffe, erwähnt jedoch weder NESTORIUS noch EUTYCHES, spricht dafür von APOLLINARIS und den Eunomianern. Deswegen ist eine Datierung um 400 am wahrscheinlichsten. Vgl. BENDER 1898, 30.
396 Vgl. BOULNOIS 2005, 454–459 und GAHBAUER 1984, 237–272.

Teilen, sondern auch noch aus dem Verstand, wie manche annehmen, so wird die Frage noch weit verwickelter.[397]

Dann zählt er die drei stoischen Formen der Mischung auf:[398] Eine παραθέσει (*iuxtapositio*) ist unmöglich, weil Körper und Seele nicht nebeneinanderliegen können. Sonst wäre nur jener Teil des Leibes beseelt, der die Seele unmittelbar berührt. κρᾶσις (*concretio*) ist unmöglich, weil es wie bei einem Gemisch aus Eisen- und Holzspänen keine wirkliche Einheit gäbe. σύγχυσις (*confusio*) ist ebenfalls unmöglich, weil zum Beispiel das Mischen von Wasser und Wein beides verdirbt beziehungsweise etwas Neues entstehen lässt, das weder dem einen noch dem anderen Ausgangsstoff entspricht. Diese Termini spielen bei dem sich anbahnenden Streit um Nestorius eine grosse Rolle, denn einerseits beschuldigt Cyrill den Nestorius, er vertrete eine παραθέσει, während umgekehrt Nestorius dem Cyrill eine κρᾶσις der Naturen vorwirft.

Auch die platonische Lehre, dass die Seele den Leib wie ein Kleid trage, wird verworfen. Schliesslich kommt Nemesius zur Lösung des Neuplatonikers Ammonius Sakkas:

> Er führte aus: Die geistigen Wesen besitzen eine Natur von folgender Art: sie vereinigen sich sowohl mit den Stoffen, die zur Aufnahme dieser geistigen Wesen fähig sind, wie auch solcher Dinge, die bei der Vermischung ihre eigene Natur aufgegeben haben; vereinigen sich die übersinnlichen Wesen mit den Stoffen, so bleiben sie ungemischt [ἀσύγχυτα] und unzerstörbar wie die Dinge, die beigefügt worden sind.[399]

Im Unterschied zu Aristoteles, der es für unmöglich hielt, dass zwei Substanzen zu einer neuen dritten vermischt werden könnten,[400] ermöglichte dies die neuplatonische Lehre einer ἀσύγχυτος ἕνωσις (ungemischten Einigung).[401] Die Seele vereinigt sich also mit dem Leib ohne Vermischung, weil sie immateriell ist und ihn ganz durchdringt, wie Licht die Luft durchdringt.[402] Umgekehrt bleibt die Seele selbst unvermischt, weil nichts

---

397 Nemesius, *De natura hominis* 3: Morani 1987, 38: „Ζητητέον δέ, πῶς ψυχῆς καὶ σώματος ἀψύχου γίνεται ἕνωσις. ἄπορον γὰρ τὸ πρᾶγμα. εἰ δὲ μὴ μόνον ἐκ τούτων, ἀλλὰ καὶ τοῦ νοῦ συνέστηκεν ὁ ἄνθρωπος, ὥς βουλονταί τινες, ἔτι πλέον ἀπορώτερον."
398 Vgl. S. 114 in der vorliegenden Arbeit.
399 Nemesius, *De natura hominis* 3: Morani 1987, 39: „ἔλεγε τὰ νοητὰ τοιαύτην ἔχειν φύσιν, ὡς καὶ ἑνοῦσθαι τοῖς δυναμένοις αὐτὰ δέξασθαι, καθάπερ τὰ συνεφθαρμένα, καὶ ἑνούμενα μένειν ἀσύγχυτα καὶ ἀδιάφθορα ὡς τὰ παρακείμενα."
400 Vgl. Aristoteles, *Metaphysica* Z, 3, 1039a3–4: Jaeger 1973, 157; de. Szlezák 2003, 134.
401 Zum Terminus ἀσύγχυτος vgl. Gahbauer 1984, 240–246. Er weist darauf hin, dass bereits Tertullian in *Adversus Praxean* 27, 11: Sieben 2001, 238; ein Begriffsäquivalent zu ἀσύγχυτος ἕνωσις verwendet. Weil er realisiert, dass eine stoische confusio von Gott und Mensch in Christus die spezifischen Eigenschaften und Funktionen aufgelöst hätte, benennt er die Verbindung *duplex status, non confusum, sed coniunctum in una persona*. Damit bekämpft er den Patripassianismus des Noet. Cantalamessa 1962, 168–176; weist darauf hin, dass der Begriff Persona hier nicht christologisch, sondern trinitarisch zu verstehen ist.
402 Ein Beispiel, das auch Augustinus in Brief 137, 11 unabhängig von Nemesius bringt. Vgl. Fussnote 406 auf S. 179 in der vorliegenden Arbeit.

durch sie dringt. Zudem ist die Seele örtlich unbegrenzt. Deshalb ruht sie nicht im Körper wie in einem Gefäss, sondern der Leib befindet sich in ihr. Dieses Verhältnis ist rein relational und nicht lokal. Die Bindung Seele-Körper gleicht deshalb der Beziehung zwischen Liebenden.[403]

Nemesius beschreibt die Vereinigung des Logos mit dem Menschen so:

> Folgende Betrachtungsweise dürfte reibungsloser und am ehesten auf die Vereinigung des Gottes Logos mit dem Menschen passen. In dieser Art der Vereinigung blieb er unvermengt und unbegreiflich, freilich nicht nach der Art der Seele. Denn jene, die zu den gewachsenen Dingen gehört, scheint irgendwie dadurch, dass sie dem Körper zugehört, mit ihm zu leiden und ihn bisweilen zu beherrschen, aber auch beherrscht zu werden. Der Gott Logos aber, der in keiner Hinsicht selbst durch die Gemeinschaft mit dem Leib und der Seele Veränderung erfährt, noch an der Schwäche von beiden Anteil hat, aber ihnen an seiner Gottheit Anteil verleiht, wird mit ihnen eins und bleibt in dem Zustand, in dem er auch vor der Einigung war. Ganz und gar neu ist folgende Weise der Mischung und Einigung. Auch der Gott Logos mischt sich und bleibt in allem unvermischt, unvermengt, unverdorben und unverändert, [ἄμικτος καὶ ἀσύγχυτος καὶ ἀδιάφθορος καὶ ἀμετάβλητος, οὐ συμπάσχων] indem er nicht mitleidet, sondern einzig mitwirkt, wobei er weder zugrunde geht noch Veränderung erfährt. Vielmehr trägt er zum Wachstum von Leib und Seele bei, erleidet aber durch sie keine Minderung. Dazu bleibt er unveränderlich und unvermengt, da er ganz und gar jeglicher Veränderung ferne ist.[404]

Nemesius deutet die Bindung Gott-Mensch in Christus mit neuplatonischer Begrifflichkeit. Es gelingt ihm auf diese Weise, eine rationale Erklärung für das Zusammenspiel Gott-Mensch zu finden.[405] Dies geschieht aber explizit „nicht nach Art der Seele". Die Verbindung Gott-Mensch in Christus entspricht folglich nicht der Verbindung Körper-Seele im Menschen, es sind unterschiedliche Mischungen.[406]

---

403 Dies ist eine Vorstellung, die CYRILL VON ALEXANDRIEN dem NESTORIUS vorwirft: Nur eine Union de Natura wird einem wahrhaften Gott-Menschen gerecht. So werfen die Antiochener CYRILL nach *Apologia XII capitulorum contra Theodoretum* 2: SCHWARTZ 1928 (ACO 1, 1, 6) 114, 13–16; eine κρᾶσις der Naturen vor. Vgl. BOULNOIS 2005, 455. Für weitere Beispiele vgl. GAHBAUER 1984, 407–419.
404 NEMESIUS, *De natura hominis* 3: MORANI 1987, 42: „ἁρμόσειε δ' ἂν οὗτος ὁ λόγος καθαρώτερον καὶ μάλιστα τῇ πρὸς τὸν ἄνθρωπον ἑνώσει τοῦ θεοῦ λόγου, καθ' ἣν ἑνωθεὶς ἔμεινεν ἀσύγχυτος καὶ ἀπερίληπτος οὐ κατὰ τὸν τῆς ψυχῆς τρόπον· ἐκείνη μὲν γάρ, τῶν πεπληθυσμένων οὖσα, δοκεῖ καὶ συμπάσχειν πως δι' οἰκειότητα τῷ σώματι καὶ κρατεῖν ἔσθ' ὅτε καὶ κρατεῖσθαι, ὁ δὲ θεὸς λόγος οὐδὲν αὐτὸς ἀπὸ τῆς κοινωνίας τῆς περὶ τὸ σῶμα καὶ τὴν ψυχὴν ἀλλοιούμενος οὐδὲ μετέχων τῆς ἐκείνων ἀσθενείας, μεταδιδοὺς δὲ αὐτοῖς τῆς ἑαυτοῦ θεότητος γίνεται σὺν αὐτοῖς ἕν, μένων ἕν, ὅπερ ἦν καὶ πρὸ τῆς ἑνώσεως. καινότερος οὗτος ὁ τρόπος τῆς κράσεως ἢ ἑνώσεως, καὶ κιρνᾶται καὶ μένει παντάπασιν ἄμικτος καὶ ἀσύγχυτος καὶ ἀδιάφθορος καὶ ἀμετάβλητος, οὐ συμπάσχων, ἀλλὰ συμπράττων μόνον, οὐδὲ συμφθειρόμενος καὶ συναλλοιούμενος, ἀλλὰ συναύξων μὲν ἐκεῖνα, αὐτὸς δὲ μὴ μειούμενος ὑπ' αὐτῶν πρὸς τῷ μένειν ἄτρεπτος καὶ ἀσύγχυτος, ἐπειδὴ καὶ καθαρῶς πάσης ἀλλοιώσεως ἀμέτοχός ἐστι."
405 Vgl. BENDER 1898, 25–26.
406 So schreibt auch AUGUSTINUS in Epistula 137, 2: GOLDBACHER 1904, 98; dass die Natur der Seele und jene des Körpers unterschiedlich seien, Gott sich von diesen beiden aber noch viel mehr unterscheide, weil er Schöpfer beider sei und sich nicht auf einen Ort begrenzen lasse. Deshalb darf man sich Christus

Im selben Werk *De natura hominis* kommt Nemesius auch auf die Zeugung der Menschen zu sprechen. Er schreibt:

> Aristoteles und Demokritos wollen durchaus nicht anerkennen, dass der Samen der Frau zur Geburt der Kinder beitrage. Sie sind der Ansicht: was die Frauen ausscheiden, ist vielmehr Schweiss des Geschlechtsteils als Samen.[407] Galen jedoch lehnt Aristoteles ab und bemerkt: die Frauen giessen Samen aus, die Mischung beider Samen (des männlichen und des weiblichen) bringt die Befruchtung zustande; deswegen nennt man auch den Geschlechtsverkehr Mischung [μῖξις]; allerdings ist es kein so vollkommener Samen wie der des Mannes, er ist im Gegenteil noch unausgereift und zu nass. Da der Samen der Frau diese Eigenschaften besitzt, dient er zur Nahrung des männlichen.[408]

Eine Zeugung setzt eine Mischung [μῖξις] zweier Samen voraus. Im stoischen Modell entspräche dies einer *concretio*. Auch wenn der weibliche Same nur zur Nahrung des männlichen Samens dient, so sind es doch zwei gleiche Substanzen – wenn auch von unterschiedlicher Qualität. Folglich liegen bei einer menschlichen Zeugung einerseits und bei der Vereinigung Gott-Mensch in Christus andererseits nicht dieselben Mischungen vor. Das eine, die Zeugung ist eine μῖξις, das andere eine ἀσύγχυτος ἕνωσις. Eine rationale Erklärung der Genese Christi im Rahmen der antiken Empfängnislehre setzt jedoch voraus, dass beide Mischungen gleicher Art wären. Nur wenn die Mischung Mann-Frau zur Genese eines Kindes gleich funktioniert wie die Mischung Gott-Mensch in Christus, ist es möglich, die Mechanismen von Mann-Frau auf Gott-Frau zu übertragen.

Christliche Autoren, welche die beiden Mischungen gleichsetzen, sind gezwungen, medizinische Vorstellungen aufgrund ihrer christologischen Konzeption zu wählen. Nur ein Modell, das von einer absoluten Dominanz des männlichen Zeugungsanteiles über den weiblichen ausgeht, kann so rezipiert werden. Dies erklärt auch die Präferenz für das aristotelische Schema etwa bei Apollinaris, das dem Mann die Form, der Frau die Materie zuweist.

---

nicht als Körper vorstellen, in welchen Gott hineinfloss (infusus). Fortin 1959, 113; vergleicht diesen Text mit Nemesius und Priskian, um zu zeigen, dass Augustinus sowohl von der Terminologie her als auch von den gewählten Beispielen (Licht in der Luft und Gemisch von Flüssigkeiten) eine Lehre ausdrückt die „rigoureusement identique" sei. Beide Autoren sprechen sich gegen die Stoiker, gegen eine materielle Seele und für eine relationale Verbindung zwischen Leib und Seele aus. Vgl. Fortin 1959, 117.

407 Nemesius ist nicht ganz korrekt in seiner Wiedergabe. Zwar ist Aristoteles Vertreter einer dualistischen Samenlehre, er lehnt aber die Vorstellung ab, dass der Embryo von einer schweissähnlichen Substanz ernährt werde. Vgl. S. 99 in der vorliegenden Arbeit.

408 Nemesius, *De natura hominis* 25: Morani 1987, 86–87; de. Orth 1925, 76: „Ἀριστοτέλης μὲν οὖν καὶ Δημόκριτος οὐδὲν βούλονται συντελεῖν τὸ τῆς γυναικὸς σπέρμα πρὸς γένεσιν τέκνων· τὸ γὰρ προϊέμενον ἐκ τῶν γυναικῶν ἱδρῶτα τοῦ μορίου μᾶλλον ἢ γονὴν εἶναι βούλονται. Γαληνὸς δὲ καταγινώσκων. Ἀριστοτέλους λέγει σπερμαίνειν μὲν τὰς γυναῖκας καὶ τὴν μῖξιν ἀμφοτέρων τῶν σπερμάτων ποιεῖν τὸ κύημα· διὸ καὶ τὴν συνουσίαν μῖξιν λέγεσθαι· οὐ μὴν τελείαν γονὴν ὡς τοῦ ἀνδρός, ἀλλ' ἔτι ἄπεπτον καὶ ὑγροτέραν· τοιαύτη δὲ οὖσα τῆς γυναικὸς ἡ γονὴ τροφὴ γίνεται τῆς τοῦ ἀνδρός."

Nemesius gibt die Medizin quasi wieder frei: Es kann wieder über ein paritätisches Samenmodell nach Galen nachgedacht werden, ohne damit in eine christologische Häresie zu geraten.

Monophysitische Autoren versuchen zunächst, die anthropologische Analogie zu wahren. Doch auch sie weichen vom strikten Logos-Sarx-Schema ab und geben zu, dass der Logos menschliches Fleisch und eine menschliche Seele angenommen habe. Cyrill von Alexandrien schreibt:

> Aber vielleicht wirst du Folgendes sagen: „Sage mir, wurde nun die Jungfrau die Mutter Gottes?" Und wir sagen deshalb, dass offenbar aus dem Wesen Gottes und Vaters selbst sein lebendiges und als Hypostase existierendes Wort gezeugt wurde. Nachdem es Fleisch wurde, das heisst mit dem Fleisch, welches eine Geistseele besitzt, vereint wurde, sagt man, dass es auch leiblich aus der Frau geboren wurde. Das Geheimnis der Geburt Christi gleicht irgendwie unserer Geburt. Denn die irdischen Mütter leisten bei der Geburt der Natur Dienste, sie tragen zwar in ihrem Leib die kleine Leibesfrucht, Gott aber giesst dem Lebewesen den Geist ein. Denn er formt den Geist des Menschen in ihm nach dem Wort des Propheten [Sach 12, 1]. Es unterscheiden sich aber Leib und Seele in ihrer Art. Aber auch wenn die Mütter nur die Mütter der irdischen Leiber geworden sind, so haben sie doch das gesamte Lebewesen aus Leib und Seele geboren. Man sagt nicht, dass sie nur einen Teil gebären und niemand dürfte behaupten, dass Elisabeth nur den Leib, nicht jedoch auch die Seele geboren habe. Sie gebar nämlich den beseelten Täufer, der gleichsam aus beiden, das heisst aus Leib und Seele bestand. Wir werden annehmen, dass dergleichen auch bei der Geburt des Emmanuel geschehen ist. Denn es wird, wie ich sagte, aus dem Wesen Gottes sein eingeborener Logos gezeugt. Da der Menschensohn aber Fleisch angenommen und es sich zu eigen gemacht und damit gewirkt hatte und uns gleich wurde, glaube ich, nichts Ungehöriges zu behaupten. Vielmehr bekenne ich, dass er dem Fleische nach aus der Frau geboren wird, wie auch die Seele des Menschen mit dem eigenen Leib zusammen gezeugt und in Einheit mit ihm gedacht wird, obwohl ihre Natur als eine andere begriffen wird und tatsächlich ist. Wenn jemand sagen wollte, dass die Mutter eines solchen nur Gebärerin des Fleisches, nicht jedoch auch der Seele sei, redet er unnützes Zeug.[409]

---

[409] Cyrill von Alexandrien, *Epistula 1 ad monachos*: Schwartz 1928 (ACO 1, 1, 1) 15, 7–30; de. Gahbauer 1984, 367–368: „Ἀλλ' ἴσως ἐκεῖνο ἐρεῖς· ἆρ' οὖν, εἰπέ μοι, θεότητος μήτηρ γέγονεν ἡ παρθένος; καὶ πρός γε τοῦτο φαμὲν ὅτι γεγέννηται μὲν ὁμολογουμένως ἐξ αὐτῆς τῆς οὐσίας τοῦ θεοῦ καὶ πατρὸς ὁ ζῶν τε καὶ ἐνυπόστατος αὐτοῦ λόγος καὶ ἄναρχον ἐν χρόνωι τὴν ὕπαρξιν ἔχει, ἀεὶ συνυφεστηκὼς τῶι γεγεννηκότι ἐν αὐτῶι τε καὶ σὺν αὐτῶι καὶ ὑπάρχων καὶ νοούμενος· ἐν ἐσχάτοις δὲ τοῦ αἰῶνος καιροῖς, ἐπειδὴ γέγονε σάρξ, τουτέστιν ἡνώθη σαρκὶ ψυχὴν ἐχούσηι τὴν λογικήν, γεγεννῆσθαι λέγεται καὶ σαρκικῶς διὰ γυναικός. ἔοικε δέ πως τῶι καθ' ἡμᾶς τόκωι τὸ ἐπ' αὐτῶι μυστήριον. αἱ μὲν γὰρ ἐπὶ γῆς μητέρες, ὑπηρετοῦσαι τῆι φύσει πρὸς γένεσιν, ἔχουσι μὲν ἐν μήτραι πηγνυμένην κατὰ βραχὺ τὴν σάρκα καὶ ἀφράστοις τισὶν ἐνεργείαις θεοῦ προιοῦσάν τε καὶ τελειουμένην εἰς εἶδος τὸ ἀνθρώπινον· ἐνίησι δὲ τῶι ζώιωι τὸ πνεῦμα ὁ θεὸς καθ' ὃν οἶδεν τρόπον. πλάττει γὰρ πνεῦμα ἀνθρώπου ἐν αὐτῶι κατὰ τὴν τοῦ προφήτου φωνήν. ἕτερος δὲ σαρκὸς καὶ ὁμοίως ἕτερος ὁ ψυχῆς ἐστι λόγος. ἀλλ' εἰ καὶ γεγόνασι μόνων αὗται τῶν ἀπὸ γῆς σωμάτων μητέρες, ἀλλ' οὖν ὅλον ἀποτοκοῦσαι τὸ ζῶιον, τὸ ἐκ ψυχῆς δὴ λέγω καὶ σώματος, οὐχὶ μέρος λέγονται τεκεῖν, οὐδ' ἄν εἴποι τις, φέρε εἰπεῖν, τὴν Ἐλισάβετ σαρκοτόκον μέν, οὐ μὴν ἔτι καὶ ψυχοτόκον· ἐκτέτοκε γὰρ ψυχωθέντα τὸν βαπτιστὴν καὶ ὡς ἐν ἀμφοῖν τὸν ἄνθρωπον, ψυχῆς δὴ λέγω καὶ σώματος. τοιοῦτόν τι πεπρᾶχθαι παραδεξόμεθα καὶ ἐπὶ τῆι γεννήσει τοῦ Ἐμμανουήλ. γεγέννηται μὲν

Maria trägt zur Genese Christi einzig die Nahrung für den Körper Christi bei. Damit hat sie nur Anteil an der Entwicklung des Leibes. Mutter Gottes wird sie durch den Akt der Geburt. Die Geburt Christi gleicht darum unserer Geburt in zwei Punkten: Erstens ist der Beitrag Mariens zur Entstehung Christi derselbe, den jede menschliche Mutter zu ihrem Kind beiträgt. Zweitens gebiert Maria Christus als unteilbare Union Gott-Mensch, so wie jede Mutter ihr Kind als ganze Verbindung Leib-Seele gebiert. So wird sie Muttergottes, wie alle Gebärenden Mutter des ganzen Kindes werden, obwohl sie zur Genese nur einen nährenden Beitrag leisten. Nur dieser zweite Punkt macht die Christologie abhängig von der Physiologie. Der Kern der anthropologischen Analogie ist jedoch auch bei Cyrill aufgegeben: das Zusammenspiel Gott-Mensch und Leib-Seele stehen nicht analog zueinander. Wie die Fleischannahme geschieht, wie die Union zustande kommt, ist ein Mysterium.

Mit der Definition von Chalkedon wird schliesslich eine Grenze überschritten. Die Diskussion von der Entstehung Christi in Maria löst sich von der Naturphilosophie. Basis ist Cyrills Einsicht, dass der Beitrag Mariens zur Entstehung Christi jenem entspricht, den die menschliche Natur für eine Mutter vorsieht. Das bedeutet auch, dass es letztlich keine Rolle spielt, worin genau dieser Anteil besteht. Denn umgekehrt ist Gottes Handeln ein Mysterium, das nicht erklärt werden kann.

Mit dem unter Kaiser Justinian erlassenen *Edictum de recta fide* wird das anthropologische Modell zur Erklärung der Beziehung der Naturen in Christus endgültig verurteilt.[410] Es deute lediglich an, schreiben die Autoren, dass, so wie der Mensch als Kompositum Seele-Körper einer und nicht zwei ist, so auch das Kompositum Christus einer und nicht zwei sei. Trotzdem blieb die Versuchung während Jahrhunderten gross, das Zusammenspiel Gott-Mensch in Christus mittels einer naturphilosophisch gedeuteten Genese zu erklären.[411]

6. 2. Begleitende Kontroversen

Bis die volle Erkenntnis der Menschheit und der Gottheit Christi sich durchsetzen konnte, sollte noch viel Zeit vergehen. Das zeigt sich an zwei Debatten, die gleichzeitig

---

γάρ, ὡς ἔφην, ἐκ τῆς τοῦ θεοῦ καὶ πατρὸς οὐσίας ὁ μονογενὴς αὐτοῦ λόγος· ἐπειδὴ δὲ σάρκα λαβὼν καὶ ἰδίαν αὐτὴν ποιησάμενος κεχρημάτικε καὶ υἱὸς ἀνθρώπου καὶ γέγονε καθ' ἡμᾶς, οὐδέν, οἶμαι, τὸ ἄτοπον εἰπεῖν, μᾶλλον δὲ καὶ ἀναγκαῖον ὁμολογεῖν ὅτι γεγέννηται κατὰ σάρκα διὰ γυναικός, καθάπερ ἀμέλει καὶ ἡ τοῦ ἀνθρώπου ψυχὴ τῶι ἰδίωι συναπογεννᾶται σώματι καὶ ὡς ἓν λελόγισται πρὸς αὐτό, καίτοι τὴν φύσιν ἑτέρα παρ' αὐτὸ νοουμένη τε καὶ ὑπάρχουσα κατὰ τὸν ἴδιον λόγον. κἂν εἰ βούλοιτό τις τὴν τοῦ δεινὸς μητέρα λέγειν ὡς ἔστι μὲν σαρκοτόκος, οὐ μὴν ἔτι καὶ ψυχοτόκος, περισσοεπήσει λίαν·"

410 Vgl. *Edictum de recta fide*: SCHWARTZ 1939, 82. Das anthropologische Modell zur Erklärung der Beziehung der Naturen in Christus wird streng limitiert. Es deute lediglich an, dass, so wie der Mensch als Kompositum Seele-Körper einer und nicht zwei ist, so auch das Kompositum Christus einer und nicht zwei sei.

411 Ein Beispiel ist JOHANNES PHILOPONUS: LANG 2001. Weitere Beispiele dafür finden sich bei ABRAMOWSKI 1968 und CONGOURDEAU 1999 sowie für die Diskussion im Mittelalter LUGT 2004.

zu den Diskussionen um die Naturen aufkamen und in welchen naturphilosophische Argumente von Bedeutung sind:

1. Wenn Christus ganz Mensch geworden ist, dann muss er auch eine Seele gehabt haben. Woher kommt sie? Ist sie göttlich oder menschlich?
2. Wenn Christus ganz Mensch geworden ist, ist er dann zweimal gezeugt worden, also einmal als innertrinitarischer Prozess und einmal in Maria?

Als Konsequenz dieser Debatten zeichnete sich immer mehr ab, dass jede Lehre der Inkarnation, die auf ein naturphilosophisches Erklärungsmuster zurückgreift, zur Häresie wird.

a. Woher kommt die Seele Christi?

Als Reaktion auf die Aporien einer arianischen oder einer apollinaristischen Logos-Sarx-Christologie unterstreichen zahlreiche Autoren, dass Jesus eine menschliche Seele hat. Schliesslich wird nicht erlöst, was von Christus nicht angenommen ist.[412] So betont etwa Epiphanius von Salamis im antihäretischen Glaubensbekenntnis, mit dem er sein Werk *Ancoratus* abschliesst:

> [Wir glauben an Jesus Christus,] menschgeworden, indem er den vollkommenen Menschen annahm, Seele, Leib, Geist und alles, was nur der Mensch ist, ausser der Sünde, nicht vom Samen eines Mannes und auch nicht in einem Menschen, sondern er hat in sich hinein Fleisch gebildet zu einer einzigen heiligen Einheit.[413]

Doch woher kommt diese menschliche Seele Christi? Die Antwort auf diese Frage hängt mit der komplexen Problematik der Seele zusammen, die in der antiken Philosophie einen breiten Raum einnimmt.[414] Eine zentrale Rolle spielen zudem die heiligen Schriften: sie sind auch bei diesem Thema für die Christen der primäre Referenzpunkt. So wird aufgrund von Stellen wie Mt 10, 28 die Unsterblichkeit der Seele praktisch einhellig vertreten.[415] Ebenso dominiert aufgrund von Gen 2, 7 die Meinung, dass die Seele

---

412 Vgl. GRILLMEIER 1990, 506–574; bes. 528 und 533.
413 EPIPHANIUS VON SALAMIS, *Ancoratus* 119, 3–12: HOLL 1915, 149: „[…] ἐνανθρωπήσαντα τουτέστι τέλειον ἄνθρωπον λαβόντα, ψυχὴν καὶ σῶμα καὶ νοῦν καὶ πάντα εἴ τι ἐστὶν ἄνθρωπος χωρὶς ἁμαρτίας· οὐκ ἀπὸ σπέρματος ἀνδρὸς οὐδὲ ἐν ἀνθρώπῳ <γεγονότα>, ἀλλ' εἰς ἑαυτὸν σάρκα ἀναπλάσαντα εἰς μίαν ἁγίαν ἑνότητα." Eine fast gleichlautende Formel findet sich auch in der sogenannten *Fides Damasi* und im Pseudo-Athanasianischen Bekenntnis *Quicumque*. DENZINGER 1990, Nr. 72 und 76.
414 Dieser Frage geht CONGOURDEAU in ihrer vorzüglichen Monographie *L'embryon et son âme dans les sources grecques* 2007 nach, der ich in meiner Darstellung folge.
415 Vgl. Mt 10, 28: „καὶ μὴ φοβεῖσθε ἀπὸ τῶν ἀποκτεννόντων τὸ σῶμα, τὴν δὲ ψυχὴν μὴ δυναμένων ἀποκτεῖναι." – „Und fürchtet euch nicht vor denen, die den Leib töten, doch die Seele nicht töten können."

ein immaterielles πνεῦμα sei, das von aussen zum Leib hinzukomme und nicht mit dem werdenden Leben entstehe.[416]

In ihrem Werk über die Seele zählt Congourdeau drei prinzipielle Alternativen auf, woher die zum Leib dazukommende Seele stammt. Für die erste Gruppe präexistiert die Seele, bevor sie inkarniert wird: die Präexistenzialisten. Dafür optieren die (Neu-)Platoniker und viele Gnostiker: Ihr Seelenmythos beschreibt Fall, Gefangenschaft im Leib und anschliessend Aufstieg der Seele.[417] Auch alexandrinische Theologen wie Origenes und Evagrius Ponticus zählen dazu. Sie lehnen zwar den Seelenmythos ab, postulieren aber einen Seelentresor: Die vor dem Leib erschaffenen Seelen warten an einem bestimmten Ort, bis sie in einen Leib inkarniert werden.[418] Auch Arius und Apollinaris zählen zu dieser Gruppe: Nur wenn der Mensch aus präexistenter Seele und Leib besteht, kann der Logos in Christus den Platz der Seele übernehmen und sie ersetzen.

Der überwiegende Teil der christlichen Autoren gehört zur zweiten Gruppe, den Kreationisten. Sie sind der Meinung, dass Gott die Seelen kontinuierlich schaffe, um die werdenden Menschen zu beleben. Dazu zählen auch antiochenische Theologen, welche die untrennbare Einheit von Körper und Seele betonen und deshalb nicht nur die Präexistenz, sondern auch eine Postexistenz der Seele ablehnen.[419]

Ein früher Verfechter einer menschlichen Seele Christi ist Eustathius von Antiochien († vor 337). Er schreibt in seinem gegen Origenes gerichteten Buch über die Hexe von Endor: Christus sei göttliche Natur und zugleich Mensch mit Leib und Seele. Doch diese Seele sei nicht präexistent, sondern erst im Leib mit dem Logos verbunden worden.[420]

Ganz anderer Ansicht sind die Anhänger des Traduzianismus wie Tertullian: Sie schliessen sich Philosophen wie Platon, Aristoteles und den Stoikern an, insofern sie den Samen als Träger der Seele sehen. Sie lehnen aber die Vorstellung ab, dass die Seele ganz oder teilweise vom Samen gebildet werde. Diese Autoren nehmen eine präexistente, ans Fleisch gebundene Seele an: Gott hauchte Adam eine Seele ein, die nun über den Samen an alle Menschenkinder weitergegeben wird.[421]

Nach Hieronymus bekannte sich zu seiner Zeit der grösste Teil der Okzidentalen zum Traduzianismus.[422] Doch verschiedene Autoren wie Hilarius, Laktanz und er

---

416   Vgl. Gen 2, 7 LXX: „καὶ ἔπλασεν ὁ θεὸς τὸν ἄνθρωπον χοῦν ἀπὸ τῆς γῆς καὶ ἐνεφύσησεν εἰς τὸ πρόσωπον αὐτοῦ πνοὴν ζωῆς, καὶ ἐγένετο ὁ ἄνθρωπος εἰς ψυχὴν ζῶσαν" – „Und Gott formte den Menschen als Aufwurf von Erde und blies in sein Angesicht Lebensatem und der Mensch wurde eine lebende Seele."
417   Vgl. CONGOURDEAU 2007, 175–176.
418   Vgl. CONGOURDEAU 2007, 260–274.
419   Vgl. CONGOURDEAU 2007, 260–274.
420   Vgl. EUSTATHIUS VON ANTIOCHIEN, De engastrimytho contra Origenem 18: SIMONETTI 1989, 164–167.
421   Vgl. KITZLER, 2010; CONGOURDEAU 2007, 274–287. Vgl. S. 155 in der vorliegenden Arbeit.
422   Vgl. HIERONYMUS, Epistula 126 (= Epistula 165 von AUGUSTINUS) an MARCELLINUS und ANAPSYCHIA: HILBERG 1996; CSEL 56/1, 143: „[…] an certe ex traduce, ut tertullianus, apollinaris et maxima pars occidentalium autumat, ut, quomodo corpus ex corpore, sic anima nascatur ex anima […]" – „[…] oder, wie Tertullian, Apollinaris und der grösste Teil des Okzidents sagen, dass, in der Weise wie Leib aus Leib, so auch die Seele aus der Seele geboren wird […]"

selbst bekämpfen ihn.⁴²³ Hilarius bespricht ausführlich ihre gefährlichen christologischen Konsequenzen: Es kann doch nicht sein, dass der Herr Leib und Seele von der Jungfrau her annahm, da beides auf Adam zurückgeht. Sowohl Leib als auch Seele wären so durch den Sündenfall korrumpiert auf Christus gekommen:

> Viele bemühen sich mit Geschick, die Irrlehre zu stützen. Doch mögen sie [sc. die Irrlehrer] immerhin mit den unkundigen Hörern ihren Spott treiben, so dass der Herr auch Adams Leib und Seele aus der Jungfrau angenommen und die Jungfrau nicht den ganzen Menschen vom Heiligen Geist empfangen habe, weil der Leib wie die Seele Adams sündenbeladen war. […] Als ob [es] aber [notwendig wäre, dass] er aus der Jungfrau auch die Seele angenommen hätte, wenn er nur den Leib aus ihr angenommen hätte, da ja jegliche Seele Gottes Werk ist, die Zeugung des Fleisches aber immer aus dem Fleische stattfindet.⁴²⁴

Für Hilarius wird die Seele eines jeden werdenden Menschen von Gott erschaffen, auch jene von Christus:

> Wie er aber durch eigene Kraft aus der Jungfrau seinen Leib angenommen hat, so hat er auch aus eigner Kraft seine Seele angenommen, die doch gewiss niemals von einem menschlichen Erzeuger den Sprösslingen mitgegeben wird. Wenn die Jungfrau nämlich die Empfängnis des Leibes nur von Gott her gehabt hat, dann ist es noch viel mehr notwendig, dass die Seele nirgend anderswoher als aus Gott stammte.⁴²⁵

Dies wiederum kann Augustinus nicht ohne weiteres akzeptieren: Der Traduzianismus bietet eine plausible Erklärung, wie die Erbsünde tradiert wird. Die menschliche Seele hatte in Adam gesündigt. Diese sündenbeladene Seele wurde nun an alle Menschen weitergereicht. Wäre nur der Leib von Eltern zu Kind vererbt worden, wäre ein neugeborenes Kind nicht sündenbeladen, weil es eine neue, unbefleckte Seele von Gott empfangen hätte. Wenn aber umgekehrt die gefallene Seele weitervererbt wird, woher kommt dann die Seele Christi, die doch ohne Sünde ist?

Augustinus erörtert in seiner Auslegung zum Buch Genesis ausführlich die Frage nach der Seele Christi. Er beginnt mit einer exegetischen Beobachtung zu Weish 8, 19–20, wo es heisst: „Ein verständiger Knabe aber war ich und mir ward eine gute

---

423 So LAKTANZ in *De opificio dei* 19: PERRIN 1974, 306–309; der darin einen Versuch sah, den Schöpfer zu verneinen. Vgl. CONGOURDEAU 2007, 267–368.
424 HILARIUS, *De trinitate* 10, 20: SMULDERS 1980, 474: „Quamquam multi confirmandae hereseos suae arte ita aures inperitorum soleant inludere, ut quia et corpus et anima Adae in peccato fuit, carnem quoque Adae adque animam Dominus ex uirgine acceperit, neque hominem totum ex Spiritu sancto uirgo conceperit. […] Quasi uero si tantum ex uirgine adsumpsisset corpus, adsumpsisset quoque ex eadem et animam: cum anima omnis opus Dei sit, carnis uero generatio semper ex carne sit."
425 HILARIUS, *De trinitate* 10, 22: SMULDERS 1980, 475: „Sed ut per se sibi et ex uirgine corpus, ita ex se sibi animam adsumpsit, quae utique numquam ab homine gignentium originibus praebetur. Si enim conceptum carnis nisi ex Deo uirgo non habuit, longe magis necesse est anima corporis, nisi ex Deo, aliunde non fuerit."

Seele beschieden. Und da ich besser wurde, bin ich in einem unbefleckten Leib gekommen."[426]

> Wenn wir diese Stelle auf den Herrn beziehen wollen, insofern als vom Wort die menschliche Geschöpflichkeit angenommen wurde, ergeben sich freilich Umstände, die mit seiner Erhabenheit kaum in Einklang zu bringen sind. Vor allem fällt es auf, dass der Prophet in diesem Buch kurz vor der von uns zitierten Stelle erklärt, dass er aus dem Samen des Mannes im gerinnenden Blut gemacht worden ist.[427] Von solcher Art des Geborenwerdens ist die Geburt aus der Jungfrau jedenfalls weit entfernt; zweifelt doch kein Christ daran, dass sie nicht aus eines Mannes Samen das Fleisch Christi empfangen hat.[428]

Nach einer detaillierten Abwägung des Traduzianismus mit dem Kreationismus bei allen Menschen und bei Christus im Speziellen gelangt Augustinus zu folgendem Schluss:

> Sollte das Werden der Seele vielleicht so zu verstehen sein, wie wir das Werden des Fleisches beschrieben haben, so gilt für die Abstammung der Seele Christi, dass sie die Befleckung durch die Ursünde nicht mit sich gebracht hat. Wenn sie aber auf diesem Wege nicht ohne die (Erb-)Schuld kommen konnte, dann ist es sicher, dass sie nicht so gekommen ist. Was das Auf-die-Welt-Kommen der übrigen Seelen betrifft, ob aus Eltern oder von oben: Diese Frage soll entscheiden, wer es kann. Ich für meinen Teil schwanke bis jetzt noch zwischen den beiden Auffassungen, neige einmal zu der einen, einmal zu der andern [...].[429]

Die von Hieronymus und Rufin in den Westen getragene Kontroverse um Origenes, und besonders Augustinus' Streit mit den Pelagianern führt dazu, dass der Bischof von Hippo wiederholt zum Traduzianismus und der Erbsünde Stellung nehmen muss.[430] Dabei treten christologische Argumente in den Hintergrund. Schliesslich setzt Papst Anastasius II. 498 dem Traduzianismus ein Ende, als er ihn in einem Brief verurteilt.[431] Der Kreationismus hat sich durchgesetzt.

---

426 Weish 8, 19–20: „παῖς δὲ ἤμην εὐφυὴς ψυχῆς τε ἔλαχον ἀγαθῆς, μᾶλλον δὲ ἀγαθὸς ὢν ἦλθον εἰς σῶμα ἀμίαντον."

427 Weish 7, 2: „δεκαμηνιαίῳ χρόνῳ παγεὶς ἐν αἵματι ἐκ σπέρματος ἀνδρὸς καὶ ἡδονῆς ὕπνῳ συνελθούσης" – „in zehnmonatiger Zeit in Blut fest zusammengefügt aus dem Samen eines Mannes und nach lustvollem Beischlaf." Vgl. S. 115 in der vorliegenden Arbeit.

428 Augustinus, De genesi ad litteram 10, 18, 32: Zycha 1970, 319; de. Perl 1961, 153: „Quae si de domino secundum humanam, quae a uerbo adsumta est, creaturam uelimus accipere, sunt quidem in eadem circumstantia lectionis, quae illi excellentiae non conueniant; maxime illud, quia idem ipse, qui haec in eodem libro loquitur, aliquanto superius, cum ista uerba, de quibus nunc agimus, diceret, confessus est ex semine uiri se in sanguine coagulatum: a quo nascendi modo utique alienus est uirginis partus, quam non ex uiri semine carnem concepisse christi nullus ambigit christianus."

429 Augustinus, De genesi ad litteram 10, 21, 37: Zycha 1970, 325; de. Perl 1961, 160–161: „Si potuit et de anima fieri – quod cum de carne diceremus, forsitan intellectum sit – ita est de traduce anima christi, ut non se cum labem praeuaricationis adtraxerit; si autem sine isto reatu non posset inde esse, non est inde. iam de ceterarum animarum aduentu, utrum ex parentibus an desuper sint, uincant qui potuerint. ego adhuc inter utrosque ambigo et moueor aliquando sic, aliquando autem sic [...]."

430 Die Auseinandersetzung um den Traduzianismus ist ausführlich dargestellt bei Congourdeau 2007, 267–274 und Verbeke 1945.

431 Vgl. Anastasius II., Bonum atque iucundum an die Bischöfe Galliens, 23. August 498: Thiel 1868; Vgl. Denzinger 1990, Nr. 360–361.

b. Doppelte Zeugung

Neben der fehlenden Seele hat eine natürliche Genese Christi in Maria ein zweites, gravierendes Problem zur Folge: Wenn Jesus Christus aus der Verbindung eines wie ein Same wirkenden Logos und dem Blut Mariens stammt – diese Menschwerdung also analog zur Empfängnis aller Menschen ablief – dann gibt es zwei Zeugungsakte: Einerseits ist der Logos aus Gott gezeugt vor aller Zeit, andererseits ist Jesus gezeugt in Maria. In diesem Sinn legt Hilarius die Worte in 1Kor 15, 47 aus („Der erste Mensch ist von der Erde und irdisch; der zweite Mensch ist vom Himmel."):

> Wenn er davon spricht, dass der zweite Mensch dem Himmel entstamme, so hat er damit seinen [Christi] Ursprung aus dem Nahen des Heiligen Geistes bezeugt, der auf die Jungfrau herabkam. Und da er auf diese Weise einerseits Mensch ist, andererseits dem Himmel entstammt, so findet die Geburt dieses Menschen aus der Jungfrau statt, und ist seine Empfängnis vom Geist gewirkt.[432]

Wie Hilarius, so hatten unter anderem noch Ambrosius oder Rufin schreiben können, dass der Sohn Gottes in Maria gezeugt (generatus) wurde.[433] So aber hätte Jesus Christus zwei Väter: Gott Vater, der ihn im innertrinitarischen Prozess zeugt, und der Heilige Geist, der über Maria kam.

Dieser Gedanke ist Augustinus ein grosses Ärgernis. Es ist unmöglich, dass wie in der paganen Mythologie ein Gott auf eine Frau niederkommt und ein Kind zeugt. Gott bzw. der Heilige Geist hat Maria nicht geschwängert, denn der Logos ist bereits gezeugt vor aller Zeit aus dem Vater:

> Werden wir indes darum behaupten, der Vater des Menschen Christus sei der Heilige Geist, so dass demnach Gott Vater das Wort, der Heilige Geist aber den Menschen gezeugt hätte und der eine Christus mit seinen zwei Naturen seiner Gottheit nach der Sohn Gottes des Vaters und seiner Menschheit nach der Sohn des Heiligen Geistes wäre, weil ihn ja der Heilige Geist als sein Vater aus der jungfräulichen Mutter zeugte? Wer wird wagen, so etwas zu sagen?[434]

---

432 Hilarius, *De trinitate* 10, 17: Smulders 1980, 472–473: „Et cum ait secundum hominem de caelo, originem eius ex superuenientis in uirginem sancti Spiritus aditu testatus est. Adque ita cum et homo est et de caelis est, hominis huius et partus a uirgine est et conceptus ex Spiritu est."

433 Ambrosius von Mailand, *De fide ad Gratianum* 1, 12, 77: Markschies 2005, 201: „Non sola admirabilis ex patre generatio Christi, admirabilis etiam ipsa generatio eius ex uirgine." – „Nicht allein die Zeugung Christi aus dem Vater ist wunderbar, wunderbar ist auch seine Zeugung aus der Jungfrau." Rufin von Aquileia, *Expositio symboli* 10: Simonetti 2000: „Et filius ergo dei nascitur ex uirgine non principaliter soli carni sociatus, sed anima inter carnem deum que mediante generatus." – „Und der Sohn Gottes wird aus der Jungfrau geboren, indem er nicht zunächst dem Fleisch allein sich eint, sondern er wird gezeugt, indem zwischen das Fleisch und die Gottheit die Seele als Mittlerin dazwischen tritt."

434 Augustinus, *Enchiridion ad Laurentium* 12, 38: Evans 1969, 70–71: „Numquid tamen ideo dicturi sumus patrem hominis christi esse spiritum sanctum, ut deus pater uerbum genuerit, spiritus sanctus hominem, ex qua utraque substantia christus unus esset, et dei patris filius secundum uerbum et spiri-

Maria hat also vom Heiligen Geist den ganzen Menschen empfangen. Christus ist darum zweimal geboren worden, aber nur einmal gezeugt.[435] Zwei unterschiedliche Zeugungen laufen auf zwei getrennte Personen in Christus hinaus, die jeweils unterschiedliche Väter hätten – das ist unmöglich. Wenn es aber keine doppelte Zeugung gibt und die Zeugung Christi vor aller Zeit sich ereignet, woher kommt dann das Fleisch Christi? Es gibt nur zwei Möglichkeiten: Entweder bringt Christus ein himmlisches Fleisch selbst mit, was dem Doketismus oder dem Apollinarismus nahe kommt.[436] Oder das Fleisch entsteht in Maria, aber es ist eine neue Art des Entstehens, die nicht im Rahmen der Naturordnung beschrieben werden kann.

7. Inkarnation als freies Schöpferhandeln Gottes

7.1. Eine neue Schöpfung

Schon der Autor der Pseudoklementinen beschreibt Christus als eine neue Schöpfung, die nur vom Willen Gottes abhängt.[437] Interessanterweise ist es wiederum Tertullian, der diese Neuschöpfung als Argument gegen Markion vorbringt. Im selben Buch über den Leib Christi, in welchem er auch für eine natürliche Genese Christi votiert, findet sich folgender Gedankengang:[438] Markion hat behauptet, dass Gott sich nicht in einem Menschen verwandeln könne, weil der ewige Gott zu keiner Wandlung fähig sei. Doch es gibt nichts, das Gott gleichkäme, und deshalb darf man auch nicht von den Dingen auf Gott schliessen. Den geschaffenen Dingen kommt es zu, dass sie sich nicht wandeln können und gleichzeitig bleiben, wie sie sind. Doch dies gilt nicht für Gott, weil er ewig ist:

> Wo bliebe die Verschiedenheit der Gottheit von den übrigen Dingen, wenn ihr nicht das Gegenteil davon zukommt, nämlich sich in alles verwandeln zu können und doch zu bleiben, wie sie ist?[439]

In diesem Sinne drängte sich immer mehr die Idee einer freien Schöpfermacht Gottes in der Inkarnation Christi durch. Eine Transformation des göttlichen Logos, welche das

---

tus sancti filius secundum hominem, quod eum spiritus sanctus tanquam pater eius de matre uirgine genuisset? quis hoc dicere audebit?"
435 Diese These der doppelten Geburt Christ findet sich zahlreich, so u.a. in Leos *Tomus ad Flavianum* 2: Tarouca 1932, 21–28.
436 Vgl. Schoeps 2005, 17–18.
437 Vgl. die pseudoklementinische *Homilia* 20, 6, 8: Rehm 1969, 272: „πολλῷ οὖν μᾶλλον ὁ θεὸς ἑαυτὸν τρέπειν εἰς ὃ βούλεται δυνατώτατός ἐστιν." – „Gott hat ganz und gar die Macht, sich in das zu verwandeln, was er will." Zur dogmatischen Aufarbeitung dieses Themas vgl. Malmberg 1960, 40–70.
438 Vgl. Tertullian, *De carne Christi* 3: Evans 1956, 8–17.
439 Vgl. Tertullian, *De carne Christi* 3: Evans 1956, 10: „Ubi erit diversitas divinitatis a ceteris rebus nisi ut contrarium obtineat, id est ut deus et in omnia converti possit et qualis est perseverare?"

7. INKARNATION ALS FREIES SCHÖPFERHANDELN 189

Unterworfensein unter die Physiologie impliziert, wird zurückgewiesen. So präsentiert sich die Genese Christi völlig neu, wie ein anonymer Nizäner gegen Markell festhält:[440]

> Dieser [sc. Christus] ist vor den Zeiten aus dem Vater und dieser ist in den letzten Zeiten aus der Jungfrau, zuvor unsichtbar selbst den heiligen Mächten im Himmel, jetzt sichtbar wegen seiner Einigung mit dem sichtbaren Menschen, sichtbar, sage ich, nicht in der unsichtbaren Gottheit, sondern in der Tätigkeit der Gottheit im menschlichen Leibe und im ganzen Menschen, den er zu eigen nahm und dadurch wieder erneuerte.[441]

Es ist ein freier Akt Gottes, der den Logos Mensch werden liess. Diese Kreation ist an keine irdischen Regeln gebunden. Das zeigt sich zum einen, wenn die Schöpfung des Leibes und Annahme durch den Logos nicht als ablaufender Prozess gedacht werden, sondern gleichzeitig geschehen. Fulgentius von Ruspe schreibt im Anschluss an Augustinus:[442]

> Halte mit felsenfestem, unerschütterlichem Glauben daran fest, dass das Fleisch Christi nicht ohne die Gottheit im Schoss der Jungfrau empfangen wurde, bevor es vom Wort angenommen ward, sondern dass das göttliche Wort durch die Annahme des Fleisches und das Fleisch durch die Menschwerdung des Wortes empfangen wurde![443]

Diese simultane Rezeption des Fleisches und der Menschwerdung des Wortes wird akzentuiert, indem sie ohne zeitlichen Rahmen vonstattengeht. So wie die Schöpfung auf Gottes Wort hin ins Sein gerufen wird, so läuft die Neuschöpfung der Menschheit Christi ab. Doch es ist keine Creatio ex nihilo, denn der Beitrag Mariens an Christi Genese entspricht jenem, was jede irdische Mutter zur Entstehung ihres Kindes beiträgt: Sie reagiert, als ob sie Samen empfangen hätte. In ihrem Blut wird der neue Mensch gebildet – doch es ist eine Schöpfung. Johannes von Damaskus zeigt das daraus folgende Dilemma auf:

---

440 Vgl. die Zuweisung der *Oratio quarta contra Arianos* an die Gegner von ASTERIUS VON KAPPADOKIEN, EUSEBIUS VON CÄSAREA, MARKELL VON ANKYRA und PHOTIN VON SIRMIUM durch VINZENT 1996; vgl. SEIBT 1994.

441 *Oratio quarta contra Arianos* 36: STEGMANN 1917, 87; de. STEGMANN 1913, 387: „οὗτος πρὸ αἰώνων ἐκ πατρός, οὗτος ἐπ' ἐσχάτων ἐκ τῆς παρθένου, ἀόρατος τὸ πρὶν καὶ ταῖς ἐν οὐρανῷ δυνάμεσιν ἁγίαις, ὁρατὸς νυνὶ διὰ τὴν πρὸς τὸν ὁρώμενον ἄνθρωπον ἕνωσιν, ὁρώμενος δέ, φημι, οὐ τῇ ἀοράτῳ θεότητι, ἀλλὰ τῇ τῆς θεότητος ἐνεργείᾳ διὰ τοῦ ἀνθρωπείου σώματος καὶ ὅλου ἀνθρώπου, ὃν ἀνεκαίνισε τῇ οἰκειώσει τῇ πρὸς ἑαυτόν."

442 Vgl. AUGUSTINUS, *Epistula* 137 an Volusianus, 2, 8: GOLDBACHER 1904 (CSEL 44), 107. Zitiert auf S. 238 in dieser Arbeit.

443 FULGENTIUS VON RUSPE, *De fide ad Petrum* 61 (18; 15. Regel): FRAIPONT 1968, 750; de. KOZELKA 1934, 172: „Firmissime tene et nullatenus dubites, non carnem christi sine diuinitate conceptam in utero virginis, priusquam susciperetur a verbo; sed ipsum verbum deum suae carnis acceptione conceptum, ipsam que carnem verbi dei incarnatione conceptam." Kürzer ist die Formel des AUGUSTINUS, *Contra sermonem Arianorum* 8, 6: PL 42, 688: „Nec sic assumptus est ut prius creatus post assumeretur, sed ut ipsa assumptione crearetur" – „[Der Mensch in Christus] ist nicht zuerst geschaffen und dann aufgenommen worden, sondern durch die Aufnahme zugleich geschaffen." Weitere Belege finden sich bei LEODEM GROSSEN und FULGENTIUS VON RUSPE; vgl. dazu GALTIER 1939, 152.

Und damals überschattete sie die persönliche Weisheit und Macht Gottes, des Höchsten, der Sohn Gottes, der dem Vater wesensgleich ist, wie [οἱονεὶ] ein göttlicher Same und bildete sich aus ihrem heiligen und reinsten Blute Fleisch, von einer vernünftigen und denkenden Seele belebt, als Erstling unseres Teiges, nicht samenhaft, sondern schöpferisch durch den Heiligen Geist. Nicht durch allmähliches Hinzukommen bildete sich die Gestalt, sondern sie ward auf einmal vollendet.[444]

Dabei muss der Begriff οἱονεὶ unterstrichen werden: Der Logos wirkt in Bezug auf ihr Blut ähnlich wie Samen – doch er ist kein Same – und es findet keine Zeugung, sondern eine Schöpfung statt. Diese subtile Differenzierung gibt Anlass zu Missverständnissen, und mancher Autor unterschlägt sie ganz, zumal die Verlockung, etwa gegen die Monophysiten wieder auf einen Logos mit Samenfunktion zurückgreifen zu wollen, gross ist. Maximus Confessor schreibt, dass sich der Logos nach dem Gesetz der Samen (οἷς δίκην σπορᾶς ἐνωθεῖς ὁ Λόγος) mit dem Blut Mariens verbunden habe, fügt aber später an, dass es sich dabei um eine neue Art der Genese gehandelt habe.[445] Leo der Grosse hält gegen Eutyches in einem Brief an Julian von Kos fest, dass das Wort sich nicht mit irgendeinem Teil in Fleisch oder Seele verwandle, weil der Logos unwandelbar und vollkommen sei. Auch stammen nicht einfach das Wort vom Vater und das Fleisch von der Mutter, sondern das Wort sei aus dem Vater und der Mutter, so dass es sich um eine Rangerhöhung des Angenommenen, nicht des Annehmenden handelte.[446]

---

444 Johannes von Damaskus, *Expositio fidei* 46 (3, 2): Kotter 1973, 109–110; de. Steinhofer 1923, 115–116: „Καὶ τότε ἐπεσκίασεν ἐπ᾽ αὐτὴν ἡ τοῦ θεοῦ τοῦ ὑψίστου ἐνυπόστατος σοφία καὶ δύναμις, ὁ υἱὸς τοῦ θεοῦ ὁ τῷ πατρὶ ὁμοούσιος, οἱονεὶ θεῖος σπόρος καὶ συνέπηξεν ἑαυτῷ ἐκ τῶν ἁγνῶν καὶ καθαρωτάτων αὐτῆς αἱμάτων σάρκα ἐψυχωμένην ψυχῇ λογικῇ τε καὶ νοερᾷ, ἀπαρχὴν τοῦ ἡμετέρου φυράματος, οὐ σπερματικῶς ἀλλὰ δημιουργικῶς διὰ τοῦ ἁγίου πνεύματος, οὐ ταῖς κατὰ μικρὸν προσθήκαις ἀπαρτιζομένου τοῦ σχήματος, ἀλλ᾽ ὑφ᾽ ἓν τελειωθέντος."
445 Vgl. Maximus Confessor, *Opuscula* 4: PG 91, 60. Weitere Beispiele finden sich bei Congourdeau 1999, 20.
446 Vgl. Leo der Grosse, *Epistula* 35 „Licet per nostros" an Julian von Kos, 13. Juni 449: Silva-Tarouca 1934, 16: „Nec enim Verbum aut in carnem aut in animam aliqua sui parte conversum est, cum simplex et incommutabilis natura deitatis tota in sua sit semper essentia, nec damnum sui recipiens nec augmentum et sic adsumptam naturam beatificans, ut glorificata in glorificante permaneat. [...] Nec Verbum igitur in carnem nec in Verbum caro mutata est, sed utrumque in uno manet et unus in utroque est, non diversitate divisus, non permixtione confusus, nec alter ex Patre, alter ex matre, sed idem aliter ex Patre ante omne principium, aliter de matre in fine saeculorum, ut esset ‚mediator Dei et hominum homo Iesus Christus', in quo habitaret ‚plenitudo divinitatis corporaliter', quia adsumpti, non adsumentis provectio est, quod ‚Deus illum exaltavit'." – „Denn das Wort verwandelte sich nicht mit irgendeinem Teil seiner selbst in Fleisch oder in Seele, weil die einfache und unveränderliche Natur der Gottheit immer in ihrem ganzen Wesen ist, weder Verlust noch Vermehrung ihrer selbst erfährt und die angenommene Natur so selig macht, dass sie als verherrlichte in der verherrlichenden bleibt. [...] Weder wurde also das Wort in Fleisch noch das Fleisch in das Wort verwandelt, sondern beides bleibt in einem und einer ist in beidem, nicht durch Verschiedenheit geteilt, nicht durch Mischung vermengt, auch nicht der eine aus dem Vater, der andere aus der Mutter, sondern derselbe auf eine Weise aus dem Vater vor jedem Anfang, auf eine andere von der Mutter am Ende der Zeiten, damit ‚Mittler zwischen Gott und den Menschen der Mensch Jesus Christus' [1Tim 2, 5] sei, in dem ‚die Fülle der Gottheit leib-

7. INKARNATION ALS FREIES SCHÖPFERHANDELN

Um die Sonderstellung der Inkarnation Christi anzuzeigen, verweisen zahlreiche Autoren auf die Alleinstellungsmerkmale der Geburt aus Maria: Ihre Unversehrtheit gilt als Beleg für die Gottheit Christi, ebenso wie die Auflösung des Fluchs über Eva, dass Kinder unter Schmerzen zur Welt gebracht werden.[447] Leontius von Jerusalem verwendet deshalb – wie viele andere – eine Formulierung, die marianische Elemente aufnimmt, um die christologische Aussage zu unterstreichen:

> Nichts anderes ist so ewig, unveränderlich, vollkommen, unwandelbar, ungeteilt, vollständig und unbewegt gezeugt, wie er in seiner ersten Geburt. Aber auch nichts neben seiner zweiten Geburt ist so ohne Samen, unverderbt, übernatürlich gezeugt und vom Heiligen Geist empfangen, ohne Zeit [ἀχρόνως] vollendet, gestaltet und durchgegliedert und seiner ganzen wesenhaften Idee [λόγος] nach durchgebildet zum Tempel und Zelt des Logos, dies im keuschen Schoss der Unbefleckten; dabei wurde das menschliche Fleisch aus ihr allein vollendet und ihm augenblicklich [ἐν ἀκαρεῖ] geeint.[448]

In der Menschwerdung Christi geschehen einerseits die Schöpfung des Leibes und andererseits die Aufnahme in die eine Hypostase des Logos simultan, ohne dass Zeit vergeht. Grillmeier weist darauf hin, dass dies bereits in der Zeit um Chalkedon Gemeingut der Theologen gewesen sei.[449] Diese These ermöglicht es, gegen die wichtigsten christologischen Häresien Stellung zu beziehen, weshalb jene, die dies nicht bekennen, mit dem Anathema belegt werden.[450] Christus ist keine Emanation, wie die Gnostiker ihn beschreiben, und es gibt auch keinen Mythos vom Abstieg und Aufstieg des Erlösers. Er besitzt keinen Scheinleib, sondern ist wahrhaft Mensch. Umgekehrt ist Christus kein θεῖος ἀνήρ, nicht ein von Gott adoptierter Mensch, sondern wirklich Gott.

Doch vor allem sind die beiden Extremformen der Logos-Sarx-Christologie ausgeschlossen, der Apollinarismus und der Arianismus: Der Logos ist kein Samen, und er wirkt in Maria nicht nach den Regeln der Natur. Christus besteht nicht aus zwei Bestandteilen, einer göttlichen und einer menschlichen Hälfte, die zusammen ein Ganzes

---

lich' [Kol 2, 9] wohne; denn es ist eine Rangerhöhung des Angenommenen, nicht des Annehmenden, dass ‚Gott jenen erhöht hat' [Phil 2, 9–11]."

447 So etwa GREGOR VON NYSSA, *De tridui inter mortem et resurrectionem Domini nostri Iesu Christi spatio* 1: GEBHARDT 1967, 276; de. DROBNER 1982, 18; bei SOPHRONIUS VON JERUSALEM, *Homilia in Christi natalitia*: USENER 1886, 502 und JOHANNES VON DAMASKUS, *Canon iambicus in nativitatem Domini* 1. Ode: PETRYNKO 2010, 197. Vgl. LARGO 2006, 53–62 und WESSELS 1964

448 LEONTIUS VON JERUSALEM, *Adversus Nestorianos* IV, 9: PG 86, 1669B–C: „οὔτε γάρ τι ἕτερον κατὰ τὸ ἀΐδιον καὶ ἀπαράλλακτον καὶ εὐάρεστον καὶ ἄτρεπτον καὶ ἀμέριστον καὶ ἀνελλιπὲς καὶ ἀνεκφοίτητον τῆς πρώτης αὐτοῦ ἤγουν γεννήσεως γεγέννηται, οὔτε κατὰ τὴν δευτέραν ἕτερόν τι οὕτως ἀσπόρως καὶ ἀφθόρως καὶ ὑπερφυῶς γεγένηται, καὶ πνεύματος ἁγίου συλληφθέν, καὶ ἀχρόνως τελειωθέν, καὶ μορφωθέν, καὶ διοργανωθέν, καὶ εἰς πάντα τὸν ἑαυτοῦ οὐσιώδη λόγον ἀπαρτισθὲν ἐν τῇ ἁγνῇ μήτρᾳ τῆς ἀμιάντου, εἰς ναὸν καὶ εἰς σκήνωμα τοῦ λόγου τῆς ἀνθρωπίνης σαρκὸς ἐξ αὐτῆς μόνης τελειωθείσης καὶ συναφθείσης αὐτῷ ἐν ἀκαρεῖ."

449 Vgl. GRILLMEIER 1990, 772.

450 Vgl. das Edikt des Kaisers JUSTINIAN gegen die Origenisten im Brief an Patriarch MENAS VON KONSTANTINOPEL, veröffentlicht auf der Synode von Konstantinopel 543, 3: GÖRGEMANNS 1992, 822–823.

ergäben. Mit der Charakterisierung der Inkarnation als schöpferisches Wirken aus dem Blut Mariens und Annahme des Menschen durch den Logos können zudem monophysitische Argumente bekämpft werden.[451] Dies bringt ein unter dem Namen Isaak von Antiochien kursierendes Gedicht zum Ausdruck:

> Er kam nicht schon mit einem Leibe zu Maria, es ist aber auch nicht bloss Fleisch aus ihr geboren worden; nicht eine Natur ist aus ihr geboren worden, sondern eine trat ein und zwei kamen hervor. Es kam eine Einzige vom Himmel herab und liess eine Zweite aus Fleisch herauskommen aus ihr. Noch nicht Mensch geworden, ging er ein durch das Ohr und liess hervorkommen den Menschgewordenen. Nicht aus Samen ist er Mensch geworden, war er ja doch der Herr der Naturen. Durch dieses Wort wird die ganze Anmassung jener Elenden entkräftet, die da sagen: „Wenn er mit zwei Naturen geboren wurde, dann wurde er aus Samen geboren, und wenn er nicht aus Samen Mensch geworden ist, dann ist er überhaupt nicht Mensch geworden, sondern dann ist eben nur Gott geboren worden aus der Menschentochter, in welcher er gewohnt hat."[452]

Die Transparenz des Logos wird so hervorgehoben, denn in Maria wächst ein voller Mensch, der ganz mit Gott verbunden ist. Diese Union ist als schöpferischer Zugriff des Logos beschrieben, der folglich über das Menschsein Christi verfügt. Die konkrete Menschheit Christi ist verschieden vom Logos, doch sie ist von Anfang an mit ihm geeint. In diesem Sinne darf auch von einer „Vergöttlichung" des Fleisches gesprochen werden, doch nur wenn sie keine Zeit dauert, kein Prozess ist.

7. 2. Ein wunderbares Geschehen

Die Inkarnation Christi und insbesondere die Entstehung seines Fleisches sind letztlich unsagbar, nicht erklärbar, weil es Schöpfung ist und nicht im Rahmen der Naturgesetze abläuft. Ambrosius formuliert dies in seinem Buch über die Mysterien so:

> Nicht immer bedingt denn auch der Naturlauf die Geburt. So bekennen wir, dass Christus der Herr aus einer Jungfrau geboren wurde, und lehnen hier die Naturordnung ab.[453]

451 Vgl. Galtier 1939, 152.

452 Isaak von Antiochien, *Homilia de Domino et de fide*: Bickell 1873, 42 (= Homilie Nr. 3, 197–214): ܠܐ ܒܦܓܪܐ ܗܘܐ ܠܡܪܝܡ. / ܟܠܗ ܒܣܪܐ ܠܚܘܕ ܐܬܝܠܕ. / ܠܐ ܚܕ ܟܝܢܐ ܐܬܝܠܕ. / ܕܚܕ ܥܠ ܗܘܐ ܘܬܪܝܢ ܢܦܩܘ ܗܘܘ. / ܥܠ ܗܘܐ ܠܗ ܚܕ ܡܢ ܪܘܡܐ. / ܘܐܦܩ ܚܕܡܐ ܬܪܬܝܢ ܡܢ ܒܣܪܗ. / ܘܠܐ ܡܬܒܪܢܫ ܥܠ ܡܢ ܐܕܢܐ. / ܘܐܦܩ ܗܘܐ ܗܘ ܕܐܬܒܪܢܫ. / ܠܐ ܡܢ ܙܪܥܐ ܐܬܒܪܢܫ. / ܕܡܪܗ ܗܘܐ ܡܪܐ ܟܝܢܐ. / ܒܠܗ ܫܘܚܪܐ ܕܥܠܝܒܐ. / ܗܕܐ ܗܝ ܡܠܬܐ ܕܠܐ ܚܝܠܐ. / ܕܐܢ ܒܬܪܝܢ ܟܝܢܝܢ ܝܠܝܕ. / ܡܢ ܙܪܥܐ ܕܐܢܫܐ ܝܠܝܕ. / ܘܐܢ ܠܐ ܡܢ ܙܪܥܐ ܕܐܢܫܐ ܗܘ. / ܐܡܪܝܢ ܠܗ ܠܐ ܒܪ ܐܢܫܐ ܗܘ. / ܐܠܗܐ ܗܘ ܠܚܘܕ ܕܐܬܝܠܕ. / ܡܢ ܒܪܬ ܐܢܫܐ ܕܥܡܪ ܒܗ.

453 Ambrosius von Mailand, *De mysteriis* 9, 59: Faller 1955, 115: „Denique non semper usus naturae generationem facit: generatum ex virgine Christum dominum confitemur et naturae ordinem denegamus."

7. INKARNATION ALS FREIES SCHÖPFERHANDELN 193

Das Unsagbare bekennen, das ist ein Motiv, das uns in der lateinischen Literatur in Zusammenhang mit der Menschwerdung wiederholt begegnet.⁴⁵⁴ Auch Johannes von Damaskus beschreibt den Vorgang mit ἀπεριλήπτως, unverstehbar, und er fügt an, dass nur der Herr weiss, was da geschah.⁴⁵⁵ Dieses Nichtwissen ist kein Noch-nicht-Wissen. Wenn die Inkarnation erklärt würde, indem sie mit der menschlichen Empfängnis verglichen wird, wird die Erklärung eo ipso häretisch. Deshalb betont Ambrosius, dass er jene, die dies behaupten würden, dazu bringen könne, die Meinung zu ändern:

> Nicht allein die Zeugung Christi aus dem Vater ist wunderbar, wunderbar ist auch seine Zeugung aus der Jungfrau. Du sagst, dass jene unserer Empfängnis ähnlich sei, ich weise nach, dass diese unserer unähnlich ist. Ich werde dich im Gegenteil sogar zwingen, gerade das zu bekennen. Sag, auf welche Weise wurde er aus Maria geboren, wie barg der jungfräuliche Mutterleib ihn, auf welche Weise wurde er ohne den Samen eines Mannes geboren, woher wurde die Jungfrau schwanger, auf welche Weise wurde das junge Mädchen eine Mutter, bevor sie durch eheliches Zusammensein schwanger wurde? Die Ursache fehlte, und doch wurde ein Sohn gezeugt. Woher stammen diese neuen Gesetze der Geburt?⁴⁵⁶

---

454 Leo der Grosse, *Sermo 23 (In nativitate Domini sermo 3)* 1: Leclercq & Dolle 1964, 95: „Nota quidem sunt vobis, dilectissimi, et frequenter audita, quae ad sacramentum pertinet solemnitatis hodiernae; sed sicut illaesis oculis voluptatem affert lux ista visibilis, ita cordibus sanis arternum dat gaudium nativitatis Salvatoris, quae a nobis numquam est tacenda, licet non sit, ut dignum est, explicanda." – „Die Dinge, die sich auf das Geheimnis der heutigen Festfeier beziehen, sind euch, meine Lieben, zwar bekannt und schon oft von euch vernommen worden, aber geradeso, wie das sichtbare Licht ungeschwächten Augen angenehm ist, so bereitet auch die Geburt des Erlösers, von der wir nie schweigen dürfen, wenn wir sie auch nicht nach Gebühr zu erklären vermögen, gesunden Herzen immer Freude."
455 Vgl. Johannes von Damaskus, *Expositio fidei* 51 (3, 7): Kotter 1973, 122–123; de. Steinhofer 1923, 128–129: „Προεῖναι μὲν οὖν ἀχρόνως καὶ ἀιδίως φαμὲν τὴν θείαν τοῦ θεοῦ λόγου ὑπόστασιν ἁπλῆν καὶ ἀσύνθετον, ἄκτιστον, ἀσώματον, ἀόρατον, ἀναφῆ, ἀπερίγραπτον, πάντα ἔχουσαν ὅσα ἔχει ὁ πατὴρ ὡς αὐτῷ ὁμοούσιον, τῷ τῆς γεννήσεως τρόπῳ καὶ σχέσει τῆς πατρικῆς ὑποστάσεως διαφέρουσαν, τελείως ἔχουσαν, οὐδέποτε τῆς πατρικῆς ἐκφοιτῶσαν ὑποστάσεως, ἐπ' ἐσχάτων δὲ τῶν ἡμερῶν τῶν πατρικῶν κόλπων οὐκ ἀποστάντα τὸν λόγον (ἀπεριγράπτως γάρ) ἐνῳκηκέναι τῇ γαστρὶ τῆς ἁγίας παρθένου ἀσπόρως καὶ ἀπεριλήπτως, ὡς οἶδεν αὐτός, καὶ ἐν αὐτῇ τῇ προαιωνίῳ αὐτοῦ ὑποστάσει σάρκα ἑαυτῷ ἐκ τῆς ἁγίας παρθένου." – „Wir sagen also, dass die göttliche Hypostase des Gott-Logos präexistiere zeitlos und ewig als einfach und nicht zusammengesetzt, ungeschaffen und unkörperlich, unsichtbar, ungreifbar, unumschrieben, alles besitzend, was der Vater hat, da ihm wesensgleich, durch die Art der Zeugung und die Beziehung von der Hypostase des Vaters verschieden, vollkommen, niemals von der Hypostase des Vaters getrennt; in den letzten Zeiten aber habe das Wort, ohne sich vom väterlichen Schosse zu trennen, im Bauch der heiligen Jungfrau gewohnt, ohne umschrieben zu werden, ohne Samen, auf unbegreifliche Weise, wie er selbst weiss, und habe in seiner ewigen Hypostase aus der heiligen Jungfrau Fleisch angenommen."
456 Ambrosius von Mailand, *De fide ad Gratianum* 1, 12, 77: Markschies 2005, 201: „Non sola admirabilis ex patre generatio Christi, admirabilis etiam ipsa generatio eius ex uirgine. Tu illam dicis nostrae similem conceptionis, ego probo istam nostrae esse dissimilem, immo te ipsum cogam fateri. Dic, quemadmodum sit natus ex Maria, quo usu uterus eum habuerit uirginalis, quomodo sine semine uiri partus, unde uirgo praegnans, quemadmodum puella mater ante feta quam copulam uxoris experta. Causa deerat, et generabatur filius. Vnde leges nouatae partus?"

Auch Petrus Chrysologus († 450) weist auf die Göttlichkeit des Geschehens hin und unterstreicht, dass dies mit dem gewöhnlichen Verlauf der Natur und dem Verstand nicht erfasst werden könne.[457]

Anlässlich der elften Synode von Toledo 675 werden die dogmatischen Eckpunkte rekapituliert. Eine der drei göttlichen Personen nimmt in unverstehbarer und unvergleichbarer Weise einen Menschen an, der ausserhalb der natürlichen Ordnung sich in und aus Maria bildet. Zeichen für das ausserordentliche Geschehen ist ihre Jungfräulichkeit.

> Wir glauben, dass von diesen drei [göttlichen] Personen allein die Person des Sohnes für die Befreiung des Menschengeschlechts einen wahren Menschen ohne Sünde von der heiligen und unbefleckten Jungfrau Maria angenommen hat, von der er in einer neuen Ordnung und in einer neuen Geburt geboren wurde; in einer neuen Ordnung, weil der in seiner Gottheit Unsichtbare sich im Fleisch sichtbar zeigt; in einer neuen Geburt aber wurde er geboren, weil die unberührte Jungfräulichkeit keinen Verkehr mit einem Mann kannte und [ihm] die durch den Heiligen Geist befruchtete Materie des Fleisches zur Verfügung stellte. Diese Jungfrauengeburt kann weder von der Vernunft erfasst noch an einem Beispiel gezeigt werden; denn wenn sie von der Vernunft erfasst werden könnte, wäre sie nicht wunderbar; wenn sie an einem Beispiel gezeigt werden könnte, wäre sie nicht einzigartig. Gleichwohl darf man nicht deshalb, weil Maria, vom Heiligen Geist überschattet, empfing, glauben, eben der Heilige Geist sei der Vater des Sohnes, damit es nicht den Anschein hat, wir nähmen zwei Väter des Sohnes an, was zu behaupten allerdings frevlerisch wäre.[458]

---

457 Vgl. PETRUS CHRYSOLOGUS, Sermo 146, 2: OLIVAR 1982, 901; de. BÖHMER 1923, 2–3: „Fratres, si uolumus intelligere quae dicuntur, diuina uerba modis non pensemus humanis; seponendus est humanus sensus, ubi totum quod dicitur est diuinum. Sic christus quod nascitur, non est consuetudo, sed signum; non est natura, sed uirtus; non ordo est, sed potestas; et est caeleste miraculum, ratio non humana. Hic mundana scientia quid capiet? hic carnis intelligentia quid requiret? christi, inquit, generatio sic erat. Non dixit: sic facta est, sed: sic erat, quia christi generatio erat apud patrem, quando generabatur ex matre. Quod erat, semper erat; quod factum est, hoc reddebat. Erat deus, reddebatur homo; ex utero nos suscepit ille, qui nos plasmarat ex limo." – „Brüder! Wenn wir diese Worte verstehen wollen, dürfen wir sie als göttliche Worte nicht nach Menschenweise wägen; abzulegen ist menschliche Auffassung, wo alles göttlich ist, von dem die Rede ist. So ist die Geburt Christi nicht ein gewöhnliches Ereignis, sondern ein Zeichen; nicht das Werk der Natur, sondern das Werk [göttlicher] Kraft; nicht geschehen nach dem gewöhnlichen Lauf der Dinge, sondern ein Beweis [göttlicher] Macht; sie ist ein Wunder des Himmels, nicht zu erfassen mit dem menschlichen Verstande. Was soll davon die Weisheit dieser Welt begreifen? Was soll hier forschen der Scharfsinn des Fleisches? Nicht heisst es: ‚So ist sie geschehen', sondern: ‚So war sie'; denn Christi Geburt war schon vor dem Vater, als er aus der Mutter geboren wurde. Was er war, war er immer; was geschah, wurde ihm gegeben; er war Gott, und wurde Mensch; aus dem Mutterschoss nahm er uns an, er, der uns gebildet hatte aus dem Schlamm."

458 11. Synode von Toledo 675: MADOZ 1938, 20; DENZINGER & HÜNERMANN 1991, Nr. 533, 36: „De his tribus personis solam Filii personam pro liberatione humani generis hominem verum sine peccato de sancta et immaculata Maria Virgine credimus assumpsisse, de qua novo ordine novaque nativitate est genitus; novo ordine, quia invisibilis divinitate, visibilis monstratur in carne; nova autem nativitate est genitus, quia intacta virginitas et virilem coitum nescivit et foecundatam per Spiritum Sanctum carnis materiam ministravit. Qui partus Virginis nec ratione colligitur, nec exemplo monstratur; quod si ratione colligitur, non est mirabile; si exemplo monstratur, non erit singulare. Nec tamen Spiritus

Damit beendet die Synode alle Diskussionen um eine natürliche oder naturgemässe Genese Christi und lehnt sie ab: keine naturphilosophisch-medizinale Erklärung, keine Würmer oder Geier, keine doppelte Zeugung. Die Aporien der versuchten Erklärungen und das Wunder der jungfräulichen Geburt lehren, dass die Inkarnation Christi sich der Vernunft letztlich entzieht. Damit schliesst sich der Kreis und wir sind wieder bei Chrysostomus, mit dem wir dieses Kapitel begannen: „Forsche also auch du nicht weiter nach; wolle nicht mehr wissen, als was der Evangelist gesagt hat, und frage nicht: „Aber wie hat der Heilige Geist dies bei einer Jungfrau vermocht?"[459]

8. Ergebnis

Die vorliegende Untersuchung zeigt, dass christliche Autoren in ihrem Denken zur Inkarnation Christi von der Naturphilosophie ihrer Zeit beeinflusst sind. Dabei handelt es sich teils um Vorstellungen, die in der Antike als *Opinio communis* gelten – etwa dass der Mensch aus Leib und Seele bestehe oder dass das väterliche Sperma selbst bzw. ein von ihm übertragenes Pneuma die Gerinnung im weiblichen Blut auslöse. Daneben finden sich auch divergente naturphilosophische Meinungen, meist eng verbunden mit der philosophischen Schule, welcher ein gewisser Autor angehört. Dabei ist eine eindeutige Zuweisung eines Theologen zu dieser oder jener Richtung in der Regel nur bedingt möglich.

Es lassen sich verschiedene Stufen der Rezeption und der Zurückweisung einer natürlichen Genese Christi feststellen: Gegen die ersten christologischen Extrempositionen, dem Doketismus und dem Adoptianismus, bietet sich eine rationale Erklärung der Inkarnation Christi an. Gottes Wort löst in Maria eine Gerinnung des Blutes aus, so wie in jeder Mutter das väterliche Pneuma einen Körper entstehen lässt. Während Tertullian oder Origenes zögern und den Logos nicht mit der Seele Christi identifizieren wollten, führen die Arianer und Apollinaristen dies konsequent aus. Sie postulieren eine Logos-Sarx-Christologie, die im Retter ein Wesen sieht, das in menschliches Fleisch und göttlichen Geist gespalten ist, welches aber keine eigene menschliche Seele hat.

Je mehr sich die Frage der Einheit von Gott und Mensch in Christus stellte, desto stärker war die Festlegung des Trennenden und Verbindenden im Gott-Menschen Christus zum Hauptanliegen geworden. Die lang dauernden Debatten haben ihre Wurzel in der Schwierigkeit, diese Anteile zu erkennen und voneinander abzuheben. Die Zurückweisung einer naturphilosophischen Deutung zeigt sich dabei als Meilenstein. Das arianische und apollinaristische Modell, welche die beiden Ausformungen einer strikten Logos-Sarx-Christologie darstellen, vermögen das Problem nicht zu lösen. Der

---

Sanctus Pater esse credendus est Filii, pro eo quod Maria eodem Spiritu Sancto obumbrante concepit: ne duos patres Filii videamur asserere, quod utique nefas est dici." Vgl. Isidor von Sevilla, *De differentiis rerum siue differentiae theologicae uel spiritales* VIII, 23–24: PL 83, 73–74.

459 Vgl. das Zitat von Johannes Chrysostomus, *In Matthaeum homiliae* 4, 3 auf S. 88 in der vorliegenden Arbeit. Zu diesem Ergebnis vgl. Largo 2006.

von ihnen beschriebene Christus ist ein Mischwesen, das zwischen Mensch und Gott steht – bei Arius mehr auf der Seite der Geschöpfe, bei Apollinaris mehr auf der Seite des Schöpfers.

Somit wurde die strikte Logos-Sarx-Christologie und mit ihr die These einer Genese Christi als „natürlicher" Vorgang verworfen. Daraus folgt die Umschreibung der Inkarnation als neue Schöpfung, weil sie rational nicht mehr nachvollziehbar ist. Am Beitrag Mariens ändert dies nichts: Sie ist Muttergottes und trägt zur Genese bei, was jede Mutter zum werdenden Kind beiträgt. In diesem Sinne werden die einst doketisch motivierten übernatürlichen Begleiterscheinungen neu rezipiert. Die Aussagen, dass Maria vor, während und nach der Geburt Jungfrau sei und ohne Schmerzen Christus zur Welt gebracht habe, verweisen auf das Mysterium der Menschwerdung an.

Es zeigt sich jedoch auch, dass naturphilosophische und medizinische Vorstellungen nicht im Zentrum der Betrachtungen stehen. Sie fliessen ganz selbstverständlich in die Gedankengänge mit ein, ohne eigens reflektiert zu werden. In der ersten Zeit, besonders in antidoketischen Argumentationen ist eine Beeinflussung der Naturphilosophie auf die Christologie festzustellen. Ab dem dritten Jahrhundert ist es umgekehrt die Christologie, welche christliche Autoren als Basis und Richtschnur für ihre Embryologie verwendeten. Während und nach Chalkedon wird schliesslich das Zusammenspiel von Medizin und Christologie geklärt: Da Gottes Handeln in der Inkarnation wunderbar und nicht nach den Regeln der Natur abläuft, spielt eine physiologische Spezifizierung des Beitrages der Mutter eine untergeordnete Rolle. So entkoppelt sich die Christologie von der Embryologie.

Der Umgang mit der Naturphilosophie kann mit jenem der Philosophie verglichen werden. Nach einer anfänglich breiten Rezeption zeigen sich Problematiken, die definiert, beschrieben und angegangen werden müssen. Dies führt schliesslich zu einer restriktiven und selektiven Rezeption.

Kapitel VI.

Jungfrau und Gottesmutter: wie Maria ihr Kind gebar

1. Die Problematik einer gebärenden Jungfrau

„Geboren von der Jungfrau Maria", so heisst es im Apostolischen Glaubensbekenntnis. Viele Theologinnen und Theologen plädieren dafür, diese Glaubensaussage in einem metaphorischen Sinn zu verstehen.[1] Im ersten Teil dieser Arbeit habe ich gezeigt, dass die Medizin in der patristischen Zeit ein erstaunlich hohes Mass an Wertschätzung genoss. Wenn die Medizin unter den Christen ausserordentlich geachtet war, so müssen zum rechten Verständnis dieser Aussage auch medizinische und naturphilosophische Texte beigezogen werden.

In diesem Kapitel werde ich zunächst darstellen, was in der Spätantike aus medizinischer Sicht zur Jungfräulichkeit geschrieben wurde. Insbesondere das Hymen als anatomisches Kennzeichen der Jungfräulichkeit sowie die Überprüfung der Jungfräulichkeit werde ich thematisieren. Ein zentraler Teil ist der medizinischen und theologischen Bewertung der Manualinspektion an Maria im *Protevangelium des Jakobus* gewidmet. Im dritten Teil folgt die Darstellung der Rezeption und Interpretation dieser Untersuchung.[2] Die *virginitas in partu*, also die Jungfräulichkeit Mariens während der Geburt ist im 20. Jahrhundert kontrovers diskutiert worden.[3] Noch liegt keine umfassende dogmengeschichtliche Abhandlung zu diesem Thema vor. Mein Beitrag dazu befasst sich mit der Rezeption medizinischen Wissens im Verlauf der dogmengeschichtlichen Entwicklung.[4]

---

1   Vgl. MÜLLER 1989, 90–107.
2   POUDERON hat in seinem Artikel *La conception virginale au miroir de la procréation humaine: Libre réflexion sur les rapports entre la christologie et les connaissances physiologiques des premiers Pères* 2002 auf Beziehung zwischen den physiologischen Kenntnissen der Väter und der Jungfrauengeburt hingewiesen. In diesem Abschnitt fokussiere ich ausschliesslich auf die Jungfräulichkeit.
3   Zur Diskussion siehe ZIEGENAUS 1991, 259–265; SWEENEY 2003 und HAUKE 2007, 88–89.
4   Die ausführlichsten Aufsätze zu diesem Thema finden sich beim Jesuiten ALDAMA, die in seiner Sammlung zusammengestellt sind: ALDAMA 1963. Einen guten Ausgangspunkt bieten auch die Arbeiten von RAHNER 2004; FRANK 1970; HAUKE 2007; BEINERT 2004 und PERRELLA 2003.

2. Jungfräulichkeit

Der Begriff Jungfräulichkeit (παρθενεία; virginitas) beschreibt in der griechisch-römischen Antike nicht sexuelle Enthaltsamkeit, sondern stellt primär einen sozialen Terminus dar.[5] Er bezeichnet den Status einer noch nicht verheirateten, aber heiratsfähigen jungen Frau ab Eintritt in die Pubertät. Dies ist nach gesellschaftlicher Konvention etwa ab dem 12. Lebensjahr der Fall.[6] Aus antiker medizinischer Sicht sind mit dem Thema Jungfräulichkeit zwei Problemstellungen verknüpft. Es wird erörtert, bis zu welchem Alter ein Vater seine Tochter unverheiratet lassen müsse, und ob dauernde Jungfräulichkeit gesund sei. Eine zusätzliche dritte Problematik, die jedoch nur sekundär mit Jungfräulichkeit zu tun hat, ist die Frage nach der Existenz eines Jungfernhäutchens. Alle diese Fragestellungen sind von Soran detailliert und systematisch bearbeitet worden; darum basiert die folgende Darstellung überwiegend auf seinen Angaben.

2. 1. Medizinische Aspekte der Jungfräulichkeit

Im ersten Buch seiner Gynäkologie geht Soran der Frage nach, ob permanente Jungfräulichkeit der Gesundheit zuträglich sei. Zustimmende und ablehnende Ansichten seien geäussert worden, schreibt er. Doch aufgrund der Gefährdung bei Schwangerschaft und Geburt, vor allem aber, weil die Abgabe von Samen[7] prinzipiell schädlich ist, müsse festgehalten werden, dass ein jungfräuliches Leben für Männer und Frauen der Gesundheit zuträglich sei.[8] Anderer Ansicht sind Galen in *De locis affectis* und der Autor der hippokratischen Schrift *De mulierum affectibus*, die eine schreckliche Krankheit beschreiben, die Jungfrauen befalle, die nicht mit Beginn der Pubertät verheiratet werden.[9] Diese Krankheit rühre von einer veränderten Lage und schlechtem

---

5   Vgl. SISSA 1984, 1121 und Endnote 8 auf S. 1137 mit weiterer Literatur sowie SISSA 1987.
6   Vgl. ROUSSELLE 1989, 52–54 und SCHÖLLGEN 2000. Dieses Alter ist so auch im römischen Gesetz verankert: In *Digesta* 23, 2, 4: MOMMSEN & WATSON 1985, Vol. 2, 657 wird festgehalten, dass zwar Mädchen unter dem zwölften Lebensjahr heiraten können, sie aber erst ab diesem Alter die Rechte als Ehefrauen erhalten. Vgl. BEAUCAMP 1990. Zu den epigraphischen Zeugnissen siehe den Hinweis bei LHUILLIER-MARTINETTI 2008, 26. Noch ISIDOR VON SEVILLA definiert in seinen *Etymologien* „virgo" sowohl nach ihrem sozialen Status als auch bezüglich der sexuellen Beziehungen. 11, 2, 21: LINDSAY 1911: „Virgo a uiridiori aetate dicta est, sicut et uirga, sicut et uitula. Alias ab incorruptione, quasi uirago, quod ignoret femineam passionem." – „Die virgo (Mädchen, junge Frau, Jungfrau) ist von ihrem blühenden Alter (viridior aetas) her benannt, wie auch virga (Zweig) und vitula (Kalb, junge Kuh). Ansonsten kommt das Wort von ihrer Unverdorbenheit, gleichsam als virago (Heldin), weil sie keine weibliche Leidenschaft kennt."
7   Zum Samen vgl. S. 93 in der vorliegenden Arbeit.
8   SORAN, *Gynaecia* I, 30–32: BURGUIÈRE; GOUREVITCH & MALINAS 1988, 25–28.
9   Vgl. GALEN in *De locis affectis* 5: KÜHN 1965, 297–376 und Ps. HIPPOKRATES, *De mulierum affectibus* 2: LITTRÉ 1962, 10–232. Zu dieser Frage vgl. ROUSSELLE 1989, 96–97, 104–105.

Zustand der Gebärmutter (ὑστέρα) her und werde am besten mit Geschlechtsverkehr und Schwangerschaft kuriert.[10]

Die zweite Frage, die Soran im anschliessenden Kapitel acht behandelt, lautet: Wie lange sollten Mädchen Jungfrauen bleiben? Seine Studien ergeben, dass für eine Hochzeit mindestens die Menarche mit etwa 14 Jahren abgewartet werden sollte, um befürchtete Komplikationen bei einer Schwangerschaft zu vermeiden.[11] Dass dieser Rat nicht immer befolgt wird, zeigen demografische Untersuchungen, die einen Mittelwert des Heiratsalters für römische Mädchen von 14 Jahren errechnen.[12] Diese Zahl steigt mit der Christianisierung zwar etwas,[13] ändert sich aber in der Praxis nicht grundsätzlich. Das belegt auch das *Protevangelium des Jakobus*. In diesem Text wird erzählt, wie Maria, die Mutter Christi, an ihrem 12. Geburtstag aus dem Tempeldienst entlassen wird, weil die bevorstehende Menstruation die Reinheit des Tempels bedroht.[14] Sie wird dem durch ein Wunderzeichen ausgewählten greisen Witwer Joseph als Frau versprochen. Dessen Einwand, er sei für eine so junge Braut viel zu alt, wird zurückgewiesen.[15] Joseph führt seine Verlobte zu sich, wartet aber mit der Hochzeit zu. Die jungfräuliche Empfängnis findet diesem Text zufolge in Marias sechzehntem Lebensjahr statt.[16]

2.2. Das Hymen als anatomisches Kennzeichen der Jungfräulichkeit

Erstaunlich ist, dass in der griechisch-römischen Medizin der Vaginalsaum („Hymen") als anatomische Gegebenheit nicht erwähnt oder in der Existenz bestritten wird.[17] Es gibt zwar einen griechischen Gott namens Hymen oder Hymenaios, der in der Hochzeitsnacht angerufen wird. Hymenaios hat jedoch nichts mit dem Jungfernhäutchen

---

10 Der davon abgeleitete Begriff „Hysterie" ist eine Neuprägung des 19. Jahrhundert. Vgl. FÖLLINGER 2005; SCHÖLLGEN 2000, 534–535; KING 1998, 205–246; FISCHER-HOMBERGER 1979, 42–48. Der Begriff zeigt auch, wie lange die hippokratischen Schriften nachwirken.
11 Vgl. SORAN, *Gynaecia* I, 33: BURGUIÈRE; GOUREVITCH & MALINAS 1988, 28–30.
12 Vgl. BROWN 1994, 20. Diese Angabe trifft auf Konsens in der älteren Forschung; vgl. HOPKINS 1965. Anderer Ansicht ist SHAW 1987, wonach der Usus je nach gesellschaftlicher Schichten variiert. Er plädiert für ein Durchschnittsalter der Bräute von 18 Jahren. Dagegen vertreten LELIS, PERCY & VERSTRAETE 2003 in ihrer umfassenden Studie wieder ein Alter von 12–16 Jahren bei einem Durchschnitt von 15 Jahren. Vgl. SCHÖLLGEN 2000, 537–538.
13 Vgl. zu dieser Frage PIETRI 1979 und HOPKINS 1965.
14 Vgl. *Protevangelium Jacobi* 8–9: SCHNEIDER 1995, 110–112.
15 Spätere Quellen geben das Alter Josephs mit „achzig und darüber" an. Vgl. EPIPHANIUS VON SALAMIS, *Panarion* 78, 8: HOLL 1985 (GCS 37), 458.
16 Vgl. *Protevangelium Jacobi* 12, 3: SCHNEIDER 1995, 116. Allerdings geben einige Zeugen ein anderes Alter an. Zwei späte griechische Handschriften lesen 15 bzw. 14 Jahre, die syrische Version 12 und die armenische Version gar nur 10 Jahre.
17 Der moderne Begriff „Hymen" – oder genauer „Vaginalsaum" – bezeichnet eine dünne Hautfalte, welche die Vaginalöffnung umrahmt – seltener auch teilweise abdeckt. Grösse und Form unterscheiden sich individuell sehr stark. Die Vorstellung, dass das Hymen die Öffnung ganz abdeckt und bei einem ersten Geschlechtsverkehr einreisst, gehört dem Reich der Mythen an: weniger als die Hälfte der Frauen bluten. Erst die Geburt eines Kindes verändert das Hymen grundsätzlich. Es bleiben nur Überreste an den Seiten der Vaginalöffnung. Vgl. PFLEIDERER & KAUFMANN 2008, 17.

ὑμήν zu tun, sondern bezieht sich auf ein gleichlautendes, von seiner Etymologie jedoch gänzlich verschiedenes Wort ὑμήν mit der Bedeutung „Hochzeitsruf".[18] In der medizinischen Literatur ist ὑμήν ein anatomischer Begriff für ein Häutchen oder eine Membran. In diesem Sinne verwendet schon Aristoteles ὑμήν in seinen Arbeiten für diverse Membranen, die das Gehirn, das Herz oder den Fötus umschliessen.[19] Auch bei Galen oder in hippokratischen Schriften werden zwar verschiedene ὑμήν beschrieben – doch ein ὑμήν, das dem Jungfernhäutchen entspricht, findet sich in diesen Texten nicht.

Nicht in Zusammenhang mit der Jungfräulichkeit, sondern im Kontext der Anatomie der Vagina diskutiert Soran die Frage nach der Existenz des Hymens. Es ist die erste literarische Erwähnung des Jungfernhäutchens überhaupt:

> Anzunehmen, dass eine dünne Membran wie ein Diaphragma der Vagina da sei, diese zur Gebärmutter abgrenze, und dass diese Membran zerreisse, sei es bei einer schmerzhaften Defloration oder wenn die Regel zu schnell ausbreche, und dass, wenn die Membran verbleibt und dicker wird, eine Atresie genannte Krankheit hervorrufe, ist ein Irrtum. Erstens wird diese Membran bei einer Sektion nicht gefunden.[20] Zweitens müsste bei Jungfrauen etwas einer Sonde Widerstand bereiten – doch die Sonde dringt bis zum tiefsten Punkt ein. Drittens: Wenn diese bei der Defloration platzende Membran die Ursache des Schmerzes wäre, dann müsste notwendigerweise bei Jungfrauen vor der Defloration heftiger Schmerz bei der Menstruation folgen, aber nicht mehr bei der [späteren] Defloration.[21]

Soran argumentiert hier gegen die Annahme, dass eine normal entwickelte Vagina von einem Hymen imperforatus verschlossen sei.[22] Zum besseren Verständnis dieser Aussage ist ein kurzer Exkurs in die Gynäkologie nötig: Die „Hymen" genannte Gewebeplatte ist mit einer – oder seltener mehreren – in Weite und Form stark variierenden

---

18 Vgl. MUTH 1954, 10–14.
19 Vgl. MUTH 1954, 11 und SISSA 1984. Zur Fruchtblase siehe auch S. 99 in der vorliegenden Arbeit.
20 Es wurde die Vermutung aufgestellt, dass SORAN sich hier auf die Vivisektion von Affenweibchen beziehe, da diese Tiere kein Hymen haben. Vgl. MUTH 1954, 12. Andere Autoren führen das junge Alter der Bräute an, oder den Umstand, dass SORAN für seine Untersuchungen nur Frauen aus der untersten Gesellschaftsschicht zu Verfügung standen, also verurteilte Kriminelle und Prostituierte. Keine dieser Lösungen kann überzeugen.
21 SORAN, Gynaecia I, 17: BURGUIÈRE; GOUREVITCH & MALINAS 1988, 15.: „τὸ γὰρ οἴεσθαι διαπεφυκέναι λεπτὸν ὑμένα διαφράσσοντα τὸν κόλπον, τοῦτον δὲ ῥήγνυσθαι κατὰ τὰς διακορήσεις καὶ ὀδύνην ἐπιφέρειν ἢ θᾶττον καθάρσεως γινομένης, ἐμμείναντα δὲ καὶ σωματοποιηθέντα τὸ ἄτρητον λεγόμενον πάθος ἀποτελεῖν, ψεῦδός ἐστι. πρῶτον μὲν γὰρ διὰ τῆς ἀνατομῆς οὐχ εὑρίσκεται· δεύτερον δὲ ἐπὶ τῶν παρθένων ἐχρῆν ἀντικόπτειν τι τῇ μηλώσει (νυνὶ δὲ μέχρι βάθους ἄπεισιν ἡ μήλη· τρίτον δὲ εἰ κατὰ τὰς διακορήσεις ῥηγνύμενος ὁ ὑμὴν ὀδύνης γίνεται παραίτιος, ἐχρῆν ἐξ ἀνάγκης ἐπὶ τῶν παρθένων ἔμπροσθεν τῆς διακορήσεως ἐπιφανείσης καθάρσεως περιωδυνίαν παρακολουθεῖν, κατὰ δὲ τὴν διακόρησιν μηκέτι."
22 Die Jahrhunderte dauernde Debatte um die Existenz des Hymens ist letztlich eine Definitionsfrage. So kann 1672 der niederländische Anatom R. DE GRAAF in seinem Werk De mulierum organis generationi inservientibus tractatus novus ein Hymen abbilden, und dennoch im Kommentar dessen Existenz ablehnen – es gäbe nur eine jungfräuliche Enge, vgl. DE GRAAF 1672, 189, Abbildung S. 203 in der vorliegenden Arbeit. Kommentar dazu vgl. FISCHER-HOMBERGER 1979, 99–100.

2. JUNGFRÄULICHKEIT

Öffnungen versehen und nur in Ausnahmefällen unperforiert. Ist Letzteres der Fall, spricht man von einer Atresie. Der Zugang muss operativ geöffnet werden, damit das Blut der Menstruation abfliessen kann.[23] Als Krankheitsbild ist Soran die Atresie zwar bekannt, doch nahm er als Ursache Membranen an, die sich an ganz unterschiedlichen Orten befinden könnten.[24] Atresie wird schon vor Soran in der hippokratischen Schrift *De muliebribus* beschrieben, doch auch dort ohne das Hymen zu erwähnen:[25] Einige wenige Mädchen kommen mit verschlossener Gebärmutter zur Welt. Der Zugang muss operativ geöffnet werden, damit das Menstruationsblut abfliessen kann und es nicht zu einem Hämatokolpos kommt.[26] Obwohl Soran die Existenz des Hymens ablehnt, ist ihm bekannt, dass bei einer Defloration gelegentlich Blut fliesst. Er geht davon aus, dass dieses Blut daher rühre, dass die zuvor enge Vagina überdehnt werde und dabei bei manchen Frauen die Blutgefässe reissen, die zuvor die Scheide zusammengehalten haben. Er schreibt zur Vagina:

> Ihre Länge, wie wir weiter oben gezeigt haben, ist veränderlich nicht nur in Hinblick auf das Alter und den ausgeübten Geschlechtsverkehr (bei welchem der Gebärmutterhals, sich ausdehnend wie auch das männliche Glied, die Vagina teilweise ausfüllt), denn bei manchen Frauen ragt der Gebärmutterhals sogar hervor, bei anderen ist er sehr kurz. Bei den meisten Erwachsenen hat sie [die Vagina] eine Grösse von sechs Fingern. Versenkt und enger ist sie bei Jungfrauen, versehen mit Falten, die zurückgehalten werden von Gefässen, die vom Uterus her kommen. Durch die Ausweitung der Falten bei der Defloration verursachen diese [Gefässe] die Schmerzen, sie zerreissen und von da rührt normalerweise das austretende Blut.[27]

Sorans Beschreibung ist insofern korrekt, als dass in römischer Zeit üblicherweise junge Mädchen mit erwachsenen Männern verheiratet werden. Die darum zahlreichen vorpubertären Deflorationen haben in der Regel blutende Verletzungen im Genitalbereich zur Folge.[28] Hippokratische Ärzte deuten die bei der Defloration auftretenden Blutung denn auch als erste Regelblutung und sehen in der Defloration einen notwendigen Eingriff, damit der Weg für das Menstruationsblut frei wird.[29] Folglich stellt die Atresie ein

---

23 Vgl. PFLEIDERER & KAUFMANN 2008, 17; zur Atresie vgl. BRECKWOLDT 2008, 26–27.
24 Vgl. SORAN, *Gynaecia* I, 17: BURGUIÈRE, GOUREVITCH & MALINAS 1988, 15.
25 Vgl. SORAN, *Gynaecia* I, 17: BURGUIÈRE, GOUREVITCH & MALINAS 1988, 14–15 und *De muliebribus* 2; GRENSEMANN 1982, 91–92.
26 Zur Atresie vgl. SISSA 1984, 1130–1133 und die Anmerkung 43 auf S. 1138.
27 SORAN, *Gynaecia* I, 5: BURGUIÈRE, GOUREVITCH & MALINAS 1988, 14: „κατὰ δὲ μῆκός ἐστιν, ὡς ἔμπροσθεν ὑπεδείξαμεν, ἄνισος, οὐ μόνον παρὰ τὰς ἡλικίας ἢ παρὰ τὰς συνουσίας (ἐν αἷς ἐπεκτεινόμενος ὁ τράχηλος τῆς ὑστέρας, ὥσπερ καὶ τὸ τῶν ἀρρένων αἰδοῖον, ἐπιλαμβάνει τι τοῦ κόλπου), ἀλλὰ καὶ τῷ φύσει τινὰς μὲν προπετέστερον ἔχειν τὸν τράχηλον, τινὰς δὲ ἄγαν κολοβόν [ἢ κονδόν]· ταῖς δὲ πλείσταις τῶν τελείων ἓξ ἐστιν δακτύλων. συμπέπτωκε μέντοι γε καὶ στενωτερός ἐστιν ἐπὶ παρθένων, στολίσι κεχρημένος συνεχομέναις ὑπ' ἀγγείων ἀπὸ τῆς ὑστέρας τὴν ἀπόφυσιν εἰληφότων, ἅπερ καὶ κατὰ τὰς διακορήσεις ἁπλουμένων τῶν στολίδων ῥήγνυται καὶ ὀδύνην ἐπιφέρει καὶ ἀποκρίνεται τὸ συνήθως ἐπιφερόμενον αἷμα."
28 Vgl. MCCANN, ROSAS & BOOS 2003 und ROUSSELLE 1989, 50–51.
29 Vgl. PS. HIPPOKRATES, *De mulieribus* 2: GRENSEMANN 1982, 90–97, Vgl. SCHUBERT 1999.

Symptom der Hysterie dar: Durch Lageveränderung und Trockenheit einer jungfräulichen Gebärmutter wird das Abfliessen des Menstruationsblutes verhindert, was mit rechtzeitiger Defloration präventiv behandelt werden kann.[30] Aufschlussreich ist der mittlere Teil des Soran-Zitates: Die Vagina ist bei Jungfrauen wie bei einem Akkordeon zusammengefaltet, dadurch erscheint sie versenkt und eng. Nicht das Hymen ist also typisches körperliches Merkmal einer Jungfrau, sondern die „jungfräuliche Enge".[31]

Erst in der lateinischen Spätantike wird das Hymen erwähnt und mit Jungfräulichkeit in Verbindung gebracht. Der erste sichere[32] Beleg findet sich in einem Abschnitt eines Vergilkommentars, der üblicherweise dem Grammatiker Servius (um 400 n. Chr.) zugeschrieben wird.[33] Als Erklärung zum Ausdruck „pactosque hymenaeos" in *Aeneis* 4, 99 („und Hymens Bund" zwischen Dido und Aeneas) wird dort zuerst die Geschichte eines Atheners namens Hymenaeus erzählt. Dann steht:

> Es gibt eine andere Theorie zum Begriff: Hymen wird allgemein eine Membran gleichsam als Zeichen der Jungfräulichkeit eines Mädchens genannt. Sobald es zerrissen ist, endet die Jungfräulichkeit und man kann von vollzogener Hochzeit sprechen.[34]

Servius beschreibt ein Hymen, das die Vaginalöffnung der Jungfrau wie eine dünne Folie abdeckt und beim ersten Geschlechtsakt platzt. In diesem Moment wird die bis dahin „unberührte" Jungfrau „defloriert" und zur Frau. Dieser Mythos dominiert die folgenden Jahrhunderte und hinterlässt Spuren bis in unsere Zeit. Doch der Konnex zwischen Hymen und Jungfräulichkeit muss in der Spätantike als lose betrachtet werden, und zwar aus zwei Gründen. Einerseits ist – im Schatten der grossen antiken Koryphäen – in der medizinischen Literatur noch bis ins 18. Jahrhundert die Existenz des Jung-

---

30 Vgl. GALEN *De locis affectis* 5 und in der hippokratischen Schrift *De muliebribus* 2: GRENSEMANN 1982, 90–97. Vgl. FÖLLINGER 2005 und GOUREVITCH 1984, 113–128.

31 Weitere Kennzeichen sind nach SORAN, dass die Portio vaginalis des Gebärmutterhalses bei Jungfrauen weich und fleischig ist, SORAN, *Gynaecia* I, 4: BURGUIÈRE, GOUREVITCH & MALINAS 1988, 9.

32 Es gibt in der lateinisch-patristischen Literatur einige Zitate, die als Hinweis aufgefasst werden können, dass der Autor an ein Hymen und nicht an die jungfräuliche Enge als körperliches Merkmal der Virginität dachte. Ein sehr alter Beleg findet sich bei Tertullian. Als Argument, warum sich die Jungfrauen verhüllen sollen, meint er: „Lege der, die innerlich ihre Bedeckung hat, auch äusserlich den Schleier an!" – „Impone velamen extrisecus habenti tegumen intrinsecus." TERTULLIAN, *De virginibus velandis* 12, 1: DEKKERS 1954, 1221. Vgl. KELLY 2000, 91. Die verbreitete Redensart, dass eine Erstgeburt den Mutterschoss durchbricht, bezieht sich allerdings auf biblische Vorlagen. Vgl. dazu S. 225 in der vorliegenden Arbeit. Zu Tertullian und den Frauen im Allgemeinen vgl. SCHULZ-FLÜGEL 1996.

33 Die Überlieferungsgeschichte dieses Kommentars ist überaus kompliziert, es sind zwei in Umfang und Komposition beträchtlich abweichende Versionen überliefert. Das folgende Zitat ist nur in der erweiterten Fassung, der sogenannten *Scholia Danielis*, enthalten. Die Addimenta sind wohl eine Zusammenstellung aus dem sechsten Jahrhundert, worin auch Teile des Kommentars von AELIUS DONATUS aufgenommen sind. Vgl. SUERBAUM 2001.

34 SERVIUS, *Commentarius in Vergilii Aeneidos* 4, 99: THILO & HAGEN 1923, 481: „Est etiam alia ratio vocabuli: nam Hymen quaedam membrana quasi virginalis puellae esse dicitur, qua rupta quia desinat esse virgo hymenaei nuptiae dictae."

2. JUNGFRÄULICHKEIT

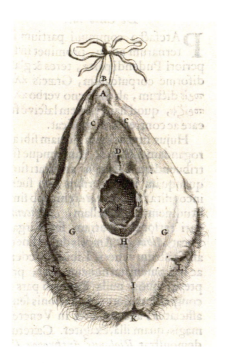

Abb. 3. De Graaf bestreitet noch 1672 die Existenz des Hymens, obwohl er es anatomisch völlig korrekt abbildet (E.). In der Legende zu dieser Abbildung schreibt er: „E.E.E. Vaginae orificii coarctatio, prout eam in virgine 24. annorum invenimus." – „Enge der vaginalen Öffnung, wie wir sie bei einer 24-jährigen Jungfrau gefunden haben."

fernhäutchens umstritten.[35] Andererseits wird in der christlichen Spätantike Jungfräulichkeit nicht auf das Hymen als Merkmal reduziert, sondern im Gegenteil viel weiter gefasst.[36] Es geht um eine spirituelle Reinheit, die sowohl asketische als auch mystische

---

35 Im monumentalen Standardwerk des berühmten Schweizer Arztes VON HALLER (ein Befürworter) findet sich eine mehr als 80 Seiten lange Liste der Gegner und Verteidiger der Existenz des Jungfernhäutchens durch Antike, Mittelalter und Neuzeit; vgl. VON HALLER (1757–1766), Tom. 7, p. II, Lib. 28, § 26, S. 1–95.
36 So ist der oft gehörten Aussage zu widersprechen, in christlicher Zeit sei das Hymen das entscheidende Merkmal der Jungfrau gewesen (so etwa SPECHT 1986, 77). Gelegentlich wird der Test der Jungfräulichkeit Mariens im *Protevangelium des Jakobus* als Hinweis auf das Hymen angeführt, was nicht korrekt ist, wie wir sehen werden.

Elemente verbindet, wobei Erstere Letzteren untergeordnet sind.[37] So fügt Augustinus als Beleg, dass die Heiligkeit des Körpers auf jener der Seele beruhe, folgendes Beispiel an:

> Eine Hebamme untersuchte mit der Hand die Unversehrtheit einer Jungfrau und verletzte sie dabei aus Böswilligkeit oder Unachtsamkeit oder Zufall. Ich glaube, es wird niemand so töricht sein, zu meinen, diese habe auch nur an Heiligkeit des Leibes etwas eingebüsst, obwohl ihr die Unversehrtheit jenes Körperteiles abhandenkam.[38]

Dieser Text des Augustinus belegt, dass zur Überprüfung der Jungfräulichkeit etwas abgetastet wird, das dabei auch Schaden nehmen kann. Ob er dabei an ein Hymen oder eine jungfräuliche Enge dachte, muss offenbleiben – falls er überhaupt wusste, was genau die Hebamme da inspiziert.[39]

Auf einen grundsätzlichen Unterschied zwischen „Hymen" und „jungfräulicher Enge" muss hier noch hingewiesen werden: Das Hymen wird, so der Mythos, wie ein Siegel beim ersten Geschlechtsakt aufgebrochen. Die jungfräuliche Enge dagegen variiert nach Alter und ausgeübtem Geschlechtsverkehr. Erst die Geburt des ersten Kindes hebt die Enge endgültig auf. Rückschlüsse vom Zustand der Vagina und des Muttermundes auf die Jungfräulichkeit einer Probandin gelten hier als nicht zuverlässig.

2.3. Überprüfung der Jungfräulichkeit

Die Texte der griechisch-römischen Antike, in denen ein Test der Virginität zur Sprache kommt, zeigen, dass dies meist mit einem Ordal geschieht.[40] Doch es ist anzunehmen, dass es auch manuelle Inspektionen gegeben hat: Die pseudogalenische Schrift

---

37 Üblicherweise wird mit *virginitas* (Jungfräulichkeit) die körperliche Unversehrtheit, mit *castitas* (Keuschheit) die moralisch-spirituelle Reinheit bezeichnet. Wie das folgende Zitat von Augustinus zeigt, laufen beide Begriffe ineinander über. So hat die im Beispiel erwähnte Jungfrau zwar ihre Unversehrtheit verloren, nicht aber die Heiligkeit des Körpers. Sie gilt also weiterhin als Jungfrau. Vgl. Kelly 2000, 3–5.

38 Augustinus, *De civitate Dei* I,18: Dombart & Kalb 1981, Vol. 1, 30: „Obstetrix virginis cuiusdam integritatem manu velut explorans siue malevolentia sive inscitia sive casu, dum inspicit, perdidit. Non opinor quemquam tam stulte sapere, ut huic perisse aliquid existimet etiam de ipsius corporis sactitate, quamuis membri illius integritate iam perdita."

39 Noch Vesal beklagt sich 1543, dass die Hebammen häufig die Hymen beschädigen würden. Vgl. Vesal 1543, lib. V, cap. 15, fol. 533. Augustinus' Festlegung, dass eine beschädigte Unversehrtheit die Jungfräulichkeit nicht *per se* aufhebe, rezipiert auch Thomas von Aquin. Für ihn gehört die körperliche Integrität nur als Akzidenz zur Jungfräulichkeit. Die Verletzung des Hymens hat für die Jungfräulichkeit die gleichen Auswirkungen wie die Verletzung einer Hand oder eines Fusses. Thomas von Aquin, *Summa Theologiae* II-II, q. 152, a. 1, ad 3: Groner 1993, Bd. 22, 16 und 19.

40 Vgl. Sissa 1987, 106–143 und Kelly 2000, 63–90. Berühmt ist das Siebordal, mit dem die der Unkeuschheit verdächtigten Vestalinnen Aemilia und Tuccia ihre Unschuld beweisen: Sie schöpfen Wasser mit einem Sieb aus dem Tiber und tragen es zur Stadt, ohne dabei einen Tropfen zu verlieren. Vgl. Valerius Maximus, *Facta et dicta memorabilia* 8, 1 absol. 5: Bailey 2000, 192.

2. JUNGFRÄULICHKEIT

περὶ εὐπορίστων erklärt, wie mit Salben und Pessaren der Eindruck einer engen Vagina erzeugt werden kann, um so die Jungfräulichkeit zu simulieren – etwa nach einer Vergewaltigung.[41] Doch es gibt auch das Bedürfnis, Simulantinnen zu entlarven: Plinius berichtet in seinem Buch über die Steine in der *Naturalis historia*, dass der schweflig riechende Rauch eines Gagat (Gagetes lapis) Schlangen und Gebärmutterkrämpfe verscheuche und als Räuchermittel Epilepsie und Jungfräulichkeit nachweise.[42] Jungfrauentests sind also bekannt, doch regelmässige Nachweise der Keuschheit einer Braut oder einer als Jungfrau angepriesenen Sklavin sind nicht vorgesehen.[43] Anders sieht es in der jüdischen Medizin aus.[44] Dtn 22, 13–21 belegt den Brauch, nach der Hochzeitsnacht die בְּתוּלִים der Braut auf einem Laken als Pfand aufzubewahren.[45] Das hier verwendete Wort für das Blut der Defloration, בְּתוּלִים, hängt mit בְּתוּלָה „Jungfrau" zusammen und wird heute meist mit „Zeichen der Jungfräulichkeit" übersetzt.[46] Woher diese בְּתוּלִים kommen, spezifizieren weder der Text noch spätere jüdische Kommen-

---

41 Vgl. Ps. GALEN, *De remediis parabilibus* 2, 26, 12 und 38: KÜHN 1965, 478 und 485–486. Auch PAULUS VON AEGINA erwähnt solche Mittel. Vgl. STAHLMANN 1997, 109–111.
42 Vgl. PLINIUS, *Naturalis historia* 36, 142: KÖNIG 1992, 36, 96–99. Vermutlich wurde getestet, ob der Rauch über den Weg Vagina, Uterus, Lunge und Mund aufsteigen könne. Ein solcher Test zur Überprüfung der Fruchtbarkeit findet sich im *Corpus Hippocraticum: aphorismi* V 59 und *De sterilibus* 214: SCHUBERT 1999, 310–312.
43 So sehen die Bestimmungen in *Digesta* 18, 1, 11 und 19, 1, 11 §51: MOMMSEN & WATSON 1985, Vol. 2, 515 und Vol. 2, 546 vor, dass eine Sklavin, die als Jungfrau verkauft wurde, dies aber nicht mehr ist, zurückgegeben werden kann.
44 Vgl. dazu PREUSS 1923, 138 und 560–561, zum biblischen Befund SERRA 1986; SCHULTE 1999; KIRCHSCHLÄGER 1991 und SCHARBERT 1991.
45 Dtn 22, 13–21: ‏כִּי־יִקַּח אִישׁ אִשָּׁה וּבָא אֵלֶיהָ וּשְׂנֵאָהּ 14 וְשָׂם לָהּ עֲלִילֹת דְּבָרִים וְהוֹצִיא עָלֶיהָ שֵׁם רָע וְאָמַר אֶת־הָאִשָּׁה הַזֹּאת לָקַחְתִּי וָאֶקְרַב אֵלֶיהָ וְלֹא־מָצָאתִי לָהּ בְּתוּלִים 15 וְלָקַח אֲבִי [הַ]נַּעֲרָ[ה] וְאִמָּהּ וְהוֹצִיאוּ אֶת־בְּתוּלֵי [הַ]נַּעֲרָ[ה] אֶל־זִקְנֵי הָעִיר הַשָּׁעְרָה 16 וְאָמַר אֲבִי [הַ]נַּעֲרָ[ה] אֶל־הַזְּקֵנִים אֶת־בִּתִּי נָתַתִּי לָאִישׁ הַזֶּה לְאִשָּׁה וַיִּשְׂנָאֶהָ 17 וְהִנֵּה־הוּא שָׂם עֲלִילֹת דְּבָרִים לֵאמֹר לֹא־מָצָאתִי לְבִתְּךָ בְּתוּלִים וְאֵלֶּה בְּתוּלֵי בִתִּי וּפָרְשׂוּ הַשִּׂמְלָה לִפְנֵי זִקְנֵי הָעִיר 18 וְלָקְחוּ זִקְנֵי הָעִיר־הַהִוא אֶת־הָאִישׁ וְיִסְּרוּ אֹתוֹ 19 וְעָנְשׁוּ אֹתוֹ מֵאָה כֶסֶף וְנָתְנוּ לַאֲבִי הַנַּעֲרָ שֵׁם רָע עַל בְּתוּלַת יִשְׂרָאֵל וְלוֹ־תִהְיֶה לְאִשָּׁה לֹא־יוּכַל לְשַׁלְּחָהּ כָּל־יָמָיו ס 20 וְאִם־אֱמֶת הָיָה הַדָּבָר הַזֶּה לֹא־נִמְצְאוּ בְתוּלִים לַנַּעֲרָ [לַ]נַּעֲרָ[ה] 21 וְהוֹצִיאוּ אֶת־[הַ]נַּעֲרָ[ה] אֶל־פֶּתַח בֵּית־אָבִיהָ וּסְקָלוּהָ אַנְשֵׁי עִירָהּ בָּאֲבָנִים וָמֵתָה כִּי־עָשְׂתָה נְבָלָה בְּיִשְׂרָאֵל לִזְנוֹת בֵּית אָבִיהָ וּבִעַרְתָּ הָרָע מִקִּרְבֶּךָ ס‎ – „13 Wenn jemand ein Mädchen zur Frau nimmt und wird ihrer überdrüssig, nachdem er zu ihr gegangen ist, und legt ihr etwas Schändliches zur Last und bringt ein böses Gerücht über sie auf und spricht: Dies Mädchen hab ich geheiratet, und als ich zu ihr ging, fand ich sie nicht als Jungfrau, 15 so sollen Vater und Mutter des Mädchens die Zeichen ihrer Jungfräulichkeit nehmen und vor die Ältesten der Stadt im Tor bringen. 16 Und der Vater des Mädchens soll zu den Ältesten sagen: Ich habe diesem Mann meine Tochter zur Frau gegeben; nun ist er ihrer überdrüssig geworden 17 und legt ihr Schändliches zur Last und spricht: Ich habe deine Tochter nicht als Jungfrau gefunden. Hier aber sind die Zeichen der Jungfräulichkeit meiner Tochter. Und sie sollen die Decke vor den Ältesten der Stadt ausbreiten. 18 Und die Ältesten der Stadt sollen den Mann nehmen und züchtigen 19 und ihm eine Busse von hundert Silberstücken auferlegen und sie dem Vater des Mädchens geben, weil er über eine Jungfrau in Israel ein böses Gerücht aufgebracht hat. Und er soll sie als Frau behalten und darf sie sein Leben lang nicht entlassen. 20 Ist's aber die Wahrheit, dass das Mädchen nicht mehr Jungfrau war, 21 so soll man sie heraus vor die Tür des Hauses ihres Vaters führen, und die Leute der Stadt sollen sie zu Tode steinigen, weil sie eine Schandtat in Israel begangen und in ihres Vaters Hause Hurerei getrieben hat; so sollst du das Böse aus deiner Mitte wegtun."
46 Vgl. GESENIUS 1962, 122.

tatoren. Im *Talmud* spricht man von einer Wunde, die heilen muss,[47] oder von einem Abfallen oder Herausfallen der בְּתוּלִים, so wie eine reife Frucht vom Baum fällt.[48] Die Rabbis sind sich bewusst, dass der Beweis der Jungfräulichkeit durch ein beflecktes Bettlaken nicht zuverlässig ist. Bereits das Fragment 4Q159 aus Qumran belegt, dass bei Zweifel an der Jungfräulichkeit der zukünftigen Braut vertrauenswürdige Frauen „es [oder sie] überprüfen sollen" – ohne anzugeben, was genau inspiziert wird.[49] Im *Talmud* werden weitere Tests erwähnt.[50] Einige Autoritäten vermuten, dass durch körperliche Aktivitäten die בְּתוּלִים herabfallen können und empfehlen, dass Jungfrauen nicht weit ausholend gehen und nicht steile Treppen steigen sollen. Wenn nötig, soll ein vorsichtiger Vater solch gefährliches Tun der Töchter mit Kettchen zwischen den Füssen unterbinden. Manche Frauen, so wird festgehalten, bluten gar nicht, was angeboren sein kann oder auf Unterernährung zurückzuführen sei.[51]

Der Brauch, die בְּתוּלִים einer Braut als Pfand aufzubewahren, wird von den Christen nicht übernommen. Mit der Etablierung des Jungfrauenstandes in der Kirche und der zunehmenden Hochachtung dieser Lebensform könnte nun angenommen werden, dass manuelle Inspektionen grössere Bedeutung erlangen. Doch die wenigen erhaltenen Zeugnisse zeigen, dass die Untersuchung einer Hebamme als unzuverlässig und unziemlich gilt. Neben dem bereits wiedergegebenen Augustinus-Zitat und dem *Protevangelium des Jakobus* gibt es zwei weitere Texte aus der christlichen Antike, die eine solche Inspektion zum Thema haben. Sie stammen von den Bischöfen Cyprian und Ambrosius.

Bischof Pomponius hat um das Jahr 249 in Nordafrika die Fälle einiger Jungfrauen einer Gemeinschaft zu beurteilen, die immer wieder Männer bei sich übernachten liessen – und zugeben, dass sie dabei auch das Bett mit den Gästen geteilt haben. Trotz dieses Geständnisses beteuern die Frauen, sie seien noch Jungfrauen. Pomponius wendet sich hilfesuchend an den Bischof von Karthago, Cyprian. Letzterer antwortet per Brief, dass nicht zugelassen werden dürfe, dass Männer regelmässige Gesellschaft mit

---

47 Vgl. *Jerusalemer Talmud, Nidda* 10, 1: MORGENSTERN 2006, 163–164.
48 Vgl. *Babylonischer Talmud, Sabbath* 63b: GOLDSCHMIDT 1933, 1, 467.
49 4Q159, Frg. 2–4, 8–10: ALLEGRO 1968, 8: כי יוצו איש שם רע על בתולת ישראל אם ב[יום] קחתו אותה יואמר
– ובקרוה[ן] נאמנות ואם לוא כחש עליה והומתה ואם ב[שקר] ענה בה ונענש שני מנים [ולוא] ושלח כול ימיו
„Wenn ein Mann eine israelitische Jungfrau beschuldigt, wenn er es ausspricht, wenn er sie heiratet, vertrauenswürdige (f.) […] sollen sie/es überprüfen, und wenn er nicht wegen ihr gelogen hat, soll sie exekutiert werden. Doch wenn er fälsch[lich] gegen sie Zeugnis abgelegt hat, soll er zwei Minas büssen […] und darf sich während seines ganzen Lebens nicht scheiden lassen." Vgl. TIGAY 1993.
50 So kennt Rabbi Gamaliel einen Test für die Jungfräulichkeit: Auf ein Weinfass gesetzt, kann man den aufsteigenden Weinduft aus dem Mund einer Frau riechen, nicht aber aus einer Jungfrau. Es ist zu vermuten, dass hier hippokratische Vorstellungen Pate gestanden haben, wonach Fruchtbarkeit mit Rauch überprüft werden kann. *Babylonischer Talmud: Kethuboth* 10b: GOLDSCHMIDT 1931, 4, 485. Vgl. S. 205 in der vorliegenden Arbeit. Ein ähnlicher Test ist in *Jabmuth* 60b: GOLDSCHMIDT 1933, 4, 210; beschrieben.
51 Vgl. *Babylonischer Talmud: Kethuboth* 10b: GOLDSCHMIDT 1933, 4, 485.

geweihten Jungfrauen haben. Wenn eine Jungfrau nicht mehr nach ihrem Gelübde leben wolle oder könne, so solle sie heiraten.

Es scheint, dass die Angeschuldigten selbst zur Wiedererlangung ihrer Ehre und ihrer Privilegien als Jungfrauen dem Pomponius eine Inspektion ihrer Jungfräulichkeit vorgeschlagen haben. Cyprian fährt in seinem Brief nämlich fort:

> Und dass sich nur keine einbildet, sie sei mit der Ausrede entschuldigt: Man könne ja untersuchen und prüfen, ob sie noch eine Jungfrau sei! Denn Hand und Auge der Hebamme täuscht sich oft genug, und wenn auch eine Jungfrau an dem Teile des Leibes unverletzt befunden wird, der bei einer Frau in Betracht kommt, so kann sie doch auch an einem anderen Körperteil gesündigt haben, der zwar geschändet, aber nicht untersucht werden kann.[52]

Cyprian hebt zu einer Strafpredigt an: Auch mit Küssen und Liebkosen kann man sich vergehen. Schliesslich würde jeder gehörnte Ehemann im Zorn erglühen, sollte seine Frau solches mit anderen Männern tun – und diese Frauen sind Christus geweiht! Dennoch geht er auf den Vorschlag der Jungfrauen ein und ordnet folgendes Vorgehen an:

> Wenn sie nun aber über diesen ihren sündhaften Beischlaf Reue zeigen und sich wieder voneinander trennen, so sollen sich zunächst die Jungfrauen von Hebammen sorgfältig untersuchen lassen.[53]

Wenn die manuelle Inspektion ihre Jungfräulichkeit erweist, dürfen sie ihren Stand behalten, ansonsten werden sie aus der Jungfrauengemeinschaft ausgeschlossen und fallen unter die Kirchenbusse.

Ähnlich liegt auch der Fall der Jungfrau Indicia, wozu Ambrosius um 380 ausführlich Stellung nimmt. Indicias Integrität wird von ihrem Schwager Maximus in Frage gestellt. Auf Veranlassung des Bischofs Syagrius von Verona überprüft deshalb eine Hebamme ihre Unschuld. Ambrosius empört sich über dieses Vorgehen: Eine hochgeehrte Jungfrau werde so einer entwürdigenden Prozedur unterzogen, wo doch die dubiose Anzeige des Schwagers viel mehr Aufmerksamkeit verdient hätte. Aufgrund undurchsichtiger Abhängigkeiten der ausführenden Hebamme und ihres niederen sozialen Status – Indicia ist von einer Sklavin untersucht worden – darf dem Urteil nicht vertraut werden. Dazu kommt Folgendes:

> Was ist von der Tatsache zu halten, dass selbst die Oberärzte sagen, dass die Zuverlässigkeit einer Inspektion nicht deutlich genug verstanden ist und dass dies die Meinung der ältesten

---

52 Cyprian von Karthago, *Epistula* 4, 3: Bayard 1962, 10: „Nec aliqua putet se posse hac excusatione defendi quod et inspici et probari possit an virgo sit, cum et manus obstetricum et oculi saepe fallantur, et si incorrupta inventa fuerit virgo ea parte sui qua mulier potest esse, potuerit tamen ex alia corporis parte peccasse quae corrumpi potest et tamen inspici non potest." Zu Cyprian und den Jungfrauen vgl. Pietzner 2007.

53 Cyprian von Karthago, *Epistula* 4, 4: Bayard 1962, 11: „Quod si poenitentiam hujus illiciti concubitus sui egerint et a se invicem recesserint, inspiciantur interim virgines ab obstetricibus diligenter."

Gelehrten der Medizin ist? Wir wissen aus Erfahrung, dass oft unter Hebammen eine Differenz entstanden und eine Streitfrage sich ergeben hat, so dass an jener mehr zu zweifeln ist, die sich einer Inspektion gestellt hat als an jener, die nicht inspiziert worden ist."[54]

Schliesslich, so fährt Ambrosius fort, sind sie Hebammen und nicht Inspektorinnen, zu Gebärenden sind sie gesandt, nicht zu Jungfrauen. „Ich bevorzuge Jungfräulichkeit, die aus Zeichen der Sittlichkeit besteht, mehr als die der Umschliessung des Körpers."[55] Bei Ambrosius wie auch bei Augustinus und Cyprian ist unklar, welche anatomische Gegebenheit überprüft wird.

Es fällt auf, dass Zeugnisse sowohl zum Hymen als auch für eine manuelle Überprüfung der Virginität auf den lateinischen Westen beschränkt sind. Griechische Texte sind – abgesehen vom *Protevangelium des Jakobus* – keine zu finden. Hervorzuheben ist, dass auch in kirchlichen Richtlinien, die sich sonst ausführlich dem Stand der Jungfrauen und dem Problem der „virgo lapsa" widmen, keine Bestimmungen dazu überliefert sind.[56] Auch in griechischen Virginitätsschriften habe ich keinen Hinweis auf eine manuelle Inspektion durch eine Hebamme oder einen Arzt gefunden.[57]

3. Das Protevangelium des Jakobus

Das *Protevangelium des Jakobus* ist das älteste und berühmteste Kindheitsevangelium. Da Clemens von Alexandrien den darin erwähnten Hebammentest um das Jahr 200 erwähnt und Origenes daraus zitiert,[58] müssen diese Teile des Werks vorher entstanden sein. Eine eminente Bedeutung erhält dieser Text, weil er für die Entwicklung der Marienfrömmigkeit und der Mariendogmen grundlegend ist.

Die Erzählung besteht aus drei Teilen, die vermutlich erst nachträglich zu einem einheitlichen Werk zusammengefügt wurden.

- Das Marienleben bis zur Geburt Jesu (Kap. 1–16)
- Die Geburt Jesu (Kap. 17–21)

---

54 AMBROSIUS VON MAILAND, *Epistula* 54 (Maur. 5): BANTERLE 1988, 114: „Quid, quod ipsi archiatri dicunt non satis liquido comprehendi inspectionis fidem et ipsis medicinae uetustis doctoribus id sententiae fuisse? Nos quoque usu hoc cognouimus, saepe inter obstetrices obortam uarietatem et quaestionem excitatam, ut plus dubitatum sit de ea quae inspiciendam se praebuerit, quam de ea quae non fuerit inspecta."

55 AMBROSIUS VON MAILAND, *Epistula* 54 (Maur. 5): BANTERLE 1988, 118: „Malo morum signaculo quam corporis claustro uirginitatem exprimi."

56 So Ps. AMBROSIUS, *De lapsu virginis consecratae*: PL 16, 365–384 oder die Kanones von Elvira, die zwar drakonische Strafen über die *virgines lapsae* verhängen, aber keinen Test erwähnen. Vgl. *Kanon 13 von Elvira*: REICHERT 1990, 104.

57 Auch die sonst medizinisch so gut informierte und detaillierte Askeseschrift des Ps. BASILIUS (BURGSMÜLLER 2005) erwähnt keinen Test, weder als Vorschrift noch als Verbot.

58 Vgl. CLEMENS VON ALEXANDRIEN, *Stromata* 7, 16, 93–94: STÄHLIN & FRÜCHTEL 1970, 66–67.

- Der Kindermord von Bethlehem mit dem Martyrium des Zacharias (Kap. 22–25)

Die ersten beiden Teile können ins zweite Jahrhundert datiert werden, der dritte Teil ist Ende des dritten Jahrhunderts angefügt worden. Der Wechsel des Erzählers von der ersten zur dritten Person zeugt von den Brüchen. Doch De Strycker konnte nachweisen, dass von einer durchgehenden Redaktion aller drei Quellen ausgegangen werden kann. Die drei Teile werden spätestens ab dem Anfang des vierten Jahrhunderts zusammen überliefert. Dies beweisen die ältesten Textzeugen, die aus dieser Zeit stammen.[59]

Unter den zahlreichen Handschriften des *Protevangeliums* sticht Papyrus Bodmer 5 aus dem vierten Jahrhundert hervor. Er gehört zu den ältesten Zeugen und ist vollständig erhalten. Da er gerade in den Kapiteln zur Geburt einen deutlich kürzeren Text aufweist, gebe ich jeweils beide Versionen an.

3.1. Die Manualinspektion

Im *Protevangelium des Jakobus* 19–20 wird berichtet, wie Joseph eine Hebamme sucht und eine alte Hebräerin findet – jüngere Traditionen geben ihr u.a. den Namen Zahel oder Zeloni. Diese wird Zeugin des übernatürlichen Geschehens im gleissenden Licht.

> Und sie traten an den Ort der Höhle. Und eine finstere Wolke überschattete die Höhle. Und die Hebamme sprach: „Erhoben ist heute meine Seele, denn meine Augen haben heute Wunderbares geschaut, denn für Israel ist das Heil geboren." Und sogleich verzog sich die Wolke von der Höhle, und es erschien ein grosses Licht in der Höhle, so dass die Augen es nicht ertragen konnten. Und ein wenig später verschwand das Licht, bis das Kind erschien. Und es kam und nahm die Brust von seiner Mutter Maria. Und die Hebamme schrie auf und rief: „Was für ein grosser Tag ist das heute für mich, dass ich dieses nie da gewesene Schauspiel sehen durfte!"[60]

Nach der Geburt Jesu ruft diese Hebräerin eine zweite Hebamme[61] namens Salome dazu. Letztere will eigenhändig überprüfen, ob Maria noch Jungfrau ist.

---

59 Vgl. SCHNEIDER 1995, DE STRYCKER 1961, 392–404 und PELLEGRINI 2012, 907–908.
60 *Protevangelium Jacobi* 19, 2: DE STRYCKER 1961, 154–156: „καὶ ἔστησαν ἐν τῷ τόπῳ τοῦ σπηλαίου. Καὶ <ἦν> νεφέλη σκοτεινὴ ἐπισκιάζουσα τὸ σπήλαιον. Καὶ εἶπεν ἡ μαῖα· ,Ἐμεγαλύνθη ἡ ψυχή μου σήμερον, ὅτι εἶδον οἱ ὀφθαλμοί μου παράδοξα σήμερον, ὅτι σωτηρία τῷ Ἰσραὴλ γεγένηται.' Καὶ παραχρῆμα ἡ νεφέλη ὑπεστέλλετο τοῦ σπηλαίου, καὶ ἐφάνη φῶς μέγα ἐν τῷ σπηλαίῳ ὥστε τοὺς ὀφθαλμοὺς μὴ φέρειν. Καὶ πρὸς ὀλίγον τὸ φῶς ἐκεῖνο ὑπεστέλλετο, ἕως ἐφάνη βρέφος· καὶ ἦλθεν καὶ ἔλαβε μασθὸν ἐκ τῆς μητρὸς αὐτοῦ Μαρίας. Καὶ ἀνεβόησεν ἡ μαῖα <καὶ εἶπεν>·,Ὡς μεγάλη <μοι> ἡ σήμερον ἡμέρα, ὅτι εἶδον τὸ καινὸν θέαμα τοῦτο.'"
61 Ob Salome eine Hebamme war, geht aus dem Text zunächst nicht hervor. CLEMENS VON ALEXANDRIEN spricht jedoch von einer Hebamme, die Christus nach seiner Geburt gepflegt und die Überprüfung durchgeführt habe. Ein weiteres Indiz, dass Salome Hebamme war, ergibt sich nach NORELLI 2006, 35 aus ihrem Eintreffen erst nach der Geburt: Die *Ode Salomos* 19 (siehe Seite 216 in der vorliegenden Arbeit) und ein unbekanntes Zitat in den *Petrusakten* 24 (siehe Seite 216) sprechen davon, dass Jesus ohne die Hilfe einer Hebamme zur Welt kam. Der Autor konnte daher Salome als Hebamme erst nach der Geburt auftreten lassen. Anzumerken ist jedoch, dass alle Textzeugen die bei der Geburt anwesende alte Hebräerin wiederholt als Hebamme bezeichnen. Zu Salome vgl. BALZ 1983, 593.

Und die Hebamme trat aus der Höhle heraus. Da begegnete ihr Salome. Sie sprach zu ihr: „Salome, Salome, ich habe dir ein nie da gewesenes Schauspiel zu erzählen: Eine Jungfrau hat geboren, was doch ihre Natur nicht zulässt." Und Salome sagte: „So wahr der Herr, mein Gott, lebt, wenn ich nicht meinen Finger hinlege und die Vagina [φύσις][62] untersuche, werde ich nicht glauben, dass eine Jungfrau geboren hat."[63]

Die folgenden Verse überliefert der Papyrus Bodmer 5 in einer kurzen Version:

Und sie ging hinein und legte sie bereit, und Salome untersuchte ihre Vagina. Da schrie Salome auf, dass sie den lebendigen Gott versucht hatte: „Und, siehe, meine Hand fällt [verbrannt] durch Feuer von mir ab!"[64]

Die übrigen Textzeugen lesen:

Und die Hebamme ging hinein und sagte: „Maria, lege dich bereit. Denn ein nicht geringer Streit erhebt sich um dich." Und Maria hörte es und legte sich bereit. Und Salome legte ihren Finger in ihre Vagina. Und Salome stiess einen Schrei aus und sagte: „Wehe über meinen Frevel und meinen Unglauben, denn ich habe den lebendigen Gott versucht. Siehe, meine Hand fällt von Feuer [verzehrt] von mir ab."[65]

Was hat die Hebamme bei Maria untersucht? Die Antwort scheint im ersten Moment auf der Hand zu liegen: Die Manualinspektion ist immer wieder mit dem Hymen in Verbindung gebracht worden. Eine Inspektion des Hymens erscheint mir jedoch aus mehreren Gründen unmöglich.

Wer eine Geburt miterlebt hat, weiss, wie unglaublich der weibliche Körper dabei beansprucht wird. Es braucht nicht viel Fachwissen, und es muss auch kein Hymen ertastet werden, um den Unterschied zwischen der Vagina einer Frau, die eben geboren hat, und der einer Jungfrau zu erkennen. Salome sagt: „Wenn ich nicht meinen Finger hinlege und ihren Zustand untersuche, werde ich nicht glauben, dass eine Jungfrau geboren hat." Sicher wird hier auf das Thomasmotiv (Joh 20, 25) angespielt. Wie nach Tod und Auferstehung, so überprüft und bestätigt auch nach der wunderbaren Geburt eine

---

62   Dass φύσις auch mit Vagina übersetzt werden kann, darauf weist das Wörterbuch von BAUER & ALAND 1988, 1734 hin. Vgl. auch Fussnote 82 auf S. 103 in der vorliegenden Arbeit.

63   *Protevangelium Jacobi* 19, 3: DE STRYCKER 1961, 156–158: „Καὶ ἐξῆλθεν ἐκ τοῦ σπηλαίου ἡ μαῖα, καὶ ἡπήντησεν αὐτῇ Σαλώμη, καὶ εἶπεν αὐτῇ· ,Σαλώμη Σαλώμη, καινόν σοι θέαμα ἔχω ἐξηγήσασθαι· παρθένος ἐγέννησεν, ἃ οὐ χωρεῖ ἡ φύσις αὐτῆς.' Καὶ εἶπεν Σαλώμη· ,Ζῇ Κύριος ὁ Θεός μου· ἐὰν μὴ βάλω τὸν δάκτυλόν μου <καὶ> ἐραυνήσω τὴν φύσιν αὐτῆς, οὐ μὴ πιστεύσω ὅτι ἡ παρθένος ἐγέννησεν.'"

64   *Protevangelium Jacobi* (P. Bodmer 5) 20, 1: DE STRYCKER 1961, 158–166: „Καὶ εἰσῆλθεν καὶ ἐσχημάτισεν αὐτήν. Καὶ ἠραύνησε ἡ Σαλώμη τὴν φύσιν αὐτῆς. Καὶ ἀνηλ<ά>λαξεν Σαλώμη ὅτι ἐξεπείρασεν Θεὸν ζῶντα. Καὶ ἰδοὺ ἡ χείρ μου πυρὶ ἀποπίπτει ἀπ' ἐμοῦ.'"

65   *Protevangelium Jacobi* 20, 1: DE STRYCKER 1961, 158–162: „Καὶ εἰσῆλθεν ἡ μαῖα καὶ εἶπεν· ,Μαρία, σχημάτισον σεαυτήν· οὐ γὰρ μικρὸς ἀγὼν πρόκειται περὶ σοῦ.' Καὶ ἡ Μαρία ἀκούσασα ταῦτα ἐσχημάτισεν αὐτῆς. Καὶ ἔβαλε Σαλώμη τὸν δάκτυλον αὐτῆς εἰς τὴν φύσιν αὐτῆς. Καὶ ἀνηλάλαξεν Σαλώμη καὶ εἶπεν· ,Οὐαὶ τῇ ἀνομίᾳ μου καὶ τῇ ἀπιστίᾳ μου, ὅτι ἐξεπείρασα Θεὸν ζῶντα. Καὶ ἰδοὺ ἡ χείρ μου πυρὶ ἀποπίπτει ἀπ' ἐμοῦ.'"

Zweiflerin mit ihrem Finger das Unbestreitbare. Auch die Wahl des Namens Salome erklärt sich durch diese Rolle: In Mk 15, 40 und 16, 1 wird eine Salome zusammen mit Maria Magdalena und Maria, Mutter des Jakobus als erste Zeugin der Auferstehung Jesu namentlich erwähnt.[66]

Das Hymen als Merkmal der Jungfräulichkeit ist in der Literatur erst ab Soran belegt. Doch Soran lehnt diese Konzeption ab, zustimmende Quellen finden sich erst im spätantiken lateinischen Westen – nicht aber im Osten.[67] Es mag sein, dass griechische Hebammen im Gegensatz zu ihren Ärzten um die Existenz des Hymens wussten. Doch im *Protevangelium* soll die Jungfräulichkeit Mariens *nach* der Geburt bewiesen werden. Das geht nur mit einer Untersuchungsmethode, die allgemein anerkannt ist. Beweise, die auf Geheimwissen von Hebammen oder auf suspekten Körperteilen wie dem Hymen beruhen, erfüllen diesen Zweck nicht. So ist es bezeichnend, dass Hebammen im Westen zwar gelegentlich Jungfrauen untersuchen, doch im Osten ist diese Untersuchung unbekannt. Es bleibt einzig die jungfräuliche Enge, die Salome inspizieren kann. Auf diesem Wege ist es ihr jedoch nur möglich festzustellen, ob das Kind auf natürliche Weise durch den Geburtskanal entbunden wurde. Ob Maria vorher Geschlechtsverkehr hatte, muss bei dieser Überprüfung offenbleiben.

Eine weitere Beobachtung unterstreicht diesen Befund: Die Jungfräulichkeit der schwangeren Maria, und damit die Empfängnis vom Heiligen Geist wird im *Protevangelium* nicht nur durch den Engel im Traum Josephs bestätigt. Weil die Schwangerschaft der noch nicht verheirateten Maria der Priesterschaft zu Ohren kommt, so erzählt der Text, wird ein abgewandeltes Eifersuchtsordal[68] auf Maria und Joseph angewendet.[69] Beide müssen das „ὕδωρ τῆς ἐλέγξεως Κυρίου" trinken, das Prüfungswasser des Herrn, das bei Menschen mit vor- oder ausserehelichen Sexualkontakten tödlich wirkt. Die schwangere Maria und Joseph überstehen unbeschadet das Gottesurteil. Zur grossen Verwunderung aller haben folglich weder Verlobter noch Verlobte durch vorehelichen Geschlechtsverkehr gesündigt, obwohl doch das Kind im Bauch Mariens eigentlich nur diesen Schluss zulässt.

Die Absicht, die mit dem Bericht der Inspektion Mariens verfolgt wird, besteht nicht im doppelten Erweis der Unbefleckheit Mariens. Salome wird eingeführt, um die wundersame Ankunft Jesu zu bestätigen, es geht um eine christologische Aussage. *Protevangelium* 19, 2 beschreibt eine Theophanie: Im gleissenden Licht erscheint (ἐφάνη) Jesus Christus – und die Zweiflerin bestätigt, dass der Christus in Wirklichkeit aus dem Licht erschienen und nicht durch den Geburtskanal entbunden worden

---

66 Vgl. BALZ 1983, 593 und KUBINA 2009, 1489.
67 SORAN gibt nicht an, wer die These des Hymens vertritt. Darum ist vermutet worden, dass SORAN eine westliche Theorie behandelt.
68 Das Eifersuchtsordal in Num 5, 11–31 weist eifersüchtige Ehemänner an, ihre der Untreue verdächtigten Ehefrauen zum Priester zu bringen. Dieser gibt den Frauen „heiliges Wasser" zu trinken. Schwellt der Frau der Bauch an und schwinden ihre Hüften, so ist sie schuldig.
69 Vgl. *Protevangelium Jacobi* 15, 1–17, 3: DE STRYCKER 1961, 130–146.

ist. Wenn das anachronistische Hymen als Gegenstand des Testes ausser Acht gelassen wird, ist der Aufbau der Geschichte kohärent: Die Jungfräulichkeit Mariens als sexuelle Abstinenz muss vor der Geburt durch ein Ordal bestätigt werden, eine andere Testmethode gibt es im Osten nicht. Nach der Geburt wird durch Salome bestätigt, dass Maria die jungfräuliche Enge noch hat: Sie hat nicht entbunden.

Die alte These, dass das *Protevangelium des Jakobus* sich auf die Jungfräulichkeit Mariens konzentriere, wird oft mit den Versen 11, 2–3 begründet. Nach dem ältesten Textzeugen (Papyrus Bodmer 5 aus dem vierten Jahrhundert) fragt Maria den Engel Gabriel bei der Verkündigung:[70]

> „Soll ich vom lebendigen Gott empfangen [συνλήμψομαι], wie jede Frau gebiert [γεννᾷ]?" Und siehe, ein Engel stellte sich zu ihr und sagte: „Nicht so, Maria. Kraft Gottes nämlich wird dich überschatten, darum wird auch das Heilige, das geboren werden wird [γεννώμενον] Sohn des Höchsten genannt werden.[71]

Aufschlussreich ist ein Blick in den textkritischen Apparat. Zahlreiche Varianten belegen die Schwierigkeiten, welche diese Stelle den Kopisten bereitete. Der Engel Gabriel verkündet Maria die Ankunft Christi: „Fürchte dich nicht, Maria, denn du hast Gnade gefunden vor dem Herrn aller Dinge. Du wirst von seinem Wort empfangen."[72] Sie stellt dem Boten eine Frage: „Soll ich vom lebendigen Gott empfangen und gebären, wie jede Frau gebiert?" Und obwohl der Engel schon vor ihr steht, lässt P. Bodmer 5 wie die meisten Textzeugen einen weiteren Engel erscheinen, der negativ antwortet: „Nicht so!" Maria wird aus seinem Wort (ἐκ λόγου αὐτοῦ) empfangen, das sagte der Engel bereits, doch nicht gebären wie alle anderen Frauen. Dabei ist offen, ob der Akzent dieser Aussage auf „gebären" oder auf „wie alle andern Frauen" liegt. Wird sie nicht gebären oder gebiert sie auf eine andere Weise? Eine Geburt „auf eine andere Weise" spielt in der Theologie um und nach Chalkedon eine wesentliche Rolle.[73] Doch zur Zeit der Abfassung des *Protevangeliums* ist dies noch kein Thema. Die Begründung des Engels für seine negative Antwort spielt wörtlich auf Lk 1, 35 an:

> Lk 1, 35
> ... καὶ δύναμις ὑψίστου ἐπισκιάσει σοι· διὸ καὶ τὸ γεννώμενον [ἐκ σοῦ] ἅγιον κληθήσεται υἱὸς θεοῦ. – ... und Kraft des Höchsten wird dich überschatten; darum wird auch das [von dir] Geborene heilig und Sohn Gottes genannt werden.[74]

---

70 Zu Papyrus Bodmer 5 und seiner Datierung vgl. TESTUZ 1958 23–26.
71 *Protevangelium Jacobi* 11, 2: DE STRYCKER 1961, 114–116 und TESTUZ 1958, 74–77: „Ἐγὼ συνλήμψομαι ἀπὸ Κυρίου Θεοῦ ζῶντος ὡς πᾶσα γυνὴ γεννᾷ;" Καὶ ἰδοὺ ἄγγελος ἔστη αὐτῇ λέγων αὐτῇ· „Οὐχ οὕτως, Μαρία. Δύναμις γὰρ Θεοῦ ἐπισκιάσει σοι· διὸ καὶ τὸ γεννώμενον ἅγιον κληθήσεται υἱὸς Ὑψίστου."
72 *Protevangelium Jacobi* 11, 2: DE STRYCKER 1961, 114: „Μὴ φοβοῦ, Μαρία· εὗρες γὰρ χάριν ἐνώπιον τοῦ πάντων Δεσπότου. Συνλήμψῃ ἐκ Λόγου αὐτοῦ."
73 Vgl. das Kapitel *Ein wunderbares Geschehen* ab S. 192 in der vorliegenden Arbeit.
74 Es gibt zwei Möglichkeiten, wie τὸ γεννώμενον ἅγιον übersetzt werden kann. ἅγιον kann als Adjektiv interpretiert werden, τὸ γεννώμενον als substantivisches Partizip, was einen ganzen Satz ergibt, weshalb

Protevangelium des Jakobus 11, 2
δύναμις γὰρ θεοῦ ἐπισκιάσει σοι· διὸ καὶ τὸ γεννώμενον [ἐκ σοῦ] ἅγιον κληθήσεται υἱὸς ὑψίστου. – Kraft Gottes nämlich wird dich überschatten, darum wird auch das [von dir] Geborene heilig und Sohn des Höchsten genannt werden.

Lk 1, 35 wirkt geradezu programmatisch für die Geburtserzählung in Kapitel 19–20 des *Protevangeliums*: Eine Wolke überschattet die Höhle, dann erscheint das Licht: Christus kommt. Dieser wird τὸ γεννώμενον genannt, was mit „der Geborene" oder „der Gezeugte" übersetzt werden kann. Mit der folgenden Aussage „υἱὸς ὑψίστου / Sohn des Höchsten" wird impliziert, dass es nicht um den von Maria geborenen, sondern um den von Gott gezeugten Sohn des Höchsten geht. Hier tritt die Motivation des Autors offen zu Tage: Das *Protevangelium* unternimmt eine doketische Umdeutung der lukanischen Geburtsgeschichte.

Einigen Kopisten ist die ausgeprägte doketische Tendenz aufgefallen, weswegen sie diese Stelle in eine akzeptablere Version umgestalten. Sie fügen in der Frage Mariens zu „empfangen" die Worte „und gebären" hinzu und versehen „das geborene Heilige" mit dem Zusatz „von dir".[75] Auch einige Zeugen des Lukasevangeliums kennen letztere Variante,[76] doch nicht in so grosser Zahl wie beim *Protevangelium*. Manche Handschriften passen die Antwort des Engels ganz dem lukanischen Text an. Auch der unlogische Handlungsstrang wird korrigiert und die Erscheinung des zweiten Engels gestrichen.[77] Mit diesen Umgestaltungen wird versucht, im Text die doketischen Spitzen zu glätten.

Dass der Test in *Protevangelium* 19, 3–20, 3 mit dem Jungfrauenhäutchen zu tun habe und die Schrift primär die Jungfräulichkeit Mariens im Fokus habe, galt bisher als *Opinio communis*.[78] Doch dies lässt sich nicht mehr halten. Ebenfalls unzutreffend ist, darin eine Reflexion der damaligen Volksfrömmigkeit zu Maria zu sehen.[79] Clemens von Alexandrien belegt – es ist der erste literarische Hinweis auf das *Protevangelium* –, dass im Gegenteil die meisten Christinnen und Christen seiner Zeit in Maria eine Wöchnerin sehen, die geboren hat und die Thesen des *Protevangeliums* nicht rezipieren:

---

das Folgende mit „und" angeschlossen wird. ἅγιον kann aber auch als Substantiv gesehen werden und τὸ γεννώμενον als adjektivisches Partizip: „…darum wird auch das Heilige, das geboren werden wird, Sohn Gottes genannt werden."

75 Es sind dies etwa die Hälfte der Textzeugen, alle nach dem Jahr 900 geschrieben. Der mit Abstand älteste Zeuge Papyrus Bodmer 5 aus dem vierten Jahrhundert belegt den Zusatz nicht. Vgl. DE STRYCKER 1961, 116.
76 So der *Codex Ephraemi Syri rescriptus* aus dem fünften Jahrhundert und die Zeugen Θ f^1 33 *pc* a c e (r^1) vg^{cl} sy^p sowie Stellen im Werk des IRENÄUS, TERTULLIAN und EPIPHANIUS.
77 Vgl. DE STRYCKER 1961, 117.
78 Als Beispiel für viele sei hier die Anmerkung im Apparat zu *Protevangelium* 20, 2 von DE STRYCKER gegeben: „Ce débat concerne la virginité perpétuelle de Marie." DE STRYCKER 1961, 161.
79 Als Beispiel hierfür etwa LÜDEMANN 1997, 129: „Das Protevangelium des Jakobus reflektiert die Volksfrömmigkeit, die erst den Anlass zur Ausformung des Dogmas der immerwährenden Jungfräulichkeit der Maria gegeben hat."

> Aber, wie es scheint, gilt für die Masse auch jetzt noch Maria als eine Wöchnerin, weil sie das Kind geboren hat, während sie keine Wöchnerin ist, denn manche erzählen, dass sie, als sie nach der Geburt von einer Hebamme gepflegt wurde, als Jungfrau befunden worden sei. Solcher Art sind für uns auch die Schriften des Herrn, die die Wahrheit auf die Welt bringen und doch jungfräulich bleiben, weil sie die Geheimnisse der Wahrheit verbergen. „Sie hat geboren und hat nicht geboren",[80] sagt die Schrift, da sie von sich selbst und nicht infolge der Verbindung mit einem anderen empfangen hat.[81]

Die Mehrheit sieht in Maria „eine Wöchnerin, weil sie das Kind geboren hat"; dem steht die „Jungfrau" des *Protevangeliums* gegenüber, die „keine Wöchnerin ist", weil sie nicht geboren hat. Diese Maria scheint zwar schwanger, es kommt zur Geburt – aber sie hat nicht geboren. Über die theologischen Konsequenzen oder gar über eine Mariologie seiner im Prinzip doketischen Aussage äussert Clemens sich nicht. Er bringt diesen Hinweis nur als Ausgangspunkt für eine Allegorie über die Heilige Schrift.

Das Zitat aus dem *Apokryphon des Ezechiel* „Sie hat geboren und hat nicht geboren", das Clemens erwähnt, ist ein Motiv, das die ganze Geburtsszene des *Protevangeliums* durchzieht. Als der Zeitpunkt gekommen war, dass Maria gebären sollte, macht Joseph sich auf, um eine Hebamme zu suchen. Der Papyrus Bodmer 5 schreibt lapidar „Und als er sie gefunden hatte, nahm er sie mit, als sie vom Berg herabstieg."[82] Die späteren Textzeugen malen jenen Moment aus:[83]

> Ich aber, Joseph, ging umher und ging nicht umher. Und ich blickte hinauf zum Himmelsgewölbe und sah es stillstehen, und ich blickte hinauf in die Luft und sah sie erstarrt und die Vögel des Himmels unbeweglich bleiben. Und ich blickte auf die Erde und sah dort eine Schüssel stehen und Arbeiter gelagert; ihre Hände waren in der Schüssel. Aber die Kauenden kauten nicht, und die etwas aufhoben, hoben nichts auf, und die etwas zum Mund führten, führten nicht. Vielmehr hatten alle den Blick nach oben gerichtet. Und ich sah, wie Schafe getrieben wurden, doch die Schafe blieben stehen. Und der Hirte erhob die Hand, sie zu schlagen, doch seine Hand blieb oben stehen. Und ich blickte auf den Lauf des Flusses, und ich sah, wie die Mäuler der Böcke auf dem Wasser lagen, aber nicht tranken. Dann ging alles auf einmal wieder seinen Gang. Und ich sah eine Frau vom Berg herabsteigen.[84]

---

80 Zitat aus dem *Apokryphon des Ezechiel*. Vgl. MUELLER 1994, 120–138. Das ganze Zitat lautet: „Ἰδοὺ ἡ δάμαλις τέτοκε, καὶ οὐ τέτοκε" – „Siehe, die Färse hat geboren und hat nicht geboren."

81 CLEMENS VON ALEXANDRIEN, *Stromata* 7, 16, 93–94: STÄHLIN 1970, 66: „Ἀλλ', ὡς ἔοικεν, τοῖς πολλοῖς καὶ μέχρι νῦν δοκεῖ ἡ Μαριὰμ λεχὼ εἶναι διὰ τὴν τοῦ παιδίου γέννησιν, οὐκ οὖσα λεχώ (καὶ γὰρ μετὰ τὸ τεκεῖν αὐτὴν μαιωθεῖσάν φασί τινες παρθένον εὑρεθῆναι)· τοιαῦται δ' ἡμῖν αἱ κυριακαὶ γραφαί, τὴν ἀλήθειαν ἀποτίκτουσαι καὶ μένουσαι παρθένοι μετὰ τῆς ἐπικρύψεως τῶν τῆς ἀληθείας μυστηρίων. «τέτοκεν καὶ οὐ τέτοκεν», φησὶν ἡ γραφή, ὡς ἂν ἐξ αὑτῆς, οὐκ ἐκ συνδυασμοῦ συλλαβοῦσα."

82 *Protevangelium Jacobi* 18, 2–3 (Papyrus Bodmer 5): DE STRYCKER 1961, 146 und TESTUZ 1958, 74–77: „καὶ εὑρὼν ἤνεγκεν ἀπὸ ὀρεινῆς καταβαίνουσαν."

83 Es ist nicht erwiesen, ob der Papyrus Bodmer 5 hier kürzt oder ob hier später ergänzt wurde. SMID und BOVON gehen davon aus, dass dieser Abschnitt sicher alt sei. Vgl. SMID 1965, 127–128 und BOVON 1993.

84 *Protevangelium Jacobi* 18, 2–3 (übrige Textzeugen): DE STRYCKER 1961, 148–151: „Ἐγὼ δὲ Ἰωσὴφ περιεπάτουν καὶ οὐ περιεπάτουν. Καὶ ἀνέβλεψα εἰς τὸν πόλον τοῦ οὐρανοῦ καὶ εἶδον αὐτὸν ἑστῶτα, καὶ

Es wurde darauf hingewiesen, dass das Motiv von einem Stillstand der Natur sich auch bei der Geburt anderer Heilsbringer, etwa bei Buddha, nachweisen lässt. Doch steht im *Protevangelium* nicht die Verehrung des Retters durch die Schöpfung im Vordergrund, sondern das Paradoxe des Moments als Analogie zum Vorgang in der Höhle. So wie es aussieht, als ob die Arbeiter essen, die Vögel fliegen und der Hirte mit dem Stock schlägt – und sie alle es doch nicht tun, macht Maria zur gleichen Zeit den Anschein, als ob sie gebäre – und sie tut es doch nicht.[85]

3. 2. Weitere Apokryphen

Das *Protevangelium* bildet bezüglich der doketischen Prägung keinen Sonderfall unter den ältesten apokryphen Zeugen der Jungfrauengeburt. Die nun zu Tage tretende doketische Christologie ist vielmehr Kennzeichen dieser Texte.[86] Als extremstes Beispiel für diesen Doketismus kann die um 100 entstandene *Ascensio Isaiae* gelten. Danach sieht Jesaja in einer Vision, wie sich die Geburt Christi zugetragen hat:

> Und, nach zwei Monaten, Joseph war zu Hause, ebenso Maria, seine Frau, doch nur die beiden, und es geschah, als sie alleine waren, dass Maria die Augen hob und einen kleinen Jungen sah, und sie erschrak. Und, nachdem sie erschrocken war, fand sie ihren Bauch wie vorher, bevor sie empfangen hatte. Und, als ihr Ehemann[87] Joseph sprach: „Was hat dich erschreckt?" öffneten sich seine Augen und er sah das Kind, und er rühmte den Herrn, weil der Herr in sein Schicksal gekommen war. Und eine Stimme kam zu ihnen: „Erzählt keinem diese Vision!" Und es entstanden Gerüchte um das Kind in Bethlehem. Da waren manche, die sagten: „Geboren hat die Jungfrau Maria, kaum zwei Monate, seit sie verheiratet ist!" und viele sagten: „Sie hat nicht geboren, keine Hebamme ist hinaufgestiegen, und keine Schmerzensschreie haben wir gehört." Und sie waren blind, alle, die ihn ansahen, und keiner glaubte an ihn und sie wussten nicht, woher er war.[88]

εἰς τὸν ἀέρα καὶ εἶδον αὐτὸν ἔκθαμβον καὶ τὰ πετεινὰ τοῦ οὐρανοῦ ἠρεμοῦντα. Καὶ ἐπέβλεψα ἐπὶ τὴν γῆν καὶ εἶδον σκάφην κειμένην καὶ ἐργάτας ἀνακειμένους, καὶ ἦσαν αἱ χεῖρες αὐτῶν ἐν τῇ σκάφῃ. Καὶ οἱ μασώμενοι οὐκ ἐμασῶντο καὶ οἱ αἴροντες οὐκ ἀνέφερον καὶ οἱ προσφέροντες τῷ στόματι αὐτῶν οὐ προσέφερον, ἀλλὰ πάντων ἦν τὰ πρόσωπα ἄνω βλέποντα. Καὶ εἶδον ἐλαυνόμενα πρόβατα, καὶ τὰ πρόβατα ἐστήκει· καὶ ἐπῆρεν ὁ ποιμὴν τὴν χεῖρα αὐτοῦ τοῦ πατάξαι αὐτά, καὶ ἡ χεὶρ αὐτοῦ ἔστη ἄνω. Καὶ ἐπέβλεψα ἐπὶ τὸν χείμαρρον τοῦ ποταμοῦ καὶ εἶδον ἐρίφους καὶ τὰ στόματα αὐτῶν ἐπικείμενα τῷ ὕδατι καὶ μὴ πίνοντα. Καὶ πάντα θήξει ὑπὸ τοῦ δρόμου αὐτῶν ἀπηλαύνετο. Καὶ εἶδον γυναῖκας καταβαινούσας ἀπὸ τῆς ὀρεινῆς."

85 Vgl. NORELLI 2009, 57–58.
86 Dass das *Protevangelium* in diesem Licht gesehen werden muss, erwähnt GAMBERO 1991, 33.
87 Dieses Wort fehlt bei einigen Zeugen.
88 *Ascensio Isaiae* 11, 7–14: BETTIOLO et al. 1995, 118–121: „ወእምድኅረ ፡ ከልኤ ፡ አውራኅ ፡ መዋዕል ፡ ወዮሴፍ ፡ ይኄሉ ፡ ውስተ ፡ ቤት ፡ ወማርያም ፡ ብእሲቱ ፡ ወባሕቱ ፡ ከልአሆሙ ፡ ባሕቲቶሙ ። ወይከውን ፡ ሶበ ፡ ይኄልዉ ፡ ባሕቲቶሙ ፡ ወትነጽር ፡ ማርያም ፡ በአዕይንቲሃ ፡ ሰቢሃ ፡ ወትሬኢ ፡ ሕጻን ፡ ንኡስ ፡ ወትደነግፅ ። ወእምድኅረ ፡ ደንገፀት ፡ ትትረከብ ፡ ክርሥ ፡ ከመዘ ፡ ቀዲሙ ፡ ዘእንበለ ፡ ትፀንስ ። ወሶበ ፡ ይቤሳ ፡ ምታ ፡ ዮሴፍ ፡ ምንት ፡ ያደንግፀኪ ፡ ወትትከወት ፡ አዕይንቲሁ ፡ ወይሬእዮ ፡ ለሕፃን ፡ ወይሴብሖ ፡ ለእግዚአብሔር ፡ እስመ ፡ በመክፈልቱ ፡ ይመጽእ ፡ እግዚእ ። ወቃል ፡ ይከውን ፡ ሎሙ ፡ ዘንተ ፡ ራእየ ፡ ለመኑሂ ፡ ኢትንግሩ ። ወይትነገር ፡ ቃል ፡ በእንተ ፡ ሕፃን ፡ በቤተ ፡ ልሔም ። በአለ ፡ ይብሉ ፡ ወለደት ፡ ማርያም ፡ ድንግል ፡ ቅድመ ፡ ከልኤ ፡ አውራኅ ፡ ዘወሰብሰት ። ወብዙኃን ፡ እለ ፡ ይብሉ ፡ ኢወለደት ፡

In den *Acta Petri* 24 bringt Petrus in seiner Apologie gegen Simon Magus verschiedene Prophezeiungen auf Christus vor. Darunter sind Zitate, die auf die *Ascensio Isaiae* anspielen:[89]

> Und: „In den letzten Zeiten wird ein Knabe vom Heiligen Geist geboren; seine Mutter kennt keinen Mann, und keiner sagt, dass er sein Vater sei."[90] Und wiederum sagt er: „Sie hat geboren und hat nicht geboren."[91] Und wiederum: „Ist es euch ein kleines Ding, einen Kampf zu bieten [...]? Siehe, im Leib wird eine Jungfrau empfangen."[92] Und ein anderer Prophet sagt, um den Vater zu ehren: „Wir haben weder ihre Stimme gehört, noch ist eine Hebamme dazu gekommen."[93] Ein anderer Prophet sagt: „Er ist nicht aus der Gebärmutter einer Frau geboren, sondern von einem himmlischen Ort herabgestiegen."[94]

Die Petrus in den Mund gelegten Testimonia[95] sind mit jenen vergleichbar, um die herum das *Protevangelium* konstruiert worden ist. Maria hat empfangen, sie hat geboren, weil sie das Kind in ihrem Bauch trug, aber sie hat auch nicht geboren, weil er nicht aus ihrer Gebärmutter kam, sondern von einem himmlischen Ort. Zwar ist im *Protevangelium* eine Hebamme zugegen, doch nur, um die Theophanie zu bezeugen und nicht, um ihrem Beruf nachzugehen.[96] Mit diesem Hintergrund lässt sich auch eine eigenartige Passage aus den *Oden Salomos* verstehen (19, 6–10), die dem Hebammen-Testimonium aus der *Ascensio Isaiae* vergleichbar ist:

> Es fing auf der Schoss der Jungfrau, und sie wurde schwanger und gebar. Und Mutter wurde die Jungfrau in grossem Erbarmen und hatte Wehen und gebar einen Sohn. Und es tat ihr nicht weh, weil sie nicht unnütz war. Und sie verlangte keine Hebamme, weil er sie lebendig erhielt wie einen Mann.[97]

ወኢ.ዐርገት : መወለዲት : ወኢጸራ ነ : ሕማም : ኢስግዕነ ። ወይዴለ ። ፡ ከሎም : እምኔሁ : ወኢ.የአምሩ : ከሎም : ቦቱ : ወኢ.የአምሩ : እምአይቴ : ውእቱ ።" Zu Entstehungszeit und -ort vgl. NORELLI 1995, 9–66.

89 *Acta Petri* 24: VOUAUX 1922, 368–370: „Et: ‚In novissimis temporibus nascitur puer de Spiritu Sancto: mater ipsius virum nescit, nec dicit aliquis patrem se esse ejus.' Et iterum dicit: ‚Peperit et non peperit.' Et iterum: ‚Non minimum praestare vobis agonem; ecce in utero concipiet virgo.' Et alter propheta dicit honorificatum patrem: ‚Neque vocem illius audivimus neque obstetrix subiit.' Alter propheta dicit: ‚Non de vulva mulieris natus, sed de caelesti loco descendit.'"

90 Zitat unbekannter Herkunft.

91 Zitat aus dem *Apokryphon des Ezechiel*. Vgl. MUELLER 1994, 120–138. Das ganze Zitat lautet: „Ἰδοὺ ἡ δάμαλις τέτοκε, καὶ οὐ τέτοκε" – „Siehe, die Färse hat geboren und hat nicht geboren."

92 Jes 7, 13–14 LXX.

93 Zitat unbekannter Herkunft.

94 Zitat unbekannter Herkunft.

95 NORELLI 2009, 40; definiert ein Testimonium wie folgt: „Un *testimonium* est un passage de la Bible (l'Ancien Testament des chrétiens), ou un texte considéré comme appartenant à la Bible, que les chrétiens de l'Antiquité interprétaient comme une prophétie ou une préfiguration de Jésus, de l'Église ou des doctrines à leur égard."

96 Vgl. NORELLI 2009, 55–56.

97 *Odae Salomonis* 19, 6–10aa: LATTKE 1999, 91: ܗܘܐ ܒܪܗ ܕܥܠܬܐ ܣܘܒܪܬ ܒܬܘܠܬܐ ܘܝܠܕܬ ܘܗܘܬ ܐܡܐ ܒܬܘܠܬܐ ܒܪܚܡܐ ܣܓܝܐܐ ܘܚܒܠܬ ܘܝܠܕܬ ܒܪܐ ܘܠܐ ܟܐܒ ܠܗ ܡܛܠ ܕܠܐ ܗܘܬ ܠܐ ܒܥܝܐ ܗܘܬ ܚܝܬܐ ܡܛܠ ܕܐܚܝܗ ܐܝܟ ܓܒܪܐ.

Die in den *Oden* beschriebene Jungfrau wird schwanger, indem sie mit ihrem Schoss auffängt, sie gebiert ohne Schmerzen, und deshalb war auch keine Hebamme nötig. Gesellt man das *Protevangelium* in seiner doketischen Lesart zu diesen Apokryphen, bestätigt sich eine Arbeitshypothese, die Norelli aufgestellt hat:

> Le thème de la vierge mère de Jésus ne se développe pas d'abord comme un ensemble narratif, mais comme un énoncé ou une série d'énoncés christologiques (qu'on rassemblait volontiers sous la forme de testimonia, à partir desquels on a construit des récits différents).[98]

Motiv des Autors ist sein doketisches Bekenntnis, das er geschickt in eine Erzählung verpackt, um es so zu propagieren. Clemens von Alexandrien belegt mit seiner beiläufigen Bemerkung,[99] dass der Doketismus dieser Apokryphen nicht Mehrheitsmeinung war. Vielmehr gehen nach ihm die meisten Christinnen und Christen im zweiten Jahrhundert noch davon aus, dass Maria Jesus natürlich zur Welt gebracht hat.

3.3. Gnostische Vorstellungen der Jungfrauengeburt

Der Doketismus wird in gnostischen Systemen zahlreich vertreten. Dagegen spielt eine Jungfrauengeburt nur in Texten der Valentinianer eine gewisse, nicht unbestrittene Rolle. Andere Gnostiker wie Markion, Kerdon, Satornil und später die Manichäer lehren, dass Christus direkt in der Welt erschien, ohne Geburt oder Kindheit. Manche Gnostiker erwähnen die Jungfrauengeburt deshalb nicht oder sie lehnen sie ab. So schreibt Hippolyt über Markion:[100]

> Hiernach verwarf Markion durchaus die Zeugung unseres Erlösers, er hielt es für widersinnig, dass der Logos, der der Liebe, das ist dem Guten, beistehen sollte, als Gebilde des ganz verderblichen Hasses gekommen sei; er sei vielmehr ohne Zeugung „im fünfzehnten Jahr der Herrschaft des Kaisers Tiberius" von oben herabgekommen, die Mitte haltend zwischen Gut und Böse und habe „in den Synagogen" gelehrt. Wenn er die Mitte hält, ist er fern von der Wesenheit des Übels; der Demiurg und seine Werke sind nämlich böse. Deswegen kam Jesus ungezeugt herab, auf dass er fern von jeglichem Bösen sei.[101]

---

98 NORELLI 2006, 43.
99 Vgl. S. 214 in der vorliegenden Arbeit.
100 Vgl. CAMPENHAUSEN 1962, 17.
101 HIPPOLYT, *Refutatio omnium haeresium* 7, 31, 5–6: MARCOVICH 1986, 313–314: „Τούτοις κατακολουθῶν <οὖν λόγοις> Μαρκίων τὴν γένεσιν τοῦ σωτῆρος ἡμῶν παντάπασ(ιν) παρῃτήσατο, ἄτοπον εἶναι νομίζων ὑπὸ τὸ πλάσμα τοῦ ὀλεθρίου τούτου νείκους γεγονέναι τὸν λόγον τὸν τῇ φιλίᾳ συναγωνιζόμενον—τουτέστι τῷ ἀγαθῷ· – ἀλλὰ <γάρ φησι> χωρὶς γενέσεως «<ἐν> ἔτει πεντεκαιδεκάτῳ τῆς ἡγεμονίας Τιβερίου Καίσαρος» κατεληλυθότα αὐτὸν ἄνωθεν, μέσον ὄντα κακοῦ καὶ ἀγαθοῦ, «διδάσκειν ἐν ταῖς συναγωγαῖς». εἰ γὰρ μεσίτης ἐστίν, ἀπήλλακται, φησί, πάσης τῆς τοῦ κακοῦ φύσεως. – κακὸς δ' ἔστιν, ὡς λέγει, ὁ δημιουργὸς καὶ τὰ ποιήματα· διὰ τοῦτο ἀγέν<ν>ητος κατῆλθεν ὁ Ἰησοῦς, φησίν, ἵνα ᾖ πάσης ἀπηλλαγμένος κακίας."

Das uneinheitliche Bild, das gnostische Zeugnisse zur Jungfrauengeburt geben, lässt sich früh nachweisen. Bereits das in gnostischen Kreisen viel gelesene *Thomas-Evangelium* lehrt in Logion 15:

> Jesus sagte: Wenn ihr den seht, der nicht geboren worden ist von der Frau, werft euch auf euer Antlitz nieder und verehrt ihn. Jener ist euer Vater.[102]

Die Mutter Jesu wird in Logion 99 erwähnt, eine Parallele zu Mt 12, 46 und Lk 8, 19–21 („jene die den Willen meines Vaters tun sind meine Brüder und meine Mutter"). Logion 101 nimmt den Konflikt zwischen Mutter und Sohn wieder auf:

> <Jesus sagte:> Wer seinen Vater und seine Mutter nicht hassen wird wie ich, wird mir nicht J[ünge]r sein können; und wer seinen Va[ter] und seine Mutter nicht lieben wird wie ich, wird mir nicht J[ünger] sein können. Denn meine Mutter, die [...] meine wahre [Mutter] aber hat mir das Leben gegeben.[103]

Der erste Teil des Logions entspricht Logion 55 und Lk 14, 26. Der zweite Teil, der die Begründung für die erste Aussage liefert, kann nicht mehr vollständig rekonstruiert werden. Das ⲇⲉ (aber) legt jedoch nahe, dass eine Antithese zwischen der Mutter und der wahren Mutter konstruiert wird, da Letztere ihm das Leben gegeben hat. Es ist postuliert worden, dass mit der „wahren Mutter" der Heilige Geist gemeint sei, der Maria schwanger werden lässt.[104] Diese These ist umstritten. Schon das *Philippus-Evangelium* verwirft explizit diese Meinung – und deutet Logion 101 aus dem *Thomas-Evangelium* wie folgt:

> Etliche sagten, dass Maria empfangen hätte vom Heiligen Geist. Sie irren. Sie wissen nicht, was sie sagen. Wann hat je eine Frau von einer Frau empfangen? Maria ist die Jungfrau, die (obj.) keine Macht befleckte. Sie ist ein grosses ⲛⲁⲛⲟϭ (?) [„Anathema": Layton; „Eid": Till; „verdammungswürdig": Schenke] für die Hebräer, das sind die Apostel und die Apostolischen. Diese Jungfrau, [die] keine Macht befleckte, [...] die Mächte befleckten sich/sie (pl.) und der Herr [hätte] nicht gesagt: Mein [Vater, der in] den Himmeln ist, wenn er nicht einen andern Vater gehabt hätte. Sondern er hätte einfach gesagt[: Mein Vater].[105]

---
102 *Thomas-Evangelium* 15, NHC II, 2 p. 35, 29–31: Layton 1989, 60: „ⲡⲉϫⲉ ⲓ̅ⲥ̅ ϫⲉ ϩⲟⲧⲁⲛ ⲉⲧⲉⲧⲛ̅ϣⲁⲛⲛⲁⲩ ⲉⲡⲉⲧⲉ ⲙ̅ⲡⲟⲩ ϫⲡⲟϥ ⲉⲃⲟⲗ ϩⲛ̅ ⲧⲥϩⲓⲙⲉ ⲡⲉϩⲧ ⲑⲏⲩⲧⲛ̅ ⲉϫⲙ̅ ⲡⲉⲧⲛ̅ϩⲟ ⲛ̅ⲧⲉⲧⲛ̅ⲟⲩⲱϣⲧ ⲛⲁϥ ⲡⲉⲧⲙ̅ⲙⲁⲩ ⲡⲉ ⲡⲉⲧⲛ̅ⲉⲓⲱⲧ."
103 *Thomas-Evangelium* 101, NHC II, 2 p. 49, 32–36: Layton 1989, 88: „<ⲡⲉϫⲉ ⲓ̅ⲥ̅> ⲡⲉⲧⲁⲙⲉⲥⲧⲉ ⲡⲉϥⲉⲓ[ⲱⲧ] ⲁⲛ ⲙⲛ̅ ⲧⲉϥⲙⲁⲁⲩ ⲛ̅ⲧⲁϩⲉ ϥⲛⲁϣⲣ̅ ⲙ̅[ⲁⲑⲏⲧ]ⲏⲥ ⲛⲁⲉⲓ ⲁ(ⲛ) ⲁⲩⲱ ⲡⲉⲧⲁⲙⲣ̅ⲣⲉ ⲡⲉϥ[ⲉⲓⲱⲧ ⲁⲛ ⲙ]ⲛ̅ ⲧⲉϥⲙⲁⲁⲩ ⲛ̅ⲧⲁϩⲉ ϥⲛⲁϣⲣ̅ ⲙ̅[ⲁⲑⲏⲧⲏⲥ ⲛⲁ]ⲉⲓ ⲁⲛ ⲧⲁⲙⲁⲁⲩ ⲅⲁⲣ ⲛ̅ⲧⲁⲥ [... ⲉⲃ]ⲟⲗ ⲧⲁ[ⲙⲁⲁ]ⲩ ⲇⲉ ⲙ̅ⲙⲉ ⲁⲥϯ ⲛⲁⲉⲓ ⲙ̅ⲡⲱⲛϩ."
104 Vgl. Ménard 1975, 202 und Fieger 1991, 257. Ménard weist als Parallele auf die Fragmente des Hebräer-Evangliums hin.
105 *Philippus-Evangelium* 17, NHC II, 3 p. 55, 23–36: Layton 1989, 150; Till 1963, 15: „ⲡⲉϫⲉ ϩⲟⲉⲓⲛⲉ ϫⲉ ⲁⲙⲁⲣⲓⲁ ⲱ ⲉⲃⲟⲗ ϩⲙ̅ ⲡⲡⲛ̅ⲁ ⲉⲧⲟⲩⲁⲁⲃ ⲥⲉⲣ̅ⲡⲗⲁⲛⲁⲥⲑⲉ ⲟⲩ ⲡⲉⲧⲟⲩϫⲱ ⲙ̅ⲙⲟϥ ⲥⲉⲥⲟⲟⲩⲛ ⲁⲛ ⲁϣ ⲛ̅ϩⲟⲟⲩ ⲉⲛⲉϩ ⲡⲉⲛⲧⲁⲥϣⲓⲙⲉ ⲱ ⲉⲃⲟⲗ ϩⲛ̅ ⲥϩⲓⲙⲉ ⲙⲁⲣⲓⲁ ⲧⲉ ⲧⲡⲁⲣⲑⲉⲛⲟⲥ ⲉⲧⲉ ⲙ̅ⲡⲉⲇⲩⲛⲁⲙⲓⲥ ϫⲁϩⲙⲉⲥ ⲉⲥϣⲟⲟⲡ ⲛ̅ⲛⲟⲩⲛⲟϭ ⲛ̅ⲛⲁⲛⲟϭ ⲛ̅ⲛ̅ϩⲉⲃⲣⲁⲓⲟⲥ ⲉⲧⲉ ⲛⲁⲡⲟⲥⲧⲟⲗⲟⲥ ⲛⲉ ⲁⲩⲱ [ⲛ̅]ⲁⲡⲟⲥⲧⲟⲗⲓⲕⲟⲥ ⲧⲉⲉⲓⲡⲁⲣⲑⲉⲛⲟⲥ ⲉ[ⲧⲉ] ⲙ̅ⲡⲉⲇⲩⲛⲁⲙⲓⲥ ϫⲁϩⲙⲉⲥ ⲟⲩ[... ⲁ] ⲛ̅ⲇⲩⲛⲁⲙⲓⲥ ϫⲟϩⲙⲟⲩ ⲁⲩⲱ ⲛ̅[ⲉϥⲛⲁϫ]ⲟⲟⲥ ⲁⲛ ⲛ̅ϭⲓ ⲡϫⲟⲉⲓⲥ ϫⲉ ⲡⲁⲉ[ⲓⲱⲧ ⲉⲧϩ]ⲛ̅ ⲙ̅ⲡⲏⲩⲉ ⲉⲓⲙⲏⲧⲓ ϫⲉ ⲛⲉⲩⲛ̅ⲧⲁ[ϥ ⲙ̅ⲙⲁⲩ] ⲛ̅[ⲕ]ⲉⲉⲓⲱⲧ ⲁⲗⲗⲁ ϩⲁⲡⲗⲱⲥ ⲁϥϫⲟⲟ[ⲥ ϫⲉ ⲡⲁⲉⲓⲱⲧ]." Vgl. Schenke 1997, 213–215.

Schenke sieht hier eine typisch gnostische Zweinaturenlehre ausgedrückt, die einerseits Maria und Joseph als leibliche Eltern Jesu und andererseits einen himmlischen Vater und eine himmlische Mutter annehmen. Die Jungfräulichkeit beziehe sich nur auf die Bewahrung der Unversehrtheit bis zu ihrer Vereinigung mit Joseph.[106] Logion 91 bestätigt diese Deutung, da hier Jesus als Same Josephs vorgestellt wird. Anders Logion 83:

> Adam ist aus zwei Jungfrauen entstanden: aus dem Geist und aus der jungfräulichen Erde. Zu dem Zweck wurde Christus aus einer Jungfrau geboren, dass er den Fehltritt, der am Anfang geschehen war, wieder in Ordnung bringe.[107]

Dieses Logion scheint dem Logion 101 direkt zu widersprechen: Adam ist aus zwei Jungfrauen entstanden, und Christus als neuer Adam wird ebenfalls aus einer Jungfrau gebildet. Auf Lösungsvorschläge, wie beide Logia zu deuten sind, muss nicht weiter eingegangen werden.[108] Denn Hippolyt von Rom stellt in seinem Werk die seiner Ansicht nach wesentlichen Anhaltspunkte der gnostischen Inkarnationslehre dar und belegt, dass auch die Valentinianer selbst über diese Frage sich nicht einig waren:

> Als nun der Schleier gehoben und diese Geheimnisse sichtbar werden sollten, ward Jesus aus Maria der Jungfrau geboren nach dem Vorausgesagten: „Der Heilige Geist wird über dich kommen" – der Geist ist die Sophia – „und die Kraft des Allerhöchsten wird dich überschatten" – der Allerhöchste ist der Demiurg –, „deswegen wird das aus dir Geborene heilig genannt werden" [Lk 1, 35]. Es wird nun nicht vom Allerhöchsten allein erzeugt, wie die nach Adam erschaffenen <Menschen> von dem Allerhöchsten allein, das ist [von der Sophia und] vom Demiurgen, erschaffen wurden; Jesus aber, der neue Mensch, (stammt) aus dem Heiligen Geist <und dem Höchsten>, das ist aus der Sophia und dem Demiurgen, auf dass der Demiurg die Körpergestalt und den Körperbau Jesu bilde, die Wesenheit (οὐσία) Jesu aber der Heilige Geist erzeuge und so der himmlische Logos entstehe, gezeugt von der Achtzahl aus Maria. Hierüber wird bei ihnen viel nachgeforscht, und dies bietet Anlass zu Zwistigkeiten und Meinungsverschiedenheiten. Hierdurch wurde ihre Anhängerschaft gespalten, die eine (Schule) heisst die orientalische, die andere die italische. Die Anhänger der Italischen, zu denen Herakleon und Ptolemäus gehören, sagen, der Leib Jesu sei ein psychischer gewesen und so sei bei der Taufe das Pneuma als Taube herabgekommen – dieses ist der Logos der Mutter von oben, der Sophia – und in den psychischen Leib eingegangen, und der Geist habe ihn von den Toten erweckt. Das soll das Wort bedeuten: „Der Christus von den Toten erweckt hat, wird auch unsere sterblichen Leiber lebendig machen" [Röm 8, 11], <dieses sind> die psychischen, <nicht aber die aus Lehm>. Der Lehm kam unter den Fluch. „Erde nämlich bist du und wirst zur Erde kommen" [Gen 3, 19]. Die Anhänger der orientalischen Schule hingegen, zu denen Axionikos und Ardesianes gehören, sagen, der

---

106 Vgl. SCHENKE 1997, 213–215.
107 *Philippus-Evangelium* 83; NHC II,3 p. 71, 16–21: LAYTON 1989, 184: „ⲁⲇⲁⲙ ϣⲱⲡⲉ ⲉⲃⲟⲗ ϩⲛ ⲡⲁⲣⲑⲉⲛⲟⲥ ⲥⲛⲧⲉ ⲉⲃⲟⲗ ϩⲙ ⲡⲡⲛⲁ ⲁⲩⲱ ⲉⲃⲟⲗ ϩⲙ ⲡⲕⲁϩ ⲙⲡⲁⲣⲑⲉⲛⲟⲥ ⲉⲧⲃⲉ ⲡⲁⲉⲓ ⲁⲩϫⲡⲉ ⲡⲉⲭⲥ ⲉⲃⲟⲗ ϩⲛ ⲟⲩⲡⲁⲣⲑⲉⲛⲟⲥ ϫⲉⲕⲁⲥ ⲡⲉⲥⲗⲟⲟⲩⲉ ⲛⲧⲁϥϣⲱⲡⲉ ϩⲛ ⲧⲉϩⲟⲩⲉⲓⲧⲉ ⲉϥⲛⲁ[ⲥ]ⲉϣⲱϥ ⲉⲣⲁⲧϥ."
108 Vgl. SCHENKE 1997, 421–422.

Leib des Heilands sei pneumatisch; denn der Heilige Geist (Pneuma) – das ist die Sophia – und die Macht des Allerhöchsten, – <das ist> die demiurgische Kunst – kam über Maria, auf dass das, was Maria vom Geiste (Pneuma) gegeben ward, gestaltet würde.[109]

Die valentinianische Gnosis bildet nach Hippolyt bezüglich der Umstände der Erscheinung Jesu keine einheitliche Lehrmeinung aus. Gemeinsam sehen sie Christus als Zusammensetzung diverser Komponenten. An erster Stelle steht das Äon aus dem Pleroma, das zwar keinen materiellen Körper, sondern einen psychischen (italische Schule) oder pneumatischen (orientalische Schule) Leib annimmt.[110] Wann und wie das Äon mit den übrigen Komponenten vereinigt wird, ob bei der Geburt oder der Taufe, ist bei den Valentinianern umstritten.

Auf die divergenten Lehren bei den Gnostikern weist auch Irenäus hin:

> Nach jenen aber ist nicht das Wort Fleisch geworden, nicht Christus, noch der aus allem entstandene Heiland. Weder das Wort, noch Christus ist nach ihnen in diese Welt gekommen; der Heiland hat weder Fleisch angenommen, noch gelitten, sondern ist nur wie eine Taube auf den im Voraus erwählten Jesus hinabgestiegen und dann, nachdem er den unbekannten Vater verkündet hatte, wieder in das Pleroma hinaufgestiegen. Einige aber lassen diesen vorerwählten Jesus, der durch Maria hindurchgegangen sein soll wie Wasser durch eine Röhre, Fleisch annehmen und leiden; andere den Sohn des Demiurgen, auf den der vorerwählte Jesus hinabstieg; andere wieder lassen einen Jesus von Joseph und Maria abstammen und auf diesen einen Christus hinabsteigen, der aus den oberen Regionen kam, unkörperlich und leidensunfähig war. Keiner der Häretiker lehrt aber, dass das Wort Fleisch geworden ist. Durchforscht man nämlich alle ihre Lehrsätze, so wird man finden, dass das Wort Gottes und der Christus von oben als unkörperlich und leidensunfähig von

---

109 HIPPOLYT, *Refutatio omnium haeresium* 6, 35, 3–7: MARCOVICH 1986, 248–250: „ὁπότε οὖν ἔδει ἀρθῆναι τὸ κάλυμ<μ>α καὶ ὀφθῆναι ταῦτα τὰ μυστήρια, γεγέν<ν>ηται ὁ Ἰησοῦς διὰ Μαρίας τῆς παρθένου, κατὰ τὸ εἰρημένον· «πνεῦμα ἅγιον ἐπελεύσεται ἐπὶ σέ» – πνεῦμα <δ'> ἐστιν ἡ Σοφία –, «καὶ δύναμις ὑψίστου ἐπισκιάσει σοι» – ὕψιστος <δ'> ἐστιν ὁ δημιουργός· – «διὸ τὸ γεννώμενον ἐκ σοῦ ἅγιον κληθήσεται». γεγέν<ν>ηται γὰρ οὐκ ἀπὸ ὑψίστου μόνον, ὥσπερ οἱ κατὰ τὸν Ἀδὰμ κτισθέντες <ἄνθρωποι> ἀπὸ μόνου ἐκτίσθησαν τοῦ ὑψίστου– τουτέστι [τῆς Σοφίας καὶ] τοῦ δημιουργοῦ· ὁ δὲ Ἰησοῦς, „ὁ καινὸς ἄνθρωπος", [ὁ] ἀπὸ Πνεύματος ἁγίου <καὶ τοῦ ὑψίστου> – τουτέστι τῆς Σοφίας καὶ τοῦ δημιουργοῦ–, ἵνα τὴν μὲν πλάσιν καὶ κατασκευὴν τοῦ σώματος αὐτοῦ ὁ δημιουργὸς καταρτίσῃ, τὴν δὲ οὐσίαν αὐτοῦ τὸ Πνεῦμα παράσχῃ τὸ ἅγιον, καὶ γένηται λόγος ἐπουράνιος ἀπὸ τῆς Ὀγδοάδος, γεν<ν>ηθεὶς διὰ Μαρίας. Περὶ τούτου <οὖν> ζήτησις μεγάλη ἐστὶν αὐτοῖς καὶ σχισμάτων καὶ διαφορᾶς ἀφορμή· καὶ γέγονεν ἐντεῦθεν ἡ διδασκαλία αὐτῶν διῃρημένη, καὶ καλεῖται ἡ μὲν ἀνατολική τις διδασκαλία κατ' αὐτούς, ἡ δὲ Ἰταλιωτική. οἱ μὲν <οὖν> ἀπὸ τῆς Ἰταλίας, ὧν ἐστιν Ἡρακλέων καὶ Πτολεμαῖος, ψυχικόν φασι τὸ σῶμα τοῦ Ἰησοῦ γεγονέναι, καὶ διὰ τοῦτο ἐπὶ τοῦ βαπτίσματος τὸ πνεῦμα ὡς περιστερὰ κατελήλυθε – τουτέστιν ὁ λόγος ὁ τῆς μητρὸς ἄνωθεν, τῆς Σοφίας –, καὶ γέγωνε τῷ ψυχικῷ καὶ ἐγήγερκεν αὐτὸν ἐκ νεκρῶν. τοῦτό ἐστι, φησί, τὸ εἰρημένον· «ὁ ἐγείρας Χριστὸν ἐκ νεκρῶν ζωοποιήσει καὶ τὰ θνητὰ σώματα ὑμῶν», <τουτέστι> [καὶ] τὰ ψυχικά, <οὐ καὶ τὰ χοϊκά>. ὁ χοῦς γὰρ «ὑπὸ κατάραν» ἐλήλυθε· «γῆ γάρ», φησίν, „εἶ κ(αὶ εἰς γ)ῆν ἀπελεύσῃ». οἱ δ' αὖ ἀπὸ τῆς ἀνατολῆς λέγουσιν, ὧν ἐστιν Ἀξιόνι(κο)ς καὶ <Β>αρδησιάνης, ὅτι πνευματικὸν ἦν τὸ σῶμα τοῦ σωτῆρος· Πνεῦμα γὰρ ἅγιον ἦλθεν ἐπὶ τὴν Μαρίαν–τουτέστιν ἡ Σοφία – καὶ «ἡ δύναμις τοῦ ὑψίστου» – <τουτέστιν> ἡ δημιουργικὴ τέχνη –, ἵ<ν>α διαπλασθῇ τὸ ὑπὸ τοῦ Πνεύματος τῇ Μαρίᾳ δοθέν."

110 Zu diesen beiden Schulen vgl. KAESTLI 1980.

ihnen allen dargestellt werden. Die einen nämlich meinen, er habe sich offenbart, indem er gleichsam die menschliche Gestalt annahm, aber keineswegs geboren wurde oder Fleisch wurde, andere wieder sagen, er habe auch nicht einmal die Gestalt eines Menschen angenommen, sondern sei in Gestalt einer Taube auf den aus Maria geborenen Jesus herabgestiegen. Diese alle erweist der Schüler des Herrn als falsche Zeugen, indem er sagt: „Und das Wort ist Fleisch geworden und hat unter uns gewohnt."[111]

Das Äon Christus werten Gnostiker grundsätzlich als unkörperlich und leidensunfähig. Deshalb kann es von Maria bzw. ihrer Materie nichts annehmen. Hippolyt und Epiphanius sowie einige spätere Autoren schreiben valentinianischen Gnostikern insgesamt das Theologumenon zu, Jesus sei von Maria „wie durch ein Rohr" geboren worden.[112] Bei all diesen Konzeptionen gilt Maria nicht als Mutter Jesu. Jesus ist durch Maria (διὰ τῆς Μαρίας) in die Welt gekommen, ihre Rolle ist passiv und gänzlich unbeteiligt.[113] Ihre Jungfräulichkeit beweist die Reinheit des durch sie hindurch erschienenen Jesus.[114] Einige Gnostiker vertreten explizit eine Jungfräulichkeit Mariens nach der Geburt bzw. der Erscheinung. So ist im *Testimonium veritatis* aus den Schriften von Nag Hammadi zu lesen:

> Johannes wurde vom Wort geboren durch eine Frau: Elisabeth. Und Christus wurde vom Wort geboren durch eine Jungfrau: Maria. Was ist das für ein Geheimnis: Johannes wird durch eine Gebärmutter geboren, die abgenutzt und alt war, Christus aber ist durch eine

---

111 Irenäus, *Adversus haereses* 3, 11, 3: Brox 1995, 100–102: „Secundum illos autem, neque Verbum caro factum est neque Christus neque qui ex omnibus factus est Saluator. Etenim Verbum et Christum nec aduenisse in hunc mundum uolunt, Saluatorem uero non incarnatum neque passum, descendisse autem quasi columbam in eum Iesum qui factus est ex dispositione et cum adnuntiasset incognitum Patrem iterum ascendisse in Pleroma. Incarnatum autem et passum quidam eum qui ex dispositione sit dicunt Iesum, quem per Mariam dicunt pertransisse quasi aquam per tubum; alii uero Demiurgi Filium, in quem descendisse eum Iesum qui ex dispositione sit; alii rursum Iesum quidem ex Ioseph et Maria natum dicunt, et in hunc descendisse Christum qui de superioribus sit, sine carne et impassibilem exsistentem. Secundum autem nullam sententiam haereticorum Verbum Dei caro factum est. Si enim quis regulas ipsorum omnium perscrutetur, inueniet quoniam sine carne et impassibilis ab omnibus illis inducitur Dei Verbum et qui est in superioribus Christus. Alii enim putant manifestatum eum quemadmodum hominem transfiguratum, neque autem natum neque incarnatum dicunt illum; alii uero neque figuram eum adsumpsisse hominis, sed quemadmodum columbam descendisse in eum Iesum qui natus est ex Maria. Omnes igitur illos falsos testes ostendens discipulus Domini ait: Et Verbum caro factum est, et inhabitauit in nobis."
112 Die Belegstellen insbesondere der späteren Zeugen finden sich bei Tardieu 1981. Da alle Autoren auf Irenäus basieren und nicht über ihn hinausgehen, sind sie von geringerer Bedeutung. Vgl. Schoeps 2005, 6.
113 So hält es auch Irenäus fest: „Qui autem a Valentino sunt, Iesum quidem qui sit ex dispositione, ipsum esse qui per Mariam transierit [...]." – „Nach Auffassung der Valentinianer war der Jesus, der aus der Heilsordnung stammt, derjenige, der durch Maria hindurchgegangen ist [...]." Irenäus, *Adversus haereses* 3, 16, 1: Brox 1995, 184–185. Vgl. Pouderon 2002, 233.
114 Tertullian wirft ihnen deshalb auch vor: „Ihr sagt, dass er *durch* die Jungfrau geboren sei, nicht *von* der Jungfrau!" Tertullian, *De carne Christi* 20, 1: Kroymann 1954, 908: „Per virginem dicitis natum non est ex virgine, et in uulua, non ex uulua [...]"

jungfräuliche Gebärmutter gegangen. Nachdem sie schwanger geworden war, gebar sie den Erlöser – wiederum wurde sie noch als Jungfrau gefunden.[115]

Für den Autor bezeugt eine *virginitas in partu*, dass Jesus keinerlei Materie von Maria angenommen hat und sein Erscheinen nicht als natürliche Geburt und im Rahmen physiologischer Zusammenhänge gesehen werden darf. Das bestätigt seine Unkörperlichkeit.

Die Wortwahl „als Jungfrau gefunden" kann als Anspielung auf das *Protevangelium* verstanden werden.[116] Dieser Text gibt einen klaren Hinweis, weshalb bis zum Ende des vierten Jahrhunderts das *Protevangelium* kaum erwähnt wird: Die Rede von der Jungfräulichkeit Mariens in der Geburt Christi ist ein doketischer, ein gnostischer Topos.

Die verbreitete valentinianische Rede „durch eine Jungfrau" unterstreicht, dass Marias Jungfrauschaft nicht angetastet wurde, genauso wie die Göttlichkeit Jesu nicht durch die Leiblichkeit Mariens beeinträchtigt ist. Adam ist aus zwei Jungfrauen entstanden, Geist und Erde, und beide bleiben Jungfrauen. Genau so bleibt auch Jesu Mutter Jungfrau.

4. Die Aufhebung der *virginitas* bei der Geburt als Argument gegen den Doketismus

Als entschiedener Gegner des Doketismus bekämpft Tertullian die eben dargestellten verschiedenen doketischen Arten des Erscheinens Christi auf der Erde. Ob er das Hymen gekannt hat, ist schwierig zu beurteilen.[117] Sicher ist, dass für ihn Jungfräulichkeit nicht an ein anatomisches Zeichen gebunden ist, sondern vielmehr einen Begriff darstellt, der einen sozialen Stand angibt: Jungfräulichkeit ist das Gegenstück zum Muttersein. Zwischen den beiden Ständen Jungfrau und Mutter steht die verheiratete, aber kinderlose Frau, die zwar sexuellen Verkehr hat, doch nicht entbunden hat. Letztere hat

---

115 *Testimonium veritatis* 45, 5–18; NHC IX,3: Mahé 1996, 108–109: „ⲓⲱϩⲁⲛⲛⲏⲥ ⲛⲧⲁⲩⲭⲡⲟϥ ϩⲙ ⲡϣⲁϫⲉ ϩⲓⲧⲛ ⲟⲩⲥϩⲓⲙⲉ ϫⲉ ⲉⲗⲓⲥⲁⲃⲉⲧ · ⲁⲩⲱ ⲡⲉⲭ̅ⲥ̅ ⲛⲧⲁⲩⲭⲡⲟϥ ϩⲙ ⲡϣⲁϫⲉ ϩⲓⲧⲛ ⲟⲩⲡⲁⲣⲑⲉⲛⲟⲥ ϫⲉ ⲙⲁⲣⲓⲁ · ⲟⲩⲟⲩ ⲡⲉ ⲡⲉⲓⲙⲩⲥⲧⲏⲣⲓⲟⲛ ϫⲉ ⲓⲱϩⲁⲛⲛⲏⲥ ⲛⲧⲁⲩⲭⲡⲟϥ ϩⲓⲧⲛ ⲟⲩⲁⲧⲉ ⲉⲁⲥϩⲓⲧⲉ ⲉⲁⲥⲣ̅ⲃⲁⲗⲱ · ⲡⲉⲭ̅ⲥ̅ ⲇⲉ ⲁϥϫⲡⲟϥ ⲛⲟⲩⲁⲧⲉ ⲙ̅ⲡⲁⲣⲑⲉⲛⲟⲥ ⲛⲧⲁⲣⲉⲥⲱ ⲇⲉ ⲁⲥϫⲡⲟ ⲙ̅ⲡⲥⲱⲧⲏⲣ ⲡⲁⲗⲓⲛ ⲁⲩ[ϩ]ⲉ ⲉⲣⲟⲥ ⲟⲛ ⲉⲥⲉ[[ⲉ]] ⲙ̅ⲡⲁⲣⲑ[ⲉⲛⲟⲥ ·]"
116 Die koptische Sprache kennt kein eigenes Passiv. Sachverhalte im Passiv werden mit einem aktiven Ausdruck in der dritten Person Plural umschrieben. Der Ausdruck „ⲁⲩϩⲉ ⲉⲣⲟⲥ ⲟⲛ ⲉⲥⲉ ⲙ̅ⲡⲁⲣⲑⲉⲛⲟⲥ" bedeutet wörtlich: „Sie haben sie noch als Jungfrau gefunden." Dieser Ausdruck kann passiv übersetzt werden, kann aber auch in einem aktiven Sinne die Hebammen bezeichnen, welche die Jungfrau nach der Geburt untersucht hatten.
117 Als (unsicheren) Hinweis darauf kann man das Zitat in *De virginibus velandis* 12, 1 werten (Vgl. 202). Die bei Tertullian und auch bei anderen lateinischen Autoren oft anzutreffende Rede, dass Christus den Mutterschoss entsiegelte bzw. durchbricht, referiert jedoch nicht anatomische Vorstellungen, sondern bezieht sich auf einen alttestamentarischen Ausdruck wie etwa in Ex 13, 2; vgl. S. 225 in der vorliegenden Arbeit.

eines der beiden Charakteristika einer Mutter erlangt, genau wie Maria, die umgekehrt geboren hat, aber mit keinem Mann intim wurde:

> Wenn nämlich eine aus ihrem Fleisch geboren hat, so hat sie geboren, und wenn eine nicht aus dem Samen des Mannes geboren hat, so hat sie nicht geboren; sie ist Jungfrau, was den Mann betrifft; sie ist nicht Jungfrau, was das Gebären angeht.[118]

Die Annahme zweier Formen der Jungfräulichkeit entspricht insofern dem *Protevangelium des Jakobus*, als dort mit zwei Tests einmal die eine, einmal die andere Form überprüft wird: Das Bitterwasser belegt ihre sexuelle Enthaltsamkeit, die Manualinspektion, dass sie nicht geboren hat. Doch im Gegensatz zur doketischen Apokryphe kann und darf nach Tertullian am Muttersein Mariens kein Zweifel aufkommen, sonst ist Gott nicht wahrhaft Mensch geworden. Folglich muss Jesus bei seiner Geburt die Jungfräulichkeit seiner Mutter (in der Definition Tertullians) beenden: Maria war Jungfrau und wird Mutter. Er schreibt in *De carne Christi*:

> Wer hat den Mutterschoss im eigentlichen Sinne geöffnet, als wer den verschlossenen aufgemacht hat? [Ex 13, 2] Sonst wird er bei allen durch die Verheiratung geöffnet. Darum wurde, was mehr als sonst verschlossen war, um so mehr geöffnet. Mithin ist sie um so weniger Jungfrau zu nennen, als Jungfrau, die gewissermassen sprungweise Mutter geworden ist, ehe sie heiratete.[119]

Spätere Autoren haben Tertullian immer wieder vorgehalten, er leugne die Jungfräulichkeit Mariens im Sinne einer *virginitas in partu* oder *post partum*.[120] Doch hier werden Äpfel mit Birnen verglichen: Nach Tertullian wäre die spätere Rede von einer „Jungfrau und Gottesmutter" ein Widerspruch in sich selbst, und wenn bei der Geburt Christi das Hymen intakt geblieben wäre, so dürfte gemäss seiner Definition Maria auch dann keine Jungfrau mehr genannt werden, eben weil sie Mutter geworden ist.[121] Dass nach Tertullian Maria nach der Geburt Christi weitere Kinder hatte, ergibt sich ihm zufolge aus dem biblischen Befund.[122] Der Nordafrikaner verwendet diesen Umstand

---

118 TERTULLIAN, *De carne Christi* 23: KROYMANN 1954, 914: „Peperit enim, quae ex sua carne, et non peperit, quae non ex uiri semine, et uirgo, quantum a uiro, non uirgo, quantum a partu."
119 TERTULLIAN, *De carne Christi* 23: KROYMANN 1954, 915: „Quis tam proprie uuluam adaperuit quam qui clausam patefecit? ceteris omnibus nuptiae patefaciunt. Ita quae magis patefacta est, quia magis erat clausa, <si> utique, magis non uirgo dicenda est quam uirgo, saltu quodam mater antequam nupta. Et quid ultra de hoc retractandum est, cum hac ratione apostolus non ex uirgine, sed ex muliere editum filium dei pronuntiauit? agnouit adapertae uuluae nuptialem passionem."
120 So bereits HIERONYMUS, *De perpetua virginitate beatae Mariae adversus Helvidium* 17: PL 23, 201–202.
121 TERTULLIAN schreibt in *De monogamia* 8: BULHART 1957, 58: „Et christum quidem uirgo enixa est, semel nuptura post partum, ut uterque titulus sanctitatis in christi censu dispungeretur, per matrem et uirginem et uniuiram." – „Und Christum zwar gebar die Jungfrau, die sich nach seiner Geburt nur einmal vermählte, so dass beiden Titeln von Heiligkeit in der Abstammung Christi Genüge geleistet wurde durch eine Mutter, die Jungfrau war und einmal Vermählte."
122 Vgl. KOCH 1929, 4–5.

wiederum als Argument gegen Doketen wie Markion, um die Faktizität der Inkarnation anzuzeigen.[123]

Verschiedene Zeugnisse bei späteren Autoren belegen, dass in ihrem Denken das Ablegen der Jungfräulichkeit ein gradueller Prozess ist. Er umfasst den ganzen Weg von einer Jungfrau zur Mutter und kann nicht auf den ersten sexuellen Kontakt beschränkt werden.

Der in Ungnade gefallene Kämmerer Eutropius war einst ein Feind der Kirche, nun aber sucht er ihren Schutz. Chrysostomus vergleicht ihn mit einer Braut mit zweifelhafter Vergangenheit und verweist auf die Dirne, die Christi Füsse salbte:

> Jungfrau wird sie genannt, und doch war sie davor Dirne. Das Wunderbare des Bräutigams nämlich ist, dass er sie als Dirne nahm und zu einer Jungfrau machte. Welch neues und paradoxes Tun! Eine Vermählung bei uns hebt die Jungfräulichkeit auf, eine Vermählung bei Gott stellte die Jungfräulichkeit her. Bei uns ist eine Jungfrau, sobald verheiratet, nicht mehr Jungfrau; bei Christus ist eine Dirne, sobald verheiratet, eine Jungfrau geworden.[124]

Es ist also nach Chrysostomus die Hochzeit, welche die Jungfräulichkeit beendet. Petrus Chrysologus († 451) macht auf den sich ergebenden Widerspruch bei Maria aufmerksam, die schon bald nach Tertullian als gleichzeitig Mutter und Jungfrau verehrt wird.

> „Als Maria, seine Mutter, verlobt war" [Mt 1, 18]. Es hätte genügt, zu sagen: „als Maria verlobt war". Was aber heisst das: eine Mutter-Braut? Wenn sie Mutter, dann war sie nicht Braut; wenn sie Braut, dann war sie noch nicht Mutter! „Als Maria, seine Mutter, verlobt war." Durch ihre Jungfräulichkeit ist sie Braut, durch ihre Leibesfrucht Mutter; Mutter, ohne einen Mann zu erkennen, und doch ihrer Empfängnis bewusst![125]

Die Konzeption der Jungfräulichkeit bei Tertullian ist primär auf der sozialen Stellung begründet, deckt sich jedoch auch mit der Vorstellung der „jungfräulichen Enge": Verlust der Jungfräulichkeit ist Verlust dieser Enge, was kein punktuelles Ereignis sein kann, sondern einen längeren Prozess darstellt: Die Stationen sind die Heirat, die ersten

---

123 Vgl. TERTULLIAN, *Adversus Marcionem* 4, 19: EVANS 1972, 358–362. Die Frage zu erörtern, ob Tertullian eine *virginitas post partum* vertreten hätte, wenn er sie gekannt hätte, macht deshalb ebenfalls nicht viel Sinn (so KOCH 1937, 64; CAMPENHAUSEN 1962, 38, Anm. 5; SÖLL 1978, 44, Anm. 16). Mutter ist Maria geworden, weshalb sie ab da keine Jungfrau mehr sein kann und sein darf. Einzig als moralische Forderung wäre die Frage zu stellen. Vgl. OTTEN 1997.
124 JOHANNES CHRYSOSTOMUS, *Homilia in Eutropium* 6: PG 52, 402: „Παρθένος λέγεται, καὶ μὴν πόρνη ἦν πρὸ τούτου· τὸ γὰρ θαυμαστὸν τοῦ νυμφίου, ὅτι ἔλαβε πόρνην, καὶ ἐποίησε παρθένον. Ὢ καινῶν καὶ παραδόξων πραγμάτων. Γάμος παρ' ἡμῖν παρθενίαν λύει, γάμος παρὰ Θεῷ παρθενίαν ἀνέστησε. Παρ' ἡμῖν ἡ οὖσα παρθένος, γαμουμένη, οὐκ ἔστι παρθένος· παρὰ Χριστῷ ἡ οὖσα πόρνη, γαμουμένη, παρθένος γέγονεν."
125 PETRUS CHRYSOLOGUS, *Sermo* 146, 2: OLIVAR 1981, 901: „Cum desponsata esset mater eius maria. Suffecerat dixisse: cum desponsata esset maria. Quid sibi uult sponsa mater? si mater, non sponsa; si sponsa, non adhuc mater. Cum desponsata esset maria mater: uirginitate sponsa, fecunditate mater; mater uiri nescia, partus conscia."

sexuellen Kontakte und dann, als endgültiger Eintritt in den neuen Stand, die Geburt des ersten Kindes.

5. Askese und die Forderung der *virginitas post partum*

5.1. Jungfräulichkeit als moralisches Gut

Die These, dass Maria nur bis zur Geburt Christi Jungfrau gewesen sei, ist, soweit es sich nachweisen lässt, im zweiten Jahrhundert verbreitet. Auch Irenäus schreibt von den Aposteln:

> So bezeugen sie, dass Maria, noch bevor [priusquam] sie mit Joseph zusammengekommen und also noch Jungfrau war, schwanger wurde vom Heiligen Geist [Mt 1, 18], und dass der Engel Gabriel zu ihr gesagt hat [...][126]

Maria ist zu diesem Zeitpunkt *noch* Jungfrau, später wird sie Jesus gebären, heiraten und weitere Kinder bekommen. Dann wird sie keine Jungfrau mehr sein. Wenn Tertullian, Justin und Irenäus vom Erstgeborenen der Jungfrau bzw. von einer Jungfrauengeburt schreiben, so geschieht dies in Anlehnung an Jes 7, 14 und an Glaubensbekenntnisse. Eine andauernde Jungfräulichkeit im Sinne einer *virginitas in partu* oder *post partum* darf nicht hineingelesen werden.[127]

Eine grosse Rolle spielt in diesem Zusammenhang die Auslegung von Ex 13, 2:

> Heilige mir jede Erstgeburt [πρωτότοκος], das Erstgeborene [πρωτογενής], das jeglichen Mutterschoss öffnet bei den Israeliten, vom Menschen bis zum Vieh: Mir gehört es![128]

Lk 2, 22–24 spielt auf diese Bibelstelle an, um die Darstellung des Herrn im Tempel zu begründen:

> Und als die Tage ihrer Reinigung nach dem Gesetz des Mose um waren, brachten sie ihn nach Jerusalem, um ihn dem Herrn darzustellen, wie geschrieben steht im Gesetz des Herrn: „Alles Männliche, das zuerst den Mutterschoss durchbricht, soll dem Herrn geheilig heissen", und um das Opfer darzubringen, wie es gesagt ist im Gesetz des Herrn: „ein Paar Turteltauben oder zwei junge Tauben" [Lev 12, 6–8].[129]

---

126 IRENÄUS, *Adversus haereses* 3, 21, 4: BROX 1995, 260–261: „Quemadmodum ipsi testificantur quoniam priusquam convenisse Ioseph cum Maria, manente igitur ea in virginitate, inventa est in utero habens de Spiritu saneto, et quoniam dixit ei angelus Gabriel." Mehrere Male wird Maria der Eva gegenübergestellt, denn beide waren Jungfrauen, die eine gehorchte, die andere nicht. Ebenda, 3, 22, 4; Vgl. KOCH 1929, 6.

127 Vgl. TERTULLIAN, *Adversus Marcionem* 3, 12–13 und 4, 10: EVANS 1972, 204–209 und 298; TERTULLIAN, *De carne Christi* 23: KROYMANN 1954, 914–915; IRENÄUS, *Adversus haereses* 3, 21, 4: BROX 1995, 260–261; vgl. KOCH 1929, 12.

128 Ex 13, 2: קַדֶּשׁ־לִי כָל־בְּכוֹר פֶּטֶר כָּל־רֶחֶם בִּבְנֵי יִשְׂרָאֵל בָּאָדָם וּבַבְּהֵמָה לִי הוּא – „ἁγίασόν μοι πᾶν πρωτότοκον πρωτογενὲς διανοῖγον πᾶσαν μήτραν ἐν τοῖς υἱοῖς Ισραηλ ἀπὸ ἀνθρώπου ἕως κτήνους ἐμοί ἐστιν."

129 Lk 2, 22–24: „Καὶ ὅτε ἐπλήσθησαν αἱ ἡμέραι τοῦ καθαρισμοῦ αὐτῶν κατὰ τὸν νόμον Μωϋσέως, ἀνήγαγον αὐτὸν εἰς Ἱεροσόλυμα παραστῆσαι τῷ κυρίῳ, καθὼς γέγραπται ἐν νόμῳ κυρίου ὅτι πᾶν ἄρσεν

Auf diese Bibelstelle hat Tertullian in *De carne Christi* 23 angespielt, und auch Origenes argumentiert in seiner 14. *Homilia in Lucam* (um 233) wie der Nordafrikaner: Die Geburt Christi durchbricht Mariens Mutterschoss.[130] Das benutzte Verb διανοίγω „öffnen" bezieht sich auf die bildhafte alttestamentarische Rede, also kein Hymen, sondern eine „jungfräuliche Enge", die schrittweise verloren geht, wenn aus der Jungfrau eine Mutter wird.

Wenn die beiden Begriffe „Erstgeburt" πρωτότοκος und „Erstgeborener" πρωτογενής verwendet werden, wie etwa in Lk 2, 7, so zeigt das für Tertullian an, dass danach Maria noch weitere Kinder geboren hat.[131] Origenes zögert hier, wie noch zu zeigen ist. Er muss seine Meinung gut begründen, weil sie nicht dem biblischen Wortlaut entspricht.

> „Jedes männliche Wesen, das den Mutterschoss öffnet", heisst es und klingt dabei heiligbedeutsam. Denn sonst sagt man von einem männlichen Wesen einfach, dass es aus dem Schoss hervorgegangen ist, und nicht, dass es den Schoss seiner Mutter geöffnet hat, so wie beim Herrn Jesus. Denn es ist ja bei allen anderen Frauen nicht die Geburt des Kindes, die den Schoss aufschliesst, sondern die Vereinigung mit dem Mann. Der Schoss der Mutter unseres Herrn wurde in dem Augenblick geöffnet, in dem die Leibesfrucht hervortrat, denn kein Mann hatte vor der Geburt Christi diesen heiligen und verehrungswürdigen Schoss berührt.[132]

In diesem Text zeichnet sich eine neue Akzentsetzung im Begriff „Jungfrau" ab: Nicht das „Öffnen des Mutterschosses", sondern die „Vereinigung mit dem Mann" rückt ins Zentrum. Maria bleibt Jungfrau, weil sie sich nicht mit einem Mann vereinigt hat – und obwohl sie geboren hat. Ein geöffneter Schoss ist für Origenes kein Grund, Maria die Jungfräulichkeit abzusprechen. Dies zeigt sich deutlich in seinem Kommentar zum Matthäusevangelium. Dort greift er auf eine Zachariaslegende zurück, die das Martyrium anders darstellt als jene Version, die das *Protevangelium* berichtet. Danach habe nicht Herodes den Vater des Täufers hingerichtet, sondern die Juden hätten ihn gelyncht, weil er Maria nach ihrer Niederkunft im Tempel zu den Jungfrauen stellen wollte.

> Es ist aber auf uns eine derartige Überlieferung gekommen, als gäbe es im Tempel einen Platz, wo die Jungfrauen sich aufhalten und zu Gott beten dürfen; denen aber, die das Lager

---

διανοῖγον μήτραν ἅγιον τῷ κυρίῳ κληθήσεται, καὶ τοῦ δοῦναι θυσίαν κατὰ τὸ εἰρημένον ἐν τῷ νόμῳ κυρίου, ζεῦγος τρυγόνων ἢ δύο νοσσοὺς περιστερῶν."

130 Ebenso argumentiert ORIGENES, *In Lucam* 14, 8: SIEBEN 1991, 172.
131 KOCH 1929, 5 weist darauf hin, dass Tertullian die Begriffe Erstgeborener und Eingeborener genau unterschieden hat.
132 ORIGENES, *Homilia in Lucam* 14, 7–8: SIEBEN 1991, 172: „Omne masculinum, quod aperit vulvam, sacratum quippiam sonat. Quemcunque enim de utero effusum marem dixeris, non sic aperit vulvam matris suae ut Dominus Iesus, quia omnium mulierum non partus infantis, sed viri coitus vulvam reserat. Matris vero Domini eo tempore vulva reserata est, quo et partus editus, quia sanctum uterum et omni dignatione venerandum ante nativitatem Christi masculus omnino non tetigit."

5. ASKESE UND DIE FORDERUNG DER *VIRGINITAS POST PARTUM*

eines Mannes erfahren hatten, wurde nicht gestattet, sich dort aufzuhalten. Maria aber ging, nachdem sie den Heiland geboren hatte, hinein und stand an jenem Platz der Jungfrauen, um zu beten. Als aber die, welche wussten, dass sie schon einen Sohn geboren hatte, sie daran hindern wollten, trat Zacharias auf und sagte zu denen, die sie hindern wollten, dass sie würdig des Platzes der Jungfrauen sei, da sie noch Jungfrau ist.[133]

Jungfrauen sind jene, welche „das Lager eines Mannes" nicht erfahren haben. Maria gehört zu ihnen, obwohl sie geboren hat. Zacharias begründete dies mit der Aussage: „ἀξίαν αὐτὴν εἶναι τοῦ τόπου τῶν παρθένων ἔτι παρθένον οὖσαν – dass sie würdig des Platzes der Jungfrauen sei, da sie noch Jungfrau ist."[134] Origenes macht hier die Jungfräulichkeit am erfolgten Beischlaf fest. Ein körperliches Merkmal der Jungfräulichkeit kennt er nicht. Die Verengung der Definition „Jungfrau" macht es ihm möglich, Maria nach der Geburt Christi als Jungfrau und Mutter zu bekennen. Da die Geburt keinen Einfluss auf die Jungfräulichkeit hat, ist für Origenes Maria immer Jungfrau geblieben.

Die von Origenes berichtete Legende an sich scheint mir, wie das *Protevangelium* auch, doketischen Ursprungs zu sein. Wiederum soll erwiesen werden, dass Maria ganz Jungfrau sei und nicht geboren habe. Diese alternative Zachariaslegende passt vom Inhalt her gut zum *Protevangelium*: Ein weiteres Mal wird die Jungfräulichkeit Mariens getestet. Da Origenes nur diese Version des Todes des Zacharias zu kennen scheint, kann die Hypothese aufgestellt werden, dass die ursprüngliche Version des *Protevangeliums* diesen Text bot. Trifft diese Hypothese zu, so wäre die Jungfräulichkeit Mariens vor der Geburt durch das Bitterwasser, in der Geburt durch die Hebamme und nach der Geburt durch Zacharias bestätigt. Ein Redaktor hätte Ende des dritten Jahrhunderts die ursprüngliche Version mit der heute überlieferten Variante ausgetauscht, um den offensichtlichen Doketismus zu mildern. Das vermöchte auch die widersprüchlichen Beobachtungen erklären, die einerseits ergeben, dass ein Martyrium des Zacharias integrativ zum *Protevangelium* gehört (Smid, De Strycker) und andererseits die überlieferte Version erst nach Origenes mit dem *Protevangelium* zusammengefügt wurde.[135]

Origenes formuliert seinen Leitgedanken zur Jungfräulichkeit Mariens in der Homilie 8 über Levitikus 12, 1-2:[136] Das Gesetz in Lev 12, 2 schreibt vor: „Eine Frau, die Samen empfängt und ein männliches (Kind) gebiert – dann wird sie sieben Tage lang unrein sein."[137] Origenes hält fest, dass hier auf den ersten Blick Redundantes gesagt

---

133 ORIGENES, *Commentarii in Matthaeum* III, 25 zu Mt 23, 35: KLOSTERMANN & BENZ 1976, 42–43 (GCS 38): VOGT 1993, 70 (BGL 38): „ἀλλ' ἦλθεν εἰς ἡμᾶς τοιαύτη τις παράδοσις, ὡς ἄρα ὄντος τινὸς περὶ τὸν ναὸν τόπου, ἔνθα ἐξῆν τὰς μὲν παρθένους εἰσιέναι καὶ προσκυνεῖν τῷ θεῷ, τὰς δὲ ἤδη πεπειραμένας κοίτην ἀνδρὸς οὐκ ἐπέτρεπον ἐν ἐκείνῳ. ἡ οὖν Μαρία μετὰ τὸ γεννῆσαι τὸν σωτῆρα [ἡμῶν] ἐλθοῦσα προσκυνῆσαι ἔστη ἐν τῷ τόπῳ τῶν παρθένων. καὶ κωλυόντων αὐτὴν τῶν εἰδότων αὐτὴν γεννήσασαν ὁ Ζαχαρίας ἔλεγε τοῖς κωλύουσιν ἀξίαν αὐτὴν εἶναι τοῦ τόπου τῶν παρθένων ἔτι παρθένον οὖσαν."
134 ORIGENES, *Commentarii in Matthaeum* III, 25 zu Mt 23, 35: KLOSTERMANN & BENZ 1976, 43 (GCS 38).
135 Zu Martyrium des Zacharias vgl. CAMPENHAUSEN 1957 und SMID 1965, 178–180, letzterer auch zur These, dass das Martyrium einen integrativen Teil des Textes ausmacht.
136 Vgl. CROUZEL 1962, 32 und 40.
137 Lev 12, 2: „γυνή ἥτις ἐὰν σπερματισθῇ καὶ τέκῃ ἄρσεν καὶ ἀκάθαρτος ἔσται ἑπτὰ ἡμέρας."

werde. Jede Frau, die gebiert, hat empfangen, der Ausdruck σπερματισθῇ scheint also überflüssig zu sein.

> Doch der Gesetzgeber fügte dieses Wort an, um jene zu unterscheiden, die „empfing und gebar" ohne Samen, von jenen anderen Frauen, um nicht jede Frau als „unrein" zu bezeichnen, die geboren hat, sondern nur jene, die Samen empfing und geboren hat. Es kann also zu diesem der Umstand ergänzt werden, dass dieses Gesetz, das bezüglich Unreinheit geschrieben wurde, Frauen betrifft. Doch bezüglich Maria wurde gesagt, dass eine Jungfrau empfing und geboren hat. Darum sollen die Frauen die Bürde des Gesetzes tragen, doch die Jungfrauen sollen davon nicht betroffen sein.[138]

Maria ist rein, weil sie keinen Verkehr mit einem Mann hatte. Das – und nur das – unterscheidet sie von den übrigen Müttern, die alle nach der Niederkunft sieben Tage unrein sind.

Origenes fügt an, dass Maria in Gal 4, 4 zwar γυνή genannt werde. Doch dies geschehe nicht wegen der Verderbnis, sondern wegen ihres Geschlechts (non pro corruptela, sed pro sexus). Schliesslich nenne man auch einen „Mann" jemanden, der seine Adoleszenz hinter sich habe, auch wenn er unverheiratet ist. Sollte man da nicht auch „Frau" jene Jungfrau nennen, einzig auf Grund der Würde ihrer Jahre?[139]

Es ist also eindeutig der Verkehr mit einem Mann, der eine Jungfrau befleckt. Die Geburt hat Maria keine corruptela zugefügt, weil sie keinen Samen von einem Mann empfing.[140] Origenes kennt neben der Befleckung kein anatomisches Merkmal der Jungfräulichkeit.

Athanasius zeigt sich in seinem Brief an Epiktet als von Origenes abhängig. Gegen die von den Apollinaristen vertretene Ansicht, dass der Leib Christi mit der Gottheit wesensgleich gewesen sei, schreibt er:

> Allein, dem ist nicht so; das sei ferne! Denn „des Samens Abrahams nimmt er sich an", wie der Apostel sagt, „deshalb musste er in allem den Brüdern gleichgestaltet werden" [Hebr 2, 16] und einen Leib annehmen, der uns gleicht. Deshalb existiert also auch Maria wahrhaft, damit er aus ihr diesen Leib annehme und als seinen eigenen für uns darbringe. Auch sie hat Jesaja prophezeiend mit den Worten angedeutet: „Sieh, die Jungfrau" [Jes 7, 14]. Gabriel aber wurde zu ihr gesandt, nicht einfach zu einer Jungfrau, sondern „zu einer Jungfrau,

---

138 ORIGENES, *Homiliae in Leviticum* 8, 1–2: 394: BAEHRENS 1920, 394: „Ad discretionem namque illius, quae sine semine ‚concepit et peperit', istum sermonem pro ceteris mulieribus legislator adiecit, ut non omnem mulierem, quae peperisset, designaret ‚immundam', sed eam, quae ‚concepto semine peperisset'. Addi quoque ad hoc etiam illud potest, quod lex ista, quae de immunditia scribitur, ad mulieres pertinet; de Maria autem dicitur quia ‚virgo' concepit et peperit. Ferant ergo legis onera mulieres, virgines vero ab his habeantur immunes."

139 ORIGENES, *Homiliae in Leviticum* 8, 3–5: BAEHRENS 1920, 394.

140 In der Homilie 14, 7 zum Lukasevangelium bearbeitet ORIGENES Lk 2, 22, wonach Maria und das Kind nach der Geburt eine Reinigung nötig haben. Diese Reinigung bezieht sich gemäss des Alexandriners auf den generellen Umstand, im Fleisch zu sein. Vgl. S. 138 in der vorliegenden Arbeit. Zu diesen Einwänden vgl. HAUKE 2007, 103 und CROUZEL 1962, 42–43.

die mit einem Manne verlobt war" [Lk 1, 27], um durch die Erwähnung des Bräutigams zu zeigen, dass Maria wahrhaft Mensch sei. Die Schrift erwähnt auch die Geburt und sagt: „Sie legte ihn in Windeln" [Lk 2, 7]; auch die Brüste wurden seliggepriesen, an denen er gesogen hat [Lk 11, 27]; auch ein Opfer wurde gebracht, weil seine Geburt die Gebärmutter geöffnet hat [διανοίξαντος]. Das alles waren Kennzeichen einer gebärenden Jungfrau.[141]

Wie Tertullian und Origenes spielt Athanasius auf das in Lk 2, 23 zitierte Reinigungsgebot aus Ex 13, 2 an. Das Partizip im Aorist διανοίξαντος lässt keinen Zweifel zu: Bei der Geburt Christi wurde der Schoss Mariens geöffnet; deshalb wurde später das vorgeschriebene Opfer dargebracht. Die Argumentation macht deutlich: Der geöffnete Mutterschoss ist Beweis, dass Maria wirklich einen Menschen geboren hat und nicht ein göttliches Wesen in einem Scheinleib. Athanasius sieht deswegen die Jungfräulichkeit Mariens in keiner Weise geschmälert. Doch gegen jegliche doketischen und apollinaristischen Missverständnisse ist es notwendig, dass Maria wie alle Mütter ihr Kind zur Welt gebracht hat:

> Auch Gabriel verkündete ihr die frohe Botschaft in bestimmter Weise, indem er nicht einfach sagte: das in dir Erzeugte, damit der Leib nicht für etwas gehalten würde, was von aussen in sie eingeführt worden wäre, sondern: „aus dir" [Lk 1, 35], damit man glaube, dass das Erzeugte der Natur nach aus ihr sei; auch die Natur gibt das deutlich zu erkennen, da es unmöglich ist, dass eine Jungfrau, die nicht geboren hat, Milch habe, unmöglich auch, dass ein Leib mit Milch genährt und in Windeln gelegt werde, der nicht vorher in natürlicher Weise geboren wurde.[142]

Athanasius sichert die natürliche Geburt Jesu mit weiteren Argumenten ab: Die Geburt hat bei Maria alle natürlichen Prozesse in Gang gebracht, die das Muttersein mit sich bringt. Wäre Maria in allem Jungfrau geblieben, dann wäre zwar ihr Schoss verschlossen und von aller Befleckung rein. Doch dann hätte sie auch keine Milch geben können – was dem biblischen Befund widerspricht (Lk 11, 27). Umgekehrt erweist sich auch das Christuskind als echter Säugling, der von Muttermilch lebt und Windeln braucht.

---

141 ATHANASIUS, *Epistula ad Epictetum* 5: LUDWIG 1911, 8–9: „ἀλλ' οὐκ ἔστιν οὕτω, μὴ γένοιτο, σπέρματος γὰρ Ἀβραὰμ ἐπιλαμβάνεται, ὡς εἶπεν ὁ ἀπόστολος· ὅθεν ὤφειλε κατὰ πάντα τοῖς ἀδελφοῖς ὁμοιωθῆναι καὶ λαβεῖν ὅμοιον ἡμῖν σῶμα. διὰ τοῦτο γοῦν καὶ ὑπόκειται ἀληθῶς ἡ Μαρία, ἵν' ἐξ αὐτῆς τοῦτο λάβῃ καὶ ὡς ἴδιον ὑπὲρ ἡμῶν αὐτὸ προσενέγκῃ· καὶ ταύτην ὁ μὲν Ἡσαΐας προφητεύων ἐδείκνυε λέγων, ἰδοὺ ἡ παρθένος, ὁ δὲ Γαβριὴλ ἀποστέλλεται πρὸς αὐτήν, οὐχ ἁπλῶς πρὸς παρθένον, ἀλλὰ πρὸς παρθένον μεμνηστευμένην ἀνδρί, ἵν' ἐκ τοῦ μνηστῆρος δείξῃ τὴν Μαρίαν ἀληθῶς ἄνθρωπον οὖσαν· καὶ τοῦ τίκτειν μνημονεύει ἡ γραφὴ καί φησιν, ἐσπαργάνωσεν, καὶ ἐμακαρίζοντο μαστοὶ, οὓς ἐθήλασεν· καὶ προσηνέχθη θυσία, ὡς διανοίξαντος τοῦ τεχθέντος τὴν μήτραν. ταῦτα δὲ πάντα τικτούσης ἦν παρθένου γνωρίσματα."

142 ATHANASIUS, *Epistula ad Epictetum* 5: LUDWIG 1911, 9: „καὶ ὁ Γαβριὴλ δὲ ἀσφαλῶς εὐηγγελίζετο αὐτῇ λέγων οὐχ ἁπλῶς τὸ γεννώμενον ἐν σοί, ἵνα μὴ ἔξωθεν ἐπεισαγόμενον αὐτῇ σῶμα νομισθῇ, ἀλλ' ἐκ σοῦ, ἵν' ἐξ αὐτῆς φύσει τὸ γεννώμενον εἶναι πιστευθῇ, φανερῶς καὶ τοῦτο τῆς φύσεως δεικνυούσης, ὡς ἀδύνατον παρθένον φέρειν γάλα μὴ τεκοῦσαν, καὶ ἀδύνατον γάλακτι τραφῆναι σῶμα καὶ σπαργανωθῆναι μὴ πρότερον φύσει τεχθέν."

5. 2. Die Problematik der Geschwister Jesu

Der moralische Aspekt der Jungfräulichkeit wird ab dem dritten Jahrhundert immer stärker gewichtet. Ein Justin dem Märtyrer zugeschriebenes Fragment aus der Sacra Parallela des Johannes von Damaskus bringt diese Tendenz zum Ausdruck:

> Unser Herr Jesus Christus wurde nur aus folgendem Grund aus einer Jungfrau geboren: Er sollte die Erzeugung, die aus gesetzloser Begierde hervorgeht, zunichtemachen und dem Herrscher dieser Welt den Beweis liefern, dass Gott den Menschen auch ohne den geschlechtlichen Verkehr von Menschen zu bilden vermöchte.[143]

Die Zuspitzung des Begriffs der Jungfräulichkeit auf den nicht erfolgten Beischlaf und die damit zusammenhängende moralische Konnotation veranlassen die Autoren, sich vermehrt auf das Nachleben Mariens zu konzentrieren: Wenn sexueller Kontakt an sich so negativ gewertet wird, dann ist es notwendig, dass Maria ihre Reinheit bis an ihr Lebensende behält. Nur so erweist sie sich würdig, Mutter des Herrn zu sein. Origenes drückt diesen Sachverhalt in seinem *Matthäuskommentar* zu Mt 13, 53–58 aus:

> Einige gehen aber von einer Überlieferung aus, die sich in dem nach Petrus benannten Evangelium oder in dem Buch des Jakobus finde und sagen, die Brüder Jesu seien Söhne des Joseph von einer früheren Frau, die vor Maria mit ihm zusammengelebt habe. Die das behaupten, wollen die jungfräuliche Würde Marias bis zum Ende bewahren, damit nicht der Leib, welcher würdig befunden wurde dem Wort: „Heiliger Geist wird über dich kommen und Kraft des Höchsten wird dich überschatten" [Lk 1, 35], zu dienen, Umgang mit einem Mann gekannt habe, nachdem Heiliger Geist über sie gekommen war und Kraft aus der Höhe sie überschattet hatte. Und ich glaube, dass es Sinn hat, wenn unter den Männern der Erstling der Reinheit, die sich in der Keuschheit zeigt, Jesus, unter den Frauen aber Maria gewesen ist, denn es wäre nicht löblich, einer anderen Frau als ihr die Erstlingsfrucht der Jungfräulichkeit zuzuschreiben.[144]

Im *Matthäuskommentar* erscheint die Vorstellung, dass Maria keine weiteren Kinder hatte, als eine persönliche Überzeugung des Origenes. Er möchte, wie die Anhänger des

---

143 Johannes von Damaskus, *Sacra parallela*: Holl 1899, 39: „καὶ ὁ κύριος δὲ ἡμῶν Ἰησοῦς ὁ Χριστὸς οὐ δι' ἄλλο τι ἐκ παρθένου ἐγεννήθη ἀλλ' ἵνα καταργήσῃ γέννησιν ἐπιθυμίας ἀνόμου καὶ δείξῃ τῷ ἄρχοντι καὶ δίχα συνουσίας ἀνθρωπίνης δυνατὸν εἶναι τῷ θεῷ τὴν ἀνθρώπου πλάσιν [...]." Vgl. Campenhausen 1962, 43.

144 Origenes, *Commentarii in Matthaeum* X, 17 zu Mt 13, 53–58: Klostermann & Benz 1976, 21 (GCS 38): Vogt 1983, 82 (BGL 18): „Τοὺς δὲ ἀδελφοὺς Ἰησοῦ φασί τινες εἶναι, ἐκ παραδόσεως ὁρμώμενοι τοῦ ἐπιγεγραμμένου κατὰ Πέτρον εὐαγγελίου ἢ τῆς βίβλου Ἰακώβου, υἱοὺς Ἰωσὴφ ἐκ προτέρας γυναικὸς συνῳκηκυίας αὐτῷ πρὸ τῆς Μαρίας. Οἱ δὲ ταῦτα λέγοντες τὸ ἀξίωμα τῆς Μαρίας ἐν παρθενίᾳ τηρεῖν μέχρι τέλους βούλονται, ἵνα μὴ τὸ κριθὲν ἐκεῖνο σῶμα διακονήσασθαι τῷ εἰπόντι λόγῳ· «Πνεῦμα ἅγιον ἐπελεύσεται ἐπί σε καὶ δύναμις ὑψίστου ἐπισκιάσει σοι», γνῷ κοίτην ἀνδρὸς μετὰ τὸ ἐπελθεῖν ἐν αὐτῇ πνεῦμα ἅγιον καὶ τὴν ἐπεσκιακυῖαν αὐτῇ δύναμιν ἐξ ὕψους. Καὶ οἶμαι λόγον ἔχειν ἀνδρῶν μὲν καθαρότητος τῆς ἐν ἁγνείᾳ ἀπαρχὴν γεγονέναι τὸν Ἰησοῦν, γυναικῶν δὲ τὴν Μαρίαν· οὐ γὰρ εὔφημον ἄλλη παρ' ἐκείνην τὴν ἀπαρχὴν τῆς παρθενίας ἐπιγράψασθαι."

5. ASKESE UND DIE FORDERUNG DER *VIRGINITAS POST PARTUM*

Protevangeliums und des *Petrusevangeliums*, die Würde Marias bis zum Ende erhalten. Zu Beginn seines *Johanneskommentars* stellt Origenes diese Auffassung als offizielle kirchliche Lehre hin:

> Denn keine Söhne hatte Maria ausser Jesus, gemäss jenen, die von ihr eine gesunde Meinung haben. Jesus sagte nämlich zu seiner Mutter: „Siehe deinen Sohn!", und nicht: „Siehe auch dieser ist dein Sohn!", gleichsam als ob er sagte: „Siehe Jesus, den du geboren hast!"[145]

Crouzel weist darauf hin, dass das Adjektiv ὑγιῶς hier für eine gesunde Lehrmeinung steht, Origenes also das Credo der Grosskirche und nicht eine Privatmeinung wiedergibt.[146] Da die Geburt nach Origenes keinen Einfluss auf die Jungfräulichkeit hat, ist es adäquat, von einer immerwährenden Jungfräulichkeit zu sprechen.

Von Origenes abhängig ist auch die Predigt *In sanctam Christi generationem*, die Basilius von Cäsarea zugeschrieben wird. Der Autor begründet die *virginitas post partum* folgendermassen:

> Obschon eine solche Annahme [dass Maria nach Jesus weitere Kinder hatte] einem gottesfürchtigen Glauben keinen Eintrag täte – denn nur bis zur Dienstleistung beim Heilswerk war die Jungfräulichkeit notwendig; was hernach geschah, bleibt für das Geheimnis [der Erlösung] belanglos –, wir, die wir als Christusfreunde es nicht hören können, dass die Gottesgebärerin einmal aufgehört hätte, Jungfrau zu sein, wir halten gleichwohl die angeführten Zeugnisse für ausreichend. [...] Wenn es aber heisst „Erstgeborener", so verlangt der Erstgeborene nicht schlechthin schon eine Beziehung zu Nachfolgenden; vielmehr wird eben der, welcher zuerst den Mutterleib öffnet, Erstgeborener genannt. Es beweist aber auch die Geschichte mit Zacharias, dass Maria allezeit Jungfrau geblieben ist. Es geht nämlich eine Sage, und sie ist auf dem Wege der Tradition auf uns gekommen, dass Zacharias Maria nach der Geburt des Herrn einen Platz unter den Jungfrauen angewiesen habe und dafür von den Juden zwischen Tempel und Altar getötet worden sei – eben auf die Anschuldigung des Volkes hin, er habe damit jenes wunderbare und viel gepriesene Zeichen bestätigt, wonach eine Jungfrau geboren hat, ohne die Jungfrauschaft zu verletzen.[147]

---

145 ORIGENES, *Commentarii in Iohannem* 1, 4, 23: BLANC 1996, 70: „Εἰ γὰρ οὐδεὶς υἱὸς Μαρίας κατὰ τοὺς ὑγιῶς περὶ αὐτῆς δοξάζοντας ἢ Ἰησοῦς, φησὶ δὲ Ἰησοῦς τῇ μητρί· «Ἴδε ὁ υἱός σου» καὶ οὐχί «Ἴδε καὶ οὗτος υἱός σου», ἴσον εἴρηκε τῷ «Ἴδε οὗτός ἐστιν Ἰησοῦς ὃν ἐγέννησας»."

146 Vgl. CROUZEL 1962, 36.

147 BASILIUS VON CÄSAREA, *In sanctam Christi generationem* 5: PG 31, 1468: „Ἡμεῖς δέ, εἰ καὶ μηδὲν τῷ τῆς εὐσεβείας παραλυμαίνεται λόγῳ (μέχρι γὰρ τῆς κατὰ τὴν οἰκονομίαν ὑπηρεσίας ἀναγκαία ἡ παρθενία, τὸ δ' ἐφεξῆς ἀπολυπραγμόνητον τῷ λόγῳ τοῦ μυστηρίου), ὅμως διὰ τὸ μὴ καταδέχεσθαι τῶν φιλοχρίστων τὴν ἀκοήν, ὅτι ποτὲ ἐπαύσατο εἶναι παρθένος ἡ Θεοτόκος, ἐκείνας ἡγούμεθα τὰς μαρτυρίας αὐτάρκεις. [...] Ἐπειδὴ δὲ εἴρηται, «Πρωτότοκον,» οὐ πάντως ὁ πρωτότοκος πρὸς τοὺς ἐπιγινομένους ἔχει τὴν σύγκρισιν, ἀλλ' ὁ πρῶτον διανοίγων μήτραν πρωτότοκος ὀνομάζεται. Δηλοῖ δὲ καὶ ἡ κατὰ τὸν Ζαχαρίαν ἱστορία, ὅτι μέχρι παντὸς παρθένος ἡ Μαρία. Λόγος γάρ τίς ἐστι, καὶ οὗτος ἐκ παραδόσεως εἰς ἡμᾶς ἀφιγμένος, ὅτι ὁ Ζαχαρίας, ἐν τῇ τῶν παρθένων χώρᾳ τὴν Μαριὰμ κατατάξας μετὰ τὴν τοῦ Κυρίου κύησιν, ὑπὸ τῶν Ἰουδαίων κατεφονεύθη μεταξὺ τοῦ ναοῦ καὶ τοῦ θυσιαστηρίου, ἐγκληθεὶς ὑπὸ τοῦ λαοῦ ὡς διὰ τούτου κατασκευάζων τὸ παράδοξον ἐκεῖνο καὶ πολυύμνητον σημεῖον, παρθένον γεννήσασαν καὶ τὴν παρθενίαν μὴ διαφθείρασαν."

Der Autor hält die *virginitas post partum* zwar für das Mysterium der Erlösung für belanglos, kann aber eine mehrfache Mutter Maria mit seinem moralischen Empfinden nicht vereinbaren. Wiederum wird Christus als jener bekannt, der den Mutterleib öffnet – was aber keinerlei Auswirkungen auf die Jungfräulichkeit Mariens hat: sie hat niemals aufgehört, Jungfrau zu sein.

5. 3. Maria als Modell für die Jungfräulichkeit

In den ersten Jahrhunderten gilt Maria nicht als Vorbild für Jungfrauen, denn sie ist eine verheiratete Mutter. Diese Rolle übernehmen die Apostelin Thekla oder die Susanna aus dem Buch Daniel. So erwähnt Cyprian, von Tertullian beeinflusst, in seiner Schrift *De habitu virginum* Maria mit keinem Wort.[148]

Mit der stetigen Zunahme der Hochachtung der Jungfräulichkeit in der Alten Kirche gewinnt jedoch auch die Notwendigkeit an Bedeutung, die Jungfräulichkeit Marias zu erhalten, um sie als Vorbild hinzustellen. So ist sie für Origenes bereits die erste der Jungfrauen – ein Topos, der danach oft aufgenommen wird.[149] Zahlreiche Belege für die immerwährende Jungfräulichkeit finden sich, die in der Zeit um das Konzil von Chalkedon verstärkt auftreten.[150] Ob die Autoren dabei an ein körperliches Merkmal dachten, lässt sich aus diesem Sprachgebrauch alleine nicht klären.

5. 4. Die Antidikomarianiten

Die Zeit zwischen Origenes und Chalkedon könnte man als Übergangsphase in der Diskussion um die Virginität Mariens bezeichnen. Sie charakterisiert sich dadurch, dass die Jungfräulichkeit immer mehr auf den Körper bezogen wird, es aber noch kein körperliches Merkmal dafür gibt. Das zeigt sich in der Argumentation gegen jene, die eine *virginitas post partum* bestreiten. Verschiedene Gruppen sind nicht bereit, die Begriffsveränderung der Jungfräulichkeit zusammen mit der damit verbundenen Abwertung der Ehe zu akzeptieren.

Epiphanius von Salamis fasst in seinem *Panarion* unter dem Etikett Antidikomarianiten all jene Häretiker zusammen, welche, aufgrund ihrer Bibellektüre, für leibliche Brüder und Schwestern Christi eintreten und die *virginitas post partum* bestreiten.[151] Der Terminus Ἀντιδικομαριαμίτας (auch Ἀντιδικομαριανίτας) „Antidikomarianiten" ist bezeichnend: Bekämpft werden jene, welche sich „gegen die Ehre Mariens" stellen. In Arabien sind solche Antidikomarianiten zahlreich – dahin hatte Epiphanius diesbezüglich einen Brief geschrieben, den er im *Panarion* zitiert. Sie finden sich aber auch in

---

148 Vgl. CYPRIAN, *De habitu virginum*: HARTEL 1868, 187–205.
149 Vgl. ORIGENES, *Commentarii in Matthaeum* X, 17 zu Mt 13, 53–58, zitiert auf S. 230 in der vorliegenden Arbeit.
150 Vgl. SÖLL 1978, 104.
151 Vgl. EPIPHANIUS VON SALAMIS, *Panarion* 78: HOLL 1985 (GCS 37), 452–475.

5. ASKESE UND DIE FORDERUNG DER *VIRGINITAS POST PARTUM*   233

Kleinasien, wie die Arianer Eunomius und Eudokius,[152] und im Westen, wie etwa Bonosus, Helvidius, Jovinian und der spanische Priester Vigilantius.[153] Die vier Letzteren geraten ins Schussfeld des Hieronymus, weil sie es für erwiesen erachten, dass Maria nach der Geburt Jesu dem Joseph weitere Kinder gebar. Sie wollen damit beweisen, dass eine verheiratete Lebensweise der Jungfräulichkeit an Ehre ebenbürtig sei.

Keiner dieser Antidikomarianiten erwähnt oder bestreitet eine *virginitas in partu*. Auch die Verfechter der Jungfräulichkeit Mariens berufen sich weder auf das *Protevangelium* noch auf ein anatomisches Pfand der Jungfräulichkeit.

Epiphanius, der eifrige Verteidiger der dauernden Jungfräulichkeit, nennt zwar einige Motive aus dem *Protevangelium*,[154] argumentiert in seinem Text gegen die Antidikomarianiten aber anders und etwas umständlich: Es sei bekannt, dass Löwenweibchen nur einmal gebären könnten: Weil das erste Ungeborene mit seinen Krallen und Zähnen den mütterlichen Uterus stark verletze, sei eine zweite Schwangerschaft jeweils unmöglich. Christus werde nun als Löwe Judas angekündigt, eben deshalb, weil er der Einziggeborene Marias sei.[155] Marias Jungfräulichkeit bezieht sich in dieser Schrift ausschliesslich auf ihre sexuelle Enthaltsamkeit vor der Geburt Christi sowie hauptsächlich in ihrem Verhältnis zu Joseph danach. Kein Gedanke verliert er darüber, dass mit der Geburt Christi auch die Jungfräulichkeit enden könnte, weil ein körperliches Merkmal schaden nimmt. Er schreibt: „Maria [sc. Marias Beiname] aber heisst: ‚Jungfrau', und dabei wird es bleiben. Denn unbefleckt blieb die Heilige."[156]

5.5. Verurteilungen des Protevangeliums

Interessant ist, dass glühende Verfechter der Jungfräulichkeit Mariens wie Hieronymus und Ambrosius das *Protevangelium* als Apokryphe ablehnen.

In seiner giftigen Attacke gegen Helvidius tritt Hieronymus vehement für die dauernde Jungfräulichkeit Mariens ein, weist aber Hebammen an der Krippe, und mit ihnen die Manualinspektion, als Beleg zurück.

---

152 PHILOSTORGIUS berichtet in seiner Kirchengeschichte 6, 2 von einer aufsehenerregenden Predigt an Epiphanie, in welcher EUNOMIUS erklärte, dass „nach der unbeschreiblichen Geburt des Sohnes Joseph mit Maria ehelichen Verkehrt hatte, und, noch kühner, dass er nicht zögerte, den Sohn einen Diener des Vaters bezeichnete, und der Heilige Geist jener des Sohnes." – „τόν τε γὰρ Ἰωσὴφ οἱ κατάρατοι μετὰ τὴν ἄφραστον κυοφορίαν συνάπτειν οὐ πεφρίκασι τῇ παρθένῳ καὶ τὸν υἱὸν ἀναιδέστερον τοῦ πατρὸς δοῦλον καὶ ὑπηρέτην, καὶ δὴ καὶ τὸ πνεῦμα τοῦ υἱοῦ φοβερόν οὐδὲν ἡγοῦντο λέγειν." BIDEZ & WINKELMANN 1981, 71.
153 Im Westen vertritt Bischof BONOSUS VON SARDIKA in Makedonien diese Lehre, wofür er auf der Synode von Capua 391/92 angeklagt wurde. BONOSUS wurde suspendiert und später verurteilt. Er gründete daraufhin eine eigene Gemeinschaft, die sich bis ins siebte Jahrhundert in Südgallien und im arianischen Burgunder- und Westgotenreich erhalten hat, besonders aber in Spanien verbreitet war. Vgl. BAUTZ 1990, 697; HELVIDIUS, ein Laie, geriet 383 in Konflikt mit HIERONYMUS, vgl. KELLY 1975, 104–105.
154 So die Witwerschaft Josephs und die Zuweisung Mariens an ihn durch ein Los: EPIPHANIUS VON SALAMIS, *Panarion* 78, 7–8: HOLL 1985 (GCS 37), 458.
155 Vgl. Gen 49, 9 und Offb 5, 5.
156 EPIPHANIUS VON SALAMIS, *Panarion* 78, 7–8: HOLL 1985 (GCS 37), 458.

> Da [sc. bei der Geburt des Herrn] gab es keine Hebammen oder anderer Frauen Geschäftigkeit. Sie selbst wickelte das Kind in Windeln; sie selbst war Mutter und Geburtshelferin. „Und sie legte es", so heisst es weiter, „in die Krippe, weil in der Herberge kein Platz war". Diese Stelle entkräftet auch die Phantastereien der Apokryphen, da Maria in eigener Person das Kind in Windeln wickelte.[157]

Es entbehrt nicht einer gewissen Ironie, dass ausgerechnet Hieronymus in späteren Jahrhunderten als Zeuge für die Echtheit dieser Apokryphen hingestellt wird. Dies ist seinem entschiedenen Eintreten für die Jungfräulichkeit geschuldet. Lateinischen Kindheitsevangelien wie das *Pseudo-Matthäusevangelium* und der *Codex Arundel 404* überliefern einen unechten Briefwechsel von Chromatius und Heliodorus mit Hieronymus. Darin lässt der Autor Hieronymus dafür bürgen, dass der folgende Text vom Evangelisten Matthäus selbst geschrieben worden wäre.[158] Der Autor gibt jedoch zu, dass ältere Versionen der Geburtsgeschichte (also auch das *Protevangelium*) häretisch seien. Er erklärt dies mit einer Fälschung:

> So geschah es, dass von einem Schüler eines Manichäers mit Namen Leucius, der auch die Apostelakten in verfälschter Manier dargestellt hat, dieses Buch herausgegeben wurde und so nicht Stoff für die Erbauung, sondern die Zerstörung bot, und dass es auf der Synode zu einem der Bücher erklärt worden ist, dem zu Recht die Ohren der Kirche nicht offenstehen.[159]

Der Autor dieses pseudepigraphischen Briefes wusste also um den problematischen Inhalt seiner Vorlage. Wir werden später darauf zu sprechen kommen.

Auch Ambrosius weist eine wundersame Erscheinung des Herrn aus der Jungfrau zurück. Christus ist ganz Mensch geworden, weshalb er auch wie alle Menschen geboren worden ist. Ambrosius geht wie Tertullian und Origenes von Lk 2, 23 aus und verweist auf das darin verwendete Gesetz aus Ex 13, 12: „Alles Männliche, das den Mutterschoss öffnet, wird heilig dem Herrn genannt werden". Er sieht in diesem Gesetz die Jungfrauengeburt verheissen. Würde man nämlich den Ausdruck „den Mutterschoss öffnen" zu weit fassen, dann wären alle erstgeborenen Männer heilig – was nicht sein könne. Dann aber gibt es nur einen, der wahrhaft den Mutterschoss durchstossen hat, weil er ohne Verkehr entstanden ist: Jesus Christus.

---

157 HIERONYMUS, *De perpetua virginitate beatae Mariae adversus Helvidium* 8a: PL 23, 192a: „Nulla ibi obstetrix: nulla muliercularum sedulitas intercessit. ipsa pannis inuoluit infantem, ipsa et mater et obstetrix fuit, et collocauit eum, inquit, in praesepio, quia non erat ei locus in diuersorio. quae sententia et apocryphorum deliramenta conuincit, dum maria ipsa pannis inuoluit infantem."
158 Vgl. SCHNEIDER 1995, 55–56.
159 *Evangelium pseudo-Matthaei*, prologus, Hieronymi responsio: GIJSEL 1997, 283–285: „Sic factum est ut a Manichaei discipulo nomine Leucio, qui etiam apostolorum gesta falso sermone conscripsit, hic liber editus non aedificationi sed destructioni materiem exhibuerit, et quod talis probaretur in synodo cui merito aures ecclesiae non paterent."

5. ASKESE UND DIE FORDERUNG DER *VIRGINITAS POST PARTUM*

> Denn nicht eines Mannes Beischlaf öffnete das Geheimnis des Genitalbereiches der Jungfrau, sondern der Heilige Geist senkte den unbefleckten Samen ihrer unversehrten Gebärmutter ein. Unter den von der Frau Geborenen ist nämlich nur der Herr Jesus allein schlechthin heilig. Nur er blieb infolge der makellosen Geburt von den Befleckungen der irdischen Verderbnis unberührt und tilgte sie kraft seiner himmlischen Erhabenheit. [...] Nein, jener war heilig, durch welchen die frommen Vorschriften des göttlichen Gesetzes ihre vorbildliche Bedeutung für das künftige Geheimnis empfingen, insofern er allein den stillen Mutterschoss, den unbefleckt befruchteten, der heiligen Jungfrau-Kirche zur Geburt des Gottesvolkes öffnete. Er allein öffnete auch sich den Mutterschoss. Und kein Wunder! Denn nur er ist es, der zum Propheten gesprochen hatte: „Ehe ich dich bildete im Mutterleibe, kannte ich dich, und im Mutterschosse heiligte ich dich" [Jer 1, 5], der sonach den Mutterschoss einer anderen heiligte, dass ein Prophet geboren würde, der auch den Schoss seiner Mutter öffnete, um makellos daraus hervorzugehen.[160]

Der Ausdruck „nec mirum!" – „Und kein Wunder!" kann als Spitze gegen das *Protevangelium* verstanden werden: Er kam eben nicht auf wundersame Weise aus der Maria, sondern hat den Mutterschoss durchstossen – mehr als alle anderen Erstgeborenen, weil Maria zum Zeitpunkt des Beginns der Geburt Jungfrau war – und sie blieb es, weil diese Öffnung nach Ex 13, 12 eben auch keine Befleckung ist.

Es ist vorgeschlagen worden, dass Ambrosius sich hier zweideutig ausdrücke und mit „den Schoss seiner Mutter öffnete, um makellos daraus hervorzugehen" eine *virginitas in partu* meine.[161] Der eben dargestellte Textzusammenhang kann sich jedoch nicht auf ein wundersames Handeln Gottes, sondern nur auf das Öffnen des Mutterschosses durch die natürliche Geburt des Christuskindes beziehen.

Diese Deutung bestätigt Rufin von Aquileia. Sein Zeugnis ist umso interessanter, weil er diese natürliche Geburt für etwas Schändliches hält und wohl gerne eine *virginitas in partu* vertreten hätte – doch er hat sie offensichtlich nicht gekannt. In seinem Kommentar zum Glaubensbekenntnis schreibt er zum Artikel „geboren vom Heiligen Geist aus Maria der Jungfrau":

> Doch erwidern sie vielleicht, dass, wenn es nun einmal Gott möglich gewesen sein solle, dass die Jungfrau empfing, ihr Gebären ebenso möglich wäre. Dieses indes scheine ihnen unwürdig, dass jene so hohe Majestät durch die Geschlechtsteile einer Frau hindurch in die Welt getreten sei: Wann somit eine Befleckung durch Vermischung mit einem Mann nicht

---

160 AMBROSIUS VON MAILAND, *Expositio evangelii secundum Lucam* 2, 5, 56–57: TISSOT 1971, 204; de. NIEDERHUBER 1915, 379: „Non enim uirilis coitus uuluae uirginalis secreta reserauit, sed inmaculatum semen inuiolabili utero spiritus sanctus infudit; solus enim per omnia ex natis de femina sanctus dominus Iesus, qui terrenae contagia corruptelae inmaculati partus nouitate non senserit et caelesti maiestate depulerit. [...] ille sanctus, per quem figuram futuri mysterii pia legis diuinae praescripta signabant, eo quod solus sanctae ecclesiae uirginis ad generandos populos dei inmaculatae fecunditatis aperiret genitale secretum. hic solus aperuit sibi uuluam. nec mirum; qui enim dixerat ad prophetam: priusquam te formarem in utero, noui te et in uulua matris sanctificaui te, qui ergo uuluam sanctificauit alienam, ut nasceretur propheta, hic est qui aperuit matris suae uuluam, ut inmaculatus exiret."
161 Konträr die Meinung von MEYER (2000). Er spricht von *virginitas in partu*.

bestehe, so bestehe doch der Schimpf schmutziger Berührung, die mit ihrer Niederkunft verbunden war.[162]

Rufin antwortet auf diesen Vorwurf, dass niemand einen Vater schelten würde, der sein Kind aus einer Jauchegrube rettet, und deshalb mit Kot besudelt sei. Zudem könne man Gott nicht besudeln, ebenso wenig wie einen Sonnenstrahl oder Feuer. Auch habe Gott die Geschlechtsteile der Frauen erschaffen. Schliesslich kommt Rufin auf die These des Origenes zu sprechen, wonach der Logos eine unsterbliche Seele als Mittlerin zwischen ihm und dem Leib angenommen habe.[163]

Der Vorwurf, dass Christus bei seiner Geburt die Geschlechtsteile einer Frau berührt hätte und deshalb unrein sei, findet sich auch Jahrhunderte später noch. Der zum Judentum übergetretene Diakon Bodo wirft in der Mitte des neunten Jahrhunderts seinen ehemaligen Glaubensbrüdern vor, drei Götter zu verehren, wovon einer unrein sei. Dieser habe beim Verlassen des Schosses der Frau deren Geschlechtsteile geküsst. Der zum Christentum konvertierte Jude Paulus Alvarus argumentiert in seiner Replik wie Rufin; beide scheinen die *virginitas in partu* nicht zu kennen, mit welcher das Problem elegant umschifft werden könnte.[164]

Der Text des Rufin zeigt auch, wohin die Reise gehen wird: Nicht nur der eheliche Verkehr, auch die Geburt und die damit implizierte Öffnung der Vagina und deren Berührung werden als beschämend wahrgenommen, wie auch die Nachgeburt, die Wehen und die Geburtsschmerzen.[165] Das *Protevangelium* wird eine willkommene Lösung dafür bieten. Doch zur Zeit Rufins, Hieronymus und Ambrosius wird der Text offiziell verurteilt – darauf hat der Autor des Pseudo-Hieronymus-Briefes bereits hingewiesen. So zählt das Gelasius I. zugeschriebene Dekret das Werk unter die Apokryphen, zusammen mit zwei verwandten Texten, dem *Liber de infantia Salvatoris* und dem *Liber de nativitate Salvatoris et de Maria vel obstetrice*.[166] Derselben Auffassung ist Papst Innozenz I., der im Jahre 405 im Brief *Consultenti tibi* an Exuperantius von Toulouse diese Verurteilung bestätigt.[167]

Ein ähnlicher Schluss wie Rufins Text ist auch im folgenden Beispiel aus dem Osten zu ziehen: In einem Palimpsest mit Lukashomilien, die Titus von Bostra, Metropolit von Arabien zugeschrieben werden, argumentieren manichäische Gegner für ihren Doketismus mit folgender Alternative:

---

162 RUFIN VON AQUILEIA, *Expositio symboli* 10: SIMONETTI 2000, 120–122: „Sed dicent fortassis quia possibile quidem fuerit deo, ut uirgo conciperet, possibile etiam fuerit ut pareret: sed indignum uideri ut tanta illa maiestas per genitales feminae transiret excessus: ubi quamuis nulla fuerit ex uirili admixtione contagio, fuit tamen ipsius puerperii obscenae adtrectationis iniuria."
163 Vgl. S. 152 in der vorliegenden Arbeit.
164 Vgl. ALVARUS, *Epistula* 18: MADOZ 1947, 257.
165 Eine Liste mit Belegstellen findet sich in RAHNER 2004, 668-670.
166 Vgl. *Decretum Gelasianum*: DOBSCHÜTZ 1912, 11.
167 Vgl. INNOCENTIUS I., *Epistula* 6: PL 20, 501.

Wenn der Fötus [sc. Christi] wahrhaft Fleisch war, wie war es möglich, dass er bei der Geburt nicht die Jungfräulichkeit auflöste? Wenn sie aber die Jungfräulichkeit bewahrte, warum war die Fleischlichkeit nicht Schein [φαντασία]? Ein Leib vermag doch nicht folgenlos [ἀπαθῶς, wörtlich: ohne Leiden] durch einen Leib hindurchzugehen?[168]

Titus von Bostra ist ein glühender Verfechter der Viginitas *post partum*. Er führt zu ihrer Verteidigung zahlreiche Argumente an. Doch eine wundersame Erscheinung aus der Jungfrau vertritt er nicht, zumal die Gefahr einer solchen Wundergeburt in diesem Fragment deutlich vorgeführt wird: Die vom Autor des *Protevangeliums* aufgestellte These lautet, dass eine *virginitas in partu* doketisch sei. Tertullian löst dieses Problem, indem er die Jungfräulichkeit Mariens mit der Geburt enden lässt. So bekämpft er jegliches doketische Missverständnis und unterstreicht die Realität der Inkarnation. Indem nun die *virginitas* über die Geburt ausgedehnt wird, kehrt der alte Schatten des Doketismus zurück und legt sich auf die Inkarnation.

Koch schreibt als Ergebnis seiner Abhandlung zur *virginitas in partu*: „So haben wir im Abendland aus den ersten drei Jahrhunderten nicht einen einzigen sicheren Zeugen für die immerwährende Jungfräulichkeit Mariens."[169] Das ist meiner Ansicht nach so nicht korrekt, denn obwohl Origenes und andere Autoren eine explizite *virginitas in partu* nicht kennen, so gehen sie doch davon aus, dass Maria immer Jungfrau blieb. Gewiss ist vielmehr, dass wir aus den ersten Jahrhunderten keinen Zeugen für ein körperliches Merkmal der Jungfräulichkeit haben, das bei der Geburt Christi wundersam erhalten bleibt. Wenn Maria vor und nach der Entbindung jungfräulich lebte, so war sie immer Jungfrau, weil die Geburt ihre Jungfräulichkeit nicht in Mitleidenschaft zog oder aufhob.

6. Die *virginitas in partu*

6.1. Das Siegel der Jungfräulichkeit als Zeichen des Handelns Gottes

Die augustinische Verknüpfung der Konkupiszenz mit der Erbsünde förderte die Fokussierung des Begriffs der Jungfräulichkeit weg vom sozialen Status hin zur Leiblichkeit und dem nicht erfolgten sexuellen Kontakt.

Soran hatte in der *Gynäkologie* die Ansicht vertreten, dass Frauen nur schwanger werden können, wenn sie wie die Männer beim Akt Lust verspüren.[170] Nach Augustinus ist es genau jene Lust, welche die Erbsünde von den Eltern auf das Kind überträgt. Einzig Maria hatte ihr Kind aufgrund ihres Glaubens und ohne Begierden empfangen, weshalb Christus ohne diese Schuld zur Welt kommt. In Marias Jungfräulichkeit sieht

---

168 Titus von Bostra, *Homiliae in Lucam* (Fragmenta): Sickenberger 1901 (TU 21, 1), 258: „εἰ ἀληθὴς ἦν σάρξ τὸ βρέφος, πῶς τικτόμενον τὴν παρθενίαν οὐκ ἔλυσεν; εἰ δὲ τὴν παρθενίαν ἐφύλαξεν, πῶς οὐ φαντασία τὰ τῆς σαρκός; σῶμα γὰρ διὰ σώματος ἀπαθῶς χωρῆσαι οὐ δύναται."
169 Koch 1929, 28.
170 Vgl. S. 93 in der vorliegenden Arbeit.

der Bischof von Hippo folglich den Beleg für die Ausgenommenheit Christi von der Erbsünde.

> Denn man darf nicht behaupten, dass der menschlichen Natur bei jener Annahme irgendetwas gefehlt hätte; freilich war die Natur von jeder Verbundenheit mit der Sünde frei; es war nicht eine Natur, wie sie aus der Vereinigung beider Geschlechter durch fleischliche Begierde entsteht, und zwar notwendigerweise mit Schuld beladen, einer Schuld, die durch die Wiedergeburt getilgt wird. Nur von einer Jungfrau konnte der geboren werden, den der Glaube der Mutter und nicht die Begierde empfangen hatte. Wäre ihre Unversehrtheit bei seiner Geburt zerstört worden, so wäre er nicht von einer Jungfrau geboren: und mit Unrecht würde – es ist freilich unmöglich – die ganze Kirche bekennen, er sei aus der Jungfrau Maria geboren, die Kirche, die täglich seiner Mutter gleich wird, indem sie seinen Gliedern das Leben schenkt und doch Jungfrau bleibt.[171]

Da Maria Jesus ohne Erbschuld empfing, konnte sie durch dessen Geburt auch ihre eigene Unschuld nicht verlieren – sie muss vollständig Jungfrau bleiben. Da nun Jungfräulichkeit immer mehr auf den Leib bezogen wird, darf die Geburt Christi keinerlei Auswirkungen auf den Leib haben. Marias Leib wird quasi zum Pfand der Sündenlosigkeit Christi. Wenn Jungfräulichkeit bedeutet, dass ihr Schoss in der Empfängnis nicht geöffnet wird, so ist er auch bei der Geburt verschlossen geblieben. Um diesen Umstand zu verdeutlichen, verwendet Augustinus ein berühmtes Bild:

> So nämlich ist die Grösse seiner Kraft, dass sie in der Enge keine Beschränkungen kennt, [die Kraft] welche die Gebärmutter der Jungfrau befruchtet hat, nicht von aussen, sondern eingepflanzt. Diese stellte sich eine menschliche Seele zur Seite, und durch sie auch einen vollständigen menschlichen Körper, um gänzlich den Menschen zum Besseren zu wandeln, selbst in keiner Weise zum schlechteren. Er hat die Bezeichnung „menschlich" würdig angenommen, und die Bezeichnung „göttlich" ihm umfassend verliehen. Durch dieselbe Kraft hat er die Glieder des Kindes durch die unversehrten jungfräulichen Organe der Mutter geführt, jene Kraft, welche später die Glieder des jungen Mannes [Christus] durch die verschlossene Tür [des Obergemaches] hineinführte.[172]

---

171 AUGUSTINUS, *Enchiridion ad Laurentium: De fide, spe, et charitate* 10, 34: EVANS 1969, 68–69; de. SIMON 1985, 37: „Nam nihil naturae humanae in illa susceptione fas est dicere defuisse, sed naturae ab omni peccati nexu omni modo liberae: non qualis de utroque sexu nascitur per concupiscentiam carnis cum obligatione delicti, cuius reatus regeneratione diluitur, sed qualem de uirgine nasci oportebat, quem fides matris, non libido, conceperat. Quodsi uel per nascentem corrumperetur eius integritas, non iam ille de uirgine nasceretur, eum que falso – quod absit – natum de uirgine maria tota confiteretur ecclesia, quae imitans eius matrem cotidie parit membra eius, et uirgo est."
172 AUGUSTINUS, *Epistula* 137 an Volusianus, 2, 8: GOLDBACHER 1904 (CSEL 44), 107: „Ipsa enim magnitudo uirtutis eius, quae nullas in angusto sentit angustias, uterum uirginalem non aduenticio sed indigena puerperio fecundauit; ipsa sibi animam rationalem et per eandem etiam corpus humanum totum que omnino hominem in melius mutandum nullo modo in deterius mutata coaptauit nomen humanitatis ab eo dignanter adsumens, diuinitatis ei largiter tribuens; ipsa uirtus per inuiolata matris uirginea uiscera membra infantis eduxit, quae postea per clausa ostia membra iuuenis introduxit."

6. DIE *VIRGINITAS IN PARTU* 239

Im Blickpunkt steht das Walten Gottes in der Inkarnation. Augustinus führt aus, dass dieses Handeln unverstehbar sei, weil es nicht an irdische Regeln gebunden ist. Die Erscheinung des Herrn aus der Jungfrau ist Symbol für dieses Wirken.

Der Vergleich der Geburt aus der Jungfrau Maria und der Eintritt in das verschlossene Obergemach findet sich bei Augustinus auch im 121. *Vortrag zum Johannesevangelium*:

> Der nämlich konnte, ohne dass sie geöffnet wurden, eintreten, bei dessen Geburt die Jungfräulichkeit der Mutter unverletzt blieb.[173]

Auch im Osten erfreut sich diese Analogie ab dem vierten Jahrhundert zunehmender Beliebtheit.[174] Es muss unterstrichen werden, dass aus der Rede von der „unverletzten Jungfräulichkeit", dem „ungebrochenen Siegel", im Osten nicht auf das Bekanntsein eines Hymens geschlossen werden kann. All diese Argumente funktionieren auch ohne – doch sie kommen dieser Konzeption immer näher.

Wie im letzten Kapitel gezeigt wurde, führen biologistische Erklärungen der Genese Christi in die Häresie. Verschiedene Autoren weisen deshalb gegen die Arianer und die Apollinaristen nach, dass die Inkarnation als Handeln Gottes nicht nach naturgemässen Regeln stattfand. Gregor von Nyssa verbindet die Jungfrauengeburt mit dieser Erkenntnis:

> Vernimm vom Propheten selbst, wie uns ein Knabe geboren wurde [Jes 7, 14]. Wie wurde uns ein Sohn geschenkt? Etwa nach dem Gesetz der Natur? Nein, sagt der Prophet. Nicht diente den Gesetzen der Natur der Herr der Natur. Aber wie, sage mir, wurde das Kindlein geboren? „Sieh", sagt er, „eine Jungfrau wird im Leibe empfangen und einen Sohn gebären, und man wird ihm den Namen Emmanuel geben, das heisst übersetzt: „Gott mit uns." O Wunder! Die Jungfrau wird Mutter und bleibt Jungfrau. Du siehst die neue Ordnung der Natur. Von den übrigen Frauen ist keine Mutter, solange sie Jungfrau ist. Wenn sie aber Mutter wurde, ist sie nicht mehr im Besitz der Jungfräulichkeit. Hier aber vereinigen sich beide Namen zu einer Einheit, denn die Gleiche ist Mutter und Jungfrau. Und so hat weder die Jungfräulichkeit der Geburt ein Hindernis in den Weg gelegt, noch auch die Geburt die Jungfräulichkeit zum Verschwinden gebracht. Denn es war angemessen, dass der, welcher

---

173 AUGUSTINUS, *Tractatus in Iohannis euangelium* 121, 4: WILLEMS 1954, 667: „ille quippe non eis apertis intrare potuit, quo nascente uirginitas matris inuiolata permansit."
174 So in der armenischen Version – nicht aber in der älteren syrischen – des Diatessaronkommentars von EPHRÄM DEM SYRER zu lesen, dass er aus der Jungfrau kam, wie er durch verschlossene Türen gehe: *Commentarius in evangelium concordans* 2, 6: LELOIR 1966, 69; LANGE 2008, 163; später heisst es (in beiden Versionen), dass er aus dem verschlossenen Grab kam, wie aus der Jungfrau. *Commentarius in evangelium concordans* 21, 21: LELOIR 1966, 385. Der Vergleich findet sich auch bei PROCLUS VON KONSTANTINOPEL, *Homilia 33: In s. apostolum Thomam* 7, 19–20: LEROY 1967, 241; JOHANNES VON DAMASKUS, *Expositio fidei* 88 (4, 14): KOTTER 1973, 202. Dieser Vergleich ist auch im Westen bekannt: PETRUS CHRYSOLOGUS, *Sermo* 84, 3: OLIVAR 1981, 518 und CAESARIUS VON ARLES, *Sermo* 203, 2: MORIN 1953, 818.

im menschlichen Leben erschien, um das Weltall unversehrt zu erhalten, von der Unversehrtheit bei seiner Geburt den Anfang nahm. Denn unversehrt pflegen die Menschen jene zu nennen, welche keinen Mann kennt.[175]

Auch Gregor setzt Muttersein und Jungfräulichkeit einander gegenüber. Dass Maria beides ist, beweist, dass der Herr an ihr nicht gemäss der Natur gehandelt hat. Gregor bringt als weitere Analogie die Gotteserscheinung im brennenden Dornbusch:

> Denn wie dort vom Gebüsch das Feuer umfasst wird und das Gebüsch doch nicht brennt, so wird auch hier von der Jungfrau das Licht geboren, ohne dass sie vergeht. Wenn aber ein Dornstrauch den die Gottheit gebärenden Körper der Jungfrau vorbildet, so erröte nicht über das Gleichnis![176]

Genau so, wie der Dornbusch brennt und nicht verbrennt, genau so ist Maria Mutter und Jungfrau. Gregor kommt mit seiner Analyse dem doketischen Vers „sie hat geboren und hat nicht geboren" ziemlich nahe. Doch er steht an einem ganz anderen Punkt in der Dogmengeschichte. Nicht das übernatürliche Erscheinen des Herrn will er darlegen. Im Gegenteil zeigt für ihn die Geburt des Kindes an, das das Kind ganz Gott und ganz Mensch ist. Eine Erklärung dieses Vorgangs gemäss der Natur führt in die Häresie, wie Arius und Apollinaris belegen. Das freie schöpferische Handeln Gottes und Marias Beitrag ganz im Rahmen der Natur ist die einzige Möglichkeit wie Christus Mensch werden konnte. Das demonstriert seine Geburt aus der Jungfrau.

Die Jungfräulichkeit ist nicht der einzige Hinweis auf das ausserordentliche Geschehen. Auch der Umstand, dass Maria Jesus ohne Wehen gebar, also nicht mehr unter dem Fluch Evas aus Gen 3, 16 steht, zeigt die Ankunft des Gottessohnes an:

> Du hast auch den Isaias, der nicht wenig zur gegenwärtigen Gnade beiträgt. Denn durch ihn hast du im Voraus vernommen von der Mutter ohne Mann, von dem Fleisch ohne Vater, von den wehelosen Wehen, von der unbefleckten Geburt, da der Prophet also spricht: „Sieh, die Jungfrau wird empfangen und einen Sohn gebären, und sie werden ihm den Namen Emmanuel geben, das heisst Gott mit uns [Jes 7, 14]." Dass aber mühelos die Wehen

---

175 GREGOR VON NYSSA, *Oratio in diem natalem Christi* 4: MANN 1976, 273: „Μάθε παρ' αὐτοῦ τοῦ προφήτου, πῶς ἐγεννήθη τὸ παιδίον, πῶς ἐδόθη υἱός. ἆρα κατὰ τὸν νόμον τῆς φύσεως; οὔ, φησὶν ὁ προφήτης, οὐ δουλεύει φύσεως νόμοις ὁ δεσπότης τῆς φύσεως. – ἀλλὰ πῶς ἐγεννήθη τὸ παιδίον, εἰπέ. – ἰδού, φησὶν, ἡ παρθένος ἐν γαστρὶ λήψεται καὶ τέξεται υἱὸν καὶ καλέσουσι τὸ ὄνομα αὐτοῦ Ἐμμανουήλ, ὅ ἐστι μεθερμηνευόμενον, μεθ' ἡμῶν ὁ θεός. Ὢ τοῦ θαύματος, ἡ παρθένος μήτηρ γίνεται καὶ διαμένει παρθένος. ὁρᾷς τὴν καινοτομίαν τῆς φύσεως; ἐπὶ τῶν ἄλλων γυναικῶν, ἕως παρθένος ἐστὶ, μήτηρ οὔκ ἐστιν. ἐπειδὰν δὲ μήτηρ γένηται, τὴν παρθενίαν οὐκ ἔχει. ἐνταῦθα δὲ τὰ δύο συνέδραμε κατὰ ταὐτόν τὰ ὀνόματα. ἡ γὰρ αὐτὴ καὶ μήτηρ καὶ παρθένος ἐστί. καὶ οὔτε ἡ παρθενία τὸν τόκον ἐκώλυσεν, οὔτε ὁ τόκος τὴν παρθενίαν ἔλυσεν. ἔπρεπε γὰρ τὸν ἐπὶ ἀφθαρσίᾳ τοῦ παντὸς ἐν τῷ ἀνθρωπίνῳ βίῳ γενόμενον ἀπὸ τῆς ὑπηρετούσης αὐτοῦ τῇ γεννήσει τῆς ἀφθαρσίας ἄρξασθαι. τὴν γὰρ ἀπειρόγαμον ἄφθορον οἶδεν ὀνομάζειν ἡ τῶν ἀνθρώπων συνήθεια."
176 GREGOR VON NYSSA, *Oratio in diem natalem Christi* 4: MANN 1976, 274: „ὥσπερ γὰρ ἐκεῖ ἡ θάμνος καὶ ἅπτει τὸ πῦρ καὶ οὐ καίεται, οὕτω καὶ ἐνταῦθα ἡ παρθένος καὶ τίκτει τὸ φῶς καὶ οὐ φθείρεται. εἰ δὲ βάτος προδιατυποῖ τὸ θεοτόκον σῶμα τῆς παρθένου, μὴ ἐπαισχυνθῇς τῷ αἰνίγματι."

waren, darüber soll dich zuerst ein Bild belehren. Da nämlich jedes Vergnügen mit der Mühe verbunden ist, so muss notwendig von zwei Dingen, die man verbunden sieht, wenn das eine nicht stattfindet, auch das andere nicht vorhanden sein. Wo also die Lust der Geburt nicht vorherging, da ist auch keine Mühe nachgefolgt. Dann aber wird es auch durch die Worte des Propheten bewiesen, die also lauten: „Bevor ihre Geburtswehen eintraten, entkam sie denselben und gebar einen Knaben [Jes 66, 7]", oder wie es ein anderer Übersetzer sagt: „Bevor die Wehen einsetzten, gebar sie."[177]

Zur Zeit der Abfassung sind noch nicht alle Theologen dieser Meinung: Chrysostomus spricht davon, dass Christus „empfangen werden, neun Monate im Mutterschoss weilen, Geburtswehen verursachen, geboren werden und von der Muttermilch sich nähren sollte"[178].

Lange vor Gregor hatten schon die doketischen Apokryphen davon gesprochen, dass Maria ohne Wehen das Kind zur Welt gebracht habe. Die scheinbare Nähe der Argumentation von Gregor zu den alten Kindheitsevangelien führt nun dazu, dass die eigentlich doketischen Texte neu in einer orthodoxen Weise gelesen werden.

6. 2. Die Neuinterpretation des Protevangeliums

a. Rezeption im Westen

Die Inkarnationstheologie löste sich Ende des vierten Jahrhunderts endgültig von einer naturphilosophischen Erklärung der Genese Christi. Diverse Autoren sehen in der jungfräulichen Geburt einen Beleg für das ausserordentliche Heilshandeln Gottes. Der Begriff „Jungfrau" verschiebt sich von der sozialen Bedeutung zur Bezeichnung einer asketischen Lebensweise. In deren Zentrum steht der Leib, der von jeder sexuellen Befleckung rein bewahrt werden soll. Deshalb bezog man dieses wunderbare Handeln nicht nur auf die Inkarnation, sondern dehnte es auf Maria aus. Dass Gott Maria den jungfräulichen Leib erhält, auch wenn sie gebiert, wird zum Zeichen des Heilsgeschehens. Zeno von Verona († um 380) schreibt:

---

177 GREGOR VON NYSSA, *De tridui inter mortem et resurrectionem Domini nostri Iesu Christi spatio* 1: GEBHARDT 1967, 275–276: „ἔχεις καὶ τὸν Ἡσαΐαν οὐ μικρά σοι πρὸς τὴν παροῦσαν συνεισφέροντα χάριν· παρ' αὐτοῦ γὰρ προεδιδάχθης τὴν ἀνύμφευτον μητέρα, τὴν ἀπάτορα σάρκα, τὴν ἀνώδυνον ὠδῖνα, τὸν ἀμόλυντον τόκον οὕτως εἰπόντος τοῦ προφήτου· Ἰδοὺ ἡ παρθένος ἐν γαστρὶ λήψεται καὶ τέξεται υἱὸν καὶ καλέσουσι τὸ ὄνομα αὐτοῦ Ἐμμανουήλ, ὅ ἐστι Μεθ' ἡμῶν ὁ θεός. ὅτι δὲ ἄπονος γέγονεν ἡ ὠδίς, πρῶτον μέν σε καὶ τὸ εἰκὸς διδαξάτω· ἐπειδὴ γὰρ πᾶσα ἡδονὴ συνημμένον ἔχει τὸν πόνον, ἀνάγκη πᾶσα ἐπὶ τῶν συνημμένως θεωρουμένων τοῦ ἑνὸς μὴ ὄντος μηδὲ τὸ ἕτερον εἶναι. ὅπου τοίνυν <ἡ> ἡδονὴ τοῦ τόκου οὐ καθηγήσατο, ἐξ ἀνάγκης οὐδὲ ὁ πόνος ἐπηκολούθησεν. ἔπειτα δὲ καὶ ἡ τοῦ προφήτου λέξις βεβαιοῖ τὸν λόγον ἔχουσα οὕτως· Πρὶν ἐλθεῖν τὸν πόνον τῶν ὠδίνων ἐξέφυγε καὶ ἔτεκεν ἄρσεν, ἢ ὥς φησιν ἕτερος τῶν ἑρμηνέων, Πρὶν ὠδινῆσαι ἔτεκεν."

178 JOHANNES CHRYSOSTOMUS, *In Matthaeum homiliae* 8 zu Mt 2, 11–15 3: PG 58, 86: „ἀλλὰ καὶ κύησις γίνεται, καὶ ἐννεαμηνιαῖος χρόνος, καὶ ὠδῖνες, καὶ τόκος, καὶ γαλακτοτροφία [...]"; EPHRÄM DER SYRER verteidigt seinem Kommentar zum Diatessaron die Wehenlosigkeit der Geburt als Symbol der Reinheit Mariens. EPHRAEM, *Commentarius in evangelium concordans* 2, 5: LANGE 2008, 162–163.

Aber es wird jemand einwenden: Auch die Jungfrau Maria hat geheiratet und hat geboren. Es sei eine so wie sie – und ich bin einverstanden. Aber Maria war Jungfrau nach der Eheschliessung, nach der Empfängnis, nach der Geburt. Und schliesslich: Wenn es etwas Besseres gäbe als die Jungfräulichkeit, so hätte es der Sohn Gottes vor allem seiner Mutter gewähren müssen: Ihr gewährte er, gross zu sein in der Ehre göttlicher Jungfräulichkeit.[179]

Wir treten nun in die Zeit des Servius ein, der in seinem Vergilkommentar als Erster davon spricht, dass das körperliche Merkmal einer Jungfräulichkeit ihr intaktes Hymen sei. Dieses neue Wissen verändert die Wahrnehmung der Virginität Mariens: Wenn Maria dauernd Jungfrau ist, dann kann dies nur bedeuten, dass ihr das Hymen als Pfand der Jungfräulichkeit stets unversehrt erhalten bleibt. Dies ermöglicht nun eine Neuinterpretation des *Protevangeliums* und der darin berichteten Manualinspektion. Salome untersucht in dieser Deutung das Hymen, und aus ihrem häretischen wird ein orthodoxer Befund. Nicht die wundersame Erscheinung des Herrn im Scheinleib, sondern die unverstehbare Genese und Geburt Christi steht im Zentrum, der ganz Mensch und Gott ist. Diese Umdeutung ist zum ersten Mal bei Zeno von Verona fassbar.

> Wie gross ist doch das Geheimnis des Heiles! Maria empfing ohne Verletzung als Jungfrau, gebar nach der Empfängnis als Jungfrau, blieb auch nach der Geburt Jungfrau. Die Hand der ungläubigen Hebamme, die eine Untersuchung an der Wöchnerin vorgenommen, geriet zum Zeugnis dafür, dass dieselbe auch nach der Geburt in unveränderter Jungfrauschaft befunden ward, in Brand; als sie aber das Kind berührte, erlosch sofort die verzehrende Flamme. So betrachtete sie, die Heilkünstlerin, die zu ihrem Segen neugierig gewesen, bewundernd in der Frau die Jungfrau, in dem Kinde Gott; aufjubelnd in mächtiger Freude ging sie, die zu heilen gekommen, geheilt von dannen.[180]

Die dauernde Jungfräulichkeit Mariens besteht nach Zeno von Verona explizit aus drei Abschnitten: Maria empfängt als Jungfrau, sie gebiert als Jungfrau, und sie bleibt danach weiterhin Jungfrau. Der mittlere Teil bezieht sich auf das Wunder der Geburt, das gezielt hervorgehoben wird. Die Neuinterpretation des *Protevangeliums* ermöglicht, was Rufin noch als Problem erachtet: Trotz der immer mehr auf den Leib und das Hymen bezogenen Jungfräulichkeit konnte an der beständigen Jungfräulichkeit Mariens festgehalten und die Besudelung Christi vermieden werden.

---

179 ZENO VON VERONA, *Tractatus de continentia* II, 7, 3: LÖFSTEDT 1971, 171–172: „Sed dicet aliquis: ‚Etiam Maria uirgo et nupsit et peperit.‘ Sit aliqua talis, et credo! Ceterum illa fuit uirgo post connubium, uirgo post conceptum, uirgo post filium. Denique si esset aliquid uirginitate melius, dei filiud hoc magis potuerat suae matri praestarecui praestitit, ut rediuiuae uirginitatis honore polleret." Eine dem entsprechende Argumentation ist auch bei HILARIUS zu finden: HILARIUS VON POITIERS, *De trinitate* 3, 19: SMULDERS & DURAND 1999, SC 443, 370.

180 ZENO VON VERONA, *Tractatus* 1, 54 (PL 2, 8, 2): LÖFSTEDT 1971, 129: „O magnum sacramentum! maria uirgo incorrupta concepit, post conceptum uirgo peperit, post partum uirgo permansit. Obstetricis incredulae periclitantis enixam in testimonium repertam eiusdem esse uirginitatis incendirur manus. Qua tacto infante statim edax illa flamma sopitur sic que illa medica feliciter curiosa diu admirata mulierem uirginem, admirata infantem deum ingenti gaudio exsultans, quae curatum uenerat, curata recessit."

6. DIE *VIRGINITAS IN PARTU*

Abb. 4. Salome hält ihre verdorrte Hand Christus entgegen. Linke vordere Ziboriumssäule aus San Marco, Venedig (fünftes Jahrhundert). Die Säulen wurden 1204 während des vierten Kreuzzuges von Konstantinopel nach Venedig gebracht.

Kennzeichnend für diesen Vorgang sind Änderungen, welche die Autoren späterer lateinischer Apokryphen vornehmen, die sich auf das *Protevangelium* abstützen.[181] Das *Pseudo-Matthäusevangelium* (entstanden zwischen dem sechsten und siebten Jahrhundert)[182] kennt zwar noch das Eifersuchtsordal (Kap. 12), doch dient diese Episode nun dazu, Maria in allem als triumphierende „Königin der Jungfrauen" (8, 5) darzustellen. Überhaupt kontrastiert die Figur der Maria stark zum *Protevangelium*. Dort erscheint Maria als schüchtern, passiv und dem Weinen nahe.

In Kapitel 13 des *Pseudo-Matthäusevangeliums* wird die Geburt geschildert: Das Licht, das im *Protevangelium* Zeichen der Epiphanie des Gottes ist, wird zum Symbol der Heiligkeit Mariens und des Kindes: Die sonst aussergewöhnlich dunkle Höhle wird taghell, als die Schwangere eintritt.[183] Das Kind wird geboren und die Engel verehren ihn. Anschliessend folgt die Geschichte der beiden Hebammen Zahel und Salome: Beide Hebammen untersuchen Maria. Zahel kommt nach der ersten Untersuchung zum Ergebnis: „Die Jungfrau hat empfangen, die Jungfrau hat geboren, Jungfrau ist sie geblieben."[184] Salome, die später Zahel traf, wiederholt die Manualinspektion und wird bestraft, weil sie nicht glaubte.

Der berühmte *Codex Arundel 404* aus dem 14. Jahrhundert enthält eine spätere Entwicklungsstufe eines lateinischen Kindheitsevangeliums, dessen älteste Textzeugen bis ins Jahr 800 zurückreichen. Darin ist neben dem *Protevangelium* und dem *Pseudo-Matthäusevangelium* eine dritte, unbekannte Quelle verarbeitet. Diese dritte Quelle wurde zuerst mit dem *Protevangelium* kompiliert, und erst in einem zweiten Schritt mit dem *Pseudo-Matthäusevangelium* ergänzt, um möglichst alles Material zur Kindheitsgeschichte darzustellen.

Auffällig ist eine offenkundige doketische Tendenz des Textes. Ob sie dieser dritten Quelle geschuldet ist, wird diskutiert.[185] Die Höhle wird durch ein gewaltiges Licht erhellt, als Maria eintritt. Bei der „Geburt" – im Text nacherzählt von der ersten Hebamme Zahel – blickt Maria zum Himmel und wird weiss. Dann tritt das Licht aus ihr

---

181 Zu nennen ist das *Arabische Kindheitsevangelium*, die *lateinischen Kindheitsevangelien* und das *Pseudo-Matthäusevangelium*. Ein Verzeichnis dieser Texte findet sich bei GEERARD 1992, 90–95; eine Textausgabe der wichtigsten Kindheitserzählungen bietet SCHNEIDER 1995; eine Synopse ELLIOTT 2006.
182 Zu Abfassungszeit und -ort des *Pseudo-Matthäusevangeliums* vgl. GIJSEL 1997, 59–67 und EHLEN 2012, 984–985.
183 Vgl. *Evangelium pseudo-Matthaei* 13, 2: GIJSEL 1997, 415.
184 *Evangelium pseudo-Matthaei* 13, 2: GIJSEL 1997, 421: „Virgo concipit, virgo peperit, virgo perdurat"(P) bzw. nach der anderen Tradition (A): „Virgo peperit et postquam peperit virgo esse perdurat". Pate gestanden hat die Formel „nam virgo concipit, virgo peperit, et post partum incorruptelae pudorem sine interceptione obtinuit", die an der 16. Synode von Toledo 696 verwendet wurde (DENZINGER & HÜNERMANN 1991, §571, 267). Variationen sind ab diesem Zeitpunkt weit verbreitet. Eine (P) nahestehende Formel verwendet schon AUGUSTINUS in *Sermon 51*: „Virgo peperit et postquam peperit virgo esse permansit" sowie ZENO VON VERONA, *Tractatus* 1, 54.
185 JAMES hat vermutet, dass diese Quelle doketischen Ursprungs sei, vgl. JAMES 1927 und EHLEN 2012, 1004.

6. DIE *VIRGINITAS IN PARTU* 245

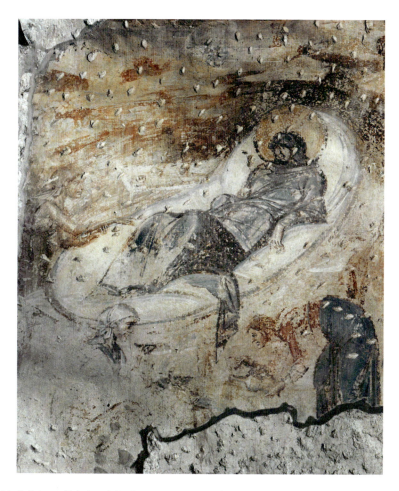

Abb. 5. Salome (links) und die Gottesmutter; unten die Waschung des Kindes durch die beiden Hebammen. Darstellung der Geburt Christi auf einem byzantinisch beeinflussten Fresko der Kirche Santa Maria foris portas in Castelseprio, Varese (neuntes Jahrhundert).

hervor und wird von Engeln angebetet, ehe es die Gestalt eines Kindes annimmt, das eben geboren wurde.[186] Zahel testet darauf Maria und befindet sie als Jungfrau:

> Herr, grosser Gott, erbarme dich, da dies bisher weder gehört noch gesehen worden ist und nicht einmal erahnt werden konnte, dass die Brüste voller Milch sind und ein Knabe geboren worden ist und seine Mutter sich noch als Jungfrau zeigt. Keine Besudelung mit Blut geschah am Kind, kein Schmerz zeigte sich bei der Mutter. Als Jungfrau hat sie empfangen, als Jungfrau geboren, und nachdem sie geboren hat, bleibt sie eine Jungfrau.[187]

Die Inspektion war erfolgt, weil sie wissen will, ob vielleicht ein zweites Kind im Schoss der Jungfrau sei. Ihr Befund, den sie dem Sohn Josephs aus erster Ehe gibt, lautet:

> Du aber, Herr, bist mein Zeuge, dass ich sie mit meinen Händen berührte und das Mädchen, das geboren hatte, als Jungfrau fand, nicht nur unmittelbar nach der Geburt, sondern auch [...] vom Geschlecht eines Mannes.[188]

Salome, die später Zahel traf, wiederholt den Test und wird vom Licht mit einer verdorrten Hand bestraft, weil sie nicht glaubte. Sie erlangt auf Anweisung eines Engels durch die Berührung der Windel des Herrn Heilung (77–80).

Die Konzentration auf die Manualinspektion macht auch das Eifersuchtsordal überflüssig. Im Buch der Geburt Marias[189] und später in der *Legenda aurea* des Jakobus von Voragine (zweite Hälfte des 13. Jahrhunderts)[190] wird dieser Test nicht angedeutet.[191] Jakobus erwähnt die Hebammen nur als vierter von fünf Nachweisen für die Jungfrauengeburt:

> Viertens durch ein Experiment. Als nämlich (wie es in der Compilatio von Bartholomaeus heisst und dem Buch über die Kindheit des Retters entnommen zu sein scheint) die Zeit kam, wo die selige Maria gebären sollte, rief Joseph – auch wenn er nicht daran zweifelte, dass Gott von einer Jungfrau geboren werden würde – doch nach Sitte seiner Heimat Hebammen herbei, deren eine Zebel und deren andere Salome hiess. Als also Zebel sie sah, fragte und als solche [also als Jungfrau] vorfand, rief sie, dass [sie als] Jungfrau geboren habe. Da jedoch Salome das nicht glaubte, sondern auch noch überprüfen wollte, verdorrte

---

186 Vgl. *Liber de infantia salvatoris* (Codex Arundel) 73; SCHNEIDER 1995, 208.
187 *Liber de infantia salvatoris* (Codex Arundel) 69; SCHNEIDER 1995, 204: „Domine, Deus magne, miserere, quoniam hoc numquam nec auditum adhuc nec visum est, sed neque in suspicionem habitum, ut mamillae plenae sint lacte et natus masculus sua[m] matrem virginem ostendat. Nulla pollutio sanguinis facta est in nascente, nullus dolor in parturiente apparuit. Virgo concepit, virgo peperit, et postea quam peperit, virgo perdurat."
188 *Liber de infantia Salvatoris* (Codex Arundel) 75; SCHNEIDER 1995, 210: „Tu autem, Domine, testis es mihi quod tetigi eam manibus meis et inveni hanc puellam quae genuit, virginem non solum a partu sed et [...] sexu hominis masculini." Der Text ist hier lückenhaft, kann aber in etwa wie angegeben rekonstruiert werden.
189 Vgl. *Libellus de nativitate sanctae mariae* 10: BEYERS 1997, 325–333.
190 Vgl. JACOBUS VON VORAGINE, *Legenda aurea* 6: GRAESSE 1969, 39–48, besonders 42.
191 Die beiden mittelalterlichen lateinischen Kindheitsevangelien aus England, die JAMES herausgegeben hat, kennen allerdings das Ordal noch. Vgl. JAMES 1927.

sogleich ihre Hand. Auf Befehl eines Engels, der ihr [daraufhin] erschien, berührte sie den Jungen und wurde sofort wieder gesund.¹⁹²

Da das *Protevangelium* seit dem *Decretum Gelasianum* offiziell als Apokryphe galt, wurde das Werk in verschiedenen Verzeichnissen verbotener Bücher aufgenommen. Ausgaben des *Protevangeliums* wurden entfernt und der Hinweis auf die beiden Hebammen in der *Legenda aurea* geschwärzt. Der letzte Punkt beweist: Nicht nur der Umstand, dass Halbgeschwister Christi behauptet werden, was Hieronymus heftig anprangerte, sondern auch explizit die Manualinspektion als Beweis der Jungfräulichkeit wird getilgt.

b. Adaption im Osten

Anders sieht die Situation im griechischen Osten aus. Denn obwohl Motive aus dem *Protevangelium des Jakobus* im Osten in hohem Ansehen standen, belegen die Eingriffe in die Erzählung die Mühen, die man mit der Manualinspektion hatte.

Auch im Orient verschiebt sich die Definition „Jungfrau" von ihrer sozialen Bedeutung auf die asketischen Aspekte – stärker noch als im Westen. Doch das Hymen als anatomische Gegebenheit ist in der griechischen Literatur erst sehr viel später durch westlichen Einfluss rezipiert worden, genau wie die Jungfräulichkeitstests durch Hebammen. Ohne das Hymen aber muss die Manualinspektion der Salome als unsinnig, bzw. offensichtlich häretisch aufgefasst worden sein. Anders lassen sich die vielen Eingriffe nicht erklären, die in den Text von *Protevangelium* 19, 3 „Wenn ich nicht meinen Finger hinlege und ihr Geschlecht untersuche, werde ich nicht glauben" und 20, 1: „Und Salome legte ihren Finger in ihr Geschlecht" gemacht wurden. Manche der Textzeugen lassen diese Worte ganz weg oder verschweigen zumindest den Finger und das Geschlecht.¹⁹³

Es kann darum auch nicht verwundern, dass im *Arabischen Kindheitsevangelium*, das ebenfalls auf dem *Protevangelium* beruht, der Test nicht erwähnt wird.¹⁹⁴ Diese Erzählung, die in ihrem Grundbestand vor das fünfte Jahrhundert zu datieren ist,¹⁹⁵ kennt nur eine Hebamme. Eine von Joseph zur Geburt gerufene alte Hebräerin wird Zeuge des übernatürlichen Lichts, das vom bereits geborenen Kind ausgeht.¹⁹⁶ Durch

---

192 JACOBUS VON VORAGINE, *Legenda aurea* 6: GRAESSE 1969, 42: „Quarto per experientiam: Cum enim (ut in compilatione Bartholomaei habetur et de libro Infantiae salvatoris sumptum fuisse videtur) beatae Mariae parienti tempus instaret, Joseph licet Deum de virgine nasciturum non dubitaret, morem tamen gerens patriae obstetrices vocavit, quarum una vocabatur Zebel et altera Salome. Zebel igitur considerans et inquirens et ipsam inveniens exclamavit virginem peperisse, Salome autem dum non crederet, sed hoc probare similiter vellet, continuo aruit manus ejus, jussu tamen angeli sibi apparentis puerum tetigit et continuo sanitatem accepit."
193 Vgl. DE STRYCKER 1961, 158–160.
194 Vgl. *Evangelium infantiae Salvatoris arabicum* 1–3: JOSUA & EISSLER 2012, 965–966.
195 Vgl. SCHNEIDER 1995, 55.
196 Vgl. SCHNEIDER 1995, 175 Fn. 3.

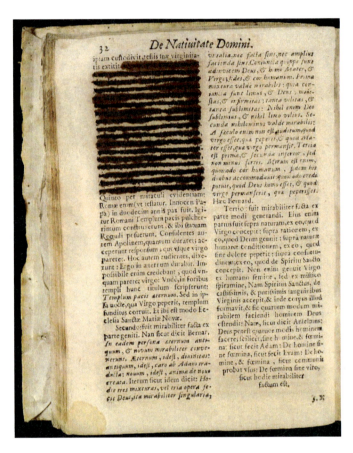

Abb. 6. Seite 32 aus der Ausgabe der *Legenda aurea* von Juan Garcia, Madrid 1688. Die spanische Inquisition liess die Erwähnung der beiden Hebammen schwärzen. Der Vermerk des Inquisitors namens Pablo auf dem Verso der Titelseite lautet: „Corregido por el Sto. Officio segun el nuevo expurgatorio del año de 1707" – „Korrigiert vom heiligen Offizium gemäss des neuen Index librorum expurgatorum von 1707".

eine Berührung mit dem Kind wird die Hebamme von einer langwierigen Lähmung geheilt und sie verspricht, ihr Leben lang dem Kind zu dienen.[197]

> Nach Sonnenuntergang also kamen die Hebamme und mit ihr Joseph zur Höhle, und beide traten sie ein. Und siehe, sie war erfüllt von Lichtern, schöner als der Glanz von Lampen und Kerzen und glänzender als das Sonnenlicht. Ein Kind, in Windeln gewickelt, [Lk 2, 7] sog an der Brust seiner Mutter, der Herrin Maria, während es in einer Krippe lag. [Lk 2, 7. 12. 16] Als beide sich über dieses Licht wunderten, fragte die Alte die Herrin Maria: „Bist du die Mutter dieses Neugeborenen?" Und als die Herrin Maria bejahte, sagte sie: „Keineswegs gleichst du den Töchtern Evas." Da sagte die Herrin Maria: „Wie meinem Sohn kein anderes Kind gleicht, so hat auch seine Mutter unter den Frauen nicht ihresgleichen." Die Alte antwortete: „Meine Herrin, ich bin gekommen, meinen Lohn in Empfang zu nehmen; ich werde schon lange von einer Lähmung geplagt." Unsere hehre Herrin Maria sagte zu ihr: „Leg dem Kind deine Hände auf!" Als die Hebamme das tat, wurde sie sogleich gesund. Da ging sie hinaus und sagte: „Von jetzt an will ich die Sklavin und Dienerin dieses Kindes sein, alle Tage meines Lebens."[198]

Der Text gleicht die Geschichte aus dem *Protevangelium* an biblische Aussagen an, gelegentlich auch auf Kosten der Logik: Um möglichst nahe an Lk 2 heranzukommen, stillt Maria das Kind, während es gleichzeitig in der Krippe liegt. Doch ist es eindeutig die Mutter, welche Jesus wickelt und ihn in die Krippe legt. Die Hebamme nämlich ist noch nicht gekommen.

In koptischen Fragmenten, welche Revillout veröffentlicht und Warns reediert hat,[199] wird die Geschichte der ⲥⲁⲗⲟⲙⲉ ⲧⲙⲉⲥⲓⲟ, der Hebamme Salome ausgeschmückt und mit einem Topos verbunden, der in Ägypten äusserst beliebt ist: den des Heiligen und der Prostituierten. Die bekanntesten Ausformungen sind die Geschichte des Johannes Kolobos[200] und der Paesia in den *Apophthegmata patrum* sowie die Legende von Zosimus und der Büsserin Maria Aegyptiaca.[201] Die Fragmente erzählen von gewissen Personen, welche Salome suchen und eine Frau antreffen, die sich schliesslich

---

197 Vgl. *Evangelium infantiae Salvatoris arabicum* 3: Josua & Eissler 2012, 966.
198 *Evangelium infantiae Salvatoris arabicum* 3: Schneider 1995, 175: „Itaque post solis occasum anus et cum illa Iosephus ad speluncam venit, eamque ambo intraverunt. Et ecce repleta erat illa luminibus lucernarum et candelarum fulgore pulchrioribus et solari luce splendidioribus. Infans fasciis involutus dominae Mariae matris suae mammam sugebat, in praesepi repositus. Hanc lucem cum ambo mirarentur, rogat vetula dominam Mariam: ,Tune huius nati es mater?' Et cum domina Maria annuisset, ,Nequaquam', ait, ,similis es filiabus Evae.' Dixit domina Maria: ,Sicuti filio meo nemo inter pueros par est, ita eius genitrix nullam inter mulieres parem habet.' Respondit anus: ,Hera mea, veni ego ut praemium acquirerem, iam dudum paralysi affecta sum.' Dixit ei hera nostra domina Maria: ,Impone manus tuas infanti.' Quod cum fecisset anus, extemplo convaluit. Tum exiit dicens: ,Dehinc famula et ministra ero huius infantis omnibus diebus vitae meae.'"
199 Vgl. Revillout 1905, 430–441 und Warns 1982, 56–71. Gemäss Warns stamen die vier Stücke von unterschiedlichen Handschriften und entstammen dem 9. Jahrhundert.
200 Vgl. *Apophthegmata patrum*, Johannes Kolobos 40: PG 65, 217.
201 Vgl. Sophronius von Jerusalem, *Vita s. Mariae aegyptiacae*: PG 87, 3697–3725.

als die gesuchte „Sünderin und Prostituierte" zu erkennen gibt. Ihr Bruder, der Priester Simeon, macht sich nun von Jerusalem nach Jericho auf, um seine Schwester zu retten. Er holt sie aus dem Bordell, wäscht sie im Jordan und bringt sie zu einem asketischen Leben in die Wüste. Dort trifft sie Joseph an, der nach einer Hebamme sucht, weil Maria kurz vor der Entbindung steht. Maria hatte in der Höhle Unterschlupf gefunden, die Salome bei Bethlehem gebaut hatte. Leider bricht der Text hier ab und die Begebenheiten in der Höhle fehlen. Fest stehen zwei Punkte: Hier wird einerseits das *Protevangelium* selbst ausgeschmückt: Wie konnte Joseph in der Wüste hinter Bethlehem eine Hebamme finden? Andererseits wird korrigierend eingegriffen, denn wenn Joseph Salome findet, dann übernimmt Salome den Part, den im Westen Zahel spielt. Wie im *Arabischen Kindheitsevangelium* gibt es also nur eine Hebamme. Der weitere Verlauf der Geschichte wird wie im *Arabischen Kindheitsevangelium* ausgesehen haben: Salome geht mit Joseph in die Höhle, bezeugt das wunderbare Licht, die Mutter und das Neugeborene, und geht geheilt und rein zurück. Eine Manualinspektion findet mit grosser Wahrscheinlichkeit auch hier nicht statt. Ob die koptischen Versionen des *Protevangeliums* die Inspektion erwähnt hatten, ist unbekannt, da die beiden erhaltenen Fragmente die fragliche Stelle nicht überliefern.[202]

In den beiden syrischen Textzeugen des *Protevangeliums* 20, 1 wird die Prüfung ebenfalls verkürzt dargestellt: Sulāmē kommt und sieht, dass Maria noch Jungfrau ist.[203] Die späteren syrischen Kindheitslegenden, die sonst so ausführlich Geburt und Kindheit ausschmücken, wollen Salome und ihren häretischen Test gar nicht mehr kennen. In der *Geschichte der gesegneten Jungfrau Maria*, die ein gewisser Diakon Philotheus geschrieben haben soll, holt sich Joseph zwar wiederum eine alte Frau zu Hilfe, doch auch sie kommt erst nach der Geburt, um das Geschehene zu preisen.[204] Budge weist darauf hin, dass nur Solomon von Basra den Namen Salome erwähnt.[205] Ein Textzeuge behauptet, dass die alte Frau eine ܫܡܪܝܬܐ, eine Samaritanerin gewesen sei, was als Hörfehler aus Salome (ܫܠܘܡ) entstanden sein könnte.[206]

Die äthiopische Version, die Chaîne publiziert hat, erzählt, dass Salome ihre Hand nach Maria ausgestreckt hat, um zu sehen – doch bereits vor der Berührung kommt der strafende Schmerz.[207] Auch von den beiden armenischen Textzeugen des *Protevangeliums* kennt der eine den Test nicht, der andere liest ähnlich wie der äthiopische Zeuge: „Appropinquabat Salome ut videret et tentaret, et repente clamorem dicebat [...]."[208] Dies entspricht der Erzählung des *Armenischen Kindheitsevangeliums*. Dieser Text beruht zwar auf der syrischen Version, doch werden Elemente aus dem *Protevangelium*

---

202 Vgl. DE STRYCKER 1961, 38–38.
203 Vgl. *Apocrypha de beata Maria virgine* f. 140 r.: CHAÎNE 1909, 15.
204 Vgl. *Historia beatae Mariae virginis* fol. 29–30: BUDGE 1976, 1, 59–64.
205 Vgl. BUDGE 1976, 2, 33–34, Anmerkung 2.
206 Vgl. BUDGE 1976, 2, 29, Anmerkung 7.
207 Vgl. *Apocrypha de beata Maria virgine* f. 140 r.: CHAÎNE 1909, 15.
208 Vgl. die lateinische Übersetzung von QUECKE in DE STRYCKER 1961, 440–473. Das Zitat findet sich auf S. 468.

wieder aufgenommen.²⁰⁹ Hier tritt neben der ungläubigen Salome als erste Hebamme die Stammmutter Eva auf, die ihrem typologischen Gegenbild Maria bei der Niederkunft beisteht. Salome und Eva unterhalten sich vor der Höhle, Erstere hält fest, dass sie nur glauben könne, was sie mit eigenen Augen gesehen habe. Eva geht darauf hinein, um Maria das Vorhaben anzukündigen. Salome betritt die Höhle und streckt ihre Hand aus, um sich der Jungfrau zu nähern, worauf ihre Hand zu brennen beginnt. Es findet auch hier kein Test statt: Während im *Protevangelium* die Zweiflerin ihren Finger in die „Physis" Mariens hineinlegen kann,²¹⁰ ereilt hier Salome die Strafe wiederum vorher.

Aus den vorgestellten Dokumenten kann geschlossen werden, dass die Inspektion der Salome – im Gegensatz zu vielen anderen Motiven aus dem *Protevangelium* – im Osten nicht rezipiert wurde. Die einzelnen Textzeugen zeigen, dass die fragliche Stelle im *Protevangelium* 20, 1 entweder getilgt oder angepasst wurde: In vielen Texten reicht ein Blick, um die Zweiflerin zu überzeugen.

Das Fehlen der Vorstellung eines Hymens als Zeichen der Jungfräulichkeit führt dazu, dass der Test der Salome unverständlich wird. Wenn die Hebamme Maria testet und ihr nach der Geburt „Jungfräulichkeit" bescheinigt, dann bezieht sich diese Jungfräulichkeit, wie ich schon gezeigt habe, nicht auf sexuelle Enthaltsamkeit. Es lässt sich mit diesem Test nur bescheinigen, dass Maria nicht durch den Geburtskanal entbunden hat. Da eine doketische Theophanie spätestens ab dem fünften Jahrhundert völlig aus dem Blickwinkel gerät, müsste aus dem Test geschlossen werden, dass das Kind anderswoher aus der Mutter kommt. Johannes von Damaskus schreibt:

> Durch Hören [erfolgte] die Empfängnis, die Geburt durch den gewöhnlichen Ausgang der Geburten, wenn auch einige fantasieren, er sei durch die Seite der Gottesmutter geboren worden. Es war ihm ja nicht unmöglich, auch durch die Türe hindurchzugehen und deren Siegel (pl.) nicht zu verletzen.²¹¹

Der Test der Salome ist im griechischen Osten so absurd, dass auch die wunderverliebten orientalischen Erzählungen gerne darauf verzichten. Johannes von Damaskus bestätigt gegen das *Protevangelium*, dass das Kind den „gewöhnlichen Ausgang" genommen hat. Mit anderen Worten: Maria ist in allem eine ganz normale Mutter, mit Ausnahme der Jungfräulichkeit. Sie hat wie alle Frauen ihr Kind durch den Geburtskanal entbunden, und dabei wurden die Siegel der Jungfräulichkeit Mariens nicht verletzt. Es gibt kein körperliches Zeichen für Jungfräulichkeit, das durch eine Inspektion überprüft werden könnte: Die Siegel sind metaphorisch für die Reinheit im Sinne der

---

209 Vgl. *Liber de infantia Salvatoris armenia* 9: Peeters 1914, 126–128
210 Vgl. *Protevangelium Jacobi* 20, 1: De Strycker 1961, 160: „Καὶ ἔβαλε Σαλώμη τὸν δάκτυλον αὐτῆς εἰς τὴν φύσιν αὐτῆς."
211 Johannes von Damaskus, *Expositio fidei* 87 (4, 14): Kotter 1973, 201–202: „δι' ἀκοῆς μὲν ἡ σύλληψις, ἡ δὲ γέννησις διὰ τῆς συνήθους τῶν τικτομένων ἐξόδου, εἰ καί τινες μυθολογοῦσι διὰ τῆς πλευρᾶς αὐτὸν τεχθῆναι τῆς θεομήτορος. Οὐ γὰρ ἀδύνατος ἦν καὶ διὰ τῆς πύλης διελθεῖν καὶ ταύτης μὴ παραβλάψαι τὰ σήμαντρα."

sexuellen Enthaltsamkeit zu verstehen. Würde behauptet, dass die Siegel sich auf ein anatomisches Merkmal beziehen, so könnte für einen byzantinischen Leser damit nur die jungfräuliche Enge gemeint sein. Eine intakte Enge würde jedoch als Konsequenz eine Geburt durch die Seite bedeuten.

6. 3. Zur Ikonographie der Hebamme Salome

Im fünften und sechsten Jahrhundert ist Salome mit ihrer Hand in der östlichen Kunst gerne dargestellt worden.[212] So zeigt die linke vordere Ciboriumssäule von San Marco in Venedig aus dem fünften Jahrhundert die Hebamme, die ihre schmerzende Hand zur Heilung Christus hinhält (Bild S. 243). Die Säule stammt aus Konstantinopel und wurde im Verlauf des vierten Kreuzzuges 1204 in die Lagunenstadt gebracht. Eine Variation des Themas zeigt Salome, welche ihre Hand Maria hinhält. Aus dem Motiv selbst erklärt sich nicht, ob dies der Moment nach der frevlerischen Inspektion ist, und Salome ihre zur Strafe verbrannte Hand präsentiert – oder ob dies die greise Hebamme Salome zeigt, welche um Heilung für ihr altes Leiden bittet. Letzteres ist für ein Fresko in Bawit[213] sicher der Fall und für die anderen Bilder sehr wahrscheinlich. Denn wie bereits gezeigt, zeichnet sich die Mariologie des *Arabischen Kindheitsevangeliums* dadurch aus, dass die Mutter Jesu als Mittlerin des Wunders auftritt. Zu ihr spricht die Hebamme und erbittet Heilung – und sie ist es auch, die Salome anweist, das Christuskind zu berühren.

In dieser bittenden Pose ist die Hebamme auf der Maximianskathedra in Ravenna dargestellt (um 550, S. 253). Dieses Motiv ist im Westen bis ins Frühmittelalter rezipiert worden – so etwa in der Kirche Santa Maria foris portas in Castelseprio aus dem achten oder neunten Jahrhundert (S. 245). Danach ist das Motiv nur noch selten zu finden oder wird leise zitiert, etwa mit einer verbundenen Hand der Hebamme.[214]

Viel öfter ist Salome auf Darstellungen der Epiphanie zu sehen, wie sie mit einer Freundin das Neugeborene wäscht. Diese Szene hat keine schriftliche Grundlage.[215] Das Motiv ist in Syrien und Ägypten ab dem fünften Jahrhundert nachzuweisen – so etwa im Katharinenkloster im Sinai (S. 254). Ab dem siebten Jahrhundert übernehmen auch westliche Künstler das Motiv, wie auf dem bereits erwähnten Fresko in Castelseprio, wo sowohl Salome und ihre Hand als auch die Hebammen beim Baden des Kindes zu sehen sind. In nachikonoklastischer Zeit bildet im Osten das Bad Christi durch eine oder zwei Hebammen ein festes Element der Darstellung der Geburt des Herrn, wie in der berühmten „Dunklen Kirche" in Kappadokien (elftes Jahrhundert, S. 256).

---

212 Zur Ikonographie vgl. TOUBERT 1996 und STICHEL 1990, 50–55 sowie WILHELM 1990.
213 Vgl. REVILLOUT 1905 und CLÉDAT 1904, 525.
214 So dargestellt am Marienschrein im Achener Dom. Vgl. WILHELM 1990, 55.
215 Das ARABISCHE KINDHEITSEVANGELIUM berichtet allerdings von der Waschung des Jesuskindes auf dem Weg nach Ägypten und einer Wunderheilung durch das Badewasser. Vgl. *Evangelium infantiae Salvatoris arabicum* 17: JOSUA & EISSLER 2012, 969.

6. DIE *VIRGINITAS IN PARTU*

Abb. 7. Salome hält ihre verkrüppelte Hand der Gottesmutter entgegen. Darstellung der Geburt Christi auf einer Elfenbeinplatte der Maximianskathedra (sechstes Jahrhundert). Die genaue Herkunft des byzantinischen Bischofsstuhls ist ungeklärt.

254   VI. JUNGFRAU UND GOTTESMUTTER

Abb. 8. Ikone der Geburt Christi aus dem Sinai, achtes Jahrhundert. Dass Salome unten links wie Joseph, Christus und wahrscheinlich auch Maria beschriftet ist, weist sie als bedeutende Figur der Szenerie aus.

7. Ergebnis

Georg Söll stellt in einem Artikel die Frage, ob „das Heidentum und die Apokryphen die Marienverehrung illegitim beeinflusst haben".[216] Er beantwortet sie mit einem bedingten Nein und hält fest:

> Die apokryphen Berichte über die Gottesmutter vermochten die Marienverehrung nicht in dem Masse zu begründen und zu bereichern wie die biblischen Aussagen über die Mutter Jesu.[217]

Für ihn übten die Apokryphen eine „besondere Schutzfunktion für den Glauben an die immerwährende Jungfräulichkeit der Gottesmutter aus". In der Manualinspektion der Salome erkennt er die Aussage, dass „weniger der Leib als das Geheimnis der Jungfräulichkeit Mariens sich jedem geistigen Zugriff entzieht".[218] Meine Untersuchung kommt zu einem anderen Ergebnis, was die Funktion der Apokryphen anbelangt.

Ich bin von der Beobachtung ausgegangen, dass in der antiken Literatur das Jungfrauenhäutchen zum ersten Mal von Soran erwähnt wird, der es kategorisch ablehnt. Erst Servius kommt 300 Jahre später wieder auf das Hymen zu sprechen und erwähnt, dass dessen Unversehrtheit als Zeichen der Jungfräulichkeit zu verstehen sei. Es ist deshalb unmöglich, dass Salome im *Protevangelium* ein Hymen testet, weil dieser Körperteil damals in der Existenz umstritten und die ihm später zugeschriebene Funktion noch nicht bekannt war. Im Osten sind zudem keine Tests von Hebammen an Jungfrauen belegt. Indem Salome ihren Finger in die Physis Mariens legt, kann sie nur überprüfen, ob diese Frau entbunden hat. Daraus folgt, dass dieser Test einen eminent doketischen Hintergrund hat.

Gegen den Doketismus, der in der Apokryphe vertreten wird, haben sich kirchliche Schriftsteller des zweiten und dritten Jahrhunderts gewendet. Besonders Tertullian unterstreicht mit seiner spitzen Feder, dass, nur wenn Christus wie alle Kinder zur Welt gekommen ist, er auch wirklich Mensch geworden ist. Autoren wie Ambrosius und Hieronymus pflichten ihm darin bei.

Mit den stärker werdenden asketischen Tendenzen im dritten und vierten Jahrhundert beginnen verschiedene Autoren, die dauernde Jungfräulichkeit Mariens hochzuhalten: Ihre Ehe mit Joseph wurde nicht vollzogen, und das Paar hatte keine Kinder. Tertullians Ansatz, in der Geburt Christi Marias Jungfräulichkeit enden zu lassen, wird zurückgewiesen. Auch eine frühere Ehe Josephs, wie sie vom *Protevangelium* vertreten wird, kommt nicht mehr in Betracht. Das Aufkommen der Rede vom Jungfernhäutchen im Westen um 400, das Servius bezeugt, führt dazu, dass der ursprünglich doketische

---

216 Vgl. SÖLL 1969. Das Wort „illegitim" in seiner Frage verweist auf eine dogmatische, nicht auf eine historische Fragestellung, auf die ich hier nicht eingehen kann.
217 SÖLL 1969, 32.
218 SÖLL 1969, 32.

Abb. 9. Detail des Freskos der Geburt Christi in der „Dunklen Kirche", Göreme, Kappadokien (elftes Jahrhundert).

Test nun neu interpretiert werden konnte. Die ungläubige Hebamme belegt nun, dass Maria auch in der Geburt unberührte Jungfrau blieb.

Dennoch ist Ambrosius, Hieronymus, Innozenz I., Johannes von Damaskus und vielen andern Recht zu geben, wenn sie das *Protevangelium* als häretische Apokryphe verurteilen. Denn nicht nur als doketisches Manifest richtete der Text Schaden an. Er förderte auch in der späteren Interpretation eine gefährliche Verengung einer auf den Leib bezogenen Jungfräulichkeit Mariens. Diese verstellt den Blick auf das, was eigentlich mit der Postulierung der Jungfräulichkeit intendiert war: Sie ist Zeichen für das Mysterium der Inkarnation Christi. Wie ich im vorhergehenden Kapitel aufgezeigt habe, darf die Fleischwerdung nicht nach den Regeln der Natur gedeutet werden, weil sie sonst in die Häresie abgleitet. Deshalb symbolisiert die Jungfräulichkeit der Gottesmutter, dass Gott an ihr auf wunderbare Weise gewirkt hat. Marias Beitrag zur Genese Christi entspricht dem, was jede menschliche Mutter an ihr Kind beiträgt. So ist sie ganz Mutter und Jungfrau, so wie ihr Sohn Mensch und Gott ist.

Kapitel VII.
Zusammenfassung und Schlussfolgerung

Albert Mitterer schrieb 1952 eine Abhandlung über die Empfängnis und die Geburt Christi. Sein Anliegen ist, Dogma und moderne Biologie auf einen Nenner zu bringen. Auf einigen Seiten denkt er darüber nach, welchen Status eine Frau hätte, die ein durch künstliche Befruchtung gezeugtes Kind per Kaiserschnitt zur Welt bringt: Ist das auch eine Jungfrauengeburt? Obwohl diese Frau alle körperlichen Merkmale einer *virginitas in partu* aufweise, wäre es ein Fehlschluss, wenn man sie als Jungfrau bezeichnen würde. Man dürfe nicht von den äusseren Merkmalen der Jungfräulichkeit auf die Jungfrauschaft an sich schliessen.[1] Doch worin besteht diese Jungfrauschaft an sich, wenn es nicht nur ein Nicht-Muttersein bezeichnen soll? Worin unterscheidet sich diese nicht mehr jungfräuliche Mutter von der jungfräulichen Gottesmutter? Es bleibt einzig die Art der Empfängnis als Unterscheidungsmerkmal zurück: von männlichem Samen bei der einen, durch den Heiligen Geist bei der anderen.

Karl Rahner antwortet 1960 auf diese Gedankengänge sehr vorsichtig. Er beendet seine Ausführungen zur *virginitas in partu* mit folgenden Worten:

> Wir sagen nur: die Lehre der Kirche sagt mit dem eigentlichen Kern der Tradition: die (aktive) Geburt Marias ist (von dem Kind und seiner Mutter her), so wie ihr Empfangen, von der Gesamtwirklichkeit her (als ganzmenschlicher Akt dieser „Jungfrau") auch in sich (und nicht nur von der Empfängnis her wie nach Mitterer) dieser Mutter entsprechend und darum einmalig, wunderbar, „jungfräulich", ohne daß wir aus diesem Satz (der in sich aber verständlich ist) die Möglichkeit haben, *sicher* und für *alle* verpflichtend, Aussagen über *konkrete* Einzelheiten dieses Vorgangs abzuleiten.[2]

Biologische Auskünfte darüber, wie genau der Gottessohn geboren und seine Mutter dabei Jungfrau bleiben konnte, müssen offenbleiben. Das Verhältnis von dogmatischer und medizinischer Sprachebene ist für Rahner letzten Endes unklar. Beide Ebenen müssen auseinandergehalten werden und der Schluss von einer zur anderen ist problematisch. Joseph Ratzinger, der spätere Papst Benedikt XVI., geht noch einen Schritt weiter. In seiner Einführung in das Christentum, die er für Studierende aller Fakultäten verfasst hat, erklärt er:

---

1 MITTERER 1952, 108–110. Mitterer erwähnt die künstliche Befruchtung nicht explizit, doch gewinnt sein Argument damit an Deutlichkeit. Vgl. RAHNER 2004, 654 FN. 2, wo das Argument MITTERERS ebenfalls so konkretisiert wird.
2 RAHNER 2004, 678. Die Hervorhebungen stammen von RAHNER.

258   VII. ZUSAMMENFASSUNG UND SCHLUSSFOLGERUNG

Die Gottessohnschaft Jesu beruht nach dem kirchlichen Glauben nicht darauf, daß Jesus keinen menschlichen Vater hatte; die Lehre vom Gottsein Jesu würde nicht angetastet, wenn Jesus aus einer normalen menschlichen Ehe hervorgegangen wäre. Denn die Gottessohnschaft, von der der Glaube spricht, ist kein biologisches, sondern ein ontologisches Faktum.³

Dogma und Biologie werden hier weitgehend entkoppelt. In der Auseinandersetzung mit den Kindheitsgeschichten der Evangelien kommt Benedikt XVI. über vierzig Jahre später wieder auf die Jungfrauengeburt zu sprechen und schreibt: „Es ist der Gehorsam Marias, der Gott die Tür öffnet. Gottes Wort, sein Geist schafft in ihr das Kind. Er schafft es durch die Tür des Gehorsams [...] So geschieht Neuschöpfung." Denn Gott ist nicht Gott, wenn er „nicht auch Macht über die Materie hat".⁴

Die drei Autoren bezeugen exemplarisch die Diskussion um die Beziehung von Dogma und Biologie, wie sie in den letzten 70 Jahren geführt worden ist. Aufgabe des vorliegenden Buches war es zu zeigen, dass diese Debatte eine bedeutende und lange Vorgeschichte hat. Die Berührungspunkte zwischen Naturwissenschaft und Dogma erweisen sich als konfliktreich, weil weder das eine noch das andere eine statische Grösse ist. Verbindungen werden abgebrochen, neu aufgebaut oder wandeln sich. Dieser Vorgang ist kein Charakteristikum unserer Zeit, sondern gilt ebenso für die alte Kirche.

Die in der Einleitung der vorliegenden Arbeit formulierte Hypothese lautete: Der Einfluss der Medizin und der Naturphilosophie auf das theologische Denken ist in den ersten Jahrhunderten von entscheidender Relevanz und hat die Dogmenentwicklung massgeblich geprägt. Um diese Hypothese zu beurteilen, beleuchtete ich zu Beginn dieser Untersuchung eine Grundvoraussetzung: Medizinisches Wissen muss bei Christinnen und Christen in hohem Ansehen gestanden haben. Nur in diesem Fall kann eine Wechselwirkung zwischen medizinischer Sachkenntnis und der Entwicklung des christlichen Dogmas angenommen werden. Deshalb habe ich im ersten Teil der Arbeit die Reputation der Medizin in den heiligen Schriften und in den Schriften christlicher Autoren der ersten Jahrhunderte dargestellt.

Im Alten Testament wird der Heilkunde gegenüber zunächst eine kritische Haltung eingenommen. Sie wird als Vertrauensbruch an Gottes Bund verstanden und gilt als nutzlos, weil Gott das Heilungsmonopol innehat. Krankheit ist Strafe oder Prüfung, die nur Gott auferlegen oder aufheben kann. Ende des 2. Jh.s v. Chr. kommt unter dem Einfluss des Hellenismus eine positive Wertung der Heilkunde zustande. Jesus ben Sira deutet den Arzt als Werkzeug Gottes, da alles medizinische Wissen und Können von

---

3   RATZINGER 1969, 225. Ich danke Franz Mali für die Referenzen im Werk von RATZINGER/BENEDIKT XVI.
4   RATZINGER 2013, 64.

Gott stammt. Solange die Heilkunde als Geschenk Gottes gedeutet wird, das nicht Gottes Macht in Frage stellt, sondern stützt, kann es keinen Grund geben, sie abzulehnen.

Der um die Zeitenwende weitverbreitete Dämonenglaube tut an der guten Reputation der Medizin keinen Abbruch. Ein Konkurrenzverhältnis zwischen Exorzist und Arzt ist nicht feststellbar. So treibt Jesus selbst Dämonen aus und heilt Kranke, ohne beides gleichzusetzen. In seiner Nachfolge vollziehen Christen Exorzismen sowie Krankensalbungen und rufen zur Pflege von Kranken auf. Die Bereiche werden jedoch nicht gegeneinander ausgespielt und komplementär angewendet, da das eine auf die Seele fokussiert, das andere auf den Leib.

Auf diesen Grundlagen aufbauend wurde die positive Reputation der hippokratischen Medizin im antiken Christentum dargestellt. Es zeigte sich, dass körperliche Heilung in der alten Kirche einen breiten Raum einnimmt. Als Teil der Schöpfung, so die Theologen, wurden Medizinalpflanzen schon vor dem Sündenfall geschaffen. Ihre Anwendung, wie auch die ganze Heilkunde selbst, dient dem gefallenen Menschen als Stütze. Körperliche Heilung wird zur Metapher für das Heil der Seele. Die Heilungswunder im *Neuen Testament* verweisen auf die umfassende Rettung durch Christus. Als Heilsbringer ist Christus selbst Heiland und wird als Medicus tituliert. Eine grosse Schar an legendarischen sowie historisch nachweisbaren Ärzten – und auch einigen Ärztinnen – belegen, dass zur Nachfolge Christi die Pflege von Kranken gehört und der Beruf des Arztes eine hoch angesehene Aufgabe darstellt.

Neben diesen Argumenten für die Nutzung der Medizin gibt es vereinzelt Stimmen, welche die legitime Anwendung der Heilkunde begrenzen oder ganz in Frage stellen wollen: Der Syrer Tatian verweist auf die grundsätzliche Schlechtigkeit der Materie und verbietet den Gebrauch von Arzneien. Seine Auffassung bleibt jedoch singulär und wird als häretisch gebrandmarkt, weil sie Gott als Schöpfer der Welt in Frage stellt. Auch der in manchen medizinhistorischen Studien vorgebrachte Einwand, dass das christlich-asketische Ideal verlange, im Vertrauen auf göttliche Intervention ärztliche Hilfe abzulehnen, erwies sich als unhaltbar.

Wenn auch das Harnacksche Diktum vom Christentum als einer „medizinischen Religion" überspitzt erscheint, so ist dennoch die Bedeutung von Arzt und Medizin sehr hoch einzuschätzen. Damit ist die Vorbedingung der eingangs formulierten These gegeben: Ein Einfluss medizinischer und naturphilosophischer Vorstellungen auf die Entwicklung dogmatischer Positionen ist anzunehmen. Dieser Einwirkung wird im weiteren Verlauf der Arbeit in drei Themenbereichen nachgegangen: der Frage nach Geschlecht und Erlösung, der Entstehung eines göttlichen Kindes und der jungfräulichen Geburt.

Im vierten Kapitel untersuchte ich den Einfluss der Geschlechtszugehörigkeit auf die Erlösungsfähigkeit eines Menschen. In der Gnosis ist diese Frage mit der Figur der Maria Magdalena verknüpft. Die Darstellung begann mit Logion 114 des *Thomas-Evangeliums*, worin Jesus verspricht, Maria männlich machen zu wollen, damit sie wie die Jünger gerettet werden kann. Anhand von Aussagen bei Plutarch, Aristoteles und Galen zeigte sich, dass hier die antike Geschlechterkonzeption zugrunde liegt, die Weiblichkeit als Mangel charakterisiert. Die Geschlechtszugehörigkeit ist Resultat der Quantität an Lebensenergie. Anhand weiterer Texte wies ich nach, dass im gnostischen Denken eine Erlösung nur erreichbar ist, wenn die Gläubigen an Lebensenergie zunehmen. Das impliziert für Frauen, dass sie auf ihrem Weg zum Heil ihren Mangel überwinden und männlich werden müssen.

Ähnliches gilt für den Sturz des Äons Sophia aus dem Pleroma, einem zentralen Element der valentinianischen Mythologie. Die Zeugnisse, die berichten, dass das Äon ohne Paargenossen eine Missgeburt hatte und so den Demiurg in die materielle Welt brachte, lassen sich vor dem Hintergrund der antiken Gynäkologie sinnvoll deuten: Da der Geschlechtsunterschied in der verfügbaren Energiemenge gesehen wird, nicht aber in der Anatomie, folgt, dass beide Geschlechter Samen produzieren. Doch nur der männliche Samen mit genug Keimkraft bringt gesunde Sprösslinge hervor, weiblicher Samen dagegen ist „unfruchtbar" und lässt höchstens Missgeburten wie den Demiurgen entstehen.

Das fünfte Kapitel war der Frage gewidmet, wie ein göttliches Kind entstehen kann. Ich habe aufgezeigt, dass nach der Darstellung antiker Naturphilosophie Lebewesen durch Urzeugung direkt aus unbelebter Materie und dem umgebenden Pneuma entstehen können. Aristoteles führt aus, dass dies vor allem für einfache Arten wie Fliegen und Frösche gelte. Wenn aber, so der Stagirit weiter, die Welt einen Anfang hat, so müssen alle Arten und auch der Mensch ursprünglich mindestens einmal so entstanden sein. Indiz dafür sind einige höhere Arten, die sich zwar nicht direkt aus unbelebter Materie entwickelt haben, sich aber ohne männlichen Samen fortpflanzen: Von den Geierweibchen und den Hennen wie auch von einzelnen Stuten war bekannt, dass sie ohne Paarung empfangen können. Bei ihnen kommt die sonst vom Männchen beigesteuerte Lebenskraft direkt von einem Pneuma. Deshalb, so führt Plutarch aus, kann ein Gott durch ein von ihm ausgehendes Pneuma eine Frau schwanger werden lassen. Es entstehen so göttliche Menschen wie Platon. Umgekehrt vermag ein Sterblicher jedoch nicht, eine Göttin zu befruchten, weil dafür seine Zeugungskraft nicht ausreicht. Diese Vorstellungen finden auch in der Bibel ein Echo, nicht zuletzt, wenn es um die Empfängnis Christi geht.

Anschliessend habe ich das Wechselspiel zwischen Theologie und Medizin durch die Geschichte der ersten christlichen Jahrhunderte verfolgt. Da die frühesten theologischen Deutungen der Person Christi im Spannungsfeld von adoptianistischen und doketischen Lehren ausgeformt wurden, griffen die Gegner dieser Christologien die Medizin auf: Wenn Christus Mensch ist, dann folgt seine Genese und Geburt den Gesetzen der humanen Physiologie. Grob skizziert bedeutet das: Göttlicher Geist lässt im Blut der Jungfrau Maria ein Kind gerinnen. Dem Sprössling werden bei der Zeugung die Form beziehungsweise der Logos vom Geist, der Stoff von der Mutter bereitgestellt. Christus ist deshalb sowohl menschlich als auch göttlich. Der Zeugungsbeitrag Mariens entspricht dem einer jeden menschlichen Mutter. Sie ist jedoch auch Jungfrau, weil sie nicht von einem Mann, sondern durch den göttlichen Geist empfangen hat. Die antiken Lehren zur Zeugung und Entstehung eines Kindes ermöglichen so, den beiden christologischen Extremformen Doketismus und Adoptianismus entgegenzutreten und einen einleuchtenden Mittelweg zu formulieren.

Die These, dass die Genese Christi im Rahmen der Naturordnung geschehen sei, kommt auch in homiletischen Schriften (vor allem zu Ps 21), in der Apologie, der Katechese und der Schöpfungstheologie zum Ausdruck: Christus ist wie diverse andere Lebewesen durch Pathogenese entstanden. Dieser Prozess ist nachvollziehbar und sowohl durch Beispiele in der Natur als auch in der Schrift antizipiert worden. Beides unterstreicht die Glaubwürdigkeit der christlichen Lehre.

Diese These gerät jedoch in Konflikt mit der in Nizäa festgelegten Wesensgleichheit Christi mit Gott. Für die Arianer beweist die Genese nach den Regeln der Natur, dass Christus ein geschaffener Gott sein muss. Apollinaris von Laodizea reagiert hierauf: Er mindert die Bedeutung des Fleisches von Maria und damit die Menschlichkeit Jesu, um ihn als dem Vater wesensgleich denken zu können. Sowohl die Arianer als auch Apollinaris sehen in Christus ein Mischwesen aus göttlichem Geist und menschlichem Fleisch.

Diese Konzeption führt jedoch in die Häresie. Christus als solche Mischung zwischen menschlichen und göttlichen Anteilen zu beschreiben impliziert, dass der eine Anteil zu Gunsten des anderen reduziert werden muss. So wird Christus die menschliche Seele abgesprochen, da sie überflüssig wird. Ihre Funktionen werden vom Logos übernommen. Das Beispiel Maulesel zeigt zudem, dass Mischwesen nie gänzlich den Ausgangsgattungen entsprechen können. Nur eine vollständige Durchdringung ohne gegenseitige Abschwächung oder Vermischung kann die Göttlichkeit und Menschlichkeit Christi ganz erhalten. Das bedeutet aber, dass eine Aufteilung in göttliche Form und menschliche Materie in Christus nicht haltbar ist. Folglich kann das göttliche Wesen in Jesus keine physiologischen Funktionen übernehmen, weil dies die Menschlichkeit zu Gunsten der Göttlichkeit mindern würde. Deshalb ist auch eine Beschreibung der Genese Christi als natürlicher Vorgang unmöglich. Christus kann nur Mensch sein, wenn er wie alle anderen Menschen entstanden ist: Entweder durch Vereinigung der Eltern, oder, wie einst Adam, durch einen Schöpfungsakt Gottes.

Die Überwindung dieser Theorie wirkt sich sowohl auf die Medizin als auch auf die Theologie aus: Indem die Inkarnation als freie schöpferische Handlung Gottes jenseits der Regeln der Natur beschrieben wird, kann die Wesensgleichheit Christi zu Gott wie auch zu den Menschen postuliert werden. Die Menschlichkeit und die Göttlichkeit werden dabei nicht gegeneinander ausgespielt. Eine direkte Folge dieser Thesen betrifft die Heilkunde: Es können wieder medizinische Lehren diskutiert werden, die paritätische Zeugungsanteile der Eltern vorsehen – ohne christologische Implikationen mitdenken zu müssen.

Im sechsten Kapitel ging ich der Frage nach, wie sich die Lehre der Jungfräulichkeit Mariens vor, während und nach der Geburt ausbildete. Ich habe gezeigt, dass ein körperliches Zeichen der Jungfräulichkeit erst spät und nur im lateinischen Westen nachweisbar ist. Aus diesem Grund kann auch im viel älteren Protevangelium des Jakobus von diesem Zeichen nicht die Rede sein, wenn die Hebamme Marias Zustand untersucht. Da das Hymen als zu examinierender Gegenstand ausfällt, bleibt einzig der Geburtskanal, den die Hebamme inspiziert. Es geht bei diesem Test also nicht um Marias Beziehung zu Joseph und um ihre sexuelle Abstinenz. Im Zentrum steht die Beziehung Marias zu Jesus: Hat Maria Christus auf diesem Weg entbunden?

Es zeigt sich, dass in diesem Text eine jungfräuliche Geburt etabliert wird, um eine eminent doketische Christologie zu propagieren: Maria ist Jungfrau, weil Christus nichts von ihr angenommen hat und sie deshalb in nichts verändert wurde. Durch diese Akzentuierung der Jungfräulichkeit wird die Mutterschaft relativiert. Da Maria nichts zur Zeugung beigetragen hat, Christus auch nicht durch den Geburtskanal entbunden hat, ist sie Ziehmutter eines rein göttlichen Wesens.

Für viele Gläubige jener Zeit ist dieser Doketismus inakzeptabel. Ihnen ist Maria jungfräulich bezüglich der Empfängnis, nicht aber bezüglich der Geburt. Christus gedeiht in ihr wie jedes andere Menschenkind und bei der Geburt „öffnet er ihren Schoss". Der in der Geburt Christi geöffnete Geburtskanal unterstreicht die Tatsächlichkeit der Menschwerdung.

Das dritte und vierte Jahrhundert ist gekennzeichnet von einer immer stärker werdenden asketischen Tendenz. Für die meisten Autoren ist es nun unvorstellbar geworden, dass die Mutter des Herrn nach der Geburt Christi mit Joseph Geschlechtsverkehr gehabt hat und weitere Kinder gebar. Das medizinische Allgemeinwissen verändert sich und die Vorstellung des Hymens als Kennzeichen der Jungfräulichkeit kommt im Westen auf. Auf dieser Grundlage wird die häretisch-doketische Geschichte vom Hebammentest neu interpretiert: Die Hebamme überprüft nun das Jungfernhäutchen. Sie bestätigt so, dass Maria immer Jungfrau blieb, vor, während und nach der Geburt. Im Fokus steht jetzt die sexuelle Abstinenz. Dabei wird jedoch ihr Muttersein nicht angezweifelt. Die Jungfräulichkeit Mariens bezeugt vielmehr das Heilshandeln Gottes. In Maria geschieht eine neue Schöpfung, ein Vorgang, der jede natürliche Logik sprengt.

Im Osten des Reiches, wo ein körperliches Merkmal der Jungfräulichkeit vorerst unbekannt bleibt, kann diese Reinterpretation nicht Fuss fassen. Da eine doketische Christologie inzwischen keine Rolle mehr spielt, entbehrt eine Manualinspektion nach der Geburt Christi jeglichen Sinn. Die Jungfräulichkeit Mariens kann damit nicht untermauert werden, und ihr Muttersein steht ausser Zweifel. Die zahlreichen Adaptationen des Protevangeliums verzichten deshalb auf diese unverständlich gewordene Episode.

※

Die vorliegenden Untersuchungen bestätigen die eingangs gestellte Hypothese: Die antike Medizin und die Naturphilosophie werden rezipiert, transformiert und spielen bei der Ausformulierung christlicher Glaubenssätze eine mitunter tragende Rolle. Bei den untersuchten Beispielen lassen sich folgende gemeinsame Punkte ausmachen:

Es handelt sich nicht um spezifisches Fachwissen, sondern um Allgemeinwissen, das aufgegriffen wird. Diese Kenntnisse dienen primär dazu, den biblischen Befund zu deuten und in ein klares Konzept zu giessen. Sie zeigen, wie man aus allen Wissensgebieten Argumente in die Theologie integrierte, um im Ringen um Glaubenswahrheiten weiterzukommen. Die Rolle der Medizin lässt sich dabei als Katalysator beschreiben: Sie stösst bei der Ausformung der dargestellten Glaubenssätze wichtige Prozesse an, ohne in den Ergebnissen explizit erwähnt zu werden. Diese Funktion bleibt nahezu vollständig unreflektiert. Änderungen des kollektiven medizinischen Wissensstandes durch neue Erkenntnisse oder Akzentsetzungen führen so zu veränderten Interpretationen theologischer Aussagen – mitunter, ohne dass dies konstatiert wird.

Die vorliegende Untersuchung zeigt, dass im Licht antiker Medizin und Naturphilosophie Glaubensvorstellungen an Konturen gewinnen. Dies ermöglicht ein differenzierteres und umfassenderes Verständnis der theologischen Texte und davon ausgehend von dogmengeschichtlichen Entwicklungen. Der Einfluss der Medizin und der Naturphilosophie auf die Dogmengeschichte wurde bisher wenig thematisiert, doch stellen diese sich als Faktoren heraus, die neue und faszinierende Einsichten ermöglichen.

Anhang

Abbildungsverzeichnis

Abb. 1 (S. 51): Fresko aus dem Saal 1 der Katakombe an der Via Latina; um 320–350.
(© Photo Scala, Florence; www.scalarchives.com)

Abb. 2 (S. 82): Folio 63 aus Nag Hammadi Codex II: James M. Robinson, *The facsimile edition of the Nag Hammadi codices: Codex II*. Leiden 1974, 75.
(Trotz intensiver Recherchen konnte das Copyright für dieses Bild nicht ermittelt werden, evtl. Rechteinhaber mögen sich bitte beim Autor melden.)

Abb. 3 (S. 203): Stich von Hendrik Bary in R. de Graaf, *De mulierum organis generationi inservientibus tractatus novus* 1672, Tabula II.
(© Rijksmuseum Amsterdam; http://www.rijksmuseum.nl/collectie/RP-P-BI-654)

Abb. 4 (S. 243): Detail auf der linken vorderen Ciboriumssäule aus San Marco in Venedig.
(© The Rev. Paul Cioffi S.J. Photographs Collection; Georgetown University).

Abb. 5 (S. 245): Detail des Freskos der Geburt Christi der Kirche Santa Maria foris portas in Castelseprio, Varese; 8.–9. Jahrhundert.
(© Photo Scala, Florence; www.scalarchives.com)

Abb. 6 (S. 248): Seite 32 aus der Ausgabe der Legenda aurea von Juan Garcia, Madrid 1688.
(© Bridwell Library Special Collections, Perkins School of Theology, Southern Methodist University; http://www.smu.edu/Bridwell/SpecialCollectionsandArchives)

Abb. 7 (S. 253): Darstellung der Geburt Christi auf der Maximianskathedra aus dem 6. Jahrhundert. Museo Arcivescovile, Ravenna.
(© A. Dagli Orti/Photo Scala, Florence; www.scalarchives.com)

Abb. 8 (S. 254): Ikone der Geburt Christi aus dem Katharinenkloster (Sinai), 8. Jahrhundert: Kurt Weitzmann, *The Monastery of St. Catherine at Mount Sinai: The Icons Volume 1: From the Sixth to the Tenth Century*. Princeton 1976, 2004; Plate XXVII.
(© 1976, 2004 Princeton University Press. Reprinted by permission of Princeton University Press.)

Abb. 9 (S. 256): Detail des Freskos der Geburt Christi in der „Dunklen Kirche" aus dem 11. Jahrhundert, Göreme, Kappadokien (aufgenommen vom Autor).

Bibliographie

Abkürzungen

Die Abkürzungen folgen dem Werk von S. SCHWERTNER: *Internationales Abkürzungsverzeichnis für Theologie und Grenzgebiete: Zeitschriften, Serien, Lexika, Quellenwerke mit bibliographischen Angaben IATG*. Berlin; New York ²1992. Neuere Abkürzungen, die im Werk von SCHWERTNER fehlen, sind entnommen aus: *Abkürzungen Theologie und Religionswissenschaft nach RGG 4*. Tübingen 2007. Zeitschriften und Reihen, die in diesen beiden Büchern nicht verzeichnet sind, werden in voller Länge angegeben.

Quellen

ACTA ET SYMBOLA
Allgemein
- *Enchiridion symbolorum, definitionum et declarationum de rebus fidei et morum = Kompendium der Glaubensbekenntnisse und kirchlichen Lehrentscheidungen* (quod emendavit, auxit, in linguam germanicam transtulit et adiuvante H. HOPING ed. P. HÜNERMANN). Friburgi Brisgoviae; Basileae ³⁷1991.

Canones (Synode von Elvira, um 300)
- *Die Canones der Synode von Elvira* (Einl. und Kommentar von E. REICHERT = Dissertation Hamburg). Hamburg 1990.

Codex Encyclius (Euippus)
- Codex encyclius: *Acta conciliorum oecumenicorum* (hrsg. von E. SCHWARTZ = ACO II, 5). Berlin 1954, 9–98.

Concilium universale ephesenum
- *Concilium universale ephesenum* (ed. E. SCHWARTZ = ACO I, 1, 7). Berlin 1929.

Decretum Gelasianum
- *Damasus, Bischof vom Rom (366–384): Leben und Werk* (von U. REUTTER = STAC 55). Tübingen 2009, 469–476.
- *Das Decretum Gelasianum: de libris recipiendis et non recipiendis: in kritischem Text* (hrsg. und untersucht von E. von DOBSCHÜTZ = TU 38, 4). Leipzig 1912.

Definitio contra Messalianitas (Ephesus 431)
- Definitio contra Messalianitas: *Concilium universale ephesenum* (ed. E. SCHWARTZ = ACO I, 1, 7). Berlin 1929, 117–118.

Edictum de Recta Fide (Justinian 551)
- *Drei dogmatische Schriften Justinians* ([hrsg.] von E. SCHWARTZ = ABAW.PH 18). München 1939, 71–111.

Epistula ad Menam (Justinian 543)
- Die 9 Anathematismen von 543: *Vier Bücher von den Prinzipien = De Principiis libri IV* (hrsg., übers., mit kritischen und erläuternden Anmerkungen versehen von H. GÖRGEMANNS und H. KARPP = TzF 24). Darmstadt ³1992, 822–825.

Symbolum (11. Synode von Toledo 675)
- *Le symbole du XIe concile de Tolède: ses sources, sa date, sa valeur* (J. Madoz = SSL 19). Louvain 1938, 16–26.

AELIANUS, CLAUDIUS
De natura animalium
- *Claudii Aeliani varia historia* (ed. M. R. Dilts = BiTeu). Leipzig 1974.

ALVARUS, PAULUS
Liber Epistolarium
- *Epistolario de Álvaro de Córdoba* (ed. crítica por J. Madoz = Monumenta Hispaniae sacra. Serie patrística 1). Madrid 1947.

AMBROSIUS VON MAILAND
De bono mortis
- De bono mortis: *Sancti Ambrosii opera 1* (recensuit C. Schenkl = CSEL 32/1). Wien 1896, 701–753.
- *Der Tod, ein Gut* (übers. und mit Anmerkungen versehen von J. Huhn = CMe 44). Einsiedeln 1992.

De excessu fratris Satyri
- De excessu fratris: *Opera 7* (recensuit O. Faller = CSEL 73). Wien 1955, 209–325.
- Über den Tod seines Bruders Satyrus: *Ausgewählte Schriften 1* (übers. von F. X. Schulte = BKV¹ 13). Kempten 1871, 323–422.

De Fide ad Gratianum
- *De fide [Ad Gratianum]* = *Über den Glauben [An Gratian]* (übers. und eingel. von Ch. Markschies = FC 47). Turnhout 2005.

De mysteriis
- De mysteriis: *Opera 7* (recensuit O. Faller = CSEL 73). Wien 1955, 89–116.
- Über die Mysterien: *Ausgewählte Schriften 3* (übers. von J. E. Niederhuber = BKV² 32). Kempten; München 1917, 276–303.

Epistulae
- Epistulae et acta: *Opera 10*; 3 vol. (recensuit C. Schenkl et M. Zelzer = CSEL 82). Vindobonae 1968–1990.
- *Letters* (transl. by M. Melchior Beyenka = FOTC 26). Washington D.C. ²1967.

Exameron
- Exameron: *Opera 1* (recensuit C. Schenkl = CSEL 32/1). Wien 1896, 3–261.
- Exameron: *I sei giorni della creazione* (introd., trad., note e indici di G. Banterle, recensuit C. Schenkl = SAEMO 1). Milano; Roma 1979.
- Exameron: *Ausgewählte Schriften 1* (übers. von J. E. Niederhuber = BKV² 17). Kempten; München 1914, 8–293.

Expositio evangelii secundum Lucam
- *Traité sur l'Évangile de S. Luc*; 2 vol. (introd., trad. et notes de G. Tissot = SC 45.52). Paris ²1971, 1976.
- Lukaskommentar mit Ausschluss der Leidensgeschichte: *Ausgewählte Schriften 2* (übers. von J. E. Niederhuber = BKV² 21). München 1915, 5–517.

Ambrosius, pseudo
De lapsu virginis consecratae
- De lapsu virginis consecratae: *Sancti Ambrosii opera omnia* (PL 16). Paris 1880, 365–384.

Anastasius II., Papst
Epistula Bonum atque iucundum
- *Epistolae Romanorum Pontificum Genuinae [...]. A Sancto Hilario usque ad Pelagium II ann. 461–523* (recensuit et ed. A. Thiel). Braunsberg 1868, 634–637.

Apokryphen und gnostische Literatur
Acta Petri
- *Les Actes de Pierre* (introd. textes, trad. et commentaire par L. Vouaux = Documents pour servir à l'étude des origines chrétiennes. Les apocryphes du Nouveau Testament). Paris 1922.

Apocrypha de Beata Maria Virgine
- *Apocrypha de B. Maria Virgine*; 2 vol. (ed. [et] interpretatus est M. Chaîne = CSCO 39.40; CSCO.AE 22.23). Romae 1909.

Apocryphon des Ezechiel
- *The five fragments of the Apocryphon of Ezekiel: a critical study* (J. R. Mueller = JSPE.SS 5). Sheffield 1994.

Apocryphon Johannei (NHC II, 1; III, 1; IV, 1 und BG 2)
- Das Apokryphon des Johannes: *Nag Hammadi Deutsch. Bd. 1* (übers. M. Waldslein = Koptisch-gnostische Schriften 2; GCS.NF 8). Berlin 2001, 95–150.
- Das Apokryphon des Johannes: *Die gnostischen Schriften des koptischen Papyrus Berolinensis 8502* (hrsg., übers. und bearb. von W. C. Till; zweite erweiterte Auflage bearb. von H.-M. Schenke = TU 60). Berlin ²1972, 33–51.

Ascensio Isaiae
- *Ascensio Isaiae: Textus* (cura P. Bettiolo et al. = CCA 7). Turnhout 1995.
- *Ascension d'Isaïe* (trad. de la version éthiopienne avec les principales variantes des versions grecques, latines et slave, introd. et notes par E. Tisserant = Documents pour l'étude de la Bible. Les apocryphes de l'Ancien Testament). Paris 1909.

Dialogus Salvatoris (NHC III, 5)
- Der Dialog des Erlösers: *Nag Hammadi Deutsch. Bd. 1* (übers. S. Petersen und H.-G. Bethge = Koptisch-gnostische Schriften 2; GCS.NF 8). Berlin 2001, 381–397.

- Nag Hammadi Codex III, 5: *The Dialogue of the Savior* (ed. and transl. by S. Emmel = NHS 26). Leiden 1984.

Eugnostos et Sophia Jesu Christi (NHC III, 4; BG 3)
- Eugnostos und die Weisheit Jesu Christi: *Nag Hammadi Deutsch. Bd. 1* (übers. J. Hartenstein = Koptisch-gnostische Schriften 2; GCS.NF 8). Berlin 2001, 323–380.
- Die Sophia Jesu Christi: *Die gnostischen Schriften des koptischen Papyrus Berolinensis 8502* (hrsg., übers. und bearb. von W. C. Till; zweite erweiterte Auflage bearb. von H.-M. Schenke = TU 60). Berlin ²1972, 52–320.

Evangelium infantiae Salvatoris arabicum
- *Evangelia apocrypha adhibitis plurimis codicibus graecis et latinis maximam partem nunc primum consultis atque ineditorum copia insignibus* (collegit atque recensuit C. de Tischendorf). Hildesheim 1966.
- Evangelium infantiae Salvatoris (Arabice) / Arabisches Kindheitsevangelium: *Evangelia infantiae apocrypha = Apocryphe Kindheitsevangelien* (übers. und eingel. von G. Schneider = FC 18). Freiburg i. Br. 1995, 173–196.
- Das arabische Kindheitsevangelium: *Antike christliche Apokryphen in deutscher Übersetzung. Bd. 1: Evangelien und Verwandtes* (bearb. von M. Josua und F. Eissler). Tübingen 2012, 936–982.

Evangelium Mariae (BG 1)
- Das Evangelium nach Maria: *Nag Hammadi Deutsch. Bd. 2* (übers. J. Hartenstein = Koptisch-gnostische Schriften 3; GCS.NF 12). Berlin 2003, 833–844.
- Évangile selon Marie: *Écrits apocryphes chrétiens II* (trad. par F. Morard = Bibliothèque de la Pléiade 516). Paris 2005, 3–23.
- Das Evangelium nach Maria: *Die gnostischen Schriften des koptischen Papyrus Berolinensis 8502* (hrsg., übers. und bearb. von W. C. Till; zweite erweiterte Auflage bearb. von H.-M. Schenke = TU 60). Berlin ²1972, 24–32.

Evangelium Petri
- Das Petrusevangelium: *Antike christliche Apokryphen in deutscher Übersetzung. Bd. 1: Evangelien und Verwandtes* (bearb. von M. Vinzent und T. Nicklas). Tübingen 2012, 683–695.

Evangelium Philippi (NHC II, 3)
- Das Evangelium nach Philippus: *Nag Hammadi Deutsch. Bd. 1* (übers. H.-M. Schenke = Koptisch-gnostische Schriften 2; GCS.NF 8). Berlin 2001, 183–214.
- *Das Evangelium nach Philippos* (hrsg. und übers. von W. C. Till = PTS 2). Berlin 1963.
- *Das Philippus-Evangelium (Nag-Hammadi-Codex II, 3)* (neu hrsg., übers. und erklärt von H.-M. Schenke = TU 143). Berlin 1997.
- The Gospel according to Philip: *Nag Hammadi Codex II, 2–7 together with XIII, 2*, Brit. Lib. Or.4926(1), and P.Oxy 1, 654, 655. Vol. 1* (ed. by B. Layton; transl. by W. W. Isenberg = NHS 20). Leiden 1989, 94–215.

Evangelium Pseudo-Matthaei
- Liber de ortu beatae Mariae et infantia Salvatoris / Pseudo-Matthäusevangelium: *Evangelia infantiae apocrypha = Apocryphe Kindheitsevangelien* (übers. und eingel. von G. Schneider = FC 18). Freiburg i. Br. 1995, 213–256.

- *Libri de nativitate Mariae: Pseudo-Matthaei Evangelium, textus et commentarius* (cura J. GIJSEL = CChr.SA 9). Turnhout 1997, 279–481.

Evangelium sec. Hebraeos
- Die Fragmente des Hebräerevangeliums: *Antike christliche Apokryphen in deutscher Übersetzung. Bd. 1: Evangelien und Verwandtes* (bearb. von J. FREY). Tübingen 2012, 593–606.

Evangelium Thomae (NHC II, 2)
- Das Evangelium nach Thomas: *Nag Hammadi Deutsch. Bd. 1* (übers. J. SCHRÖTER und H.-G. BETHGE = Koptisch-gnostische Schriften 2; GCS.NF 8). Berlin 2001, 151–182.
- *Das Thomasevangelium: Einleitung, Kommentar und Systematik* (M. FIEGER = NTA.NF 22). Münster 1991.
- The Gospel according to Thomas: *Nag Hammadi Codex II, 2–7 together with XIII, 2*, Brit. Lib. Or.4926(1), and P.Oxy 1, 654, 655. Vol. 1* (ed. by B. LAYTON; transl. by T. O. LAMBDIN = NHS 20). Leiden 1989, 52–93.

Evangelium Thomae de infantia Salvatoris sive Tractatus de pueritia Jesu
- Evangelium Thomae de infantia Salvatoris / Kindheitserzählung des Thomas: *Evangelia infantiae apocrypha = Apocryphe Kindheitsevangelien* (übers. und eingel. von G. SCHNEIDER = FC 18). Freiburg i. Br. 1995, 147–173.

Historia beatae Mariae Virginis
- *The History of the Blessed Virgin Mary ant the History of the Likeness of Christ*; 2 vol. (Syriac Texts ed. with english trans. by E. A. W. BUDGE = Luzac's Semitic text and translation series). Repr. London 1976.

Libellus de nativitate Sanctae Mariae
- *Libri de nativitate Mariae: Libellus de nativitate Sanctae Mariae, textus et commentarius* (cura R. BEYERS = CChr.SA 10). Turnhout 1997, 268–333.

Liber de infantia Salvatoris (Codex Arundel)
- Liber de infantia Salvatoris / Lateinisches Kindheitsevangelium: *Evangelia infantiae apocrypha = Apocryphe Kindheitsevangelien* (übers. und eingel. von G. SCHNEIDER = FC 18). Freiburg i. Br. 1995, 197–212.
- *Evangelia infantiae* (ed. et commentariis instruxerunt M. MCNAMARA [et al.]; appendices adiunxerunt J.-D. KAESTLI, R. BEYERS, M. MCNAMARA = Apocrypha Hiberniae 1 CChr.SA 13–14). Turnhout 2001.

Liber de infantia Salvatoris armenia
- Livre de l'enfance du sauveur arménien: *L'Évangile de l'enfance: rédactions syriaques, arabe et arméniennes* (éd. P. PEETERS = Évangiles Apocryphes 2; TDEHC 18). Paris 1914, 69–286.

Pistis Sophia (Askew Codex)
- *Die Pistis Sophia. Die beiden Bücher des Jeû. Unbekanntes altgnostisches Werk* (übers. C. SCHMIDT = Koptisch-gnostische Schriften 1; GCS 1). Berlin ⁴1981.
- *Pistis sophia* (text ed. by C. SCHMIDT; transl. and notes by V. MACDERMOT = The coptic gnostic library NHS 9). Leiden 1978.

Protevangelium Jacobi
- *Nativité de Marie* (publié par M. TESTUZ = Papyrus Bodmer 5). Cologny 1958.

- *La forme la plus ancienne du Protévangile de Jacques* (recherches sur le papyrus Bodmer V avec une éd. critique du texte grec et une trad. annotée par E. DE STRYCKER; en appendice les versions arméniennes trad. en latin par H. QUECKE = SHG 33). Bruxelles 1961.
- Protevangelium Iacobi / Protevangelium des Jakobus: *Evangelia infantiae apocrypha = Apocryphe Kindheitsevangelien* (übers. und eingel. von G. SCHNEIDER = FC 18). Freiburg i. Br. 1995, 95-146.
- *Apocrypha de B. Maria Virgine* (ed. [et] interpretatus est M. CHAÎNE = CSCO 39-40; CSCO.AE 22-23). Romae 1909.

Taten des Petrus und der zwölf Apostel (NHC VI, 1)
- Nag Hammadi Codices V, 2-5 and VI with Papyrus Berolensis 8502, 1 and 4 (contributors J. BRASHLER [et al.]; vol. ed. D. M. PARROTT = NHS 11). Leiden 1979.

Testimonium veritatis (NHC IX, 3)
- *Le témoignage véritable: (NH IX, 3): gnose et martyre* (texte établi et présenté par A. et J.-P. MAHÉ = Bibliothèque copte de Nag Hammadi. Section Textes 23). Québec; Louvain; Paris 1996.

APOLLINARIS VON LAODIZEA
Ad Dionysium
- Ad Dionysium: *Apollinaris von Laodicea und seine Schule: Texte und Untersuchungen* (ed. H. LIETZMANN). Tübingen 1904, 256-262.

Anakephalaiosis
- Anakephalaiosis: *Apollinaris von Laodicea und seine Schule: Texte und Untersuchungen* (ed. H. LIETZMANN). Tübingen 1904, 185-193.

Contra Diodorum
- Contra Diodorum: *Apollinaris von Laodicea und seine Schule: Texte und Untersuchungen* (ed. H. LIETZMANN). Tübingen 1904, 235-237.

De fide et incarnatione
- De Fide et Incarnatione: *Apollinaris von Laodicea und seine Schule: Texte und Untersuchungen* (ed. H. LIETZMANN). Tübingen 1904, 193-203.
- Discorso sulla fede cioè sull'incarnatione del Verbo Dio: *Apollinare: Su Cristo: il grande dibattito nel quarto secolo* (testi originali introd. e note a cura di E. BELLINI = Di fronte e attraverso 35). Milano 1978, 59-65.

De unione
- De unione: *Apollinaris von Laodicea und seine Schule: Texte und Untersuchungen* (ed. H. LIETZMANN). Tübingen 1904, 185-193.
- L'unita del corpo con la divinità in Cristo: *Apollinare: Su Cristo: il grande dibattito nel quarto secolo* (testi originali introd. e note a cura di E. BELLINI = Di fronte e attraverso 35). Milano 1978, 49-57.

Syllogismoi
- Contra Diodorum: *Apollinaris von Laodicea und seine Schule: Texte und Untersuchungen* (ed. H. LIETZMANN). Tübingen 1904, 233-235.

- Sillogismi: *Apollinare: Su Cristo: il grande dibattito nel quarto secolo* (testi originali introd. e note a cura di E. BELLINI = Di fronte e attraverso 35). Milano 1978, 75–76.

APOPHTHEGMATA PATRUM
- Verba seniorum: *Vitae patrum sive historia eremiticae* (PL 73). Paris 1879, 81–1052.
- *Les apophtegmes des pères: collection systématique* (introd., texte critique, trad., et notes par J.-C. GUY = SC 387.474.498). Paris 1993–2005.
- Apophthegmata patrum (PG 65). Paris 1864, 71–440.
- *Weisung der Väter: Apophthegmata patrum, auch Gerontikon oder Alphabeticum genannt* (eingel. und übers. von B. MILLER = Sophia 6). Freiburg i. Br. 1965.

APULEIUS
Asclepius
- *De philosophia libri* (ed. C. MORESCHINI = Apulei Platonici Madaurensis opera quae supersunt 3; BiTeu). Stutgardiae; Lipsiae 1991, 39–86.

De deo Socratis
- *Über den Gott des Sokrates* (eingel., übers. und mit interpretierenden Essays versehen von M. BALTES = Sapere 7). Darmstadt 2004.
- *De philosophia libri* (ed. C. MORESCHINI = Apulei Platonici Madaurensis opera quae supersunt 3; BiTeu). Stutgardiae; Lipsiae 1991, 7–38.

ARISTOPHANES
Aves
- The birds: *The peace; The birds; The frogs* (with the English transl. of B. B. ROGERS = Aristophanes 2; LCL 179). London 1923.
- *Die Vögel* (übers. und bearb. von W. SCHADEWALDT = Insel-Bücherei 946). Frankfurt a. M. 1970.

ARISTOTELES
De anima
- *Über die Seele* (Einl., Übers. nach W. THEILER und Kommentar hrsg. von H. SEIDL; griechischer Text in der Edition von W. BIEHL und O. APELT = PhB 476). Hamburg 1995.

De generatione animalium
- *De generatione animalium* (recognovit brevique adnotatione critica instruxit H. J. DROSSAART LULOFS = SCBE). Oxford 1972.
- *Über die Zeugung der Geschöpfe* (hrsg., übertr. und in ihrer Entstehung erläutert von P. GOHLKE = Aristoteles: Die Lehrschriften 8/3). Paderborn 1959.

De generatione et corruptione
- *De la génération et la corruption* (texte établi et trad. par M. RASHED = CUFr. Série grecque 444). Paris 2005.

De mirabilibus
- *Mirabilia: Opuscula. 2/3* (übers. von H. FLASHAR = Aristoteles Werke in deutscher Übersetzung 18). Darmstadt 1972.

Historia animalium
- *Histoire des animaux*; 3 vol. (texte établi et trad. par P. LOUIS = CUFr). Paris 1964–1969.
- *Tierkunde* (hrsg., übertr. und in ihrer Entstehung erläutert von P. GOHLKE = Aristoteles: Die Lehrschriften 8/1). Paderborn 1949.
- *Historia animalium Vol. 1: Books I–X* (ed. by D. M. BALME; prepared for publication by A. GOTTHELF = Cambridge classical texts and commentaries 38). Cambridge 2002.

Metaphysica
- *Metaphysik* (übers. und eingel. von T. A. SZLEZÁK). Berlin 2003.
- *Metaphysica* (recognovit brevique adnotatione critica instruxit W. JAEGER = SCBE). Oxford 1973.

Physica
- *Physik: Vorlesung über Natur*; 2 Bde. (übers., mit einer Einl. und mit Anmerkungen hrsg. von H. G. ZEKL = PhB 380.381). Hamburg 1987–1988.
- *Physica* (recognovit brevique adnotatione critica instruxit W. D. ROSS = SCBE). Oxford 1973.

Politica
- *Politics* (with an English transl. by H. RACKHAM = LCL 264). Cambridge MA; London 1977.

ASTERIUS DER SOPHIST
Commentarii in Psalmos
- *Psalmenhomilien*; 2 Bde. (eingel., übers. und kommentiert von W. KINZIG = BGrL 56.57; Abt. Klassische Philologie). Stuttgart 2002.
- *Asterii sophistae commentariorum in Psalmos quae supersunt.* (ed. M. RICHARD = SO.S. 16). Oslo 1956.

Fragmenta
- *Die theologischen Fragmente* (Einl., kritischer Text, Übers. und Kommentar von M. VINZENT = SVigChr 20). Leiden; New York 1993.

ATHANASIUS VON ALEXANDRIEN
De decretis Nicaenae synodi
- *Die Apologien* (hrsg. im Auftrage der Kirchenväter-Kommission der Preussischen Akademie der Wissenschaften von lic. H.-G. OPITZ = Werke Bd. 2/1). Berlin 1940, 1–45.
- Über die Beschlüsse der Synode von Nizäa: *Sämmtliche Werke* (SWKV 14). Kempten 1836, 188–242.

De synodis Arimini in Italia et Seleuciae in Isauria
- *Die Apologien* (hrsg. im Auftrage der Kirchenväter-Kommission der Preussischen Akademie der Wissenschaften von H.-G. OPITZ = Werke Bd. 2/1). Berlin 1940, 231–278.

- Anhandlung über die Synoden zu Rimini in Italien, und zu Seleucia in Isaurien: *Sämmtliche Werke* (SWKV 16). Kempten 1836, 216–312.

Epistula ad Epictetum
- Athanasii epistula ad Epictetum (ed. G. LUDWIG = Diss. Jena). Jena 1911, 3–18.

Epistula ad episcopos Aegypti et Libyae
- Die dogmatischen Schriften: Epistula ad episcopos Aegypti et Libyaes (ed. vorbereitet von K. METZLER; besorgt von D. U. HANSEN und K. SAVVIDI = Werke Bd. 1/1). Berlin 1996, 39–64.

Orationes contra Arianos
- Orationes contra Arianos: *Die dogmatischen Schriften* (ed. vorbereitet von K. METZLER; besorgt von D. U. HANSEN und K. SAVVIDI = Werke Bd. 1/2–3). Berlin 1998–2000, 109–381.
- Vier Reden gegen die Arianer: *Ausgewählte Schriften 1* (übers. von A. STEGMANN = BKV² 13). Kempten; München 1913, 17–387.
- Die pseudoathanasianische „IVte Rede gegen die Arianer" als „κατὰ Ἀρειανῶν λόγος" ein Apollinarisgut (von A. STEGMANN). Rottenburg 1917, 43–87.

Vita Antonii
- Vie d'Antoine (introd., texte critique, trad., notes et index par G. J. M. BARTELINK = SC 400). Paris ²2004.

AUGUSTINUS VON HIPPO

Confessiones
- Sancti Augustini Confessionum libri XIII (quos post M. SKUTELLA iterum ed. L. VERHEIJEN = CChr.SL 27, Sancti Aurelii Augustini opera 1/1). Turnhout 1981.
- Bekenntnisse (eingel., übers. und erläutert von J. BERNHART; mit einem Vorwort von E. L. GRASMÜCK = Insel Taschenbuch 1002). Frankfurt a. M. 1987.

Contra academicos
- Contra academicos (cura et studio W. M. GREEN = CChr.SL 29, Sancti Aurelii Augustini opera 2). Turnhout 1970, 3–61.
- Gegen die Akademiker: *Philosophische Frühdialoge* (eingel., übers. und erläutert von B. R. VOSS; hrsg. von C. ANDRESEN = BAW.AC). Zürich 1972, 43–143.

Contra Faustum
- Contra Faustum (recensuit I. ZYCHA = CSEL 25, Sancti Aurelii Augustini opera 6/1). New York 1972, 251–797.

Contra Julianum
- Contra Julianum: *Aurelius Augustinus opera omnia 10* (PL 44). Paris 1841, 641–874.
- Contro Giuliano (introd. e note di N. CIPRIANI; trad. di N. CIPRIANI, I. VOLPI, E. CRISTINI = Opere di Sant'Agostino 18/1). Roma 1985.

Contra sermonem Arianorum
- Contra sermonem Arianorum: *Aurelius Augustinus opera omnia 8* (PL 42). Paris 1840, 683–708.

De beata vita
- *De beata vita* (cura et studio W. M. GREEN = CChr.SL 29, Aurelii Augustini opera 2). Turnhout 1970, 65–85.
- Über das Glück: *Philosophische Frühdialoge* (eingel., übers. und erläutert von B. R. Voss [et al.]; hrsg. von C. ANDRESEN = BAW.AC). Zürich 1972.

De civitate Dei
- *De civitate Dei libri XXII*; 2 vol. (recognoverunt B. DOMBART et A. KALB = CChr.SL 47.48). Stutgard ⁵1981.
- *Vom Gottesstaat* (übertr. von W. THIMME; eingel. und kommentiert von C. ANDRESEN = dtv 34393). München 2007.

De doctrina christiana
- *De doctrina christiana* (ed. and transl. by R. P. H. GREEN = OECT). Oxford 1995.
- Vier Bücher über die christliche Lehre: *Ausgewählte Schriften 8* (übers. und mit Einl. versehen von P. S. MITTERER = BKV² 49). München 1925, 6–225.
- *La dottrina cristiana* (introd. generale di M. NALDINI [et al.]; trad. di V. TARULLI; indici di F. MONTEVERDE = NBA 8, 1). Roma 1992.

De fide et symbolo
- *Exposés généraux de la foi* (texte, trad., notes par J. RIVIÈRE = BAug 9). Paris ²1988, 18–75.
- Vier Bücher über das Symbolum und die Katechumenen: *Ausgewählte Schriften 4* (übers. von R. STORF = BKV¹ 37). Kempten 1877, 351–481.

De Genesi ad litteram
- Über den Wortlaut der Genesis (zum ersten Mal in deutscher Sprache von C. J. PERL = Deutsche Augustinusausgabe). Paderborn; München 1961–1964.
- *Sancti Aureli Augustini De Genesi ad litteram libri duodecim eiusdem libri capitula; De Genesi ad litteram inperfectus liber; Locutionum in Heptateuchum libri septem* (recensuit I. ZYCHA = CSEL 28/1, Sancti Aurelii Augustini opera 3/2). Repr. New York 1970.

De libero arbitrio
- *De libero arbitrio* (cura et studio W. M. GREEN = CChr.SL 29, Sancti Aurelii Augustini opera 2). Turnhout 1970, 211–321.
- Vom freien Willen: *Theologische Frühschriften* (übers. und erläutert von W. THIMME; textum latinum recensuit G. GREEN = BAW.AC). Zürich 1962, 30–363.

De magistro
- *De magistro* (cura et studio K.-D. DAUR = CChr.SL 29, Sancti Aurelii Augustini opera 2). Turnhout 1970.
- Der Lehrer: *Philosophische Spätdialoge* (eingel., übers. und erläutert von K.-H. LÜTCKE, G. WEIGEL, hrsg. von C. ANDRESEN = BAW.AC). Zürich 1973.

De ordine
- *De ordine* (cura et studio W. M. GREEN = CChr.SL 29, Sancti Aurelii Augustini opera 2). Turnhout 1970.
- Über die Ordnung: *Philosophische Frühdialoge* (eingel., übers. und erläutert von B. R. Voss hrsg. von C. ANDRESEN = BAW.AC). Zürich 1972.

Enarrationes in Psalmos
- *Discours sur les Psaumes*; 2 vol. (introd. par J.-L. CHRÉTIEN = Sagesses chrétiennes). Paris 2007–2008.
- *Enarrationes in Psalmos 1–50*; 3 vol. (ed. H. MÜLLER, C. WEIDMANN, F. GORI = CSEL 93.94.95 Sancti Augustini opera). Wien 2003–2011.
- *Sancti Aurelii Augustini Enarrationes in Psalmos I-CL*; 3 vol. (post Maurinos textum edendum curaverunt E. DEKKERS et I. FRAIPONT = CChr.SL 38–40, Sancti Aurelii Augustini opera 10). Turnhout 1956.

Enchiridion ad Laurentium: De fide, spe, et charitate
- *Das Handbüchlein = De fide, spe, et charitate* (übertr. und erläutert von P. SIMON = Deutsche Augustinusausgabe 8). Paderborn ⁴1995.
- *Enchiridion ad Laurentium de fide et spe et caritate* (E. EVANS = CChr.SL 46, Sancti Aurelii Augustini opera 13/2). Turnhout 1969, 49–114.

Epistulae
- *Epistulae*; 4 vol. (recensuit et commentario critico instruxit A. GOLDBACHER = CSEL 34/1, 34/2, 44, 57, Sancti Aurelii Augustini opera 2, 3). Prag; Wien 1895–1911.
- *Saint Augustine Letters*; 6 vol. (transl. by Sister W. PARSONS [then] R. B. ENO = Writings of Saint Augustine 11; FOTC 12.18.20.30.32.81). Washington D. C. 1965.

Regula
- *La règle de Saint-Augustin 1: Tradition manuscrite* (éd. L. VERHEIJEN = EAug Série Antiquité 29.30). Paris 1967, 105–107 (Regula prima); 148–152 (Regula secunda); 417–437 (Regula Tertia).

Tractatus in Iohannis Euangelium
- *Sancti Aurelii Augustini In Johannis Evangelium tractatus CXXIV* (post Maurinos textum edendum curavit R. WILLEMS = CChr.SL 36, Sancti Aurelii Augustini opera 8). Turnholti 1954.
- Vorträge über das Evangelium des Hl. Johannes: *Ausgewählte Schriften 4–6*; 3 Bde. (übers., mit einer Einl. versehen von T. SPECHT = BKV² 8.11.19). Kempten; München 1913–1914.

BACON, FRANCIS
Novum organon
- *Neues Organon* (hrsg. und mit einer Einl. von W. KROHN = Philosophische Bibliothek 400). Hamburg 1990.

BASILIUS VON ANCYRA, PSEUDO
De virginitate
- *Die Askeseschrift des Pseudo-Basilius: Untersuchungen zum Brief „Über die wahre Reinheit in der Jungfräulichkeit"* (von A. BURGSMÜLLER = STAC 28). Tübingen 2005.
- De virginitate: *Basilii opera omnia 2* (PG 30). Paris 1857, 669–809.

Basilius von Caesarea
Asceticon (Regula)
- *Die Mönchsregeln* (Hinführung und Übers. von K. S. Frank). St. Ottilien 1981.
- *Basili Regula* (a Rufino latine versa; quam edendam curavit K. Zelzer = CSEL 6). Wien 1986.
- *Opere ascetiche di Basilio di Cesarea* (a cura di U. Neri; trad. di M. B. Artioli = CdR 37; Sezione 4a, la religione cattolica). Torino 1980.
- Regula ad monachos (Asceticon I parvum): *Benedictus Abbas, Sedulius Scotus* (PL 103). Paris 1848, 483–554.
- Asceticon II magnum: *opera omnia 3* (PG 31). Paris 1885, 901–1305.

Epistulae
- *Briefe*; 3 Bde. (eingel., übers. und erläutert von W.-D. Hauschild = BGrL 32.3.37). Stuttgart 1973–1993.
- *Lettres*; 3 vol. (texte établi et trad. par Yves Courtonne = CUFr). Paris 1957–1966.
- Ausgewählte Briefe: *Ausgewählte Schriften 1* (übers. und mit Anmerkungen versehen von A. Stegmann = BKV² 46). München 1925.

Homilia „Adversus eos qui irascuntur"
- Homilia Adversus eos qui irascuntur: *opera omnia 3* (PG 31). Paris 1885, 353–372.
- Achte Predigt (Mauriner-Ausgabe Nr. 9): *Ausgewählte Schriften 2* (übers. und mit Anmerkungen versehen von A. Stegmann = BKV² 47). München 1925, 275–289.

Homiliae in hexaemeron
- Die neun Homilien über das Hexaemeron (Sechstagewerk): *Ausgewählte Schriften 2* (übers. und mit Anmerkungen versehen von A. Stegmann = BKV² 47). München 1925, 8–153.
- *Homélies sur l'Hexaéméron* (texte grec, introd. et trad. de S. Giet = SC 26 bis). Paris ²1968.
- *Homilien zum Hexaemeron* (hrsg. von E. A. de Mendieta und S. Y. Rudberg = GCS.NF 2). Berlin 1997.

Homilia „In sanctam Christi generationem"
- Homilia In sanctam Christi generationem: *opera omnia 3* (PG 31). Paris 1885, 1457–1476.
- Achtzehnte Predigt: *Ausgewählte Schriften 2* (übers. und mit Anmerkungen versehen von A. Stegmann = BKV² 47). München 1925, 403–418.

Homilia „Quod Deus non est auctor malorum"
- Homilia Quod Deus non est auctor malorum: *opera omnia 3* (PG 31). Paris 1885, 329–353.
- Fünfzehnte Pedigt (Mauriner-Ausgabe Nr. 1): *Ausgewählte Schriften 2* (übers. und mit Anmerkungen versehen von A. Stegmann = BKV² 47). München 1925, 371–389.

Benedikt von Nursia
Regula Benedicti
- *Die Benediktsregel: eine Anleitung zu christlichem Leben: der vollständige Text der Regel* (übers. und erklärt von G. Holzherr). Freiburg/Schweiz 2005.
- *La règle de saint Benoît*; 2 vol. (introd., trad. et notes par A. de Vogüé; texte établi et présenté par J. Neufville = SC 181.182). Paris 1972.

BESA
Sinuthii Archimandritae Vita
- *Sinuthii Archimandritae Vita et opera omnia*; 6 vol. (ed. J. LEIPOLDT, adjuvante W. E. CRUM [et] interpretatus est H. WIESMANN = CSCO 41.42.73.96.108.129 CSCO.C 2, 2.4–5.16). Parisiis 1906–1951.

BIBLICA siehe SCRIPTURA SACRA

BOETHIUS, ANICIUS MANLIUS SEVERINUS
De consolatione philosophiae
- *Anicii Manlii Severini Boethii philosophiae consolatio* (ed. L. BIELER = CChr.SL 94, Anicii Manlii Severini Boethii opera). Turnholti 1957, 1–106.
- *Trost der Philosophie = Consolatio philosophiae* (hrsg. und übers. von E. GEGENSCHATZ und O. GIGON; eingel. und erläutert von O. GIGON = Tusculum). München 1990.

CAESARIUS VON ARLES
Sermones
- *Sancti Caesarii Arelatensis sermones. Pars altera, continens sermones de scriptura Novi Testamenti, de tempore, de sanctis, ad monachos, cum adpendice et indicibus* (studio et diligentia G. MORIN = Caesarii Arelatensis opera 1, 2; CChr.SL 104). Turnholti ²1953.

CASSIODOR, FLAVIUS MAGNUS AURELIUS
Expositio psalmorum
- *Explanation of the Psalms*; 3 vol. (transl. and annotated by P. G. WALSH = ACW 51.52.53). New York 1990–1991.
- *Expositio Psalmorum*; 2 vol. (opera et studio J. GARETTI = CChr.SL 97.98, Magni Aurelii Cassiodori senatoris opera). Turnholti 1958.

Institutiones divinarum et saecularium litterarum
- *Institutiones divinarum et saecularium litterarum = Einführung in die geistlichen und weltlichen Wissenschaften*; 2 Bde. (übers. und eingel. von W. BÜRSGENS = FC 39). Freiburg i. Br. 2003.

CELSUS, AULUS CORNELIUS
De Medicina
- *De Medicina: Der Arzt im Altertum: griechische und lateinische Quellenstücke von Hippokrates bis Galen mit der Übertragung ins Deutsche* (hrsg. von W. MÜRI; mit einer Einführung von H. GRENSEMANN = Tusculum). Darmstadt 1986, 116–150.
- *De medicina*; 3 vol. (with an English transl. by W. G. SPENCER = LCL 292.304.336). Cambridge MA 1971–1979.

Chaeremon von Alexandrien
Fragmenta
- *Chaeremon, Egyptian priest and stoic philosopher: the fragments* (The fragments collected and transl. with explanatory notes by P. W. van der Horst = EPRO 101). Leiden 1984.

Chromatius von Aquileia
Tractatus in Mathaeum
- *Tractatus in Mathaeum = Commento a Matteo* (introd., trad., note e indici di G. Banterle, Editio cura et studio R. Etaix et J. Lemarié = SASA 3/2). Milano 1990.

Clemens von Alexandrien
Paedagogus
- *Protrepticus und Paedagogus:* (hrsg. von O. Stählin, neu hrsg. von U. Treu = GCS 12, Clemens Alexandrinus 1). Berlin ³1972.
- *Der Erzieher: Ausgewählte Schriften*; 2 Bde. (übers. von O. Stählin = BKV² 2. Reihe 7.8). München 1934.
- *Le Pédagogue* (trad. de C. Mondésert et M. Harl, introd. et notes de H.-I. Marrou = SC 70.108.158). Paris 1970–1991.

Stromata
- *Stromata I–VI* (hrsg. von O. Stählin, neu hrsg. von U. Treu = GCS 52, Clemens Alexandrinus 2). Berlin ⁴1985.
- *Stromata VII–VIII* (hrsg. von O. Stählin, neu hrsg. von L. Früchtel = GCS 17, Clemens Alexandrinus 3). Berlin ²1970.
- *Teppiche wissenschaftlicher Darlegungen entsprechend der wahren Philosophie (Stromateis)*; 3 Bde. (übers. O. Stählin = Ausgewählte Schriften 3–5; BKV² 2. Reihe 17.19.20). München 1936–1938.

Clemens von Rom
Epistula Clementis ad Corinthios
- *Epistola ad Corinthios = Brief an die Korinther* (übers. und eingel. von G. Schneider = FC 15). Freiburg i. Br. 1994.

Clementinische Literatur
Homilien
- *Die Pseudoklementinen I. Die Homilien* (hrsg. von B. Rehm zum Druck besorgt durch J. Irmscher, zweite, verbesserte Auflage besorgt von F. Paschke = GCS 42/2). Berlin ²1969.

Klemensroman
- *Die Pseudoklementinen II. Rekognitionen* (3. verbesserte Auflage von G. Strecker = GCS 51/2). Berlin ³1992.
- *Die Pseudoklementinen: Neutestamentliche Apokryphen in deutscher Übersetzung 2* (hrsg. W. Schneemelcher, übers. und eingel. von J. Irmscher und G. Strecker). Tübingen ⁵1989, 439–488.

Codex Iustinianus siehe Corpus iuris civilis

Columella
De re rustica libri
- *Zwölf Bücher über Landwirtschaft* (hrsg. und übers. von W. Richter, Namen- und Wortregister von R. Heine = Sammlung Tusculum). München 1981–1983.

Constitutiones apostolorum
- *Les Constitutions apostoliques*; 3 vol. (introd., texte critique, trad. et notes par M. Metzger = SC 320.329.336). Paris 1985–1987.

Corpus iuris civilis
- Codex Justinian: *Corpus Iuris Civilis 2* (recognovit et retractavit P. Krueger). Berlin [11]1954.
- *Code théodosien I–XV. Code Justinien. Constitutions sirmondiennes* (texte latin: T. Mommsen, P. Meyer, P. Krueger; trad.: J. Rougé, R. Delmaire; introd. et notes: R. Delmaire; avec la collaboration de O. Huck, F. Richard et L. Guichard = Les lois religieuses des empereurs romains de Constantin à Théodose II; SC 531). Paris 2009.
- *The Digest of Justinian* (latin text ed. by T. Mommsen with the aid of P. Krüger, English transl. ed. by A. Watson). Philadelphia Penn. 1985.

Cyprian von Karthago
De habitu virginum
- De habitu virginum: *Cypriani opera omnia 1* (ad fidem codicum recensuit W. Hartel = CSEL 3/1). Wien 1868, 187–205.

De Lapsis
- De Lapsis *Sancti Cypriani episcopi opera* (ed. M. Bévenot = CChr.SL 3). Turnholti 1972, 221–242.
- Über die Gefallenen: *Sämtliche Schriften 1* (übers. von J. Baer = BKV[2] 34). Kempten; München 1918, 92–124.

Epistulae
- *Correspondance* (texte établi et trad. par le chanoine L. Bayard = CUFr). Paris [2]1961–1962.
- Sämtliche Briefe: *Sämtliche Schriften 2* (übers. von J. Baer = BKV[2] 60). München 1928.

Cyrill von Alexandrien
Apologia XII capitulorum contra Theodoretum
- Apologia XII capitulorum contra Theodoretum: *Acta conciliorum oecumenicorum* (hrsg. von E. Schwartz = ACO I, 1, 6). Berlin 1928, 110–146.

Cyrilli contra eos qui Theodocon nolunt confiteri
- Contra eos qui Theodocon nolunt confiteri: *Acta conciliorum oecumenicorum* (hrsg. von E. Schwartz = ACO I, 1, 7). Berlin 1929, 19–32.

Dialogus Cyrilli cum Anthimo et Stephano diaconis
- *Der Papyruscodex saec. VI–VII der Phillippsbibliothek in Cheltenham: koptische theologische Schriften* (hrsg. und übers. von W. E. Crum = Schriften der wissenschaftlichen Gesellschaft in Strassburg H. 18). Strassburg 1915.

Epistula 2 ad Suce
- Ad Suce: *Acta conciliorum oecumenicorum* (hrsg. von E. Schwartz = ACO I, 1, 6). Berlin 1928, 159.

Cyrill von Jerusalem
Catecheses
- *Les Catéchèses baptismales et mystagogiques*; 2 vol. (trad. de J. Bouvet, revue et actualisée; introd., annotations et guide pratique par A.-G. Hamman = Les Pères dans la foi 53.54). Paris 1993.
- Katechesen: *Katechesen* (übers. und mit einer Einl. versehen von P. Haeuser = BKV² 41). Kempten; München 1922.
- *Cyrilli Hierosolymorum archiepiscopi opera quae supersunt omnia 1* (ed. W. C. Reischl and J. Rupp). Munich 1848.

Damasus I., Papst
Epistulae
- *Die Briefe der Päpste und die an sie gerichteten Schreiben Bd. 2, Melchiades bis Anastasius I. (vom Jahre 310–401)* (zusammengesetzt, übers., mit Einl. und Anmerkungen versehen von S. Wenzlowski = BKV¹ 35). Kempten 1876, 265–406.

Decretum Damasi siehe *Acta et Symbola*, Decretum Gelasianum

Diadochus von Photike
Capita centum de perfectione spirituali
- *Œuvres spirituelles* (introd., texte critique, trad. et notes de E. Des Places = SC 5). Paris ²1966.
- *Gespür für Gott: „Hundert Kapitel über die geistliche Vollkommenheit"* (eingel. und übers. von K. S. Frank = CMe 19). Einsiedeln 1982.

Didache
- *Didache = Zwölf-Apostel-Lehre* (übers. und eingel. von G. Schöllgen = FC 1). Freiburg i. Br. 1991, 97–139.

Didaskalie, syrische
- *Die syrische Didaskalia* (übers. und erklärt von H. Achelis und J. Flemming = Die ältesten Quellen des orientalischen Kirchenrechts 2; TU 25, 2). Leipzig 1904.

Didymus der Blinde
Commentarii in Psalmos
- *Psalmenkommentar, Kommentar zu Psalm 20-21*; Tura-Papyrus Teil 1(hrsg. und übers. von L. Doutreleau, A. Gesché [et al.] = PTA 7). Bonn 1969.

Diodor von Sizilien (Diodorus Siculus)
Bibliotheca Historica
- *Diodori Bibliotheca historica*; 6 vol. (post I. Bekker et L. Dindorf recognovit C. T. Fischer = BiTeu). Stutgardiae ²1970.

Diogenes Laertius
Vitae philosophorum
- *Diogenis Laertii „Vitae philosophorum"*; 3 Vol. (ed. M. Marcovich = BiTeu). Stuttgart 1999-2002.

Doctrina patrum de incarnatione verbi
- *Doctrina patrum de incarnatione verbi: ein griechisches Florilegium aus der Wende des 7. und 8. Jahrhunderts* (zum ersten Male vollst. hrsg. und untersucht von F. Diekamp, mit Korr. und Nachträgen von B. Phanourgakis, hrsg. von E. Chrysos). Münster ²1981.

Ephräm der Syrer
Commentarius in evangelium concordans
- *Kommentar zum Diatessaron* (übers. und eingel. von Ch. Lange = FC 54). Turnhout 2008.
- *Commentaire de l'Évangile concordant ou Diatessaron* (trad. du syriaque et de l'arménien; introd., trad. et notes par L. Leloir = SC 121). Paris 1966.
- *Commentaire de l'Évangile concordant: version arménienne*; 2 vol. (éd. [et] trad. par L. Leloir = CSCO 137.145 CSCO.Ar 1-2). Louvain 1953-1954.

Epiphanius von Salamis
Ancoratus
- Der Festgeankerte: *Ausgewählte Schriften* (übers. von J. Hörmann = BKV² 38). Kempten; München 1919, 7-182.
- Ancoratus: *Ancoratus. Panarion* (von K. Holl = GCS 25). Leipzig 1915, 1-149.

Panarion (Adversus Haereses)
- Panarion 1-33: *Ancoratus. Panarion* (von K. Holl = GCS 25). Leipzig 1915, 151-460.
- Panarion 34-64 (von K. Holl und J. Drummer = GCS 31). Berlin ²1980.
- Panarion 65-80: *Panarion, De fide* (von K. Holl und J. Drummer = GCS 37). Berlin ²1985, 1-496.
- *The Panarion of Epiphanius of Salamis*; 2 vol. (transl. by F. Williams = NHS 35.36). Leiden 1987-1994.

Epistula Apostolorum

- *Epistula apostolorum: nach dem äthiopischen und koptischen Texte* (hrsg. von H. Duensing = KlT 152). Bonn 1925.
- *Gespräche Jesu mit seinen Jüngern nach der Auferstehung: ein katholisch-apostolisches Sendschreiben des 2. Jahrhundert* (nach einem koptischen Papyrus. unter Mitarbeit von P. Lacau, hrsg., übers. und untersucht von C. Schmidt; Übers. des äthiopischen Textes von I. Wajnberg = TU 43). Leipzig 1919.

Euippus siehe Acta et Symbola

Eusebius von Cäsarea
Commentaria in Psalmos

- *Commentaria in Psalmos* (ex mss. codicibus eruta, Latine versa ac notis illustrara, studio et opera D. B. de Montfaucon, persbyteri et monachi ordinis S. Benedicti, e congregatione S. Mauri = Collectio nova patrum et scriptorum graecorum 1). Paris 1708; Repr. PG 23, Paris 1857.

Historia Ecclesiastica

- *Histoire ecclésiastique*; 4 vol. (texte grec, trad. et notes par G. Bardy = SC 31.41.55.73). Paris ²1984.
- *Kirchengeschichte* (hrsg. von E. Schwartz = GCS NF 6). Berlin 1952.
- *Kirchengeschichte: Ausgewählte Schriften 2* (übers. von P. Haeuser = BKV² 2. Reihe 1). München 1932.

Praeparatio evangelica

- *La préparation évangélique*; 9 vol. (introd., texte grec, trad. et commentaire par E. des Places, J. Sirinelli, G. Schroeder, O. Zink = SC 206.215.228.262.266.292.307.338.369). Paris 1974–1991.

Eustathius von Antiochien
De engastrimytho contra Origenem

- *Origenes, Eustathius von Antiochien und Gregor von Nyssa über die Hexe von Endor* (hrsg. von Erich Klostermann = KlT 83). Bonn 1912.
- *Origene, Eustazio, Gregorio di Nissa: La maga di Endor* (a cura di Manlio Simonetti = Biblioteca patristica 15). Firenze 1989, 94–206.

Evagrius Ponticus
Kephalaia Gnostica

- *Les six Centuries des „Kephalaia gnostica" d'Evagre le Pontique* (éd. critique de la version syriaque commune et éd. d'une nouv. version syriaque, intégrale, avec une double trad. française par A. Guillaumont = PO 28/1/134). Paris 1959.

Eznik von Kolb
De Deo
- *De Deo* (éd. et trad. par L. Mariès et C. Mercier = PO 28/31–4). Paris 1959.
- Wider die Irrlehren: *Ausgewählte Schriften 1* (übers., hrsg. von S. Weber = BKV² 57). München 1927, 25–180.

Firmicus Maternus
De errore profanarum religionum
- *Firmicus Maternus: L'erreur des religions païennes* (texte établi, trad. et commenté par R. Turcan = CUFr). Paris 1982.
- Vom Irrtum der heidnischen Religionen: *Frühchristliche Apologeten Bd. 2* (übers. von A. Müller = BKV² 14). München 1913, 16–84.

Fulgentius von Ruspe
De fide ad Petrum
- *Sancti Fulgentii episcopi Ruspensis opera* (cura et studio J. Fraipont = CChr.SL 91A). Turnholti 1968, 709–760.
- Vom Glauben an Petrus oder Regel des wahren Glaubens: *Ausgewählte Schriften* (übers. von L. Kozelka = BKV², 2. Reihe 9). München 1934, 119–188.

Galen
De anatomicis administrationibus
- *Asclepius: a collection and interpretation of the testimonies Vol. 1* (ed. E. J. Edelstein & L. Edelstein = Ancient religion and mythology). Salem N.H. 1988, 405–406.
- *Anatomicarum administrationum libri qui supersunt novem. Earundem interpretatio arabica Hunaino Isaaci filio ascripta* (hrsg. v. I. Garofalo, Bd. I: Buch I–IV). Neapel 1986.

De foetuum formatione
- *Über die Ausformung der Keimlinge* (hrsg., übers. und erläutert von D. Nickel = CMG 5/3/3). Berlin 2001.

De libris propriis
- *Sur ses propres livres* (texte établi, trad. et annoté par V. Boudon = Galien CUFr Série grecque 1/450). Paris 2007, 129–234.

De locis affectis
- De locis affectis: *Claudii Galeni opera omnia 8* (ed. C. G. Kühn). Repr. Hildesheim 1965, 1–451.

De morborum differentiis
- *Asclepius: a collection and interpretation of the testimonies Vol. 1* (ed. E. J. Edelstein & L. Edelstein = Ancient religion and mythology). Salem N.H. 1988, 263–264.

De ordine librorum suorum
- *Sur l'ordre de ses propres livres* (texte établi, trad. et annoté par V. Boudon = Galien Collection des universités de France. Série grecque 1/450). Paris 2007, 1–128.

De placitis Hippocratis et Platonis
- *On the doctrines of Hippocrates and Plato*; 4 vol. (ed., transl. and commentary by P. DE LACY = CMG 1.2.4.5). Berlin 1978.

De praecognitione ad Epigenem
- De praecognitione ad Epigenem: *Der Arzt im Altertum: griechische und lateinische Quellenstücke von Hippokrates bis Galen mit der Übertragung ins Deutsche* (hrsg. von W. MÜRI; mit einer Einführung von H. GRENSEMANN = Tusculum). Darmstadt ⁵1986, 51–59.

De pulsuum differentiis
- De pulsuum differentiis: *Claudii Galeni opera omnia 8* (ed. C. G. KÜHN). Repr. Hildesheim 1965, 493–765.

De sectis ad eos qui introducuntur
- On the sects for beginners: *Three treatises on the nature of science* (transl. by R. WALZER and M. FREDE; with an introduction by M. FREDE). Indianapolis 1985, 3–20.

De theriaca ad Pisonem
- *De theriaca ad Pisonem* (testo latino, trad. italiana ed introd. a cura di E. COTURRI = Biblioteca della Rivista di storia delle scienze mediche e naturali 8). Firenze 1959.

De usu partium corporis humani
- *De usu partium libri XVII*; 2 vol. (ad codicum fidem recensuit G. HELMREICH = BiTeu). Repr. Amsterdam 1968.
- On the usefulness of the parts of the body; 2 vol. (transl. from the Greek with an introduction and commentary by M. T. MAY = Cornell publications in the history of science). Ithaca; New York 1968.

Methodus medendi
- On the therapeutic method: *Books I and II* (transl. with an introduction and commentary by R. J. HANKINSON = Clarendon later ancient philosophers). Oxford 1991.

Opera omnia
- Κλαυδίου Γαληνού Ἅπαντα = *Claudii Galeni opera omnia* (ed. curavit C. G. KÜHN = Medicorum Graecorum opera quae exstant 1–20). Hildesheim 1964–1965.

Quod optimus medicus sit quoque philosophus
- Que l'excellent médecin est aussi philosophe (texte établi, trad. et annoté par V. BOUDON = CUFr Série grecque 1/450). Paris 2007, 235–314.

Subfiguratio empirica
- An outline of empiricism: *Three treatises on the nature of science* (transl. by R. WALZER and M. FREDE; with an introduction by M. FREDE). Indianapolis 1985, 21–46.

GALEN, PSEUDO

De optima secta ad Thrasybulum
- Über die dem Galen zugeschriebene Abhandlung Περί τῆς ἀρίστης αἱρέσεως (I. VON MÜLLER = SBAW.PPH 1). 1898, 53–162.

De remediis parabilibus
- De remediis parabilibus: *Claudii Galeni opera omnia 14, 1* (ed. C. G. KÜHN). Hildesheim 1965, 311–581.

Gaudentius von Brescia
Tractatus XXI
- *Tractatus* (ad fidem codicum recensuit A. Glueck = CSEL 68). Wien 1936.
- *Trattati* (introd., trad., note e indici di G. Banterle; recensuit A. Hoste = SASA 2). Milano 1991.

Gelasius I., Papst
Decretum Gelasianum siehe Acta et Symbola

Gregor der Grosse
Regula pastoralis
- *Règle pastorale*; 2 vol. (introd., notes et index par B. Judic; texte critique par F. Rommel; trad. par C. Morel = SC 381.382). Paris 1992.
- Buch der Pastoralregel: *Ausgewählte Schriften 1* (übers. von J. Funk = BKV² 2. Reihe 4). München 1933, 63–267.

Gregor von Nazianz
Apologetica de fuga sua (Oratio 2)
- Discours 2: *Grégoire de Nazianze, Discours 1–3* (introd., texte critique, trad. et notes par J. Bernardi = SC 247). Paris 1978, 84–241.

De sancto baptismo (Oratio 40)
- Discours 40: *Grégoire de Nazianze: Discours 38–41* (introd., texte critique et notes par C. Moreschini; trad. par P. Gallay = SC 358). Paris 1990, 198–311.

Epistula ad Cledonium I (= ep. 101)
- Prima lettera al presbitero Cledonio: *Apollinare: Su Cristo: il grande dibattito nel quarto secolo* (testi originali introduzione e note a cura di E. Bellini = Di fronte e attraverso 35). Milano 1978, 282–303.
- *Lettres théologiques* (introd., texte critique, trad. et notes par P. Gallay; avec la collaboration de M. Jourjon = SC 208). Paris ²1998, 36–69.

Funebris in laudem Basilii Magni (Oratio 43)
- Discours 43: *Grégoire de Nazianze: Discours 42–43* (introd., texte critique, trad. et notes par J. Bernardi = SC 384). Paris 1992, 116–307.

Funebris in laudem sororis suae Gorgoniae (Oratio 8)
- Discours 8: *Grégoire de Nazianze: Discours 6–12* (introd., texte critique, trad. et notes par M.-A. Calvet-Sebasti = SC 405). Paris 1995, 246–299.

Orationes theologicae (Orationes 27–31)
- *Die fünf theologischen Reden* (Text und Übers. mit Einl. und Kommentar hrsg. von J. Barbel = Test. 3). Düsseldorf 1963.
- *Discours 27–31, Discours théologiques* (introd., texte critique, trad. et notes par P. Gallay; avec la collaboration de M. Jourjon = SC 250). Paris 1978.
- *Theologische Reden* (übers. und eingel. von H. J. Sieben = FC 22). Freiburg i. Br. 1996.

GREGOR VON NYSSA
Antirrheticus adversus Apollinarium
- *Gregorii Nysseni opera dogmatica minora pars I* (ed. F. MÜLLER = Gregorii Nysseni opera 3/1). Leiden 1958, 131-233.

Contra Eunomium
- *Contra Eunomium I, 1-146* (eingel., übers. und kommentiert von J.-A. RÖDER = Patrologia 2). Bern 1993.
- *Gregorii Nysseni Contra Eunomium libri* (ed. W. JAEGER = Gregorii Nysseni opera 1/2). Leiden 1960.

De beneficentia (vulgo: De pauperibus amandis I)
- *Gregorii Nysseni De pauperibus amandis orationes duo* (ed. A. VAN HECK). Leiden 1964.

De tridui inter mortem et resurrectionem Domini nostri Iesu Christi spatio (vulgo: In Christi resurrectionem I)
- *Sermones. Pars 1* (ed. E. GEBHARDT = Gregorii Nysseni opera 9). Leiden 1967, 273-306.
- *Die drei Tage zwischen Tod und Auferstehung unseres Herrn Jesus Christus* (eingel., übers. und komm. von H. R. DROBNER = Philosophia patrum 5). Leiden 1982.

De virginitate
- *Traité de la virginité* (introd., texte critique, trad., commentaire et index de M. AUBINEAU = SC 119). Paris 1966.

Epistula canonica ad Letoium
- *Discipline générale antique (IVe-IXe s.) t. II Les canons des Pères Grecs* (par P.-P. JOANNOU = Fonti / Pontificia commissione per la redazione del Codice di diritto canonico orientale fascicolo 9). Roma 1963, 203-226.

Oratio in diem natalem Christi
- *Die Weihnachtspredigt Gregors von Nyssa: Ueberlieferungsgeschichte und Text* (von F. MANN). [S.l.] 1976.

Vita Sanctae Macrinae
- *Vie de Sainte Macrine* (introd., texte critique, trad., notes et index par P. MARAVAL = SC 178). Paris 1971.

HEGEMONIUS
Acta Archelai
- *Acta Archelai* (herausgegeben im Auftrage der Kirchenväter-Comission der Königl. Preussischen Akademie der Wissenschaften von Ch. H. BEESON). Leipzig 1906.

HERMAS (PASTOR HERMAE)
- *Der Hirte des Hermas* (hrsg. von M. WHITTAKER = GCS 48). Berlin 1956.
- *Der Hirt des Hermas: Die Apostolischen Väter* (übers. von F. ZELLER = BKV^2 35). München 1918, 179-289.

Herodot
Historiae
- *Historien* (hrsg. von J. Feix = Sammlung Tusculum). München ⁴1988.

Hieronymus (Sophronius Eusebius Hieronymus)
De perpetua virginitate beatae Mariae adversus Helvidium
- De Perpetua Virginitate beatae Mariae: *Eusebius Hieronymus opera omnia* (PL 23). Paris 1845, 183–206.

Adversus Jovinianum
- Adversus Jovinianum: *Eusebius Hieronymus opera omnia* (PL 23). Paris 1845, 211–338.
- Against Jovinianus (transl. by W. H. Fremantle, G. Lewis and W. G. Martley = PNF 3). Buffalo NY 1893, 346–416.

De viris inlustribus
- *Gli uomini illustri* (a cura di A. Ceresa-Gastaldo = BPat 12). Firenze 1988.

Epistulae
- *Sancti Eusebii Hieronymi epistulae* (ed. I. Hilberg = S. Eusebii Hieronymi opera, CSEL 54.55.56). Wien 1996.
- *Lettres* (texte établi et traduit par J. Labourt). Paris 1949–1963.

Hilarius von Poitiers
De trinitate
- *La Trinité*; 3 vol. (texte critique par P. Smulders, trad. par G. M. de Durand = SC 443.448.462). Paris 1999–2001.
- *Zwölf Bücher über die Dreieinigkeit*; 2 Bde. (übers. von A. Antweiler = BKV² 2. Reihe 5.6). München 1933–1934.
- *Sancti Hilarii Pictaviensis episcopi De Trinitate*; 2 vol. (cura et studio P. Smulders = Sancti Hilarii pictaviensis episcopi opera = CChr.SL 62–62A). Turnholti 1979–1980.

Hippokrates (Corpus Hippocraticum)
Opera
- *Œuvres complètes d'Hippocrate*; 10 vol. (trad. nouvelle avec le texte grec en regard […], accompagnée d'une introd., de commentaires médicaux, de variantes et de notes philologiques […] par E. Littré). Repr. Amsterdam 1961–1962.

De aëre aquis et locis
- Über die Umwelt: *Hippokrates: Ausgewählte Schriften* (hrsg. und übers. von Ch. Schubert und W. Leschhorn = Tusculum). Düsseldorf 2006, 8–67.

De decente habitu
- De decente habitu: *Der Arzt im Altertum: griechische und lateinische Quellenstücke von Hippokrates bis Galen mit der Übertragung ins Deutsche* (hrsg. von W. Müri; mit einer Einführung von H. Grensemann = Tusculum). Darmstadt ⁵1986, 24–31.

De morbo sacro
- Über die heilige Krankheit: *Hippokrates: Ausgewählte Schriften* (hrsg. und übers. von Ch. SCHUBERT und W. LESCHHORN = Tusculum). Düsseldorf 2006, 68–105.

De muliebribus
- Hippokratische Gynäkologie: die gynäkologischen Texte des Autors C nach den pseudohippokratischen Schriften De muliebribus I, II und De sterilibus (hrsg. und übers. von H. GRENSEMANN). Wiesbaden 1982.

De mulierum affectibus
- De mulierum affectibus: *Œuvres complètes d'Hippocrate 8* (trad. nouvelle avec le texte grec en regard [...], accompagnée d'une introd., de commentaires médicaux, de variantes et de notes philologiques [...] par E. LITTRÉ). Repr. Amsterdam 1962, 10–462.

HIPPOLYT VON ROM
De antichristo
- De antichristo: *Hippolyt Werke Bd. 1, Exegetische und homiletische Schriften 2. Hälfte: Hippolyts kleinere exetische und homiletische Schriften* (ed. H. ACHELIS = GCS 1.2). Leipzig 1897, 1–47.
- Das Buch über Christus und den Antichrist: *Auswahl der vorzüglichsten patristischen Werke* (übers. und mit Einl. versehen von V. GRÖNE = BKV¹ 28). Kempten 1873, 14–63.
- *L'anticristo* (a cura di E. NORELLI = Biblioteca patristica 10). Firenze 1987.

Refutatio omnium haeresium (philosophumena)
- *Refutatio omnium haeresium* (ed. by M. MARCOVICH = PTS 25). Berlin; New York 1986.

HOMER
Ilias
- *Ilias* (übertr. von H. RUPÉ = Sammlung Tusculum). München ⁹1989.

HORAPOLLO
Hieroglyphica
- Des Niloten Horapollon Hieroglyphenbuch (hrsg. und übers. von H. J. THISSEN = APF.B 6/1). München 2001.

IGNATIUS VON ANTIOCHIEN
Epistulae ad Ephesios, Magnesianos, Trallianos, Romanos, Philadelphenos, Smyrnaeos et Polycarpum
- Die sieben Ignatius-Briefe: *Die apostolischen Väter* (neu übers. und hrsg. von A. LINDEMANN und H. PAULSEN. Griechisch-deutsche Parallelausgabe auf der Grundlage der Ausgabe von F. X. FUNK/K. BIHLMEYER und M. WHITTAKER; mit Übers. von M. DIBELIUS und D.-A. KOCH). Tübingen 1992, 178–191.
- *Ignace d'Antioche: Lettres, Polycarpe de Smyrne; Martyre de Polycarpe* (texte grec, introd., trad. et notes de P. T. CAMELOT = SC 10 bis). Paris ⁴2007.
- *Die apostolischen Väter: griechisch und deutsch* (eingel., hrsg., übertr. und erläutert von J. A. FISCHER). München ⁷1976.

INNOCENTIUS I., PAPST
Epistulae et decreta
- Inocentii I. papa Epistulae (PL 20). Paris 1845, 463–638.

IRENÄUS VON LYON
Adversus haereses
- *Adversus haereses = Gegen die Häresien*; 5 Bde. (übers. und eingel. von N. BROX = FC 8, 1–5). Freiburg i. Br. 1993–2001.

ISAAK VON ANTIOCHIEN
Homilia
- *Homiliae S. Isaaci Syri Antiocheni Tomus 1* (ed. P. BEDJAN). Paris, Leipzig 1903.
- *S. Isaaci Antiocheni, Doctoris syrorum, opera omnia* (ex omnibus, quotquot exstant, codicibus manuscriptis ed. G. BICKELL). Giessen 1873.
- *Ausgewählte Schriften der syrischen Dichter* (aus dem Syrischen übers. von S. LANDERSDORFER = BKV² 6). Kempten; München 1912.

ISIDOR VON SEVILLA
De differentiis rerum siue differentiae theologicae uel spiritales
- Differentiarum: *Isidori Hispalensis Episcopi opera omnia 4* (PL 83). Paris 1850, 9–130.

De differentiis verborum
- *Diferencias* (introd., ed. critica, trad. y notas por C. CODOÑER = Auteurs latins du Moyen Age). Paris 1992.

Etymologiarum [sive originum] libri XX
- *Isidori Hispalensis episcopi Etymologiarum sive originum libri XX*; 2 vol. (recognovit brevique adnotatione critica instruxit W. M. LINDSAY = SCBE). Oxford 1911.
- *Die Enzyklodädie [i.e. Enzyklopädie] des Isidor von Sevilla* (übers. und mit Anmerkungen versehen von L. MÖLLER). Wiesbaden 2008.
- *Étymologies, Livres IV et XI* (introd. et trad. de R. LE COZ = Cahiers du CEHM 10). Montastruc-la-Conseillère 2002.
- De Medicina: *Die Schrift „De medicina" des Isidor von Sevilla: ein Beitrag zur Medizin im spätantiken Spanien* (übers. von H.-A. SCHÜTZ). Giessen 1984, 139–160.
- *Des animaux* (texte établi, traduit et commenté par J. ANDRÉ = Etymologies 12). Paris 1986.

JACOBUS VON VORAGINE
Legenda aurea
- *Jacobi a Voragine Legenda aurea: vulgo historia lombardica dicta* (ad optimorum librorum fidem recensuit Th. GRAESSE). Dresden; Leipzig 1846, repr. Osnabrück 1969.

Johannes Cassian
De incarnatione Domini contra Nestorium
- *De incarnatione contra Nestorium* (ed. M. Petschenig = CSEL 17, Cassiani opera). Wien 2004.
- Sieben Bücher über die Menschwerdung Christi: *Sämtliche Schriften 2* (übers. von K. Kohlhund = BKV[1] 68). Kempten 1879, 436–448.

Johannes Chrysostomus
Ad populum Antiochenum homiliae (De statuis)
- Homiliae XXI de Statuis ad populum Antiochenum homiliae: *Joannis Chrysostomi opera omnia 2/1* (PG 49). Paris 1862, 15–222.
- Einundzwanzig Homilien über die Bildsäulen: *Ausgewählte Schriften 2* (übers. von J. C. Mitterrutzner = BKV[1] 22). Kempten 1874.

De sacerdotio
- *Sur le Sacerdoce (dialogue et homélie)* (introd., texte critique, trad. et notes par A.-M. Malingrey = SC 272). Paris 1980.
- Über das Priestertum: *Ausgewählte Schriften 4* (übers. von A. Naegele = BKV[2] 27). Kempten; München 1916, 97–251.

Homilia de capto Eutropio (dubium)
- Homilia de capto Eutropio et de divitiarum vanitate: *Joannis Chrysostomi opera omnia 3* (PG 52). Paris 1862, 395–414.

Homiliae in epistula ad Ephesios
- Homilia XXIV in Epistulam ad Ephesios Comentarius: *Joannis Chrysostomi opera omnia 11* (PG 62). Paris 1862, 9–176.
- Homilien zum Briefe des hl. Paulus an die Epheser: *Ausgewählte Schriften 8* (übers. von W. Stoderl = BKV[2] 2. Reihe 15). München 1936, 157–494.

Homiliae in Genesim
- Homiliae LXVII in Genesin: *Joannis Chrysostomi opera omnia 4/1* (PG 53). Paris 1853, 21–580.

In epistulam ad Colossenses homiliae
- Kommentar zum Briefe des hl. Paulus an die Kolosser: *Ausgewählte Schriften 7* (übers. von W. Stoderl = BKV[2] 45). München 1924, 233–398.
- *Omelie: sulla lettera di S. Paolo al Colossesi* (testo, introduzione e note di C. Piazzino = CPS 6). Torino 1939.

In epistulam ad Hebraeos argumentum et homiliae
- Homiliae XXXIV in epistulam ad Hebraeos: *Joannis Chrysostomi opera omnia 12* (PG 63). Paris 1842, 9–236.
- Homilien über den Brief an die Hebräer: *Ausgewählte Schriften 10* (übers. von J. C. Mitterrutzner = BKV[1] 77). Kempten 1884, 17–510.

In epistulam I ad Timotheum argumentum et homiliae
- Homiliae XVIII In Epistulam Primam ad Timotheum argumentum et homiliae: *Joannis Chrysostomi opera omnia 11* (PG 62). Paris 1862, 501–600.

In Matthaeum homiliae
- Homiliae XC in Matthaeum: *Joannis Chrysostomi opera omnia 7/1* (PG 57:13–472; 58:471–794). Paris 1862.
- *Kommentar zum Evangelium des hl. Matthäus*; 4 Bde. (übers. von J. C. BAUR = Ausgewählte Schriften 1–4; BKV² 23.25.26.27). Kempten; München 1915–1916.

JOHANNES PHILOPONUS
De opificio mundi
- *De opificio mundi* = *Über die Erschaffung der Welt*; 3 Bde. (übers. und eingel. von C. SCHOLTEN = FC 23). Freiburg i. Br. 1997.

JOHANNES VON DAMASKUS
Canon iambicus in nativitatem Domini
- *Der jambische Weihnachtskanon des Johnannes [i.e. Johannes] von Damaskus: Einleitung – Text – Übersetzung – Kommentar* (O. PETRYNKO = J'IhF 15). Münster 2010.

Expositio fidei
- *Expositio fidei* = *Ekdosis akribēs tēs orthodoxou pisteōs: Die Schriften des Johannes von Damaskos 2* (besorgt von B. KOTTER = PTS 12). Berlin 1973.
- *Des Johannes von Damaskus genaue Darlegung des orthodoxen Glaubens* (übers. von D. STEINHOFER = BKV² 44). München 1923.

Sacra parallela
- *Fragmente vornicänischer Kirchenväter aus den Sacra Parallela herausgegeben* (von K. HOLL = TU 10, 2). Berlin 1899.
- Sacra parallela: *Joannis Damasceni opera omnia 2–3* (PG 95–96). Paris 1864, 95, 1040–96, 441.

JOSEPHUS, FLAVIUS
Antiquitates judaicae
- *Des Flavius Josephus Jüdische Altertümer* (übers. und mit Einl. und Anmerkungen versehen von H. CLEMENTZ). Wiesbaden ¹⁰1990.
- *Jewish antiquities*; 2 vol. (with an English transl. by H. St. J. THACKERAY and R. MARCUS = LCL 242.281). Cambridge MA; London ²1991–1988.

De bello judaico
- *Der jüdische Krieg*; 2 Bde. (hrsg. und mit einer Einl. sowie mit Anmerkungen versehen von O. MICHEL und O. BAUERNFEIND). München 1962–1969.
- *Geschichte des Jüdischen Krieges* (aus dem Griechischen von H. CLEMENTZ). Wiesbaden ⁵1982.

Julian Apostata, Imperator
Opera
- *The works of the emperor Julian*; 3. vol. (with an English transl. by W. C. Wright = LCL 13.29.157). Repr. London 1969–1980.

Justin der Märtyrer
Apologia
- *Die ältesten Apologeten: Texte mit kurzen Einleitungen* (von E. J. Goodspeed). Repr. Göttingen 1984, 24–77.
- *Frühchristliche Apologeten und Märtyrerakten 1* (übers. von G. Rauschen = BKV² 12). München 1913, 11–101.
- *Apologie pour les chrétiens* (introd., texte critique, trad. et notes par Ch. Munier = SC 507). Paris 2006.

Dialogus cum Tryphone
- *Die ältesten Apologeten: Texte mit kurzen Einleitungen* (von E. J. Goodspeed). Repr. Göttingen 1984, 90–265.
- *Dialog mit dem Juden Trypho* (übers. von P. Haeuser = BKV² 33). Kempten 1917, 1–231.
- *Dialogue avec Tryphon* (éd. par Ph. Bobichon = Paradosis 47, 1–2). Fribourg 2003.

Justinian, Imperator
Corpus iuris civilis siehe Corpus iuris civilis
Edictum de recta fide siehe Acta et Symbola
Epistula ad Menam siehe Acta et Symbola

Justinus, pseudo
Quaestiones et responsiones ad orthodoxos siehe Theodoret

Juvenal (Decimus Iunius Juvenalis)
Saturae
- *Satiren* (hrsg., übers. und mit Anmerkungen versehen von J. Adamietz = Sammlung Tusculum). München 1993.

Laktanz (Lucius Caecilius Firmianus)
De opificio Dei
- *L'ouvrage du Dieu créateur*; 2 vol. (éd. et trad. par M. Perrin = SC 213.214). Paris 1974.

Epitome divinarum institutionum
- *L. Caeli Firmiani Lactanti Epitome divinarum institutionum* (ed. E. Heck et A. Wlosok = BiTeu). Stutgardiae; Lipsiae 1994.
- Auszug aus den göttlichen Unterweisungen: *Ausgewählte Schriften* (übers. von A. Hartl = BKV² 36). Kempten; München 1919, 131–218.
- *Epitomé des Institutions divines* (texte critique, trad., notes et index par M. Perrin = SC 335). Paris 1987.

Leo der Grosse
Epistulae
- *S. Leonis Magni epistulae contra Eutychis haeresim*; 2 vol. (ad codicum fidem recensuit C. Silva-Tarouca = TD.T 15.20). Rom 1934–1935.
- *Tomus ad Flavianum episcopum Constantunopolitanum (Epistula 28); additis testimoniis patrum et eiusdem S. Leonis M. epistula ad Leonem I Imp.; (Epistula 165)* (ad codicum fidem recensuit C. Silva-Tarouca = TD.T 9). Romae 1932.

Sermones
- *Sermons*; 4 vol. (introd. de J. Leclercq; trad. et notes de R. Dolle = SC 22.49.74.200). Paris 1964–2004.

Leontius, Mönch von Jerusalem
Contra Nestorianos
- *Libri tres contra Nestorianos* (ed. A. Maio; Unveränderter Nachdruck der Ausgabe Rom 1844 = Spic.Rom 10). Graz 1974.
- Tractatus contra Nestorianos: *Leontii opera omnia 1* (PG 86). Paris 1860, 1400–1768.

Lucrez, Titus Carus
De rerum natura
- *Von der Natur* (hrsg. und übers. von H. Diels; mit einer Einführung und Erläuterungen von E. G. Schmidt = Sammlung Tusculum). München 1993.

Makarius-Symeon
Homiliae spiritales
- Fünfzig geistliche Homilien: *Schriften* (übers. D. Stiefenhofer = BKV² 10). Kempten; München 1913, 1–354.
- *Die 50 geistlichen Homilien des Makarios* (hrsg. und erläutert von H. Dörries, E. Klostermann. [et al.] = PTS 4). Berlin 1964.

Maximus Confessor
Opuscula theologica et polemica 4: Ad Georgium presbyterurn ac hegumenum
- Opuscula theologica et polemica: *Maximi Confessoris opera omnia 2* (PG 91). Paris 1865, 56–61.
- *L'agonie du Christ* (introd. de F.-M. Léthel; biographie, trad., index, guide thématique et glossaire M.-H. Congourdeau = Les Pères dans la foi 64). Paris 1996.

Maximus von Turin
Collectio sermonum antiqua
- *Maximi episcopi Taurinensis collectionem sermonum antiquam nonnulis sermonibus extravagantibus adiectis* (ed. A. Mutzenbecher = CChr.SL 23). Turnholti 1962.
- *The Sermons of St. Maximus of Turin* (transl. and annotated by B. Ramsey = ACW 50). New York 1989.

Melito von Sardes
De pascha
- *Sur la Pâque et fragments* (introd., texte critique, trad. et notes par O. Perler = SC 123). Paris 1966.
- *Vom Passa: die älteste christliche Osterpredigt* (übers., eingel. und kommentiert von J. Blank = Sophia 3). Freiburg i. Br. 1963.

Methodius von Olympus
Convivium decem virginum
- *Methodius von Olymp* (hrsg. von G. N. Bonwetsch = GCS 27). Leipzig 1917, 1–141.
- *Gastmahl oder die Jungfräulichkeit* (übers. L. Fendt = BKV² 2). Kempten; München 1911, 11–127 (271–397).

De resurrectione
- *Methodius von Olymp* (hrsg. von G. N. Bonwetsch = GCS 27). Leipzig 1917, 219–424.
- *From the Discourse on the Resurrection* (transl. by W. R. Clark = ANF 6). Buffalo NY 1886, 364–377.

Fragmenta in Iob (Methodius von Side?)
- *Methodius von Olymp* (hrsg. von G. N. Bonwetsch = GCS 27). Leipzig 1917, 511–519.

Minucius Felix
Octavius
- *M. Minuci Felicis Octavius* (ed. B. Kytzler = BiTeu). Leipzig 1982.

Miraculis sancti Stephani
- *Les miracles de saint Etienne: recherches sur le recueil pseudo-augustinien (BHL 7860–7861) avec édition critique, traduction et commentaire* (études du Groupe de recherches sur l'Afrique antique; réunies et éd. par J. Meyers = Hagiologia: études sur la sainteté en Occident 5). Turnhout 2006.

Nemesius von Emesa
De natura hominis
- *De natura hominis* (ed. M. Morani = BiTeu). Leipzig 1987.
- *Anthropologie* (übers. von E. Orth). Kaisersesch 1925.

Odae Salomonis
- *Oden Salomos: Text, Übersetzung, Kommentar*; 3 Bde. (ed. M. Lattke = NTOA 41). Freiburg/Schweiz 1999–2005.

ORIGENES
Commentarii in epistulam ad Romanos (Rufino interprete)
- *Commentarii in epistulam ad Romanos = Römerbriefkommentar* (übers. und eingel. von T. HEITHER = FC 2). Freiburg i. Br. 1990–1999.

Commentarii in Iohannem
- *Commentaire sur saint Jean*; 5 vol. (texte critique, avant-propos, traduction et notes par C. BLANC = SC 120bis.157.222.290.385). Paris 1970–1996.

Commentarius in canticum canticorum (Rufino interprete)
- *Commentaire sur le Cantique des cantiques*; 2 vol. (texte de la version latine de Rufin; introd., trad. et notes par L. BRÉSARD et H. CROUZEL, avec la collaboration de M. BORRET = SC 375.376). Paris 1991.

Commentarius in Matthaeum
- *Matthäuserklärung*; 3 Bde. (hrsg. unter Mitwirkung von E. BENZ von E. KLOSTERMANN = Origenes 10–12; GCS 38.40.41). Leipzig 1935–1968.
- *Der Kommentar zum Evangelium nach Mattäus*; 3 Bde. (eingel., übers. und mit Anmerkungen versehen von H. J. Vogt = BGrL Patristik 18.30.38). Stuttgart 1983-1993.

Contra Celsum
- *Acht Bücher gegen Celsus*; 2. Bde. (übers. von P. KOETSCHAU = Ausgewählte Schriften 2.3; BKV² 52.53). München 1926–1927.
- *Contre Celse*; 4 vol. (introd., texte critique, trad. et notes par M. BORRET = SC 132.136.147.150). Paris 1967–1969.
- *Contra Celsum = Gegen Celsus*; 5 Bde. (eingel. und kommentiert von M. FIEDROWICZ; übers. von C. BARTHOLD = FC 50). Freiburg i. Br. 2011–2012.

De principiis (Rufino interprete)
- *Vier Bücher von den Prinzipien = De Principiis libri IV* (hrsg., übers., mit kritischen und erläuternden Anmerkungen versehen von H. GÖRGEMANNS und H. KARPP = TzF 24). Darmstadt ³1992.

Disputatio cum Heraclide
- *Entretien d'Origène avec Héraclide* (introd., texte, trad. et notes de J. SCHERER = SC 67). Paris 1960.

Homiliae in Exodum (Hieronynio interprete)
- *Homélies sur l'Exode* (texte latin, introd., trad. et notes par M. BORRET = SC 321). Paris 1985.

Homiliae in Leviticum
- *Homélies sur le Lévitique*; 2 vol. (introd., texte critique, trad. et notes par M. BORRET = SC 286.287). Paris 1981.
- Homiliae in Leviticum (hg. von W. A. BAEHRENS = Origenes 6; GCS 29). Leipzig 1920, 280–507.

Homiliae in Lucam (Hieronynio interprete)
- *In Lucam homiliae = Homilien zum Lukasevangelium*; 2 Bde. (übers. und eingel. von H.-J. SIEBEN = FC 4). Freiburg i. Br. 1991–1992.

Homiliae in Numeros (Rufino interprete)
- *Homélies sur les Nombres*; 3 vol. (nouvelle édition par L. DOUTRELEAU; texte latin de W. A. BAEHRENS = SC 415.442.461). Paris 1996–2001.

Homiliae in Psalmos (Rufino interprete)
- *Homélies sur les psaumes 36 à 38* (texte critique établi par E. PRINZIVALLI; introd., trad., et notes par H. CROUZEL et L. BRÉSARD = SC 411). Paris 1995.

OVID (PUBLIUS OVIDIUS NASO)
Metamorphoses
- *Metamorphosen* (hrsg. und übers. von G. FINK = Sammlung Tusculum). Düsseldorf 2004.

PACHOMIUS
Vita Pachomii bohairica
- *Les vies coptes de Saint Pachôme et de ses premiers successeurs* (trad. française par L. Th. LEFORT = BMus 16). Louvain 1943.

PALLADIUS VON HELENOPOLIS
Historia Lausiaca
- *La Storia Lausiaca* (introd. di C. MOHRMANN; testo critico e commento a cura di G. J. M. BARTELINK; trad. di M. BARCHIESI = Scrittori greci e latini Vite dei Santi 2). Milano ⁴1990.

PASSION DER PERPETUA UND FELICITAS
- Text und Übersetzung: *Perpetua und der Ägypter, oder Bilder des Bösen im frühen afrikanischen Christentum: ein Versuch zur Passio sanctarum Perpetuae et Felicitatis* (P. HABERMEHL = TU 140). Berlin 1995, 5–29.

PAUSANIAS
Descriptio Graeciae
- *Description de la Grèce* (texte établi par M. CASEVITZ; trad. par J. POUILLOUX; commenté par F. CHAMOUX = CUFr Série grecque). Paris 1992.

PETRUS CHRYSOLOGUS
Sermones CLXXVI [= Collectio Feliciana]
- *Sancti Petri Chrysologi collectio sermonum a Felice episcopo parata, sermonibus extravagantibus adiectis*; 2 vol. (cura et studio A. OLIVAR = CChr.SL 24). Turnhout 1975, 1981.
- *Des heiligen Petrus Chrysologus Erzbischofs von Ravenna ausgewählte Predigten* (aus dem Lateinischen übers. von G. BÖHMER = BKV² 43). München 1923.

Philon von Alexandrien
De cherubim
- De cherubim: *Opera 1* (ed. L. Cohn et P. Wendland). Repr. Berlin 1962, 1–60.
- Über die Cherubim: *Philo von Alexandria: die Werke in deutscher Übersetzung* Bd. 3 (hrsg. von L. Cohn, I. Heinemann, M. Adler und W. Theiler). Berlin ²1962, 167–206.
- *De cherubim* (introd., trad. et notes par J. Gorez = Les œuvres de Philon d'Alexandrie 3). Paris 1963.

De sacrificiis Abelis et Cainis
- Über die Opfer Abels und Kains: *Philo von Alexandria: die Werke in deutscher Übersetzung* Bd. 3 (hrsg. von L. Cohn und I. Heinemann). Berlin ²1962, 207–265.
- De sacrificiis Abelis et Caini, In: *Opera 1* (ed. L. Cohn et P. Wendland). Berlin ²1962.
- *De sacrificiis Abelis et Caini* (introd., trad. et notes par A. Méasson = Les œuvres de Philon d'Alexandrie 4). Paris 1966.

De vita contemplativa
- *De vita contemplativa* (introd. et notes de F. Daumas; trad. de P. Miquel = Les œuvres de Philon d'Alexandrie 29. Paris 1963 (dépôt légal 1964).
- Über das betrachtende Leben: *Philo von Alexandria: die Werke in deutscher Übersetzung* Bd. 7 (hrsg. von L. Cohn und I. Heinemann). Berlin ²1964, 44–70.

Legatio ad Gaium
- Gesandtschaft an Caligula: *Philo von Alexandria: die Werke in deutscher Übersetzung* Bd. 7 (hrsg. von L. Cohn und I. Heinemann). Berlin ²1962, 166–267.
- *Legatio ad Caium* (introd., trad. et notes par A. Pelletier = Les œuvres de Philon d'Alexandrie 32). Paris 1972.

Legum allegoriae
- Allegorische Erklärung des heiligen Gesetzbuches: *Philo von Alexandria: die Werke in deutscher Übersetzung* Bd. 3 (hrsg. von L. Cohn und I. Heinemann). Berlin ²1962, 3–166.
- *Legum allegoriae: I–III* (introd., trad. et notes par C. Mondésert = Les œuvres de Philon d'Alexandrie 2). Paris 1962.

Philostorgius
Historia ecclesiastica
- *Kirchengeschichte: mit dem Leben des Lucian von Antiochien und den Fragmenten eines arianischen Historiographen* (hrsg. von J. Bidez = GCS 21). Berlin ³1981.

Phoebadius von Agen
Liber contra Arianos
- *Contra Arianos = Streitschrift gegen die Arianer* (übers. und eingel. von J. Ulrich = FC 38). Freiburg i. Br. 1999.
- *Foebadi Aginnensis Liber contra Arrianos* (cura et studio R. Demeulenaere = CChr.SL 64). Turnholti 1985.

Physiologus
- *Der Physiologus* (übertr. und erläutert von O. Seel = Lebendige Antike). Zürich ²1960.
- *Physiologus* (ed. F. Sbordone). Hildesheim ²1991.

Platon
Gorgias
- *Gorgias; Ménon* (texte établi et trad. par A. Croiset; avec la collaboration de L. Bodin = Œuvres complètes de Platon; CUFr Série grecque 14). Paris 1984.
- *Gorgias* (Übers. und Kommentar von J. Dalfen = Werke / Platon Bd. 6, 3). Göttingen 2004.

Phaidros
- *Euthyphro Apology Crito Phaedo Phaedrus* (with an English transl. by H. N. Fowler = Plato in twelve volumes 1; LCL 36). Cambridge MA 1982.
- *Timée; Critias* (texte établi et trad. par A. Rivaud = Œuvres complètes de Platon; CUFr Série grecque 10/30). Paris ⁶1985.
- *Phèdre* (texte établi par C. Moreschini et trad. par P. Vicaire = Œuvres complètes de Platon; CUFr Série grecque 4/3/302). Paris ²1985.

Protagoras
- *Protagoras* (with an English transl. by W. R. M. Lamb = Plato in twelve volumes 2; LCL 165). Cambridge MA 1977.

Symposion
- *Symposion: griechisch-deutsch* (übers. von R. Rufener = Sammlung Tusculum). Düsseldorf 2002.

Timaios
- *Timaios: griechisch-deutsch* (hrsg., übers., mit einer Einl. und mit Anmerkungen versehen von H. G. Zekl = Philosophische Bibliothek 444). Hamburg 1992.
- *Timée; Critias* (texte établi et trad. par A. Rivaud = Œuvres complètes de Platon; CUFr Série grecque 10/30). Paris ⁶1985.

Plinius der Ältere (Gaius Plinius Secundus)
Naturalis historia
- *C. Plini Secundi Naturalis historiae libri XXXVII*; 6 vol. (post L. Iani obitum recognovit et scripturae discrepantia adiecta ed. C. Mayhoff). Repr. Stutgardiae 1967–1970.
- *Naturalis historia = Naturkunde*; 32 Bde. (hrsg. und übers. von R. König in Zusammenarb. mit G. Winkler [et al.] = Tusculum). Düsseldorf 1973–2004.

Plutarch
Conjugalia praecepta (Moralia 138A–146A)
- Advice to Bride and Groom: *Plutarch's Moralia 2* (with a transl. by F. C. Babbitt = LCL 222). Cambridge MA; London 1962, 298–342.

Quaestiones convivales (Moralia 612C–771E)
- *Table-Talk* (with an English transl. by P. A. CLEMENT, H. B. HOFFLEIT = Plutarch's Moralia 8; LCL 424). London 1969.
- *Table-Talk* (with an English transl. by E. L. MINAR, JR., F. H. SANDBACH, W. C. HELMBOLD = Plutarch's Moralia 9; LCL 425). London 1969.
- *Quaestiones convivales* (recensuerunt et emendaverunt W. NACHSTÄDT, W. SIEVERING [et al.] = Plutarchi Moralia 4; BiTeu). Leipzig ²1971.
- *Conversazioni a tavola*; 4 vol. (introd., testo critico, trad. e commento a cura di A. M. SCARCELLA [et al.] = Corpus Plutarchi Moralium 28/34–36). Napoli 1998.

Quaestiones romanae (Moralia 263D–291C)
- Quaestiones Romanae: *Plutarch's Moralia 4* (with an English transl. by F. C. BABBITT [et al.] = LCL 4). London; Cambridge MA 1972, 6–173.

Vitae parallelae: Lycurgus et Numa
- Lycurgus and Numa: *Plutarch's Lives 1* (with an English transl. by B. PERRIN = LCL 46). Repr. London; Cambridge MA 1982, 203–402.

POLYKARP VON SMYRNA
Epistula ad Philippenses
- Der Brief des Polykarp von Smyrna: *Die apostolischen Väter 2* (H. PAULSEN = HNT 18). Tübingen ²1985, 111–126.
- *Die apostolischen Väter* (neu übers. und hrsg. von A. LINDEMANN und H. PAULSEN, auf der Grundlage der Ausgabe von F. X. FUNK/K. BIHLMEYER und M. WHITTAKER; mit Übers. von M. DIBELIUS und D.-A. KOCH). Tübingen 1992, 244–257.

POMPONIUS MELA
De chorographia
- *Kreuzfahrt durch die alte Welt* (zweisprachige Ausgabe von K. BRODERSEN). Darmstadt 1994.

PORPHYRIUS
De cultu simulacrorum fragmenta
- Fragments: *Vie de Porphyre: le philosophe néo-platonicien* (J. BIDEZ = Recueil de travaux publiés par la Faculté de philosophie et lettres / Université de Gand 43). Hildesheim ²1980.

PROCLUS VON KONSTANTINOPEL
Homilia 33: In sanctum apostolum Thomam
- *L'homilétique de Proclus de Constantinople: tradition manuscrite, inédits, études connexes* (éd. F. J. LEROY = Studi e testi 247). Città del Vaticano 1967, 230–251.

Prudentius, Aurelius Clemens
Carmina
- *Aurelii Prudentii Clementis carmina* (cura et studio M. P. Cunningham = CChr.SL 126). Turnholti 1966.

Contra Symmachum
- *Contra Symmachum = Gegen Symmachus* (übers. und eingel. von H. Tränkle = FC 85). Turnhout 2008.

Qumran
- *Qumrân Cave 4/1* (J. M. Allegro with the collaboration of A. A. Anderson = Discoveries in the Desert of Jordan 5). Oxford 1968.

Quoduultdeus
Sermo I: De symbolo I
- *Opera Quodvultdeo Carthaginiensi espiscopo tributa* (ed. R. Braun = CChr.SL 60). Turnholti 1976, 305–334.

Rabbinische Literatur
Mischna
- *Gittin = Scheidebriefe* (Text, Übers. und Erklärung nebst einem textkritischen Anhang von D. Correns = Die Mischna 3/5). Berlin; New York 1991.
- *Nidda = Unreinheit der Frau* (Text, Übers. und Erklärung nebst einem textkritischen Anhang von B. Z. Barslai = Die Mischna 6/7). Giessen 1980.
- *Naschim* (übers. und erkl. von M. Petuchowski und S. Schlesinger = Mischnajot: die sechs Ordnungen der Mischna 3). Basel 1968.

Jerusalemer Talmud
- *Qiddushin = Antrauung* (übers. von H.-P. Tilly = Der Jerusalemer Talmud in deutscher Übersetzung 3/7). Tübingen 1995.
- *Shabbat = Schabbat* (übers. von F. G. Hüttenmeister = Übersetzung des Talmud Yerushalmi 2/1). Tübingen 2004.
- *Gittin = Scheidebriefe* (übers. von B. Rebiger = Übersetzung des Talmud Yerushalmi 3/5). Tübingen 2008.
- *Nidda = Die Menstruierende* (übers. von M. Morgenstern = Übersetzung des Talmud Yerushalmi 6/1). Tübingen 2006.

Babylonischer Talmud
- *Berakhoth. Mišnah Zeraîm. Šabbath* (nach der ersten zensurfreien Ausgabe unter Berücksichtigung der neueren Ausgaben und handschriftlichen Materials neu übertr. durch L. Goldschmidt = Der Babylonische Talmud 1). Berlin 1929.
- *Jabmuth, Kethubot, Nedarim* (nach der ersten zensurfreien Ausgabe unter Berücksichtigung der neueren Ausgaben und handschriftlichen Materials neu übertr. durch L. Goldschmidt = Der Babylonische Talmud 4). Berlin 1933.

- *Kethuboth. Nedarim. Nazir* (nach der ersten zensurfreien Ausgabe unter Berücksichtigung der neueren Ausgaben und handschriftlichen Materials neu übertr. durch L. GOLDSCHMIDT = Der Babylonische Talmud 5). Berlin 1931.
- *Sota. Gittin. Qiddušin* (nach der ersten zensurfreien Ausgabe unter Berücksichtigung der neueren Ausgaben und handschriftlichen Materials neu übertr. durch L. GOLDSCHMIDT = Der Babylonische Talmud 6). Berlin 1932.
- *Temura. Kerethoth. Meîla. Tamid. Middoth. Qinnim. Nidda. Mišna taharuth* (nach der ersten zensurfreien Ausgabe unter Berücksichtigung der neueren Ausgaben und handschriftlichen Materials neu übertr. durch L. GOLDSCHMIDT = Der Babylonische Talmud 12). Berlin 1936.

REGULA MAGISTRI
- *La Règle du Maître*; 3 vol. (introd., texte, trad. et notes par A. DE VOGÜE = SC 105–107). Paris 1964–1965.

RUFIN VON AQUILEIA
Apologia (contra Hieronymum)
- *Apologia (contra Hieronymum)* (ed. M. SIMONETTI = CChr.SL 20). Turnhout 1961, 19–123.

Expositio symboli
- Spiegazione del simbolo: *Rufino di Concordia Scritti vari – Tyrannii Rufini Scripta varia* (M. SIMONETTI = Scrittori della Chiesa di Aquileia 5/2). Roma 2000.
- Erklärung des apostolischen Symbolums: *Commentar zum Apostol. Glaubensbekenntniss* (übers. von G. BRÜLL = BKV[1] 43). Kempten 1876, 19–85.

SCHENUTE VON ARTRIPE
Canones (Fragmentum P. Vindob. K. 9223)
- *Coptic manuscripts from the White Monastery: Works of Shenute* (by D. W. YOUNG = MPSW Papyrus Erzherzog Rainer NS 22). Wien 1993.

SCRIPTURA GNOSTICA ET APOCRYPHA siehe APOCRYPHA ET GNOSTICA

SCRIPTURA SACRA
Biblia coptica
- *The Coptic (sahidic) Version of Kingdoms I, II (Samuel I, II)* (ed. and transl. by J. DRESCHER = CSCO 313, CSCO.C 35). Louvain 1970.

Biblia germanica
- *Lutherbibel: Bibeltext in der revidierten Fassung von 1984* (hrsg. von der Evangelischen Kirche in Deutschland). Stuttgart 2007.
- *Die Bibel: Einheitsübersetzung d. Heiligen Schrift; Psalmen und Neues Testament, ökumen. Text* (hrsg. im Auftrag der Bischöfe Deutschlands). Stuttgart 1980.
- *Die Heilige Schrift* (aus dem Grundtext übers.; Elberfelder Bibel, revidierte Fassung). Wuppertal 1996.

Biblia hebraica
- *Biblia Hebraica Stuttgartensia* (quae antea cooperantibus A. ALT. ed. R. KITTEL. Adjuvantibus H. BARDTKE cooperantibus H. P. RÜGER et J. ZIEGLER ed. K. ELLIGER et W. RUDOLPH. Textum Masoreticum curavit H. P. RÜGER. Masoram elaboravit G. E. WELL, Ed. funditus renovata, ed. 5. emendata opera A. SCHENKER). Stuttgart ⁵1997.

Novum Testamentum Graece
- *Novum Testamentum Graece* (post E. et E. NESTLE, communiter ed. B. et K. ALAND [et al.]; apparatum criticum novis curis elaboraverunt B. et K. ALAND una cum Instituto studiorum textus Novi Testamenti Monasterii Westphaliae). Stuttgart ²⁷2006.

Septuaginta
- *Septuaginta Deutsch: das griechische Alte Testament in deutscher Übersetzung* (hrsg. von W. KRAUS [et al.]). Stuttgart 2009.
- *Septuaginta: id est Vetus Testamentum graece iuxta LXX interpretes*; 2 vol. (ed. A. RAHLFS). Stuttgart 1935.

SERVIUS DER GRAMMATIKER
Commentarius in Vergili Aeneidos
- *Aeneidos librorum comentarii*; 2 vol. (recensuerunt G. THILO et H. HAGEN = Servii grammatici qui feruntur in Vergilii carmina commentarii 1–2). Leipzig 1923.

SEXTUS EMPIRICUS
Pyrrhoniae hypotyposes
- *Outlines of pyrrhonism* (with an English transl. by R. G. BURY = LCL 273). Cambridge MA; London 1967.

SOPHRONIUS VON JERUSALEM
Homilia in Christi natalitia
- Weihnachtspredigt des Sophronios (H. USENER). In: *Rheinisches Museum für Philologie* N. F. 41 (1886), 500–516.
- Weihnachtspredigt des heiligen Sophronius? (B. STEIDLE) in: BenM 20 (1938), 417–428.

Vita s. Mariae aegyptiacae
- Sophronii Hierosolymitani vita Mariae aegyptiae (PG 87). Paris 1863, 3697–3725.

SORAN
Gynaecia
- *Maladies des femmes*; 2 vol. (texte établi, trad. et commenté par P. BURGUIÈRE, D. GOUREVITCH, Y. MALINAS = CUFr, Série grecque 365, 396). Paris 1988–2000.
- *Gynaeciorum libri IV, de signis fracturarum, de fasciis, vita Hippocratis secundum Soranum* (ed. J. ILBERG = CMG 4). Leipzig 1927.
- *Soranus' Gynecology* (transl. with an introd. by O. TEMKIN with the assistance of N. J. EASTMAN [et al.]). Baltimore 1991.

Vita Hippocratis
- Vita Hippocratis secundum Soranum: *Der Arzt im Altertum: griechische und lateinische Quellenstücke von Hippokrates bis Galen mit der Übertragung ins Deutsche* (hrsg. von W. MÜRI, mit einer Einführung von H. GRENSEMANN = Tusculum). Darmstadt ⁵1986, 44-50.

SOZOMENOS
Historia ecclesiastica
- *Historia ecclesiastica* = Kirchengeschichte (übers. und eingel. von G. C. HANSEN = FC 73). Turnhout 2004.
- *Histoire ecclésiastique*; 2 vol. (texte grec de l'éd. de J. BIDEZ et G. C. HANSEN (GCS); introd. et annotation par G. SABBAH; trad. par A.-J. FESTUGIÈRE et B. GRILLET = SC 495.516). Paris 2005-2008.
- *Kirchengeschichte* (hrsg. von J. BIDEZ, eingel., zum Druck besorgt und mit Registern versehen von G. C. HANSEN = GCS NF 4). Berlin ²1995.

SUDA
- *Suidae Lexicon*; 5 vol. (ed. A. ADLER = Lexicographi Graeci I 1-5). Repr. Leipzig 1967-1971.

TACITUS, PUBLIUS CORNELIUS
Annales
- *Annalen* (hrsg. von E. HELLER; mit einer Einführung von M. FUHRMANN = Sammlung Tusculum). Mannheim ⁶2010.

TATIAN
Oratio ad Graecos
- *Oratio ad Graecos: and fragments* (ed. and transl. by M. WHITTAKER = OECT). Oxford 1982.
- Rede an die Bekenner des Griechentums: *Frühchristliche Apologeten und Märtyrerakten 1* (übers. von R. C. KUKULA = BKV² 12). Kempten; München 1913, 195-257.

TERTULLIAN (QUINTUS SEPTIMIUS FLORENS)
Ad Scapulam
- Ad Scapulam: *Tertulliani opera* (ed. E. DEKKERS = CChr.SL 2). Turnholt 1954, 1125-1132.

Adversus Iudaeos
- *Adversus Iudaeos* = Gegen die Juden (übers. und eingel. von R. HAUSES = FC 75). Turnhout 2007.

Adversus Marcionem
- *Contre Marcion*; 3 vol. (introd., texte critique, trad. et notes par R. BRAUN = SC 365.368.399). Paris 1990-1994.
- *Adversus Marcionem* (ed. and transl. by E. EVANS = OECT). Oxford 1972.

Adversus Praxean
- *Adversus Praxean = Gegen Praxeas. Im Anhang: Contra Noëtum = Gegen Noët* (übers. und eingel. von H.-J. SIEBEN = FC 34). Freiburg i. Br. 2001.

Adversus Valentinianos
- *Contre les Valentiniens*; 2 vol. (éd. et trad. par J.-C. FREDOUILLE = SC 280.281). Paris 1980–1981.

Apologeticum
- Apologeticum: *Tertulliani opera* (ed. E. DEKKERS = CChr.SL 2). Turnholt 1954, 77–171.

De anima
- *De anima* (ed. with introd. and commentary by J. H. WASZINK). Amsterdam 1947.
- *Über die Seele* (eingel., übers. und erläutert von J. H. WASZINK = Werke des Q. Septimius Florens Tertullianus; BAW.AC 1). Zürich 1980.

De baptismo
- De baptismo: *Tertulliani opera* (ed. J. W. P. BORLEFFS = CChr.SL 2). Turnholt 1954, 277–295.

De carne Christi
- *La chair du Christ*; 2 vol. (introd., texte critique, traduction et commentaire par J.-P. MAHÉ = SC 216.217). Paris 1975.
- De carne Christi: *Tertulliani opera* (ed. E. KROYMANN = CChr.SL 2). Turnholt 1954, 871–891.
- Über den Leib Christi: *Tertullians sämtliche Schriften 2* (übers. von K. A. H. KELLNER). Köln 1882, 378–416.
- *Tertullian's Treatise on the incarnation* (the text ed. with an introd., transl., and commentary by E. EVANS). London 1956.

De corona
- De corona: *Tertulliani opera* (ed. E. KROYMANN = CChr.SL 2). Turnholt 1954, 1037–1066.
- Vom Kranze des Soldaten: *Tertullians ausgewählte Schriften 2* (übers. von K. A. H. KELLNER = BKV² 24). Kempten; München 1915, 230–263.

De ieiunio adversus psychicos
- De ieiunio adversus psychicos: *Tertulliani opera* (ed. A. REIFFERSCHEID, G. WISSOWA = CChr.SL 2). Turnholt 1954, 1255–1277.

De monogamia
- De Monogamia (ed. V. BULHART = CSEL 76). Wien 1957, 44–78.

De paenitentia
- *La pénitence* (introd., texte critique, trad. et commenté de C. MUNIER = SC 316). Paris 1984.
- De paenitentia: *Tertulliani opera* (ed. J. W. P. BORLEFFS = CChr.SL 2). Turnholt 1954, 140–170.

De resurrectione carnis
- *Tertullian's Treatise on the resurrection = Q. Septimii Florentis Tertulliani De resurrectione carnis liber* (the text ed. with an introd., transl., and commentary by E. EVANS). London 1960.

De virginibus velandis
- De virginibus velandis: *Tertulliani opera* (ed. E. DEKKERS = CChr.SL 2). Turnholt 1954, 1207–1226.
- *Le voile des vierges* (introd. et commentaire par E. SCHULZ-FLÜGEL, adaptés par P. MATTEI, texte critique par E. SCHULZ-FLÜGEL, trad. par P. MATTEI = SC 424). Paris 1997.

Scorpiace
- Scorpiace: *Tertulliani opera* (ed. A. REIFFERSCHEID, G. WISSOWA = CChr.SL 2). Turnholt 1954, 1067–1098.

TERTULLIAN, PSEUDO
Adversus omnes harerses
- Adversus omnes haereses: *Tertulliani opera* (ed. E. KROYMANN = CChr.SL 2). Turnholt 1954, 1401–1410.

THEODORET VON CYRUS
Eranistes
- *Eranistes* (critical text and prolegomena by G. H. ETTLINGER). Oxford 1975.
- Dialogues: *The Ecclestical History, Dialogues and Letters* (transl. with notes by B. JACKSON = PNF 3). Repr. Buffalo NY 1969, 160–249.

Historia ecclesiastica
- *Theodoret Kirchengeschichte* (ed. L. PARMENTIER; G. C. HANSEN = GCS.NF 5). Berlin³1998.
- *Kirchengeschichte* (übers. A. SEIDER = BKV² 51). München 1926, 1–331.

Quaestiones et responsiones ad orthodoxos
- Ѳеодорита епископа киррскаго отвѣты на вопросы, обращенные къ нему некоторыми египетскими епископами = Θεοδωρήτου ἐπισκόπου πόλεως Κύρρου πρὸς τὰς ἐπενεχθείσας αὐτῷ ἐπερωτήσεις παρά τινος τὸν ἐξ Αἰγύπτου ἐπίσκοπον ἀποκρίσεις (ὑπὸ A. PAPADOPOÚLOU KERAMÉO = Subsidia Byzantina lucis ope iterata 13). Leipzig 1975.

THEOPHIL VON ALEXANDRIEN
Epistula synodica ad Palaestinos et ad Cyprios episcopos (latine) [= Hieronymus: Epistula 92]
- Epistula 92: *Sancti Eusebii Hieronymi epistulae* (ed. I. HILBERG = S. Eusebii Hieronymi opera; CSEL 55). Wien 1996, 147–155.

THEOPHYLACTUS, ERZBISCHOF VON BULGARIEN
Expositio in epistulam ad Hebraeos
- Expositio in epistulam ad Hebraeos: *Theophylacti opera 3* (PG 125). Paris 1864, 186–404.

THOMAS VON AQUIN
Summa theologiae
- *Die deutsche Thomas-Ausgabe: vollständige, ungekürzte deutsch-lateinische Ausgabe der „Summa theologica"*, 34 Bde. (kommentiert von J. GRONER; hrsg. vom Katholischen Akademikerverband [dann] von der Albertus-Magnus-Akademie Walberberg bei Köln). Graz; Wien 1933ff.

TITUS VON BOSTRA
Homiliae in Lucam (Fragmenta)
- *Titus von Bostra, Studien zu dessen Lukashomilien* (von J. SICKENBERGER = TU 21, 1). Leipzig 1901.

TOLEDOT JESCHU
- *Das Leben Jesu nach jüdischen Quellen* (von S. KRAUSS). Hildesheim 1977.

TRADITIO APOSTOLICA
- Traditio apostolica: *Didache, Traditio apostolica = Zwölf-Apostel-Lehre, Apostolische Überlieferung* (übers. und eingel. von W. GEERLINGS = FC 1). Freiburg i. Br. 1991, 211–313.

VALERIUS MAXIMUS
Facta et dicta memorabilia
- *Memorable doings and sayings*; 2 vol. (ed. and transl. by D. R. SHACKLETON BAILEY = LCL 492.493). Cambridge MA 2000.

VARRO, MARCUS TERENTIUS
Res rusticae
- *Economie rurale*; 3 vol. (Texte établi, trad. et commenté par J. HEURGON et Ch. GUIRAUD = CUFr Série latine). Paris 1978–1997.

VERGIL (PUBLIUS VERGILIUS MARO)
Georgica
- *Landleben* (ed. J. und M. GÖTTE = Sammlung Tusculum). München ⁵1987.

ZENO VON VERONA
Tractatus
- *Zenonis Veronensis Tractatus* (ed. B. LÖFSTEDT = CChr.SL 22). Turnholti 1971.

Literatur

ABRAMOWSKI, LUISE: Peripatetisches bei späten Antiochenern. In: ZKG 79 (1968), 58–362.

ACCATTINO, PAOLO: Galeno e la riproduzione animale. Analisi del ‚De semine'. In: ANRW II, 37, 2 (1994), 1856–1886.

AGAËSSE, PAUL: *L'anthropologie chrétienne selon Saint Augustin: image, liberté, péché et grâce* (Travaux et conférences du Centre Sèvres: Philosophie/Patristique 1). Paris 2004.

ALBINUS, LARS: Greek δαίμων. In: *Die Dämonen: die Dämonologie der israelitisch-jüdischen und frühchristlichen Literatur im Kontext ihrer Umwelt = Demons: the demonology of Israelite-Jewish and early Christian literature in context of their environment*. Tübingen 2003, 425–446.

ALDAMA, JOSÉ ANTONIO DE: *Virgo Mater. Estudios de teología patristica* (Biblioteca teologica Granadina 7). Granada 1963.

AMUNDSEN, DARREL W.: Medicine and Faith in Early Christianity. In: Bulletin of the History of Medicine 56 (1982), 326–350.

–––: *Medicine, society, and faith in the ancient and medieval worlds*. Baltimore 1996.

–––; FERNGREN, GARY B.: Medicine and Christianity in the Roman Empire: Compabilities and Tensions. In: ANRW II, 37, 3 (1996), 2957–2980.

–––; FERNGREN, GARY B.: The Perception of Disease and Disease Casuality in the New Testament. In: ANRW II, 37, 3 (1996), 2934–2956.

ANDRESEN, CARL: *Logos und Nomos: die Polemik des Kelsos wider das Christentum* (AKG 30). Berlin 1955.

ARBESMANN, RUDOLPH: The Concept of ‚Christus medicus' in St. Augustinus. In: Traditio 10 (1954), 1–28.

ASPEGREN, KERSTIN; KIEFFER, RENÉ: *The male woman: a feminine ideal in the Early Church* (Uppsala women's studies. A. Women in religion 4). Stockholm 1990.

AUDET, JEAN-PAUL: Affinités littéraires et doctrinale du Manuel de discipline. In: RB 60 (1953), 41–82.

AUNE, DAVID E.: Magic in Early Christianity. In: ANRW II, 23, 2 (1979), 1507–1557.

BACHT, HEINRICH: *Pachomius: der Mann und sein Werk* (Das Vermächtnis des Ursprungs: Studien zum frühen Mönchtum Studien zur Theologie des geistlichen Lebens 2, 8). Würzburg 1983.

BALDWIN, BARRY: Aspects of the Suda. In: Byz. 76 (2006), 11–31.

BALME, DAVID M.: Art. Zeugungslehre. In: LAW 3 (1990), 3331–3333.

–––: Ἄνθρωπος ἄνθρωπον γεννᾷ: Human is Generated by Human. In: *The human embryo: Aristotle and the Arabic and European traditions*. Exeter Devon 1990, 20–31.

BALTES, MATTHIAS: *Apuleius, De deo Socratis = über den Gott des Sokrates* (Sapere 7). Darmstadt 2004.

BALZ, HORST R.: Art. Salome. In: EWNT 3 (1983), 539.

BARDENHEWER, OTTO: *Mariä Verkündigung. Ein Kommentar zu Lukas 1, 26–38* (BSt(F) 10 H. 5). Freiburg i. Br.; Basel 1905.

BAUER, WALTER: *Die Briefe des Ignatius von Antiochia und der Polykarpbrief* (Die apostolischen Väter 2, HNT 18). Tübingen 1920.

BAUER, WALTER; ALAND, KURT: *Griechisch-deutsches Wörterbuch zu den Schriften des Neuen Testaments und der frühchristlichen Literatur*. Berlin⁶1988.

BAUMSTARK, ANTON: *Geschichte der syrischen Literatur: mit Ausschluss der christlich-palästinensischen Texte*. Bonn 1922.

BAUTZ, FRIEDRICH WILHELM: Art. Bonosus. In: BBKL 1 (1990), 697.

BÉATRICE, PIER FRANCO: L'union de l'âme et du corps. Némésius d'Émèse lecteur de Porphyre. In: BOUDON-MILLOT, VÉRONIQUE; POUDERON, BERNARD (Éds.): *Les Pères de l'Église face à la science médicale de leur temps* (ThH 117). Paris 2005, 253–285.

BEAUCAMP, JOËLLE: *Le statut de la femme à Byzance: (4ᵉ–7ᵉ siècle) 1, Le droit impérial* (Travaux et mémoires du Centre de recherche d'histoire et Civilisation de Byzance, Collège de France. Monographies 5). Paris 1990.

BEINERT, WOLFGANG; RADL, WALTER: Art. Jungfrauengeburt. In: RGG 4 (2004), 705–707.

BENDER, DIETRICH: *Untersuchungen zu Nemesius von Emesa*. Leipzig 1898.

BENKO, STEPHEN: *The virgin goddess: studies in pagan and Christian roots of mariology* (SHR 59). Leiden; New York 1993.

BENOÎT, ANDRÉ: Saint Irénée: introduction à l'étude de sa théologie. In: EHPhR 52 (1960).

BERGER, KLAUS; COLPE, CARSTEN: *Religionsgeschichtliches Textbuch zum Neuen Testament* (TNT 1). Göttingen; Zürich 1987.

BERTRAND, DANIEL A.: Le Christ comme ver. A propos du Psaume 22 (21), 7. In: MARAVAL, PIERRE (Éd.): *Le Psautier chez les Pères* (CbiPa). Strassbourg 2004, 221–234.

BLANCHARD, YVES-MARIE: Le Christ médecin et la relecture augustinienne du prologue johannique. In: BOUDON-MILLOT, VÉRONIQUE; POUDERON, BERNARD (Éds.): *Les Pères de l'Église face à la science médicale de leur temps* (ThH 117). Paris 2005, 477–495.

BOCHET, ISABELLE: Maladie de l'âme et thérapeutique scripturaire selon Augustin. In: BOUDON-MILLOT, VÉRONIQUE; POUDERON, BERNARD (Éds.): *Les Pères de l'Église face à la science médicale de leur temps* (ThH 117). Paris 2005, 379–400.

BOER, ESTHER ADELHEID DE: *Mary Magdalene: beyond the myth*. London 1997.

———: *The Gospel of Mary: beyond a Gnostic and a Biblical Mary Magdalene* (JSNT.S 260). London 2004.

BONNER, GERALD: Art. Concupiscentia. In: AugL 1 (1986), 1113–1122.

BØRRESEN, KARI ELISABETH: *Subordination et équivalence: nature et rôle de la femme d'après Augustin et Thomas d'Aquin*. Oslo; Paris 1968.

———: *The image of God: gender models in Judaeo-Christian tradition*. Minneapolis MN 1995.

———; NORDERVAL, ØYVIND: *From patristics to matristics: selected articles on Christian gender models*. Roma 2002.

BOSCHERINI, SILVANO: La medicina in Catone e Varrone. In: ANRW II, 37, 1 (1993), 729–755.

BOUDON-MILLOT, VÉRONIQUE: De l'homme et du singe chez Galien et Némésius d'Émèse. In: BOUDON-MILLOT, VÉRONIQUE; POUDERON, BERNARD (Éds.): *Les Pères de l'Église face à la science médicale de leur temps* (ThH 117). Paris 2005, 73–88.

———; POUDERON, BERNARD (Éds.): *Les Pères de l'Église face à la science médicale de leur temps. Actes du 3ᵉ Colloque d'études patristiques, Paris, 9–11 septembre 2004 organisé par l'Institut catholique de Paris et l'Université de Tours avec la participation de l'UMR-CNRS 8062 Médecine grecque* (ThH 117). Paris 2005.

BOULNOIS, MARIE-ODILE: L'union de l'âme et du corps comme modèle christologique, de Némésius d'Émèse à la controverse nestorienne. In: BOUDON-MILLOT, VÉRONIQUE; POUDERON, BERNARD (Éds.): Les Pères de l'Église face à la science médicale de leur temps (ThH 117). Paris 2005, 451–475.

BOVON, FRANÇOIS: La suspension du temps dans le Protévangile de Jacques. In: Révélations et écritures: Nouveau Testament et littérature apocryphe chrétienne: recueil d'articles (Le monde de la Bible 26). Genève 1993, 253–270.

BOYLAN, MICHAEL: The Galenic and Hippocratic Challenges to Aristotele's Conception Theory. In: Journal of the History of Biology 17 (1984), 83–112.

BRACHT, KATHARINA: Vollkommenheit und Vollendung: zur Anthropologie des Methodius von Olympus (STAC 2). Tübingen 1999.

BRANDENBURGER, EGON: Fleisch und Geist: Paulus und die dualistische Weisheit (WMANT 29). Neukirchen-Vluyn 1968.

BRANDT, SAMUEL: Über die Quellen von Laktanz' Schrift De opificio Dei. In: WSt 13 (1891), 255–292.

BRANKAER, JOHANNA: L'ironie de Jésus dans le logion 114 de l'« Évangile de Thomas ». In: Apocrypha 16 (2005), 149–162.

BRECKWOLDT, MEINERT: Fehlbildungen der weiblichen Genitalorgane und der Mamma. In: DERS.; PFLEIDERER, ALBRECHT; KAUFMANN, MANFRED (Ed.): Gynäkologie und Geburtshilfe. Stuttgart 2008, 26–32.

BREITENBACH, ALFRED: Wer christlich lebt, lebt gesund. Medizinische und physiologische Argumentation im „Paidagogos" des Klemens von Alexandrien. In: JAC 45 (2002), 24–49.

BROCK, ARTHUR JOHN: Greek Medicine: being extracts illustrative medical writers from Hippocrates to Galen. New York 1977.

BROCKMANN, CHRISTIAN (Ed.): Antike Medizin im Schnittpunkt von Geistes- und Naturwissenschaften: Internationale Fachtagung aus Anlass des 100-jährigen Bestehens des Akademienvorhabens Corpus Medicorum Graecorum/Latinorum (Beiträge zur Altertumskunde 255). Berlin 2009.

BROEK, ROELOF VAN DEN: The Myth of the Phoenix according to classical and early Christian traditions (EPRO 24). Leiden 1972.

BROSCH, HERMANN JOSEPH; HASENFUSS, JOSEF (Ed.): Jungfrauengeburt gestern und heute (MSt 4). Essen 1969.

BROWN, PETER: Die Keuschheit der Engel: sexuelle Entsagung, Askese und Körperlichkeit am Anfang des Christentums (dtv 4627). München 1994.

BROWN, RAYMOND EDWARD: The virginal conception and bodily Resurrection of Jesus. New York 1973.

———: The birth of the Messiah: a commentary on the infancy narratives in Matthew and Luke (A Doubleday Image book. Religion). Garden City; New York 1979.

———; MOLONEY, FRANCIS J.: An introduction to the Gospel of John (AncB). New Haven 2010.

Brox, Norbert: „Doketismus" – eine Problemanzeige. In: ZKG 95 (1984), 301–315.

———: *Der Hirt des Hermas* (KAV 7). Göttingen 1991.

Brunschön, Wolfram: Gleichheit der Geschlechter? Aspekte der Zweisamentheorie im Corpus Hippocraticum und ihrer Rezeption. In: Brockmann, Christian (Ed.): *Antike Medizin im Schnittpunkt von Geistes- und Naturwissenschaften: Internationale Fachtagung aus Anlass des 100-jährigen Bestehens des Akademienvorhabens Corpus Medicorum Graecorum/Latinorum* (Beiträge zur Altertumskunde 255). Berlin 2009, 173–190.

Buckley, Jorunn Jacobsen: An Interpretation of Logion 114 in „The Gospel of Thomas". In: NT 27 (1985), 245–272.

Budge, Ernest A. Th. W.: *The history of the Blessed Virgin Mary. The history of the likeness of Christ* (Luzac's semitic text and translation series 4–5). New York 1976.

Büllesbach, Claudia: *Maria Magdalena in der frühchristlichen Überlieferung Historie und Deutung*. Hamburg 2006.

Burger, Christoph: *Jesus als Davidssohn: eine traditionsgeschichtliche Untersuchung* (FRLANT H. 98). Göttingen 1970.

Burgsmüller, Anne: *Die Askeseschrift des Pseudo-Basilius: Untersuchungen zum Brief „Über die wahre Reinheit in der Jungfräulichkeit"* (STAC 28). Tübingen 2005.

Burguière, Paul; Gourevitch, Danielle; Malinas, Yves: *Soranos d'Éphèse: Maladies des femmes* (CUFr Série grecque 365, 396). Paris 1988–2000.

Bürsgens, Wolfgang: *Cassiodor, Institutiones divinarum et saecularium litterarum = Einführung in die geistlichen und weltlichen Wissenschaften* (FC 39, 1). Freiburg i. Br.; Basel 2003.

Butterweck, Christel: Art. Tertullian. In: TRE 33 (2001), 93–107.

Cadbury, Henry J.: The Ancient Physiological Notions underlying John I:13 and Heb XI:11. In: Exp. 9/2 (1924), 430–439.

Campenhausen, Hans von: Das Martyrium des Zacharias. Seine früheste Bezeugung im zweiten Jahrhundert. In: HJ 77 (1957), 383–386.

———: *Die Jungfrauengeburt in der Theologie der alten Kirche* (SSHAW.PH 1962/3). Heidelberg 1962.

Cancik, Hubert: Römische Dämonologie (Varro, Apuleius, Tertullian). In: *Die Dämonen: die Dämonologie der israelitisch-jüdischen und frühchristlichen Literatur im Kontext ihrer Umwelt = Demons: the demonology of Israelite-Jewish and early Christian literature in context of their environment*. Tübingen 2003, 447–462.

Cantalamessa, Raniero: *La cristologia di Tertulliano* (Paradosis 18). Friburgo/Svizzera 1962.

———: La primitive esegesi cristologica di Rom. 1, 34 e Lc 1, 35. In: RSLR 2 (1966), 69–80.

Capelle, Wilhelm: Das Problem der Urzeugung bei Aristoteles und Theophrast und in der Folgezeit. In: RMP 98 (1955), 150–180.

Clédat, Jean: Nouvelles recherches à Baouît (Haute-Égypte). Campagnes 1903–1904. In: CRAI 48/5 (1904), 517–526.

CONGOURDEAU, MARIE-HÉLÈNE: Rez. Ferdinand R. Gahbauer OSB, Das anthropologische Modell. Ein Beitrag zur Christologie der frühen Kirche bis Chalkedon. In: REByz 43 (1985), 287–288.

———: Sang féminin et génération chez les auteurs byzantins. In: FAURE, MARCEL (Éd.): *Le sang au Moyen Âge: actes du quatrième colloque international de Montpellier, Université Paul-Valéry (27–29 novembre 1997)* (Les cahiers du CRISIMA 4). Montpellier 1999, 19–23.

———: *L'enfant à naître: Tertullien, Grégoire, Augustin, Maxime, Cassiodore, Pseudo-Augustin* (Les Pères dans la foi 78). Paris 2000.

———: Médecine et théologie chez Anastase le Sinaïte, médecin, moine et didascale. In: BOUDON-MILLOT, VÉRONIQUE; POUDERON, BERNARD (Éds.): *Les Pères de l'Église face à la science médicale de leur temps* (ThH 117). Paris 2005, 287–297.

———: *L'embryon et son âme dans les sources grecques: (VIe siècle av. J.-C. – Ve siècle apr. J.-C.)* (Centre de recherche d'histoire et civilisation de Byzance; Monographies 26). Paris 2007.

COURTÈS, JEAN: Saint Augustine et la médecine. In: *Augustinus magister: Congrès international augustinien, Paris, 21–24 sept. 1954* (Études augustiniennes). Paris 1955, 43–51.

CROSSAN, JOHN DOMINIC: Virgin mother or bastard child? In: HTS 59 (2003), 663–691.

CRUM, WALTER EWING: *A Coptic Dictionary*. Oxford 1939.

D'IRSAY, STEPHEN: Christian medicine and science in the third century. In: JR 10 (1930), 515–544.

DAL COVOLO, ENRICO: *Cultura e promozione umana: la cura del corpo e dello spirito dai primi secoli cristiani al Medioevo: contributi e attualizzazioni ulteriori: [3°] Convegno internazionale di studi Oasi „Maria Santissima" di Troina, 29 ottobre – 1 novembre 1999* (Cultura e lingue classiche 6). Troina 2001.

———: *Cultura e promozione umana: la cura del corpo e dello spirito nell'antichità classica e nei primi secoli cristiani: un magistero ancora attuale?: [2°] Convegno internazionale di studi Oasi „Maria Santissima" di Troina, 29 ottobre – 1 novembre 1997* (Cultura e lingue classiche 5). Troina 1998.

DASEN, VÉRONIQUE: *Naissance et petite enfance dans l'Antiquité: actes du colloque de Fribourg, 28 novembre – 1er décembre 2001* (OBO 203). Fribourg; Göttingen 2004.

DASTON, LORRAINE; PARK, KATHARINE: *Wunder und die Ordnung der Natur: 1150–1750*. Berlin 2002.

DAVIES, STEVAN L.: *The Gospel of Thomas and Christian wisdom*. New York 1983.

DE FLORES, STEFANO: Maria in der Geschichte von Theologie und Frömmigkeit. In: *Handbuch der Marienkunde 1*. Regensburg 1996, 99–226.

DE GRAAF, REINIER: *De mulierum organis generationi inservientibus tractatus novus*. Lugduni Batavorum 1672.

DE STRYCKER, EMILE: *La forme la plus ancienne du Protévangile de Jacques* (SHG 33). Bruxelles 1961.

DEAN-JONES, LESLEY: *Women's bodies in classical Greek science.* Oxford 1994.

DEGKWITZ, RUDOLF: Christus Medicus – Medicus alter Christus. In: ArztChr 31 (1985), 13–22.

DEICHGRÄBER, KARL: *Die griechische Empirikerschule: Sammlung der Fragmente und Darstellung der Lehre.* Berlin 1930.

DEINES, ROLAND: Josephus, Salomo und die von Gott verliehene τέχνη gegen die Dämonen. In: *Die Dämonen: die Dämonologie der israelitisch-jüdischen und frühchristlichen Literatur im Kontext ihrer Umwelt = Demons: the demonology of Israelite-Jewish and early Christian literature in context of their environment.* Tübingen 2003, 365–394.

DESELAERS, PAUL: *Das Buch Tobit: Studien zu seiner Entstehung, Komposition und Theologie* (OBO 43). Freiburg/Schweiz; Göttingen 1982.

———: Art. Arzt (Teil II, biblisch). In: LThK 1 (1993), 1050.

DETTENHOFER, MARIA H.: *Reine Männersache?: Frauen in Männerdomänen der antiken Welt.* Köln; Weimar 1994.

DIBELIUS, MARTIN: Jungfrauensohn und Krippenkind. Untersuchungen zur Geburtsgeschichte Jesu im Lukasevangelium. In: SHAW.PH 22/4 (1932).

DIEPGEN, PAUL: *Die Theologie und der ärztliche Stand* (Studien zur Geschichte der Beziehungen zwischen Theologie und Medizin im Mittelalter 1). Berlin-Grunewald 1922.

———: *Die Frauenheilkunde der alten Welt* (Handbuch der Gynäkologie 12/1). München ³1937.

DÖLGER, FRANZ JOSEPH: *Der Taufexorzismus im christlichen Altertum.* Würzburg 1906.

———: Das Lebensrecht des ungeborenen Kindes und die Fruchtabtreibung in der Bewertung der heidnischen und christlichen Antike. In: AuC 4 (1934), 1–61.

DÖRNEMANN, MICHAEL: Medizinale Inhalte in der Theologie des Origenes. In: SCHULZE, CHRISTIAN; IHM, SIBYLLE (Ed.): *Ärztekunst und Gottvertrauen: antike und mittelalterliche Schnittpunkte von Christentum und Medizin* (Spudasmata 86). Hildesheim 2002, 9–39.

———: *Krankheit und Heilung in der Theologie der frühen Kirchenväter* (STAC 20). Tübingen 2003.

DÖRRIE, HEINRICH ADICKE; BALTES, MATTHIAS: *Der hellenistische Rahmen des kaiserzeitlichen Platonismus: Bausteine 36–72: Text, Übersetzung, Kommentar* (Der Platonismus in der Antike 2). Stuttgart; Bad Cannstatt 1990.

DÖRRIES, HERMANN: *Symeon von Mesopotamien: die Überlieferung der messalianischen ‚Makarios'-Schriften* (TU 55, 1). Leipzig 1941.

———: Diadochus und Symeon. Das Verhältnis der κεφάλαια γνωστικά zum Messalianismus. In: *Wort und Stunde 1.* Göttingen 1966, 352–422.

———: Urteil und Verurteilung. Kirche und Messalianer: Zum Umgang der Alten Kirche mit Häretikern. In: *Wort und Stunde 1.* Göttingen 1966, 334–351.

———: *Die Theologie des Makarios/Symeon* (AAWG.PH 103). Göttingen 1978.

DUMEIGE, GERVAIS: Le Christ médecin dans la littérature chrétienne des premiers siècles. In: RivAC 48 (1972), 115–141.

DUNSTAN, GORDON REGINALD: *The human embryo: Aristotle and the Arabic and European traditions.* Exeter (Devon) 1990.

DUVAL, YVES-MARIE: Diététique et médecine chez Jérôme. In: BOUDON-MILLOT, VÉRONIQUE; POUDERON, BERNARD (Éds.): *Les Pères de l'Église face à la science médicale de leur temps* (ThH 117). Paris 2005, 121–139.

EDELSTEIN, EMMA JEANNETTE; EDELSTEIN, LUDWIG: *Asclepius: a collection and interpretation of the testimonies* (Ancient religion and mythology). Salem NH 1988.

EDELSTEIN, LUDWIG: Art. Methodiker. In: PRE.S 6 (1935), 373–385.

———: Nachtrag zum Art. Hippokrates von Kos. In: PRE.S 6 (1935), 1290–1345.

———: *Der hippokratische Eid* (Lebendige Antike). Zürich 1969.

———: Greek Medicine in its Relation to Religion and Magic. In: TEMKIN, OWSEI; TEMKIN, C. LILIAN (Ed.): *Ancient medicine: selected papers of Ludwig Edelstein.* Baltimore 1987, 205–246.

———: The Relation of Ancient Philosophy to Medicine. In: TEMKIN, OWSEI; TEMKIN, C. LILIAN (Ed.): *Ancient medicine: selected papers of Ludwig Edelstein.* Baltimore 1987, 349–366.

———: *Ancient medicine: selected papers of Ludwig Edelstein.* Baltimore 1987.

———: Greek Medicine in Its Relation to Religion and Magic. In: TEMKIN, OWSEI; TEMKIN, C. LILIAN (Ed.): *Ancient medicine: selected papers of Ludwig Edelstein.* Baltimore 1987, 205–246.

———; COUCH, HERBERT NEWELL: *The oath: or the Hippocratic oath.* Chicago 1979.

EGO, BEATE: „Denn er liebt sie" (Tob 9, 15 Ms. 319). Zur Rolle des Dämons Asmodäus in der Tobit-Erzählung. In: *Die Dämonen: die Dämonologie der israelitisch-jüdischen und frühchristlichen Literatur im Kontext ihrer Umwelt = Demons: the demonology of Israelite-Jewish and early Christian literature in context of their environment.* Tübingen 2003, 309–317.

EHLEN, OLIVER: Das Evangelium der Arundel Handschrift. In: HENNECKE, EDGAR; SCHNEEMELCHER, WILHELM; MARKSCHIES, CHRISTOPH (Ed.): *Antike christliche Apokryphen in deutscher Übersetzung. 1: Evangelien und Verwandtes.* Tübingen 2012, 1003–1012.

———: Das Pseudo-Matthäusevangelium. In: HENNECKE, EDGAR; SCHNEEMELCHER, WILHELM; MARKSCHIES, CHRISTOPH (Ed.): *Antike christliche Apokryphen in deutscher Übersetzung. 1: Evangelien und Verwandtes.* Tübingen 2012, 983–1002.

EICHINGER, MATTHIAS: *Die Verklärung Christi bei Origenes: die Bedeutung des Menschen Jesus in seiner Christologie* (WBTh 23). Wien 1969.

EIJKENBOOM, PETRUS CORNELIS JOSEPHUS: *Het Christus-Medicusmotief in de preken van Sint Augustinus.* Assen 1960.

ELLIOTT, JAMES KEITH: *A synopsis of the apocryphal nativity and infancy narratives* (NTTS 34). Leiden; Boston 2006.

EMMEL, KARL: *Das Fortleben der antiken Lehren von der Beseelung bei den Kirchenvätern. Inaugural-Dissertation zur Erlangung der Doktorwürde bei der philosophischen Fakultät der grossherzoglich Hessischen Ludwigsuniversität zu Giessen.* Leipzig 1918.

EMMENEGGER, GREGOR: Credo quia absurdum: Tertullien et Chesterton. In: Pierre d'angle 13 (2007), 58–66.

———: Maria Magdalena in gnostischen Texten. In: Apocrypha 19 (2008), 56–75.

ENGEL, HELMUT: *Das Buch der Weisheit* (NSK.AT 16). Stuttgart 1998.

FELDMAN, DAVID M.: *Health and medicine in the Jewish tradition: l'hayyim – to life* (Health/medicine and the faith traditions). New York 1986.

FERNÁNDEZ, SAMUEL: *Cristo médico, según Orígenes: la actividad médica como metáfora de la acción divina* (SEAug 64). Roma 1999.

FERNGREN, GARY B.: Early Christianity as a Religion of Healing. In: Bulletin of the history of medicine 66 (1992), 1–15.

———: Early Christian views of the demonic etiology of disease. In: KOTTEK, SAMUEL S. (Ed.): *From Athens to Jerusalem: medicine in hellenized Jewish lore and in early Christian literature* (Pantaleon reeks 33). Rotterdam 2000, 183–202.

———: Art. Krankheit. In: RAC 21 (2006), 966–1006.

———: The Early Christian Reception of Greek Medicine. In: *Beyond „reception": mutual influences between antique religion, Judaism, and early Christianity* (Early Christianity in the context of antiquity 1). Frankfurt a. M. 2006, 155–173.

———; LEVEN, KARL-HEINZ: Medicine aux premiers siecles du christianisme. In: Lettre d'informations / Centre Jean-Palerne 26 (1995), 2–22.

FICHTNER, GERHARD: Christus als Arzt. Ursprünge und Wirkungen eines Motivs. In: FMSt 16 (1982), 1–18.

———: Art. Christus medicus. In: LMA 2 (1983), 1942.

FIEGER, MICHAEL: *Das Thomasevangelium: Einleitung, Kommentar und Systematik* (NTA.NF 22). Münster 1991.

FIORES, STEFANO DE; MEO, SALVATORE: *Nuovo dizionario di mariologia*. Cinisello Balsamo ²1986.

FISCHER-HOMBERGER, ESTHER: *Krankheit Frau und andere Arbeiten zur Medizingeschichte der Frau*. Bern 1979.

FISCHER, IRMTRAUD; HEIL, CHRISTOPH: *Geschlechterverhältnisse und Macht: Lebensformen in der Zeit des frühen Christentums* (Exegese in unserer Zeit 21). Wien 2010.

FISCHER, KLAUS-DIETRICH: Vom Säfteschema der hippokratischen Medizin. In: *Die Geheimnisse der Gesundheit: Medizin zwischen Heilkunde und Heiltechnik*. Frankfurt a. M.; Leipzig 1994, 76–94.

FITZMYER, JOSEPH AUGUSTINE: *To advance the Gospel: New Testament studies*. New York 1981.

FLEMMING, REBECCA: *Medicine and the making of Roman women: gender, nature and authority from Celsus to Galen*. Oxford 2000.

FOHRER, GEORG: Krankheit im Lichte des Alten Testaments. In: *Studien zu alttestamentlichen Texten und Themen (1966–1972)* (BZAW 155). Berlin 1981, 172–187.

FÖLLINGER, SABINE: Art. Hysterie. In: *Antike Medizin: ein Lexikon*. München 2005, 448–449.

FÖRSTER, HANS: *Wörterbuch der griechischen Wörter in den koptischen dokumentarischen Texten* (TU 148). Berlin 2002.

FORTIN, ERNEST L.: *Christianisme et culture philosophique au cinquième siècle: la querelle de l'âme humaine en Occident* (Collection des Études augustiniennes 10). Paris 1959.

FRANK, KARL SUSO: „Geboren aus der Jungfrau Maria". Das Zeugnis der Väter. In: FRANK, KARL SUSO (Ed.): *Zum Thema Jungfrauengeburt*. Stuttgart 1970, 91–120.

FREDOUILLE, JEAN-CLAUDE: Observations sur la terminologie anthropologique de Tertullien: constantes et variations. In: BOUDON-MILLOT, VÉRONIQUE; POUDERON, BERNARD (Éds.): *Les Pères de l'Église face à la science médicale de leur temps* (ThH 117). Paris 2005, 321–334.

FRINGS, HERMANN JOSEF: *Medizin und Arzt bei den Griechischen Kirchenvätern bis Chrysostomos*. Bonn 1959.

FRITSCHEN, KARL: Macarius der Ägypter/Simeon. In: LACL (2002), 467–468.

FURLANI, GIUSEPPE: Studi apollinaristici II.: I presupposti psicologici della christologia di Apollinare di Laodicea. In: RSFR 4 (1923), 129–146.

GACA, KATHY L.: *The making of fornication: eros, ethics, and political reform in Greek philosophy and early Christianity* (The Joan Palevsky imprint in classical literature Hellenistic culture and society 40). Berkeley; Los Angeles 2003.

GAHBAUER, FERDINAND R.: *Das anthropologische Modell: ein Beitrag zur Christologie der frühen Kirche bis Chalkedon* (ÖC NF 35). Würzburg 1984.

GALTIER, PAUL: *L'unité du Christ: être. personne. conscience*. Paris ²1939.

GAMBERO, LUIGI: *Maria nel pensiero dei padri della Chiesa* (Alma mater – Mariologia 5). Torino 1991.

GANTZ, ULRIKE: *Gregor von Nyssa: „Oratio consolatoria in Pulcheriam"* (Chresis 6). Basel 1999.

GEERLINGS, WILHELM; SCHÖLLGEN, GEORG: *Didache, Traditio apostolica = Zwölf-Apostel-Lehre, Apostolische Überlieferung* (FC 1). Freiburg i. Br.; Basel 1991.

GESE, HARTMUT: Natus ex virgine. In: *Vom Sinai zum Zion: alttestamentliche Beiträge zur biblischen Theologie* (BevTH 64). München 1974, 130–146.

GESENIUS, WILHELM: *Hebräisches und aramäisches Handwörterbuch über das Alte Testament*. ¹⁶Berlin 1962.

GEYMONAT, MARIO: *Scholia in Nicandri Alexipharmaca: cum glossis* (Testi e documenti per lo studio dell'antichità 48). Milano 1974.

GIJSEL, JAN; BEYERS, RITA: *Libri de nativitate Mariae: Pseudo-Matthaei Evangelium, textus et commentarius* (CCA 9). Turnhout 1997.

GNILKA, CHRISTIAN: *Der Begriff des „rechten" Gebrauchs* (ΧΡΗΣΙΣ 1). Basel 1984.

GÖRGEMANNS, HERWIG: *Origenes, Vier Bücher von den Prinzipien = Origenis De Principiis libri IV* (TzF 24). Darmstadt ³1992.

Gourevitch, Danielle: *Le mal d'être femme: la femme et la médecine dans la Rome antique* (Realia). Paris 1984.

———: Preparation intellectuelle et deontologie de la sage-femme: Du traite Des maladies des femmes de Soranos d'Éphese aux Infortunes de Dinah. In: Kottek, Samuel S. (Ed.): *From Athens to Jerusalem: medicine in hellenized Jewish lore and in early Christian literature* (Pantaleon reeks 33). Rotterdam 2000, 69–81.

Grensemann, Hermann: *Hippokratische Gynäkologie: die gynäkologischen Texte des Autors C nach den pseudohippokratischen Schriften De muliebribus I, II und De sterilibus*. Wiesbaden 1982.

Grillmeier, Alois: „Piscatorie" – „Aristotelice". Zur Bedeutung der „Formel" in den seit Chalkedon getrennten Kirchen. In: Grillmeier, Alois (Ed.): *Mit ihm und in ihm*. München 1978, 283–300.

———: *Von der apostolischen Zeit bis zum Konzil von Chalcedon (451)* (Jesus der Christus im Glauben der Kirche 1). Freiburg i. Br.; Basel ³1990.

———: *Das Konzil von Chalcedon (451): Rezeption und Widerspruch (451–518)* (Jesus der Christus im Glauben der Kirche 2/1). Freiburg i. Br.; Basel 1986.

———; Hainthaler, Theresia: *Die Kirche von Konstantinopel im 6. Jahrhundert* (Jesus der Christus im Glauben der Kirche 2/2). Freiburg i. Br.; Basel 1989.

———; Hainthaler, Theresia: *Die Kirche von Alexandrien mit Nubien und Äthiopien nach 451* (Jesus der Christus im Glauben der Kirche 2/4). Freiburg i. Br.; Basel 1990.

Grote, Heiner: Art. Maria/Marienfrömmigkeit II. Kirchengeschichtlich. In: TRE 22 (1992), 119–137.

Grundmann, Steffi: Geschlecht und Sexualität in den medizinischen Schriften Galens. In: Humboldt-Universität Gender Bulletin 31 (2005/2006), 78–95.

Guthknecht, Gottfried: *Das Motiv der Jungfrauengeburt in religionsgeschichtlicher Beleuchtung*. Greifswald 1952.

Haehling von Lanzenauer, Brigitte: *Imperator Soter: der römische Kaiser als Heilbringer vor dem Hintergrund des Ringens zwischen Asklepioskult und Christusglauben* (Düsseldorfer Arbeiten zur Geschichte der Medizin 68). Düsseldorf 1996.

Haenchen, Ernst; Busse, Ulrich: *Das Johannesevangelium: ein Kommentar*. Tübingen 1980.

Haller, Albrecht von: *Elementa physiologiae corporis humani*. Lausanne 1757–1766.

Hanson, Ann Ellis: The restructuring of female physiology at Rome. In: Mudry, Philippe; Pigeaud, Jackie (Éds.): *Les écoles médicales à Rome: actes du 2ᵉᵐᵉ Colloque international sur les textes médicaux latins antiques, Lausanne, septembre 1986* (Publications de la Faculté des lettres, Université de Lausanne: Littérature, médecine, société 33, no. spécial). Genève 1991, 255–268.

———; Green, Monica H.: Soranus of Ephesus: Methodicorum Princeps. In: ANRW II, 37, 2 (1994), 968–1075.

HARNACK, ADOLF VON: Medicinisches aus der ältesten Kirchengeschichte. In: *Die griechische Übersetzung des Apologeticus Tertullians. – Medicinisches aus der ältesten Kirchengeschichte* (TU 8/4). Leipzig 1892, 37–147.

———: *Diodor von Tarsus. Vier pseudojustinische Schriften als Eigentum Diodors nachgewiesen* (TU 6/4). Leipzig 1901.

HARRISON, VERNA E. F.: Gender, Generation, and Virginity in Cappadocian Theology. In: JThS 47 (1996), 39–68.

HARTMANN, ELKE; HARTMANN, UDO; PIETZNER, KATRIN: *Geschlechterdefinitionen und Geschlechtergrenzen in der Antike* (Alte Geschichte). Stuttgart 2007.

HASENFUSS, JOSEF: Die Jungfrauengeburt in der Religionsgeschichte. In: BROSCH, HERMANN JOSEPH; HASENFUSS, JOSEF (Ed.): *Jungfrauengeburt gestern und heute* (MSt 4). Essen 1969, 11–25.

HAUGAARD, WILLIAM P.: Twice a Heretic? Arius and the Human Soul of Jesus Christ. In: ChH 29 (1960), 251–263.

HAUKE, MANFRED: Die „Virginitas in Partu": Akzentsetzungen in der Dogmengeschichte. In: ZIEGENAUS, ANTON (Ed.): *„Geboren aus der Jungfrau Maria": Klarstellungen* (MSt 19). Regensburg 2007, 88–131.

HELM, JÜRGEN: Art. Magie. In: *Antike Medizin*. München 2005, 581–583.

HENNECKE, EDGAR; SCHNEEMELCHER, WILHELM; MARKSCHIES, CHRISTOPH: *Antike christliche Apokryphen in deutscher Übersetzung. 1: Evangelien und Verwandtes*. Tübingen [7]2012.

HERZOG, MARKWART: Christus medicus, apothecarius, samaritanus, balneator. Motive einer „medizinisch-pharmazeutischen Soteriologie". In: GuL 67 (1994), 414–434.

HILTBRUNNER, OTTO: Art. Krankenhaus. In: RAC 21 (2006), 882–914.

HIRSCHAUER, STEFAN: Wie sind Frauen, wie sind Männer? Zweigeschlechtlichkeit als Wissenssystem. In: *Was sind Frauen? Was sind Männer? Geschlechterkonstruktionen im historischen Wandel*. Frankfurt a. M. 1996, 240–256.

HOFFMAN, DANIEL L.: *The status of women and gnosticism in Irenaeus and Tertullian* (Studies in women and religion 36). Lewiston NY 1995.

HOFIUS, OTFRIED: Der Christushymnus Philipper 2, 6–11: Untersuchungen zu Gestalt und Aussage eines urchristlichen Psalms. In: WUNT 17 (1976).

HOFRICHTER, PETER: *Nicht aus Blut sondern monogen aus Gott geboren: textkritische, dogmengeschichtliche und exegetische Untersuchung zu Joh 1, 13–14* (Forschung zur Bibel 31). Würzburg 1978.

———: Art. Jungfräulichkeit. I. Exegese 2. NT 3. Johannesevangelium. In: Marienlexikon 3 (1991), 468–469.

HOLDEREGGER, ADRIAN: Die Geistbeseelung als Personwerdung des Menschen. Stadien der philosophisch-theologischen Lehr-Entwicklung. In: *Kriterien Biomedizinischer Ethik* (QD 271). Freiburg/Schweiz 2006, 175–198.

HONECKER, MARTIN: Christus medicus. In: KuD 31 (1985), 307–323.

———: Christus Medicus. In: WUNDERLI, PETER (Ed.): *Der kranke Mensch in Mittelalter und Renaissance* (Studia humanoria 5). Düsseldorf 1986, 27–43.

HOPKINS, M. KEITH: The Age of Roman Girls at Marriage. In: Population Studies 18 (1965), 309–327.

HORST, PIETER W. VAN DER: Sarah's Seminal Emission: Hebrews 11.11 in the Light of ancient Embryology. In: BRENNER, ATHALYA (Ed.): *A feminist companion to the Hebrew Bible in the New Testament* (The feminist companion to the Bible 10). Sheffield 1996.

———: *Chaeremon, Egyptian priest and stoic philosopher: the fragments* (Études préliminaires aux religions orientales dans l'Émpire romain 101). Leiden 1984.

HORSTMANSHOFF, MANFRED: Who is the true eunuch? Medical and religious ideas about eunuchs and cairration in the works of Clement of Alexandria. In: KOTTEK, SAMUEL S. (Ed.): *From Athens to Jerusalem: medicine in hellenized Jewish lore and in early Christian literature* (Pantaleon reeks 33). Rotterdam 2000, 101–118.

HUBERT, BERNARD: Le statut de l'embryon humain: une relecture d'Aristote. In: NV 76 (2001), 53–81.

HÜBNER, JÖRG: Christus Medicus – Ein Symbol des Erlösungsgeschehens und ein Modell ärtzlichen Handelns. In: KuD 31 (1985), 324–335.

———: Medicina e teologia nel De Natura Hominis di Melezio. In: BOUDON-MILLOT, VÉRONIQUE; POUDERON, BERNARD (Éds.): *Les Pères de l'Église face à la science médicale de leur temps* (ThH 117). Paris 2005, 29–48.

IHM, SIBYLLE: *Clavis commentariorum der antiken medizinischen Texte* (Clavis commentariorum antiquitatis et medii aevi 1). Leiden 2002.

IVÁNKA, ENDRE VON: *Hellenisches und Christliches im frühbyzantinischen Geistesleben*. Wien 1948.

KAESTLI, JEAN-DANIEL: Valentinisme italien et valentinisme oriental: leurs divergences à propos de la nature du corps de Jésus. In: LAYTON, BENTLEY (Ed.): *The rediscovery of Gnosticism: proceedings of the International Conference on Gnosticism at Yale New Haven, Connecticut, March 28–31, 1978* (SHR 41). Leiden 1980–1981, 391–403.

JENSEN, ANNE: *Gottes selbstbewusste Töchter: Frauenemanzipation im frühen Christentum* (Theologische Frauenforschung in Europa 9). Münster ²2003.

JOSUA, MARIA; EISSLER, FRIEDMANN: Das arabische Kindheitsevangelium. In: HENNECKE, EDGAR; SCHNEEMELCHER, WILHELM; MARKSCHIES, CHRISTOPH (Ed.): *Antike christliche Apokryphen in deutscher Übersetzung. 1: Evangelien und Verwandtes*. Tübingen 2012, 936–982.

KAH, MARIANNE: *„Die Welt der Römer mit der Seele suchend": die Religiosität des Prudentius im Spannungsfeld zwischen „pietas christiana" und „pietas Romana"* (Hereditas 3). Bonn 1990.

KELLY, JOHN NORMAN DAVIDSON: *Jerome: his life, writings and controversies*. London 1975.

KELLY, KATHLEEN COYNE: *Performing virginity and testing chastity in the Middle Ages* (Routledge research in medieval studies 2). London 2000.

KEMPER, PETER: *Die Geheimnisse der Gesundheit: Medizin zwischen Heilkunde und Heiltechnik.* Frankfurt a. M.; Leipzig 1994.

KING, HELEN: Sowing the field. Greek and Roman sexology. In: *Sexual knowledge, sexual science: the history of attitudes to sexuality.* Cambridge 1994.

———: *Hippocrates' woman: reading the female body in ancient Greece.* London 1998.

———: *Greek and Roman medicine* (Classical world series). Bristol 2001.

——— (Ed.): *Health in antiquity.* London 2005.

KING, KAREN L.: The Gospel of Mary Magdalene. In: SCHÜSSLER FIORENZA, ELISABETH (Ed.): *Searching the Scriptures.* New York 1993–1994, 601–634.

KIRCHSCHLÄGER, WALTER: Art. Jungfräulichkeit. I. Exegese. 2. NT. In: Marienlexikon 3 (1991), 466–468.

KITZLER, PETR: Ex uno homine tota haec animarum redundantia. Ursprung, Entstehung und Weitergabe der individuellen Seele nach Tertullian. In: VigChr 64 (2010), 353–381.

KLAUCK, HANS-JOSEF: Die dreifache Maria. Zur Rezeption von Joh 19,25 in EvPhil 32. In: VAN SEGBROECK, FRANS (Hg.): *The Four Gospels* (FS F. Neyrinck), Band III (BETL 100). Leuven 1992, 2343-2358.

KNIPP, DAVID: ‚Christus medicus' *in der frühchristlichen Sarkophagskulptur: ikonographische Studien der Sepulkralkunst des späten vierten Jahrhunderts* (SVigChr 37). Leiden 1998.

KNUR, K. : *Christus medicus?: ein Wort an die Kollegen und die akademisch Gebildeten überhaupt.* Freiburg i. Br. 1905.

KOCH, HUGO: *Adhuc virgo: Mariens Jungfrauschaft und Ehe in der altkirchlichen Überlieferung bis zum Ende des 4. Jahrhunderts* (BHTh 2). Tübingen 1929.

———: *Virgo Eva – Virgo Maria: neue Untersuchungen über die Lehre von der Jungfrauschaft und der Ehe Mariens in der ältesten Kirche* (AKG 25). Berlin; Leipzig 1937.

KOLLESCH, JUTTA: Galens Auseinandersetzung mit der Aristotelischen Samenlehre. In: *Aristoteles: Werk und Wirkung: Paul Moraux gewidmet.* Zweiter Band. Berlin 1987, 17–26.

———; NICKEL, DIETHARD: Bibliographia Galeniana. Die Beiträge des 20. Jahrhunderts zur Galenforschung. In: ANRW II, 37, 2 (1994), 1351–1420.

———; NICKEL, DIETHARD: *Antike Heilkunst: ausgewählte Texte aus dem medizinischen Schrifttum der Griechen und Römer* (Reclam 771). Leipzig ⁵1986.

KOLLMANN, BERND: *Jesus und die Christen als Wundertäter: Studien zu Magie, Medizin und Schamanismus in Antike und Christentum* (FRLANT H. 170). Göttingen 1996.

KOTTEK, SAMUEL S.: *Medicine and hygiene in the works of Flavius Josephus* (Studies in ancient medicine 9). Leiden 1994.

———: Hygiene and Healing among the Jews in the Post-Biblical Peroid: A Partial Reconstruction. In: ANRW II, 37, 3 (1996), 2843–2865.

——— (Ed.): *From Athens to Jerusalem: medicine in hellenized Jewish lore and in early Christian literature* (Pantaleon reeks 33). Rotterdam 2000.

KRANEMANN, BENEDIKT: Art. Krankenöl. In: RAC 21 (2006), 915–965.

KRATZ, BERND: Die Pferde des Mesapus in Veldekes ‚Eneit' und im französischen ‚Roman D'Eneas'. In: ZDA 117 (1988), 97–104.

KRAUSS, SAMUEL: Das Leben Jesu nach jüdischen Quellen. Repr. Hildesheim 1977.

KRUG, ANTJE: Heilkunst und Heilkult: Medizin in der Antike (Beck's archäologische Bibliothek). München 1985.

KUBINA, VERONIKA: Art. Salome. In: LThK³ (2009), 1489.

KÜCHLER, MAX: Schweigen, Schmuck und Schleier: drei neutestamentliche Vorschriften zur Verdrängung der Frauen auf dem Hintergrund einer frauenfeindlichen Exegese des Alten Testaments im antiken Judentum (Novum testamentum et orbis antiquus 1). Freiburg/Schweiz 1986.

KUDLIEN, FRIDOLF: Art. Celsus, 8. A. Cornelius Celsus. In: KP 1 (1964), 1102.

———: Art. Dogmatische Ärzte. In: KP 2 (1967), 112.

———: Art. Empiriker. In: KP 2 (1967), 261.

———: Art. Pneumatische Ärzte. In: PRE.S 11 (1968), 1097–1108.

———: Der Arzt des Körpers und der Arzt der Seele. In: Clio Medica 3 (1968), 1–20.

———: Art. Methodiker. In: KP 3 (1969), 1270–1271.

———: Art. Gesundheit. In: RAC 10 (1978), 902–945.

KÜGERL, JOHANNES: Zeugung, Schwangerschaft und Geburt: die Rezeption antiker medizinischer Theorien in theologischen Texten des Frühjudentums und des Frühchristentums. Norderstedt 2004.

KULLMANN, WOLFGANG: Aristoteles und die moderne Wissenschaft (Philosophie der Antike 5). Stuttgart 1998.

KUNST, CHRISTIANE: Wenn Frauen Bärte haben. Geschlechtertransgressionen in Rom. In: Geschlechterdefinitionen und Geschlechtergrenzen in der Antike (Alte Geschichte). Stuttgart 2007, 247–261.

LABISCH, ALFONS: Art. Dogmatiker. In: LEVEN, KARL-HEINZ (Ed.): Antike Medizin. München 2005, 233–234.

LABOOY, GUUS: De historiciteit van de maagdelijke ontvangenis, een oefening in argumentatie. In: KeTh 54 (2003), 293–309.

———: The historicity of the virginal conception. A study in argumentation. In: European journal of theology 13 (2004), 91–101.

LADARIA, LUIS F.: La cristología de Hilario de Poitiers (AnGr 255. Series Facultatis theologiae. Sectio A 32). Roma 1989.

LAGREE, JACQUELINE: Wisdom, health, salvation: the medical model in the works of Clement of Alexandria 227. In: KOTTEK, SAMUEL S. (Ed.): From Athens to Jerusalem: medicine in hellenized Jewish lore and in early Christian literature (Pantaleon reeks 33). Rotterdam 2000, 227–240.

LALLEMAND, ANNICK: Références médicales et exégèse spirituelle chez Grégoire de Nysse. In: BOUDON-MILLOT, VÉRONIQUE; POUDERON, BERNARD (Éds.): *Les Pères de l'Église face à la science médicale de leur temps* (ThH 117). Paris 2005, 401–426.

LANG, UWE MICHAEL JOHANNES: *John Philoponus and the controversies over Chalcedon in the sixth century: a study and translation of the Arbiter* (SSL 47). Leuven 2001.

LANGE, ARMIN; LICHTENBERGER, HERMANN; RÖMHELD, K. F. DIETHARD (Ed.): *Die Dämonen: die Dämonologie der israelitisch-jüdischen und frühchristlichen Literatur im Kontext ihrer Umwelt = Demons: the demonology of Israelite-Jewish and early Christian literature in context of their environment.* Tübingen 2003.

LAQUEUR, THOMAS WALTER: *Making sex: body and gender from the Greeks to Freud.* Cambridge MA 1990.

———: *Auf den Leib geschrieben: die Inszenierung der Geschlechter von der Antike bis Freud.* Frankfurt a. M.; New York 1992.

LARCHET, JEAN-CLAUDE: *Thérapeutique des maladies spirituelles: une introduction à la tradition ascétique de l'Église orthodoxe* (L'Arbre de Jessé). Paris 1991.

LARGO, DOMÍNGUEZ, PABLO: La concepción virginal de Jesús, creación ex nihilo? In: EphMar 56 (2006), 41–69.

LAURENCE, PATRICK: La faiblesse féminine chez les Pères de l'Église. In: BOUDON-MILLOT, VÉRONIQUE; POUDERON, BERNARD (Éds.): *Les Pères de l'Église face à la science médicale de leur temps* (ThH 117). Paris 2005, 351–377.

LAYTON, BENTLEY: *Nag Hammadi Codex II, 2–7 together with XIII, 2*, Brit. Lib. Or. 4926(1), and P. Oxy 1, 654, 655. Vol. 1* (NHS 20). Leiden 1989.

LE COZ, RAYMOND: Les pères de l'Église grecque et la médecine. In: BLE 98 (1997), 137–154.

———: Isidore de Séville, Étymologies, Livres IV et XI, Introduction et traduction. In: Cahiers du CEHM 10 (2002).

———: Anthropologie et médecine chez les Pères latins. In: Cahiers du CEHM 11 (2003).

———: *Les médecins nestoriens au Moyen-Âge: les maîtres des Arabes* (Comprendre le Moyen-Orient). Paris 2004.

———: *Les chrétiens dans la médecine arabe.* Paris 2006.

LEISEGANG, HANS: *Pneuma Hagion: der Ursprung des Geistbegriffs der synoptischen Evangelien aus der griechischen Mystik* (VSFVR Reihe 1 Nr. 4). Hildesheim; New York 1970.

LELIS, ARNOLD A.; PERCY, WILLIAM A.; VERSTRAETE, BEERT C.: *The age of marriage in ancient Rome* (Studies in classics 26). Lewiston NY 2003.

LESKY, ERNA: *Die Zeugungs- und Vererbungslehren der Antike und ihr Nachwirken* (AAWLM.G 19). Wiesbaden 1951.

———; WASZINK, JAN HENDRIK: Art. Embryologie. In: RAC 2 (1959), 1228–1244.

———: Art. Empfängnis. In: RAC 2 (1959), 1245–1255.

LEVEN, KARL-HEINZ (Ed.): *Antike Medizin: ein Lexikon.* München 2005.

———: Art. Empfängnis. In: Leven, Karl-Heinz (Ed.): *Antike Medizin: ein Lexikon*. München 2005, 252–253.

Lhuillier-Martinetti, Dominique: *L'individu dans la famille à Rome au IVe siècle: d'après l'œuvre d'Ambroise de Milan*. Rennes 2008.

Lichtenberger, Hermann: Ps 91 und die Exorzismen in 11QPsAp. In: *Die Dämonen: die Dämonologie der israelitisch-jüdischen und frühchristlichen Literatur im Kontext ihrer Umwelt = Demons: the demonology of Israelite-Jewish and early Christian literature in context of their environment*. Tübingen 2003, 416–424.

Liddell, Henry George; Scott, Robert: *A Greek-English Lexicon*. Oxford ^{9}1948.

Liébaert, Jacques; Lamarche, Paul: *Christologie: von der Apostolischen Zeit bis zum Konzil von Chalcedon (451)* (HDG 3). Freiburg i. Br.; Basel 1965.

Lietzmann, Hans: *Apollinaris von Laodicea und seine Schule: Texte und Untersuchungen*. Tübingen 1904.

Lindberg, David Charles: *Die Anfänge des abendländischen Wissens* (dtv 30752). München 2000.

Lohfink, Norbert: „Ich bin Jahwe, dein Arzt" (Ex 15, 26). Gott Gesellschaft und menschliche Gesundheit in der Theologie einer nachexilischen Pentateuchbearbeitung. In: Merklein, Helmut; Zenger, Erich (Ed.): *„Ich will euer Gott werden": Beispiele biblischen Redens von Gott* (SBS). Stuttgart 1981, 11–74.

Lüdemann, Gerd: *Jungfrauengeburt? Die wirkliche Geschichte von Maria und ihrem Sohn Jesus*. Stuttgart 1997.

Lugt, Maaike van der: *Le ver, le démon et la vierge: les théories médiévales de la génération extraordinaire: une étude sur les rapports entre théologie, philosophie naturelle et médecine* (L'âne d'or 20). Paris 2004.

Lührmann, Dieter: Aber auch dem Arzt gib Raum (Sir 38, 1–15). In: Wort und Dienst 15 (1979), 55–78.

———: Die griechischen Fragmente des Mariaevangeliums POx 3525 und PRyl 463. In: NT 30 (1988), 321–338.

Lutterbach, Hubertus: Der Christus medicus und die Sancti medici. Das Wechselvolle Verhältnis zweier Grundmotive christlicher Frömmigkeit zwischen Spätantike und Früher Neuzeut. In: Saec. 47 (1996), 239–281.

MacDonald, Dennis Ronald: *There is no male and female: the fate of a Dominical saying in Paul and gnosticism* (HDR 20). Philadelphia 1987.

Mahé, Jean-Pierre: *Tertullien: La chair du Christ. T. 1, Introduction, texte critique, traduction et commentaire* (SC 216). Paris 1975.

Maier, Johann: Art. Geister (Dämonen) B. III. d. Talmudisches Judentum. In: RAC 9 (1976), 668–688.

Malmberg, Felix: *Über den Gottmenschen* (QD 9). Freiburg i. Br.; Basel 1960.

MANCINELLI, FABRIZIO; BAUMBUSCH, BRIGITTE: *Katakomben und Basiliken: die ersten Christen in Rom*. Firenze 1981.

MARJANEN, ANNTI: *The woman Jesus loved. Mary Magdalene in the Nag Hammadi Library and related documents* (NHMS 40). Leiden 1996.

MARQUARDT, FRIEDRICH-WILHELM: *Das christliche Bekenntnis zu Jesus, dem Juden: eine Christologie*; 2 Bde. München 1990–1991.

MARTIN, THOMAS F.: Paul the patient: Christus medicus and the „stimulus carnis" (2 Cor. 12:7): a consideration of Augustine's medicinal christology. In: AugSt 32 (2001), 219–256.

MARTIN, TROY W.: Paul's pneumatological statements and ancient medical texts. In: *The New Testament and early Christian literature in Greco-Roman context* (NTS 122). Leiden 2006, 105–126.

MCCANN, J.; ROSAS, A.; BOOS, B.: Child and adolescent sexual assaults (childhood sexual abuse). In: PAYNE-JAMES, JASON; BUSUTTIL, ANTHONY; SMOCK, WILLIAM (Ed.): *Forensic Medicine: Clinical and Pathological Aspects*. London 2003, 460.

MÉNARD, JACQUES E.: *L'évangile selon Thomas* (NHS 5). Leiden 1975.

METZGER, MARCEL: *Les Constitutions apostoliques* (SC 320, 329, 336). Paris 1985–1987.

MEWALDT, JOHANNES: Art. Galenos (2.). In: PRE 7 (1910), 578–591.

MEYER, DORIS: Médecine et théologie chez Philostorge. In: BOUDON-MILLOT, VÉRONIQUE; POUDERON, BERNARD (Éds.): *Les Pères de l'Église face à la science médicale de leur temps* (ThH 117). Paris 2005, 427–449.

MEYER, HANS: *Geschichte der Lehre von den Keimkräften, von der Stoa bis zum Ausgang der Patristik, nach den Quellen dargestellt*. Bonn 1914.

MEYER, JOHN, R.: Ambrose's exegesis of Luke 2, 22–24 and Mary's virginitas in partu. In: Marianum 62 (2000), 169–192.

MEYER, MARVIN W.: Making Mary Male: The Categories of ‚Male' and ‚Female' in the Gospel of Thomas. In: NTS 31 (1985), 554–570.

MEYERS, JEAN: *Les miracles de saint Etienne: recherches sur le recueil pseudo-augustinien (BHL 7860–7861) avec édition critique, traduction et commentaire* (Hagiologia: études sur la sainteté en Occident 5). Turnhout 2006.

MIEGGE, GIOVANNI TOMMASO: *Die Jungfrau Maria: Studie zur Geschichte der Marienlehre* (KiKonf 2). Göttingen 1962.

MIGNE, JACQUES-PAUL: *Quinti Septimii Florentis Tertulliani presbyteri Carthaginiensis Opera omnia. Pars secunda: Libri ab auctore Montanista scripti quibus praemittitur Liber insignis de praescriptionibus adversus haereticos* (PL 2). Paris 1844.

MILLER, FREDERICK, L.: Lk 1:34: Mary's desire for virginity? In: Angelicum 75 (1998), 189–208.

MITTERER, ALBERT: *Dogma und Biologie der Heiligen Familie*. Wien 1952.

MOFFATT, JAMES: Aristotle and Tertullian. In: JThS 17 (1915–16), 170–171.

MOMMSEN, THEODOR; WATSON, ALAN: *The Digest of Justinian*. Philadelphia PN 1985.

MORAUX, PAUL: *Souvenirs d'un médecin: Galien de Pergame* (Collection d'études anciennes. Antiquité grecque 104). Paris 1985.

MOSCHETTA, JEAN-MARC: Conçu du Saint-Esprit. In: NRTh 125 (2003), 555–573.

MRATSCHEK, SIGRID: ,Männliche' Frauen: Aussenseiterinnen im Philosophenmantel und Melote. In: HARTMANN, ELKE; HARTMANN, UDO; PIETZNER, KATRIN (Ed.): *Geschlechterdefinitionen und Geschlechtergrenzen in der Antike*. Stuttgart 2007, 211.

MUDRY, PHILIPPE; PIGEAUD, JACKIE (Éds.): *Les écoles médicales à Rome: actes du 2ème Colloque international sur les textes médicaux latins antiques, Lausanne, septembre 1986* (Publications de la Faculté des lettres, Université de Lausanne: Littérature, médecine, société 33, no. spécial). Genève 1991.

———: Le ‚De medicina' de Celse. Rapport bibliographique. In: ANRW II, 37, 1 (1993), 787–799.

———; MAIRE, BRIGITTE: *Medicina, soror philosophiae: regards sur la littérature et les textes médicaux antiques (1975–2005)* (Bibliothèque d'histoire de la médecine et de la santé). Lausanne 2006.

MUELLER, JAMES RAYMOND: *The five fragments of the Apocryphon of Ezekiel: a critical study* (JSPE.S 5). Sheffield 1994.

MÜLLER, ANDREAS: „All das ist Zierde für den Ort.": das diakonisch-karitative Grossprojekt des Basileios von Kaisareia. In: ZAC 13 (2009), 452–474.

MÜLLER, CHRISTOF: Art. Femina. In: AugL 2 (1996–2002), 1266–1281.

MÜLLER, GERHARD HERMANN JOSEPH: *Medizin, Arzt, Kranker bei Ambrosius von Mailand* (Diss. Med. Dent. Freiburg i. Br). Freiburg i. Br. 1964.

MÜLLER, GERHARD LUDWIG: *Was heisst „Geboren von der Jungfrau Maria?": eine theologische Deutung* (QD 119). Freiburg i. Br. 1989.

MÜRI, WALTER: *Der Arzt im Altertum: griechische und lateinische Quellenstücke von Hippokrates bis Galen mit der Übertragung ins Deutsche* (Tusculum). Darmstadt ⁵1986.

———: Vita Hippocratis secundum Soranum. In: *Der Arzt im Altertum: griechische und lateinische Quellenstücke von Hippokrates bis Galen mit der Übertragung ins Deutsche* (Tusculum). Darmstadt 1986, 44–50.

MUTH, ROBERT: „Hymenaios" und „Epithalamion". In: WSt 67 (1954), 5–45.

NEEDHAM, JOSEPH: *A history of embryology* (History, philosophy and sociology of science: classics, staples and precursors). New York 1975.

NELLESSEN, ERNST: *Das Kind und seine Mutter: Struktur und Verkündigung des 2. Kapitels im Matthäusevangelium* (SBS 39). Stuttgart 1969.

NEUBURGER, MAX: *Geschichte der Medizin*. Stuttgart 1906–1911.

NEUMANN, JOSEF N.: Krankheit und Heilung aus der Sicht des Christentums. Christus medicus – Christus als Arzt. In: *Meilensteine der Medizin*. Dortmund 1996, 89–94.

NEWMYER, STEPHEN T.: Talmudic Medicine and Greco-Roman Science. In: ANRW II, 37, 3 (1996), 2894–2911.

———: Philo on animal psychology: sources and moral implications. In: KOTTEK, SAMUEL S. (Ed.): *From Athens to Jerusalem: medicine in hellenized Jewish lore and in early Christian literature* (Pantaleon reeks 33). Rotterdam 2000, 143–156.

NICKEL, DIETHARD: *Untersuchungen zur Embryologie Galens* (SGKA(B) 27). Berlin 1989.

NORDEN, EDUARD: *Die Geburt des Kindes: Geschichte einer religiösen Idee*. Stuttgart ³1958.

NORELLI, ENRICO: *Ascensio Isaiae. Commentarius* (CCA 8). Turnhout 1995.

———: Les formes les plus anciennes des énoncés sur la naissance de Jésus par une Vierge. In: LONGÈRE, JEAN; PERROT, CHARLES (Éds.): *Marie et la Sainte Famille: communications présentées à la 62ᵉ session de la Société française d'études mariales, Espace Bernadette Soubirous, Nevers, septembre 2005* (BSFEM 62/2 année 2005). Paris 2006, 25–44.

———: *Marie des apocryphes: enquête sur la mère de Jésus dans le christianisme antique* (Christianismes antiques 1). Genève 2009.

NUTTON, VIVIAN: Roman Medicine: Tradition, Confrontation, Assimilation. In: ANRW II, 37, 1 (1993), 49–77.

———: Art. Dogmatiker. Ärzteschule. In: DNP 3 (1997), 727–728.

———: Art. Empiriker. In: DNP 3 (1997), 1016–1018.

———: Art. Galenos aus Pergamon. In: DNP 4 (1998), 748–756.

———: Art. Medizin. In: DNP 7 (1999), 1103–1117.

———: Art. Säftelehre. In: DNP 10 (2001), 1208–1210.

———: *Ancient medicine* (Sciences of antiquity). London 2004.

OBERHELMAN, STEVEN M.: Dreams in Graeco-Roman Medicine. In: ANRW II, 37, 1 (1993), 121–156.

ÖNNERFORS, ALF: Magische Formeln im Dienste römischer Medizin. In: ANRW II, 37, 1 (1993), 157–224.

ORBE, ANTONIO: *Cristología gnóstica: introducción a la soteriología de los siglos II y III*; 2 vol. (BAC 384–385). Madrid 1976.

ORTH, EMIL: *Nemesius von Emesa: Anthropologie*. Kaisersesch 1925.

OSER-GROTE, CAROLIN: Art. Lukrez. In: LEVEN, KARL-HEINZ (Ed.): *Antike Medizin*. München 2005, 576.

OTTEN, WILLEMIEN: Christ's Birth of a Virgin Who Became a Wife: Flesh and Speech in Tertullian's De Carne Christi. In: VigChr 51 (1997), 247–260.

OVERATH, JOSEPH: *Dem Kranken dienen wie Christus selbst: Dokumente zum christlichen Verständnis von Krankheit und ihrer Pflege in Geschichte und Gegenwart* (EHS.T 206). Frankfurt a. M.; Bern 1983.

LABRIOLLE, PIERRE DE: La physiologie dans l'œuvre de Tertullien. In: Archives générales de médecine (1906), 1317–1328.

PAULSEN, HENNING; BAUER, WALTER: *Die Briefe des Ignatius von Antiochia. Und Der Brief des Polykarp von Smyrna* (Die apostolischen Väter 2; HNT 18). Tübingen ²1985.

PEASE, ARTHUR STANLEY: Medical Allusions in the Works of St. Jerome. In: HSPh 25 (1914), 73–86.

PEETERS, PAUL: *L'Évangile de l'enfance: rédactions syriaques, arabe et arméniennes, 2* (Évangiles apocryphes; TDEHC 18). Paris 1914.

PELLEGRINI, SILVIA: Das Protevangelium des Jakobus. In: HENNECKE, EDGAR; SCHNEEMELCHER, WILHELM; MARKSCHIES, CHRISTOPH (Ed.): *Antike christliche Apokryphen in deutscher Übersetzung. 1: Evangelien und Verwandtes.* Tübingen 2012, 903–929.

PERRELLA, SALVATORE M.: *Maria Vergine e Madre: La verginità feconda di Maria tra fede, storia e teologia.* Milano 2003.

PERRIN, MICHEL: *Lactance: L'ouvrage du Dieu créateur* (SC 213, 214). Paris 1974.

———: *L'homme antique et chrétien: l'anthropologie de Lactance, 250–325* (ThH 59). Paris 1981.

———: Médecine, maladie et théologie chez Lactance (250–325). In: BOUDON-MILLOT, VÉRONIQUE; POUDERON, BERNARD (Éds.): *Les Pères de l'Église face à la science médicale de leur temps* (ThH 117). Paris 2005, 335–350.

PETERSEN, SILKE: *„Zerstört die Werke der Weiblichkeit!": Maria Magdalena, Salome und andere Jüngerinnen Jesu in christlich-gnostischen Schriften* (NHMS 48). Leiden 1999.

PFLEIDERER, ALBRECHT; KAUFMANN, MANFRED: Anatomie, Topgraphie und Funktion der weiblichen Genitalorgane. In: BRECKWOLDT, MEINERT; PFLEIDERER, ALBRECHT; KAUFMANN, MANFRED (Ed.): *Gynäkologie und Geburtshilfe.* Stuttgart 2008, 14–24.

PICHLER, KARL: *Streit um das Christentum: der Angriff des Kelsos und die Antwort des Origenes* (RSTh 23). Frankfurt a. M.; Bern 1980.

PIETRI, CHARLES: Le mariage chrétien à Rome. In: DELUMEAU, JEAN (Éd.): *Histoire vécue du peuple chrétien* 1. Toulouse 1979, 105–131.

PIETZNER, KATRIN: Ordnung durch Geschlecht? Cyprian, die Jungfrauen und die christliche Gemeinde von Karthago. In: *Geschlechterdefinitionen und Geschlechtergrenzen in der Antike* (Alte Geschichte). Stuttgart 2007, 133–152.

PLANGE, HUBERTUS: *Zusammenstellung der bei Galen auftretenden wichtigsten Theorien über die Sexualität unter besonderer Berücksichtigung der Beziehungen zwischen Temperament und Sexus.* München 1964.

POHLENZ, MAX: *Die Stoa: Geschichte einer geistigen Bewegung* 1. (1984).

PORTER, ROY: *Patients and practitioners: lay perceptions of medicine in preindustrial society* (Cambridge history of medicine). Cambridge 1985.

POTTER, PAUL; GUNDERT, BEATE: Art. Hippokrates aus Kos. In: DNP 5 (1998), 590–599.

POTTERIE, IGNACE DE LA: La Mère de Jésus et la conception virginale du Fils de Dieu: Étude de théologie johannique. In: Mar. 11 (1978), 41–90.

———: Il parto verginale del Verbo incarnato: «Non ex sanguinibus. sed ex Deo natus est» (Gv 1, 13). In: Mar. 45 (1983), 127–174.

POUDERON, BERNARD: La conception virginale au miroir de la procréation humaine: Libre réflexion sur les rapports entre la christologie et les connaissances physiologiques des premiers Pères. In: PIOT, MADELEINE; SABBAH, GUY (Éd.): *Regards sur le monde antique: hommages à Guy Sabbah*. Lyon 2002, 229–255.

PREISENDANZ, KARL; HENRICHS, ALBERT: *Papyri graecae magicae = Die griechischen Zauberpapyri* (Sammlung wissenschaftlicher Commentare). Stutgardiae ²1973–1974.

PREUS, ANTHONY: *Science and philosophy in Aristotle's biological works* (SMGP: kleine Reihe 1). Hildesheim; New York 1975.

PREUSS, JULIUS: *Biblisch-talmudische Medizin: Beiträge zur Geschichte der Heilkunde und der Kultur überhaupt*. Berlin ³1923.

PRYOR, JOHN W.: Of the Virgin Birth or the Birth of Christians? The Text of John 1:13 Once More. In: NT 27 (1985), 296–318.

RAHNER, HUGO: *Griechische Mythen in christlicher Deutung: gesammelte Aufsätze*. Zürich ³1957.

RAHNER, KARL: Virginitas in Partu: Ein Beitrag zum Problem der Dogmenentwicklung und Überlieferung. In: *Maria, Mutter des Herrn: mariologische Studien* (Sämtliche Werke 9). Freiburg i. Br. 2004, 653–678.

RATZINGER, JOSEPH/BENEDIKT XVI.: *Einführung in das Christentum: Vorlesungen über das Apostolische Glaubensbekenntnis*. München ¹⁰1969.

RATZINGER, JOSEPH/BENEDIKT XVI.: *Jesus von Nazareth: Prolog - Die Kindheitsgeschichten*. Freiburg i. Br. 2012.

REITZENSTEIN, RICHARD: *Hellenistische Wundererzählungen*. Leipzig 1906.

———: *Die hellenistischen Mysterienreligionen nach ihren Grundgedanken und Wirkungen*. Darmstadt ³1966.

RENGSTORF, KARL HEINRICH: *Die Anfänge der Auseinandersetzung zwischen Christusglaube und Asklepiosfrömmigkeit* (Schriften der Gesellschaft zur Förderung der westfälischen Landesuniversität zu Münster 30). Münster 1953.

REUS, WERNER A.: Art. Soranus. In: DNP 11 (2001), 739–741.

REUTTER, URSULA: *Damasus, Bischof vom Rom (366–384): Leben und Werk* (STAC 55). Tübingen 2009.

REVILLOUT, EUGÈNE: La sage-femme Salomé d'apres un apocryphe copte comparé aux fresques de Baouit et la princesse Salomé, fille du tetrarque Philippe d'après le même document. In: JA 10/5 (1905), 409–461.

RICHARD, MARCEL: L'introduction du mot „hypostase" dans la théologie de l'incarnation. In: MSR 3 (1946), 5–32; 243–270.

———: *Malchion et Paul de Samosate: le temoignage d'Eusebe de Cesaree* (Opera minora 2; 25). Louvain 1977.

Ricken, Friedo: *Philosophie der Antike* (Grundkurs Philosophie 6; Urban 350). Stuttgart; Berlin ²1993.

Riddle, John M.: High Medicine and Low Medicine in the Roman Empire. In: ANRW II, 37, 1 (1993), 102–120.

Riedmatten, Henri de: Some Neglected Aspects of Apollinarist Christology. In: DomSt 1 (1948), 239–260.

———: *Les actes du procès de Paul de Samosate: étude sur la christologie du IIIe au IVe siècle* (Paradosis 6). Fribourg/Suisse 1952.

Rohland, Johannes Peter: *Der Erzengel Michael: Arzt und Feldherr: zwei Aspekte des vor- und frühbyzantinischen Michaelskultes* (ZRGG.B 19). Leiden 1977.

Roscher, Wilhelm Heinrich: *Hermes der Windgott: eine Vorarbeit zu einem Handbuch der griechischen Mythologie vom vergleichende Standpunkt*. Leipzig 1878.

Rosner, Fred: Jewish Medicine in the Talmudic Period. In: ANRW II, 37, 3 (1996), 2866–2893.

Rossetti, Luigi: Il De opificio Dei di Lattanzio e le sue fonti. In: Did 6 (1928), 115–200.

Rostand, Jean: Sur l'histoire des idées relatives à la parthenogenèse dans l'espèce humaine. In: Revue d'histoire des sciences et de leurs applications 9 (1956), 221–235.

Roth, Gottfried: Christus Medicus. In: ArztChr 31 (1985), 7–12.

Rousselle, Aline: *Der Ursprung der Keuschheit*. Stuttgart 1989.

Rüsche, Franz: *Blut, Leben und Seele: Ihr Verhältnis nach Auffassung der griechischen und hellenistischen Antike, der Bibel und der alten Alexandrinischen Theologen*. Paderborn 1930.

Sallmann, Klaus: Art. Varro. In: DNP 12/1 (2002), 1130–1144.

Sauser, Ekkart: Christus Medicus – Christus als Arzt und seine Nachfolger im frühen Christentum. In: TThZ 101 (1992), 101–123.

Scarborough, John: Roman Medicine to Galen. In: ANRW II, 37, 1 (1993), 3–48.

Schadewaldt, Hans: Arzt und Patient in frühchristlicher Sicht. In: Medizinische Klinik 59 (1964), 146–152.

———: Die Apologie der Heilkunst bei den Kirchenvätern. In: Veröffentlichungen der Internationalen Gesellschaft für Geschichte der Pharmazie e.V. 26 (1965), 115–130.

———: Asklepios und Christus. In: Die medizinische Welt 18 (1967), 1755–1761.

Scheer, Tanja: Forschungen über die Frau in der Antike. Ziele, Methoden, Perspektiven. In: Gym. 107 (2000), 143–172.

Schenke, Hans-Martin: Das Evangelium nach Philippus. Ein Evangelium der Valentinianer aus dem Funde von Nag-Hamadi^{sic!}. In: ThLZ 84 (1959), 1–26.

———: *Das Philippus-Evangelium (Nag-Hammadi-Codex II,3)* (TU 143). Berlin 1997.

Schipperges, Heinrich: Zur Tradition des „Christus Medicus" im frühen Christentum und in der älteren Heilkunde. In: ArztChr 11 (1965), 12–20.

―――: „Christus Medicus" als Leitbild. In: DERS. (Ed.): *Die Kranken im Mittelalter*. München 1990, 203–205.

SCHLIER, HEINRICH: Der Römerbrief. In: HThK 6 (1977).

SCHMID, WOLFGANG: Philosophisches und Medizinisches in der Consolatio des Boethius. In: *Festschrift Bruno Snell*. München 1956, 113–144.

SCHNALKE, THOMAS: Art. Asklepios. In: *Antike Medizin*. München 2005, 110–112.

―――: Art. Tempelschlaf. In: *Antike Medizin*. München 2005, 845–846.

―――; WITTERN, RENATE: Asklepios trifft Hippokrates. In: *Die Geheimnisse der Gesundheit: Medizin zwischen Heilkunde und Heiltechnik*. Frankfurt a. M.; Leipzig 1994, 95–114.

SCHNECK, PETER: Galens diätetisches Leitbild. In: *Die Geheimnisse der Gesundheit: Medizin zwischen Heilkunde und Heiltechnik*. Frankfurt a. M.; Leipzig 1994, 115–126.

SCHNEIDER, GERHARD: *Evangelia infantiae apocrypha = Apocryphe Kindheitsevangelien* (FC 18). Freiburg i. Br.; Basel 1995.

SCHNEIDER, RUDOLF: Was hat uns Augustins „theologia medicinalis" heute zu sagen? In: KuD 3 (1957), 307–315.

SCHNELLE, UDO: *Antidoketische Christologie im Johannesevangelium: eine Untersuchung zur Stellung des vierten Evangeliums in der johanneischen Schule* (FRLANT H. 144). Göttingen 1987.

SCHOEPS, HANS-JOACHIM: *Vom himmlischen Fleisch Christi: eine dogmengeschichtliche Untersuchung; Das Judenchristentum: Untersuchungen über Gruppenbildungen und Parteikämpfe in der frühen Christenheit; Gottheit und Menschheit: die grossen Religionsstifter und ihre Lehren* (Gesammelte Schriften Hans-Joachim Schoeps 5). Hildesheim 2005.

SCHÖLLGEN, GEORG: Art. Jungfräulichkeit. In: RAC 19 (2000), 523–592.

SCHOLTEN, CLEMENS: Welche Seele hat der Embryo? Johannes Philoponos und die antike Embryologie. In: VigChr 59 (2005), 377–411.

SCHREIBER, STEFAN: *Weihnachtspolitik: Lukas 1–2 und das Goldene Zeitalter* (NTOA 82). Göttingen 2009.

SCHUBERT, CHARLOTTE: *Frauenmedizin in der Antike: griechisch-lateinisch-deutsch* (Tusculum). Düsseldorf 1999.

SCHULTE, RAPHAEL: Spricht die Heilige Schrift überhaupt von „Jungfrauengeburt"? ein Plädoyer für Sorgfalt bei theologischer Wort- und Begriffsbildung. In: Garten des Lebens (1999), 237–259.

SCHULZ-FLÜGEL, EVA: Tertullian und das „Zweite Geschlecht". In: REAug 42, 1 (1996).

SCHULZE, CHRISTIAN: Christliche Ärztinnen in der Antike. In: SCHULZE, CHRISTIAN; IHM, SIBYLLE (Ed.): *Ärztekunst und Gottvertrauen: antike und mittelalterliche Schnittpunkte von Christentum und Medizin* (Spudasmata 86). Hildesheim 2002, 91–116.

―――: *Medizin und Christentum in Spätantike und frühem Mittelalter: christliche Ärzte und ihr Wirken* (STAC 27). Tübingen 2005.

SCHÜTZ, HEINZ-ALBERT: *Die Schrift „De medicina" des Isidor von Sevilla: ein Beitrag zur Medizin im spätantiken Spanien.* Giessen 1984.

SCHWEIGER, KARIN: *Medizinisches im Werk des Kirchenvaters Origenes.* Düsseldorf 1983.

SCOPELLO, MADELEINE: *Femme, gnose et manichéisme: de l'espace mythique au territoire du réel* (NHMS 53). Leiden 2005.

SEIBT, KLAUS: *Die Theologie des Markell von Ankyra* (AKG 59). Berlin; New York 1994.

SERRA, ARISTIDE: Art. Vergine II. Testimonianza Biblica. In: FIORES, STEFANO DE; MEO, SALVATORE (Ed.): *Nuovo dizionario di mariologia.* Cinisello Balsamo 1986.

SEYBOLD, KLAUS; MÜLLER, ULRICH B.: *Krankheit und Heilung* (Biblische Konfrontationen. Kohlhammer 1008). Stuttgart; Berlin 1978.

SHAW, BRENT D.: *The Age of Roman Girls at Marriage: Some Reconsiderations* (JRS 77). 1987.

SIDER, ROBERT D.: Credo quia absurdum? In: ClW 73 (1980), 417–419.

SIDERAS, ALEXANDER: Rufus von Ephesos und sein Werk im Rahmen der antiken Medizin. In: ANRW II, 37, 2 (1994), 1077–1253.

SIEBEN, HERMANN JOSEF: *Origenes, In Lucam homiliae = Homilien zum Lukasevangelium* (FC 4). Freiburg i. Br.; Basel 1991–1992.

SIEGERT, FOLKER: *Zwischen Hebräischer Bibel und Altem Testament: eine Einführung in die Septuaginta* (Münsteraner Judaistische Studien 9). Münster 2001.

SIER, KURT: Weiblich und Männlich. Ihre Funktion bei der Zeugung nach Aristoteles und Platon. In: *Antike Medizin im Schnittpunkt von Geistes- und Naturwissenschaften: Internationale Fachtagung aus Anlass des 100-jährigen Bestehens des Akademienvorhabens Corpus Medicorum Graecorum/Latinorum* (Beiträge zur Altertumskunde 255). Berlin 2009, 191–211.

SISSA, GIULIA: Une virginité sans hymen: le corps féminin en Grèce ancienne. In: Annales Économies Sociétés Civilisations 39, 6 (1984), 1119–1139.

———: *Le corps virginal: la virginité féminine en Grèce ancienne* (Études de psychologie et de philosophie 22). Paris 1987.

SMID, HARM REINDER; BAAREN-PAPE, GERTRUD E. VAN: *Protevangelium Jacobi: a commentary* (ANT 1). Assen 1965.

SMULDERS, PIETER FRANS: *La doctrine trinitaire de S. Hilaire de Poitiers: étude précédée d'une esquisse du mouvement dogmatique depuis le Concile de Nicée jusqu'au règne de Julien (325–362)* (AnGr Series theologica. Sectio B vol. 32. n. 14). Romae 1944.

SÖLL, GEORG: Haben das Heidentum und die Apokryphen die Marienverehrung illegitim beeinflusst? In: BROSCH, HERMANN JOSEPH; HASENFUSS, JOSEF (Ed.): *Jungfrauengeburt gestern und heute* (Mariologische Studien 4). Essen 1969, 25–33.

SPÄTH, THOMAS: *Frauenwelten in der Antike: Geschlechterordnung und weibliche Lebenspraxis.* Stuttgart; Weimar 2000.

SPECHT, EDITH: Parthenogenese und Kopfgeburten. Zur Aneignung weiblicher Potenz im klassischen Athen. In: Feministische Studien, 5, 1 (1986), 76–85.

SPEYER, WOLFGANG: Art. Geier. In: RAC 9 (1974), 430–468.

STAHLMANN, INES: *Der gefesselte Sexus: weibliche Keuschheit und Askese im Westen des Römischen Reiches*. Berlin 1997.

STEIN, MICHAEL: Die Frau in den gynäkologischen Schriften des „Corpus Hippocraticum". In: DETTENHOFER, MARIA H. (Ed.): *Reine Männersache?: Frauen in Männerdomänen der antiken Welt*. Köln; Weimar 1994, 69–95.

STEMBERGER, GÜNTER: Samael und Uzza. Zur Rolle der Dämonen im späten Midrasch. In: *Die Dämonen: die Dämonologie der israelitisch-jüdischen und frühchristlichen Literatur im Kontext ihrer Umwelt = Demons: the demonology of Israelite-Jewish and early Christian literature in context of their environment*. Tübingen 2003, 600–612.

STICHEL, RAINER: *Die Geburt Christi in der russischen Ikonenmalerei: Voraussetzungen in Glauben und Kunst der christlichen Ostens und Westens*. Stuttgart 1990.

STICKLER, TIMO: Der Vorwurf der Effemination als politisches Kampfinstrument in der Spätantike. In: *Geschlechterdefinitionen und Geschlechtergrenzen in der Antike* (Alte Geschichte). Stuttgart 2007, 277–294.

STÖGER, ALOIS: Der Arzt nach Jesus Sirach 38, 1–15. In: ArztChr 11 (1965), 3–11.

STRECKER, GEORG: *Das Judenchristentum in den Pseudoklementinen* (TU 70). Berlin ²1981.

———: Art. Judenchristentum. In: TRE 17 (1988), 310–325.

SUERBAUM, WERNER: Art. Servius. In: DNP 11 (2001), 470–472.

SWEENEY, JAMES, P.: Modern and ancient controversies over the virgin birth of Jesus. In: BS 160 (2003), 142–158.

TARDIEU, MICHEL: „Comme à travers un tuyau" Quelques remarques sur le mythe valentinien de la chair céleste du Christ. In: BCNH.SE 1 (1981), 151–177.

TECUSAN, MANUELA: *The fragments of the methodists* (Vol. 1: Methodism outside Soranus. Studies in ancient medicine 24/1). Leiden 2004.

TEMKIN, OWSEI: *Galenism: rise and decline of a medical philosophy* (Cornell publications in the history of science). Ithaca 1973.

———: *Hippocrates in a World of Pagans and Christians*. Baltimore 1991.

———; EASTMAN, NICHOLSON J.: *Soranus' Gynecology*. Baltimore 1991.

TESTUZ, MICHEL: *Nativité de Marie* (Papyrus Bodmer 5; BBod 5). Cologny 1958.

THISSEN, HEINZ JOSEF: *Des Niloten Horapollon Hieroglyphenbuch* (APF.B 6). München 2001.

THRAEDE, KLAUS: Art. Exorzismus. In: TRE 7 (1969), 44–117.

TIELEMAN, TEUN: Art. Galen. In: *Antike Medizin*. München 2005, 319–321.

———: Art. Pneumatiker. In: LEVEN, KARL-HEINZ (Ed.): *Antike Medizin*. München 2005, 718–719.

TIGAY, JEFFREY H.: Examination of the accused bride in 4Q159: forensic medicine at Qumran. In: The Journal of the Ancient Near Eastern Society 22 (1993), 129–134.

TILL, WALTER CURT: *Das Evangelium nach Philippos* (PTS 2). Berlin 1963.

TORELLO, JOAN B.: Medizin, Krankheit und Sünde. In: ArztChr 11 (1965), 65–83.

TOUBERT, HÉLÈNE: La Vierge et les deux sages-femmes. L'iconographie entre les Évangiles apocryphes et le drame liturgique. In: *Georges Duby: l'écriture de l'histoire* (Bibliothèque du Moyen Age 6). Bruxelles 1996.

TRÖGER, KARL-WOLFGANG: *Altes Testament, Frühjudentum, Gnosis: neue Studien zu Gnosis und Bibel*. Gütersloh 1980.

TRÜB, C. L. PAUL: *Heilige und Krankheit, Geschichte und Gesellschaft* (Bochumer historische Studien 19). Bochum 1976.

TRUNK, DIETER: *Der messianische Heiler: eine redaktions- und religionsgeschichtliche Studie zu den Exorzismen im Matthäusevangelium* (HBS 3). Freiburg i. Br.; Basel 1994.

ULRICH, JÖRG: *Phoebadius, Contra Arianos = Streitschrift gegen die Arianer* (FC 38). Freiburg i. Br.; Basel 1999.

VAGAGGINI, CIPRIANO D.: Maria nelle opere di Origene. In: OCA 131 (1942), 177–220.

VAN DER EIJK, PHILIP; FRANCIS, SARAH: Aristoteles, Aristotelismus und die antike Medizin. In: BROCKMANN, CHRISTIAN (Ed.): *Antike Medizin im Schnittpunkt von Geistes- und Naturwissenschaften: Internationale Fachtagung aus Anlass des 100-jährigen Bestehens des Akademienvorhabens Corpus Medicorum Graecorum/Latinorum* (Beiträge zur Altertumskunde 255). Berlin 2009, 213–233.

VANNIER, MARIE-ANNE: L'image du christ médecin chez les Pères. In: BOUDON-MILLOT, VÉRONIQUE; POUDERON, BERNARD (Éds.): *Les Pères de l'Église face à la science médicale de leur temps* (ThH 117). Paris 2005, 525–534.

VERBEKE, GÉRARD: *L'évolution de la doctrine du pneuma du stoïcisme à S. Augustin: étude philosophique* (Bibliothèque de l'Institut supérieur de philosophie). Paris; Louvain 1945.

VESAL, ANDREAS: *De humani corporis fabrica*. Basel 1543.

VINZENT, MARKUS: *Pseudo-Athanasius, contra Arianos IV: eine Schrift gegen Asterius von Kappadokien, Eusebius von Cäsarea, Markell von Ankyra und Photin von Sirmium* (SVigChr 36). Leiden; New York 1996.

VOGT, HERRMAN JOSEF: Gott als Arzt und Erzieher. Das Gottesbild der Kirchenväter Origenes und Augustinus. In: HOEREN, JÜRGEN; KESSLER, MICHAEL (Ed.): *Gottesbilder die Rede von Gott zwischen Tradition und Moderne*. Stuttgart 1988, 69–86.

WACHT, MANFRED: Art. Krankenfürsorge. In: RAC 21 (2006), 826–882.

WALZER, RICHARD: *Galen on Jews and Christians* (OCPM). Oxford 1949.

———: Art. Galenos. In: RAC 8 (1969), 777–786.

WARNS, RÜDIGER: Apokryphe Erzählung von der Hebamme Salome. In: GOF.K 2/6 (1982), 56–71.

WASZINK, JAN HENDRIK: *Quinti Septimi Florentis Tertulliani De anima*. Amsterdam 1947.

———: Art. Beseelung. In: RAC 2 (1954), 176–183.

WEIGANDT, PETER: *Der Doketismus im Urchristentum und in der theologischen Entwicklung des zweiten Jahrhunderts*. Schleswig 1961.

WEISSERT, DAVID: Der Basilisk und das Windei in LXX – Jes 59, 5. Ein textuales und ein folkloristisches Problem. In: ZAW 79 (1967).

WELLMANN, MAX: Art. Apollonius (99–111) Ärzte. In: PRE (1895), 148–151.

WESSELING, KLAUS-GUNTHER: Art. Theodoret von Kyros. In: BBKL 11 (1996), 936–957.

WESSELS, CLETUS: *The mother of God: her physical maternity: a reappraisal*. Illinois 1964.

WILHELM, PIA: Art. Geburt Chrisit. In: LCI 2 (1990), 86–120.

WILLAM, MICHAEL: *Mensch von Anfang an?: eine historische Studie zum Lebensbeginn im Judentum, Christentum und Islam* (Studien zur theologischen Ethik 117). Freiburg/Schweiz; Freiburg i. Br. 2007.

WISCHMEYER, ODA: *Die Kultur des Buches Jesus Sirach* (ZRGG.B 77). Berlin; New York 1995.

WITTERN, RENATE: Art. Hippokratische Schriften. In: LEVEN, KARL-HEINZ (Ed.): *Antike Medizin*. München 2005, 418–420.

WÖHRLE, GEORG: Art. Diätetik. In: LEVEN, KARL-HEINZ (Ed.): *Antike Medizin: ein Lexikon*. München 2005, 217–219.

WOLTER, MICHAEL: Wann wurde Maria schwanger? In: HOPPE, RUDOLF; HOFFMANN, PAUL (Ed.): *Von Jesus zum Christus: christologische Studien: Festgabe für Paul Hoffmann zum 65. Geburtstag* (ZRGG.B). Berlin; New York 1998, 406–422.

YOYOTTE, JEAN: Les os et la semence masculine. À propos d'une théorie physiologique égyptienne. In: BIFAO 61 (1962), 139–146.

ZELZER, MICHAELA: Zur Chronologie der Werke des Ambrosius: Überblick über die Forschung von 1974 bis 1997. In: PIZZOLATO, LUIGI FRANCO; RIZZI, MARCO (Ed.): *Nec timeo mori: atti del Congresso internazionale di studi ambrosiani nel XVI centenario della morte di sant'Ambrogio, Milano, 4–11 Aprile 1997* (SPMed 21). Milano 1998.

ZIEGENAUS, ANTON: *Maria in der Heilsgeschichte: Mariologie* (Katholische Dogmatik 5). Aachen 1998.

———: *„Geboren aus der Jungfrau Maria": Klarstellungen* (MSt 19). Regensburg 2007.

ZIEGLER, KONRAT: Art. Zephyros. In: PRE 10a (1972), 234–235.

ZIRKLE, CONWAY: Animals Impregnated by the Wind. In: Isis 25 (1936), 95–130.

Register

Biblische Schriften*

Altes Testament

Gen
Gen 1 38
Gen 1, 26 112
Gen 1, 29 40
Gen 2 70
Gen 2, 7 . . . . 183, 184
Gen 3, 16 240
Gen 3, 19 219
Gen 3, 21 125
Gen 4, 1–2 117
Gen 49, 9 233
Gen 49, 11 132

Ex
Ex 12, 41 164
Ex 13, 2 . 139, 222–225, 229
Ex 13, 12 . . . . 234, 235
Ex 15, 26 20
Ex 16, 20 . . . . 144, 145
Ex 21, 19 21

Lev
Lev 12, 2 227
Lev 12, 6–8 . . . . 139, 225
Lev 13–14 21

Num
Num 5, 11–31 211
Num 12 20

Dtn
Dtn 32, 39 20

1 Sam
1Sam 1, 5 119
1Sam 1–2 119
1Sam 16 24
1Sam 24, 15 144

1Sam 26, 20 144

2 Sam
2Sam 24, 15–16 23

2 Kön
2Kön 5 20

2 Chr
2Chr 16, 12 65
2Chr 16, 12–13 21

Neh
Neh 8, 2 73

Tob
Tob 2, 11 23
Tob 6, 4 23
Tob 6, 8 23

3 Makk
3Makk 4, 6 79

Hi
Hi 1 23
Hiob 2, 7–8 21
Hiob 14, 4–5 139
Hiob 25, 6 142

Ps
Ps 8, 2 163
Ps 21 . . . 141–147, 164, 261
Ps 21, 2–7 . . . . 140–143, 145–147, 163, 164
Ps 33, 9 144
Ps 41, 5 20
Ps 45, 8 164
Ps 103, 2–5 20
Ps 107, 20 20

Spr
Spr 6, 8 144
Spr 12, 20 164

Weish
Weish 7, 2 . . . . 116, 118
Weish 8, 19–20 185

Sir
Sir 38, 1–15 22
Sir 38, 4 37

Jes
Jes 7, 13–14 216
Jes 7, 14 135, 225, 228, 239, 240
Jes 38 37
Jes 53 21
Jes 59, 5 115
Jes 66, 7 241

Jer
Jer 1, 5 235
Jer 8, 7 163
Jer 8, 22 21

Klgl
Klgl 1, 5 LXX 119

Bar
Bar 3, 37 48

Joel
Joel 2, 25 . . . . 147, 164, 166

Sach
Sach 3, 3 139
Sach 12, 1 181

Mal
Mal 2, 14 79

---

* Die Zählung der Psalmen folgt der Septuaginta.

Neues Testament

Mt
Mt 1, 16 143
Mt 1, 17–22 87
Mt 1, 18 ...... 87, 224, 225
Mt 1, 18–25 ...... 118, 143
Mt 1, 20 .... 124, 143
Mt 1, 21 131
Mt 2, 11–15 241
Mt 6, 25–33 61
Mt 8, 5–13 27
Mt 8, 16 26
Mt 9, 12 28
Mt 9, 20–22 27
Mt 9, 32–33 34
Mt 10, 7–8 28
Mt 10, 28 183
Mt 11, 5–6 26
Mt 12, 24–28 31
Mt 12, 25–32 43
Mt 12, 46 218
Mt 13, 53–58 ..... 230, 232
Mt 17, 14–18 30
Mt 23, 35 227
Mt 25, 36–40 46
Mt 27, 46 141

Mk
Mk 2 27
Mk 2, 17 28
Mk 5, 25–34 27
Mk 5, 26 28
Mk 6, 13 29
Mk 7, 33 27
Mk 8, 23 27
Mk 12, 22 123
Mk 15, 34 141
Mk 15, 40 211
Mk 16, 1 211
Mk 16, 17 31
Mk 16, 17–18 28

Lk
Lk 1, 27 229
Lk 1, 30–31 131
Lk 1, 31 .... 118, 124
Lk 1, 31–35 125
Lk 1, 34–38 ...... 119, 121
Lk 1, 35 . 123, 124, 140, 212, 213, 219, 229, 230
Lk 1, 35–38 120
Lk 1, 38 120
Lk 1, 55 123
Lk 2 249
Lk 2, 7 ...... 226, 229, 249
Lk 2, 12 249
Lk 2, 16 249
Lk 2, 21–24 139
Lk 2, 22 228
Lk 2, 22–24 225
Lk 2, 23 .... 229, 234
Lk 2, 41–47 45
Lk 4, 23 28
Lk 5, 31 28
Lk 7, 2–10 27
Lk 8 27
Lk 8, 19–21 218
Lk 8, 43–48 27
Lk 9, 26 137
Lk 10, 9 .... 28, 46
Lk 10, 34–35 28
Lk 11, 20 .... 26, 27
Lk 11, 27 229
Lk 13, 4–5 26
Lk 13, 11–13 27
Lk 14, 26 218

Joh
Joh 1, 12–14 120
Joh 1, 13 121, 122, 136, 163
Joh 1, 14 167
Joh 1, 45 121
Joh 3, 6 120
Joh 8, 33 123
Joh 8, 44 120
Joh 9, 2–3 26
Joh 9, 6 27
Joh 10, 18 159
Joh 18, 37 171
Joh 19, 25 .... 78, 79
Joh 20, 25 210

Apg
Apg 5, 16 28
Apg 8, 7 28
Apg 10, 15 39
Apg 16, 16–18 28
Apg 19, 11–12 28
Apg 19, 13–17 31

Röm
Röm 1, 3 .... 124, 158
Röm 1, 3–4 .. 123–125, 131
Röm 4, 13 123
Röm 4, 16 123
Röm 5 130
Röm 7, 22 .... 174, 175
Röm 8, 11 219

1 Kor
1Kor 1, 24 166
1Kor 1, 27 146
1Kor 6, 17 159
1Kor 8, 6 173
1Kor 10, 20–21 28
1Kor 10, 31 65
1Kor 12, 28 .... 28, 33
1Kor 15 130
1Kor 15, 47 187

2 Kor
2Kor 8, 23 79
2Kor 12, 7–10 28
2Kor 12, 12 28

Gal
Gal 4, 4 ...... 132, 133, 228
Gal 4, 4–5 122
Gal 4, 23 123
Gal 4, 29 123

Phil
Phil 2, 5–11 123
Phil 2, 6–7 158
Phil 2, 9–11 191

Phil 2, 25–27 29
Kol
Kol 2, 3 166
Kol 2, 9 191
Kol 4, 14 49
1 Tim
1Tim 1, 1–2 44
1Tim 2, 5 .... 157, 190

1Tim 4, 1 28
1Tim 5, 23 37
2 Tim
2Tim 4, 20 29
Hebr
Hebr 2, 16 228
Hebr 11, 11 ...... 116, 118

Jak
Jak 5 28
Jak 5, 14–16 .... 29, 34
1 Joh
1Joh 3, 9 120
1Joh 5, 18 120
Offb
Offb 5, 5 233

Frühchristliche und anonyme Schriften

Apokryphon des Ezechiel ... 214, 216
Apokryphon des Johannes .. 68, 76, 77
Apostol. Kirchenordnung ... 52
Arabisches Kindheitsevangelium 45, 244–250, 252
Armenisches Kindheitsevangelium 250
Constitutiones apostolorum 33
Decretum Gelasianum .. 236
Dialog des Erlösers 68, 74–76, 78
Didache 33, 52, 53
Epistula apostolorum ... 121
Esra-Apokalypse 117

Hebräer-Evanglium 218
Henochbuch 23, 117
Himmelfahrt des Jesaja . 215, 216, 216
Hirte des Hermas .. 126, 127
Jubiläenbuch 23
Lateinische Kindheitsevangelien 244–247
Maria-Evangelium 68, 72, 73, 75, 84, 86
Mischna 25
Oden Salomos 216, 217
Petrusakten 128, 216
Philippus-Evangelium 68–86, 129, 130, 218, 219
Physiologus 105
Pistis Sophia 68

Protevangelium des Jakobus 103, 122, 128, 153, 197–223, 244–251, 262
Pseudoklementinen 117, 126, 188
Pseudo-Matthäusevangelium 234, 244–247
Qumran 4Q159 206
Sophia Jesu Christi 68
Suda 8, 11–13, 15, 49
Syrische Didaskalie 52
Talmud ... 19, 24, 25, 25, 206
Taten des Petrus und der zwölf Apostel 46
Testamente der Patriarchen 23
Testimonium veritatis ... 221
Thomas-Evangelium 68–70, 73, 75, 86, 128, 218, 218, 219, 259
Traditio apostolica . 33, 46, 52

Antike und mittelalterliche Autoren und Personennamen

Abraham . 117, 122, 173, 228
Achamoth 85
Achill 102
Adam 34, 42, 70, 122, 125, 130–136, 141, 146, 149, 154, 157, 160, 161, 184, 185, 219, 222, 261
Aelianus, Claudius 104
Aemilia, Vestalin 204
Aeneas 202
Äskulap 2, 37
Aetius v. Antiochien 50
Agahtonikos 33
Aglaophon, Arzt 50
Akron v. Akragas 10
Alexander aus Phrygien .. 50
Alexander der Grosse ... 108
Alvarus, Paulus 236
Ambrosius v. Mailand 1, 39, 104, 111, 133, 150–152, 187, 192, 193, 206–208, 233–236, 255, 256
Ambrosius, ps. 208
Ammonius Sakkas 178
Amphiktione, Mutter Platons 148, 155
Anastasius II. v. Rom 186
Anaxagoras 109
Anna, Mutter des Samuel 119, 126
Anna, Mutter Mariens .. 119
Antiope 148
Antoninus, Kaiser 29
Antonius, Mönch 62, 63
Anubis 109
Apis 108
Apollinaris v. Laodizea .. 154, 155, 161, 162, 168–184, 196, 240, 261
Apollo .. 15, 17, 107, 148, 155
Apollonius v. Tyana 15

Apollonius, Arzt 17
Apollonius, Asket 63
Apuleius 24
Archigenes v. Apamea 11
Ardesianes, Gnostiker ... 219
Aretaios v. Kappadokien .. 11
Ariston, Vater Platons .. 107, 148
Aristophanes 100
Aristoteles 7, 8, 12, 13, 50, 71, 75, 89–115, 119, 140–145, 169, 172, 178, 180, 184, 200, 259, 260
Aristoteles, ps. 104
Arius 154, 155, 161, 164, 167, 168, 173, 176, 184, 196, 240
Arsenius 62
Asa, König 21, 65
Asklepios 2, 15, 17, 20, 45, 46, 52
Asterius der Sophist 111, 163, 164
Athanasius 62, 111, 147, 163–168, 228, 229
Athena 103
Athenaios v. Attaleia 11
Auge, Tochter des Eleos . 148
Augustinus v. Hippo ... 2, 11, 32, 35–37, 39, 43, 44, 49, 52, 63, 64, 67, 102, 111–113, 122, 141, 145–147, 154, 157, 178–189, 204, 206, 208, 237–239, 244
Augustus, Kaiser 108
Axionikos, Gnostiker ... 219

Bacon, Francis 71
Baruch 48
Basilides, Gnostiker 128
Basilius v. Ancyra 49
Basilius v. Ankyra, ps. ... 208

Basilius v. Cäsarea 35, 36, 38, 42–44, 47–49, 52, 64, 65, 104, 112, 150, 231
Beelzebub 26, 31
Benedikt v. Nursia 46, 64
Besa 62
Blasius, Märtyrer 51
Bodo, Diakon 236
Bonosus v. Sardika 233
Buddha 215

Cäsar, Gaius Julius 108
Caesarius v. Arles 239
Caligula, Kaiser 115
Carpophorus, Märtyrer ... 51
Cassiodor, Flavius Magnus Aurelius .. 49, 64, 146, 147
Cato der Ältere 14
Celsus 31, 32, 55, 61, 109, 147–150, 155–157
Celsus, Aulus Cornelius ... 9, 14, 16, 41
Chaeremon v. Alexandrien .. 103
Chosrau II 50
Chromatius v. Aquileia . 143, 234
Clemens v. Alexandrien ... 9, 25, 43, 49, 61, 62, 208, 209, 213, 214, 217
Clemens v. Rom 106
Clemens v. Rom, ps. 101
Columella 101, 102
Commodus, Kaiser 12
Cosmas, Märtyrer 51
Cyprian v. Karthago .. 36, 43, 44, 206–208, 232
Cyrill v. Alexandrien 32, 33, 176–179, 181, 182
Cyrill v. Jerusalem 34, 40, 41, 110

ANTIKE PERSONEN

Damasus I. v. Rom . 111, 145
Damian, Märtyrer 51
Danae 109, 148
David, König . . . 20, 122–124, 143, 144, 158
Demokrit 42, 180
Diadochus v. Photike 58
Dido 202
Didymus der Blinde 142, 143
Diodor v. Sizilien 24, 109
Diodor v. Tarsus 60, 170, 176
Diogenes Laertius . . . 72, 108

Egeria, Göttin 107
Eleasar, jüdischer Zauberer 24
Elisa, Prophet 21
Elisabeth, Mutter des Johannes 119, 181, 221
Empedokles 109
Epaphroditus 29, 35
Ephräm der Syrer . . 239, 241
Epiphanius v. Salamis 50, 110, 129, 130, 167, 183, 199, 213, 221, 232, 233
Erichthonios 102
Eudoxius 167
Euippus 174
Euklid 50
Eunomius 50, 167
Eurydike 75
Eusebius v. Cäsarea 43, 49, 50, 55, 104, 114, 127, 142, 189
Eusebius v. Emesa 168
Eustathius v. Antiochien . 184
Eutropius, Kämmerer . . . 224
Eutyches 177, 190
Eva 34, 42, 70, 191, 225, 240, 249, 251
Evagrius Ponticus . . 160, 184
Evodia 29
Exuperantius v. Toulouse . 236
Eznik v. Kolb 31, 34

Firmicus Maternus 132
Flavius Josephus 19, 23, 24, 109
Fulgentius v. Ruspe 189

Gabriel, Erzengel . . . 88, 118, 119, 140, 212, 225, 228, 229
Gabriel, Hofarzt 50
Galen 4, 7, 9, 10, 12–17, 49–51, 70–73, 75, 86, 89, 92, 95, 96, 113, 180, 181, 198, 200, 202, 259
Galen, ps. 9, 204, 205
Gamaliel, Rabbi 206
Gaudentius v. Brescia . . . 143
Gehasi, Diener des Elisa . . 21
Gelasius v. Rom 145, 236
Gorgona 35, 59, 60
Gregor der Grosse 44
Gregor v. Nazianz 38, 43, 44, 48, 58–60, 174, 175
Gregor v. Nyssa 41, 43, 44, 47–50, 58, 59, 173, 191, 239–241

Hadrian, Kaiser 11
Hebion 169
Hegemonius 122
Heliodorus 234
Helvidius 233
Hera 103
Herakleon, Gnostiker . . . 219
Hermas 127
Herodes 226
Herodot 105, 106
Hieronymus 40–44, 49, 62, 109, 157–160, 184, 186, 223, 233–236, 247, 255, 256
Hilarius v. Poitiers 36, 44, 168, 169, 184, 185, 187, 242
Hiob 21, 23, 27
Hippokrates 7, 8, 10–13, 15, 22, 49

Hippokrates, ps. . . 18, 24, 59, 75, 198, 201
Hippolyt v. Rom . . 4, 50, 112, 124–127, 217, 219–221
Hiskia 37
Homer 102
Horapollo 103, 105
Hormisdas v. Rom 145
Hunayn ibn Ishaq 51
Hygieia 15, 17
Hymenaeus, Bürger Athens . 202
Hymenaios, Gott 199

Ignatius v. Antiochien 43, 44, 124, 128–131, 133
Indicia, Jungfrau . . . 207, 208
Innocentius I. v. Rom . . . 236, 256
Irenäus v. Lyon 4, 39, 55, 85, 112, 121, 127–130, 132, 133, 213, 220, 221, 225
Isaak v. Antiochien 192
Isidor v. Sevilla 1, 42, 49, 104, 105, 195, 198
Isis 15, 79, 109

Jacobus v. Voragine . 246, 247
Jakob 48
Jaldabaoth 77, 78, 260
Jeremia, Prophet 21
Jesaja, Prophet 37, 215, 228, 240
Jesus ben Sira . 21–23, 37, 66, 258
Johannes Cassian 133
Johannes Chrysostomus . 16, 29, 34, 41–44, 47, 55, 87, 88, 112, 118, 176, 195, 224, 241
Johannes der Täufer 124, 128, 221
Johannes Kolobos 249
Johannes Philoponus 40, 182

Johannes v. Damaskus .. 119, 189–191, 193, 230, 239, 251, 256
Joseph v. Nazareth 118, 121, 127, 129, 130, 199, 209, 211, 214, 215, 219, 220, 225, 230, 233, 246, 247, 249, 250, 254, 255, 262
Jovinian 40, 233
Julian (Apostata), Kaiser . 13, 44, 46
Julian v. Kos 190
Jupiter 152
Justin der Märtyrer .. 47, 126, 131–133, 225, 230
Justinian I., Kaiser . 160, 182, 191
Justinus, ps. 60
Juvenal v. Narni 51
Juvenal, Decimus Iunius .. 61

Kerdon, Gnostiker 217
Kerinth, Gnostiker 128

Laktanz 35, 41, 49, 75, 184, 185
Leo I. v. Rom .. 188–190, 193
Leontius v. Jerusalem 191
Leontius, Märtyrer 51
Leucius, Manichäer 234
Lucius v. Alexandrien ... 167, 168
Lukas, Evangelist 49
Lukian v. Antiochien 167
Lukrez 14

Makarius der Ägypter .. siehe Makarius-Symeon
Makarius-Symeon ... 56–58, 62, 64, 66
Makrina 9, 35, 58, 59, 66
Mani 112
Mar Samuel, Rabbi 25
Maria Aegyptiaca 249

Maria Magdalena .. 4, 67–86, 211, 259
Maria, Frau des Klopas ... 78
Maria, Mutter Jakobi 211
Maria, Mutter Jesu . 5, 44, 78, 79, 87–89, 118–263
Markell v. Ankyra 189
Markion 38, 39, 128, 130, 137, 138, 188, 217, 224
Markus Aurelius, Kaiser .. 12
Matthäus 69, 74, 75, 88, 118, 234
Maximus Confessor 190
Maximus v. Turin 144
Maximus, Schwager der Indicia 207
Melanippe 148
Melito v. Sardes 130
Menas v. Konstantinopel 191
Methodius v. Olympus ... 50, 142, 160, 161
Methodius v. Side 142
Michael, Engel 51
Minerva 152
Minucius Felix 35
Mirjam, Schwester des Mose 20
Moses 36, 139
Mut, Göttin 103

Natanael 121
Nechbet, Göttin 103
Nemesius v. Emesa 49, 71, 75, 177–181
Nero, Kaiser 10
Nestorius 175, 177, 178
Noet v. Smyrna 178
Numa Pompilius 107

Oreibasios v. Pergamon .. 13, 14
Origenes 1, 2, 9, 29–32, 37, 38, 41, 43, 44, 49, 55, 61, 95, 104, 109, 114, 119, 121, 127, 128, 138–162, 172, 184, 186, 195, 208, 226–237
Osiris 104
Ovid 105, 106, 109

Pachomius 64
Paesia 249
Palladius v. Helenopolis .. 62, 63
Pan 15
Panakeia 17
Pangeneia 15
Pantaleon, Märtyrer 51
Paul v. Samosata 176
Paulinus 44
Paulus 28, 29, 35, 37, 46, 49, 79, 122, 123, 130, 174
Pausanias 15, 69, 70
Pelagius 56
Pertinax, Kaiser 12
Petrus Chrysologus 133, 194, 224, 239
Petrus, Apostel 69, 75, 216, 230
Philinos v. Kos 10
Philippus, Apostel 121
Philon v. Alexandrien 19, 22, 23, 42, 98, 115, 117, 118, 125, 131
Philostorgius 30, 233
Philotheus, Diakon 250
Phoebadius v. Agen . 162, 173
Photin v. Sirmium 189
Pilatus, Pontius 128
Platon 7, 12, 13, 69, 72, 89, 90, 92, 95, 98, 107–109, 133, 148, 149, 155, 157, 168, 178, 184, 260
Plinius der Ältere 14, 16, 101, 102, 104, 105, 112, 205
Plutarch 75, 76, 78, 104, 106–109, 137, 149, 155, 171, 259, 260
Podarge, Harpyie 102

ANTIKE PERSONEN 341

Poimen 62
Pollianus 75
Polykarp v. Smyrna ... 46, 47
Pomponius Mela ... 105, 106
Pomponius v. Dionysiana 206
Porphyrius 104
Potamius v. Lissabon 162
Proclus v. Konstantinopel 239
Proculus Torpation 29
Prudentius 44
Ptolemäus, Gnostiker ... 219

Quoduultdeus 119

Raphael, Engel 23, 51
Re, Sonnengott 104
Rufin v. Aquileia 43, 152–154, 159, 160, 186, 187, 235, 236, 242
Rufus v. Ephesus 9, 13

Sabellius 169
Salome, Hebamme . 209–212, 242–247, 249–255
Salome, Jüngerin Jesu 69, 211
Salomon 24, 27, 60
Samuel, Prophet 119, 126
Sara, Frau Abrahams 116
Sarapis 15, 17
Satan 23, 27, 34
Satornil, Gnostiker 217
Saul, König 24, 144
Schabriri, Dämon 25
Schenute v. Atripe 62, 64
Serapion v. Alexandrien .. 10
Sergios v. Rēšʿainā 49, 50
Servius, Grammatiker .. 202, 242, 255

Severin v. Noricum 51
Severus, Kaiser 29, 137
Sextus Empiricus 109
Silvania, Asketin 63
Simon II., Hohepriester .. 21
Simon Magus 128, 216
Simon v. Taibutheh 50
Sophia, Äon 76–78, 81, 84–86, 219, 220, 260
Sophokles 100, 108
Sophronius v. Jerusalem 191, 249
Soran v. Ephesus 7, 8, 10, 11, 13, 24, 42, 59, 92, 93, 116, 119, 198–202, 211, 237, 255
Sozomenos 48
Speusippos 107
Stephanos, Diakon des Kyrill 32
Stephanus, Asket 63
Syagrius v. Verona 207
Symeon v. Mesopotamien siehe Makarius–Symeon

Tacitus 105
Tatian der Syrer .. 54–57, 66, 259
Tertullian 4, 11, 29, 35–37, 39, 42–44, 47, 49, 55, 86, 112, 114, 115, 121, 122, 129, 130, 133–139, 141, 147, 154–157, 178, 184, 188, 195, 202, 213, 221–226, 229, 232, 234, 237, 255
Tertullian, ps. 129
Themison v. Laodizäa 10
Theodoret v. Cyrus ... 60, 61

Theodosius, Kaiser 44
Theodotus v. Laodizäa ... 50
Theophil v. Alexandrien . 159
Theophylactus 117
Thessalos 10
Thomas v. Aquin 67, 204
Thomas, Apostel . 69, 74, 210
Tiberius, Kaiser 217
Timotheus, Chorbischof .. 48
Titus v. Bostra 236, 237
Titus, Begleiter des Paulus 79
Tobias 23
Tobit 23
Trajan, Kaiser 11
Trophimus 29, 35
Tuccia, Vestalin 204

Ursicinus, Märtyrer 51

Valentin, Gnostiker 128
Valerius Maximus 204
Varro, Marcus Terentius . 14, 101, 102
Vergil 102, 202, 242
Vespasian, Kaiser 24
Vigilantius 233

Zacharias . 209, 226, 227, 231
Zahel, Hebamme .. 209, 244, 246, 250
Zeno v. Verona 110, 241, 242, 244
Zenobius v. Sidon 50
Zenobius, Märtyrer 51
Zenon v. Kition 113, 115
Zephyr 102
Zeus 17
Zosimus 249

Moderne Autoren

Abramowski, L. 182
Accattino, P. 113
Adamietz, J. 61
Adler, M. 11, 12, 15, 49
Aland, K. 79, 122, 210
Albinus, L. 24
Aldama, J. A. de 197
Amundsen, D. W. 2, 54
André, J. 104, 105
Andresen, R. 131
Arbesmann, R. 2
Aspegren, K. 71
Aubineau, M. 41
Audet, J.-P. 127

Babbitt, F. C. 75, 78, 104
Bacht, H. 64
Baehrens, W. A. 37, 228
Baldwin, B. 8
Balme, D. M. . . 72, 91, 93, 94,
  113
Baltes, M. 24, 107
Balz, H. R. 209, 211
Banterle, G. 39, 143, 208
Barchiesi, M. 62, 63
Bardenhewer, O. 119
Bardy, G. 128
Bartelink, G. J. M. 62, 63
Barthold, C. 9, 31,
  32, 43, 55, 61, 109, 128, 147,
  148, 150, 155
Bauer, W. . 124, 128, 129, 210
Bauernfeind, O. 23
Baumstark, A. 49
Baur, J. C. 88
Bautz, F. W. 233
Bayard, L. 207
Béatrice, P. F. 49
Beaucamp, J. 198
Beeson, C. H. 122
Beinert, W. 197

Bellini, E. 170
Bender, D. 49, 177, 179
Benko, S. 88
Benoît, A. 132, 133
Benz, E. 121, 227, 230
Berger, K. 108
Bernardi, J. 44, 48
Bernhart, J. 43
Bertrand, D. A. 142
Bettiolo, P. 128, 215
Bévenot, M. 43
Beyers, R. 246
Bickell, G. 192
Bidez, J. 30, 104, 233
Biehl, W. 92
Blanc, C. 95, 114, 231
Bodin, L. 133
Böhmer, G. 194
Boer, E. A. de 68
Børresen, K. E. 67, 68
Bonwetsch, G. N. . . . 50, 142,
  160, 161
Boos, B. 201
Borleffs, J. W. P. 43
Borret, M. 29, 145
Boscherini, S. 14, 101
Boudon-Millot, V. . . 1, 12, 17,
  49
Boulnois, M.-O. 49,
  175–177, 179
Bovon, F. 214
Boylan, M. 113
Bracht, K. 160
Brandenburger, E. 125
Brandt, S. 49
Brankaer, J. 69
Braun, R. 119, 130
Breckwoldt, M. 201
Breitenbach, A. 2, 49, 61
Brock, A. J. 12
Brodersen, K. 105

Broek, R. van den . . 104, 105
Brown, D. 67
Brown, P. 199
Brown, R. E. 88, 118, 120
Brox, N. . 39, 55, 85, 112, 121,
  126–129, 132, 133, 221, 225
Brunschön, W. 95
Buckley, J. J. 69
Budge, E. A. Th. W. 250
Büllesbach, C. . 68, 78–80, 85
Bürsgens, W. 49, 64
Bulhart, V. 223
Burger, C. 123, 124
Burgsmüller, A. 49, 208
Bury, R. G. 109
Busse, U. 121
Butterweck, C. 49

Cadbury, H. J. 115
Calvet-Sebasti, M.-A. 59
Camelot, P. T. 124,
  128, 130, 131
Campenhausen, H. von . 121,
  126, 217, 224, 227, 230
Cancik, H. 24
Cantalamessa, R. . . . 114, 124,
  135, 156, 157, 178
Capelle, W. 91, 109, 112
Ceresa-Gastaldo, A. 49
Chaîne, M. 250
Cipriani, N. 11
Clédat, J. 252
Clementz, H. 24
Cohn, L. 22, 23, 115
Colpe, C. 108
Congourdeau, M.-H. . . 3, 87,
  89, 95, 96, 98, 113, 115, 117,
  125, 157, 159–161, 171, 172,
  182–186, 190
Courtès, J. 2
Courtonne, Y. 44, 48

MODERNE PERSONEN

Croiset, A. 133
Crouzel, H. 227, 228, 231
Crum, W. E. 33, 85

Dal Covolo, E. 1
Dasen, V. 67
Daumas, F. 22
Daur, K.-D. 32
Davies, S. L. 69
De Graaf, R. 200
De Lacy, P. 13
De Strycker, E. 128, 209–214, 247, 250, 251
Dean-Jones, L. 67
Degkwitz, R. 2
Deichgräber, K. 10
Deines, R. 24
Dekkers, E. . . 29, 35, 47, 145, 202
Denzinger, H. 186
Des Places, E. . . . 58, 104, 114
Deselaers, P. 21, 23
Dibelius, M. 117, 118
Diekamp, F. 167
Diepgen, P. 50, 67
Dobschütz, E. von 236
Dölger, F. J. 34, 98
Dörnemann, M. . 2, 5, 15, 37, 42–44, 58
Dörrie, H. A. 107
Dörries, H. 56–58
Dolle, R. 193
Dombart, B. . 35, 39, 102, 204
Doutreleau, L. 37, 143
Drescher, J. 119
Drobner, H. R. 191
Drossaart Lulofs, H. J. . . . 71, 92–100, 110, 111, 140, 143
Drummer, J. 130, 167
Dumeige, G. 2
Dunstan, G. R. 89
Duval, Y.-M. 62
D'Irsay, S. 3
Eastman, N. J. 10, 11, 24

Edelstein, E. J. 15, 17, 46
Edelstein, L. 2, 7, 8, 10, 15–17, 46, 53
Ego, B. 23
Ehlen, O. 244
Eichinger, M. 159
Eijkenboom, C. J. 2
Eissler, F. 247, 249, 252
Elliott, J. K. 244
Emmel, K. 75, 98
Emmenegger, G. 67, 135
Engel, H. 116
Evans, E. . . 39, 134–139, 146, 157, 187, 188, 224, 225, 238

Faller, O. 111, 192
Feix, J. 105
Feldman, D. M. 19
Fendt, L. 161
Ferngren, G. B. 2, 15, 20, 26, 27, 29, 30, 34, 46
Fernández, S. 2
Fichtner, G. 2, 25, 45, 54
Fiedrowicz, M. 9, 31, 32, 43, 55, 61, 109, 128, 147, 148, 150, 155
Fieger, M. 69, 218
Fink, G. 105, 109
Fiores, S. de 122
Fischer, I. . . 25, 43, 44, 47, 67, 109
Fischer-Homberger, E. . . . 199, 200
Fitzmyer, J. A. 88
Flashar, H. 104
Flemming, R. 67
Föllinger, S. 199, 202
Förster, H. 79
Fohrer, G. 21
Fortin, E. L. 177, 180
Fowler, H. N. 7
Fraipont, J. 145, 189
Frank, K. S. 42, 52, 58, 65, 197
Frede, M. 9, 10

Fredouille, J.-C. . . 49, 86, 129
Frings, H. J. 1, 9, 37, 58
Fritschen, K. 56
Früchtel, L. 25, 208
Fuhrmann, M. 105
Funk, F. X. 60
Furlani, G. 172

Gaca, K. L. 67
Gahbauer, F. R. . . . 3, 87, 114, 156, 167, 168, 175–179, 181
Gallay, P. 43, 174
Galtier, P. 189, 192
Gambero, L. 215
Gantz, U. 42
Garetti, J. 147
Gebhardt, E. 191, 241
Geerlings, W. 33, 46, 52
Gesché, A. 143
Gese, H. 88
Gesenius, W. 205
Geymonat, M. 99
Giannetto, I. 1
Giet, S. 38, 150
Gijsel, J. 234, 244
Gnilka, C. 36
Görgemanns, H. . . . 157–160, 191
Götte, M. 102
Gohlke, P. 94, 96–100, 102, 110, 111, 140
Goldbacher, A. 141, 145, 146, 179, 189, 238
Goldschmidt, L. 206
Goodspeed, E. J. 131, 132
Gorez, J. 118
Gourevitch, D. 202
Green, M. H. 43, 44
Green, R. P. H. 11
Green, W. M. 32
Grensemann, H. 59, 201, 202
Grillmeier, A. . 120, 123, 124, 130, 131, 156, 157, 159–161, 163, 167, 172, 174, 183, 191

Gröne, V. 125
Groner, J. 204
Grundmann, S. 72
Guiraud, C. 101
Gundert, B. 7
Guthknecht, G. 88, 117

Habermehl, P. 31, 49
Hacker, P. 36
Haehling von Lanzenauer, B. 2, 46
Haenchen, E. 121
Hagen, H. 202
Hankinson, R. J. 13
Hansen, D. U. . 165, 166, 168
Hansen, G. C. 48
Hanson, A. E. 11
Harl, M. 159
Harnack, A. v. 1, 2, 45, 50, 60, 122, 259
Harrison, V. E. F. 49
Hartel, W. 232
Hartmann, E. 67
Hartmann, U. 67
Hasenfuss, J. 88, 117
Haugaard, W. P. 167
Hauke, M. 121, 122, 197, 228
Hauses, R. 139
Heck, E. 35
Heil, C. 67
Heine, R. 101
Heither, T. 44, 157, 158
Heller, E. 105
Helm, J. 16
Helmreich, G. . 70, 71, 75, 96
Henrichs, A. 24
Herzog, M. 2, 45
Heurgon, J. 101
Hilberg, I. 44, 159, 184
Hiltbrunner, O. 48
Hoffman, D. L. 68
Hofius, O. 123
Hofrichter, P. 121, 122
Holderegger, A. 98

Holl, K. . . . 50, 110, 129, 130, 167, 183, 199, 230, 232, 233
Holzherr, G. 44, 46
Honecker, M. 2, 25, 45
Hopkins, M. K. 199
Horst, P. W. van der 103, 115–117
Horstmanshoff, M. 49
Hübner, J. 2, 45
Hünermann, P. 177, 194, 244

Ihm, S. 51
Isenberg, W. W. 83
Ivánka, E. von 174

Jaeger, W. 50, 89, 91, 178
Joannou, P.-P. 43
Josua, M. 247, 249, 252

Kaestli, J.-D. 220
Kah, M. 44
Kalb, A. 35, 39, 102, 204
Karpp, H. 159, 160
Kaufmann, M. 199, 201
Kellner, K. A. H. 37, 157
Kelly, J. N. D. 233
Kelly, K. C. 202, 204
Kieffer, R. 71
King, H. 7, 67, 92, 199
King, K. L. 68
Kinzig, W. 163
Kirchschläger, W. 205
Kitzler, P. 184
Klauck, H.-J. 78
Klostermann, E. . 30, 57, 121, 227, 230
Knipp, D. 3
Knur, K. 2
Koch, H. 223–226, 237
König, R. 14, 16, 101, 205
Kollesch, J. 7, 113
Kollmann, B. . . 16, 20–24, 31
Kottek, S. S. 19, 24
Kozelka, L. 189

Kranemann, B. 29
Kratz, B. 102
Krauss, S. 27
Krohn, W. 71
Kroymann, E. 37, 129, 221, 223, 225
Krug, A. 7
Kubina, V. 211
Kudlien, F. 10, 11, 42, 61
Kügerl, J. 115–118
Kühn, C. G. . . 9, 13, 198, 205
Kullmann, W. 91, 92
Kunst, C. 71
Kytzler, B. 35

Labisch, A. 10
Labooy, G. 88
Labriolle, P. D. 1
Ladaria, L. F. 169
Lagree, J. 49, 61
Lallemand, A. 41
Lamarche, P. 126
Lamb, W. R. M. 7
Lang, U. M. J. 182
Lange, A. 239, 241
Laqueur, T. W. 70, 72, 75
Largo, D. P. 191, 195
Lattke, M. 216
Laurence, P. 72
Layton, B. 69, 70, 72, 79–81, 83, 85, 218, 219
Le Coz, R. 49, 51
Leclercq, J. 193
Leisegang, H. 117
Leloir, L. 239
Leroy, F. J. 239
Leschhorn, W. 18
Lesky, E. 67, 95, 96, 113, 115, 131
Leven, K.-H. 7, 92
Lhuillier-Martinetti, D. . . 198
Lichtenberger, H. 24
Liddell, H. G. 24, 73, 75, 84, 102

MODERNE PERSONEN

Liébaert, J. 126
Lietzmann, H. 170–173, 175, 176
Lindberg, D. C. 91
Lindsay, W. M. 198
Littré, E. 59, 75, 198
Löfstedt, B. 110, 242
Lohfink, N. 20
Louis, P. 100, 102
Ludwig, G. 229
Lüdemann, G. . . 88, 117, 213
Lührmann, D. 22, 73
Lugt, M. van der 182
Lutterbach, H. 2, 45

MacDonald, D. R. 68
Madoz, J. 194, 236
Mahé, J.-P. 96, 121, 122, 130, 133, 134, 157, 222
Maier, J. 25
Malingrey, A.-M. 29
Malmberg, F. 188
Mancinelli, F. 50
Mann, F. 240
Maraval, P. 58
Marcovich, M. 108, 112, 126, 127, 217, 220
Mariès, L. 31, 34
Marjanen, A. 68, 69
Markschies, C. 187, 193
Marquardt, F.-W. 118, 120, 121
Martin, T. F. 2, 45
Martin, T. W. 123
Mayhoff, C. . . . 101, 102, 104, 105, 112
McCann, J. 201
Méasson, A. 23
Ménard, J. E. 85, 218
Meo, S. 122
Mercier, C. 31, 34
Metzger, M. . . . 31, 33, 44, 47
Metzler, K. 165, 166, 168
Mewaldt, J. 12

Meyer, D. 30
Meyer, H. 98, 115
Meyer, J. R. 140, 235
Meyer, M. W. 69
Meyers, J. 35
Michel, O. 23
Migne, J.-P. 134
Miquel, P. 22
Mitterer, A. 36, 37, 257
Moffatt, J. 135
Mommsen, T. . . . 16, 198, 205
Mondésert, C. 23, 43, 61
Morani, M. . . 71, 75, 178–180
Moraux, P. 12
Moreschini, C. . . . 43, 98, 168
Morgenstern, M. 206
Morin, G. 239
Moschetta, J.-M. 118
Mratschek, S. 73
Mudry, P. 14
Müller, A. 48
Müller, F. 173
Müller, G. H. J. 1
Müller, G. L. 197
Mueller, J. R. 214, 216
Müller, L. von 9
Müller, U. B. . . . 19, 21, 26–28
Müri, W. 7–9, 11, 12, 15, 17, 18, 24
Munier, C. 47
Muth, R. 200
Mutzenbecher, A. 144

Needham, J. 113
Nellessen, E. 88
Nestle, E. 79, 122
Neuburger, M. 25
Neumann, J. N. 2
Newmyer, S. T. 19
Nickel, D. 7, 113
Niederhuber, J. E. 235
Norden, E. 88
Norelli, E. 120, 125, 209, 215–217

Nutton, V. . . . 7, 10, 12, 14, 17
Oberhelman, S. M. 16
Önnerfors, A. 16, 24
Olivar, A. . 133, 194, 224, 239
Opitz, H.-G. 164, 165
Orbe, A. 128, 129
Orth, E. 49, 71, 75, 180
Oser-Grote, C. 14
Otten, W. 224
Overath, J. 46

Papadopoulos-Kerameus, A. 60
Parmentier, L. 166
Parrott, D. M. 46
Paulsen, H. 124, 128, 129
Pease, A. S. 1
Peeters, P. 251
Pellegrini, S. 209
Pelletier, A. 115
Perl, C. J. 186
Perler, O. 130
Perrella, S. M. 197
Perrin, B. 107
Perrin, M. 41, 49, 75, 185
Petersen, S. 68
Petschenig, M. 133
Pfleiderer, A. 199, 201
Piazzino, C. 16, 55
Pichler, K. 149, 150
Pietri, C. 199
Pietzner, K. 207
Plange, H. 23
Pohlenz, M. . . . 114, 115, 131
Potter, P. 7
Potterie, I. de la 121
Pouderon, B. . . . 1, 3, 96, 115, 132, 197, 221
Preisendanz, K. 24
Preus, A. . . 90, 94, 95, 97–99
Preuss, J. 19, 25, 205
Pryor, J. W. 121, 122

Quecke, H. 250
Rackham, H. 7
Rahner, H. 24
Rahner, K. 197, 236, 257
Rashed, M. 91
Ratzinger, J. 258
Rehm, B. 188
Reichert, E. 208
Reifferscheid, A. 43, 55
Reischl, W. C. 34, 41, 110
Reitzenstein, R. 88, 117
Rengstorf, K. H. 2
Reus, W. A. 11
Reutter, U. 145
Revillout, E. 249, 252
Richard, M. . . . 163, 174, 176
Richter, W. 101, 102
Ricken, F. 90, 91
Riddle, J. M. 17
Riedmatten, H. de . . 170, 176
Rivaud, A. 92, 98, 108
Röder, J.-A. 50
Rogers, B. B. 100
Rohland, J. P. 51
Rosas, A. 201
Roscher, W. H. 99
Rosner, F. 19, 25
Ross, W. D. 89, 90
Rossetti, L. 1
Rostand, J. 109
Roth, G. 2, 45
Rousselle, A. 59, 67, 198, 201
Rupé, H. 102
Rupp, J. 110

Sallmann, K. 14
Sauser, E. 2, 45
Savvidi, K. 165, 166, 168
Sbordone, F. 105
Scarborough, J. 14
Schadewaldt, H. . 1, 2, 65, 100
Scheer, T. 67

Schenke, H.-M. 69, 73, 77, 78, 83, 84, 218, 219
Schenkl, C. 39, 151
Scherer, J. 154
Schipperges, H. 2, 45
Schlier, H. 123
Schmid, W. 49
Schmidt, C. 121
Schnalke, T. 15
Schneck, P. 61
Schneider, G. . . . 45, 106, 199, 209, 234, 244, 246, 247, 249
Schneider, R. 2
Schnelle, U. . . . 121, 126, 128, 129
Schöllgen, G. 52, 53, 198, 199
Schoeps, H.-J. 130, 173, 188, 221
Scholten, C. 40, 89
Schreiber, S. 120
Schubert, C. . 18, 67, 201, 205
Schütz, H.-A. 1, 42, 49
Schulte, R. 205
Schulze, C. 1, 3, 5, 13, 50–52, 66
Schulz-Flügel, E. 202
Schwartz, E. . . . 43, 50, 55, 57, 177, 179, 181, 182
Schweiger, K. 1, 49, 158
Scopello, M. 68
Scott, R. . . 24, 73, 75, 84, 102
Seibt, K. 189
Seidl, H. 92
Serra, A. 205
Seybold, K. 19, 21, 26–28
Shaw, B. D. 199
Sickenberger, J. 237
Sider, R. D. 135
Sideras, A. 9
Sieben, H. J. 38, 119, 139, 140, 156, 178, 226
Siegert, F. 116
Sier, K. 95
Silva-Tarouca, C. 190

Simon, P. 238
Simonetti, M. . . 43, 152, 153, 184, 187, 236
Sissa, G. . . 198, 200, 201, 204
Smid, H. R. 214, 227
Smulders, P. F. 44, 168, 169, 185, 187, 242
Söll, G. 224, 232, 255
Späth, T. 67
Specht, E. 203
Spencer, W. G. 14, 16, 41
Speyer, W. 99, 103
Stählin, O. 9, 25, 208, 214
Stahlmann, I. 205
Stegmann, A. 168, 189
Stein, M. 72
Steinhofer, D. 190, 193
Stemberger, G. 25
Stichel, R. 252
Stickler, T. 71
Stoderl, W. 16, 55
Stöger, A. 22
Strecker, G. 101, 126
Suerbaum, W. 202
Sweeney, J. P. 197
Szlezák, T. A. 89, 91, 178

Tardieu, M. 129, 221
Tecusan, M. 11
Temkin, O. 2–18, 23–25, 53, 54, 59, 66
Testuz, M. 212, 214
Thackeray, H. St. J. . . . 24, 109
Thiel, A. 186
Thilo, G. 202
Thissen, H. J. 103, 105
Thraede, K. 20, 30, 32
Tieleman, T. 11, 13
Tigay, J. H. 206
Till, W. C. 73, 77, 78, 83–85, 129, 130, 218
Tilly, H.-P. 25
Tischendorf, C. de 45
Torello, J. B. 36

SACHINDEX

Toubert, H. 252
Tränkle, H. 44
Tröger, K.-W. 126
Trüb, C. L. P. 46
Trunk, D. 20, 23, 24, 27
Turcan, R. 133

Ulrich, J. 162
Usener, H. 191

Vagaggini, C. D. 139, 147
Van Heck, A. 48
Vannier, M.-A. 2
Verbeke, G. 186
Verheijen, L. 64
Vesal, A. 204
Vinzent, M. 189
Vogt, H. J. 30, 227, 230
Vogüé, A. de 46

Vouaux, L. 128, 216

Wacht, M. 46
Wagner-Hasel, B. 67
Walzer, R. 9, 10, 12, 13
Warns, R. 249
Waszink, J. H. 11, 36,
    42, 95, 96, 98, 112, 114, 115,
    156, 157
Watson, A. 16, 198, 205
Weigandt, P. 128
Weissert, D. 115
Wellmann, M. 17
Wesseling, K.-G. 60
Wessels, C. 191
Whittaker, M. . . . 54–56, 126,
    127
Wilhelm, P. 252
Willam, M. 115

Willems, R. 111, 145, 239
Winkler, G. 101
Wischmeyer, O. 21, 22
Wissowa, G. 43, 55
Wittern, R. 8, 15
Wlosok, A. 35
Wöhrle, G. 61
Wolter, M. 119
Wright, W. C. 46

Young, D. W. 64
Yoyotte, J. 103

Zekl, H. G. 89, 90, 168
Zelzer, M. 151
Ziegenaus, A. 197
Ziegler, K. 102
Zirkle, C. . . 99, 102, 104, 109
Zycha, I. 113, 186

Sachindex

Griechische Begriffe

ἀδεισιδαίμων 24, 25
ἀκρίς 164
ἀληθῶς 124
ἄνθρωπος 73, 91
ἀνθρώπινος 107
ἀνομοιομερῆ μόρια 91
Ἀντιδικομαριαμίτας 232
ἀπαθῶς 237
ἀπεριλήπτως 193
ἀρχή 98
ἀσκεῖν 62
Ἀσκληπιός 15
ἀσπάζεσθαι 73, 81, 84
ἀσύγχυτος 177–180
αὐτοκίνητος 167
αὐτοψία 10
ἀχρόνως 191
αἵρεσις 9
αἷμα 120, 121, 163, 190

γεννώμενον 213

δαίμων 25
δεχόμενος 92
δηλητήρια 54
διανοίγω 226
διαφθορά 75
δικαίως χρῆσθαι 36
δογματικὴ αἵρεσις 10
δοκεῖν 128

ἐλεύθερος 72
ἐμπειρία 10
ἐμπειρικὴ ἀγωγή 10
ἐνοικεῖν 176
ἐξορκίζω 32

ζῷον 172

θελήματος σαρκὸς 121

Θεοτόκος 174
θερμότης ψυχική 109
ἱστορία 10
ἰώμενα 54

καθαρισμός 139
καταβολὴ σπέρματος . . . 116
κατοικεῖν 176
κίνησις 90
κοινός 79
κοινωνός 79
κρᾶσις 114, 156, 178, 179
κάμπη 164

λόγος 191
λόγος σπερματικός . . . 96, 98,
    114, 115, 117, 131

μεθοδικός, μεθοδικοί 10

μετάβασις 10
μεταβολή 90
μηδὲν ἄγαν 65
μύλη 75
μῖξις 180

νοῦς 92, 98, 111, 172

οἰκεῖν 176
οἱονεί 190
ὁμοιομερῆ μόρια 91
ὁμοούσιος 168–171
οὐσία 108, 219

παραθέσει 178
παρθενεία 198
παρθένος .. 72, 118, 181, 210, 224, 229, 231, 240, 241
παράθεσις 114
πλάσις 143
πνεῦμα 23, 30, 98, 107–110, 114, 119, 123–127, 130, 131, 170, 181, 184, 220, 230, 233
πρόσωπον 173, 174
πρωτογενής 225, 226
πρωτότοκος 225, 226

σάρξ 123, 125
σκώληξ 106, 110, 111, 140–143, 163, 164
σπέρμα ... 108, 116, 117, 123, 124, 143, 180, 183, 186, 229
σπερματίζω 228
συλλαμβάνω .. 103, 114, 119, 139, 191, 212, 214
σύλληψις 92
σύνθεσις 55, 167, 176
σωτήρ 15
σάρξ 44, 106, 116, 120, 121, 123–125, 167, 171, 176, 181–183, 190, 191, 193, 237, 241
σύγκρασις 174, 175
σύγχυσις 114, 178
σῆμα 133
σῶμα 9, 41, 61, 125, 133, 143, 155, 168, 173–175, 179, 183, 186, 220, 229, 230, 237, 240

ταπείνωσις 146
τέλειος ἀνήρ 73
τέττιξ 163, 164

ὕδωρ 211

υἱός 12, 57, 118, 119, 121–124, 126, 142, 163, 165–167, 175, 177, 182, 190, 212, 213, 231, 240
ὕλη 143
ὑμήν 99, 200
ὑπόστασις 174
ὑστέρα 199

φαντασία 237
φάρμακον 53–55
φαρμάκευσις 53
φοῖνιξ 104
φύσις 103, 167, 173–176, 210

χάρισμα 33
χρῆσις δικαία 36

ψιλὸς ἄνθρωπος 127
ψυχή 9, 34, 43, 60, 61, 75, 95–98, 110, 114, 115, 118, 167, 170, 172, 174, 175, 178, 179, 181–184, 186, 190, 209

ᾠόν 100, 110

Lateinische Begriffe

anima 11, 42, 45, 132, 136, 139, 153, 157–160, 169, 184–187, 190, 238
anima mediatrix ... 153, 157, 159, 160

belua 101

caro spiritalis 130
concretio . 114, 156, 178, 180
confusio 114
credo quia absurdum 135

ecclesiola in ecclesia 56

fluens 10

homo 73
humiliatio 146

infusus 180
iuxtapositio 114, 178

laxus 10

magia 16
medius 10
mixtus 10, 153, 156

portio vaginalis 202

recte uti 36

sacramentum . 143, 146, 193, 242
secta 9
soror philosophiae 36
strictus 10

usus iustus 36

ver 111
virginitas ... 5, 122, 140, 153, 194, 197, 198, 204, 222–225, 231–233, 235–237
virgo 198, 208

SACHINDEX

Stichworte

Abt 44
Abtreibung 52, 53
Abwehrzauber 23
Abzess 17
Acker 69, 163
Ackerbau 41
Adam-Christus-Typologie . .
  130, 132, 136, 149
Ader 99
Adoptianismus 50,
  124–129, 195, 260
Ägypten 20, 32, 36, 62–
  64, 103–106, 149, 164, 165,
  249, 252
Ägypter 20,
  30, 36, 104, 107, 108
Älteste 29
Äon . . . 76, 160, 220, 221, 260
Ärztin 9
Äther 92, 97
Affe 200
Agapefeier 43
Akzidens 90, 91
Alexandrien . . 11, 12, 22, 115
Allegorie 105,
  117, 118, 161, 214
Almosen 43
Alraunwurzel . . . . siehe
  Mandragoras
Altar 105, 106, 231
Alter 200, 201, 204
Altes Testament 19–21,
  23, 27, 43, 53, 65, 88, 120,
  133, 258
Amt, kirchliches 33
Amulett 16, 24
Anatomie 40, 70
Anthropologisches Modell . .
  156, 176, 181, 182
Antidikomarianiten 232, 233
Antidoketismus 122, 124,
  125, 137

Antike Medizin 1–66
Apokatastasis 160
Apokryphen . . . 31, 125, 128,
  215, 217, 234, 236, 241, 244,
  255
Apollinarismus 175, 177,
  188, 191, 195, 228, 229, 239
Apostel 28,
  46, 136, 218, 225, 234
Apotheker 22
Arabien 106, 232, 236
Archonten 75, 77, 78
Arianismus 39,
  147, 162–168, 171–177,
  191, 195, 233, 239, 261
Aristotelismus 89
Arterie 45
Arznei 15, 16,
  21, 28, 37, 38, 40, 43, 44, 48,
  53–58, 60, 61, 63, 66, 259
Arzt . . 1–66, 70, 99, 131, 201,
  203, 208, 211, 258, 259
Asche 21
Askese 19, 54,
  56–64, 66, 69, 259, 262
Asklepieion 15
Asthma 25
Astrologie 33
Astronomie 25, 47
Atem 40, 149
Atomismus 10, 95
Atresie 200, 201
Auferstehung . . . 50, 110, 111,
  134, 150
Auge 23, 40, 62, 153, 215
Aussatz 15, 20, 26

Baby . . . . siehe Neugeborenes
Bad 15, 38, 62, 63, 252
Baraas-Tal 23
Bauch 211
Baum 40, 104, 112, 163

Befleckung 139, 140, 151,
  153, 186, 228, 229, 235, 241
Befruchtung 100, 180
Begierde 38, 230
Benu, Vogel 104
Berg 214
Bergpredigt 61
Bergwerk 37
Beschneidung 36, 139
Beschwörung 16, 24,
  30–33, 55
Beseelung 93, 98
Besessenheit . . . 26, 28, 34, 35
Besudelung 72,
  80, 236, 242, 246
Bethlehem 209, 215, 250
Bewegung 90, 94–97, 107
Biene 110, 143, 144, 152
Bild 85, 112
Bischof 47, 50
Blindheit 23, 25,
  26, 81, 84, 85, 215
Blume 38
Blut 16, 59, 93, 95, 99,
  105, 116, 120, 121, 134, 136,
  137, 144, 161–163, 171, 173,
  186–195, 201, 205, 246, 260
Bräutigam 85, 224, 229
Braut 23, 85,
  86, 199, 205, 206, 224
Brautgemach 72, 85
Brennen 35, 40, 44, 251
Brot 43
Brust 58, 138, 229
Busse 33, 43

Charisma 28, 31–33
Christianisierung 53
Christus Medicus . . . 2, 3, 28,
  44–46, 50, 57, 58, 63
Codex Arundel 404 234,
  244–247

Codex Askewianus 68
Codex Brucianus 68
Codex Celtenham 33
Corpus Hippocraticum . . . 4, 7, 13
Corycos 50

Dämonen . 19, 23–35, 54–56, 259
Dämonologie 19, 23, 24
Defloration 200–202, 205
Demiurg 78, 217, 219–221, 260
Demut 142, 144, 145
Diätetik 60–62
Dogmatische Schule 9, 10, 13
Doketismus 121–141, 147, 155, 169, 173, 188, 195, 213–217, 222–229, 236, 237, 251, 255, 260, 262
Drache 40
Dualistische Samenlehre . . 96
Durst 142

Ebioniten 126, 127
Ehe 80
Ehefrau 79, 117, 198, 211
Ehemann 215
Ei 95, 99–102, 106, 109–111
Eidos 96, 97
Einsiedler 57, 58
Einwohnung 176, 177
Ejakulation 116, 117
Eklektiker 9, 11
Elemente 90
Eltern 59, 67, 89, 114, 116, 121
Emanation 191
Embryo . . . 71, 89, 92, 94, 96, 98, 99, 114, 138, 140, 143, 152, 157, 171, 180, 200, 237
Embryologie . . . 89–118, 196

Empfängnis 66, 87–196, 199, 211–213, 215, 216, 218, 224, 227, 228, 235, 237–242, 244, 246, 251, 257
Empfindungsseele 111
Empirische Schule . . 9, 10, 13
Empirischer Dreifuss 10
Engel 23, 25, 63, 83, 84, 112, 118, 119, 134, 139, 140, 160, 211–213, 225, 244, 246, 247
Enkephalo-myelogene Theorie 95
Enthaltsamkeit, sexuelle . 69, 198, 212, 223, 233, 241, 251, 252, 262
Enzyklopädisten 13
Epidauros 15
Epilepsie 16, 18, 25, 205
Epiphanie 233, 244
Erbsünde 56, 140, 185, 186, 237, 238
Erde 22, 37, 39, 48, 65, 90–92, 100, 108–112, 116, 127–149, 161, 163, 171, 184, 187, 214, 219, 222
Erlösung . . . 2, 34, 35, 42–44, 56, 57, 66, 80, 120, 130, 134, 154, 168, 231, 232
Ernährung 64, 98, 206
Erstgeborener 139, 202, 225, 226, 231
Esel 132, 172
Essen 65, 134, 169
Eunomianer 177
Eusebianer 163, 164
Euthanasie 53
Evangelium 26, 30, 44
Exorzismus 16, 19, 23–36, 43, 66, 259

Fasten 40, 44, 63
Feld . . . . siehe Acker

Feuer 38, 90, 91, 98, 105, 108, 113, 131, 160, 210, 236, 240, 242
Fieber 25, 59
Finger 210, 247
Fisch 23, 99
Fleisch . . . 28, 44, 75, 80, 106, 107, 112, 116, 119–121, 133–137, 141, 142, 153–162, 167–173, 181–195, 220–223, 228, 237, 240, 261
Fliege 109, 260
Flüssigkeit 114, 180
Fötus . . . . siehe Embryo
Form 91, 94, 97, 111, 135, 143
Fortpflanzung 69, 148
Frau 59, 66–86, 99, 106–109, 117, 140, 152, 218
Frosch 112, 260
Frucht 39, 65
Fruchtblase 99, 200
Fuss 62

Gabe . . . . siehe Charisma
Galenismus 13
Galle 23
Gebärmutter . . . siehe Uterus
Gebärmutterhals . . . 201, 202
Gebet 29, 44, 56, 59, 75
Geburt 5, 25, 66, 75, 76, 85, 87, 98, 110, 134, 135, 137, 138, 140, 149, 152, 156, 197–263
Geburtskanal 211, 251
Geburtswehen 138, 216, 236, 240, 241
Gegengift 43, 44
Gehirn 93, 95, 152, 200
Geier 99, 102–104, 148–151, 195, 260
Geist 24, 25, 27, 56, 57, 59, 61, 69, 70, 75–77, 92, 138, 181, 183, 187, 219, 222

SACHINDEX

Geister, böse . *siehe* Dämonen
Geisteskrankheit 15
Geistseele 98, 181
Gelähmtheit 26, 27
Gemeindeordnung 52
Gender-Studies 67
Genital . . . . *siehe*
  Geschlechtsorgane
Gerinnung 59, 93–95,
  116, 119, 131, 137, 138, 161,
  162, 171, 173, 186, 195
Geschlecht 4,
  67–86, 95, 101
Geschlechtsorgane . . . 18, 63,
  70, 71, 138, 151–153, 180,
  201, 210, 235, 236, 247, 255
Geschlechtsverkehr 61,
  72, 75, 92, 99–108, 110–
  113, 116, 121, 137, 141–153,
  180, 186, 193, 198, 199, 201,
  204, 207, 211, 219, 222–227,
  230, 235–238, 260, 262
Geschöpf 155
Geschwür . . 21, 58, 59, 63, 75
Gesundheit 21, 23,
  40, 60, 61, 63, 198
Gift 38, 43, 53, 55
Giftmischerei 30, 52, 53
Giftpflanze 39
Gladiator 16
Glaubensbekenntnis 31,
  123, 152, 183, 197, 225, 231
Gleichnis 112
Gnade 20, 120
Gnosis 4, 55, 67–86,
  126, 128, 217, 222, 259
Gnostiker 38, 39, 79,
  86, 128, 129, 137, 152, 158,
  184, 191, 217, 220, 221
Götter 15, 17, 18, 20, 28,
  52, 107–109, 163, 174, 236
Göttin . . 17, 79, 103, 107, 260
Gotteskind 57,
  107, 120, 121, 137

Gottesmutter 5, 151,
  174, 223, 251, 255, 256
Gott-Mensch-Dualismus 172
Grille 141
Grundkrankheit 10
Gynäkologie 59, 67, 68

Haar 146
Hämatogene Zeugungslehre
  95
Häresie 4, 43, 129, 176,
  181, 183, 191, 239, 240, 256
Halbgott 155
Hand . . . 20, 62, 210, 214, 250
Handwerk 52, 95
Harfe 24
Hase 101
Haut 90
Hebamme 24,
  59, 204, 206–222, 227, 233,
  234, 242, 244–256, 262
Heidenchristen 35
Heidentum . . . 33, 34, 36, 37,
  55, 120, 141, 147, 152, 255
Heilige Schriften 43
Heiliger Geist 34, 57, 87,
  88, 118–120, 124, 127–129,
  132, 152, 153, 157, 163, 168,
  171, 185, 187, 188, 190, 191,
  194, 195, 211, 216, 218–220,
  225, 230–235, 261
Heilkunde . . . . *siehe* Medizin
Heilmittel . . . . . . *siehe* Arznei
Heilpflanze 39, 41
Heilsgeschichte 38, 66
Heilung . . . 16, 19–24, 26–30,
  33–35, 42–58, 246, 252, 259
Heilung, sakrale 15,
  17, 18, 45, 66
Heilung, wunderbare 15,
  17, 18, 27–29, 33, 35, 66,
  252, 259
Heilungsmonopol 21,
  25, 27, 65, 258

Heilungszauber 16
Heliopolis 104, 106
Herz 22, 23,
  58, 98, 114, 164, 193, 200
Heuschrecke 111, 147,
  163–166
Himmel 31, 39, 69, 100,
  103, 112, 138, 171, 172, 187,
  189, 192, 194, 214, 218, 244
Himmelfahrt des Jesaja . . 122
Hippokratische Medizin . . 3,
  7, 8, 12–66, 72, 95, 98, 198–
  202, 206
Hippokratische Schriften . 53,
  95, 200
Hippokratischer Eid . . 17, 53
Hitze 70–72, 90–96, 108, 114
Hochmut 58
Hochzeit 80,
  199, 200, 205, 224
Höhle 209, 210, 213,
  215, 244, 249–251
Holz 22, 94
Homöer 162
Homoiomere 91, 99, 172
Honig 138
Huhn . . 95, 99–103, 112, 260
Humoralpathologie 10, 11, 30
Hund 23
Hyäne 101
Hymen 197–213, 222,
  223, 226, 239, 242, 247, 251,
  255, 262
Hypostase 127,
  174, 177, 181, 191, 193
Hysterie . . . 92, 119, 199, 202

Idee 89, 117
Idolatrie 18, 30
Ikonographie 50
Inkarnation . . . 118–196, 219,
  224, 237, 239, 241, 256, 261
Inkubation 15
Insekt 109

Jerusalem 19, 21, 26, 139, 225
Judenchristentum . . 125–127
Judentum 19–26, 36, 236
Jüdische Medizin . 19–25, 205
Jundîshâbûr Beth Lâpât . . 49
Jungarianer 50
Jungfräuliche Empfängnis 88, 107, 108, 117–196
Jungfräuliche Enge 201, 202, 204, 205, 211, 212, 224, 226, 238, 252
Jungfräulichkeit . 5, 117, 126, 194, 197–263
Jungfrau 5, 33, 44, 72, 80, 88, 117–119, 124, 130–133, 135, 138, 141, 143–153, 157, 161, 163, 168, 170, 171, 173, 174, 176, 181, 185–187, 189, 192–263
Jungfrauenhäutchen . . . siehe Hymen

Käse 137
Kannibalismus 31, 32
Katakombe 50
Katechumene . 34, 40, 52, 119
Katharinenkloster 252
Keim 94
Kind 34, 61, 75, 76, 94–96, 116, 119, 120, 215
Kindermord 32, 209
Kirche 29, 65, 234
Kirchenordnung 33
Kleidung 27, 61, 62, 125, 139, 142
Kleriker 44
Kloster 49, 62
Knabe 138, 216
Knochen 45, 54
Körperflüssigkeit 10, 45
Konkupiszenz 237
Konzil von Chalkedon . . 177, 182, 191, 196, 212, 232
Konzil von Elvira 208

Konzil von Ephesus 57
Krähe 101
Kräuter . 22, 37, 39, 48, 54, 57
Kraft 112, 119, 138
Kralle 233
Krankenhaus 47, 48
Krankensalbung . 29, 34, 259
Kranker . . . . siehe Patient
Krankheit 14, 17–21, 26–28, 30, 34, 35, 37, 38, 41–43, 48, 51, 57–59, 63, 64, 66, 90, 134, 166, 167, 176, 198, 252, 258
Krasislehre 114, 156
Kreuz 32, 78, 124, 128, 134, 138, 141, 146, 163
Kreuzigung 123, 142, 150
Kreuzzeichen 31, 32, 59
Krippe 249
Küssen 83–85, 207

Lab 93, 94, 137
Lähmung 249
Larve 166
Laus 113, 146
Lebenskraft 11, 72, 98
Leber 23
Lebewesen 91, 96, 98, 111, 181
Legierung 114
Lehre der drei Status 10
Leib-Seele-Dualismus . . . 172
Leidenschaft . . 57, 75–78, 198
Lektor 33
Lepra . . . . siehe Aussatz
Licht . . . 69, 85, 112, 130, 138, 153, 159, 178, 180, 193, 209, 211, 213, 215, 240, 244, 246, 247, 249, 250
Löwe 40, 233
Logos 43, 97, 114, 120–125, 131–133, 139, 147, 154, 155–162, 164, 167–195, 217, 219, 236, 260

Logos-Anthropos-Christologie 161
Logos-Sarx-Christologie 131, 154, 161, 162, 173, 174, 181, 183, 191, 195, 196
Luft 90, 97, 100, 108, 178, 180, 214
Lunge 93

Made 106, 110–112, 140–147, 149, 162–165
Mädchen 193, 198, 199, 201, 202, 205, 246
Männchen . . . 94–96, 99, 103, 105, 112, 148, 150, 151
Männlich 69, 73, 225
Männlich-weiblich-Dualismus 86
Magen 38, 63
Magie . . . . siehe Zauberei
Mandragoras 23, 24, 38
Manichäer 43, 112, 122, 217, 234, 236
Mann 70, 72, 73, 75, 120, 136, 140, 143, 152, 171
Manna 144, 145
Manualinspektion 197, 206–214, 223, 233, 242, 244, 246, 247, 250, 255
Martyrium 44
Materie 55, 89, 91, 94, 97, 109, 111, 117, 258, 260
Maultier 172
Medikament . . . . siehe Arznei
Medizin . . . . 1–66, siehe auch Arznei
Medizinische Schulen . . 9–11
Medizinkasten 43, 44, 46
Mehltau 166
Membran 200–202
Mensch 41, 112–114, 116, 134, 135, 140, 142, 154, 156, 157
Menstruation 93, 99, 199–201

SACHINDEX

Menstruationsblut ... 93–96, 99, 116, 119, 121, 131, 161, 201, 202
Messalianer 56–58, 62, 64, 66
Messias 27, 126
Metaphern, medizinale ... 2, 3, 3, 42–46, 66
Methodische Schule 9–11, 17
Milch 93, 94, 137, 229, 246
Milz 63
Mischung 54, 107, 113, 114, 156, 162, 172–175, 177–180, 190, 235, 261
Misogynie 69
Missgeburt 75, 77, 78, 157, 260
Modalismus 169
Mönch 57, 58, 61–65, 69
Mönchsregel 63–65
Mond 30, 108
Monophysiten 181, 190
Montanismus 134, 137
Mund 84, 214
Mutter 58, 59, 66, 77–79, 83–85, 89, 92–96, 111, 112, 116, 119, 121, 130, 135, 138–140, 144, 149, 155, 158, 163, 168, 174, 181, 182, 187, 189, 190, 193–263
Muttergottes 182, 196
Mutterleib 193, 231, 232, 235
Muttermilch 229, 241
Muttermund 202, 204
Mutterschoss 100, 139, 140, 194, 202, 215–217, 222, 223, 225, 226, 229, 234–236, 238, 241, 246
Myrrhe 105, 106
Mythologie 147, 149, 187
Mythos 141, 148, 191

Nabelschnur 99, 138

Nachgeburt 236
Nächstenliebe 46–48
Nährseele 111
Nag Hammadi ... 46, 68, 221
Nahrung 11, 38–40, 61, 62, 95, 97, 103, 110, 112, 169, 182
Narbe 58
Natur 40, 70, 91, 137, 140, 141, 147, 152, 154, 161, 170, 190, 192, 239
Nestorianer 49
Neues Testament . 23, 26–28, 35, 115, 116, 133, 259
Neugeborenes ... 25, 53, 138, 139, 249, 250, 252
Neuplatoniker 150, 178, 179, 184
Neuplatonismus 73
Nieswurz 38
Nisibis 49

Öl 28, 29, 34
Ölbaum 48
Ofen 92
Ohr 101, 119, 192
Opfer 139
Opium 38
Ordal 204, 211, 212, 244, 246
Organ 91, 98, 99, 114
Origenisten 191

Paargenosse 76–86, 127
Paarung .... siehe Geschlechtsverkehr
Pädophilie 53
Palästina 35, 63
Palme 104
Pangenesislehre 95
P. Berolinensis 8502 68
P. Bodmer 5 .... 209, 210, 212–214
P. Oxyrhynchus 3525 73
Paradies 38, 42

Paritätische Samenlehre .. 95, 96, 116
Parthenogenese 150
Passion 124, 142, 146
Patient 9, 15, 17, 18, 21, 26, 28, 29, 40, 46, 47, 259
Patientin 9, 59
Patripassianismus 178
Pelagianer 186
Pergamon 12, 17
Pest 12, 23
Pferd 99–102, 172, 260
Pflanze .. 38, 40, 89, 109, 259
Pflanzenseele 92, 98
Pflaster 44
Pflege 15, 28, 46, 47, 57
Pharmazie 54
Philosophie 4, 10, 12, 18, 36, 42, 47, 48, 60, 117
Phönix 99, 104–106, 110, 152
Physiologie 30, 40, 93, 117, 260
Plazenta 99
Pleroma 85, 133, 220, 221, 260
Pneuma 11, 91, 97, 98, 106, 108, 109, 113–115, 130–132, 141, 156, 165, 173, 195, 219, 220, 260
Pneuma-Sarx-Christologie 131
Pneumatiker 95
Pneumatische Schule ... 9, 11
Prädestination 61
Präexistenz der Seele ... 158, 160, 161, 184
Presbyter 29, 32, 46, 47
Priester 15, 16, 21, 50, 103, 106, 144, 211, 233, 250
Prophet 21, 177, 181, 186, 216, 235, 239
Prophetie 139, 142, 144, 146, 166
Prostituierte ... 200, 224, 250

Psalmen 43, 62
Pubertät 198
Pythagoreer 53, 95

Quelle 15, 38, 48
Qumran 24, 206

Rauch 23, 205
Raupe 145, 147, 163–166
Reinheit 21, 152
Reinigung 139, 225
Reinigungsopfer 139
Rein-unrein-Schema 21
Ring 27
Rippe 70
Rohr 129, 174, 220, 221
Rom 11, 12, 14, 15, 109, 111, 123
Rose 39
Rückenmark 95

Säugling 229
Saft 37, 38
Sakraldiagnose 21
Sakrament 143
Salbbüchse 46
Salbe 21, 44, 205
Salz 138
Samen 75, 78, 85, 89–101, 107–124, 131–143, 149, 151–162, 171, 173, 180–198, 223, 227, 228, 235, 257, 260
Schaf 214
Scham . . . . siehe Geschlechtsorgane
Schamhaftigkeit . . 58, 59, 137
Schande . . 135, 138, 153, 236
Schaum 110
Scheide 201
Scheinleib 130, 134–136, 140, 191, 229, 242
Schierling 38
Schildkröte 99

Schimmel 109
Schlaf 38, 134
Schlamm 109, 140, 141
Schlange 40
Schmerzen 48, 64, 138, 215, 217
Schneiden 35, 40, 44
Schöpfer 37–40, 141, 147, 155, 179, 185
Schöpfung 26, 38–41, 57, 65, 127, 140, 141, 160, 173, 188, 189, 192, 215, 259
Schöpfungstheologie . 22, 46, 48, 57, 66
Schutzzauber 16, 24
Schwalbe 23, 163
Schwangerschaft 75, 85, 119, 174, 175, 198, 211
Schweiss 113, 180
Schwester 78, 79, 85
Seele 9, 11, 20, 34, 35, 42, 45, 46, 57, 61, 75, 87, 89–95, 113–118, 125, 132, 133, 136, 139, 153–187, 190, 195, 204, 209, 236, 238, 259, 261
Seelenmythos 184
Seelenteil . . 98, 114, 157, 158
Segen 29
Sehne 54
Septuaginta 79, 115, 118, 119, 126
Seuche 15
Sex siehe Geschlechtsverkehr
Sexualität 61
Skeptische Philosophie . . . 10
Sketis 62
Sklave 69, 72, 80, 205
Sklavin 207
Sohn 108, 146
Sonne 236
Soteriologie 46, 120
Spatz 163
Speichel 27
Sperma . . . . siehe Samen

Spital, öffentliches 15
Staub 70, 101, 161
Stein 16, 205
Sterilität 18, 152
Stoa 12, 156, 158, 180
Stoff 75, 91, 94, 95, 97
Stoiker 89, 96, 113–115
Stute . . . . siehe Pferd
Subdiakon 33
Substanz . . . 90, 91, 114, 137, 153, 156, 158, 159, 178, 180
Sünde 20–29, 34, 38, 41–44, 47, 56, 132, 183, 185, 194, 238
Sündenfall 38, 41, 42, 57, 65, 78, 133, 185, 259
Sündenvergebung 29
Synode von Toledo 675 . . 194
Synode von Toledo 696 . . 244
Syrien 164, 252

Taube 101, 112, 127, 134, 139, 163, 219–221, 225
Taubheit 26
Taufe . 31, 34, 43, 52, 56, 124, 127, 129, 134, 163, 219, 220
Tempel . . . 15, 17, 25, 45, 109, 170, 191, 199, 225, 226, 231
Tempelmedizin 15
Tempelschlaf . . . . siehe Inkubation
Testimonium 216
Teufel 26, 31, 34
Theophanie 173, 211, 216, 251
Therapie 15, 37
Tier 38, 70, 95, 109, 111, 112, 148, 152, 166
Tierseele 92, 98
Tochter 15, 192, 198, 205
Tod 34, 70, 134, 138
Traduzianismus 157, 184–186
Traum 15, 16
Trinken 65, 169, 214

SACHINDEX

Tugend 117, 144, 164
Tun-Ergehen 21

Unfruchtbarkeit ... 81, 83-85
Unrein 21, 30, 112, 117, 227, 228, 236
Unzucht 53
Urstoff 97, 98, 110
Urzeugung 91, 99, 109-113, 140-147, 260
Uterus 72, 92-94, 98, 99, 107, 114, 116, 119, 143, 171, 199-202, 205, 216, 221, 222, 229, 233, 235, 238

Vagina ... 103, 199-202, 204, 205, 210, 236
Vaginalsaum ... *siehe* Hymen
Valentinianer .. 217, 220-222
Valentinianische Gnosis .. 43, 67, 68, 122, 129, 130, 136, 219, 220
Vater 23, 29, 34, 89, 92-96, 106-121, 127, 133-136, 144, 149, 155, 163-174, 181, 187, 189, 190, 193, 194, 198, 205, 206, 216-220, 226, 233, 236, 240, 258
Vene 45
Verbandzeug 44
Vereinigung 80, 85, 86, 108, 156, 159, 177, 179, 180

Vererbungslehre 114, 115
Vergewaltigung 93
Verletzung 21
Vernunft 41, 55, 97
Vernunftseele 159
Vieh 38, 225
Vision 215
Vivisektion 8, 52
Vogel 99-101, 106, 108, 110, 150-152, 214
Volksmedizin 15-17
Vorsokratiker 109

Wachtel 38, 99
Wadi Natrun 62
Waise 47
Wandlung 89-91, 97, 179
Wasser ... 22, 90, 91, 97, 108, 109, 124, 129, 178, 204, 211, 214, 220, 223, 227, 252
Wassersucht 25
Webstuhl 125
Weibchen 71, 94-96, 100, 101, 103-105, 108, 110, 112, 148, 200, 233
Weiblichkeit 71, 73, 75, 76, 78
Weihrauch 106
Wein 28, 62, 63, 138, 178, 206
Weisheit .. 116, 127, 148, 155
Wiedergeburt 56, 105, 121, 152, 238
Wiesel 101

Wind 99-104, 108
Windbefruchtung 99
Windei . 95, 99-109, 115, 150
Windel 229, 234
Witwe 33, 47
Witwer 233
Wöchnerin 214, 242
Wolke 209, 213
Wolle 110
Wort 112, 120, 136, 156
Wucherung 75
Wüste 23, 62, 144, 250
Wunder 34, 35
Wurm .... 106, 109, 111, 112, 140-147, 162-165, 195, *siehe auch* Made
Wurzel . 23, 27, 38, 39, 48, 54

Zahn 16, 62, 233
Zauberei 15-17, 23, 25, 27, 30-33, 51-56
Zauberformel 16, 55
Zaubermitteln 55
Zelt 191
Zeugung .. 5, 91, 93, 94, 112, 140, 149, 152, 154, 155, 217
Zeugungsanteil ... 67, 89, 96, 106, 121
Zeugungslehre 115, 117
Zeugungsstoff 67, 121
Zikade 141, 162-164
Zitze 99

PARADOSIS
Neuere Bände / Volumes récents

Vol. 42   FRANZ DODEL : Das Sitzen der Wüstenväter. Eine Untersuchung anhand der Apophthegmata Patrum. X–198 S. (1997).

Vol. 43   ANDREAS KESSLER : Reichtumskritik und Pelagianismus. Die pelagianische Diatribe *de divitiis* : Situierung, Lesetext, Übersetzung, Kommentar. XII–460 S. (1999).

Vol. 44   Anthropos Laïkos : Mélanges Alexandre Faivre à l'occasion de ses 30 ans d'enseignement édités par MARIE-ANNE VANNIER, OTTO WERMELINGER et GREGOR WURST. XX–372 p. (2000).

Vol. 45   Augustinus Afer : Saint Augustin: africanité et universalité. Actes du colloque international Alger-Annaba, 1-7 avril 2001. Textes réunis par PIERRE-YVES FUX, JEAN-MICHEL ROESSLI et OTTO WERMELINGER. 2 volumes, 660 p. (2003).

Vol. 46   PIERRE-YVES FUX : Les sept Passions de Prudence, *Peristephanon* 2. 5. 9. 11-14. Introduction générale et commentaire. 512 p. (2003).

Vol. 47   PHILIPPE BOBICHON : Justin Martyr. Dialogue avec Tryphon. Édition critique, traduction, commentaire. 2 volumes, 1125 p. (2003).

Vol. 49   OTTO WERMELINGER, PHILIPPE BRUGGISSER, BEAT NÄF, JEAN-MICHEL ROESSLI (ED.) : Mauritius und die Thebäische Legion / Saint Maurice et la Légion Thébaine. Actes du colloque, 17-20 sept. 2003, Fribourg, Saint-Maurice, Martigny. 484 S./p. (2005).

Vol. 50   EMMANUEL LUHUMBU SHODU : La mémoire des origines chrétiennes selon Justin Martyr. 360 p. (2008).

Vol. 51   BEAT NÄF : Städte und ihre Märtyrer. Der Kult der Thebäischen Legion. 192 S. (2011).

Vol. 52   LENKA KARFIKOVA / MATYAS HAVRDA (Hrsg.) : Nomina divina. Colloquium Dionysiacum Pragense (Prag, den 30.–31. Oktober 2009). 152 S. (2011).

Vol. 53   LORENZO SGUAITAMATTI : Der spätantike Konsulat. 316 S. (2012).

Vol. 54   MARTIN MAYERHOFER : Die Erziehung des Menschen. Untersuchungen zu einem Leitmotiv im Wirken von Basilius von Cäsarea. 316 S. (2013).

Vol. 55   PIERRE-YVES FUX: Prudence et les martyrs : Hymnes et tragédie. Peristephanon 1. 3-4.6-8. 10. 492 p. (2013).

ACADEMIC PRESS FRIBOURG